TERESA DE JESÚS

EL ROSTRO DE LOS SANTOS, 3

Otros títulos en la colección
«El rostro de los santos»:

— San Juan de la Cruz, *Obras completas* (RS 9)
— J. I. Tellechea, *Ignacio de Loyola, solo y a pie* (RS 12)
— J. M.ª Javierre, *Juan de la Cruz, un caso límite* (RS 14)
— A. Pronzato, *Y ¿cómo lo habéis conseguido?* (RS 16)
— A. Lippi, *San Pablo de la Cruz* (RS 18)
— J. M.ª Javierre, *Juan de Dios, loco en Granada* (RS 19)
— Santa Teresa de Jesús, *Obras completas* (RS 20)
— J. M.ª Javierre, *Juan XXIII. Reto para hoy* (RS 25)

JOSÉ MARÍA JAVIERRE

TERESA DE JESÚS

Aventura humana y sagrada de una mujer

DÉCIMA EDICIÓN

EDICIONES SÍGUEME - SALAMANCA, 2001

© Ediciones Sígueme, S.A., 1978
C/ García Tejado, 23-27 - E-37007 Salamanca / España

ISBN: 84-301-0895-45
Depósito Legal: S. 709-2001
Printed in Spain - Impreso en España
Imprime: Gráficas Varona
Polígono «El Montalvo» - Salamanca, 2001

Contenido

1. Esta mala monja 9
2. De sangre judía 24
3. Muy honesto en gran manera 35
4. Nació en primavera 49
5. Les pareció feo el rey 59
6. A tierra de moros 80
7. Le muere su madre 89
8. Una chica enamorada 102
9. Encerrada en un internado 118
10. En esta batalla estuve tres meses 128
11. Monja 145
12. La huida 157
13. Aprendiendo de monja 169
14. Un invierno con sol por dentro 180
15. Donde se narran los curiosos relatos de la curandera y del clérigo hechizado 188
16. Y al cuarto día resucitó 199
17. Se le muere su padre 208
18. Los años largos de la rutina 219
19. Su «conversión»: Teresa cruza la frontera 229
20. Que si Dios, que si el diablo 240
21. Donde se discute con la debida reverencia si la flecha india impregnada con «curare» es imagen acertada para describir la transverberación de doña Teresa 261
22. La salva de la Inquisición un santo «hecho de raíces de árbol» .. 271
23. «Estáse ardiendo el mundo» 288
24. Doña Teresa entra en sociedad 297
25. San José de Avila 314
26. Cinco años en el paraíso 329
27. «Animos fuertes... aunque sean de mujeres» 348
28. Le dan «patente» de fundadora 365
29. Correrías por Castilla y la Mancha 381
30. Monasterio descalzo en Toledo 407

31.	Donde se narran las peripecias estupefacientes de una princesa, aunque tuerta, astro fulgente de la Monarquía; y de una ermitaña, quizá loca, quizá sublime	421
32.	A lomos de jumento escapa de una excomunión	438
33.	Priora de la Encarnación	456
34.	Madre y sus hijas huyen de la princesa fatal	477
35.	El largo viaje a las tierras del sur	493
36.	¿Qué demonios andan sueltos por Sevilla?	513
37.	Pierde batallas...	531
38.	...Pero gana la guerra	562
39.	Las cosas de Madre	584
40.	«Ahora, Teresa, ten fuerte»	592
41.	El corazón contrito	620

1
«Esta mala monja»

Ella creó una costumbre graciosa. Para poner en pie cada convento soportaba mil amarguras que venció con tenacidad y astucia. Al fin llegaba la madrugada, después de una noche trajinando: ya tenía la casa limpia, las monjas dispuestas, el altar preparado en la iglesia; y si las cosas rodaron bien, colchones de paja distribuidos por el dormitorio. Todo a punto para estrenar el convento. Entonces... pedía una campana, buscaba una campana, compraba una campana. Sin campana, madre Teresa no inauguraba su convento. Escasa siempre de dineros, conseguía alguna campaneta, un címbalo o cimbalillo de cuatro cuartos, casi nunca una campana señorial de las que lucen en airosas espadañas. Pero a ella no le interesaba echar campanas al vuelo en alto campanario. Que además el estreno solía ser temprano y hubiera molestado los sueños del personal vecino. No, a ella le bastaba su campaneta, címbalo o cimbalillo, a veces ruin y hasta con algún agujero. Eso sí, nunca estrenar convento sin que sonara la campana.

Me pregunto si madre Teresa ponía su campana por la gente de fuera o para explicar una lección importante a sus monjas dentro. Traía monjas jovencillas a encerrarlas de por vida en clausura. A rezar, amar y sufrir solas y apartadas, silenciosamente. Pero no las borraba del mundo, no las escondía, qué va. Ellas están «ahí» cumpliendo una tarea, su papel social. Monjas al servicio de la comunidad. Quiere que la gente alrededor lo sepa: alguien piensa y ama en nombre de todos. Por eso a cada estreno de convento, su campaneta o címbalo. Quiere que al menos sus monjas lo sepan; están por todos, son para todos.

Ojalá este libro suene como una campaneta en las esquinas de las ciudades y los pueblos donde el personal trafica. Quizá mucha gente no tiene ya ni remota idea de la aventura personal cumplida por Teresa de Ahumada, y mucho menos del rastro que ella dejó en la caravana que somos. Pero «ella» y «ellas» están ahí...

Teresa de Jesús nació a principios del siglo XVI en una España grande y desgraciada. Pienso si a todos los países les suele coincidir la grandeza con recias penas. De todos modos la fatiga dio fruto, pues había llegado la hora de ensancharle los límites al mundo. Hasta dejarlo redondo.

En aquella época la verdad es que las mujeres contaban muy poco, solían verse sometidas a una esclavitud más o menos dorada según el talante y la educación del señor marido. Los hombres podían seducirlas; y era señal de virilidad, de categoría en el varón. Pero las mujeres no debían dejarse seducir: la sociedad las juzgaba y castigaba duramente. El único recurso, una especie de irónica venganza de las damas, solía consistir en alzar sus hijos naturales a la cúspide social forzando el reconocimiento por parte del amante.

Sin embargo el paso del siglo XV al siglo XVI en España ocurre a la sombra de una mujer singular que dio rumbo a nuestros destinos y «tanto montaba» como su marido: Doña Isabel de Castilla. No es raro que la imagen de Isabel sirva como aguja de brújula a todas las féminas españolas del entresiglo y también del XVI, incluida Teresa de Jesús. Si los hombres fuéramos sinceros reconoceríamos que la España de entonces se vestía por la cabeza de doña Isabel, no por los calzones de don Fernando.

España moderna nació y se crió en el regazo de Isabel la Católica. Desde Enrique IV hasta Carlos I nuestros pleitos dinásticos tienen signo femenino. Antes de los Reyes Católicos, la península vive rasgada entre los partidarios de Isabel y los partidarios de la Beltraneja. Durante el reinado, los Reyes Católicos gobiernan con una fórmula de igualdad que realmente atribuye a Isabel las decisiones últimas. Después del reinado, muertos los posibles herederos varones, primero el hijo y luego los nietos, España la hereda Juana la Loca. No importa que la pobre doña Juana esté incapacitada por la locura; de hecho hasta que su hijo Carlos es reconocido rey en las cortes de Valladolid el 1518, llevamos desde 1474 medio siglo con la vida colectiva protagonizada por mujeres. Y tiene su gracia que justo entonces España nos crezca.

Incluso el tribunal de la Inquisición, que respalda como amenazante fondo la biografía de santa Teresa, vino a España por decisión de doña Isabel; el tema resulta bastante complicado porque «además» de defender la fe católica había en juego la «fuerza política» de un tribunal religioso puesto a servicio del poder real.

Todo empezó en el verano de 1477. Los reyes viajaron hacia Sevilla. Doña Isabel de Castilla y don Fernando de Aragón han decidido «poner orden» en las tierras del sur. Preparan el asalto definitivo al último retazo islámico que los árabes mantienen aún en la península: el reino de Granada. Necesitan para ello dominar con mano firme la retaguardia. Pero los nobles andaluces ponen dificultades al ejercicio del poder real. Mientras duró el pleito dinástico entre doña Isabel y la Beltraneja, los aristócratas de Andalucía procuraron permanecer a la expectativa: veremos quién gana y estaremos con él. En este caso «con ella». Ganó doña Isabel. Dos años y medio llevan ya «los Reyes Católicos» dedicados a la unificación de España. Los nobles entregan uno a uno sus castillos. Pero en Sevilla ni el duque de Medina Sidonia ni el marqués de Cádiz, dueños de las fortalezas del sur, acatan las órdenes reales. Y doña Isabel resuelve como acostumbra: viniendo derechamente a enfrentar las dificultades. En julio de 1477, los aposentadores de la reina, Gutiérrez de Toledo y Diego de Valladolid, se presentan en Sevilla con el encargo de preparar la venida de la reina. Para fines de mes.

En efecto, el 24 de julio, rodeada por un cortejo espléndido, la reina entró en Sevilla a través de la puerta de la Macarena. Sobre un altar de plata juró respetar los privilegios de la ciudad. Fue el primer verano andaluz de Isabel la Católica. No le asustaba el calor, como no le asustaban ni el frío ni los hombres. Años adelante, le preguntarán un día: Qué ciudades le agradan para vivir, Salamanca, Toledo, Avila, Segovia...

—Para invierno, responde, la mejor residencia Burgos; para verano, Sevilla.

—Al revés será, le corrige doña Beatriz Galindo: Burgos en verano y Sevilla en invierno.

—Burgos digo en invierno, contesta la reina: con gruesos troncos en la chimenea del castillo mientras cae fuera la nieve; y Sevilla en verano, gozando la frescura de los jardines del Alcázar, y oyendo las caricias del agua en el surtidor.

Ella lo pasó muy bien. Los nobles muy mal, porque los metió en cintura. El pueblo, regular: la reina estableció un tribunal de justicia donde juzgó durante las fechorías de altos y bajos. Hasta el extremo de que el cardenal Mendoza hubo de pedirle un indulto general, porque aterrados los sevillanos huían a miles de la ciudad. ¿Tanto facineroso teníamos acogido en aquellas fechas?

A primeros de septiembre quedó reunido en Sevilla el matrimonio real: don Fernando fue recibido con el debido respeto. El rey venía de pelear duramente ante la fortaleza de Castronuño. Sevilla le ofreció descanso. El cronista del reino, Hernando del Pulgar, anota con las sabrosas expresiones de la época el gozo máximo que aquí hallaron los reyes. Doña Isabel y don Fernando deseaban un hijo varón. El otoño andaluz se lo dio:

> E vino (don Fernando) para la cibdad de Sevilla do estaba la Reyna, e fue recebido por todos los de la cibdad con grand alegría; e allí estuvo algunos días, en los quales la Reyna se fizo preñada. Este preñado era muy deseado por todos los del Reyno, porque nó tenían sino a la princesa doña Isabel que había siete años; en los quales la Reyna no se había fecho preñada. E con grandes suplicaciones e sacrificios, e obras pías que fizo, plogo a Dios que concibió e parió en aquella cibdad un fijo que se llamó el príncipe don Juan.

El nacimiento y el bautizo a las puertas del verano del 1478 dio gran jolgorio a toda España:

> Se ficieron grandes alegrías en todas las cibdades e villas de los Reynos de Castilla e de Aragón e de Sicilia y en todos los otros señoríos del Rey e de la Reyna, porque plogó a Dios darles heredero varón.

La estancia de los reyes se prolongó hasta diciembre de 1478. Fernando iba y venía, pero Isabel estuvo fija. Miraban los dos de reojo hacia Granada, cuyo rey moro, Muley Albohacen, procuró tener relaciones cordiales con ellos aunque les adivinaba las intenciones. Relación cumplida de aquellos años ha dejado un cronista andaluz, el cura de los Palacios, Andrés Bernáldez, que recogió puntillosamente la estancia andaluza de sus reyes. A la reina le complacía escuchar la lectura de los anales escritos por el cura Bernáldez. Un día doña Isabel se enojó violentamente. El cronista leía: «Y a los tantos de marzo deste año, las tropas de don Fernando derrotaron a los portugueses cerca de Alcántara».

—Señor cronista, protestó la reina; hay que corregir y poner: las tropas de don Fernando y doña Isabel derrotaron a los portugueses cerca de Alcántara; y no olvidéis que en este reyno hacemos ambos a dos y nunca el uno por sí.

Tanto monta. Bernáldez socarrón guardó la reprimenda. Y al año siguiente recitó la parida del príncipe nacido en Sevilla: —«Y a tantos de mayo doña Isabel y don Fernando parieron un hijo en este Alcázar de Sevilla».

Dicen que doña Isabel se mordió los labios.

Tres objetivos principales trajeron los reyes en su primera visita a Andalucía: organizar la administración municipal ajustándola a nuevos esquemas sin suprimir del todo la presencia de los nobles; implantar un eficaz control de policía por medio de la Santa Hermandad; y reforzar la unidad nacional con el cemento de la fe religiosa.

Este negocio de la Inquisición venía de lejos, por toda Europa, con raíces en los primeros años del siglo XIII. Muy al gusto del medievo: una mezcla de intereses políticos y de intereses religiosos daba prestigio al ejercicio soberano del poder. Primero las autoridades locales, obispos y regidores, luego el papa, utilizaron un sistema de «inquisición», de «búsqueda» que pusiera en luz ocultos peligros de desviación ideológica o moral. Esta vigilancia y defensa de los valores supremos ponía un arma de valor incalculable en manos de «la autoridad». Y le confería carácter sagrado.

Los reyes, y desde luego don Fernando y doña Isabel, llamados con todo derecho «reyes católicos», comprendieron las calidades «unitivas» que la religión proporcionaba a la suspirada «nación» española. Tomaron una resolución que iba a configurar por muchos siglos el estilo de nuestra existencia: defender con el poder real la fe cristiana como base de la unidad de España.

Para conseguirlo necesitaban un instrumento: la Inquisición, hasta entonces controlada por los papas.

Y fue cabalmente desde Sevilla cuando por las circunstancias especiales de Andalucía hallaron el pretexto inmediato para urgir de Roma «la confianza» papal que les consintiera organizar y dirigir el tribunal de la Inquisición: pidieron y consiguieron la «bula», firmada por el pontífice Sixto IV, en la cual se apoya jurídicamente todo el desarrollo de la Inquisición moderna o Inquisición española.

Conquistada Sevilla por Fernando III en 1248, ocurrió un reflujo de familias judías que habían escapado hacia el norte cuando la invasión árabe. Unos continuaban la práctica de su religión. Otros estaban convertidos, «conversos», al cristianismo. Todos ellos alcanzaron un peso notable en la economía de la ciudad, e incluso en la representación social y política.

A mediados del siglo XIV, y sobre todo a finales del mismo, sufrieron dos persecuciones sangrientas; la última, en 1391, a causa de las prédicas furibundas del célebre «arcediano» Ferrán Martínez. Los cristianos «fervorosos» hicieron un descubrimiento, muy peligroso para los judíos: que al perseguirlos, matarlos o expulsarlos, fuertes cantidades de bienes y dinero quedaban a disposición de los cristianos. El incentivo de la rapiña fácil despierta el ímpetu «inquisitorial» de los hipócritas.

De hombre a hombre las distancias morales son más cortas de lo que pueda pensarse, y sin duda entre los judíos conversos, como entre los moriscos, y más tarde entre los luteranos, había gente buena y gente perversa: igual que entre los cristianos. Pero los «conversos» ofrecían un blanco fácil, aprovechado, en unos casos con buena intención y en otros con perversas intenciones, por los predicadores de la época.

Cuando llegan a Sevilla los reyes, el año 1477, hay un clima espeso que denuncia crímenes nefandos, sacrilegios, perversiones: todos en la cuenta de los «conversos». Los reyes comprendieron que era «su» momento: reclamaron de Roma facultades para establecer la Inquisición. Y al año siguiente, 1478, las obtuvieron, por la bula de Sixto IV.

Los judíos sevillanos vieron la que les venía encima. Intentaron defenderse: fue su perdición.

Durante los festejos por la estancia de los reyes, disfrutó Sevilla corridas de veinte toros, justas, lances de caballería. Pero la voz de fray Alonso de Hojeda, prior del convento dominico de San Pablo, atronaba desde los púlpitos pidiendo venganza «santa» contra los «judíos secretos» o «conversos» falsamente cristianos. Le ayudaban los clérigos «integristas» de la ciudad, que a una voz ensalzaban «la felicidad y ventura» que habrían de traer al reino los tribunales de la Inquisición. Los reyes encargaron al cardenal arzobispo Mendoza que se ocupara del asunto. Mendoza escribió un catecismo, que sólo sirvió para enfurecer a los predicadores violentos. Obtenida la bula papal, los reyes organizaron inmediatamente «el Santo tribunal» de Sevilla, dos años antes de que fuera establecido para todo el reino «el Consejo de la suprema Inquisición»: los historiadores antiguos atribuyen a Sevilla la «gloria», tan discutible, de haber contado con el primero de los tribunales inquisitoriales.

Sabido es que la Inquisición trabajaba con los métodos habituales de la época en todos los países europeos; y por tanto no sería razonable achacar a «maldad de los cristianos» una letanía exclusiva de horrores: como si sólo ellos los hubieran cometido. Sabido es también que los suplicios aplicados por la Inquisición traen origen remoto de culturas orientales y mediterráneas, incluidas la romana. Concretamente los suplicios por fuego empalman con las costumbres germánicas. Pero ninguno de estos razonamientos «históricos» podrían consolar a los judíos sevillanos, que vieron caer sobre sus cabezas la más espantosa tormenta.

Eran fuertes. Quisieron defenderse. Los capitaneó el rico comerciante Diego de Susón, converso, cuyas riquezas contaban entre las más conspicuas de Andalucía. Susón convocó en su casa a los principales conversos de Sevilla, de Utrera, de Carmona, nombres ilustres y respetados. Les propuso deliberar para buscar una salida. Con influencias, con dinero. Los conspiradores pasaron de celebrar sus conciliábulos en casa de Susón a reuniones más numerosas en la parroquia del Salvador donde acudía gente muy principal: letrados, alcaldes de justicia, algún «veinticuatro» dc Sevilla, aduaneros, almadraberos. Susón les habló enardecido:

—«Nosotros, ¿no somos los principales de esta cibdad en tener, e bien quistos del pueblo? Fagamos gente, e si nos vinieren a prender, con la gente e con el pueblo meteremos a bollicio las cosas; e así los mataremos e nos vengaremos de nuestros enemigos».

Le aplaudieron. Desgraciados. Repartieron la tarea: quién buscaría armas, quién dinero, quién personal. Desgraciados.

Diego Susón tenía una hija, bellísima y casquivana. «Fermosa fembra» la decían en Sevilla. Atada estaba de amores a un caballero cristiano. La Susona contó al amante la conjura de su padre. El cristiano fue a las autoridades. La noticia de la conspiración circuló como un reguero de pólvora...

Fueron apresados. Todos. Juzgados...

Los presos no cabían en el convento de San Pablo. Los pasaron al castillo de Triana.

Una ola de terror cundió por todo el sur de España.

Y comenzaron a arder las hogueras. Los testimonios históricos acerca de las quemas no concuerdan, y algún historiador habrá de ocuparse en ordenarlos concienzudamente. Pero está fuera de toda duda que las primeras hogueras de la Inquisición fueron encendidas el año 1481 en Sevilla; mes de febrero exactamente. Que tuvimos quemaderos en Tablada y en el Prado. Y que las primeras «gavillas» de abrasados fueron realizadas con el rico Susón y sus amigos. Comenzó aquel día una trágica historia en la cual iban a perecer conversos, moriscos, luteranos, víctimas todos de una postura intolerante que por desgracia ha caracterizado las relaciones religiosas y políticas durante muchos siglos. El plano de Sevilla, dibujado en 1771 por mandato de Olavide, señala en el Prado de San Sebastián «el Quemadero» oficial de los herejes andaluces.

Nace Teresa de Ahumada —Santa Teresa de Jesús— el 1515. Este año muere en Granada Gonzalo Fernández de Córdoba, el Gran Capitán, cuyo talento estratégico hizo de la infantería española el cuerpo más aguerrido de Europa. La Beltraneja consume su existencia en un convento; doña Juana sigue loca de remate; a primeros del año que viene desaparecerá del escenario don Fernando el Católico, yéndose a descansar definitivamente —tanto monta— con su mujer doña Isabel, ya enterrada doce años antes, en la capilla real de Granada; nuestros marinos navegan todos los océanos, nuestros soldados pisan todas las tierras de Europa. Con seis y ocho millones de habitantes, nos hemos convertido de repente en el primer país llamado a tareas universales. Mientras nacía España unida, también Inglaterra y Francia obtuvieron rango de estados nacionales. No así Alemania e Italia, partido su suelo en minúsculos fragmentos de difícil soldadura. Y España da un paso adelante: las herencias múltiples cruzadas sobre la persona del emperador don Carlos, nos empujan hacia tareas «planetarias». Don Carlos será el primer monarca «cósmico» de la historia. No es casualidad que a don Carlos le toque dar su venia para que el verano de 1519 salgan por las bocas del Guadalquivir en Sanlúcar de Barrameda los cinco navíos de Magallanes dispuestos a dar la primera vuelta al mundo: uno de los cinco bajeles regresará tres años más tarde bajo el mando de Juan Sebastián Elcano demostrando que efectivamente la tierra es redonda.

Redonda, pero vive Dios que ancha: le caben moros, piratas, turcos y protestantes. La España del emperador no da abasto a producirle a don Carlos tantos soldados, tantos cerebros, tantos descubridores, tantos santos como necesita. Extraño, maravilloso cado este nuestro, capaz de mezclar en un revoltijo indescifrables pelafustanes y héroes.

No lo voy a escribir para evitar una frase retórica, pero quizá en el reparto de papeles del siglo XVI le tocó a Teresa mantener abierto el diálogo con Dios mientras sus paisanos conversaban con todos los habitantes de la tierra.
Ella, a quienes no la conozcáis estas páginas os guardan muchas sorpresas, fue una mujer fina. Simpática. Seductora, fue realmente seductora. Dios mismo, que así la hizo, pienso que se dejó seducir por ella.
Arrullada en una suave mediocridad social y espiritual, le costó trabajo dar el paso definitivo de su auténtica «conversión» íntima, igual que a los hombres de Cortés y Pizarro les costaba quemar las naves o cruzar la raya de donde no se regresa. No es lo mismo irse monja que penetrar en los misterios de Dios. Teresa entró en la nube y entonces su existencia ofreció un espectáculo fascinante.
Introdujo en sus relaciones con Dios algo semejante al «tanto monta» de doña Isabel y don Fernando. Teresa supo de veras que Cristo la consideraba suya; hasta el extremo de que tradicionalmente se le atribuya un diálogo inverosímil con Cristo:
—Tú ¿quién eres?
—Yo Teresa de Jesús; ¿y tú?
—Yo Jesús de Teresa.
Fuerzas oscuras la zarandean. También vais a sonreír cuando leáis las relaciones de Teresa con el diablo. En la España del siglo XVI el diablo existía de veras, y los españoles se lo tomaban en serio. Hubo en aquellos tiempos un consumo enorme de agua bendita, remedio fulminante contra las apariciones diabólicas. Los españoles tenían conciencia de pelear no sólo contra turcos, flamencos, aztecas y luteranos, luchaban también con las legiones del averno. Medio en serio medio en broma, se reconocían movidos por vientos sobrenaturales. Por eso los caballeros andantes salían a defender en las llanuras manchegas la justicia de los pobres y la virtud de las damas frente a malandrines y fantasmas. La clerecía, curas, frailes y monjas, reñían su descomunal batalla contra Satanás a fuerza de agua bendita. Había que tenerla siempre a mano. No lo vais a creer, en la España imperial hasta los locos eran ocurrentes. Vaya una muestra.

Por los años de 1570, se cruza en la biografía de Teresa una inquietante mujer, la princesa de Eboli, esposa de Ruy Gómez, el gran valido de Felipe II. La Eboli era muchas más cosas, en su momento lo veremos. Al círculo de los Eboli pertenecía una ermitaña famosa, Catalina de Cardona, alejada del mundo en una cueva de la ribera del Júcar. Pues cierta noche la ermitaña Catalina vio aparecer a la entrada de su cueva un sujeto barbudo, luego se supo que loco escapado, quien la intimó que le siguiera para ir juntos a solucionar la escasez de agua bendita mediante un remedio discurrido por él: bendecir entero el río Júcar, y así la demanda quedaría plenamente satisfecha. El loco era forzudo, la pobre ermitaña tuvo que subir y bajar con él por las orillas del río hasta la madrugada.

La maravilla de Teresa reside en que nunca perdió su sentido común. Pasaba sin traumas de la oración a la cocina, de los éxtasis a las facturas pendientes. Sus escritos místicos utilizan imágenes campestres, alaban el agua, gozan la gracia de las «fontecicas». En el locutorio del convento, Francisco de Salcedo se impacientó un día:

—¿No puede, Madre, dejar de hilar mientras le hablo?

Teresa responde, sonriente:

—Así aprovecho más el tiempo, señor, quiero que mis monjas trabajen.

—¿Cuánto ganará la Madre con su trabajo en esta media hora? ¿cuántos reales? Yo se los pago, la Madre suelta la rueca y me mira a los ojos...

Puso siempre a punto un comentario sabroso, dejando que sus hijas paladearan la intención. Le alabaron demasiado a una monja marisabidilla, infatuada; y madre Teresa le aplicó el correctivo suave de una comparación con ella misma:

—Yo no soy tan *letrera* como ella, no sé qué son los asirios.

La monja nunca más habló de caldeos y asirios.

Quién le hubiera dicho a madre Teresa, ella tan consciente de las limitaciones impuestas a su condición femenina, que un papa del siglo XX, Pablo VI, la elevaría al rango de «doctora de la iglesia»: a pesar de su ignorancia en torno a los asirios.

Teresa de Jesús da una réplica cristiana a los interrogantes de su época. Su época es el Renacimiento. Y teniendo en cuenta que nosotros los actuales habitantes del planeta somos hijos del Renacimiento y llevamos incorporados a nuestras venas contenidos de la mentalidad renacentista, resulta que las posiciones de Teresa nos interpelan en línea directa.

Lo explicaré mejor si trazamos un paralelo entre la doctrina espiritual de santa Teresa y la postura del papa Juan Pablo II en nuestros días. La tarde en que supimos el nombre del papa nuevo, los periodistas desconcertados trabajamos recio a la búsqueda de datos para componer una semblanza de aquel extraño «Wojtyla» que había cortado la «trayectoria italiana» de pontífices. Los teléfonos echaban humo. Y salimos del paso. Pero a mí me pareció que por honradez profesional debía ponerme inmediatamente en viaje hacia Polonia para investigar las huellas de aquel cardenal eslavo, ahora «implantado» en Roma. Muchos colegas de todos los países tuvieron la misma idea, y caímos como una plaga de langosta sobre el pueblecito Wadowice, cuna de Karol Wojtyla.

Desde Wadowice fue cuestión de suerte penetrar poco a poco en la red arterial por la que había discurrido la existencia del sujeto. Hasta entonces Polonia me había semejado un país lejano e inaccesible, «defendido» de miradas indiscretas a la sombra de la frontera que figura en los mapas estratégicos del Pacto de Varsovia.

Mis compañeros de los grandes diarios mundiales y de las cadenas de radio y televisión volvieron satisfechos con su botín de noticias pintorescas y algunas fotos familiares que pronto dieron la vuelta al mundo. Yo decidí que no tenía prisa y me puse a bucear concienzudamente el ámbito familiar y amistoso donde Karol vivió de joven. Había sospechas de que antes de hacerse sacerdote tuvo una o dos novias; y hasta le hallaron «una mujer secreta» y un hijo... Era preciso aclarar tales fantasías.

La tarea fue larga, aunque bien sabrosa. La definición de Karol Wojtyla que me traje al final, está contenida en dos palabras que me repetían quienes mejor le conocieron: «fervoroso y adorable», Wojtyla fue para sus amigos un ser «religiosamente fervoroso» y «humanamente adorable». La verdad es que yo también quedé captado por las cualidades del «tipo humano que inesperadamente se había convertido en sucesor de Pedro. Desde entonces he seguido «profesionalmente» sus rutas, he espiado su comportamiento en Roma, he acompaña-

do sus viajes, he escuchado su voz y he leído hasta la última línea de sus papeles, los oficiales y algunos privados. Karol Wojtyla continúa siendo para mí, que no carezco de un espíritu crítico bastante peligroso, una persona «fervorosa y adorable».
Naturalmente me sorprendió el recelo con que gran parte de los escritores españoles y algunos clérigos comenzaron a recibir las actuaciones del papa Wojtyla, y también las he sometido a crítica cuidadosa: la mayoría nacen de un total, incomprensible y descarado defecto de información. Juzgan un personaje que no conocen: disparan contra un Wojtyla inexistente. Lo cual se entiende bien cuando los que hablan y escriben son periodistas o políticos comprometidos con un partido o inscritos en una línea de pensamiento, anticlerical, antieclesial o antireligiosa. Pero entristece si se trata de laicos o sacerdotes inmersos en la comunidad cristiana y por tanto hermanos en la fe. Quizá la explicación del fenómeno dependa en gran parte de la estulticia con que nos hemos dejado empapar de ideas y sentimientos servidos «para los cristianos» desde «cátedras periodísticas o televisivas» donde imperan comentaristas no creyentes, incluso decididamente agnósticos.

Este trasvase «desde la irreligiosidad hasta el ámbito de los creyentes» ha influenciado sin duda la producción de algunos teologuillos de medio pelo que sin mover una ceja se permiten juzgar y condenar la persona del papa.

Esta temporada me ha tocado cumplir simultáneamente dos tareas, cada una de las cuales se basta por sí misma para «marcar» la existencia de un escritor, dejándote una huella profunda que equivale en la práctica a una «vocación»: uno de esos golpes por cuyo medio el Señor de las rutas nos empuja hacia la meta planteándonos «conversiones» sucesivas. ¿Cuáles tareas? Trabajo a la par esta biografía de santa Teresa y una biografía de Karol Wojtyla.

La conexión «externa» de ambos temas reside en la anunciada venida del papa: a presidir cuando el programa fue concebido, la inauguración del centenario teresiano; y «a lo largo o a la clausura» del mismo ahora que se prolongan las consecuencias del atentado. Se añade la atracción que Teresa de Avila y Juan de la Cruz ejercieron sobre Karol en su época de muchacho y joven sacerdote. Sumemos la famosa fidelidad de madre Teresa a la iglesia santa —santa, aunque tejida con los mimbres que ella conoció y con las cañas que ella sufrió—: la «devoción eclesial teresiana» incluye matices conmovedores, dignos de reflexión en esta época de frivolidad comunitaria.

Pero me importa subrayar la conexión «interna» de las respuestas que Teresa de Jesús y Juan Pablo II dan a los problemas fundamentales de sus épocas respectivas en un punto concreto de coincidencia.

La visión global de nuestra historia de la salvación está incluida en tres círculos que abarcan el misterio de Dios, el misterio de Cristo y el misterio del hombre. Del Renacimiento para acá, el pensamiento moderno establece una ruptura entre los círculos «liberando» al hombre de la subordinación religiosa que implican los círculos de Cristo y de Dios. Según la famosa síntesis, pasamos de la época teológica a la época antropológica, en la cual «el ser humano» ocupa el centro de la creación y cuyos últimos resultados vivimos ahora con los planteamientos «seculares» de la existencia.

La sagrada Escritura nos dice que Dios habita una luz inaccesible, por encima de toda posibilidad de conocimiento humano: nuestra mente carece de instrumentos adecuados para «tocar» el ser divino. El misterio de Cristo representa cabalmente un «puente» de Dios hacia la creación y de la creación hacia Dios. Gracias al círculo o anillo de la encarnación la fe cristiana entabla «relaciones» eficaces y fecundas entre el círculo de Dios y el círculo creado.

A la tentación de «aislar» al hombre cortándole sus referencias profundas al misterio de Dios, santa Teresa y Juan Pablo II responden «asiéndose» a la persona de Cristo que por su naturaleza divina nos alza hasta Dios y por su naturaleza humana ilumina la existencia del hombre: santa Teresa «arranca» del misterio de Cristo para elevarse al misterio de Dios, mediante la práctica permanente de la oración contemplativa; Juan Pablo II «arranca» del misterio de Cristo para iluminar las realidades terrenas.

Todos los iniciados en la doctrina teresiana conocen la fuerza con que santa Teresa «utiliza» la humanidad de Jesús para «interpretar» y vivir el misterio de Dios: «a través» de Cristo Teresa «camina su camino» hacia Dios. Su penetración en el misterio la cumple apoyada, sostenida, probada y consolada con Cristo hombre, su esposo, su amor, su ternura, su «Jesús de Teresa».

El papa Wojtyla «utiliza» la humanidad de Jesús para «interpretar» y vivir el misterio del hombre. Los mejores analistas de su pontificado coinciden en que la espina dorsal del pensamiento y de la acción de Juan Pablo II la constituye el tema del hombre, y no fue casualidad que la primera y fundamental encíclica suya se titule *Redemptor hominis*. Wojtyla apoya y defiende «a los hombres», con fuerza especial a los hombres marginados, hambrientos, sufrientes. Su inmersión, su «participación» en el magma humano al que pertenece, adquirió dramático relieve al soportar un atentado terrorista, plaga definitiva de nuestra época.

Pero esta inmersión de Wojtyla en el tema humano, esta participación y esta interpretación, las realiza *desde el misterio de Cristo*.

Juan Pablo II acepta la sociedad secularizada, la separación de poderes, el respeto democrático de la libertad; él sin embargo «no está» secularizado, él es un creyente, un hombre de fe cristiana, que «mira» e «interpreta» la humanidad desde el misterio de Cristo.

Aquí late la razón última del malestar, del disgusto que «este papa tan simpático» produce a quienes hoy pretenden «borrar» de la convivencia social todos los contenidos religiosos: Wojtyla les gustaría por su estilo, por su aire actual, por su colaboración en la lucha contra el hambre o a favor de la paz; les gustaría si al mismo tiempo «no tradujera» a la fe cristiana los acontecimientos, las cosas, la conducta y los programas. Si no midiera «con el metro Cristo...».

La monja mística y el papa catequista coinciden, pues, «en la humanidad de Jesucristo», en ese misterio eje de nuestra historia de la salvación que empalma el círculo misterioso de Dios con el círculo misterioso del hombre. Ella cumple su misión histórica agarrándose a la túnica de Jesús para caminar hacia las estancias más interiores del castillo. El sale con Jesús hacia los campos abiertos donde los hombres viven su aventura personal y colectiva.

Sobre el tapiz fascinante de su tiempo, voy a contaros la biografía de una mujer que se llamó a sí misma «mala monja» pero representa uno de los esfuerzos máximos realizados jamás en nuestro planeta para «entrar» en las recónditas moradas donde late la presencia de Dios. Que además caminara miles y miles de kilómetros a pie, a lomos de mula, y en carreta, sembrando de conventos el mapa de España; que además escribiera media docena de libros en un lenguaje plateresco; que además le ocurrieran fenómenos sorprendentes de éxtasis, arrobos y levitaciones; que fuera, en fin, una mujer graciosa, vivísima, seductora..., todo es nada junto a los hechos que le ocurrieron en su relación con Dios y ella presenta sin temblores:

—De ver a Cristo me quedó impresa su grandísima hermosura, y la tengo hoy día.

Quizá en los tiempos ramplones, arrugados y piojosos que nos toca vivir, la experiencia de Teresa signifique algo merecedor de reflexión.

2
De sangre judía

Entre 1945 y 1950 los devotos de santa Teresa sufrieron un tremendo sobresalto. Parecía un fuego cruzado. Desde tierras americanas una obra de don Américo Castro traía enfundada en bellos razonamientos la intuición de que un análisis profundo del estilo literario y vital de Teresa de Jesús denuncia íntimas conexiones con los «cristianos nuevos» convertidos del judaísmo al catolicismo. Entretanto el paciente investigador don Narciso Alonso Cortés halló en los archivos de la Real chancillería de Valladolid un puñado de viejos legajos donde consta blanco sobre negro la ascendencia hebrea del padre de santa Teresa: los documentos de don Narciso confirman la hipótesis del genial poeta de la historia que fue don Américo.

La noticia dejó atónito al personal y ni el mismo Alonso Cortés acababa de creérsela: ¡santa Teresa de Jesús fue de sangre judía!

Un pormenor indica la categoría del susto. Por aquellos años remataba el carmelita padre Efrén de la Madre de de Dios la primera edición de su *Tiempo y vida de santa Teresa:* estudio biográfico de alta calidad que de hecho coloca al insigne fraile en el puesto de honor de los «teresianistas» actuales, como heredero del inolvidable padre Silverio. Al padre Efrén le aterró «el efecto moral» de la noticia entre sus lectores y procuró suavizarla: intenta explicar que el abuelo de santa Teresa trataba demasiado a los judíos hasta dejarse «convertir» por ellos y apostatar de la religión cristiana. Don Américo se enfadó muchísimo con aquella «hipótesis absurda»:

> Como si fuera posible y verosímil que cuando multitud de judíos se convertían al cristianismo por miedo a las torturas y a las matanzas, un toledano de nombre Sánchez, hubiese tenido a fines del siglo XV la discreta ocurrencia de hacerse circuncidar.

En la edición posterior de su trabajo, el padre Efrén admite sin disimulos que el abuelo de la santa fue «judío converso».

La cosa todavía sube de tensión: el abuelo de Teresa, además de judío convertido al cristianismo, renegó, judaizó, es decir, cometió el «definitivo pecado» entonces merecedor de la hoguera.

Veamos la historia. Porque si don Juan Sánchez de Toledo, abuelo paterno de Teresa de Jesús, llega a descuidarse y cae a destiempo en manos del alto tribunal de la Inquisición lo queman vivo y nos quedamos sin santa. Realmente la historia zarandea como paja al viento la existencia humana.

Este elemento biológico de su sangre judía afecta profundamente la biografía de Teresa de Jesús y late como secreta motivación de actitudes suyas: le incorpora al formidable remolino donde se amasan los caracteres propios de «eso que llamamos España», según certera expresión de don Pedro Laín.

Somos los iberos un amasijo insigne que Américo Castro ve integrado por «tres castas de creyentes cristianos, moros y judíos»: del entrecruce de esas tres castas resultaron los españoles. Don Américo desarrolló ardorosamente esta visión tan sugestiva de la «realidad histórica de España», y provocó una famosa réplica de don Claudio Sánchez de Albornoz, nuestro más respetado medievalista, quien reprocha a don Américo su olvido del «elemento indígena» previo a moros y judíos en «la contextura vital hispánica»: cuando el año 711 los berberiscos de Tariq pusieron pie en Gibraltar, «la estructura funcional de los peninsulares estaba ya firmemente acuñada». La descomunal batalla entre Castro y Albornoz ha sido acompañada con investigaciones históricas muy sabrosas. Por lo que se refiere a los judíos, conversos o no, en el paso del medievo al renacimiento español, nuestro conocimiento de la época está enriquecido con los trabajos de Caro Baroja, Domínguez Ortiz, Fernández Alvarez y tantos otros.

La convivencia de los judíos en el seno de la sociedad hispana planteó desde siglos atrás los problemas típicos de recelo que una minoría compacta suscita en la mayoría popular. Nuestro conocido cronista el cura de los palacios Andrés Bernáldez llamó a los judíos «gente muy sotil» y los acusaba de vivir a costa de «logros y osuras»: la «usura» fue un reproche común, nacido quizá de ver a los judíos acaparando riquezas mediante el ejercicio de oficios malquistos, sobre todo la recaudación de contribuciones y los préstamos. Este olor de las riquezas acumuladas por los judíos estimuló muchas de las persecuciones movidas contra ellos bajo capa de religión, pues atacarles proporcionaba oportunidad de echar manos a sus dineros.

Las matanzas por una parte, y por otra la presión social que limitaba el acceso de judíos a determinados empleos, multiplicaron el número de «conversiones» a la fe cristiana; en muchos casos evidentemente falsas, en otros casos, sinceras. Surgió a lo largo del siglo XV una situación curiosa: los cristianos hacían molesta, a veces intolerable, la vida a los judíos, de manera que los impulsaban a convertirse; pero la conversión resultaba sospechosa, y de hecho se les miraba «como una quinta columna dentro del estado cristiano». Vicéns Vives calculó el número de conversos durante la primera etapa del siglo XV en unos cien mil, influyentes por sus relaciones financieras y su prestigio intelectual: «muy pronto se les acusó de herejes, se les llamó judaizantes y marranos». El número aumentaba con el avance del siglo, sobre todo cuando los Reyes Católicos pusieron España en pie de «guerra santa» para conquistar Granada: la nación avanzaba hacia la meta de su unidad política y religiosa. En cada reunión de cortes, caballeros y eclesiásticos de alto rango solicitaban a los reyes medidas de dura discriminación contra los judíos: que llevasen «señales coloradas» y las hembras «una luneta azul» en el hombro derecho; que viviesen en barrios aislados; que se vigilasen sus prácticas religiosas.

Y sobre todo temían los cristianos el contacto de los judíos conversos con los judíos fieles a su religión. Los documentos históricos demuestran que «muchos cristianos nuevos» provenientes del judaísmo continuaban practicando en secreto ritos judaicos, es decir, «judaizaban». No puede causar asombro, ya que la ley talmúdica considera nulas las conversiones al catolicismo obtenidas por la violencia y ampara a los «forzados» (*anuzim*).

Así resultó que mientras España ganaba a los musulmanes el último territorio del reino nazarí, estaba en tensión interna por la presencia de la minoría hebrea, con dos matices inquietantes: judíos propiamente tales, y «conversos» o cristianos nuevos. La suspicacia social amargó la vida de familias sinceramente convertidas, de las cuales brotaron más tarde personajes de alta calidad política y literaria: fray Hernando de Talavera, confesor de la reina católica, y luego primer arzobispo de Granada; Luis Vives, Juan de Avila, Juan de Dios, Luis de León, Mateo Alemán, Diego Laínez... y Teresa de Jesús. Todos ellos, expertos en «letras santas», podrían haber repetido las famosas exclamaciones de Alonso de Cartagena, judío de origen y obispo de Burgos: «No pienses correrme por llamar los hebreos mis padres; sonlo, por cierto, y quiérolo; ca, si antigüedad es nobleza, ¿quién tan lejos?».

«Cuando Castilla inicia su vuelo —dice Fernández Alvarez—, los reyes católicos están gobernando sobre un pueblo heterogéneo de cristianos, moros y judíos. A partir de entonces los judíos, los conversos y los moriscos constituirán una pólvora harto inflamable para no tenerla en observación constante».

Los reyes obtienen el año 1478 del papa Sixto IV la famosa bula otorgándoles el tribunal de la Inquisición. La primera sede del tribunal se instaló en el convento de San Pablo, de Sevilla. La Inquisición estaba ordenada a conservar la pureza de la fe; por tanto su competencia no alcanzaba a judíos y musulmanes, sino a los «conversos», que podían ser denunciados como sospechosos de apostasía, es decir, de retorno a su religión judaica y escarnio de la cristiana. Los inquisidores comenzaron su trabajo en tierras andaluzas con tal denuedo que parientes de las víctimas y eclesiásticos de espíritu evangélico elevaron quejas al papa, quien amenazó con abolir el tribunal. Isabel y Fernando emplearon a fondo su talento diplomático para evitar que Roma se reservara el nombramiento de los jueces; y consiguieron la facultad de recomendar al papa sus candidatos. Así por deseo de Isabel, el 2 de agosto de 1483 fue nombrado inquisidor general de la corona de Castilla el prior del convento de dominicos de Segovia fray Tomás de Torquemada.

Torquemada amplió las sedes del tribunal, designó inquisidores subalternos y promulgó las «Instituciones del santo Oficio» que desdichadamente admitían denuncias anónimas y exigían a los fieles delatar cualquier sospechoso.

En su avance hacia las ciudades del norte, el tribunal llegó a Toledo. Y sembró de pánico las casas de docenas de «conversos»; concretamente una que mucho nos importa: la del abuelo de santa Teresa.

El jefe de aquella casa era mercader, y se llamaba don Juan Sánchez de Toledo.

Don Juan y su gente «vivían espléndidamente». Gracias a las investigaciones de Gómez-Menor conocemos preciosos detalles de la existencia de los conversos en Toledo, y sabemos que la palabra «mercader» no significa simplemente «tendero». Los «mercaderes» en Toledo pertenecían a la clase dominante, por encima de artesanos e industriales. «No era oficio manual, se les equiparaba a las profesiones liberales». Comerciaban simultáneamente en varios ramos: joyas, tejidos, libros, especias, productos muy costosos y respondían de la adquisición, el transporte, los talleres artesanos de reconversión, almacenaje, venta al por mayor y distribución. Total, los «mercaderes» ejercían simultáneamente de financieros y comerciantes. A veces abrían además tienda al público en el barrio comercial de Zocodover. Con estas características, no resulta extraño que los conversos tomaran el de mercader como uno de sus oficios predilectos, junto al de letrados, médicos y clérigos.

El mercader toledano don Juan Sánchez tenía asentada su familia en una «casa señorial de la colación (parroquial) de Santa Leocadia»: años más tarde la casa será comprada por el poeta Garcilaso de la Vega.

Juan Sánchez disponía en Toledo de un negocio floreciente, con dos secciones principales. Por una parte comerciaba paños y sedas, mercancías cuyo uso creció en la España de los Reyes Católicos imponiendo modas costosas hasta el punto de inquietar a la reina doña Isabel. Por otra, manejaba un tinglado típico entre conversos: la recaudación de impuestos públicos, unos de carácter civil otros de carácter eclesiástico. Esta segunda ocupación de don Juan, el arrendamiento de rentas, le dio una categoría social muy elevada, pues le facilitó contactos amistosos con los obispos de Plasencia, Salamanca, Toledo, Santiago, y con dignatarios de la corte: de joven hasta debió de incorporarse a la camarilla de Enrique IV, pues alguien recordaba a Juan Sánchez como «secretario del rey». La relación personal de Juan Sánchez con los estamentos dominantes, disimuló en Toledo su condición de converso, que invalidaba a una persona para ejercer legalmente el arrendamiento de tributos, reservado a los hidalgos. Ciertamente satisfecho y feliz, dueño de «sus casas e viñas», Sánchez frecuenta la buena sociedad toledana.

Don Juan está casado con doña Inés de Cepeda, perteneciente a una familia, también «conversa», oriunda de Tordesillas y establecida en Toledo: donde los Cepeda produjeron un miembro relevante, el «muy ilustre y venerable señor» don Nuño Alvarez de Cepeda, clérigo de talento que ganó plaza de canónigo en la catedral de Sevilla. Y fue probablemente el canónigo pariente quien avisó a los Cepeda y a los Sánchez de Toledo la tormenta que les venía encima.

El tribunal sevillano de la Inquisición no respetaba ni rey ni roque: cayó en tromba sobre el canónigo Nuño Alvarez de Cepeda, «converso» procedente de Toledo. ¿Quién planteó la denuncia; dónde se apoyaba una «sospecha» de «judaizar» tan inconsistente, referida a un señor canónigo? Quizá el canónigo don Nuño, «culto lector de Virgilio y de otros clásicos latinos, aficionado a la medicina y al ajedrez», había lucido demasiado el linaje hebreo de su familia en términos parecidos al obispo burgalés don Alonso de Cartagena: ¿podía sentirse avergonzado un canónigo del parentesco racial con Jesús y los apóstoles?

Fuera lo que fuese, en los meses del invierno de 1480 el canónigo don Nuño puso pie en polvorosa con el tiempo justo de evitar la cárcel de la Inquisición: vista su fuga, los inquisidores sevillanos entraron a saco en los bienes, abundantes, del canónigo. Don Nuño viajó a Roma, y el suyo fue uno de los testimonios alegados ante el papa Sixto IV como prueba de los excesos cometidos por el recién estrenado tribunal.

Triste primavera de 1485 para la familia Sánchez: la Inquisición asienta el tribunal en Toledo. Por las cartas del canónigo don Nuño, los Cepeda y los Sánchez conocen la seriedad del peligro.

Aquel año de 1485, el abuelo de santa Teresa don Juan Sánchez de Toledo andaría por los cuarenta y cinco de su edad. Doña Inés no sabemos. Tenían ya tres o cuatro niños: ciertamente el mayor, Hernando; Alonso, que será el padre de santa Teresa, contaría por estas fechas de cinco a seis años.

No parece difícil imaginar el desbarajuste causado en Toledo por la llegada de la Inquisición: la ciudad se encogió de temor; si el tribunal actuaba a fondo podía «desencuadernarla», descomponerla. Porque Toledo, anota Gómez-Menor, era una población «judeocristiana»: la clase dirigente la constituían familias conversas, resultantes de la fusión de cristianos con judeoconversos; y la clase mercantil, completa. Los conversos habían fundado conventos, sostenían hospitales; se contaban a docenas entre frailes y hombres de letras toledanos. ¿Cuál iba a ser el tratamiento de la Inquisición a esta maravillosa ciudad?

De entrada, el tribunal estuvo amenazante. Promulgó el edicto «de gracia»: las personas que hubieran apostatado o cometido algún delito contra la fe debían comparecer dentro de un corto plazo y confesar ante los inquisidores pidiendo reconciliación. Pasado el plazo, el tribunal procedería con rigor. Divulgó además las normas que obligaban a delatar sospechosos, y el formulario de prácticas o ceremonias judaicas.

He reflexionado largamente preguntándome cómo es posible que un tipo listo y «exitoso» como don Juan Sánchez, recibido amistosamente por la clerecía castellana, hubiera «judaizado» regresando de su «conversión cristiana» a las prácticas de la religión hebraica. ¿Qué le ocurrió? No lo entiendo, ni creo que jamás el enigma se aclare por falta de documentos.

El 22 de junio de aquel 1485, Juan Sánchez de Toledo compareció voluntariamente ante el tribunal, tenemos acta del santo oficio:

> Dio, presentó e juró ante los señores inquisidores que a la sazón eran, una confesión en que dijo e confesó haber hecho e cometido muchos y graves crímenes y delitos de herejía y apostasía contra nuestra santa fe católica.

Crímenes, delitos, herejía, apostasía... Si no se trata de una «fórmula» utilizada en el tribunal para cuantos acudan a solicitar reconciliación, me quedo tieso ante la capacidad de hipocresía en aquel «amigo de obispos». Olfateo que esta incredulidad mía la compartieron sus conocidos, a quienes quizá él dio alguna explicación: porque de hecho no le retiraron su amistad. Me gustaría penetrar las cavilaciones del astuto mercader toledano y oír los diálogos con su mujer las largas noches de aquel mes de junio. Si habían judaizado, el único camino para librarse de la hoguera era la confesión. Si no habían judaizado, ¿quién les garantizaba verse libres de cualquier denuncia, ellos, colocados en una cúspide bienestante merecedora de múltiples envidias?

El tribunal aceptó su confesión, le perdonó, y le impuso penitencia:

> Echaron al dicho Juan Sánchez de Toledo un sambenitillo con sus cruces, e lo traía públicamente los viernes en la procesión de los reconciliados que andaban de penitencia siete viernes de iglesia en iglesia, e andaba públicamente con otros reconciliados.

Cayó a Juan Sánchez la pena mínima. El catálogo de penas menores ascendía del «sambenito» a la prisión, la flagelación, multas, confiscaciones. De las mayores, mejor no acordarse:

prisión perpetua y auto de fe. El «sambenito», larga túnica generalmente amarilla con una cruz roja en el centro, exponía la procesión de penitentes a la mofa popular. Fue la pena mínima, pero hubo de significar recia humillación para el rico mercader toledano cumplir revestido del sambenito la visita a las iglesias siete viernes seguidos.

Con él fueron oficialmente reconciliados sus hijos, menos el mayor. No parece que a los niños les impusieran pena. Plantea un interrogante la mención explícita en los documentos de que el hijo mayor de Juan Sánchez no fue reconciliado. Algunos investigadores interpretan que Hernando permaneció firme en la religión judía: escapó de Toledo a Salamanca, donde cambió su nombre por el de Fernando de Santa Catalina; estudió leyes, casó, y murió en edad temprana. A su permanencia en la apostasía, atribuyen el escaso trato de Hernando con sus hermanos: la historia del Sánchez Cepeda «no reconciliado» habría ensombrecido el futuro familiar. Gómez-Menor sostiene por el contrario que Hernando «no se reconcilió» porque «no había apostatado»: quizá muchacho ya mayorcito se negó a entrar en el lote de culpas, reales o tácticas, reconocidas por su padre para evitar mayores males.

Lo que sí está claro es que Juan Sánchez no consintió que la afrenta inquisitorial le hundiera. Me pregunto si el «sambenito» fue impuesto al gran número de conversos toledanos «importantes» decididos a librarse de amenazas de hoguera: con muchas personas notables de Toledo sometidas a igual penitencia, quedaría rebajada notablemente la ignominia.

El «toledano» continuó gobernando brillantemente sus empresas; y a sólo quince años de la reconciliación planteó, y obtuvo en Ciudad Real, un pleito de hidalguía: le costaría sus dineros, pero los hijos recuperaban la categoría de hidalgos; y por tanto, «con limpieza de sangre». Tenaz sujeto, el Juan Sánchez: la nieta tuvo a quien salir.

De todos modos deseaba don Juan que andando el tiempo la sombra del «sambenito» no entristeciera las alegrías de sus hijos y nietos; quiso evitarles todo peligro de rechazo en la vida social conquistada por él a fuerza de puños y cerebro.

La solución, cambiarlos de ciudad.

Planeó la mudanza sin prisas, no fuera a parecer una fuga. Además él pensaba mantener abierta su casa de Toledo y residir frecuentemente en ella. Pero los hijos, decidió cobijarlos bajo otro cielo donde fueran, desde siempre, «distinguidos», ricos, y «limpios de sangre».

Podía elegir. Contaba amigos y corresponsales por muchos pueblos y ciudades. En Salamanca, por ejemplo, donde residía el hijo mayor, Juan Sánchez era huésped habitual del arzobispo don Alonso de Fonseca, titular de Santiago y residente en su casa solariega salmantina.

Le decidió probablemente a trasladar la familia, el decreto de expulsión de los judíos firmado en Granada por los Reyes Católicos el 31 de marzo de 1492: Juan Sánchez teme algún coletazo contra los conversos, ya que el mismo texto del decreto aduce como causa fundamental el proselitismo de los judíos sobre los conversos al cristianismo.

Los reyes dieron tres meses de tiempo para bautizarse a los hebreos que escogieran permanecer en España: los demás tenían que partir con mujeres, niños, criados, familiares; llevando bienes, pero ni oro ni plata. Hasta el cronista Bernáldez, poco amigo de judíos, sintió lástima viéndoles trocar «una casa por un asno y una viña por un poco de paño o lienzo». Desde las rayas de Francia y Portugal, y embarcados en puertos de Levante o Andalucía, abandonaron España ciento cincuenta mil hebreos. Caro Baroja calcula en doscientos cuarenta mil los que permanecieron bajo el ropaje de «conversos».

Don Juan Sánchez sabe que hay conversos de todo pelaje, y prefiere evitar a su familia nuevas pesquisas de la Inquisición.

Elige Avila.

En la campaña comercial de 1493, el mercader toledano encargó a un delegado y pariente suyo, Antón de Villalba, montarle «una rica tienda de paños e sedas» en cal de Andrín, de Avila. Sin duda en viajes anteriores don Juan había escogido personalmente el local y la casa donde aposentar a su gente. Abierto el comercio, don Juan trajo la mujer y los hijos: sabemos que se llamaban Alonso, Pedro, Ruy, Elvira, Lorenzo, Francisco y Alvaro. El mayor, Hernando, vive ausente y «silencioso» en Salamanca. La prueba de la inquietud de don Juan por las consecuencias de la «reconciliación» religiosa está en que al hijo Alonso le ha cambiado el apellido: cuando lo trae a su nueva residencia abulense aparece inscrito no como «Alonso Sánchez de Cepeda» sino con la extraña denominación «Alonso de Piña». La costumbre de los tiempos autoriza el cambio voluntario de apellidos, así favorece el disimulo de un nombre peligroso.

El mercader «toledano» apenas para en su sede abulense, utiliza sus idas y venidas como medio para impresionar a los nuevos convecinos. Gasta maravedises a chorro en conseguir el esplendor social de sus hijos, que «lucían mucho sus personas, con sus caballos muy buenos» y ellos «bien ataviados como hombres muy de bien»: «Tratan con hijos de muy buenos hidalgos e parientes de caballeros de los principales de la ciudad».

A finales de siglo el negocio de pañería sufrió un serio colapso: doña Isabel espantada por los lujos de la corte, dictó una pragmática prohibiendo «gastar trajes, pañizuelos e otras prendas de seda desordenadamente»; intervino la seda en rama y sometió a control aduanero la importación de telas. Don Juan Sánchez disminuyó sus negocios comerciales y aumentó los arrendamientos de impuestos: la familia Cepeda vivía en Avila «muy limpiamente», sostenida con «buena facienda» y considerados «hombres muy de bien».

Toledo quedaba lejos; y si alguna murmuración confidencial llegaba hasta Avila, no pasaba de merecer una sonrisa pícara: don Juan va a casar su prole con excelentes partidos, y un hijo suyo canta misa. ¿Qué más podría apetecer el mercader toledano?

Teresa de Jesús saltará por encima de los estatutos «de limpieza de sangre» a la hora de aceptar candidatas a sus conventos. Pero ella, mujer con sentido práctico, está siempre alerta para esquivar cualquier maniobra hostil a cuenta de su origen hebreo. La sociedad hispana fue sordamente dura contra los «marranos». A los Cepeda en Avila les protegía el estilo enérgico de don Juan el patriarca, dispuesto a quemar una fortuna con tal de insertar su descendencia en la trama cristiana «normal» de la ciudad. Pagarán todos los precios y utilizarán todos los recursos: abandonan el apellido Sánchez, casas con familias linajudas, embarcan a luchar en Indias. La inmensa mayoría de las personas que andando el tiempo se muevan en torno a madre Teresa, ignorarán el linaje hebreo de la fundadora. Sin embargo ella sigue vigilante. Un día su predilecto el padre Gracián le gasta una broma a cuenta de los nobles apellidos Ahumada y Cepeda; madre Teresa respondió enojada:

—Me basta ser hija de la iglesia católica; más me pesa haber cometido un solo pecado venial que si fuera descendiente de viles y bajos villanos y «confesos» de todo el mundo.

Teresa pensaría por dentro lo que Gracián ignoraba: su biografía personal pudo haberse truncado con solo llegar tarde don Juan Sánchez de Toledo a «confesar» ante el santo tribunal...

3
Muy honesto en gran manera

Es en Avila primavera suave del año 1515 y le ha nacido una niña a don Alonso de Cepeda. La del alba sería; don Alonso anotó cuidadosamente las circunstancias del acontecimiento en una cédula digna de figurar aquí con todos los honores:

> En miércoles, veinte y ocho días del mes de marzo de quinientos y quince años, nació Teresa, mi hija, a las cinco de la mañana, media hora más o menos, que fue el dicho miércoles, casi amaneciendo.

Ya el buen don Alonso cometió una fechoría histórica dejando al aire un dato, y este defecto de información proporciona hoy quebrantos de cabeza a los estudiosos. Resulta que Gotarrendura, la aldea donde los Cepeda tienen sus fincas de labrantío, pertenece a la ciudad de Avila: aunque distante veinte kilómetros —cuatro leguas, entonces—, es parte del municipio de la capital. Vamos, «es» Avila. Y «casa» de don Alonso no sólo es la que tiene aquí «dentro» del recinto amurallado de la ciudad, sino también la de Gotarrendura, en el «suburbio» a cuatro leguas.

La cédula de don Alonso no determina en qué casa y en qué Avila le nació la hija, aquel dichoso amanecer de un miércoles suave primaveral. Los críticos han notado en viejos papeles rastros que llevan a pensar si el nacimiento quizá ocurrió en Gotarrendura...

Por encima de tales cavilaciones críticas, pasa el testimonio de la tradición: Teresa nació aquí, en esta casa de «Avila dentro».

He venido, claro, a besar el suelo.

Yo sé que este libro caerá en manos de lectores muy lejanos, de países remotos. Y sé que si no han visto Avila será inútil que ahora intente ayudarles a imaginar la ciudad.

La construyeron ¿cuándo? Quién lo sabe.

El centro de la meseta castellana está cruzado en diagonal de nordeste a suroeste por una larga cadena montañosa que conocemos con el nombre de Sistema Central, constituido por la Sierra de Guadarrama, con alturas de dos mil quinientos metros, y la Sierra de Gredos, con alturas de casi dos mil seiscientos. Guadarrama y Gredos están enlazados por serranías de menor empaque llamadas Sierra de Malagón, última de Guadarrama, y la Paramera, primera de Gredos. En los espolones de la Sierra Malagón, viejos habitantes de España encontraron una colina de mil cien metros de altitud bordeada por el río Adaja, que viene de Gredos para atravesar de abajo arriba el pecho de Castilla buscando el ancho surco del padre Duero.

Sobre aquella lengua rocosa, de fácil defensa, los celtíberos establecieron una morada primitiva: son testigo lápidas sepulcrales de piedra berroqueña. A los romanos naturalmente les interesó aquel poblado asentado en la loma, con el río a los pies y arriba un cielo azul bruñido. El aire casi todo el año es frío, para que los centinelas no se duerman en la noche. Alargaron los romanos el caserío del cerro y le dieron el nombre de Avela, quién sabe por qué, quizá deformando la palabra ibera *Obila:* el caso es que la ciudad construida a mayor altura sobre el nivel del mar en toda la península, quedó distinguida con rango de «colonia» justo como divisoria entre la provincia Tarraconense y la provincia Lusitana, y adscrita al convento jurídico de Mérida.

Su nombre debió de viajar lejos por aguas del Mediterráneo ya que la tradición cristiana le atribuye uno de los siete varones que según leyendas de la alta edad media fueron enviados desde Roma por «los santos apóstoles» a predicar el cristianismo en España: Segundo le tocó a Abula y fue su primer obispo. San Segundo ha quedado convertido en símbolo de la vida cristiana de Avila, enriquecida a lo largo de siglos con la devoción a los mártires Vicente, Sabina y Cristeta, y con el recuerdo borroso del obispo Prisciliano, discutido asceta y líder espiritual cuyo dramático fin no justifican plenamente los documentos históricos.

A la posesión pacífica de los visigodos, sucedió en Avila el vendaval de los árabes que al mando de Tarik asaltan el cerro y arrasan las murallas romanas para construir otras a su gusto, más sólidas. Ese contrafuerte diagonal formado en la meseta por las sierras de Guadarrama y Gredos constituye una línea estratégica de importancia vital, así que moros y cristianos lo disputan ferozmente piedra a piedra. Rescatada el año 742 por

Alfonso I el Católico, Abderramán gana de nuevo Avila para los árabes el 785: siete veces pasa la ciudad de dueños cristianos a dueños musulmanes, de dueños musulmanes a dueños cristianos. Hasta que Alfonso VI reconquista Toledo en 1085, casi cuatro siglos desde la llegada de los árabes, y encarga a su yerno don Raimundo de Borgoña, marido de la hija del rey doña Urraca, restaurar y gobernar la ciudad de Avila.

Don Raimundo se lució, en gloria esté, que bien la merece por habernos construido uno de los espectáculos urbanos más bellos del planeta. Hay espacios vitales conseguidos definitivamente por los hombres cuando trazan perímetros arquitectónicos para remansar la caravana que somos: por ejemplo las plazas de San Marcos en Venecia y de San Pedro en Roma, la avenida parisina de los Campos Elíseos, la cornisa de casas y juncos alrededor de la bahía de Hong Kong, el Zócalo de México, Park Avenue en Manhattan... Y las murallas de Avila.

Las construyó don Raimundo de Borgoña, en gloria esté. Tuvo la feliz astucia de ofrecer apetitosos privilegios a quienes vinieran de León y Burgos, de los montes cántabros y de los bosques gallegos para repoblar y acrecer Avila: acudieron oleadas de «buenos omes» al viejo cerro sobre el Adaja y traían consigo «gran carreaje de ingenios, muchos maestros de jometría, oficiales de fabricar e piedra tallar, cantidad de fierro, acero e ballestones, mucha moneda y seiscientos carros con muchas compañas e ganado».

En gloria esté, bribón don Raimundo; que los puso a trabajar y levantó en piedra un sueño soñado por él: Avila quedó amurallada con un recinto mágico, sublime.

De peones colocó, junto a gallegos y cántabros, los moros que se habían quedado en la ciudad. Eran un total de dos mil a tres mil obreros cavando la peña bajo dirección de dos insignes «maestros de jometría», el italiano Casandro y el franco Florín de Pituenga. Bendijo los cimientos el obispo don Pelayo. Le bastaron al conde Raimundo, en gloria esté, nueve años para edificar su milagro: de 1090 a 1099; feliz término del siglo onceno en la ciudad de Avila.

La construcción de mampostería se tragó todos los pedruscos que el peonaje hallaba alrededor del cerro, residuos iberos, visigodos, romanos y árabes. Forman las murallas un recinto hexagonal alargado, con dos kilómetros y medio de perímetro. Los muros tienen tres metros y medio de espesor y doce de altura: de altura media, porque suben y bajan según el costado de la ciudad donde estén clavados. Ochenta y ocho torreones de planta semicircular, nueve puertas, cuatro postigos —ya cegados—, dos mil quinientas almenas. El lienzo de muralla que da al oriente lo construyeron especialmente poderoso ya que afronta la explanada donde sin duda acamparán los enemigos que vengan al asalto: este costado tiene dos puertas, la del Alcázar y la de San Vicente, cada una con su par de torres de veinte metros de altura y siete de espesor, su puente, matacán y nichos de flanco. Andando el tiempo las puertas tendrán su historia. La más triste corresponde a la puerta Malaventura: por ella salieron sesenta caballeros una madrugada sin saber que caían en la trampa de un rey. Alfonso I el Batallador, que vino desde Aragón en pelea interna entre cristianos, exigió que sesenta caballeros salieran como rehenes para entablar conversaciones de paz: cuando los tuvo en su campamento los degolló, y mandó cocer sus cabezas en aceite. No será verdad, lo cuenta la leyenda; pero qué certero el pueblo abulense cuando puso «de la Malaventura» a la puerta por la cual salieron al campo los desdichados caballeros.

Don Rodrigo de Borgoña se fue a la gloria de allá dejando acá la gloria de una ciudad prodigiosa: dentro del recinto, los caballeros de Avila que componían Avila de los caballeros; esparcidos al norte y al sur, al este y al oeste, por llanadas, hondonadas, cabezos y a orillas del río, escuderos, menestrales, canteros, tintoreros, curtidores, labradores y chusma medieval. Los moros también quedaron fuera; en cambio los judíos se las apañaron para ocupar dentro de las murallas un sector en la parte baja.

Mucho agradecieron los monarcas de Castilla la bravura de sus caballeros abulenses, porque les fortalecían la punta izquierda de esa formidable línea de defensa formada por la cadena de sierras desde Gredos por Avila y Segovia hasta Cuenca: la cordillera central permitía asegurar a su espalda las tierras reconquistadas, y lanzar incursiones hacia el sur de la península. A los caballeros se les preparaba en Avila desde niños con una mística del honor expresada maravillosamente en las fórmulas cuando les armaban:

> Antes finquéis muertos que fuyades... el home noble non ha de facer tuerto nin vileza por cosa alguna... Otrosí que seades amparo de cualquier dueña e doncella que vos demandare socorro, fasta lidiar por ella siendo la su demanda justa.

Bien se portaron, marciales y altivos. En 1105 Sancho Sánchez metió su legión de caballeros avileses en el corazón de las formaciones árabes al grito de «¡Avila, caballeros!». Todo el siglo XII les vio pelear con tal coraje que, después de Cuenca y de Jaén y de mil aventuras, don Alfonso el Sabio les otorgó el derecho de ir a la batalla los caballeros de Avila «siempre en vanguardia», los primeros. El aire de heroísmo se pegó a la ciudad, incluso las mujeres y los niños respiraban hazañas: los romances cantaron por tierras de Castilla y de la Morería el valor de doña Jimena Blázquez, quien, ausentes los maridos, defendió Avila de un súbito ataque árabe colocando en las almenas miles de mujeres disfrazadas de guerreros.

Escribió don Miguel de Unamuno que al penetrar en Avila por sus puertas «pasando bajo un dintel de piedra» sentía la sensación de entrar en su casa. Don Miguel llamó la ciudad «musical y sonora», comparó Avila con «un diamante de piedra berroqueña», y vio presente aquí «nuestra nunca satisfecha hambre de eternidad».

A mí me asombra cómo esta ciudad que Cela considera «la más castellana de todas las ciudades de Castilla» puede a la vez ser tan italiana, y tan alemana, y tan inglesa: conserva ese misterioso aire medieval que da en los ojos cuando contemplas los recuerdos más bellos del pasado. Son por ejemplo Salzburg y Orvieto. A ninguna de tales preciosidades Avila les envidia nada, la elegirían sin duda su hermana primera, la hermosa, la más pura. Habría que conservarla y mimarla como una pintura románica de aquellas que representan ojos asombrados grandísimos; como una tabla gótica; sí, como un diamante, una joya. Sé que resultaría incómodo para los seres privilegiados que habitan Avila, pero sería ideal vestirlos a la vieja usanza castellana; o al menos conseguir que ningún signo estrepitoso de nuestra civilización actual comida por el ruido y por la prisa rompa el encanto de estas callejas retorcidas y estrechas dentro del recinto amurallado. Valdría la pena el sacrificio. Imaginen los concejales de Avila qué sería su ciudad sin ese camión anchísimo y petulante que de repente ocupa toda la calle de Sancho Dávila. Yo dejaría para entretenimiento del personal los aparatos de televisión, claro, pero siempre y cuando tuvieran las antenas pudorosamente escondidas.

Y por supuesto, habría que dinamitar el banco de España. Tiene bemoles pasar la puerta del Alcázar y toparte de repente tal monstruo que ni siquiera se molestaron en fabricar con piedra de Avila: se limitaron a forrarle malamente los ladrillos con placas, falsas igual que Judas. Lo siento por el banco, pero semejante esperpento no debe continuar ahí, en uno de los rincones sagrados del arte español. Y también la delegación de Hacienda se cubre de gloria quinientos metros adelante, Dios bendito, y qué mal tratan las oficinas del dinero la ciudad de Avila. De verdad, y sin ira, no creo que a tales despropósitos quepa otro remedio que la dinamita: ¿qué tienen que hacer en un conjunto arquitectónico donde existen los palacios Aguila, Velada y Valderrábanos, Blasco Núñez de Vela, Oñate, Superunda, Polentinos y Dávila? Al banco y a la delegación tendría que caérsele la fachada de vergüenza...

Avila puedes mirarla desde dentro afuera, o contemplar la ciudad desde fuera adentro.

Si te asomas en la barbacana o por cualquiera de sus puertas al exterior de la muralla, tu alma se tiende por el norte hacia la inmensa llanada castellana; por el sur gozas un panorama colorista y sabroso, con el río jugueteando al amparo del valle Ambles entre colinas pacíficas que algo tienen de los alrededores de Florencia y del Aljarafe sevillano, árboles solitarios, campos tranquilos; y al fondo, elevadas hasta un cielo azul intenso, las montañas que te parecen un prodigio de grandeza.

Pero me deja sin habla ponerme a mirar Avila entera desde fuera... No lo puedo contar a los lectores lejanos. Sólo decirles que han de venir, que vengan, que ahorren durante años largos de trabajo el precio del viaje, porque de ninguna manera pueden morirse sin haber visto con los ojos que se les comerá la tierra dos ciudades increíbles: Venecia y Avila.

Que vengan. A sentarse quietos y mudos, viendo Avila, mirando Avila calladamente desde los Cuatro Postes o recostados sobre una piedra del Mirador en el cruce de los caminos que van a Salamanca y Martiherrero. Ahí está la ciudad, patena de piedra sobre la cual Castilla levanta al cielo su «hambre de eternidad»; ahí está, ciudad bíblica para cantar en salmos que llevan a la casa del Señor y que mi lengua se pegue al paladar si me olvidare de ti, Sión, Avila, Jerusalén. Patena bíblica. Sentarse a mirar Avila..., yo podría gastar dichosamente mi vida sentándome a ver Avila.

¿Qué gentes viven hoy dentro de Avila? ¿Qué gentes habitaron Avila cuando nació Teresa de Jesús? Supongo que hoy les habrá alcanzado el tirón de la mentalidad secular característica de los últimos tiempos. Pero al viajero da la impresión, ojalá sea exacta, de que todavía conservan rescoldos de la piedad antigua. Hasta pocos años hace, cuando yo fui estudiante en Salamanca, pasar por Avila era conocer castellanos viejos con las cualidades clásicas: reflexivos, reservados sin trampa ni doblez, jóvenes y viejos de costumbres sencillas, hasta ingenuas. Ellos sabían que representaban un remanso, y les gustaba que su ciudad mantuviera en el comportamiento humano cierto aire monacal. Mis amigos de Avila me contaron por aquellas fechas un chiste significativo, que habían inventado ellos mismos en los bares del Mercado Grande. Falló el auto a dos señorones que de Madrid venían hacia Portugal, y tuvieron que pernoctar en Avila mientras un taller les reparaba el motor. Después de la cena decidieron echar una cana al aire. Pegados a la barra del bar bebían su copita de coñac y solicitaron información al camarero:

—¿Dónde podríamos pasar un par de horas divertidas?

—Bueno, la noche está fresquita: si acaso les recomiendo dar un paseíto hasta la puerta del Puente y venirse a dormir; sin bajar al valle, no sea que pillen un catarro.

Ellos deseaban otras direcciones:

—No, no, a nosotros nos conviene una sala de fiestas, un cabaret con chicas complacientes...

El camarero comprendió, y su respuesta fue zumbona:

—Ah, miren los señores, eso en Avila nada de nada.

—¿Nada?

—Nada, y yo se lo explico: en todas partes, por lo visto, la juerga nocturna con mujer que no sea la tuya es pecado; en Avila es... ¡un milagro!

Porque nunca ocurría. El camarero lo dijo con palabras graciosas y contundentes que no puedo repetir, eran otros tiempos. Mis amigos aseguran que le perdura a la ciudad un comportamiento responsable, digno de los tesoros espirituales confiados a su custodia. Avila es aún distinta, para consuelo general.

De cómo era la gente aquí cuando nació y vivió Teresa de Jesús contarán por lo largo las páginas de este libro.

Vayamos ya de bautizo, que en la primavera suave de 1515 le ha nacido una niña a don Alonso de Cepeda.

La niña nace de padres distinguidos, Alonso Sánchez de Cepeda y Beatriz de Ahumada.

Don Alonso es el hijo mayor del toledano don Juan, cuya capacidad empresarial conocemos. Ya los nublados judaizantes que atormentaron a don Juan en Toledo no ensombrecen la trayectoria social brillante de sus hijos establecidos en Avila. El viejo patriarca se da traza para casarlos con la flor y nata de las familias abulenses; que para algo dispone de una fortuna opulenta.

La primera boda fue la de Alonso, y por cierto se retrasó seis meses: habían firmado la carta de dote el 14 de noviembre de 1504; pero corrió por Castilla la noticia de que la reina doña Isabel agoniza en Medina del Campo. Don Juan Sánchez y su hijo Alonso decidieron aplazar la boda: ¿cómo iban a celebrar festejos con España tan triste?

España, triste y atónita. No puede aceptar que efectivamente la reina se le muere. Isabel, la «madre de España», es todavía una mujer de cincuenta y tres años, edad que incluso en el siglo XV no parece agobiante. Sin embargo la reina está gastada por tantos sinsabores. Ha paladeado en treinta años de reinado gozos sublimes: España unificada y libre de rencillas, el poder real fortalecido, Granada conquistada, ganado a los moros hasta el último repliegue de nuestro mapa. Y un mundo nuevo más allá del océano, un mundo que crece y crece por la bravura de marinos y conquistadores. Las cortes europeas aceptan alianzas militares y nupciales con España, y a primeros de este mismo año 1504 Gonzalo de Córdoba ha aniquilado los ejércitos franceses en los campos de Nápoles. Gozos... y penas, las penas que según nuestro ilustre amigo el cronista real Andrés Bernáldez, cura de los palacios, le vinieron a Isabel por «las muertes de sus hijos»: fueron para ella «los cuchillos de dolor que traspasaron su ánimo y su corazón». El insigne cronista, para eso fue clérigo, imagina a la reina como una virgen dolorosa sevillana. El único varón, príncipe don Juan, amor y esperanza de Isabel para el futuro de España unida, muchacho encantador, atractivo, murió en plena juventud, recién casado con la archiduquesa Margarita. Isabel siempre lo llamó «Angel», su ángel; ángel quizá de España. Don Juan dejó a Margarita embarazada, y las ilusiones de nuestro país estuvieron pendientes del parto: nos ha ocurrido varias veces a lo largo de siglos. Pero el niño de la archiduquesa Margarita nació muerto. Pobre reina Isabel, comenzaba su larga letanía «de cuchillos de dolor».

Había casado a la infanta Isabel con el príncipe Alfonso de Portugal, hijo del rey Juan II: Isabel de Castilla dejó que su marido Fernando de Aragón negociara los enlaces matrimoniales de los hijos, convencida de que a su marido le sobraba perspicacia para obtener de cada boda provecho político. A los pocos meses la infanta Isabel enviudó. Recobrado el ánimo a la vera de su madre, la infanta aceptó volver a Portugal y casarse con el primo de su anterior marido: don Manuel el Afortunado, guapo, gentil y sensible, estuvo desde que la conoció secretamente enamorado de la infanta española. Don Manuel ya era rey de Portugal. Convertida en reina, nuestra infanta recuperó la alegría de vivir, concibió un hijo, vino a dar a luz en Toledo, al cobijo de doña Isabel, el verano de 1498: Castilla, Aragón y Portugal estuvieron esta vez colgados del nacimiento; significaba reunir en un heredero la península entera... Nació niño, se llamó Miguel. La tragedia fue que la joven reina portuguesa, Isabel, infanta primogénita de nuestros Reyes Católicos, murió en el parto. Doña Isabel se agarró a la vida del nieto: inútil, dos años más tarde el niño Miguel se le murió en Granada llevándose al otro mundo tantas esperanzas que no cabían en su minúsculo féretro.

Las tres hijas menores de doña Isabel las ha repartido el rey don Fernando por Europa.

Juana vive en Flandes casada con el archiduque Felipe, llamado el Hermoso, hijo del emperador austriaco Maximiliano; podrían ser felices; muertos los hermanos mayores de Juana, toca a ellos la herencia del trono español; tienen ya cuatro hijos, dos hembras y dos varones, al mayor de los cuales, don Carlos, corresponderá el imperio austriaco y la monarquía española; podrían ser felices, don Felipe y doña Juana, pero a él le complace coquetear con todas las mujeres de Europa y a ella se la comen los celos: consumida por la «locura de amor» ocasiona lances incómodos que atormentan la vida de doña Isabel.

La segunda de las tres hijas que le quedan a la reina de España, María, sí es tranquilamente dichosa en Portugal donde casó con su cuñado el rey don Manuel, viudo de su primera esposa Isabel.

Pero a la última hija, Catalina, «la más amada —según los cronistas— de Fernando, y el más cabal retrato de su madre Isabel», le ha muerto el marido Arturo, príncipe de Gales y heredero de la corona inglesa; ahora Catalina, por decisión del extraño y avaro rey británico Enrique VII, aguarda en Londres que el segundo hijo del rey crezca unos palmos ya que han decidido casarla con él; doña Isabel presiente que a Catalina le vendrán tiempos amargos, y menos mal que no puede conocerlos del todo: Catalina será efectivamente mujer de Enrique VIII y se verá repudiada y encerrada de por vida en el castillo de Kimbolton, mientras...

Cuchillos de dolor para la reina de España, agonizante en un austero palacio de Medina del Campo. Dicen que los últimos correos de Flandes la han traído una noticia penosa: doña Juana, aprovechando un viaje del archiduque Felipe su marido, mandó atar a una silla la última amante de Felipe y ordenó al barbero cortarle la cabellera rubia y afeitarle la cabeza. Doña Isabel sabe que su hija está loca, pero ha de asegurarle en testamento la sucesión y será el desaprensivo archiduque Felipe quien de verdad ostente el poder real: redacta Isabel el testamento escribiéndoles consejos sabios —sujeción a los fueros, a las leyes y costumbres de sus reinos, y que cuiden evitar que personas extranjeras ocupen puestos y dignidades civiles o eclesiásticas—, aunque ella adivina que sus recomendaciones le traerán al fresco a su yerno; y para el caso de que Juana y Felipe continúen residiendo fuera de España, designa a su marido don Fernando regente del reino.

En el caserón de Medina murió doña Isabel a mediodía del 26 de noviembre de 1504. Un cortejo fúnebre la llevó pausadamente por Avila y Toledo hasta Granada, donde quiso ser enterrada. Reina católica y dolorosa de España: llovía recio, santo Dios...

Guardados seis meses de luto nacional, el rico mercader Juan Sánchez, llamado en Avila «el toledano», decidió que era hora de casar a su hijo Alonso. Y que la boda fuera rutilante. Ya desde año y medio antes —que primero hubo desposorios y luego la carta de dote— los Sánchez tenían a la novia cargada de collares, sortijas, brazaletes, manillas, «una gorgera e una cofia de oro e una falduela de ruán amarillo con cinco tiras de raso carmesí, e un mantón... e un monjil... e un ceñidero de tafetán labrado de oro, e guantes, e cintas, e tocas, e una camisa de holanda labrada de grana, e dos pares de chapines...», vamos, una fortuna. Fue la novia del año, en Avila. El viejo mercader toledano don Juan, ha comprendido que suena la hora de lucir.

Novia rica y distinguida, doña Catalina del Peso; hija de don Pedro del Peso y de doña Inés de Henao, familias campanudas. La boda, mayor de 1505, respondió a las expectativas, con la novia hermosamente ataviada y el novio pisando fuerte gracias a los trescientos cincuenta mil maravedises —unos tres millones y medio de pesetas actuales— que don Juan su padre le había entregado como dote; para aquella época, un fortunón de vértigo. El matrimonio se instaló provisionalmente en una mansión junto a la catedral. En el mes de noviembre compraron por noventa mil maravedises la antigua «Casa de la Moneda» de Avila, casi pegada al lienzo sur de la muralla; realizaron reformas convenientes y se instalaron en ella.

Los recién casados, felices; y más feliz don Juan el toledano cuando le anunciaron que para la próxima primavera sería abuelo: nació una niña, que llamaron María; a mediados del año siguiente un niño, que llamaron Juan. En honor del abuelo.

A lo largo de 1506, don Juan casó la hija Elvira con el caballero avilés don Hernando Mejía; y el hijo Pedro con doña Catalina del Aguila. Los Mejía y los Aguila, dos apellidos linajudos. Don Juan comenzó a pensar que ya podía morir tranquilo.

Y se murió, en el paso de 1506 a 1507. No sabemos de qué. Pero aquella temporada se había desatado sobre España un vendaval de pestes que aterrorizaron el personal, y se llevaron por delante nada menos que al rey de España el austriaco Felipe el Hermoso; cuyo reinado apenas duró tres meses, ya que las Cortes de Valladolid le proclamaron en julio de 1506 y la fiebre lo mató en septiembre. La pobre doña Juana, loca de remate, embalsamó el cadáver, lo depositó en la Cartuja de Miraflores, de Burgos, y se pasaba horas muertas contemplándolo. Quizá fue su temporada de dicha; ya su amado no la engañaba, quieto para ella. Cuando la epidemia arreció, en pleno invierno, doña Juana ordenó que trasladaran su tesoro muerto a Torquemada, Hornillos, Tórtoles, Tordesillas: un sombrío cortejo fúnebre recorría los campos helados de Castilla con el ataúd escoltado por clérigos y seguido por la reina Juana en silla de manos. Jamás se vio tal río de dolor. La reina estaba preñada, y cada vez que hacían alto ella custodiaba personalmente el ataúd: le dio la locura por temer que la muerte fuera una trampa de Felipe, quien podía levantarse repentinamente y escapar con alguna amante. Doña Juana no consentía que mujer ninguna se acercara... El rey don Fernando, que trajinaba por Nápoles, cruzó España a uña de caballo y convenció a su hija para que, al fin, el muerto y los vivos descansaran definitivamente en Tordesillas: a Felipe lo enterraron en la iglesia del convento de Santa Clara, y a doña Juana la encerraron en el palacio contiguo.

Así que fue sonada la peste aquella por el personaje ilustre fallecido. Y en Avila destrozó la familia de los Sánchez: primero cayó el anciano mercader don Juan, en día impreciso; luego su hijo Hernando, el bachiller «exiliado» en Salamanca, que nunca renegó de su condición secreta de judío y por prudencia se mantuvo siempre alejado de la familia; y al fin, víctima inesperada, la linda doña Catalina, esposa reciente de don Alonso y madre de dos chiquitines. Cuando Catalina se puso enferma la llevaron a la sierra buscando aire puro. Inútil: el ocho de septiembre de 1507, murió.

La peste pasó. Los hermanos Sánchez de Cepeda quedaron desconcertados sin la jefatura del padre, añosa encina a cuyo alrededor se sentían protegidos. Alonso, el mayor, pensó que debía buscarse mujer cuanto antes para que le cuidara los dos pequeños: Juanito, niño de pecho; y María, de año y medio. Era rico, muy rico, con la parte de herencia que le tocaba del padre más cuatrocientos mil maravedises dejados por la difunta Catalina. Y joven, veintisiete años. ¿Qué podía hacer?

Ha conocido una muchacha que le gusta. Rica también, y distinguida. Casi niña, todavía. Sin duda el viejo mercader don Juan el toledano, santa gloria haya, hubiera aprobado la elección. Se llama doña Beatriz de Ahumada. Pertenece a una familia de la raya de Valladolid, en la villa de Olmedo, con grandes posesiones en una aldea del municipio de Avila, a cuatro leguas de la ciudad, llamada Gotarrendura. Por ese motivo los Ahumada frecuentan Avila donde están emparentados con gente distinguida. Don Alonso les ha conocido como primos de la familia del Peso, los padres de su difunta doña Catalina. Estos Ahumada, don Juan y doña Teresa —apellidada ella de las Cuevas—, tuvieron seis hijos de los que sólo dos, Juan y Beatriz, sobrevivieron. En sus blasones lucían lobos y encinas quizá como alusión a las enormes fincas que los reyes les adjudicaron por el comportamiento valeroso de sus mayores en la lucha contra los moros. Cuando Alonso manifestó que se había prendado de la primita de su anterior esposa, Beatriz contaba trece años y era huérfana de padre. La madre aprobó el enlace con Alonso, reconocido como mercader de los más adinerados de Avila.

Otra vez los hermanos Sánchez de Cepeda cumplieron los festivos ritos desposando formalmente a don Alonso con doña Beatriz y rubricando el compromiso a fuerza de «joyas e vestidos». La boda, sonada, la celebrarán en la aldea de Gotarrendura donde los Ahumada poseen fincas de categoría: Alonso prometió entregar a su esposa «por honra de su virginidad e acrecentamiento de su dote» nada menos que «mil florines de oro buenos e de justo peso»; acuñados en la ceca de Aragón por el rey don Pedro IV, estos florines eran la moneda elegante de España y valían cada uno «diez reales e veinticinco maravedises de plata». Beatriz correspondería al novio con una dote en fincas por valor de seiscientos mil maravedises, que elevan a cifras de ensueño la fortuna del primogénito de «don Juan el toledano»; sin contar la herencia que a doña Beatriz le tocará cuando muera su madre.

Todos contentos... menos la santa y romana iglesia católica. Quién iba a decirnos que los padres de santa Teresa comenzaban su vida en común ¡excomulgados los dos! Para evitar chanchullos económicos, y hasta criminales, muy propios de la época, la iglesia tenía establecido un lote de «impedimentos» matrimoniales entre parientes directos o indirectos. Una abuela de la difunta Catalina y el abuelo de la novia Beatriz fueron primos, hijos de hermanos, así que «las dichas Catalina e Beatriz» resultaban afines en cuarto grado: Alonso no podía comprometer su boda con Beatriz sin pedir previamente la dispensa del impedimento, bajo pena de excomunión. Prisas del amor o descuido, el caso es que Alonso y Beatriz formalizaron su desposorio sin solicitar la dispensa: quedaron automáticamente excomulgados.

Cuando alguien cayó en la cuenta, Alonso debió de alarmarse: él recordaba perfectamente los trajines que la familia traía de Toledo por asuntos religiosos, y de ninguna manera le interesa reavivar aquellos antiguos rescoldos. Así que se apresuró a solicitar el correspondiente perdón poniendo en manos del comisario general de Cruzada —quien recogía el dinero para sostener los gastos de la corona— un donativo sustancioso. Era el otoño de 1509. El comisario les firmó la dispensa y levantó la excomunión. Alonso respiró. Programaron la boda para la segunda mitad de noviembre.

Fue gran fiesta en Gotarrendura. Los noventa y cinco vecinos de la aldea saborearon el acontecimiento: pasarían muchos años y todavía recordarán «las gallinas que comieron en la boda» de su señora joven, «muy ricamente vestida en seda e oro».

El matrimonio se instaló en su casa de Avila. Se llevan quince años, ya que Beatriz ha cumplido catorce y Alonso roza los treinta. El matrimonio funciona bien. Doña Beatriz es además de bella, virtuosa; y don Alonso, lo sabemos por el testimonio de la hija que ha de nacerles, Teresa, hombre «muy honesto en gran manera».

Primero nace un niño; luego otro niño; la tercera, una niña. Aquí nació Teresa. He venido a besar el suelo.

4
Nació en primavera

Les nació el primer hijo, y don Alonso se fue a la guerra. A doña Beatriz, tan jovencilla y ya madre, la noticia de la guerra le apretó el corazón. Las mujeres de España saben a lo largo del siglo XVI que sus hombres algún día tendrán que partir y probablemente no volverán. América traga chorros de la juventud española. Ahora también Italia. Y mueren en la raya de Francia. Pronto, muy pronto, Flandes. El sol que alumbra el imperio sin dejar que venga la noche, está sostenido sobre los hombros de nuestros muchachos. A las mujeres toca quedar en casa criando hijos... que más tarde, a sus diecisiete, dieciocho años tomarán el relevo del padre ausente: partirán también.

A Beatriz se le encogió el corazón. Ella sabe de la guerra: dos de sus hermanos, Sancho y Antonio, cayeron jovencillos en los campos de Nápoles. Ahora le llevan el marido...

Por fortuna, don Alonso volverá.

El niño nace al año de la boda, en 1510. Lo llamaron Hernando.

Don Alonso sentíase dichoso. Estaba prendado de los campos de Gotarrendura traídos por su mujer a la fortuna familiar. Le gustaba dirigir personalmente los trabajos agrícolas y aumentó las cabezas de ganado. De mercader por parte de padre, pasó a agricultor por razón de esposa.

Pero a la puertas del verano de 1512 recibe una cédula del rey invitándole a la guerra.

El rey era don Fernando el Católico, viudo de doña Isabel, padre apenado de la reina loca doña Juana, suegro infeliz de don Felipe el Hermoso. Don Fernando nunca se dejó abatir por las desgracias. Siempre respondió al tirón del poder. Gracias a don Fernando España recién unida y grande pasó sin descalabros de la reina doña Isabel al nieto don Carlos. Gracias a don Fernando y al enjuto fraile franciscano Jiménez de Cisneros, arzobispo de Toledo. Apenas se soportaban, quizá se odiaban el fraile y el rey. Sin embargo los dos ponían los intereses de España por encima de sus afectos personales.

Muerto el Hermoso en 1506 y loca doña Juana, la corona de Castilla correspondía al infante don Carlos, hijo del desdichado matrimonio. Carlos contaba seis años. Hacía falta un regente que tomara las riendas hasta la mayoría de edad de aquel niño lejano y desconocido, nacido de padre austriaco, madre española, y residente en los pálidos ducados de Flandes.

Nada más morir don Felipe el Hermoso, el arzobispo de Toledo Jiménez de Cisneros organiza con algunos nobles un Consejo de regencia y envía recado urgente a don Fernando, que navega de Barcelona a Nápoles: iba el rey personalmente a tomar posesión del reino que el Gran Capitán había conquistado para la corona de Aragón. Don Fernando, aconsejado por su astucia maquiavélica, ha pactado a la muerte de doña Isabel con su adversario habitual Luis XII rey de Francia: le pidió por esposa a Germana de Foix, una jovencita de dieciocho años, sobrina del rey francés, ofreciéndole como dote la mitad del reino de Nápoles. Don Fernando había cumplido ya cincuenta y cuatro años, pero Luis XII le entregó encantado su sobrinilla como prenda de la presencia francesa en Nápoles.

Nuestro monarca aragonés recibió la noticia en Portofino: ha muerto el Hermoso, y Castilla le reclama a él para regente. Don Fernando entendió las prisas del arzobispo Cisneros. El pequeño infante don Carlos, además del abuelo materno que era don Fernando, tenía lógicamente un abuelo paterno: nada menos que Maximiliano I emperador de Austria, quien reclamaría para sí la regencia de Castilla hasta la mayoría de edad de su nieto. Don Fernando contestó a Cisneros que cumpliría velozmente sus deberes en Nápoles y regresaría cuanto antes a España.

Efectivamente, después de lucir por la bahía el bello espectáculo de su nueva esposa, don Fernando llegó a Castilla en pleno agosto de 1507. Le recibió Cisneros, a quien el rey traía de Roma como obsequio el capelo cardenalicio. Un puñado de nobles favorecidos por el difunto Felipe el Hermoso intenta crear problemas sosteniendo la candidatura del emperador Maximiliano como regente de Castilla: don Fernando los desbarata en un tres por cuatro.

Cisneros, vestido con galas cardenalicias, continuó siendo un fraile asceta. El dinero de sus rentas del arzobispado de Toledo, lo ahorraba para una oportunidad gloriosa: puso a disposición de don Fernando ocho millones de maravedises.

Con este respaldo económico, el rey decidió dedicar los primeros años de su regencia a fortalecer las bases españolas en la costa norte de Africa: limpiaría de piratas moros el Mediterráneo y libraría de amenazas constantes los puertos españoles del sur. Allá fueron los españolitos a pelear con variada fortuna: ganaron batallas relumbrantes como la de Orán; y sufrieron reveses terroríficos en la isla de Djerba, a la entrada del golfo de Gabes.

Lo que realmente ocupaba el tiempo de don Fernando fue un tejer y destejer de intrigas con los monarcas europeos interesados por las bellas comarcas de Italia. En estas maniobras estuvo complicado, hasta la punta de la tiara, el papa Julio II, político indomable que deseaba fervientemente arrojar del suelo italiano todos los ejércitos extranjeros. Jamás lo consiguió, por supuesto.

En aquel barullo militar y diplomático, de quien nunca pudo fiarse el rey español fue de su colega francés. Ha de ser verdaderamente difícil que franceses y españoles nos entendamos, cuando no lo consiguió don Fernando de Aragón, y miren que además de católico era sutil. Quizá por aquellos años ya los mozos de mi tierra aragonesa cantaban la jota que tres siglos más tarde sostendría los ánimos en la guerra de la Independencia: «La virgen del Pilar dice, que no quiere ser francesa: que quiere ser capitana, de la tropa aragonesa».

A don Fernando no le valió ni haberse casado con la sobrinita del rey francés, qué va: el más bravo general contra los españoles en las batallas italianas fue un «rayo de la guerra», el duque de Nemours, Gastón de Foix, ¡hermano de Germana, la mujer de don Fernando! Murió prematuramente en la batalla de Rávena, primavera de 1512: y menos mal, porque si el Gastón dura tres años deja a su hermana sin la bahía de Nápoles.

Digamos la verdad completa, tampoco los franceses podían confiar en don Fernando de Aragón, cuya astucia diplomática llega a las estrellas. Así supo aprovechar los barullos bélicos de Italia para realizar uno de los sueños de su vida: la incorporación de Navarra a la corona española.

Mediante una guerra relámpago.

Envió cédulas de movilización a todos los caballeros de sus reinos; una de las cuales fue dirigida a don Alonso Sánchez de Cepeda, esposo reciente de doña Beatriz de Ahumada y padre novel de un chiquitajo.

El reino de Navarra pretendía mantenerse independiente a caballo de los Pirineos, pero de hecho la geografía lo clavó irremediablemente dentro de la península ibérica: por mucho que los reyes de Francia conspiren, el día tiene que llegar.

Don Fernando lo precipita a cuenta de las guerras de Italia. Ocurrió que el rey francés, irritado por las maniobras políticas del papa, concibe el proyecto de quitarle la tiara y elegirle sucesor: reunió un «cónclave cismático» en Pisa, al que solo acudieron cuatro cardenales.

El monarca francés, Luis XII, les forzó a declarar depuesto al papa Julio II; no se atrevieron a elegir sucesor.

El papa contraatacó lanzando bulas de excomunión contra el francés, sus amigos y sus aliados, explicitando además que cualquier ejército cristiano quedaba autorizado para entrar a saco en los territorios del renegado. Esto con la mano derecha; porque mientras, con la mano izquierda, Julio II firmó la «Santa liga», octubre de 1511: Venecia y Fernando de Aragón se comprometían a sostener los derechos del pontífice. Don Fernando convenció a su yerno Enrique VIII de Inglaterra, donde Catalina de Aragón disfrutaba todavía una existencia pacífica, para que atacara al francés por el oeste haciendo tenaza con la «Santa liga» contra Francia.

Por estas fechas reinan en Navarra Catalina de Foix y Juan de Albret. La reina Catalina pertenece a la dinastía de los condes de Foix, señores de Bearn, parientes del rey francés y naturalmente de la reina Germana de Foix, mujer ahora de don Fernando de Aragón. Catalina casó con el noble Juan Albret, rico terrateniente francés. La familia Foix estaba internamente revuelta, y cada una de sus facciones buscaba apoyo en algún sector de la nobleza navarra, con lo cual el reino carecía en absoluto de seguridad: dependía prácticamente de la asistencia que le prestara el rey francés.

Apuntaba el verano de 1512, cuando un ejército inglés a las órdenes del marqués de Dorset desembarcó en Guipúzcoa para invadir Francia por la costa atlántica. Don Fernando, cuyos espías le tenían al tanto de negociaciones secretas entre Albret y Luis XII, se hizo el tonto y pidió al rey de Navarra que como buen cristiano se aliara con el ejército inglés y el castellano para atacar al «renegado francés» que había osado agraviar al papa. El navarro intentó dar largas, y fue su perdición: don Fernando convoca a la guerra sus leales de Castilla y Aragón.

A nuestro pacífico agricultor abulense que siembra cereales y cuida ganados en los campos de Gotarrendura, la llamada del rey le emocionó. Don Alonso resuelve ponerse inmediatamente en marcha con los demás caballeros de Avila: se presenta «bien arreado de guerra e de atavío», a caballo «de muy buen caballo e mula e acémila con armas como caballero», amén de dineros para pagar las mesnadas.

El rey católico tenía programado que sus ejércitos entraran en Pamplona el 25 de julio, fiesta del señor Santiago.

Lo consigue.

Concentradas las tropas en Vitoria, colocó en cabeza a don Fadrique de Toledo, duque de Alba, y les ordenó ponerse en marcha el 21 de julio. Apenas hallaron resistencia, fue una cabalgada triunfal. El 23 llegaron a dos leguas de Pamplona. Ante los repechos que rodean la ciudad, el duque abrió en dos alas su ejército con maniobra envolvente. Rompió fuego la artillería, infantes y jinetes ocuparon los pasos estratégicos. Pamplona no responde al ataque: el rey Albret había escapado a galope. La perfecta formación guerrera ideada por Alba, resultó un puro lujo: salieron de las murallas emisarios para entregar al duque, sin condiciones, las llaves de Pamplona.

Efectivamente, el día de Santiago de 1512, las tropas del rey don Fernando desfilaron victoriosas por las calles de la ciudad.

Tenía que llegar, y llegó, la reacción de los franceses. El rey Juan de Albret vino al frente de tropas de Luis XII y estimuló a las poblaciones navarras para que se alzaran contra el «invasor castellano». Avanzó hasta los muros de Pamplona, sitió la ciudad. Los asaltos se sucedieron durante veintisiete días, con fuego de artillería que melló peligrosamente los lienzos de muralla. Dentro, los sitiados aguantaron a pie firme. Las rencillas entre sus nobles dividían las fuerzas de Albret, quien no pudo afrontar los refuerzos enviados por don Fernando en socorro de Pamplona: levantó el sitio, huyó, cruzó los Pirineos buscando refugio seguro en tierra francesa. Don Fernando jugó hábilmente sus bazas: se proclamó rey de Navarra en las principales poblaciones, y al mismo tiempo reconoció los fueros, usos y leyes del país; repartió dádivas abundantes que amansaron a los descontentos; y ofreció una tregua a Luis XII, quien firmó por salir del avispero. Dos años más tarde las Cortes de Burgos declararon la anexión definitiva de la Navarra española a la corona de Castilla.

Por la navidad de 1512, don Alonso Sánchez de Cepeda regresó glorioso entre los caballeros de Avila: habían cumplido con su rey como hicieron los mayores en los tiempos viejos. Doña Beatriz, que no gozaba de buena salud, se sintió protegida.

Al año siguiente, 1513, les nació el segundo hijo, a quien llamaron Rodrigo.

Y en la primavera de 1515, la niña Teresa.

Teresa: por la abuela materna doña Teresa de las Cuevas.

A los antiguos biógrafos les inquietó el nombre de Teresa porque no estaba en el «martirologio», catálogo oficial de los santos desde la época de los apóstoles hasta nuestros días: ¿cómo es posible que las familias Sánchez Cepeda y Ahumada escogieran para su niña un nombre «pagano»? No fue extraña la elección, realizada en honor de la abuela: el nombre figuraba entre las familias españolas igual que otros —Aldonza, Urraca— no inscritos en el martirologio pero con sabor tradicional. En todo caso los biógrafos escrupulosos podrían tranquilizarse pensando que cuando esta niña muera dejará el problema resuelto: las recién nacidas de la cristiandad tendrán una «santa Teresa» a cuya protección acogerse.

La bautizaron hacia mediados de abril. La costumbre española ponía el bautizo al menos ocho días después del nacimiento. De Teresa no queda el registro parroquial. Sin embargo la fiesta tuvo que realizarse más tarde: el miércoles 28 de marzo caía aquel año en la semana de pasión; el miércoles siguiente, 4 de abril, fue miércoles santo. No iban a montar el jolgorio del bautizo dentro de la semana de luto litúrgico: esperarían ciertamente a los días de pascua.

En cambio sí podemos arrodillarnos ante su pila bautismal.

He querido venerarla. Las pilas de bautismo merecen igual inmenso respeto que el nacimiento de los ríos. Me aturde la cantidad de aventuras que le caben a un río desde la fuente hasta el mar: en las fuentes de río me arrodillo, bebo, me lavo los ojos. Cada bautizo parece el nacimiento de un arroyuelo que poco a poco ensanchará su cauce en amplias ondas yendo a dar en la mar que es el morir.

La fuente donde arrancó la existencia cristiana de Teresa, esta pila en que Alonso y Beatriz cristianaron a su niña, es una pieza sensacional.

Pertenece a la iglesia parroquial de San Juan, situada en el corazón mismo del casco antiguo: a la vera del Mercado chico, plaza porticada del ayuntamiento. La iglesia conserva vestigios románicos y es gótica en su cuerpo central, con el crucero y la capilla mayor de estilo herreriano. La mezcla de estilos resultó poco afortunada, y hasta tiene desviado el eje como una persona enferma de la espina dorsal. Era la parroquia de los Sánchez Cepeda. Cuando llevaron a bautizar la niña todavía existía el templo románico y probablemente estaría ya ruinoso: pocos años después del bautizo vino un secretario de Cisneros, fray Francisco Ruiz, destinado de obispo a Avila, y decidió rehacer, en gótico, la parroquia de San Juan.

Pero la pila es una pieza sensacional, del siglo XV, berroqueña, montada sobre un pie también de piedra. La decoración marcándole molduras en relieve como gajos de una naranja. Pienso que bautizar en esta pila equivale a sacar agua viva de los peñascales que se ven alrededor de Avila...

Los padrinos fueron gente de respeto. Don Francisco Núñez Vela, padrino, pertenecía a la crema abulense: a su hermano don Blasco lo veremos más tarde capitaneando misiones dramáticas en Perú por encargo de la Corona. Los Núñez Vela habitaban al ladito de los Sánchez Cepeda, y cuando ya don Blasco sea personaje convertirá su casa en un palacio plateresco de líneas perfectas, armonioso, bellísimo: da gozo verlo ahora, ha tenido la suerte de caer en manos de la magistratura como palacio de Justicia y se conserva intacto, ¡a salvo del banco de España! La madrina, doña María del Aguila, era también gente de respeto y tenía lazos familiares con los Cepeda.

Echemos un vistazo a la casa de don Alonso.

La casa donde Teresa nació y pasó su infancia, ya no es casa: la convirtieron en iglesia. Entrado el siglo XVII, cien años desde el nacimiento de Teresa, los restos del edificio pertenecían a un señor Antonio Bracamonte. Los padres carmelitas le rogaron que por devoción a la santa se los vendiera, con idea de labrar allí una iglesia y un convento. Afortunadamente, los papeles de la época permiten imaginar con bastante exactitud cómo era el caserón de los Cepeda.

¿Por qué compró don Alonso, recién casado con su primera mujer Catalina, esta «Casa de la moneda», grande y destartalada?

Esperaba que Dios le concediera familia numerosa y quería establecerla en un palacio ancho, severo y noble, digno de la categoría social obtenida por los herederos del rico mercader Juan «el toledano».

La «casa» incluía en realidad varios edificios unidos entre sí con patios y minúsculos huertos, y había sido «ceca»: casa donde se labra la moneda.

España las pasó moradas desde la mitad del siglo XIV, muerte de Alfonso XI, hasta que vencido el siglo XV toma las riendas del país doña Isabel la Católica: los hijos de Alfonso onceno, Pedro el cruel, legítimo, y Enrique Trastamara, bastardo, se enzarzaron en una pelea satánica que abrió paso a la dinastía Trastamara. Como suele ocurrir, la corrupción política produjo inmediatamente secuelas de corrupción económica. Los reyes no tuvieron escrúpulos en aumentar las cecas, que de cinco establecidas oficialmente pasaron a ciento cincuenta, sin contar las clandestinas: cualquier pelagatos acuñaba monedas. La moneda castellana era el hazmerreír de los mercados europeos. Un gracioso cronista de la época escribió que «las gentes vivían en Castilla como guineos (africanos), sin ley e sin moneda dando pan por vino y así trocando unas cosas por otras»: ni los labradores aceptaban dinero.

Doña Isabel y don Fernando cerraron las cecas, naturalmente: la moneda se acuñará bajo su vigilancia y donde ellos digan. Una de las clausuradas fue la ceca de Avila. El inmenso caserón quedó desocupado.

Alonso Sánchez de Cepeda lo compró.

Gastó buenos dineros en arreglarlo.

Durante los últimos años del siglo XV les había entrado a los hidalgos abulenses la fiebre de construir, siguiendo el ejemplo de los Reyes Católicos que emplearon en la fábrica del convento de Santo Tomás bienes confiscados a los judíos. Cuentan las crónicas que bastaron treinta o cuarenta años para cambiar la cara de Avila: derribaron las antiguas viviendas de mampostería, roñosas y oscuras, y en sus solares levantaron palacios de piedra con estilo noble renacentista, muy armonioso, cobijados dentro del recinto amurallado. El concejo se ocupó de empedrar las calles, reparar los puentes, traer agua, plantar pinos y sauces a orillas del Adaja.

Don Alonso Sánchez de Cepeda participaba de la fiebre por embellecer Avila mientras convertía la ceca en palacio señorial.

El solar ocupaba un amplio espacio casi a la mitad del lienzo sur de las murallas. La zona lógicamente ha sufrido variaciones pero los documentos permiten localizar la casa entre dos calles paralelas a la muralla: la superior conserva todavía el nombre «de la Dama» y a ella se abrió el portalón sobre el cual don Alonso hizo colocar su escudo; cerquita estaban el hospital de Santa Escolástica y la parroquia de Santo Domingo. La calle de la Dama «era de las principales» y bulliciosas de Avila. En cambio la trasera de la casa daba a una pacífica vía llamada de Santa Escolástica que salía directamente a una de las puertas abiertas en la muralla, la puerta Montenegro: balconada sobre el valle del Amblés. Por esta parte trasera comunicaban los Sánchez con sus amigos Núñez Vela.

Nada queda del viejo caserón. Dicen los papeles que amplios pasillos rodeaban un patio central; y que a los pasillos daban las habitaciones provistas de ventanas escasas y pequeñas, casi ventanucos, protegidas con rejas forjadas. Entraba luz escasa, había que defenderse del frío invernal: los cristales apenas existían, costaban carísimo, de modo que se los suplía con celosías de tabla o de tela. Los dormitorios y el salón, llamado «estrado», estaban enlosados con grandes baldosas de cerámica. En el estrado ponían cojines para asiento, sobre los cuales mujeres y niños se sentaban con las piernas cruzadas al estilo actual de los árabes. Todos los palacios señoriales de Avila disponían de mobiliario noble, al gusto italiano y flamenco, de madera y cobre; alfombras de Flandes, esteras de cuero repujado, candelabros de hierro, arcones de roble en cuyo fondo reposaban ropas elegantes perfumadas.

Dos pesadillas atormentaban a las amas de casa: la humedad y los ratones. Contra la humedad se defendían mediante zócalos de esterilla. La batalla de los ratones nunca la ganó el imperio español. En los corrales criaban gallinas y otros animales domésticos. Las cuadras eran dependencias mimadas; que además de mulas de tiro alojaban buenos caballos.

Qué gozada hubiera sido encontrar ahora vestigios de la casa patriarcal donde nació y creció la niña Teresa. Pero a los cien años el caserón estuvo hecho una ruina y fue razonable que los frailes lo convirtieran en iglesia.

Aquí llaman esta iglesia «la Santa», sin más apellidos: ¿quién otra podría ser «la Santa» en Avila?

La iglesia presenta su fachada cara al sur, es decir, de espaldas a lo que fue el caserón de los Sánchez Cepeda; da frente a la puerta Montenegro, con el paisaje que contemplaría Teresa por los ventanucos traseros de la casa. Tiene a su derecha el palacio de los Núñez Vela, y a su izquierda el convento de los frailes carmelitas. La fachada resulta exagerada, matona, sin gracia; algo la alivian los escudos y las minúsculas espadañas. El templo dentro tampoco vale gran cosa, pero, amigos, da devoción: sobre estos suelos pasó lo que pasó.

En el altar mayor un retablo de talla policromada representa a colores vivos el momento en que la Virgen y San José visten a la monja Teresa «aquella ropa»... Me pongo a repasar, embobado, altares y capillas.

La habitación natal de Teresa está hoy convertida en una capillita barroca toda llena por el resplandor de una imagen de la Santa que de rodillas reza en actitud extática. La talló Gregorio Hernández, probablemente para colocarla en grupo ante el Señor Jesús o la virgen María: ahí sola sobrecoge, la ves atónita ante un misterio impalpable, cautivada por una presencia tan fuerte que alcanza a quien la contempla. «Aquí nació», palmo más palmo menos. Esta fue su casa, su sitio. Lástima el extravío de la cama donde parió doña Beatriz su niña, y que no podamos besar las baldosas sobre las cuales Teresa aprendió a caminar. Sin embargo este rincón barroco donde a la luz se le derraman sus colores profundos, le va bien, le va muy bien al recuerdo de Teresa y expresa de maravilla su mundo: representada la monja carmelita casi como una dolorosa andaluza invadida de todas las penas y sostenida gracias a la violencia interna del amor. En un altarcito a la derecha del crucero de la iglesia está cobijado un Cristo a la columna, quizá pensado por Gregorio Hernández para poner arrodillada ante él la estatua de Teresa. Hernández vivió después de la santa, gran pena me da que no pudiera ella saborear la compasión amorosa a los pies de este Jesús doliente: los quebrantos del Señor no pueden contarse con mayor enternecimiento, y yo quisiera llegar a obispo de Avila sólo para rogar a los frailes carmelitas que prestaran en depósito esta imagen a mi capilla para estarme abandonado a sus pies.

5
Les pareció feo el rey

Teresa fue una chiquilla feliz, no cabe duda.
 Ella misma nos lo ha contado, a su manera, con media docena de trazos vigorosos dedicados a su padre, a su madre, los hermanos, el ambiente de la casa.
 El padre, don Alonso, la adoraba. Y la madre. Y los hermanos. Gozó el privilegio de ser «la pequeña» muchos años. Del primer matrimonio de don Alonso había los dos hijos mayores: María, con nueve años cuando Teresa nació; y Juan, con ocho. Por tanto al llegar Teresa a sus seis años, ya María estaba en quince, muchacha para aquellos tiempos casadera. Detrás de Juan venían los dos chicos primeros del segundo matrimonio, Hernando y Rodrigo; después Teresa; a continuación de Teresa fue llegando una ristra de todo niños: Lorenzo, Antonio, Pedro, Juan, Jerónimo, Agustín... Todo niños hasta que al fin, en 1528, apareció una niña, Juana, que vino a destronar a Teresa de su pedestal de preferencias: había estado trece años en posesión de los cariños dedicados por una familia numerosa a la chiquitina de la casa.
 Ella aprovechó su ventaja, descaradamente. Correspondió a la ternura y supo entrenarse a fondo en el ejercicio de la fascinación. Conquistaba a la gente, según iremos viendo. Tuvo conciencia de su propia simpatía, como revela esta frase suya ya de mayor; vuelve la mirada atrás y piensa que ha cometido muchos pecados:
 —...yo... era la más querida de mi padre. Y antes que comenzase a ofender a Dios, parece tenía alguna razón; porque yo he lástima cuando me acuerdo las buenas inclinaciones que el Señor me había dado y cuán mal me supe aprovechar de ellas.

Alonso, don Alonso Sánchez de Cepeda ha cumplido treinta y cinco años cuando le nace la niña Teresa. Según ella despierta a la vida, encuentra a su lado un padre apuesto y cabal, un hombre que le parecía maravilloso. Fueron aquellos los años de esplendor de don Alonso, a quien luego sitiarán las amarguras. Rico, respetado en Avila, dichoso en su matrimonio, don Alonso ajusta su existencia a la estampa clásica del hidalgo español.

Pena que no hallemos un retrato suyo, sospecho que el pintor lo hubiera de algún modo representado con los aires del caballero de la mano al pecho, inmortalizado por el Greco. Le encantó a don Alonso dirigir los cultivos de Gotarrendura, donde realiza inversiones y compras que quizá influyeron luego en su desastre económico: los labriegos conocen perfectamente el peligro de ruina que acecha a quien sin años de práctica se pone a manipular el campo. En dos largas temporadas del año la familia entera se trasladaba a Gotarrendura: a las puertas del verano y a las puertas del invierno. De Gotarrendura traían a la casa de Avila troncos de encina para el hogar, harina, tocino, huevos, fruta, quesos, miel, botas de vino blanco y tinto, lana para hilar, todo bien de Dios. A los niños, Gotarrendura les parecía el paraíso terrenal.

En Avila don Alonso cultivaba sus nobles amistades. Le tenían por hombre grave y culto. Llevaba sus asuntos con categoría «e siempre en los dichos negocios decía la verdad». Por los inventarios de su casa consta que guardaba en buen estado los arneses de caballero: armadura, capacete, guantes de malla, casquete de acero, lanza, lanzón, adarga, ballesta, paveses, cinto de oro, espada, vamos un arsenal que hiciera feliz a don Quijote. Acudía a fiestas y torneos revestido de los arreos convenientes.

Leía libros, escogidos, y los ponía en manos de sus hijos: tomos encuadernados con tapas de cuero, de los cuales queda en el inventario la curiosa reseña de *Retablos de la vida de Cristo*, *Tratado de la misa* de Guzmán, versos de Juan de Mena, la *Consolación* filosófica de Boecio, y una *Conquista de Ultramar* donde se relataban las hazañas de los españoles en el mundo.

Rendía culto don Alonso a la categoría de caballero, con cierto empaque y severidad que le hacía parecer seco a quienes no le trataban de cerca. Los suyos le consideraron hasta algo ingenuo. Y lo querían, mucho. Obligación ineludible considero reproducir los vivaces juicios de su hija preferida, la niña Teresa:

—Era mi padre hombre de mucha caridad con los pobres y piedad con los enfermos; y aun con los criados, tanta, que jamás se pudo acabar con él tuviese esclavos, porque los había gran piedad...

¿Existían esclavos en España por aquellas fechas?

Los siglos de pelea y de convivencia entre árabes y cristianos sobre el suelo de la península Ibérica habían difundido la costumbre de aceptar en los dos bandos la existencia de esclavos: los árabes solían repartirse como esclavos algunos hombres, mujeres y niños cristianos moradores de plazas y castillos conquistados; práctica que los cristianos copiaron a su vez. Ocurrió por ejemplo que al rendir Málaga el año 1487, don Fernando el Católico quiso castigar duramente a los moros porque habían opuesto una resistencia feroz bajo el mando del bravo Hamet el Zegrí. Dividió a los vencidos en tres grupos: uno destinado al intercambio con cautivos castellanos de Africa; el segundo lo repartió entre nobles y caballeros de su ejército; el tercero lo puso en venta pública para cubrir parte de los gastos de la guerra. Por toda Castilla se desparramaron durante los últimos años del siglo XV esclavos y esclavas procedentes de Málaga. Uno de los hermanos Cepeda, ignoramos cuál, disponía de una esclava que Teresa conoció de niña: sería hija de los esclavos vendidos por mandato de Fernando el Católico. A Teresa le impresionó la delicadeza con que su padre don Alonso trató a la esclava:

—Estando (ella) en casa... la regalaba como a sus hijos; decía que de que no era libre no lo podía sufrir, de piedad.

Buen hidalgo, don Alonso, buen caballero chapado a la mejor usanza castellana.

El y sus hermanos estaban dispuestos a defender con las uñas el *status* social que don Juan «el toledano» les había conquistado en Avila a fuerza de astucia, dineros y bodas. Sobre todo vigilaban que nadie trajera a colación las raíces judías de la familia: sería sumamente peligroso que las malas lenguas de Avila comenzaran a susurrar los sucesos de Toledo pasándose la confidencia de que Juan el toledano tuvo que andar siete semanas con ropa de penitente cada viernes besando portales de iglesias...

Cabalmente a los cinco meses de nacer Teresa, era ya el verano de 1515, los hermanos Sánchez de Cepeda sufrieron un sobresalto que a la vez atacaba su condición cristiana y su sangre judía. Por el matrimonio de Pedro con doña Catalina de Aguila, tenían tierras en Hortigosa, pueblecillo a veinte kilómetros de la capital, con un «castillo», más bien caserío entre anchas fincas, donde residía Pedro, el tío carnal que mayor influencia ejercerá en la vida de Teresa. El ayuntamiento de Hortigosa reclamó a los Cepeda que pagaran sus impuestos municipales. A fe mía que la cantidad, cien maravedises, no pondría en riesgo su fortuna...

Pero el clan Cepeda se alarmó.

La sangre judía impedía que pagaran aquellos «cien maravedises»: servirían de precedente para otros ayuntamientos, Avila por ejemplo con las tierras de Gotarrendura.

Entre los libros increíbles que escribieron los españoles del siglo XVI, hay un *Tratado de nobleza* en el cual cierto paciente fraile benedictino, apellidado Guardiola, cataloga «los títulos y ditados que oy día tienen los varones claros y grandes de España». En su tratado especifica el buen fraile que por ley de Alfonso XI los hidalgos gozan el privilegio de no pagar pechos reales: ni pueden los tribunales imponerles prisión por deudas, ni someterlos a tortura, ni condenarlos a galera. Total, que los «claros varones» considerarían sin duda invento diabólico la reforma fiscal de nuestras democracias.

Válgame don Alfonso XI, de feliz memoria: a los hermanos Cepeda, su padre el Toledano les había «comprado» categoría de hidalgos. ¿Iban a dejarse apabullar por el concejo de Hortigosa «como pecheros sujetos a impuestos»?

El tema era peligroso si salían a la luz los papeles de Toledo donde consta que «son judíos conversos y descienden de judíos por sus padres y abuelos». Cierto que el «impedimento» de los conversos para obtener hidalguía lo borra a gusto la corona con tal se pague precio conveniente, y «el toledano» lo pagó. Sin embargo los Cepeda temían que el «plebeyo ataque» de Hortigosa desluciera su ya pacífica prestancia social.

Decidieron luchar ante los tribunales: alegaron «ser nobles de padre y abuelo». Soportaron embestidas, porque en efecto salieron a relucir documentos de Toledo. Pero entregaron a los jueces declaraciones de testigos muy solventes que afirmaron al pie de la letra:

—Alonso, Ruy, Pedro y Francisco Sánchez de Cepeda son hombres muy limpios, honestos y ricos; tienen hermosos caballos y visten bien sus personas; se tratan con hidalgos y caballeros, frecuentan las hijas de los nobles, emparentadas con lo mejor de Avila.

Cinco años duró el pleito: la sentencia del 26 de noviembre de 1520 da la razón a los Cepeda, reconoce su hidalguía y los declara libres de impuestos.

Don Alonso puede continuar disfrutando su agradable existencia entre la gente bien de Avila. Es un caballero. No ha escalado la pirámide aristocrática —«ricos omes» llama el fraile

Guardiola a los nobles principales que andando el tiempo serán «grandes del reino»—: ya faltan oportunidades cerrada la reconquista con la toma de Granada. Pero él maneja con eficacia relaciones y dádivas, su familia circula libremente por los palacios distinguidos: pocos hidalgos cumplen con mayor justeza que Alonso las normas de la buena crianza. Viste camisas bordadas en oro, golillas de París, jubones de damasco. Ciñe espada y reza el rosario. Ha casado en segundas nupcias con una hermosa dama. ¿Es feliz don Alonso? Quizá le falla el talante heroico... Los años pasan, la familia crece.

¿Y su mujer, cómo es?

Muy jovencillas casaban las mujeres, igual oriente que occidente: sería más o menos la edad de la virgen María cuando el ángel la visitó para anunciarle los misterios de la encarnación. Beatriz de Ahumada fue a sus quince años novia dichosa, y en la boda le colmaron de joyas el novio y de agasajos los parientes. Beatriz era hija mimada de doña Teresa de las Cuevas, viuda de Juan de Ahumada: de los seis hijos que doña Teresa y don Juan tuvieron, tres varones y tres hembras, los dos mayores mueren a temprana edad en las guerras de Nápoles; y dos niñas fallecieron de pequeñas; quedaron un chico, Juan, y la niña Beatriz.

Al casar con don Alonso, la joven doña Beatriz aportó riquezas materiales y espirituales. Las posesiones Ahumada-Cuevas en Gotarrendura coronaban vistosamente la pirámide económica de los Sánchez de Cepeda. Además venían sobre las manos de una chiquilla dulce y guapa, fina, sensible, piadosa y culta: doña Teresa de las Cuevas, que era analfabeta, había cuidado de aficionar su hija Beatriz a los libros, de acuerdo con la moda que doña Isabel de Castilla impuso a las damas.

De Beatriz conocemos por el testimonio colorista de su hija Teresa un puñado de rasgos: era mujer de «harta hermosura»; «apacible y de harto entendimiento»; virtuosa, «tenía cuidado de hacernos rezar y ponernos en ser devotos de nuestra Señora y de algunos santos»; de floja salud, «pasó la vida con grandes enfermedades»; por encima de todo destaca su «grandísima honestidad»; tanta que nunca dio impresión de apreciar su propia belleza, y anota Teresa que vestía trajes modestos.

La endeble salud de doña Beatriz se desmorona poco a poco según nacían los diez hijos que parió: ocho varones y dos hembras en dieciocho años de matrimonio. Da que pensar una frase de santa Teresa: «fueron grandes los trabajos que pasaron el tiempo que (doña Beatriz) vivió» ¿Quiere decir Teresa que «sucedieron trabajos», es decir, cayeron penas, sobre la débil Beatriz? ¿O ese verbo en plural significa que Alonso y Beatriz «pasaron trabajos»? ¿Qué trabajos? Para Beatriz, parir un hijo cada año y medio, hasta una pollada de diez, y educar otros dos que el marido trajo del primer matrimonio; no fue tarea leve. Si además inició pronto don Alonso el desbarajuste económico que andando el tiempo llegaría casi a devorarle la fortuna completa, tuvieron que abundar las horas amargas. No dejó indicios, su hija Teresa, en los recuerdos biográficos, de que ninguna sombra sentimental turbara las relaciones íntimas de Alonso y Beatriz: la única afición de doña Beatriz que disgustaba a su marido fue que a ella le encantaba leer novelas de caballería, literatura rosa de la época muy mal vista por el sesudo caballero don Alonso.

Naturalmente, doña Beatriz contaba con un enjambre de criados y criadas que obedecían sus órdenes, amén del personal de renteros y «mozos de arada» capitaneados en el campo de Gotarrendura por don Alonso. Ella, señora del corazón y de la casona del hidalgo, cuidaba de los niños, vigilaba la servidumbre, perfumaba la ropa guardada en los arcones, tejía de lino y lana camisas para su marido: según aconsejó la otra moda establecida por la reina Católica, «cuyo hombre nunca se puso camisa que no fuera hilada por las manos de doña Isabel».

D on Alonso mucho sacar brillo a los arneses de guerra, pero lo que realmente a él le da contento es consumir de sol a sol la jornada en los campos de Gotarrendura.

Acabo de visitar aquellas tierras que fueron propiedad de los Ahumada-Cuevas y por el casamiento de la linda muchacha doña Beatriz pasaron a los Cepeda-Ahumada. Comprendo que el hidalgo don Alonso, hijo de mercader y criado en ciudades —Toledo, Avila— se dejara conquistar por la escueta calma de Gotarrendura.

Tomas el camino de Avila hacia el norte aprovechando la hendidura que el río Adaja ocasiona entre los peñascales alrededor de la ciudad, y a los diez o doce kilómetros se te abre una preciosa llanada que con el raro nombre de «La Moraña» se extiende hasta tierras de Arévalo: aquí comienza, en el término de Cardeñosa, la meseta «granero de Castilla» con sus tierras de pan llevar donde alternan campos inmensos de secano y regadíos feraces. Otros diez kilómetros y entras en Gotarrendura.

Un pueblo que durante la civilización agraria tuvo que ser rico, floreciente. Contaría entonces tres docenas de familias; luego creció, buscan hoy acomodo lejano en centros industriales. Abierto el horizonte, plana la tierra, sol que pega fuerte. Hay pozos y regatos, afluentes inútiles del Adaja porque los sangran concienzudamente. El paisaje a punto para mieses doradas y rebaños pingües. Sosegado el aire, pacífico. Buena, sencilla la gente.

Les he rogado que me enseñen los recuerdos de la familia Cepeda-Ahumada. Por lo visto las fincas que doña Teresa de las Cuevas dio en dote a su hija Beatriz serían lo más rico y extenso del término de Gotarrendura, y a su servicio vivieron gran parte de los labriegos del pueblo. La mansión de los señores fue destruida siglos hace, cuentan que de ella proceden algunos sillares de la iglesia actual. Al solar que incluyó el edificio, las caballerizas, el jardín, pozos, graneros y un palomar, lo tienen hoy defendido por una cerca. Queda milagrosamente en pie el palomar: bien empleados serían los dineros de una restauración, antes que se venga al suelo...

Escribe Teresa que ella «comenzó a despertar», a tomar conciencia, «de edad de seis o siete años». De 1515 a 1522, cabalmente los tiempos en que España liquida con sus convulsiones internas un largo rosario de siglos medievales y abre la nueva etapa de los Austria bajo el cetro imperial de Carlos V.

Después de unir Navarra a la corona de Castilla, Fernando el Católico dio evidentes muestras de fatiga. Disponía teóricamente de dos buenos peones sobre el tablero diplomático de Europa: el rey inglés Enrique VIII era yerno suyo, casado con Catalina —«la hija más amada de Fernando y el más cabal retrato de Isabel», afirman las crónicas de los Reyes Católicos—; el nieto Carlos, mozo ya de quince años, ha tomado las riendas del gobierno de Flandes y heredará el imperio austriaco. Si nieto y yerno le ayudaran don Fernando daría buena lección al rey francés...

Ni uno ni otro le ayudan. Ha ocurrido que el rey francés enemigo personal de don Fernando, Luis XII, muere dejando como sucesor a un impetuoso muchacho que toma el nombre de Francisco I. Cosas de jóvenes, don Fernando no los podía comprender: su nieto Carlos firmó un pacto de amistad con el francés Francisco, quien sintiéndose apoyado por la espalda transmonta los Alpes y desparrama un ejército numeroso por las provincias del norte de Italia. Cuando el papa y sus amigos, entre ellos don Fernando, quisieron reaccionar, Francisco había tomado Milán: el papa León X, empavorecido por la furia militar francesa, negocia y pacta con Francisco I. ¿Qué podía hacer don Fernando el Católico?

Redactar el testamento y morirse.

Puso mano al testamento. Anuló tres que tenía firmados en ocasiones diversas. Y dictó cuidadosamente el definitivo.

Corría el mes de enero de 1516. Rodeado de su corte, bajaba don Fernando desde Castilla hacia Andalucía con idea de gozar mejor clima durante el invierno. Al atravesar Extremadura, se sintió morir. Le alojaron en una casa de campo que los frailes jerónimos poseían afueras de Madrigalejo, pueblo cacereño. Reunió su consejo, firmó el testamento, pidió la extremaunción. Murió, a 25 de enero de 1516, doce años después que doña Isabel. Lo llevaron a enterrar junto a ella en la catedral de Granada.

El testamento de don Fernando confirma la unidad de España conseguida por él y su mujer: instituye heredero universal de la Corona de Aragón a su hija doña Juana, reina de Castilla, y a sus descendientes. Por tanto, Carlos, el desconocido príncipe flamenco hijo de Felipe el Hermoso y de la desdichada Juana, mozo de sólo dieciséis años, va a ceñir las coronas de Castilla y Aragón. Don Fernando cumplía un deber, homenaje último a su Isabel, y a España: porque ni le había gustado su yerno Felipe ni le gustaba su nieto Carlos. También cumplió un deber ordenando que la regencia de Castilla la ejerciese, hasta la llegada del príncipe Carlos, el cardenal Jiménez de Cisneros con quien don Fernando coincidió siempre en mutuo respeto y mutua antipatía.

Cisneros era dieciséis años más viejo que don Fernando, poco podía durar. Dos años fue regente: el 1516 y el 1517.

Tuvo que abandonar el retiro donde se hallaba refugiado, un retiro fecundo que le permitía realizar hazañas intelectuales: la Universidad de Alcalá y la Biblia políglota. Volvió a la política seguro, prudente y resuelto. Sujetó las veleidades de la nobleza siempre levantisca; evitó intromisiones de los partidarios del infante don Fernando, hermano menor de don Carlos; izó en las ciudades de Castilla los pendones del nuevo monarca (Aragón, Cataluña y Valencia aplazaron el reconocimiento del rey hasta que prestara tradicional juramento de guardar los fueros y libertades del reino); creó el cuerpo militar «Gentes de ordenanza» como respaldo de la regencia; ganó una guerra en Navarra y soportó un descalabro en Argel... Lo principal: aconsejó a don Carlos que viniera cuanto antes a España; que sujetara las ambiciones de los señores flamencos dados a traficar influencias vendiendo empleos de Castilla al mejor postor; que evitara nombramientos extranjeros para puestos de gobierno en nuestro país.

Don Carlos le hizo regular de caso. Aplazaba su venida por consejo de los cortesanos flamencos, que lo pasaban de maravilla gastando dineros españoles venidos de América. Por fin a las puertas del otoño de 1517, el príncipe comenzó su viaje: el 19 de septiembre desembarcó en las costas de Asturias, y avanzó hacia Valladolid en cuyas cercanías había citado a Cisneros. El cardenal regente le salió al encuentro, pero sólo consiguió llegar a Roa: le alcanzaba la muerte el 8 de noviembre, quince días antes de que la comitiva real entrara en Valladolid. Fue una lástima que el cortejo de don Carlos avanzara tan lento, dejándose agasajar por los nobles en cada población.

Y fue una lástima, porque mucho necesitaba Carlos consejos prudentes del viejo cardenal.

España y Europa viven una época excitante que va a servir de escenario a sugestivas aventuras personales como la que inicia estos años la niña Teresa nacida en el hogar abulense del hidalgo don Alonso: ¿cómo es el mundo político de santa Teresa de Jesús?

Para entender lo que pasa, hay una clave: el eje formado entre Austria y España por dos viejos monarcas recién muertos, Maximiliano de Habsburgo y Fernando el Católico.

Ambos tuvieron la idea feliz de utilizar los enlaces matrimoniales de sus hijos como instrumento para tender puentes políticos hacia países lejanos; de modo que ensancharon sus respectivos horizontes nacionales y redondearon el mapa de Europa.

Maximiliano aprendió de su padre la estrategia matrimonial: Federico III de Hasbsburgo, cuyo reinado, cubre sin pena ni gloria más de medio siglo XV, comprendió que su título de «emperador» le da un lustre sólo teórico si no busca alianzas más allá del círculo alemán. Decidió casar a su hijo Maximiliano con María de Borgoña, hija del duque Carlos el Temerario: Carlos gobernaba como verdadero rey los territorios comprendidos entre el alto Saona y el canal de la Mancha, lo cual traía locos a los reyes franceses que consideraban aquella franja del norte tierra francesa. Por si fuera poco, el Temerario había incorporado al ducado de Borgoña amplias regiones de Flandes —hoy repartidas entre Holanda, Bélgica y Luxemburgo—. Realmente Carlos el Temerario nunca obtuvo el reconocimiento de independencia para su ducado: los reyes de París lo estimaban «el último señor feudal».

Esta fue la baza genial del emperador austriaco: al casar a su hijo Maximiliano con María de Borgoña, hija del Temerario, reforzaba de algún modo las pretensiones independentistas de Borgoña y creaba una tenaza que con Alemania al este y Borgoña al norte presionaría molestamente sobre el cuerpo francés.

En efecto, las cosas le rodaron de maravilla al nuevo emperador Maximiliano: su mujer María le parió en Flandes dos hijos, varón y hembra, él llamado Felipe el Hermoso y ella Margarita de Austria. Buscó para uno y otra bodas convenientes: tuvo la fortuna de encontrar en don Fernando el Católico un dialogante magnífico.

Don Fernando también soñaba que España, ya unidas las coronas de Castilla y Aragón, tendiera puentes matrimoniales más allá de sus fronteras. Le pareció ideal concertar un doble enlace con los hijos del emperador austriaco: el príncipe Juan, heredero de los Reyes Católicos, primero de los monarcas que iba a heredar «toda España», casaría con Margarita de Austria; la infanta Juana, con Felipe el Hermoso. Qué mal iba a pasarlo el rey francés al contemplar estos empalmes que sobrevolaban su país...

Las bodas reales de la época eran una apuesta, y esta vez la suerte cayó no del costado español sino a favor de los austriacos: el príncipe Juan murió al medio año de su matrimonio con Margarita de Borgoña. Quedaba heredera de España la princesa Juana, y por tanto rey consorte Felipe el Hermoso: el emperador Maximiliano nunca se atrevió antes a soñar la dicha de que su hijo recibiera el imperio alemán y los reinos de España. Doña Juana traía además en su dote el misterioso regalo del Nuevo Mundo descubierto por Colón, ampliado día a día por conquistadores intrépidos.

Pero el destino jugó sus bazas insólitas. La reina Juana enloqueció, bien ayudada por los devaneos de su marido; y Felipe el Hermoso murió sin tiempo apenas de paladear las mieles del poder fabuloso concentrado en sus manos. Era hombre ágil, vigoroso, amigo de fiestas y vestido lujosamente, le rodeaba igual en Flandes que en España una nube de cortesanos y favoritas. Motivos le sobraron a la pobre Juana para caer en la locura. Felipe pagó sus pecados. Un día de otoño de 1506 convidó en Burgos a su gente para una fiesta jubilosa: comió, bebió, se levantó de la mesa y montó a caballo, jugó un partido de pelota... y acosado por la sed tragó un vaso de agua fría que lo mandó al otro mundo. La corte se llevó tal susto que discutieron si alguien les había envenenado al rey...

Así fue cómo el jovencillo Carlos, nacido en Flandes de la reina loca y del austriaco rey Hermoso, recibió el mayor legado que jamás conocieron los siglos: la herencia imperial de Alemania, la herencia flamenca borgoñona, la herencia española con su extensión ultramarina.

Cualquiera diría que la historia tiene prisa por entregarse a don Carlos: en 1516 muere su abuelo español Fernando el Católico; en 1517 muere su regente cardenal Cisneros; en 1519 muere su abuelo austriaco el emperador Maximiliano. España y el mundo son suyos, majestad.

Según le vieron bajar de Santander a Valladolid durante el mes de noviembre de 1517, los españoles que miraban a su nuevo rey apenas podían dar fe a sus ojos: lo veían feo, rarísimo, extranjero, y rodeado por una camarilla numerosa de cortesanos flamencos. Lo veían feo, no les gustaba don Carlos; ni poco ni nada.

La verdad es que había escasos motivos para que aquel muchacho de diecisiete años gustara a los españoles.

Había nacido en tierras remotas más arriba de Francia. Cierto, era hijo de la pobre reina Juana, tan desdichada y por eso tan amada del pueblo. Pero los labriegos castellanos susurraban qué poco querría el jovencito Carlos a su madre cuando ni una sola vez se molestó en venir a consolar sus penas, las penas que el «flamenco archiduque austriaco» le había causado. Ahora viene, porque le toca ocupar el trono... pasando por encima de la locura de una mujer desgraciada.

Carlos ha crecido en Flandes, país jocundo y fastuoso, donde le han educado en un estilo de vida diferente al de

Castilla: aquel Flandes lleno de banqueros y borrachos, juerguistas, mercaderes y tragones. Las crónicas que circulan por España cuentan que si los borgoñones notan una mañana que no tienen ganas de beber dos o tres jarras de cerveza, llaman al médico temiendo haber caído enfermos. Así llega la noche y se olvidan de volver a casa donde les aguardan sus mujeres: ellas se ven obligadas frecuentemente a rondar por las calles linterna en mano buscando los maridos ebrios.

Sería inútil explicar a los severos castellanos irritados con el nuevo rey, que a don Carlos le ha educado severamente su tía Margarita de Austria, la que fue hermana de Felipe el Hermoso y sólo seis meses nuera de los Reyes Católicos; que Margarita le ha infundido sólidos principios morales y le ha criado consciente de su responsabilidad ante Dios...

Inútil sería, porque ellos comprueban que ni siquiera se han molestado en hacerle aprender el español: ¿cómo va a ser rey nuestro un príncipe flamenco que ignora nuestro idioma?

Además se ha traído de Flandes ¡cuarenta navíos! repletos de dignatarios dispuestos a ocupar los empleos principales de España y a llevarse todo el oro y toda la plata de Indias.

Y encima feo, mal hecho, con esa mandíbula saliente reveladora de malas intenciones y un labio caído lacio, gordinflón...

La verdad, era para preguntarse si este muchacho desbarataría en un par de lustros la grandeza ganada para España por los Reyes Católicos.

Castilla y Aragón sabrán dentro de pocos años que les ha puesto el destino en buenas manos. Pero qué entrada tan desatinada, la de don Carlos.

Le acompañan como supremos dignatarios tres personajes que han venido para ser los amos de España, y cada uno de ellos tiene un nombre absolutamente imposible de pronunciar en castellano: el chambelán era Guillermo de Croy, señor de Chievres, la persona de absoluta confianza del rey; gran canciller había nombrado a Juan Sauvage, y le correspondía ejercer de lo que hoy llamamos primer ministro; para los asuntos religiosos don Carlos trae al obispo de Utrech Adrián Florensz, antiguo preceptor suyo recién nombrado cardenal. De los tres, el tal Chievres fue inmediatamente famoso en toda la península porque le dio la manía de acaparar codiciosamente unos doblones de oro acuñados en tiempos de Fernando el Católico: eran los de más subida ley, llamados «doblones de a dos» porque traían dos caras o efigies de don Fernando. La requisa de doblones por el chambelán resultó tan aparatosa que prácticamente desaparecieron del mercado; si por rara fortuna algún castellano pescaba un doblón, cuentan las crónicas que lo saludaba con estos versos irónicos:

> Sálveos Dios,
> ducado de a dos,
> que el señor de Chievres
> no topó con vos.

Otra recia fechoría cometió Chievres nada más llegar a España: se traía de Malinas un frailecillo sobrino suyo de apenas dieciséis años ¡y lo colocó en la silla arzobispal de Toledo como sucesor del cardenal Cisneros! Duró poco el imberbe cardenal: hizo un viaje a los tres años y murió en Alemania.

Don Carlos convocó las Cortes de Castilla en Valladolid para el mes de enero de 1518: habían de reconocerle soberano de España y aceptar el pago de un tributo a favor de la corte. A los procuradores les cayó muy mal ver las Cortes presididas por el borgoñón Juan Sauvage. Exigieron que el rey jurara las libertades de Castilla y que ejerciera la realeza «solidariamente con la reina enferma doña Juana». Le pidieron además que don Carlos se comprometiera a no colocar extranjeros en los mandos relevantes. También querían que el rey aprendiera español, casara cuanto antes, estuviera fijo en España, evitara la salida de oro y plata... Don Carlos y el equipo sortearon la situación malamente y lograron el subsidio de doscientos millones de maravedises pagaderos en tres años. Luego hizo una visita de cumplido a su madre en Tordesillas, y prosiguió hacia Zaragoza y Barcelona: juró los fueros, sacó doscientos mil ducados a los aragoneses, doscientas cincuenta mil libras a los catalanes, contentó como pudo a unos y otros.

Residiendo en Zaragoza supo don Carlos a mediados de enero de 1519 la muerte de su abuelo el emperador Maximiliano. Al llegar a Barcelona presidió un funeral fastuoso, y rezó a todos los ángeles y arcángeles del cielo para que los electores le eligieran a él emperador de Alemania.

He aquí un momento decisivo para los españoles del siglo XVI: si don Carlos salía elegido emperador, nuestro país entraba como principal protagonista en las peripecias políticas y religiosas de Europa. En cuyo corazón, por cierto, ya un fraile agustino llamado Martín Lutero, nombre que entristecerá las noches de oración de nuestra futura monja Teresa de Ahumada, tiene planteadas sus querellas contra el papa de Roma.

Había tres candidatos a la dignidad imperial: además de don Carlos, Enrique VIII de Inglaterra y Francisco I de Francia. El inglés no tomó el asunto demasiado a pecho. Pero el rey francés anunció a sus íntimos que estaba dispuesto a gastar tres millones de francos en oro con tal de ganar la elección. Esta pugna entre Carlos y Francisco no nace sólo de la vanidad juvenil de dos monarcas rivales, que además representan uno la casa de Habsburgo y otro la casa de Valois «viejos y naturales enemigos» en el escenario centroeuropeo: la dignidad imperial procuraba a quien la consiguiera un prestigio «religioso» con cierta superioridad moral sobre las monarquías y feudos de todo el continente.

Don Carlos vivió en Barcelona cinco meses pendiente de las negociaciones previas a la elección imperial. Delegó a su tía Margarita de Austria para dirigir las operaciones diplomáticas: le ordenó gastar dinero abundante, mucho dinero...

Resulta que los electores juraban «que sus votos eran puros y sus manos limpias», pero aprovechaban tradicionalmente la elección para reconfortar las arcas de sus respectivos señoríos. De hecho vendían el voto al mejor postor.

Según las bulas del siglo XIV, la dignidad imperial se otorgaba por siete electores: tres arzobispos —Colonia, Maguncia y Tréveris—, el rey de Bohemia, el duque de Sajonia, el conde del Palatinado y el margrave de Brandeburgo.

Margarita utilizó dineros y simpatía a favor de su sobrino. La lucha fue dura porque el papa León X se había volcado en apoyo de Francisco I.

Margarita comprendió que debía jugar fuerte: acudió a los banqueros quizá más potentes de la época, los Fugger de Ausburgo, quienes pusieron a disposición suya talegas y talegas de florines de oro.

Tenemos en Sevilla un sabio historiador, el venerable don Ramón Carande, a quien yo además de querer mucho admiro porque ha sido capaz de cumplir una hazaña científica: le tiene contados los dineros al emperador Carlos V. Don Ramón sabe de dónde sacó don Carlos el dinero, en qué lo gastó, cómo se arruinó...

A los banqueros Fugger les debían préstamos personajes insolventes tan distinguidos como el papa León X, Federico de Sajonia, Guillermo de Baviera. Pero los banqueros no pusieron reparo a Margarita cuando la dama borgoñona cargó con las talegas de florines oro: contaban los Fugger con que don Carlos además de emperador sería durante largos años rey de España, a cuyos puertos llegaban navíos con riquezas del Nuevo Mundo.

Margarita triunfó: reunidos en Frankfurt los electores votaron el 28 de junio de 1519 a don Carlos para «rey de romanos y emperador de Alemania». El duque de Sajonia explicó los motivos profundos de la elección: don Carlos, además de archiduque de Austria y príncipe alemán, era soberano de Castilla, de Aragón, de Nápoles y del Nuevo Mundo, y por tanto el único poderoso para defender la cristiandad del peligroso avance que desde oriente realizaban los turcos por tierra y por mar.

Al de Sajonia le sobraba razón en cuanto al peligro turco, pero se olvidó de añadir una palabrita en honor de los relucientes florines de oro de la banca Fugger...

Los españoles adivinaron quién habría de pagar los gastos imperiales de su rey. Así que la alegría de don Carlos y de su tropel flamenco a cuenta de la corona imperial los llenó de recelos.

Pronto vieron confirmado su temor. Don Carlos anunció en Barcelona que debía partir hacia Alemania para hacerse cargo del imperio; que no le daría tiempo de presidir las cortes de Valencia, donde iría como representante suyo Adriano de Utrech, recién colocado obispo en Tortosa; y que reuniría de nuevo las Cortes de Castilla en Santiago de Compostela, antes de embarcarse en el puerto de La Coruña.

¿Para qué convocaba el rey las Cortes de Castilla? Los castellanos lo supieron en seguida: les pedía otro subsidio de doscientos mil ducados, necesarios para su primer «viaje imperial» a Alemania.

Todo Levante se puso furioso porque el rey no venía a sus Cortes: comenzaron una serie de movimientos populares oscuros, amenazantes.

Y toda Castilla se sintió vejada cuando los procuradores vieron otra vez las Cortes presididas por un extranjero: había muerto el Juan Sauvage durante los viajes del rey, quien le sustituyó por el «ítaloflamenco» Mercurino Gattinara. ¿De qué servían las peticiones respetuosas al rey?

Gattinara, Chievres y el mismo don Carlos sudaron siete camisas para que las Cortes funcionaran y sacar aprobado el impuesto. Los procuradores de varias ciudades llevaban instrucciones de no ceder. Valladolid, León y Toledo habían iniciado los pasos de una rebelión. Las protestas adquirían cuerpo. Asustados Chievres y sus flamencos aconsejaron a don Carlos embarcar cuanto antes. El monarca volvió a prometer en Cortes que nombraría españoles para los cargos de gobierno: sin embargo, a la hora de partir puso como gobernador y regente al ya cardenal Adriano de Utrech. ¿Quién podía entenderle? El 20 de mayo don Carlos y sus cortesanos embarcaron rumbo a Flandes y Alemania. Aquello parecía una fuga y dejaba España a punto de estallar.

Estalló; la rebelión es conocida en la historia como «guerra de los comuneros», ya que pretendía defender los intereses de las «comunidades» ante la presión del poder real.

Fue Toledo la primera ciudad que alzó armas contra el cardenal regente y su consejo real. Le secundó Segovia, cuyos habitantes ahorcaron al procurador Rodrigo de Tordesillas, por haber cedido en las Cortes a los caprichos del rey y de sus flamencos. Esta idea de castigar a los débiles procuradores cundió por toda Castilla: donde no podían quemarlos en persona abrasaban sus efigies. En Zamora encabezó la rebeldía el obispo Acuña, sagaz y valiente. Guadalajara, Soria, Madrid y también Avila se sumaron al alzamiento. Fue verdad, arde Castilla mientras camino de Flandes nuestro rey don Carlos se detiene unos días en Dover, costas inglesas del Sur, y sube a Canterbury para ver a Enrique VIII y ganar su favor frente a las amenazas del francés Francisco I.

El cardenal regente Adriano pidió ayuda a los nobles: quiere sofocar la sublevación de las ciudades. Desde su residencia de Valladolid, Adriano envió un ejército contra Segovia, defendida por el caudillo popular Juan Bravo; los comuneros de Toledo, mandados por Padilla, acudieron en socorro de Segovia y forzaron la huida de los «imperiales». El éxito atrajo nuevas ciudades a la causa: León, Salamanca, Murcia... Muchos hidalgos reforzaron los cuadros comuneros, aunque la mayoría de los nobles permanecían fieles al cardenal regente. Incluso ciudades «leales al rey» —Burgos, Palencia, la misma Valladolid— amenazaron peligrosamente a los miembros del consejo real.

Inesperadamente Avila se encontró constituida en capital de la rebelión. El dato resulta interesante porque no existen documentos para comprobar si don Alonso Cepeda y sus hermanos participaron de algún modo. Teresa tenía entonces sólo cinco años, pero tuvo que resultarle sugestivo el nerviosismo de sus hermanos mayores: toda la ciudad se hallaba empapada en cuchicheos de conspiración.

Los rebeldes comuneros comprendieron que iban al fracaso si dejaban de organizarse con jefatura y planes bien determinados. La ciudad de Toledo escribió a las demás invitándolas a reunir en Avila una asamblea de procuradores. Acudieron, sin que las tropas del cardenal regente pudieran impedirlo: catorce, de las dieciocho ciudades con voto reconocido en Cortes. Aquella especie de «Cortes populares» decidió crear una «Junta santa» que tomara el mando.

Verano de 1520, quizá el más apasionante que Avila vivió jamás. Hasta las piedras de la muralla parecían latir de pasión y temblar con oscuros temores. El desconcierto turbaba los ánimos. Amplios sectores del pueblo consideraban sacrílego alzar armas contra el señor don Carlos, ¡hijo de la reina Juana y nieto de doña Isabel! No digamos las familias de los hidalgos como los Sánchez Cepeda, situados un peldaño más abajo de la nobleza pero tradicionalmente leales al monarca por encima de los errores que pueda cometer. La impresión más sólida entre los investigadores de la época coincide en que don Alonso y sus hermanos quedaron prudentemente al margen de la guerra civil, piensan incluso que procuró don Alonso alargar las estancias de su familia en Gotarrendura. Hubo de ser una decisión tomada a conciencia de que ni el bando comunero ni el bando imperial merecían en el momento aquel una adhesión completa. Por eso digo páginas arriba que don Alonso mucho lustrar los arneses, pero donde vive feliz es en el campo. Sin embargo debemos anotar en su honor que había acudido sin demora cuando el rey Católico le invitó a la guerra de Navarra; y que sus hijos cumplirán como buenos en las empresas heroicas del Nuevo Mundo. Lo que pasa es que don Alonso, como tantos castellanos, no ve claro el conflicto de Castilla con su rey. Don Carlos equivocó los modales, sin duda. Pero alzar las armas...

Los historiadores actuales acentúan, de acuerdo con sus personales preferencias, diversos aspectos de la rebelión comunera. En principio resulta indiscutible que la «Junta santa» de Avila no recusaba la persona concreta de don Carlos, sino el sistema de gobierno impuesto por sus consejeros flamencos. Lo primero que la Junta decidió fue declarar ilegal y caduca la regencia del cardenal Adriano: por extranjero. Luego nombraron a Juan de Padilla capitán general y lo enviaron a tomar Tordesillas: allí decidieron instalar la sede oficial de la Junta, con el propósito de aprovechar la autoridad moral de la pobre reina loca recluida en aquella ciudad. Desde Tordesillas, Padilla atacó Valladolid donde se apoderó de varios nobles del Consejo real y del sello del rey: dejó libre al cardenal Adriano, quien sin mando le parecía inofensivo.

Con fecha 20 de octubre de 1520, justo en las vísperas del 23 señalado en Aquisgrán para coronar emperador a don Carlos, la Junta firmó un memorial de 108 puntos, el primero de los cuales solicitaba del emperador que volviera cuanto antes: dos delegados de la Junta salieron a uña de caballo para llevar el memorial a Alemania.

Entretanto el cardenal «regente destituido» y los miembros aún libres del Consejo real habían informado al emperador, quien estuvo a punto de regresar inmediatamente. Decidió aplazar la vuelta porque le aguardaba reunida en Worms la Dieta germánica, ante la cual don Carlos iba a cumplir tres tareas: nombrar a su hermano Fernando lugarteniente general suyo en el imperio, concertar el matrimonio de su hermana María con el rey Luis II de Hungría, y oír los alegatos del fraile Martín Lutero contra el papa.

Ya que no podía venir a España, don Carlos envió una orden muy astuta: asoció al cardenal regente Adriano, a quien consideraba confirmado en su cargo, dos magnates españoles de primera categoría. Los escogidos fueron el almirante don Fadrique Enríquez y el condestable don Iñigo de Velasco: almirante y condestable quedaban incorporados a la regencia junto con el cardenal. Esta medida sagaz del emperador puso decididamente la nobleza de su parte y demostró al pueblo que don Carlos entregaría a españoles el gobierno del reino.

Más hizo, don Carlos: cometió un error. Cuando llegaron los mensajeros de la Junta, a uno que pescó lo metió en prisión sin escucharlo; el otro, avisado a tiempo, escapó hacia España.

Los nuevos regentes entablaron negociaciones con la Junta de comuneros. El diálogo avanzaba pesadamente. En éstas, llega el mensajero escapado de Alemania: los comuneros, indignados, pensaron que el emperador y los regentes les engañaban tratando de tomar tiempo.

En parte, era verdad. Las tropas «imperiales» habían de cuidar dos frentes, ya que la sublevación popular de «Germanías» en Valencia distraía efectivos. Pero al fin el ejército real tomó la iniciativa arrebatando a los comuneros la plaza simbólica de Tordesillas. Esta derrota creó confusión y divisiones entre los sublevados.

Soportadas por unos y otros algunas peripecias durante el invierno de 1520, la primavera de 1521 resolvió el conflicto. A

23 de abril, día de san Jorge, los imperiales acometieron decididamente contra las tropas comuneras en las afueras del pueblecito Villalar, camino de Toro y las aplastaron. A la mañana siguiente los alcaldes de Corte condenaron a muerte los tres jefes comuneros Padilla, Bravo y Maldonado. Fueron decapitados. Afrontaron la muerte con gallardía. Desde hace cuatro siglos, los niños de España recitamos en las escuelas los últimos diálogos de los jefes comuneros al pie del cadalso. Mientras traen a los condenados sobre mulas cubiertas de negro, el pregonero del pueblo grita:

—¡Esta es la justicia que manda hacer su majestad, mandándolos degollar por traidores!

Juan Bravo no puede contenerse:

—Mientes tú y quien te lo mandó decir: traidores, no; mas celosos del bien público y defensores de la libertad de Castilla.

Padilla sonríe suavemente a su compañero:

—Señor Juan Bravo, ayer fue día de pelear como caballeros, hoy lo es de morir como cristianos.

El primer turno de verdugo le tocaba a Padilla, que fue capitán general de los sublevados. Pero Bravo pidió que primero le ajusticien a él:

—Porque no quiero ver la muerte del mejor caballero castellano.

Maldonado cayó el último. Las tres cabezas fueron elevadas con escarpias en altas estacas.

Los nombres de Padilla, Bravo y Maldonado están escritos con letras de oro en el palacio de las Cortes de España como homenaje a los defensores de las libertades democráticas del país.

¿Tiene algún sentido secreto la rebelión de los comuneros?

Resulta demasiado fácil manipular tan brava pelea. Los historiógrafos románticos del siglo pasado y los marxistas del nuestro alzan a Padilla, Bravo y Maldonado como héroes de la libertad aplastados por el cesarismo fascista. Los historiógrafos conservadores ven en los comuneros un coletazo retardado del particularismo medieval ya vencido por los Reyes Católicos al dar a España nuevos horizontes. Don Gregorio Marañón los denuncia como reaccionarios de su tiempo frente a los imperativos universales planteados a la comunidad nacional. Que hoy algún sector de nuestra adolescente democracia los alce por bandera de las autonomías regionales, no pasa de ser una broma que se da de puñetazos con los documentos históricos...

Al año siguiente, el emperador volvió de Alemania, y España contuvo el aliento. Bajó don Carlos desde Santander a Valladolid repartiendo severos castigos a diestro y siniestro. Pero a los tres meses dictó una carta de «perdón general» que sólo exceptuaba del indulto a trescientas personas, muchas de las cuales estaban acogidas al refugio portugués. España recobró la paz interna, imprescindible para guerrear más allá de sus fronteras. Don Carlos, cierto, viene a comprender y amar España. A su vez los españolitos van a enterarse con él cuán ancha es Europa...

Un clima de exaltación heroica sacude los quizá ocho millones escasos de paisanos nuestros asentados por entonces en España. Pocos son, para dar abasto a los programas de acción que el emperador ha de proponerles.

Hoy discuten los sabios acerca de la idea imperial de Carlos V: preguntan qué diseño llevó el emperador en su cabeza; si pretendía unificar el mundo bajo su mando en una especie de «monarquía universal», o si aspiraba sólo a cumplir oficios de árbitro entre los príncipes cristianos. Notables juristas y pensadores de su época le vieron como un hombre marcado por el cielo para guiar de acuerdo con el papa el rebaño de la cristiandad hacia una meta cercana al juicio final.

Contemplando el trajín a que don Carlos y su gente estuvieron sometidos, más bien pensaría uno que trataban de responder a los compromisos inevitables de cada momento.

En la respuesta, personal o colectiva, a los compromisos aparece la medida de calidad propia de un individuo y de un país. Si «los compromisos», es decir, las tareas, los trabajos «ofrecidos» no están por encima de la media corriente, falta oportunidad para un comportamiento llamativo. En cambio a los españoles del emperador Carlos V el reloj de la historia les abrió una hora sugestiva: puso ante la colectividad nacional recién unida un programa de oportunidades para los actos heroicos. Quien quisiera ejercer la gallardía encontraba ocasión.

Los cruces de la política europea y el valor de los navegantes están ensanchando España. Aquellos «comuneros» de Toledo, Segovia y Avila, que acaban de perder la guerra casera, han demostrado con su apego a un puñado de libertades, que serán capaces de afirmar heroicamente la presencia de su país desde el Báltico hasta el Pacífico, y podrán repetir sin jactancia que en el imperio de su césar nunca se pone el sol.

La hijita de don Alonso Cepeda «comenzó a despertar», lo cuenta ella misma, «de edad de seis o siete años». Pues con solo abrir su mente a la recepción de influjos externos, la sensibilidad de la niña Teresa respiró y absorbió incitaciones de categoría universal; y heroica.

Que semejante planteamiento de valores educativos ocurriera dentro del aparentemente «cerrado» ámbito de las murallas de Avila, demuestra el poder de convocatoria que sobre los habitantes de España ejerció la figura política de «su nuevo rey», nuestro señor el emperador don Carlos. Teresa, en el seno de una familia bienestante de hidalgos, con un padre ajustado a la estampa severa tradicional y una madre pendiente de los cuidados caseros, oye no obstante desde el principio palabras de significado cósmico, en las cuales van mezclados valores mundanos y divinos: acaban de morir decapitados los rebeldes que se alzaron contra el rey; don Carlos ha sido coronado emperador en las lejanas ciudades de Alemania; él sujetará las embestidas del turco embravecido por aguas del Mediterráneo; Hernán Cortés avanza intrépido entre poblados indios refulgentes de oro; un fraile llamado Martín Lutero predica doctrinas de perdición eterna; la nao «Victoria» regresa de cumplir una vuelta al mundo redondo...

El primer episodio que conocemos de la vida de Teresa enlaza con esta «llamada a grandes empresas». Con solo despertar la niña se ha sentido invitada al heroismo. Parece difícil que los sabios se pongan de acuerdo acerca de la idea imperial de Carlos V. Sin embargo, la deliciosa página que abre los recuerdos infantiles de santa Teresa, cuando ya de mayor volvió su mirada atrás, nos indica que «aquellos españoles» nacían para realizar hazañas.

Descendamos de la política universal a la reseña del lindo episodio con que hace su aparición biográfica nuestra niña. Apenas podía ocurrirle algo que desde el arranque descubriera mejor la calidad seductora de su estilo personal: ésta será una mujer adorable.

6
A tierra de moros

De la infancia de los héroes faltan casi siempre datos históricos. Un chiquitajo y una chiquitaja no suelen traer cuando llegan al mundo esta inscripción en la frente: tened cuidado conmigo que voy a ser importante. De pequeños los niños se parecen todos y les ocurren idénticos lances más o menos graciosos. Las travesuras infantiles forman quizá el lote permanente del comportamiento humano desde las cuevas del Altamira hasta hoy.

A los escritores medievales los desesperaba esta carencia de noticias correspondientes a la primera edad cuando se ponían a redactar la biografía de los santos. Decidieron rellenar las lagunas mediante ingenuas anécdotas inventadas, muy fáciles de detectar porque sólo darles un vistazo huelen a falsas. Además las repiten colocando descaradamente el mismo episodio a varios bienaventurados. Así elaboraron aquella deliciosa «leyenda áurea» que no resiste un examen crítico pero nutrió durante siglos con el ejemplo de los santos la vida cristiana de nuestras familias sencillas. Ni el escritor ni los lectores tomarían demasiado en serio los sucedidos ocurrentes que colgaban a sus biografiados: les parecía coherente que los futuros santos dieran alguna señal en su infancia, lo cual es conmovedor; aunque tiene la contra de alejar al héroe, de ponerlo en un terreno distinto del que pisamos los ciudadanos corrientes. Entre las muestras de santidad futura solía figurar que el chiquitín o chiquitina se negaban a mamar de los pechos de su madre los viernes o los sábados: en evidente homenaje a la pasión de Jesucristo y a la pureza de la Virgen santísima.

A santa Teresa de niña no le ocurrieron asombrosas peripecias, fue una preciosa nena normal. Sin embargo sus biógrafos hemos gozado una suerte que nos permite recomponer con precisión su primera aventura infantil.

Resulta que sus monjas carmelitas gustaban de pedir a la madre Teresa en los ratos de recreo noticias de los primeros tiempos y también acerca de su familia. Enlazando recuerdos de las monjas que le oyeron, con los datos recogidos por ella misma en el libro de su vida, disponemos de buenos materiales para imaginar cómo fue su infancia.

La educación de los niños en el caserón de don Alonso corría a cargo de la madre, igual que en todas las familias de la época si carecían de ayos a sueldo. Quizá los Cepeda tuvieron algún tiempo «un pendolista» de oficio para dar buena caligrafía a los hijos, pero todos los rastros indican que doña Beatriz enseñó a leer y a escribir a su niña Teresa.

De la mano de su madre aprendió Teresa las calles de Avila y el camino de la iglesia de San Juan, su parroquia, donde oían misa cada día muy temprano. En cambio las comuniones las espaciaban, los sacerdotes solían recomendar que una vez al mes. No sabemos cuándo hizo Teresa su primera comunión ni cuándo recibió la confirmación.

La existencia de los niños en casas distinguidas corría bastante monótona fuera de aquellas semanas gloriosas de procesiones y romerías que alborotaban la ciudad entera. Pero los niños Cepeda se consideraban, y eran, afortunados gracias al desplazamiento frecuente de Avila a Gotarrendura, de Gotarrendura a Avila.

Parece que don Alonso y doña Beatriz ajustaron perfectamente la marcha de su casa a las costumbres aceptadas por los hidalgos de su tiempo. El contacto permanente con el campo daba un aire laborioso a la jornada desde la madrugada hasta la cena, que solía ser a caída del sol no más tarde de las siete. Después quedaban tres o cuatro horas antes de ir a dormir, un tiempo agradable que se vivía juntos en familia ya que no existían diversiones fuera ni para los jóvenes ni para los mayores. Parte de aquella velada la gastaban en conversar, parte en rezos, y parte en lecturas. Rezaban habitualmente el rosario, pasando cuentas gordísimas. Y leían, en voz alta, uno para todos, los libros escogidos por don Alonso: a los niños tendría que asustarles la lectura severa, por eso más que ninguno les divertía el *Flos sanctorum*, tomo grueso que recogía las vidas de los santos con sus peripecias y milagros.

El chorro de hermanillos que uno tras otro nacían representaron una diversión suprema para la niña Teresa, quien quizá pensó que su madre doña Beatriz seguiría poniendo en el mundo un hijo cada primavera. Teresa nació en 1515. A los dos años llegó su hermano Juan, cuya fecha de nacimiento es la más dudosa pero sería 1517. En 1519 nació Lorenzo; y a continuación, uno cada año, Antonio (1520), Pedro (1521), Jerónimo (1522). En el bautizo de Jerónimo, Teresa contaba ya siete años. Cinco más tarde nació Agustín (1527); y en 1528 la benjamina, Juana, a quien su hermana Teresa, con trece años, recibió como una muñeca.

En total, son doce: antes de Teresa, los hermanastros María y Juan, hijos del primer matrimonio de don Alonso; dos chicos luego, Hernando y Rodrigo; a continuación, Teresa; después de Teresa, seis niños y la chiquitina Juana. Habida cuenta que doña Beatriz comenzó a parir cuando era todavía una niña de quince años, cualquiera comprende que agotada muriera temprano.

El compañero inseparable de los juegos de Teresa fue su hermano Rodrigo, que le llevaba a ella cosa de un par de años. Más tarde aparecerá un enjambre de primos y primas, cuya presencia en casa no siempre hará feliz a doña Beatriz ni a don Alonso. Pero en la primera infancia, Teresa está pegada a Rodrigo con quien se entiende a las mil maravillas. Y con él protagonizó el famoso episodio.

En un patinillo al costado de la iglesia que los frailes carmelitas construyeron sobre el solar de la casa de santa Teresa en Avila, han tenido la feliz ocurrencia de componer un minúsculo jardín que sirva de recuerdo a las andanzas de la niña con su hermano Rodrigo por la huerta situada en la parte trasera del amplio caserón.

Muy cosa de niños, les gustaba esconderse a los dos y pasar sus ratos con entretenimientos inventados por ellos. Utilizaban palabras oídas a los mayores. Teresa asimila velozmente ideas, y aferra las imágenes que doña Beatriz o el predicador de un sermón en la parroquia de San Juan le proporciona. Le aturdió el significado de la palabra *eterno* y tuvieron que aclararle, sin duda doña Beatriz:

—Teresa, quiere decir para siempre.

Fue un estribillo que Rodrigo y Teresa repetían secretamente como si cambiaran una consigna sagrada en conciliábulos íntimos:

—Rodrigo, que hay vida para siempre.

—Sí, Teresa, para siempre.

—Y muerte, Rodrigo, hay pena para siempre.

—Para siempre, sí, Teresa...

—Siempre, para siempre...

Teresa aprendió a leer rápidamente. Ya podía descifrar las páginas de letra gótica, apretada, que cuentan las dramáticas historias del *Flos sanctorum*. Su madre les dejaba el libro, y los dos niños pasaban horas muertas deletreando biografías y admirando las viñetas donde vienen dibujados martirios y apariciones. Llegaron a una conclusión: que realizaron excelente negocio santos y santas comprando con los sufrimientos del martirio la vida «para siempre». Santa Teresa recordó luego con una frase insuperable aquella impresión suya infantil:

—Parecíame compraban muy barato el ir a gozar de Dios.

El asunto les obsesionaba, leían los diálogos de santa Catalina y santa Inés con sus verdugos, admiraban la gallardía de san Sebastián, el fervor de Tarsicio.

La mente de Teresa funcionó implacable: ¿no podrían ellos participar en el precioso negocio de los mártires?

Acaso dos niños pequeños de Avila fueran demasiado poca cosa...

¿Por qué poca cosa? Rodrigo y Teresa conocen de memoria la historia de tres mártires abulenses, venerados en la ciudad y guardados en un gran sepulcro de la iglesia de San Vicente. Rodrigo y Teresa han oído contar docenas de veces el relato prodigioso de los tres hermanos, un niño llamado Vicente y dos niñas llamadas Cristeta y Sabina... ¿No quedaría bien al lado de Vicente, Cristeta y Sabina, la pareja de nuevos mártires Rodrigo y Teresa?

Rodrigo y Teresa desconocen todavía el valor artístico de la impresionante basílica que los abulenses del medievo levantaron para honra de sus tres niños mártires. La construcción se comenzó por los últimos años del siglo XI cuando construía las murallas don Raimundo de Borgoña, en gloria esté. Y constituye con la catedral de Santiago y San Isidro de León nuestro más radiante tesoro románico.

Pero Rodrigo y Teresa saben al dedillo el significado de los relieves que en el sepulcro describen la historia de los mártires.

Lo cuenta la tradición desde tiempo de maricastaña. Los esbirros del emperador Daciano persiguieron y apresaron a los tres hermanos, los atormentaron, los mataron. Luego dejaron tirados sus cuerpos en el campo, como pasto de las fieras salvajes. Una culebra les tuvo lástima, que a veces hasta los animales odiosos realizan obras buenas. La culebra se puso de guardia junto a los mártires, de modo que ninguna fiera pudo acercarse. Ocurrió que un judío muy rico vino con algunos amigos, por curiosidad, y quiso tocar los cuerpos. La culebra se alzó amenazante y se enroscó al cuerpo del judío, quien, espantado, se puso a rezar prometiendo convertirse. Entonces la culebra lo soltó. El judío, además de bautizarse, prometió construir en aquel lugar un templo dedicado a los tres mártires. Y encima del templo del judío levantaron luego la basílica medieval; por eso en San Vicente junto al sepulcro de los niños mártires también está enterrado el judío rico.

Una fina escritora francesa piensa que la imaginación de nuestra niña Teresa ya veía levantada en Avila otra basílica en honor de los «hermanos mártires Rodrigo y Teresa».

Puede ser. Tenían decidido morir por Jesucristo. Era su secreto, su gran secreto. Planearon la marcha. ¿Hacia dónde? A tierra de moros, he aquí otra perla del estilo literario de santa Teresa:

—Concertábamos irnos a tierra de moros, pidiendo por amor de Dios, para que allá nos descabezasen.

¿Dónde estaba la tierra de moros?

En la fantasía de los niños el mapa pone cerca los países lejanos. Teresa y Rodrigo pensaron pedir limosna durante el camino. Hasta llegar a caer en manos de los moros.

La mente sencilla de los cristianos españoles de aquella época echaba en un mismo saco a los perseguidores de la fe: moros, turcos y judíos. Pero en casa de don Alonso los judíos quedan aparte, representaban un tema tabú: el apellido Cepeda debe continuar por encima de toda sospecha, bien les ganó el viejo don Juan el toledano la limpieza de sangre a fuerza de tenacidad y dineros.

Así que los enemigos de la fe cristiana, según Rodrigo y Teresa entienden la situación, se llaman «los moros»; palabra con tres significados en España.

Moros son los musulmanes acogidos al perdón real, otorgado a quienes después de la conquista de Granada aceptaron convertirse al cristianismo. Les dicen «moriscos», pero ni la gente ni la Inquisición se creen que la conversión de los moriscos sea sincera: y no hay modo de saberlo, porque Mahoma consiente a sus fieles la «taquia», una fórmula de falsa apostasía con la que pueden fingir para librarse de persecuciones.

A la segunda clase de «moros» pertenecen los turcos, esos gigantes orientales armados de bigote y cimitarra que por tierra y por mar atacan los países cristianos. Los historiadores aceptan hoy que la propaganda «oficial» de los reyes europeos del siglo XVI calumnió a los turcos presentándolos más feroces que la realidad, con objeto de estimular las movilizaciones de personal y dinero para cortar el avance turco que venía imparable. Estos «moros turcos» del oriente lejano entrarán pasando años en la óptica de Teresa, por ahora caen demasiado distantes de su fantasía infantil.

Los terceros moros son los moros de verdad, los que Rodrigo y Teresa van a ir a ver ofreciéndose a ser «descabezados» por la fe de Jesucristo: están al otro lado del mar, agazapados en las costas de Africa. Estos «moros» temidos por los españoles del siglo XVI se llaman en realidad «berberiscos». Y son piratas, traen a mal traer las naves que surcan el mar Mediterráneo.

La piratería de los berberiscos por aguas del Mediterráneo constituye una frescura, una falta de vergüenza, y por cierto muy interesante. Durante el siglo VII los árabes ocuparon el norte de Africa, impusieron allí el credo musulmán y llamaron el país «Magreb», occidente. Desde esa franja costera como trampolín, los árabes se lanzaron a la conquista de España.

Cuando los Reyes Católicos terminaron la reconquista, doña Isabel comprendió que para evitar asaltos futuros España necesitaba establecer alguna cabeza de puente a lo largo de la costa africana. Este plan resultó más urgente cuando los árabes de Málaga y Granada huyeron a buscar asilo en Africa: representaban un peligro permanente de futuros ataques a las provincias andaluzas.

A esta política respondían las expediciones que con varia fortuna verificaron el cardenal Cisneros y don Fernando el Católico una vez muerta doña Isabel: las plazas de Mazalquivir, Orán, Bugía, Trípoli, el peñón Vélez de la Gomera, ostentaron alternativamente pendones de Castilla y Aragón.

Entretanto «los moros» habían renunciado a los planes heroicos de asaltar otra vez España y descubrieron una actividad lucrativa: desde sus nidos africanos salían en bajeles rapidísimos a piratear el Mediterráneo; asaltaban embarcaciones, robaban de noche joyas y víveres en los puertos andaluces, tomaban cristianos cautivos para exigir rescate.

Una sacudida de temor conmovió España cuando fue conocida la piratería berberisca, y circularon relatos terroríficos acerca de los tormentos infligidos a los cautivos cristianos en las mazmorras de Argel. La realidad parece que no fue tan nefasta, pues a los moros no les interesaba martirizar cristianos sino cobrar rescates. Los frailes de Castilla y Aragón montaron enseguida un sistema de contacto para dialogar con los jefes berberiscos y llevar dinero abundante con que liberar cautivos. Este tráfico moruno fue tan desvergonzado que no tenían inconveniente en consentir que los frailes se llevaran «cautivos a cuenta». Tuvimos en Sevilla un clérigo santo, llamado Contreras, de quien los moros aceptaban en depósito el bastón cuando a Contreras se le acababan los dineros: le entregaban los cautivos con el compromiso de volver a reembolsar la cantidad pendiente representada por el bastón del santo. El negocio de los cautivos estimuló el atrevimiento de los moros. Con valentía y audacia acometían asaltos arriesgados. Un pirata intentó dar en Italia un golpe de mano y capturar al papa. Otro consiguió penetrar en la finca de Fondi donde veraneaba Julia Farnesio, la belleza oficial del renacimiento italiano: la princesa escapó huyendo a caballo semidesnuda en plena noche...

Las historias de cautivos cristianos martirizados por los moros de Africa tuvieron en Avila un eco fuerte precisamente estos años de la primera infancia de Teresa.

Había aparecido un nuevo jefe pirata, Horruch Barbarroja, que iba a convertirse en la pesadilla del emperador Carlos V. A Barbarroja lo había invitado a su palacio el «dey» o señor berberisco de Argel llamado Selim Ectemi: Barbarroja se dejó agasajar; luego asesinó a Selim y ocupó su puesto. Embravecido con su nuevo poder, Barbarroja decidió atacar las plazas españolas de Africa para tener completamente libres los accesos de sus piratas al mar.

Siete mil castellanos embarcaron en Cartagena y acudieron a socorrer los fuertes amenazados por Barbarroja. Mandaba la expedición un noble abulense, general de artillería, don Diego de Vera. El general don Diego se confió demasiado, sin contar con las astucias de Barbarroja. Desembarcó sus tropas ante Argel, las dividió en cuatro sectores, y las preparó al asalto de la ciudad. Barbarroja quietecito dejó que los españoles evolucionaran, y cuando los vio separados en cuatro grupos cayó sobre ellos y los aplastó: tres mil muertos y cuatrocientos cautivos. Muchos de Ávila, ciudad que lloró amargamente la desgracia.

M iradlos, contened el aliento.
Una nena rubita de siete años y un niño de ocho salen a hurtadillas de su casa...
Aprovechan el trajín de media mañana y que don Alonso está fuera, quizá en Gotarrendura.
Mamá doña Beatriz anda afanada con los niños más pequeños.
La nena Teresa y el hermanillo Rodrigo decidieron ayer que hoy partirían a tierra de moros, donde les descabezarán por la fe de Jesucristo.
Teresa y Rodrigo ganarán el cielo para siempre. «Para siempre...».
Han vacilado muchos días por la pena que sentirán en casa cuando descubran que se fueron, lo anotó santa Teresa:
—El tener padres nos parecía el mayor embarazo.
Llevan un hatillo, «alguna cosilla de comer» que les sirva los primeros ratos; luego pedirán limosna, hasta que lleguen a la tierra de los moros.
Se escabullen del caserón agarrados de la mano.
Tomaron el camino de las procesiones hacia poniente, calle abajo, a desembocar en la puerta del puente que sale de las murallas y cruza el río Adaja...
Alguien dio en casa la voz de alarma: ¡faltan los niños!
Al primer desconcierto sucedió un desbarajuste.
El temor de doña Beatriz con sus pequeños estaba siempre localizado en los pozos de la huerta. Que alguno cayera sin verlo nadie.
Los hijos mayores, las criadas, todos dieron vueltas al caserón y revisaron los rincones de la huerta, las cuadras, la buhardilla, el pajar. Doña Beatriz pasó presa de pánico a la casa de enfrente donde vivía su cuñado Francisco, hermano de don Alonso:
—¡Los niños, Teresa y Rodrigo han desaparecido!
Don Francisco procura tranquilizarla, no ocurre nada, cosas de chiquillos, él va enseguida a buscarlos: ¿cuándo salieron? ¿quién los vio el último? No estarán lejos...
Don Francisco adivina que alguna travesura los ha empujado hacia el puente: monta su caballo y sale a galope por la calzada mayor en dirección a la puerta del Adaja.
Los vio enseguida. Diminutos, agarrada la mano, con su hatillo, a mitad del puente...
—Niños, ¿dónde vais?

Los futuros mártires sintieron un sobresalto y miraron atónitos hacia el tío Francisco que preguntaba desde lo alto del caballo:

—¿Dónde vais? Vuestra madre está apenada por vosotros.

Los subió al caballo y dio vuelta hacia casa.

—¿Os marchabais? ¿adónde? ¿por qué no dijisteis nada? Vuestra madre doña Beatriz...

Los niños callan. Están azorados. Nadie creerá la historia, ha salido mal su aventura.

Doña Beatriz reía, con lágrimas aún en su rostro. Preguntaban todos... Teresa y Rodrigo estaban algo asustados.

¿Hubo azotes?

No sabemos.

Sí sabemos que doña Beatriz les reprendió.

Y que Rodrigo echó las culpas a su hermana:

—Ha sido la niña, quiso que nos fuéramos...

Rodrigo, ¡Adán!: ¿tú eras el candidato a mártir dispuesto a desafiar la cimitarra del Barbarroja? Adán que pasas las culpas a Eva...

7
Le muere su madre

Fracasados como mártires, Teresa y Rodrigo buscaron otros juegos menos comprometidos. Y siempre inspirados en las páginas del *Flos sanctorum*, el libro que dio alas a su imaginación infantil.

Teresa inventa planes, Rodrigo la secunda. A veces, se guían solos. En otras ocasiones aceptaban el concurso de primos o vecinos: jugar con Teresa les resulta atractivo porque la niña fantasea con tal gracia que parecen actividades reales, no simulacros.

Teresa y Rodrigo decidieron «ser ermitaños»:

—En una huerta que había en casa procurábamos, como podíamos, hacer ermitas, poniendo piedrecillas, que luego se nos caían.

Para cumplir debidamente su nuevo oficio, ensayaban penitencias, guardaban horas de silencio, rezaban.

Mucho más que en el caserón de Avila se divertían las temporadas de Gotarrendura: allí tenían campo abierto para corretear a gusto y escenificar sus fantasías. Queda todavía en pie un palomar, la única pieza que del caserío Cepeda Ahumada ha llegado a nuestros días. Pues este increíble palomar de Gotarrendura tiene grabados en la pared una docena de signos muy curiosos: cruces, dibujos de altares sencillos, letras del nombre de Jesús y de María, todo líneas trazadas en la argamasa mediante un hierro puntiagudo. Dice algún entendido que los trazos corresponden sin duda a la hechura propia del siglo XVI, y que se conservaron gracias a las capas de cal ahora erosionada por las lluvias. Sospechan con fundamento que estos dibujos fueron trazados de mano de Teresa y Rodrigo jugando a ermitaños.

Lo bueno vino cuando la niña Teresa inventó nada menos que una orden religiosa, con monjas, reglas, horario, vesticiones, locutorio, y ella naturalmente de abadesa:

—Gustaba mucho, cuando jugaba con otras niñas, hacer monasterios, como que éramos monjas.

No dice qué papel asignó a Rodrigo en la función, supongo que sería el padre confesor.

Habría que ver la minúscula priora gobernando su comunidad a golpe de campana.

El tiempo pasa veloz. En el hogar de los Cepeda se suceden acontecimientos que los ojos de la niña Teresa miran atentamente. Ella es una esponja que absorbe las vivencias. De sus diez a sus doce años le ocurre un cambio psíquico profundo y toma clara conciencia de su entorno familiar. Continúa pegada a su buen Rodrigo, pero entabla conexiones con los demás personajes alrededor suyo.

La noticia llamativa de la temporada fue que el mayor de los varones de don Alonso, Juan de Cepeda, hijo como sabemos del primer matrimonio, se va soldado a servir en los tercios del emperador.

Nuestro señor don Carlos V ha entablado la confrontación definitiva con su rival el rey francés Francisco I. Para asentar pacíficamente su imperio, don Carlos ha de vencer tres fuerzas que convergen contra él: Francia, el protestantismo y los turcos.

En teoría Francia y España deberían aliarse y hacer frente común ante la disgregación protestante y la invasión turca. Pero causas profundas y rencillas personales impedían la alianza.

Las rencillas personales entre el rey Francisco I y el emperador Carlos V nacen del disgusto que al francés le causó verse arrebatado el señorío espiritual de Europa implícito en la dignidad imperial: Francisco anheló con todo su ímpetu juvenil ser elegido emperador y nunca perdonará a Carlos haberle quitado el cetro. Este resentimiento impulsará al rey francés a pactar incluso con los protestantes y los turcos en contra del emperador, actitud que supone una verdadera locura desde el punto de vista europeo.

Sin embargo la hostilidad profunda de Francisco contra Carlos mana de una realidad política indiscutible, por encima de animosidades y de envidias. Francia está rodeada, diríamos ahogada, atenazada, dentro de un cerco de fuerzas imperiales: Austria y Alemania por el este, Flandes por el norte, España por el sur. Don Carlos intentó además en varias ocasiones asegurarse la colaboración del rey inglés Enrique VIII mediante pactos, y entonces hubiera cerrado al francés también el oeste.

Por fortuna para Francisco I, el inglés no era de fiar, y menos que a nadie pensaba entregarse a don Carlos: a pesar de que el emperador fuera sobrino carnal de la reina inglesa Catalina de Aragón, hija de los Reyes Católicos y hermana de Juana la loca.

El terreno donde Carlos y Francisco miden sus armas buscando el desgaste total del adversario, es Italia. Da pena ver el hermoso país, nido de la más refinada cultura durante esta etapa del Renacimiento, convertido en palestra de peleas feroces entre ejércitos extranjeros ¿Por qué?

Italia no ha conseguido unificar los fragmentos de su territorio, pasarán tres largos siglos todavía antes que decida realizar su unidad nacional. Ninguno de sus estados o señoríos dispone de energía suficiente para imponerse a los demás, a pesar de que cuentan con impresionante prestigio histórico: el reino de Nápoles, el ducado de Milán, las repúblicas de Venecia y de Génova, la señoría de Florencia, los estados pontificios. Para evitar el predominio de los otros, cada uno de los pequeños estados italianos teje y desteje alianzas con naciones extranjeras: así resulta continuo el hormigueo de franceses, alemanes, austriacos y españoles por Italia.

Hay un fragmento del territorio italiano que dentro de la estrategia imperial considera clave Carlos V: el ducado de Milán, situado como estación de enlace en el centro de los caminos que unen las tres partes sustanciales del imperio, es decir, España, Austria y los Países Bajos.

Y por este motivo naturalmente Francisco I dirige una y otra vez con tenacidad obsesiva la punta de lanza de sus ejércitos contra Milán: sabe que si logra borrar del ducado milanés la presencia de las tropas imperiales, don Carlos verá desarticulada la conexión de sus dominios.

Así ocurrió que los muchachos de Castilla fueron a pelear en el norte de Italia bajo las banderas de su emperador. De la mayoría de ellos sólo se supo el día que partían: jamás regresaron, murieron en aquella implacable guerra de desgaste. Unos caían en suelo italiano, otros ahogados en refriegas marítimas contra los berberiscos que continuaban pirateando sobre las costas de Sicilia y Nápoles desde sus cabos africanos. Las familias de Castilla aprendieron a soportar con noble silencio la muerte lejana de sus mozos. Del trance que costó la vida a Juan Cepeda ni siquiera encontramos datos exactos. Sólo sabemos que, sin duda por el dinero con que don Alonso acompañaría el alistamiento de su hijo mayor, ostentaba el rango de capitán de infantería. Y que tendría dieciocho años cuando cayó.

L a pelea italiana entre Francisco I y don Carlos produjo al emperador un conflicto religioso gravísimo que pudo costarle otro disgusto con sus vasallos españoles.

Hubiera sido una pena, ya que a partir del verano de 1522 don Carlos asienta permanentemente su corte decidido a gobernar el mundo desde España: de aquí saca los hombres y los caudales necesarios. Le rodean ya dignatarios españoles. Reúne frecuentemente las Cortes, aunque, sea dicha la verdad, siempre para solicitar aprobación de nuevos subsidios. Y se casa en España, con mujer española, si bien nacida en Portugal: por estas fechas es igual español quien nace más allá de la raya portuguesa. Don Carlos, rutilante partido de los reinos europeos, elige por esposa a una prima suya, Isabel, nieta como don Carlos de los Reyes Católicos: Isabel es hija de María, infanta de España. El rey don Manuel I de Portugal había casado con la primogénita de los Reyes Católicos, la princesa Isabel. Del matrimonio nació aquel niño Miguel que durante dos años cobijó en su cuerpecito las ilusiones de España y Portugal, ya que en él se reunían las dos coronas: desdichadamente el futuro rey murió a los veintiún meses de nacer. Don Manuel, viudo de Isabel, pidió en matrimonio a su cuñada María, cuarta hija de los Reyes Católicos: les nacieron diez hijos; y a la primera niña, Manuel y María le pusieron el nombre de Isabel en doble recuerdo familiar.

Con su prima Isabel de Portugal casó el joven amo del universo don Carlos I de España y V de Alemania. La boda encantó a los iberos. El emperador aguardó en Sevilla el cortejo nupcial que le traía la novia de Lisboa. Los festejos se celebraron en el alcázar sevillano la primavera de 1526. A los sevillanos la nueva emperatriz les pareció guapísima, ellos entienden. Y decían que era buena. Don Carlos sentíase feliz, prometió a su novia construirle un palacio en la Alhambra de Granada.

Entretanto llegaban de la guerra de Italia noticias alternativamente alegres y tristes. Desde 1521 los franceses tenían invadido el ducado de Milán, y las tropas de don Carlos intentaban sujetar el avance. En marzo de 1523, don Carlos pidió a su hermano Fernando que para reforzar el ejército enviara de Alemania hasta Italia un cuerpo de «lansquenetes», famosos mercenarios puestos a sueldo de quien les pagaba mejor. Reforzados así, los españoles, mandados por los excelentes generales Antonio de Leiva y el marqués de Pescara, derrotaron al ejército francés ante los muros de Pavía el 24 de febrero de 1525: Francisco I se jugó valientemente la vida encabezando

una carga furiosa de sus jinetes; herido su caballo, rodó a tierra y fue hecho prisionero. Aquella tarde fatídica el pobre rey Francisco envió a su madre Luisa de Saboya, a quien había dejado en París como regente el reino, el famoso mensaje:
—Todo se ha perdido menos el honor y la vida.

Al rey prisionero lo trajeron a Madrid y tuvo que aceptar las condiciones de un duro tratado: la «paz de Madrid», en la cual el francés, además de abandonar para siempre Milán y respetar la frontera Navarra, se obligaba a casarse con doña Leonor de Austria, hermana de su rival don Carlos. Cuentan los cronistas que antes de firmar la paz, el rey Francisco declaró secretamente a un notario que aquel tratado lo consideraba nulo por verse forzado a la firma. Don Carlos desconfiaba, y primero de poner libre a su prisionero tomó en prenda dos hijos del rey francés: quedaron como rehenes en Madrid. Francisco sabía perfectamente que don Carlos no los maltrataría; al pisar suelo de Francia, exclamó:
—¡Todavía soy rey!

Y juró olvidarse del tratado. Doña Leonor, su prometida esposa, quedaba de momento sin marido.

La victoria de don Carlos sobre don Francisco inquietó como era lógico a los estados italianos y también al rey de Inglaterra Enrique VIII: temían todos que la potencia del emperador creciera hasta convertirle en árbitro de sus destinos. Quien más se preocupó fue el papa.

Había muerto en otoño de 1523 el pontífice amigo y preceptor de don Carlos, Adriano de Utrech, a quien conocimos páginas atrás como regente de Castilla cuando la rebelión de los comuneros. De papa no le dio tiempo a nada, duró sólo un año. En Roma lo habían recibido de uñas, pues lo consideraban «criatura» del emperador: «Para elegir a Adriano, decían los cardenales enemigos, tanto hubiera valido elegir a don Carlos». Fue una buena persona, pero la Roma del Renacimiento, viéndose llegar aquel papa piadoso y severo, lo llamó «el bárbaro holandés»; les parecía un monje más que un príncipe de la iglesia. Y entonces deseaban príncipes. Adriano cometió el mismo error que había cometido en España don Carlos: llevó consigo consejeros flamencos, gente de valía intelectual, pero cuyos nombres —Enkevoirt, Ingelwinkel, Dirk Van Heeze— suscitaban la hilaridad de los romanos. Murió Adriano VI, el último papa no italiano hasta nuestro actual Juan Pablo II.

El cónclave de cincuenta días eligió nuevo papa en la persona de un príncipe de la familia Médicis, el cardenal Julio, quien tomó nombre de Clemente VII.

Clemente VII también deseaba ver Italia libre de extranjeros. Después de Pavía comprendió que don Carlos sería dueño de Nápoles y de Milán. Y comenzó negociaciones secretas con el recién liberado Francisco I para debilitar la posición del emperador.

Don Carlos, muy optimista, había escrito en el texto del tratado de Madrid firmado con Francisco I que «los dichos señores, emperador y rey, sean e queden de aquí adelante buenos, verdaderos e leales amigos, aliados y confederados». Papel mojado.

Nada más cruzar el Bidasoa, Francisco I buscó nuevas alianzas contra el emperador. La felonía estuvo en que no trató sólo de ganarse al papa y al rey de Inglaterra: también mandó un anillo al sultán de los turcos Solimán el Magnífico... Y mensajeros a los protestantes alemanes.

Clemente VII aceptó la conspiración: temía que don Carlos acabase por someter a su dominio toda Europa y que su poder en Italia fuese absoluto.

La conjura antiimperialista encantó a los magnates italianos.

En mayo de 1526, el papa, Francisco I y los señores italianos firmaron en Cognac un pacto de alianza contra el emperador. El pacto se conoce como «Liga clementina» por la presencia de Clemente VII quien declaró públicamente que Francisco I no estaba obligado a cumplir el pacto de Madrid.

Esta vez la guerra en Italia se le ponía áspera a don Carlos: tendría que arremeter contra el mismísimo papa.

Muerto el marqués de Pescara, don Carlos había nombrado jefe de las fuerzas españolas en Italia al condestable Carlos de Borbón, general francés que por disgustos familiares se había pasado al bando del emperador. El condestable recibió enseguida como refuerzo un nuevo cuerpo de doce mil lansquenetes alemanes.

Comenzó la guerra. Los federados de la «clementina» sitiaron Génova, mientras los imperiales daban un susto a Roma con rápidas incursiones desde Nápoles.

El condestable de Borbón sufría un serio problema: don Carlos no enviaba dinero suficiente para pagar la soldada a los mercenarios del ejército asentado en el norte de Italia. Los lansquenetes resolvieron el asunto dándose al robo: enfurecidos, esquilmaron la Lombardía y parte del Genovesado. Sus capitanes les prometían el paraíso cuando llegara el momento de bajar hacia Roma y entrar a saco en los palacios del papa. Idea muy atractiva para soldados alemanes, la mayoría de los cuales profesaba ya la religión protestante y por tanto consideraba al pontífice «un anticristo».

Borbón los entretenía, pero a fines de enero de 1527 no los pudo sujetar: una columna de veintiséis mil hombres comenzó la marcha hacia el sur: prusianos, bávaros, suevos, tiroleses, españoles y malhechores italianos que se incorporaban durante el avance hasta sumar treinta mil caminantes, fascinados todos por la idea del saqueo. Ni les atemorizó la lluvia ni se ocuparon de asegurar su retaguardia, bajaron como un alud y el 5 de mayo estaban a las puertas de Roma. El condestable cayó en el primer asalto, sus hombres arrollaron sangrientamente las escasas tropas del papa. Clemente VII se refugió en el castillo Sant Angelo. Los imperiales entraron de huracán en la urbe. Roma sufrió un saqueo bárbaro: asesinatos, torturas, violaciones, expolios, incendios, ningún dolor le fue ahorrado.

Don Carlos recibió la noticia del «saco de Roma» en Valladolid, donde preparaba fiestas por el nacimiento de su primer hijo, Felipe. Suspendió los festejos, ordenó luto en la corte, mandó rogativas públicas por el santo padre, envió un manifiesto «a los príncipes cristianos» declarándose ajeno a lo sucedido y condenando los crímenes. Estaba aterrado. Con razón: los ejércitos del «defensor de la cristiandad» habían asolado la ciudad del papa. ¿Qué iban a decir sus fieles súbditos de España? Pronto lo supo, por mediación del franciscano cardenal Quiñones, muy devoto del monarca: el franciscano tuvo los onomatopéyicos «riñones» que su apellido reclama para explicar a don Carlos que ya en vez de emperador debía titularse «general de Lutero». La pena de don Carlos fue sincera. Por el cronista Pero Mexía conocemos sus cartas al papa sitiado en Sant Angelo, «cartas muy amorosas y de consuelo ofreciéndole todavía su amor e amistad, queriéndola él; y a sus capitanes envió a mandar que si el castillo fuese tomado, poniendo el recaudo que convenía a las cosas de la guerra, su persona fuese tratada con toda la libertad y acatamiento».

A las familias de Castilla les sobresaltó el temor que alguno de sus muchachos soldado imperial hubiera participado en el sacrílego saco de Roma. Parece seguro que para esas fechas ya el capitán de infantería Juan Cepeda había caído en una batalla innominada de Italia o África. España tuvo que acostumbrarse a llorar sin ruido la muerte de sus mozos, y esto explica que ni los papeles de los Cepeda ni el recuerdo escrito de Teresa anoten el dolor familiar por esta primera desaparición, la cual andando el tiempo vendrá seguida del sacrificio de varios hermanos más en tierras de América.

Doce años cumplía la niña Teresa cuando sucedió el enfrentamiento del ejército español con el papa. Interesante sería conocer los comentarios que don Alonso hizo en las veladas familiares al choque de don Carlos con Clemente VII: el enfoque de su padre al tema suponía opinión de máximo valor para Teresa, porque la niña lo escucha como quien oye a un oráculo. Estas simpatías profundas en el seno de la familia suelen ser recíprocas, y efectivamente los síntomas denuncian que Teresa le tiene sorbido el seso a don Alonso.

Lo cual no impide una secreta y simpática confabulación de la niña con su madre doña Beatriz a costa del padre. Algunos estudiosos de los papeles de la santa se preguntan si de niña estuvo Teresa más pegada al padre que a la madre, o al menos más prendada de don Alonso que de doña Beatriz. A mí no me da esa impresión. Al contrario, la veo admirando, enalteciendo al padre; pero muy cosida, muy aquerenciada al regazo de su madre. Y según la niña crece, parece claro que la madre la va teniendo, además de hija, por compañera. Teresa supo merecer la confianza de su madre. Tanto, que según crecen los hermanillos pequeños consideran a Teresa una especie de segunda madre. No es que doña Beatriz se lleve mal con su hijastra María, la mayor de todos nacida de doña Catalina en el primer matrimonio de don Alonso. María en estas fechas ha pasado de los veinte años, es mujer hecha, asombra que retrase tanto su matrimonio: a doña Beatriz quizá María la hijastra le impone un poco, porque de temperamento rígido, algo seco, se parece mucho al padre don Alonso.

Doña Beatriz y Teresa establecen una curiosa complicidad entre las dos a expensas del padre. A don Alonso nunca le gustaron demasiado las aficiones literarias de su mujer, él considera pérdida de tiempo la lectura de novelas. En cambio doña Beatriz, cuya salud no muy robusta sufre quebrantos con cada nuevo parto, descansa y disfruta leyendo las aventuras románticas de los caballeros andantes celebrados en la literatura rosa de la época. Por no disgustar a su marido, guarda escondidas sus novelas y aprovecha las ausencias de don

Alonso para entregarse plácidamente a la lectura. El testimonio de Teresa certifica que nunca doña Beatriz falló a sus obligaciones caseras; pero en cuanto Teresa leyó de corrido consumían juntas las dos muchas horas en acompañar las apasionantes aventuras de Amadís, el galope de Esplandián, los amores del Doncel del Mar con la princesa Oriana, bellísima hija del rey Lisuarte. A don Alonso le hubieran dado jaqueca estos lances sentimentales entre valientes caballeros y damas quebradizas. Doña Beatriz y Teresa gozaban el suplemento de tener juntas un secreto, desconocido a la persona que más querían. Las fatigas físicas de doña Beatriz, preocupantes según pasan los años, encuentran alivio en el mundo irreal de las novelas de caballería. Comprende que su severo marido rechace semejante distracción; procura evitarle enojos guardando los libros escondidos. A fin de cuentas don Alonso le lleva quince años de edad y toda Avila lo tiene por hidalgo austero. Sin embargo doña Beatriz, cuidadosa de alejar de sus niños cualquier compañía peligrosa, piensa que la imaginación juvenil gana con el cultivo romántico de las virtudes caballerescas descritas en estos relatos. Y le encanta que a su Teresita le gusten.

Cómo no, a las nuevas aficiones literarias de Teresa se pega Rodrigo, el hermano inseparable. También él querrá ser de mayor un héroe. Teresa y Rodrigo vuelcan el afán de conocimientos, que juntos saciaron en las páginas del *Flos sanctorum*, sobre las novelas de caballería. Les dio tan fuerte que dedicaron las horas de juego a escribir entre los dos «un libro de caballería con sus aventuras y ficciones»: cuánto pagaría yo por hallar este manuscrito, perdido, en el cual Teresa dejó su fantasía adolescente plasmada en un relato de arrojo varonil y galanterías románticas. Tiene gracia que la primera obra de nuestra escritora mística haya sido una novela juvenil de caballería.

Seguramente de monja ella misma rompió el manuscrito. Porque llegó a la conclusión de que había sido perjudicial para su desarrollo interior el apego a las novelas. Y lamenta que la afición le viniera por conducto de su madre. Pasó que Teresa bebía las aventuras caballerescas con avidez excesiva:

—Era tan en extremo lo que me embebía, que si no tenía libro nuevo, no me parece tenía contento.

Claro, así las novelas ayudaron a despertar en Teresa adolescente impulsos hacia experiencias nuevas.

Pero no me atrevería a condenar a doña Beatriz como educadora por haber aficionado la hija a los libros románticos de su tiempo. Con Teresa el exceso venía imprevisible, y no fue culpa de su madre si leyendo martirios de santos quiso la niña ir a que los moros la descabezasen. Tampoco fue culpa de doña Beatriz si las aventuras galantes de Amadís y Oriana cayeron como rocío matinal sobre una sensibilidad tan fina...

El emperador no arranca solamente los hijos de las familias hidalgas de España, también se lleva los dineros. Pero quizá sería injusto achacar al emperador la ruina que ya estos años empieza a amagar sobre la casa de don Alonso Cepeda: nuestro hidalgo sufre dificultades económicas.

Con la riqueza que los bajeles traían de América, España tuvo que haberse enriquecido. No fue así. Ejercer la responsabilidad imperial nos costó vidas y oro. Ni hombres ni recursos teníamos suficientes en la península, no alcanzaban. Los generales de don Carlos se vieron forzados a contratar mercenarios. Había también que pagar viajes, virreyes, varias capitales de corte rumbosas, el prestigio del cetro imperial. Castilla vio atónita crecer desmesuradamente su antiguo presupuesto tan modesto, tan casero. Antes de partir a buscar el título de emperador, don Carlos exprimió las Cortes en la famosa y polémica convocatoria de Santiago. Nada más volver, las reunió en Valladolid y les sacó un nuevo impuesto de cuatrocientos mil ducados precisos para equipar el ejército: era el año 1523. En 1526 presidió Cortes en Toledo de las que obtuvo doscientos millones de maravedises. Al año siguiente, 1527, otra sesión en Valladolid: no se atrevía, dijo, a presentar el monto de cantidades necesarias, pero los conflictos y guerras internacionales presagiaban cercano el choque frontal contra el ejército turco. Pasado justo un año, junio del 28, arrancó doscientas mil libras a las Cortes de Aragón... Una zarabanda de cifras descomunales enloquecía las haciendas privadas y públicas. Pero no bastaba. El emperador recurrió a préstamos negociados con los grandes banqueros de Alemania y Flandes. Le dieron el dinero, exigiendo como garantía ¡los bajeles de Indias! Intereses usuarios devoraron las arcas imperiales. El chorro de las riquezas de América «pasaba» por España sin detenerse, subía camino de Amsterdam y de Augsburgo. A mitad de siglo a don Carlos los banqueros le tenían embargados íntegramente por un plazo de dos años «todos los ingresos de América». En trances de apuro máximo el emperador llegó a vender bienes de la corona, echó mano de la dote de la emperatriz, dio las Molucas a Portugal, puso como garantía las minas de Almadén. Da espanto repasar las páginas donde el profesor Carande le echa cuentas a don Carlos...

El dispositivo económico de España padeció alteraciones peligrosas: agricultores, industriales y comerciantes vieron desbordado su sistema de trabajo por exigencias imprevisibles. El país, cerrado antes en sí mismo, se les convirtió de repente en una plataforma de contactos mundiales sin casi defensas aduaneras. Las ferias del interior de Castilla, acreditadas en los siglos medievales, agonizaron ante la atracción comercial de los puertos periféricos. La industria languidecía por falta de brazos jóvenes, el ejército absorbió su mano de obra. El campo en sus años de mala cosecha no alcanzaba a soportar los tipos altos de tasas.

Un ingenio comercial y financiero como don Juan Toledano, padre de los Sánchez Cepeda, se hubiera enriquecido en la época imperial: disponía de talento y audacia parejos a los colegas tudescos o flamencos. Sus hijos, no. Y menos que ninguno, don Alonso.

Los papeles familiares no cuentan detalladamente dónde nacieron los quebrantos dinerarios del hidalgo Alonso de Cepeda. Sabemos que sus hermanos y él mantuvieron algunos años el negocio de arrendamiento de rentas que su padre había montado a raíz del bajón de los comercios. Incluso mantenían tiendas en Avila, los registros incluyen por ejemplo a don Alonso entre los dueños de carnecerías. ¿Por qué abandonaron? Lo ignoramos. Sería el temor de renovar suspicacias acerca de su sangre hebrea, sería un fallo de capacidad ante los nuevos tiempos, el caso es que los hermanos Cepeda pierden su categoría económica y don Alonso va camino de la ruina. Ha buscado remedio en la agricultura: dirige los cultivos y vigila los ganados de Gotarrendura. Pero el campo es muy peligroso, allí don Alonso Cepeda acabará de hundirse.

Nuestro distinguido hidalgo mantiene el tipo, disimula discretamente sus apuros. El ritmo de vida en el caserón Cepeda no afloja, y don Alonso cumplirá con largueza sus obligaciones cuando vayan llegando las bodas de hijos e hijas: serán dotados como corresponde. Don Alonso se verá libre del hundimiento aparatoso de su hacienda, las cuentas aparecerán sólo cuando él muera. Su estampa melancólica de los años amargos me recuerda la dignidad social de los antiguos hidalgos andaluces muertos de hambre pero capaces de espolvorear migas de pan sobre la pechera con objeto de hacer creer que ya comieron.

Quien conoció los quebrantos del marido fue doña Beatriz, y da pena ver así entristecidos sus últimos años en esta tierra.

A niña Teresa va a ocurrirle una gran desgracia: le muere su madre.

Primero murió la abuela, doña Teresa de las Cuevas, en cuyo honor habían dado el nombre a la niña. La pérdida de abuela coincidió más o menos con la noticia de que había caído Juan Cepeda en las guerras del imperio. Fueron estos dos los primeros encuentros personales de Teresa con la muerte. Ahora vendría el tercero, verdaderamente dramático.

A doña Beatriz el último parto le costó la vida.

Nació Juana, la niña más pequeña que será muñeca de Teresa: corre ya el año 1528, y a nuestra jovencilla Teresa que ha cumplido los 13 le cae muy bien ceder a la recién nacida el puesto de pequeña de la casa. Quizá le pusieron Juana en recuerdo del hermano recién muerto en la guerra.

Probablemente por temor a sus fatigas, llevaron a doña Beatriz a que diera a luz en el apacible caserío de Gotarrendura: allí podría reponerse luego del parto.

No se repuso. Los labriegos veían pasear la «señora» a caída de tarde y era una lástima recordarla vestida con faldas de raso carmesí cuando años atrás vino en temporadas otoñales a buscar racimos de la viña. Ahora les parece una sombra de lo que doña Beatriz fue; olfatean ellos la cercanía de la muerte y mueven tristemente la cabeza:

—A la paz de Dios, señora.

Tantos hijos...

Murió. A las puertas del invierno. Había dictado un testamento emotivo que firmó a 24 de noviembre de 1528: manda su ánima a Dios que la crió y la redimió con su preciosa sangre, pide que su cuerpo sea enterrado secretamente en la parroquia de San Juan de Avila, ordena misas por su alma, reparte bienes a los hijos, nombra albacea a don Alonso, su señor.

Contaba doña Beatriz treinta y tres años: sólo hacía diecinueve de aquella boda que los labriegos recuerdan como la más jubilosa fiesta celebrada en la aldea.

Hombres, mujeres, niños y viejos acudieron a rodear cariñosamente la casa. Rezan, algunos lloran. Tan joven, tan guapa, rica. Diez hijos...

Preparan una carreta tirada por bueyes, una carreta igual a la que trasladó de Olmedo a Gotarrendura la niña novia llamada Beatriz, doña Beatriz de Ahumada, catorce años tenía la novia. Daba gloria, vestida de seda china y los bordados en oro...

Hoy a la carreta le ponen faldones negros y la rodean con cirios encendidos. El cortejo sale camino de Avila, pausadamente, dando tiempo a que digan adiós a la señora sus campos, sus vides, sus árboles, las nubes y los pájaros. De pueblos vecinos, Peñalva, Cardeñosa, Narrillos, vienen aldeanos con la gorra en la mano a saludar la difunta, a la paz de Dios, señora. Don Alonso sigue la carreta, en su caballo. Y los hijos, en mulas.

Teresa... María la hermana grande la tiene acurrucada contra su pecho. Teresa de mayor volverá la mirada atrás:

—Acuérdome que cuando murió mi madre...

El primer dolor hondo ha entrado en Teresa. Pasaron los días y fue comprendiendo:

—Como yo comencé a entender lo que había perdido, afligida fuime a una imagen de nuestra Señora y supliquela fuese mi madre, con muchas lágrimas.

El arranque ha sido indudablemente sincero. Aunque Teresa quizá siente que todo alrededor le flota un poco, instalada ella en las nubes románticas de su adolescencia recién estrenada.

8
Una chica enamorada

Catorce años, todavía una niña. Por ser hija de hidalgo, la llaman *doña* Teresa, según la cortesía de la época.

Y le ocurre una experiencia que a ella le parece única: Teresa está enamorada. ¿Podía sucederle nada más sabroso a una jovencilla de catorce años? España y Europa viven por estas fechas acontecimientos importantes que afectarán en el futuro la existencia de la jovencilla doña Teresa de Ahumada.

A lo largo del verano de 1529 recorre toda Castilla una noticia de postín: el papa y el emperador se han hecho amigos, firman la paz. ¡Qué alegría general después de las últimas tristezas!: ¿cómo iba a sentirse satisfecho un país de buenos cristianos si los soldados de su rey andan enfurecidos repartiendo mandobles por las calles de Roma?

Verdad es que cuando Clemente VII firmó con Francisco I la «Liga clementina», don Carlos reunió una junta de teólogos y les preguntó si era lícito que sus soldados lucharan contra los soldados del papa: los teólogos respondieron que Clemente VII además de sumo pontífice también ostenta la calidad de señor temporal como dueño de los estados pontificios, y que ha sido él, monarca de los estados temporales de la iglesia, quien comenzó la pelea sumando su ejército al de Francisco I. Por tanto su majestad el emperador puede atacar, sin menoscabo de la piedad católica, las tropas del papa.

Nadie adivinó que podría ocurrir el «saco» de Roma...

Fue una pesadilla.

Los lansquenetes del difunto condestable de Borbón las habían hecho pasar moradas al papa, a los cardenales, obispos, canónigos y hasta a simples monaguillos. Clemente VII cobijado en la fortaleza de Sant Angelo, esperó inútilmente que los señores italianos comprometidos en la «Liga» vinieran a salvarlo. No vino nadie. Desalentado, al mes de encierro el papa capituló. De entrada los capitanes del ejército invasor le exigieron cuatrocientos mil ducados para pagar a los lansquenetes, y solicitaron instrucciones del emperador acerca de las condiciones de paz. El trato se prolongó con las idas y venidas de los mensajeros. Clemente VII estaba harto de su encierro en Sant Angelo: en vísperas de navidad, sobornó algunos guardianes del castillo y se fugó. Le dieron asilo en la ciudad de Orvieto. Desde allí, ya en situación más favorable, prosiguió las negociaciones de capitulación con el lejano emperador.

Entretanto Francisco I pidió ayuda al inglés Enrique VIII para volcar sobre Italia un ejército que liberara al papa del cautiverio de las tropas imperiales: la ocasión era propicia, podían presentar a don Carlos como responsable de los desafueros contra el sumo pontífice, disimulando quién originó el conflicto.

Enrique VIII acepta gustoso la invitación de Francisco I porque le interesa ganarse las simpatías del papa: está a punto de comenzar un drama religioso en Inglaterra.

Susurra la corte inglesa que su rey anda enamorado de una damisela. Enrique es un pájaro de cuenta, pero cae bien a sus súbditos. Los literatos ingleses han idealizado el personaje para disimular que la ruptura de su país con Roma nació de un vulgar conflicto amoroso de su rey. Al margen de interpretaciones ideológicas, Enrique reunía un lote de cualidades y defectos: marchoso, guapo, gentil ante las damas, generoso con sus amigotes, posee una cultura ancha, le gusta leer, discute problemas teológicos; desdichadamente debemos añadir fuertes dosis de egoísmo, un carácter despótico, astuta perfidia, una soterrada crueldad que puede arrastrarle al crimen. Holbein le pintó aquel retrato prodigioso en el cual «se ve» detrás de la prestancia real de Enrique un trasfondo abyecto; da cierto miedo mirar cara a cara ese cuadro.

Un tipo así no sería capaz de sujetar con ascéticas renuncias los impulsos sensuales: estaba hastiado de su mujer Catalina de Aragón, la hija de los Reyes Católicos traída a Londres para casar con el heredero inglés Arturo prematuramente fallecido. Enrique aceptó por esposa a su cuñada viuda Catalina. Del matrimonio sólo sobrevivió uno de los hijos, María, niña paliducha, delgada e introspectiva.

El rey confía a sus íntimos que no quiere entregar su reino a una mujer, desea heredero varón. Los compinches de juerga, de cacerías y de vino sonríen, conocen la verdad: Enrique se ha prendado de una camarera de la reina, Ana Bolena. Ana, mujer de facciones vulgares pero esbelta y decidida, exige de su amante que arroje a Catalina y le siente a ella en el trono.

Enrique VIII convierte sus amoríos en asunto de estado: quiere que el papa disuelva su matrimonio con Catalina y le autorice casarse con Ana. Ha encomendado el asunto a su hombre de confianza cardenal Wolsey, canciller del reino, quien presume de influencias en Roma. Enrique adivina el furor de don Carlos cuando sepa que Inglaterra trama tal afrenta contra su tía Catalina. Por eso el rey inglés acude presuroso a la cita de Francisco I para enviar tropas que liberen al papa cautivo: confía ganar así la benevolencia de Clemente VII.

Sólo que a Enrique VIII y Francisco I les ocurren dos desgracias en Italia el año 1529: entre la peste y el ejército imperial les propinan derrotas impresionantes. Los soldados franceses, vencidos y desarmados, regresan a su patria soportando el otoño más doliente de su historia. Don Carlos ha ganado el apoyo de un marino experto, Andrea Doria, italiano que estuvo al servicio del rey francés y disgustado por trapisondas de Francisco I rinde vasallaje al emperador.

Segunda desgracia que aflige a ingleses y franceses: Clemente VII y don Carlos firman la paz, se hacen amigos.

Don Carlos, por muy viva que sea su devoción religiosa, no desaprovecha las ventajas de la dramática victoria conseguida en Roma: exige del papa un fuerte rescate; le compromete a coronarle con solemnidad religiosa emperador de occidente; solicita de la potestad pontificia una absolución general para cuantos directa o indirectamente participaron en el sacrílego «saco» de Roma. En correspondencia, restituye a Clemente VII las plazas ocupadas por los lansquenetes y colocará en la señoría de Florencia un sobrino del papa.

Francisco I y Enrique VIII comprenden que ha llegado el momento de pactar. Ellos y el emperador delegan a dos damas, de reconocido talento político, para negociar un tratado. Por parte del Emperador, su tía Margarita de Austria, la antigua nuera de los Reyes Católicos y preceptora de don Carlos. Francisco I delega en su madre Luisa de Saboya.

Margarita y Luisa tejieron cuidadosamente un acuerdo aceptable conocido en la historia como «la paz de las Damas» (Cambray, tres de agosto de 1529): Carlos restituye los dos hijos de Francisco I retenidos en Madrid; Francisco paga en rescate de los hijos dos millones de escudos oro; y renuncia a sus pretensiones sobre Milán, Nápoles o cualquier territorio italiano.

Firmada la paz, pusieron una rúbrica sentimental al tratado: doña Leonor, la princesa hermana de Carlos V, celebró al fin su boda con el rey de Francia Francisco I: ¿no fue un encaje de bolillos el acuerdo conseguido por las finas manos de las «damas» Luisa y Margarita? Han convertido en cuñados a dos rivales históricos.

Con estos triunfos en su mano, don Carlos embarca en Barcelona rumbo a Italia. Cumple el emperador el viaje probablemente más satisfactorio de su vida. Navega en las galeras de Andrea Doria. Deja como gobernadora de España a la emperatriz Isabel, refulgente de simpatía y belleza en los veinticinco años de edad. De alguna manera don Carlos va a besar el anillo del papa solicitando perdón por las desgracias ocurridas. Pero lleva también consigo la exigencia de que Clemente VII renuncie a caprichos bélicos. El emperador piensa cercana la hora de sumar las fuerzas de los príncipes cristianos ante el turco.

La escuadra ancló en Génova. El cortejo brillante siguió camino de Bolonia, donde Carlos y Clemente se han dado cita. La ciudad recibe al emperador bajo palio de oro llevado por doctores de su famosa universidad y rodeado de senadores, obispos, aristócratas y burgueses. En la catedral aguarda el papa: Carlos, arrodillado, besa los pies del pontífice, quien lo alza y lo besa en el rostro. Lástima de foto para repartir en los hogares de Castilla.

Varios meses gastaron papa y emperador dialogando con príncipes y embajadores extranjeros hasta montar una alianza formada en torno a los dos protagonistas por los reyes europeos y las señorías italianas: el imperio intentaba adquirir forma concreta, con el propósito de coser desgarrones protestantes en el centro de Europa y proteger el costado oriental ante la amenaza de los turcos. Los proyectos establecían sesenta mil hombres sobre el campo con el emperador como jefe supremo y Francisco I al mando de la vanguardia. Ojalá sea verdad tanta belleza...

Por fin, comenzaron los actos de coronación de Carlos V. Elegido en 1519, don Carlos había sido coronado el otoño de 1520 «emperador de Alemania» en las fiestas de Aquisgrán. Ahora el papa santifica aquella primera investidura coronándole «emperador de occidente y sucesor de Carlomagno». Grandes pintores de la época pasaron a la posteridad fastuosas representaciones del jubiloso 24 de febrero vivido en Bolonia el año 1530: Carlos y Clemente cabalgan bajo un mismo palio rodeados por gentilhombres y lanceros de los diversos países a los cuales alcanza el poder imperial. Julio César y Carlomagno palidecieron de envidia ante aquel afortunado Carlos, primero y último emperador que a lo largo de la historia humana ha cubierto con su manto tierras separadas por los océanos. ¿Feliz, España?

A las puertas de la primavera, don Carlos salió de Italia camino de Alemania.

Las jóvenes distinguidas de España han sido alcanzadas por el ramalazo de la moda renacentista y se aficionan a vestir colores vivos, alegres. Quién lo dijera viéndolas hijas de tan severos hidalgos.

Teresa —perdón, doña Teresa de Ahumada— descubre que de repente ha pasado de niña a moza casadera. Don Alonso tardará en aceptarlo, a sus ojos Teresa continúa siendo durante años una deliciosa pequeña cuya fragilidad él debe proteger.

La maduración sentimental de Teresa corre, avanza, sin respetar los deseos inmovilistas de su padre don Alonso. A Teresa le ha durado poco el impacto psicológico de la muerte de su madre. Sigue leyendo a escondidas libros de caballería, pero su imaginación ya no se satisface con personajes fantásticos: empieza a buscar réplicas de carne y hueso en su contorno y procura descubrir el puesto que a ella le corresponde ocupar.

A escondidas, lee; por no disgustar a don Alonso. Supongo que le alcanzarían los sobresaltos que todos hemos soportado en la niñez cuando venía alguien a quien no deseábamos enseñar la novela policíaca; los chicos y las chicas su novela rosa. Dado el temperamento apasionado de Teresa, resulta fácil adivinar cómo «fabrica» su nuevo escenario existencial: ya no se ve rodeada de monjas obedientes a la madre abadesa; ahora sueña historias de hazañas y amor, cumplidas por rutilantes caballeros en torno a una dama... con el rostro de Teresa.

Con el rostro y con los encantos de Teresa: ella es guapa, lo sabe. Ha oído decirlo muchas veces, sin que le importara. Ahora le importa.

Resulta tentación fácil para un biógrafo volcar sobre la juventud de su personaje las cualidades posteriores. Algo parecido a los trucos de la «leyenda áurea»: obligamos al premio Nobel a sacar diez puntos en todos los exámenes del colegio; y embaraza descubrir que Einstein de joven fue suspendido en alguna asignatura.

De mayor, Teresa de Jesús ganará elogios subidísimos, bien merecidos. Sería insensato aplicarlos a una jovencilla de catorce años. Demos tiempo al tiempo.

Mirando serenamente los documentos, Teresa joven parece una chica normal, discreta, con tres o cuatro carecterísticas notables.

De estatura mediana y tirando un poco a gordita, el rostro risueño y la frente espaciosa están enmarcados por una cabellera rizada, de color castaño. ¿O moreno? Los papeles detallan minuciosamente la nariz recta un poquito respingona, cejas formando entrecejo apacible, boca encarnada y dientes blanquísimos, ojos negros algo saltones, mejillas sonrosadas, tres lunarcillos al lado izquierdo como verruguitas entre la nariz y la boca... Para mí estos datos notariales no dibujan una cara. En cambio me sirve mucho leer que la veían linda y alegre, bonita, risueña. Sus rasgos de mujer los analizamos páginas adelante contemplando el retrato que un pintor de la escuela de Sánchez Coello, metido el pintor a fraile pintor, Juan de la Miseria, se oyó este gracioso juicio de su modelo:

—Dios te lo perdone, fray Juan, que ya que me pintaste, me has pintado fea y legañosa.

La linda jovencilla cae bien a la gente, es atractiva. Esta capacidad de simpatía la conservará, le crecerá con el tiempo, hasta el extremo de merecer un juicio inconcebible en la pluma mesurada de fray Luis de León:

—Quedaban como presos y cautivos de ella... Niña y doncella, seglar y monja, fue con cuantos la veían como la piedra imán con el hierro.

Un imán, ya es decir. Le ocurrió de nena chiquitina, cuando arrastraba a Rodrigo a empresas heroicas; le ocurre ahora con el enjambre de muchachos y muchachas que vamos a ver en torno suyo; le ocurrirá luego de monja andariega: Teresa hipnotiza, ata... Y consigue, poniendo ella su cariño por medio, respuesta a las demandas. Posee aquel mágico «no sé qué» de la mujer encantadora.

Teresa cuida de los hermanillos, colabora con María la hermana mayor en la buena marcha de la casa. En cambio empieza a descolgarse de los hermanos grandes. María, responsable de la casa desde la muerte de doña Beatriz, anda que no llega; apenas le queda tiempo para preparar su boda, decidida al fin con un rico hidalgo-dueño de campos hacia la parte de Alba. Hernando, el primero de los hijos de doña Beatriz, hombre ya de dieciocho años, negocia su marcha a las Américas en la tropa de Francisco Pizarro, un extremeño venido de Indias a ofrecer al emperador la conquista de nuevos reinos. Rodrigo gusta de pegarse a Hernando, cuyas huellas piensa seguir tan pronto le dejen.

De todos modos, el mundo que Teresa sueña requiere hombres distintos de sus hermanos. Parecidos, semejantes a ellos, pero no hermanos suyos: hombres de quienes una muchacha pueda enamorarse y con quienes a la larga pueda casar.

Los libros de caballería no andan con disimulos en esta materia: el amor romántico de los héroes a sus nobles doncellas suele acabar sin demasiados remilgos en el lecho. De la unión apasionada nacen hijos e hijas ilegítimos, causa de lágrimas, castigos, conflictos, y a veces ocasión de nuevas aventuras. Hay un desequilibrio entre el honor que los caballeros alcanzan a mandobles y la honra de las jóvenes enamoradas puesta en peligro por los hombres.

La frescura, el desparpajo de sus novelas contando estas cosas quizá le creó alguna desazón a Teresa en el primer encuentro con semejantes historias. Pero no fue malo para ella, nada boba, conocer las realidades sentimentales y biológicas sin tapujos en el momento clave de su adolescencia, y asistida por doña Beatriz cuando las primeras sorpresas. Gozó la ventaja de hallarse inmersa en una caterva de hermanos varones. El suyo no era un clima melindroso. Conoció el valor de la «honra» y decidió guardarla, poniendo una barrera personal a las debilidades sexuales, lo escribe ella en sus recuerdos:

—Cosas deshonestas naturalmente las aborrecía.

Pero, amigo, le encantaba cuidarse, aparecer linda a ojos de los chicos:

—Comencé a traer galas y a desear contentar...

Teresa echó mano de todos los recursos femeninos de su tiempo: el refinamiento alcanzaba cuidados del cabello, de las manos, uso de perfumes y ungüentos, jugos de plantas para suavizar la piel: depila sus cejas, diluye carmín por las mejillas. Seguro que a sus catorce años Teresa gasta más horas ante el espejo que las empleadas antes en rezar rosarios.

¿Qué pensaría don Alonso de la hija «distinta», tan cambiada en escaso tiempo?

A nadie lo dijo. Podemos adivinar sus inquietudes. Frailes predicadores con cuya mentalidad coincidía absolutamente don Alonso, disparan la artillería gruesa de sus diatribas contra los fingimientos mujeriles. Apoyan los razonamientos en la soberbia pretensión femenina de retocar la obra de Dios. Dicen cosas hoy increíbles, extraordinariamente divertidas. Fray Hernando considera «pecado de soberbia y de mentira» los tacones altos: «ca se finge con ellos; y se muestran luengas (altas) las que de suyo son pequeñas, e quieren enmendar a Dios que hizo a las mujeres de menores cuerpos que a los hombres».

El asunto subió a las cátedras universitarias. Por estos años de la juventud de Teresa, España tiene exportado a Flandes un cerebro de primera calidad: Luis Vives. Había nacido en Valencia el año que los Reyes Católicos tomaron Granada, 1492.

La peste que asoló Levante, en 1508 y el temor de que el origen judío de la familia complicara la vida del chico, aconsejó a sus padres enviarlo de estudiante a París donde tenían parientes. El chico acudió a la Sorbona y resultó un prodigio. Ya doctor a los veinte años, incómodo en Francia, eligió ir a dar clases en Brujas. Cumplía Vives veinticinco años de edad, cuando nuestro conocido y avaricioso señor de Chievres, chambelán de don Carlos, lo contrata para preceptor de aquel sobrino a quien pocos años más tarde sentó desenfadadamente en la silla cardenalicia de Toledo. Lovaina reclama a Luis Vives como profesor de ciencias naturales y de bellas artes: nuestro valenciano, antes de cumplir treinta años, está reconocido entre los seis humanistas mejores de Europa: da lecciones en París, Amberes, Brujas, Bruselas; Alcalá le ofrece suceder a Lebrija. Amigo del cardenal Adriano, de Erasmo, de Ignacio de Loyola, de Tomás Moro, pasa a Londres donde los reyes Enrique VIII y Catalina le confían la educación de la princesa María. Cuando el rey inglés comenzó sus devaneos con la camarera de la reina y manifestó su deseo de romper el matrimonio, Vives le plantó cara: Enrique VIII le quitó la cátedra de Oxford, lo metió seis semanas en la cárcel, y por fin lo expulsó. Vuelto a Flandes reanuda sus lecciones en Lovaina y publica una ristra de obras a cual mejor. De su inmensa producción destacan los libros dedicados a psicología y pedagogía: Luis Vives pone la virtud como fundamento de la sabiduría recogiendo una tradición añeja desde Aristóteles, Cicerón y Séneca, hasta el cristianismo. Sobre los valores educativos de la familia, escribe páginas sugerentes.

Pues a un hombre así de sabio, también le sacan de quicio las frivolidades femeninas. Si don Alonso leyó el tratado *Educación de la mujer cristiana,* redactado en latín por Vives y cuya primera edición española apareció en Valencia, estaría secretamente aterrado por la fiebre de belleza entrada como un huracán al cuerpo de su hija.

Vaya una muestra de las requisitorias de Luis Vives:

> El temor me sugiere, la fe y la caridad me obligan a que avise a todas las mujeres que de ninguna manera conviene ni es lícito adulterar la obra de Dios y su hechura, añadiéndole o color rojo o alcohol negro o arrebol colorado o cualquiera otra compostura que mude o corrompa las figuras naturales.

Condena «el atavío de los calzados y las lunetas y los collares y las ajorcas y los zarcillos y manillas, las crespinas y las cofias y los partidores de pelo y el atavío de las piernas y las gargantillas y los pomitos de olor...». Los zarcillos más que nada: a Vives lo desazona «la bárbara costumbre de taladrar las ternillas de las orejas». Me asombra que las exquisiteces del Renacimiento no abrieran mella en este muro sólido de los moralistas: ¿supieron ellos que la batalla de la vanidad femenina la tenían perdida sin remedio, pues tiene como aliada la misma condición humana?

Don Alonso pensaría lo que pensara, pero los indicios apuntan su consentimiento a la hora de utilizar Teresa joyas y ropas de su madre difunta.

Lástima, la ausencia de doña Beatriz. A su lado, el estallido afectivo de la joven Teresa hubiera ahorrado acideces al paladar de la joven. Sabemos que su madre gustó también de adornarse con galas juveniles: su ajuar de moza casadera incluía casi todos los aderezos reprochados por Luis Vives, fray Hernando y compañía. Y desde luego sabemos también que la fe y la devoción de Beatriz no naufragaron. Teresa estuvo sola en el momento de atravesar, mejor, de ser atravesada por el delicioso huracán de los primeros amores: era inexperta, y creyó que no podían coexistir en su corazón la presencia de Dios y aquellas ensoñaciones románticas. Por eso aflojó en la piedad cristiana, si bien evitó poner trampas sexuales a sus amigos, ella lo confiesa:

—No tenía mala intención, porque no quisiera yo que nadie ofendiera a Dios por mí.

En la navidad de 1529, don Alonso y su gente aguardan las noticias de Sevilla: Hernando, el mayor de los hijos embarca con la expedición de Pizarro a la conquista del Perú.

A sus diecinueve años Hernando cumple un paso de gran significado para los Cepeda Ahumada. A pesar de la contundente réplica cuando les forzaron a demostrar su pretendida «limpieza de sangre» en el pleito de tributos de 1517, ellos conocen perfectamente su ascendencia hebrea, y temen la rigurosa investigación previa dispuesta por la corona desde tiempo de los Reyes Católicos: a Indias sólo se autoriza que viajen hidalgos de limpia sangre. Si Hernando pasa la exigente tría impuesta en Sevilla, significa que los archivos del imperio han cancelado las manchas de los Cepeda.

No veo claro que Hernando jugara limpio del todo, pues lo embarcaron en la nave capitana, la cual podía eludir ciertas pesquisas oficiales. Sin embargo, el «examen familiar» les dio ánimo: Hernando partió, y tras él veremos embarcar a los demás hermanos.

Francisco Pizarro era uno de los aventureros que a las órdenes del capitán general Pedrarias se habían descolgado desde el istmo de Panamá por el mar del Sur y volvieron pronunciando un nombre extraño: *Birú* (más tarde Pirú, Perú), recogido de los indios y dudando si se trataba de un cacique o de un río; pero en todo caso, cacique o río, relacionado con una comarca riquísima en oro. Ocurría el año 1519. En 1522, Pizarro, autorizado por Pedrarias y en compañía de otro soldado de fortuna llamado Diego de Almagro, bajó de nuevo hacia el sur. El clima y las penalidades les obligaron a regresar, pero traían un rico botín: noticias indudables del rico y maravilloso imperio. Buscaron ayuda financiera, que les prestó el maestrescuela de la catedral de Santa María de Darién, Hernando de Luque: en la primavera de 1526 realizaron una valiente y arriesgada exploración. Pizarro volvió ya famoso y con una descripción exacta del país de los incas. Más que imperio era una organización feudal: extendida por las actuales costas chilena, peruana y ecuatoriana, saltaba las grandes sierras andinas y se perdía en las boscosas regiones amazónicas; de la capital, Cuzco, señalada por los indios hacia el centro del inmenso territorio, corrían descripciones fascinantes a cuenta de templos y palacios forrados de oro.

Arribado a Panamá, Pizarro viajó a España: venía a ofrecer al emperador un nuevo imperio. Era el año 1529. Don Carlos estaba en Italia. Pizarro firmó capitulaciones con la emperatriz Isabel: obtuvo los títulos de adelantado, gobernador y capitán general de la conquista proyectada, reservando a su socio

Almagro la tenencia de una fortaleza central y para Luque el futuro obispado.

A Pizarro le entraron prisas, temía que los españoles de Panamá le colocaran trampas. Reclutó soldados entre parientes y paisanos de su ciudad Trujillo. Y aceptó voluntario. Hernando de Ahumada se alistó.

Bajo el mando del flamante adelantado, el 19 de enero de 1530 salieron tres naves de Sevilla con ciento ochenta hombres y treintaisiete caballos. Hernando de Ahumada lucía insignias de capitán.

L os quince años de edad le pillan a Teresa flotando por horizontes románticos. Está enamorada. Tiene novio, al menos «cuasi novio».

Teresa ha encontrado pandilla, a su alrededor circulan chicos y chicas a quienes puede colocar el mote de los caballeros y las damas de sus sueños. Chicos, hombres de verdad: no hermanos varones. Hombres de los que una mujer joven puede enamorarse, con largas horas de plática inútil y tan sabrosa, dispuestos a tomarle la mano para mirar juntos la caída del sol. Hombres a cuyo lado estrenar las palabras hermosas, que ahora le descubren por vez primera su significado profundo y suenan plenas de armonía, palpitantes. Está Teresa enamorada.

Gobierna la pandilla una prima de Teresa. Todos, ellos y ellas, son parientes. Entran y salen con libertad por el caserón de don Alonso. La prima desenvuelta que mangonea el grupo debió de ser Inés de Mejía, y no le hacen favor los recuerdos de Teresa:

—Era de tan livianos tratos, que mi madre la había mucho desviado que tratase en casa.

La corazonada de doña Beatriz fue acertada, pero ni ella ni María la hermana mayor, ni el mismo don Alonso vieron modo de alejar a la prima sin ofender a toda la familia. Inés era hija de una hermana de don Alonso, doña Elvira de Cepeda, viuda con cuatro hijos: tres varones —Vasco, Francisco, Diego— y una hembra, Inés. Don Hernando dejó a su viuda bien arropada con relaciones y dinero, ella sacó alguna vez de apuros a don Alonso. Así que de una parte la parentela y de otra los intereses, don Alonso disimuló el disgusto de verse a Inés todo el día en casa rondando a Teresa.

La prima Inés sería por lo visto una perla mora, capaz de zurzir dentro de la pandilla mil enredos sentimentales. A Teresa le metió por los ojos la tropa de primos y amigos, «hombres para enamorarse», ella lo cuenta:

—Eran casi de mi edad, poco mayores que yo; andávamos siempre juntos; teníanme gran amor...

Había de ocurrir, entre los muchachos apareció «uno» que Teresa consideró distinto. ¿Cuál? No sabemos, y me enternecen los esfuerzos de sesudos teresianistas por acertar con el nombre del joven a quien Teresa rindió su corazón. Las sospechas recaen en primer término en alguno de los tres hermanos de Inés: Vasco, de veintitrés años, Francisco veintiuno, Diego diecisiete. Cualquiera de los tres pudo servir de Amadís a la linda Teresa.

María la hermana y don Alonso notaron que algo raro sucedía. Les asustó ver a Inés de cuchicheos con Teresa. Inés servía de enlace a Teresa para citas y avisos: tenía muchos secretos que contar a su primita joven, experiencias, consejos, planes de futuro. Decidieron, María y don Alonso, impotentes para negar la entrada en casa a Inés, pactar con Teresa. Llegaron tarde, y a contracorriente:

—Mi padre y mi hermana sentían mucho aquella amistad, reprendíanmela muchas veces.

Exigieron a «su niña» que suprimiera recados con los primos, pero una muchacha enamorada encuentra resquicios en los muros de hormigón:

—No les aprovechaban sus diligencias, porque mi sagacidad para cualquier cosa mala era mucha.

Que además Teresa contó con los auxilios de las criadas, encantadas de servir de celestinas a su amita: ella supo pagarles generosamente los servicios confidenciales.

Así que la atmósfera del caserón Cepeda subía de tensión: la «niña» Teresa gustando las mieles del primer amor, mientras María y don Alonso sufrían penas del infierno.

Teresa acudió a buscar apoyo donde debía, y en esta ocasión era además donde le convenía:

—Informada de quien me confesaba y de otras personas, en muchas cosas me decían no iba contra Dios.

Consultó a su confesor. Y a «otras personas», que serían sacerdotes. Ellos lógicamente le preguntaron sus intenciones, sus planes: si el trato con el enamorado «era por vía de casamiento». Ella respondió que sí, pensaba casarse con él. Los confesores aprobaron: «no iba contra Dios».

Porque Teresa les juró su decisión «de no poner en peligro la honra». He aquí el tema.

La joven le buscaba las vueltas a su padre; no resultaría difícil, ocupado don Alonso en vigilar los trabajos del campo de Gotarrendura y caviloso ante las cuentas: Teresa aprovecha las ausencias y los ensimismamientos de su padre, abre los salones de casa a la alegre pandilla de los primos o concierta con ellos salidas a paseo, a reuniones amicales, a bailar. Los cronistas de la época cuentan que aquella juventud castellana del Renacimiento sentía predilección por la danza de la «pavana» y la «gallarda». Las mujeres disponían de muy escasos modos de diversión fuera de los días grandes de toros o teatro, ya que no participaban en el festejo mayor masculino: las cacerías. A ellas les quedaba el galanteo, juegos inocentes o pícaros en casa, el ajedrez, las damas, el paseo elegante los días de fiesta, algún convite. Teresa cubre la parte que María le asigna en los cuidados de la familia, almacena ropas, ordena cacharros, ayuda la cocina. Pero le brincan las ganas de llegar a la caída de tarde y acoger a los primos o salir con ellos. Su galán puede presumir de haber encandilado a una novia encantadora, que reparte alegría donde cae:

—Me daba el Señor gracia en dar contento adonde quiera que estuviese.

Ante los reproches de don Alonso y María, Teresa decide seguir terca en sus requiebros: si su santa madre doña Beatriz casó a los catorce años, ¿no podría ella elegir novio a los quince?

Tomó el asunto en serio, sin duda. No fue un frívolo chicoleo. Teresa se dejó llevar de las efusiones amorosas hasta la raya más allá de la cual estaría en peligro «su honra». Las conversaciones de los hermanos y las confidencias de la buena sociedad abulense coincidían con las novelas de caballería. El encuentro amoroso de hombre y mujer no queda en suspiros, caricias, lágrimas, turbación, celos, citas clandestinas: Teresa comprende que todo el maravilloso alboroto de la pasión primeriza la está empujando a una entrega sexual. Aquí ve la raya:

—Me libró Dios... que procuraba contra mi voluntad que del todo no me perdiese.

Le libra Dios; qué matiz tan curioso dejó anotado en sus recuerdos:

—Puesta en la ocasión, estaba en la mano el peligro, y ponía en él a mi padre y hermanos.

Los dramas de honor entraban en las costumbres de la época. Reyes y nobles podían permitirse asaltar damas hermosas y tener por suyo el hijo ilegítimo: ellos y el pueblo consideraban en cambio perdido el honor de la familia cuya hembra ha sido víctima del asalto. Lope de Vega y Mateo Alemán aprovechan irónicamente tan singular concepto del honor presentando anverso y reverso: mientras un varón da muestras de su hombría yéndose a visitar damas en lecho ajeno, alguien se encarga de consolar a la mujer o a la hija abandonadas en casa... Pero a Castilla no le caían bien semejantes bromas. Anota Fernández Alvarez:

> En las dos mesetas, la ley social era dura, inflexible, inmisericorde: la mujer deshonrada llenaba de infamia a la familia. Cuando el percance sucedía, importaba mucho taparlo; por eso en caso de que no hubiera boda a tiempo, solo cabían dos soluciones: o el aborto, con el consiguiente peligro para la mujer, o el parto secreto, con abandono del recién nacido.

Por si fuera poco, el padre y los hermanos de la deshonrada sentían la obligación de lavar el deshonor... Teresa joven y enamorada, complaciente con las exigencias cariñosas de su novio, al menos cuasinovio, era consciente del problema. Y cuidadosa:
—Así tuviera fortaleza en no ir contra la honra de Dios como me la daba mi natural para no perder en lo que me parecía a mí está la honra del mundo.

Don Alonso va a resolver de un tajo el tierno, y probablemente peligroso, romance amoroso de Teresa quinceañera.
¿Por qué don Alonso no transige con el novio que ronda en torno a su hija?
Quizá no ve al mozo tan prendado de Teresa, y teme la amarga desilusión de la joven enamorada.
Acaso piensa que a Teresa no le convenga «este» novio, cuya filiación exacta nosotros desconocemos.
Y por supuesto los recuerdos de su hija permiten intuir el acierto de no dejar sólo el concepto de «honra» como defensor de la pureza de Teresa: el pie de la joven apasionada estaba ya demasiado cercano a la «frontera» tratándose de un personajillo como Teresa, amiga de llegar a las últimas consecuencias. Cualquiera comprende que al severo hidalgo castellano se le

hundiera el mundo universo con imaginar a su Teresa pariéndole un nieto ilegítimo.

Que, además, a don Alonso le disgustara la idea de casar a su niña y desprenderse de ella... Pues sí, desde luego.

Me han asombrado las noticias que mucha gente de nuestros días tiene acerca de este episodio juvenil de santa Teresa. Entiendo que los estudiosos de la espiritualidad procuren quitar peso a la explosión sentimental ocurrida en los quince años de Teresa: desean verla lo antes posible arrebatada en amor divino, sin que ninguna astilla de su persona se queme al fuego de amores humanos. Yo que vivo en una atmósfera de chicos y chicas normales debo dar a los devotos de la santa mi sincera impresión: Teresa estuvo seriamente enamorada, no sé si seriamente correspondida; con esa enternecedora fiebre primeriza del amor recién estrenado. No escatimó a su chico las efusiones de cariño propias del caso, todas: que sus confesores aprobaron ya que iban acompañadas, al menos en ella, por la «voluntad de casamiento». Veo claro en los párrafos seis y siete del capítulo dos del *Libro de la vida,* donde Teresa cuenta su experiencia sentimental, que a no ser por la «honra» el novio y la novia hubieran pasado a mayores: naturalmente, sin aprobación del confesor...

Pero la sorpresa me la proporcionan amigos que tienen referencias superficiales de la biografía teresiana y dicen sin rebozo:

—Ella es una mujer interesante porque antes que santa llevó una vida airada.

Como suena.

Han prometido leer este libro y me alegro de contarles las cosas que de verdad ocurrieron. Así de bonitas, de arriesgadas... y de limpias. No pasó más. Fue una deliciosa chica enamorada. Normal. Y buena. Ni Teresa deja de estar cercana a nosotros porque renunciara a irse a la cama con su novio: la «honra» sirvió de instrumento providencial para proteger sus virtudes. Anima, nos consuela, el ejemplo de alguien que, sin dejar de ser nuestro, alzó el vuelo a tiempo...

De mayor, Teresa escribe un puñado de reflexiones sobre los primeros quince años de su vida. Las dedica a los padres: para aconsejar que por Dios tengan

—...gran cuenta con las personas que tratan sus hijos... Espántame algunas veces el daño que hace una mala compañía, y si no hubiera pasado por ello no lo pudiera creer; en especial en tiempo de mocedad, debe ser mayor el mal que hace. Querría escarmentasen en mí los padres para mirar mucho en esto.

La «mala compañía» fue la prima Inés, claro.

De su enamorado, ni una palabra. Ningún reproche le carga en cuenta. Lástima se nos haya perdido la pista del buen mozo que a punto estuvo de suprimir la mejor escritora mística del mundo. Casándose con ella, por supuesto. Y dejando a salvo la «honra».

9
Encerrada en un internado

Avila está de fiesta. Pero a don Alonso Cepeda le toca el trago amargo que pasar.
Silenciosamente, soporta don Alonso un calvario: las trampas devoran su fortuna. Le importaría menos, si no tuviera encima esta pesadilla de Teresa enredada en amores. Su Teresa, para él tan niña, tan frágil...
¿Qué puede hacer?
A distancia resulta fácil reprocharle si estuvo desconfiado y duro buscando la solución que buscó.
Casada María, la hija mayor, don Alonso tembló de pensar que Teresa quedaba en casa metida en los jolgorios de los primos, con la descarada Inés dirigiendo la pandilla.
La boda de María constituyó en el mes de enero de 1531 un acontecimiento social y familiar. Don Alonso guarda celosamente el secreto de sus apuros económicos, y dota como corresponde el casorio de su hija: doscientos mil maravedises; imagino el sudor frío que al buen hidalgo Cepeda le corrió por la espalda calculando la fortuna precisa para dotar la caterva de hijos en sus futuras bodas. Sin embargo estaba muy satisfecho con la categoría del yerno, don Martín de Guzmán y Barrientos, que además de apellidos distinguidos aportaba una fortuna sólida, en tierras de labrantío y dehesa, diez leguas hacia la parte de Salamanca: la parentela de don Martín procedía del pueblecito de Villatoro y le han asignado en herencia una finca descomunal un poco al norte conocida en la redolada con el nombre «Castellanos de la Cañada». Celebraron la boda en Villatoro. No hay crónica de la boda pero seguro que don Alonso convocó al familión Cepeda completo y la tropa juvenil lo pasaría en grande mientras duraron los banquetes, los juegos, los bailes característicos del acontecimiento. Teresa brillaría en el esplendor de joven bonita enamorada; y su padre cavilaba cómo resolver el laberinto...
María y Martín han de permanecer viviendo con los Cepeda unos meses en Avila: les están arreglando entretanto el caserío de Castellanos. Calculan que a las puertas del verano marcha-

rán a residir definitivamente en la finca. Don Alonso se atormenta preguntándose quién cuidará de Teresa cuando marche María.

A las puertas de la primavera, Avila estuvo en gran fiesta. Nuestro señor el emperador don Carlos anda por tierras de Alemania, adonde subió desde Italia luego de su coronación, procurando amansar los huracanes religiosos y políticos que la rebelión luterana ha suscitado en el corazón de Europa. Dejó el gobierno de España confiado a la emperatriz. Doña Isabel cuida de España y de dos niños nacidos ya al matrimonio imperial: don Felipe, venido a la luz en Valladolid la primavera de 1527; y la infanta María, nacida en Madrid el verano de 1528.

La emperatriz desea dar una muestra de cariño a la ciudad de Avila, quizá porque en el monasterio de Santa Ana acaban de entrar monjas tres damas de su corte: doña Isabel les prometió presidir la ceremonia de sus votos. El caso es que la emperatriz anunció a la ciudad su voluntad de traer el hijo don Felipe y realizar en Avila una de las ceremonias previstas por el protocolo real: la «puesta de largo» del príncipe heredero al cumplirse los cuatro años de su edad.

Avila se acicaló. Su majestad imperial entró a mediados de mayo, rodeada por la flor y nata de la nobleza castellana. A su lado cabalga el duque de Gandía, don Francisco de Borja, quien no puede adivinar que pasando un puñado de años entrará de nuevo en Avila vestido de sotana para visitar a una monja...

Teresa, la futura monja, vive estos días en grande con toda su pandilla. Como a gente principal les permiten presenciar desde puestos de honor la primera aparición del príncipe don Felipe con calzón de gentilhombre. Quizá también asistieron a la profesión de votos de las damas de la corte en el monasterio de Santa Ana, donde la emperatriz quiso luego quedarse a comer con las monjas. Mes y medio Avila fue una gloria, invadida de colores y músicas, alegre con desfiles y torneos. Doña Isabel, que tiene ganada justamente fama de austera, revienta de dicha por tan alegres agasajos y aplaude las danzas que le dedican varios cientos de parejas ricamente ataviadas.

Don Alonso Cepeda ha escogido cuidadosamente el momento. Se le parte el corazón, pero no vacila. Estos días nadie preguntará dónde anda Teresa. Sólo sus primos, la pandilla, la echarán en falta. A don Alonso le importa la discreción: quiere evitar preguntas molestas.

Ha decidido resolver el problema de Teresa metiéndola interna en un convento.

Entendámonos, Santa María de Gracia es un monasterio de monjas agustinas que sirve de internado para doncellas distinguidas. Don Alonso no lleva su Teresa con idea de que sea monja, nada más lejos de sus planes. Quiere aislar a su hija de la pandilla. Alejarla del novio. Y que se la cuiden.

¿Cuál fue la conversación de don Alonso con Teresa cuando el señor hidalgo explicó sus propósitos a la señora hija? Lástima de magnetofón...

De acuerdo, soñar entonces con rebeldías filiales o feministas sería soñar con la luna. Ni a Teresa, ni a ninguna damita de su edad, pudo cruzarle por la mente la idea de insubordinarse ante imposiciones paternas. ¿Pero qué pensó Teresa, cómo valoró la resolución de don Alonso?

Treinta años más tarde ella escribe sus recuerdos y evita en absoluto juzgar a su padre: ya no es la muchacha enamorada a quien cruelmente apartan de su hombre, sino la mujer madura que investiga los caminos por los cuales Dios ha encarrilado misteriosamente su existencia. Si don Alonso no la encierra en el internado monjil de las agustinas de Avila, Teresa de Jesús no existiría. Habríamos encontrado una partida de casamiento en los registros de la parroquia de San Juan: a tantos del año tantos casó ante mí doña Teresa de Ahumada con su primo... La decisión de su padre Teresa la incluye, de mayor, en los anales de la providencia divina.

—Me libró Dios de manera que se parece bien procuraba contra mi voluntad que del todo no me perdiese... Paréceme andaba su majestad mirando y remirando por dónde me podía tornar a sí... Vi la gran merced que hace Dios a quien pone en compañía de buenos.

Total, nadie culpe a don Alonso. El pobre hidalgo usó los remedios a su alcance. No vale que ahora vengamos pedagogos de última hora a plantearle reproches con cuatro siglos de retraso. Nosotros hoy, tan listos como somos, hubiéramos enfocado el problema de otro modo. Y no habría Teresa de Jesús.

Pienso que quizá el padre y la hija hablaron poco. Los dos manejaban sus cartas con delicadeza por no herir a la otra parte. A Teresa le inquietaba hasta qué punto don Alonso habría sospechado su mal comportamiento. Al padre le preocupó evitar murmuraciones, no fueran las lenguas maliciosas a

empañar la fama de Teresa explicando el internado como un correctivo de última urgencia. Así que don Alonso dio a su hija por válido, también entre ellos, el motivo «familiar» de la ida al monasterio; lo dice Teresa:
—Haberse mi hermana casado y quedar sola sin madre, no era bien.
Dudo quién de los dos, en este momento decisivo, dio al otro mayor muestra de cariño, si don Alonso a la hija, o Teresa a su padre. Ella con una frase deliciosa cuenta cómo se fue convencida de haber ahorrado a don Alonso los disgustos más graves:
—Era tan demasiado el amor que mi padre me tenía y la mucha disimulación mía, que no había de creer tanto mal de mí, y así no quedó en desgracia conmigo.
Además, Teresa, mayor, anota que Teresa jovencilla ya empezaba a cansarse de los tejemanejes sentimentales con Inés, la pandilla y su enamorado:
—Traía un desasosiego...
O sea, que «alguien» había comenzado a remover la tierra donde se asentaban las raíces sentimentales de Teresa:
—Yo ya andaba cansada, y no dejaba de tener gran temor de Dios cuando le ofendía; y procuraba confesarme con brevedad.
Es decir, enseguida.
Está claro, debemos perdonar a don Alonso que nos encierre ¡en un monasterio! una chica enamorada.

¿Qué monasterio?
Hay en Avila un viejete ladrón que si oye hablar de las monjas de Santa María de Gracia se quita devotamente la gorra. Y cuenta por las tabernas el sucedido de aquella madrugada, todavía no rayaba el alba, cuando tuvo el susto mayor de su vida. Los oyentes le premian con una copita de ron...
Ocurrió en la primavera del pasado año 1530. Las monjas estaban de obras en su convento. Los albañiles hicieron al tapial un boquete de treinta pies para entrar los materiales. La priora dijo que sería preciso tapar por las noches el agujero, porque las ventanas de las celdas son muy bajas y dan sobre el huerto, de manera que cualquier desaprensivo podría ocasionarles un susto. Las monjas remediaron el caso sujetando con cuerdas un par de sábanas a los extremos del boquete y atando bien los cabos al marchar los albañiles cada tarde. Los vecinos bromearon:

—Madre, con esta sábana más que defenderse avisan ustedes a los ladrones dónde tienen abierta la entrada.

Y la priora sonrió.

Efectivamente, una noche nuestro viejo ladrón planeó robar el convento. A la madrugada miró por el portillo al huerto y comprobó que las celdas le quedaban al alcance. Decidió entrar. Pero al meterse a rastras procurando no levantar la sábana, vio que dos personas, un hombre y una mujer, «diz que santa Mónica y san Agustín», tenían sujetos los cabos del telón montando guardia para seguridad de sus hijas las monjas. Al viejete casi le dio un síncope y salió piernas aquí os quiero.

Es que hay dentro del monasterio algunas monjas santas, dicen por el arrabal donde está el convento: ocupa la falda rocosa al pie de las murallas en el costado del alcázar.

Son total poco más de una docena de monjas y abrieron su monasterio hace cosa de veinte años. El cabildo de la ciudad les regaló este caserío abandonado, que dicen perteneció a un moro rico. El obispo les cedió la ermitilla de los santos Justo y Pastor, pegada al caserío. La fundadora doña Mencía, viuda de un platero, puso a sus monjas la regla de san Agustín bajo obediencia del prior de Salamanca.

El barrio quiere a sus monjas que viven austeras, dan buen ejemplo. Si hay contiendas por la calle y las monjas oyen griterío, ellas repican una campana y todo el barrio sabe que entonces van a rezar en el coro «porque haya paz entre los cristianos que riñen».

Para ayudar su escasa economía, las monjas agustinas de nuestra señora de Gracia tomaron la iniciativa de aceptar en el monasterio a modo de «doncellas de piso» un grupo de chicas jóvenes que vivieran internas con un plan de educación propio de la época: leer y escribir, coser, tejer y bordar, muchos rezos y un régimen de retiro absoluto sin cartas ni visitas a solas. Las doncellas dormían en sala común, siempre vigiladas por una maestra como compañera inseparable.

Esta idea dio gran resultado y ganó buena fama al monasterio. Más tarde algunos personajes importantes ayudarán a las monjas pagando reformas, ampliaciones; hasta les construirán una iglesia sobre el solar de la capilla y le pondrán un valioso retablo. En los últimos del siglo XVI, el rey don Felipe II mandará recluir aquí durante varios años, mitad de monja mitad de presa, a su sobrina doña Ana de Austria, la hija natural habida de doña María Mendoza por don Juan de Austria: Ana estuvo liada en aquel fenomenal embrollo de un

pastelero de Madrigal de las Altas Torres, que se hizo pasar por el rey don Sebastián de Portugal y montó una superchería majestuosa. La infeliz doña Ana, cuando el tiempo calmó los ánimos, fue a morir de abadesa en Las Huelgas, de Burgos.
Son historias que ocurrirán según marche el tiempo. Ahora nos importa que don Alonso Cepeda trae al internado su hija Teresa y la pone en manos de la maestra de las «doncellas de piso». Corre el verano de 1531.

La maestra, doña María Briceño, es tenida por la más santa de las santas monjas agustinas de Santa María de Gracia. Además de buena, doña María Briceño gobierna con acierto su pollada juvenil. Las jóvenes internas, en vez de sentirse recluidas, están a gusto, dichosas, y adoran a su maestra. Mari-Briceña la llaman, sin perderle el respeto.

La Briceño, hija de hidalgos habitantes en la feligresía de San Juan y por tanto conocidos de don Alonso, entró monja a sus dieciséis años y cumple ahora treintaitrés. Mujer suave y tierna, infunde confianza a las chicas, sus pupilas. Ellas le miran con asombro, se pasan noticias acerca de la vida penitente y orante de su maestra. Dicen que por las noches a cualquier hora se la ve rezando, «lo cual no puede ocultar por la luz del farol que toda la noche ardía en el domitorio». ¿Y cuándo duerme? Las chicas más antiguas en el internado conocen confidencias de otras monjas, quienes aseguran que la Briceño se afana por comulgar cada día: un jueves santo el sacerdote no consagró más hostia que la del monumento y mientras la madre Briceño gemía de rodillas apenada por quedarse sin comunión, dos manos angélicas se le acercaron sosteniendo una forma y la pusieron en su boca. También cuentan de aquella luz con forma de estrella que flotaba sobre el coro y al fin vino a posarse al corazón de la hermana María, y ella como en éxtasis.

Los primeros ocho días sentí mucho, recuerda Teresa de su ingreso en el internado Santa María de Gracia.
Inés, la pandilla y el enamorado no podían rendirse sin más a la decisión de don Alonso que les priva de la presencia de Teresa. Hubo papelitos, mensajes, alguna entrevista furtiva; «los de fuera» cuenta Teresa, intentaron
—me desasosegar con recados.

Pero la madre Briceño corta por lo sano: la pandilla renunció.

Teresa entra en sosiego. Qué paz. Qué respiro. A la semana,
—estaba muy más contenta que en casa de mi padre.

Disfruta con ver de cerca aquellas monjas pisando sobre nubes un mundo celestial alejado de los jolgorios callejeros de Avila en fiestas. Teresa las considera personas distantes, nada suyas, porque a estas alturas no guarda rastro de sus veleidades infantiles cuando soñó martirios y conventos. Ahora, lo expresa una de sus frases restallantes, se siente
—enemiguísima de ser monja.

Entrenada en conquistar simpatías, las compañeras de internado se le rinden y Teresa ocupa enseguida puesto de protagonista en los cariños tanto de las «doncellas» como de las monjas.

Y especialmente, se sabe objeto de cuidados por parte de doña María Briceño, a quien ella consideró luego instrumento providencial de las bazas que Dios le juega esta temporada.

—Por medio suyo parece quiso el Señor comenzar a darme luz.

Teresa llegó al internado de las agustinas cansada. Desconcertada. Por dentro... ¿sola? Debajo de su alboroto sentimental trae fatiga íntima, un desencanto. ¿A qué se debe?

Ha cumplido dieciséis años. Le toca decidir su camino: ¿casada? ¿monja? De niña le divertía fabricar conventos. De joven ha experimentado la primavera del amor.

Ahora viene a la defensiva: ni hablar de hacerse monja; pero tampoco el enamoramiento la dejó encendida.

Doña María Briceño acierta con el tratamiento apropiado para curar a su nueva pupila. Le da las medicinas convenientes: confianza humana y piedad religiosa.

La temporada de alegres amores vivida por Teresa en la pandilla de sus primos bloqueó al final sus mecanismos psíquicos; me atrevo a pensar que por tres motivos: «disimular» ante su padre el comportamiento antenupcial, discutible para ella misma por más que los confesores lo aprobasen; «esconderse» de Dios, cuya presencia reflejas desaparece del «cielo sentimental» de la muchacha; «esperar» demasiado de una entrega amorosa juvenil.

Por eso leyendo atentamente los recuerdos de Teresa llega uno a comprender que agradeció a su padre la decisión «cruel» del encierro en un internado: ella necesitaba huir, escapar del fatigoso laberinto donde se había metido.

Su fortuna estuvo en caer sobre el regazo de doña María Briceño.

La monja le da primero confianza; le hace sentirse a gusto, cómoda. Ayudan las demás colegialas que la vieron llegar aturdida. Doña María gasta ratos de conversación, le cuenta su propia biografía; tuvieron temas abundantes acerca de conocidos y sucesos; incluso le confía «cómo ella había venido a ser monja».

No la empuja, no la presiona; pero en definitiva Teresa conservaba el rescoldo de su piedad religiosa; sin apenas darse cuenta fue recuperando las «antiguas» devociones, sus rezos, sus ratos de iglesia.

La quieren, la estiman. Teresa no necesita otro impulso para desbloquear sus sentimientos y dejar que circulen con ritmo normal vinculándola a su entorno: enseguida su corazón generoso responde al bien recibido de las otras.

Así comenzó una larga estancia en el internado, desde el verano de 1531 al invierno de 1532: año y medio. Carecemos de noticias acerca de lo que allí ocurrió; y no parece extraño, pues en los internados apenas suelen ocurrir acontecimientos fuera del ritmo habitual del calendario.

Mari-Briceña se ganó a pulso los cariños de Teresa, quizá haya sido a lo largo de su vida una de las amigas más hondas. Caso peculiar el suyo. Las demás amistades le nacerán a Teresa según los años caminen, pero le tocará a ella poner más que recibir. La Briceño fue la amiga que tendió su mano cuando Teresa necesitaba comprensión. Teresa notó que doña María estaba dando la vuelta al calcetín, establecen sus recuerdos un paralelo discreto con las influencias de la prima Inés:

—Comenzó esta buena compañía (de la Briceño) a desterrar las costumbres que había hecho la mala (de la prima Inés); y a tornar a poner en mi pensamiento deseos de las cosas eternas...

El monasterio vivía un clima de fervor. Las monjas cumplían su horario penitente. María Briceño servía de enlace trasladando a las muchachas residentes la devoción de las monjas. Teresa se llevó una sorpresa: había mujeres en el convento, más allá y más acá de las rejas, es decir, monjas y «doncellas de piso», cuyo trato con Dios en la oración había adquirido matices de grandeza religiosa. Las veía «tener lágrimas» cuando rezaban, discreto y silencioso espectáculo que le impresionó. Porque ella sólo había experimentado de niña el

plácido contento de sentirse fiel a las preces vocales: avemarías, padrenuestros, el rosario. Le daba envidia, «habíalas mucha envidia»; ella que ha venido al monasterio apagada, fría:
—Era tan recio mi corazón... que si leyera toda la pasión no llorara una lágrima.
Allí tenía mujeres, amigas suyas, compañeras, y doña María Briceño, que participaban en los misterios de Dios.
Le causaba pena no alcanzar aquellas alturas de unción:
—Comencé a rezar muchas oraciones vocales.

Serenado el ánimo y recuperada su devoción religiosa, a Teresa el internado le da ocasión para redondear el aprendizaje de tareas femeninas que ya traía bien iniciado de su casa familiar llena de gente. Al lado de su madre doña Beatriz y de su hermana María, ella cultivó habilidades con la rueca, las tijeras, y en la cocina. Esta larga y recoleta permanencia tras los muros protectores de Santa María de Gracia perfecciona su destreza. También aprende a rumiar pausadamente lecturas sustanciosas.
Y afronta con calma, hasta con frialdad, el tema central de su vida: cuál es el camino que le conviene escoger.
Ha pedido a sus compañeras de internado rezos a favor suyo:
—Comencé... a procurar con todas me encomendasen a Dios, que me diese el estado en que le había de servir.
Buena encina doña Briceño para cobijar a su sombra las reflexiones de la jovencilla.
Se le ha pasado a Teresa «la gran enemistad que tenía con ser monja»: durante la temporada de sus galanteos en pandilla la idea de irse a un convento le parecía absurda. Ahora busca luz sinceramente.
Y no le satisface por completo ninguna de las dos ofertas.
¿Por qué ha quedado nuestra linda Teresa escocida de su experiencia sentimental?
No sabemos, pero hay en su sensibilidad una cuerda dolorida. En este momento lo confiesa:
—Temía el casarme.
Sin explicar los motivos de su miedo.
Algunos indicios para rastrear por dónde iban sus recelos ante el matrimonio, los encontraremos años adelante en conversaciones de madre Teresa con sus monjas. Ella aplica a las realidades de la vida un sentido práctico, mide ventajas e inconvenientes sin permitir que la embrollen. Leyó aventuras

de caballeros andantes y les dejó poblar sus sueños adolescentes. Pero luego ha conocido un Amadís de carne y hueso, se ha enamorado, ha estado a punto de entregarse a él, de jurarle amor eterno. Algo falló. Teresa de mayor no evoca sus sueños, se limita a subrayar datos reales de la existencia femenina de su época. Ponderaba a sus carmelitas

—...la gran merced que Dios les ha hecho en escogerlas para sí, y librarlas de estar sujetas a un hombre, que muchas veces les acaba la vida.

A fuerza de embarazos. Quizá también de disgustos. Y de infidelidades. Le vemos repasar en su mente los partos de doña Beatriz. Las historias de damas atropelladas por el marido, sin defensa, sin comunicación: sumisas al ambiente, a costumbres despóticas. Hastiadas en su íntima soledad, sin otro refugio que los ritos religiosos. Nadie la puede engañar, Teresa conoce perfectamente los aspectos de esclavitud incluidos en la vida matrimonial de las mujeres de su tiempo.

Decididamente, no le entusiasma casarse.

Sólo que irse monja, tampoco.

Le asustan el rigor, las mortificaciones, la abstinencia, el silencio a que se someten las monjas agustinas del monasterio: las admira, pero

—...me parecían extremos demasiados.

De buscar convento se iría a uno menos riguroso. Por ejemplo, al de las carmelitas de la Encarnación, donde ha entrado su amiga Juana Suárez: un monasterio ancho y alegre, soleado, con huerta y sitio para ciento ochenta monjas de todas las edades, algunas muy jóvenes. Llevan una vida recogida, piadosa, sin «los extremos» de estas agustinas. Teresa ha visitado a su amiga Juana en los locutorios de la Encarnación: aún no hay rejas separando las monjas y los visitantes, por allí pasa toda la sociedad distinguida de Avila. Quizá no le asustase pedir una celda en la Encarnación...

Al año y medio de internado, Teresa cayó enferma. La tuvieron que llevar a casa. No ha resuelto nada acerca de su futuro, aunque

—...ya tenía más amistad de ser monja.

Le queda una fuerte batalla que reñir. El emperador don Carlos anda peleando contra los turcos. Hernando de Ahumada conquista tierras en Perú. A grandes empresas fueron. Teresa descubre que Amadís y Dios han escogido el corazón de una niña de Avila como campo donde combatir un torneo.

Temo que Amadís caiga alanceado... Lleva las de perder.

10
En esta batalla estuve tres meses

De qué estuvo enferma, no lo sabemos: «calenturas» y «grandes desmayos». Ni conocemos la frecuencia con que don Alonso y sus hijos visitaban a Teresa recluida en el internado.

Era invierno de 1532, cuando la llevaron a casa.

Tenía ella diecisiete años y medio.

Va a reñir una batalla de tres meses. Batalla interior, silenciosa.

Y al mundo, al planeta donde los hombres habitan, ¿le importa esa batalla interior, silenciosa, de una joven castellana del siglo XVI? ¿a quién le importa, a quién le interesa?

En otras guerras anda empeñado el emperador don Carlos.

He consumido a lo largo de mi vida intensas jornadas en descifrar papeles viejos donde se cuentan las cosas que los hombres hicieron. Tengo aprendido que vistos los acontecimientos a distancia ocurren sorpresas absolutamente imprevisibles para los contemporáneos del personaje o del suceso.

Desde el verano de 1530 a la primavera de 1533, don Carlos I de España y V de Alemania gasta hombres, dinero y energías cosiendo como puede los rasgones que la rebelión luterana causa en Alemania a la unidad católica; y aprestando un ejército cristiano frente a la invasión de los turcos, asentados ya en los arrabales de Viena.

Imagino la cara de nuestro señor emperador si le hubieran contado que allá arriba en los cielos donde «Alguien» mueve las órbitas humanas estaban pendientes no tanto del pacto de Nuremberg entre católicos y protestantes para atacar a los turcos, cuanto de la íntima silenciosa pelea reñida por la libertad y la gracia en el pecho de una frágil enfermiza chica abulense llamada Teresa de Ahumada; perdón, *doña Teresa*, que hija es de hidalgos por merced real.

Tampoco los cardenales de Roma y el mismísimo papa Lucio III que a finales del siglo XIII andaban muertos de miedo ante los triunfos del sultán Saladino y pensaban si sería, en vez de un guerrero, Satanás vestido con túnica y turbante, hubieran entendido el interés de los ángeles, arcángeles y querubines hacia un chiquitajo dado a luz en un establo de Asís por «madona Pica», mujer del traficante de lanas Pedro Bernardone: señora Pica tuvo miedo a la hora del parto, y para implorar la bendición de nuestra Señora ordenó a los criados que la bajaran al establo en memoria del portal de Belén. El alumbramiento sucedió felizmente, querubines y serafines se frotaban las alas de gusto porque aquel niño se llamaría Francisco de Asís y a ellos les importaba mucho más de lo que les importaban el sultán Saladino, con perdón del turbante, y el papa Lucio, con la debida reverencia al santo crisma.

Lo que pasa es que a don Carlos I y V de España y Alemania nadie le contó semejantes cosas; quizá le hubieran servido de alivio.

Por muchos óleos y bendiciones que el papa le echara al emperador en la coronación de Bolonia, serán cortos para lo que don Carlos va a necesitar en este viaje: los turcos de Solimán aprietan al costado de Viena; su peligro casi no pesa nada al lado del cariz tomado por la rebelión luterana. Hasta ahora pareció que todo quedaría en una querella clerical entre Roma y la periferia. Pero la colaboración de los príncipes alemanes con los frailes rebeldes introduce un elemento político por encima de los planes iniciales de Lutero.

El emperador pretende aclarar el conflicto. Ha convocado la Dieta imperial en Augsburgo para el 16 de junio de 1530. Quiere aprovechar la euforia de la coronación haciendo valer su calidad como emperador ante los representantes de las trescientas unidades políticas confiadas de algún modo a su tutela: príncipes seculares y eclesiásticos, duques, landgraves, síndicos de ciudades libres, todos ellos reconocen al emperador por lo menos una función teórica, simbólica, aunque luego ejerzan el gobierno con criterio independiente. Verdaderamente decisivos no hay más que los siete «electores», príncipes y arzobispos de territorios importantes: a ellos ha encomendado la costumbre germánica elegir el emperador, y su opinión suele ser decisiva en la Dieta.

La desgracia reside ahora en que uno de los siete, el elector Federico de Sajonia, se ha convertido en el gran valedor de Martín Lutero.

El padre de Lutero, un campesino que se puso a trabajar en las minas de cobre y acabó dueño de seis pozos mineros y dos pequeñas fundiciones, era súbdito del elector de Sajonia, uno de los grandes principados del Sacro Imperio en las tierras boscosas de Alemania central. Instalado Juan Lutero en Eisleben, pequeña ciudad de Turingia, y casado con Margarita, les nació el once de noviembre de 1483 el primer hijo: en honor del santo del día lo llamaron Martín. Juan Lutero anhelaba que su hijo Martín estudiara derecho y tuvo fuerte decepción cuando supo que se le iba fraile. Martín era un muchacho alegre, amigo de la diversión y de las canciones, pero le daban arrebatos de melancolía que le hicieron terco y meditabundo: la formación cristiana popular había dejado impreso en su alma un sentimiento fuerte de temor ante el juicio de Dios después de la muerte. Contó él mismo a los amigos que un día le cayó un rayo a los pies: invadido por el terror formuló voto de hacerse fraile.

Entró novicio en los agustinos en el convento de Erfurt. Cantó misa en la pascua de 1507. Estudioso y ejemplar, los superiores lo mandaron a la universidad de Wittenberg: deseaban hacer de él un sabio profesor.

Wittenberg había sido una aldehuela sucia en la cual el elector Federico decidió establecer su corte y enriquecerla con una universidad que fuera el moderno centro cultural de Alemania. Levantó edificios solemnes, trazó nuevas calles, construyó un castillo y una catedral. El astuto príncipe Federico discurrió un medio para convertir Wittenberg en meta de grandes peregrinaciones: reunió en la catedral una gigantesca colección de diecisiete mil reliquias, algunas tan pintorescas como un saquito de paja del portal de Belén, un frasco con leche de la virgen María, y doscientos fragmentos de los niños sacrificados por Herodes. A la universidad invitó excelentes profesores y protegió la venida de estudiantes. Lutero llegó a ella el invierno de 1508, cuando el centro sólo tenía seis años de vida y trescientos muchachos: eso sí, decididos a darle a su flamante universidad categoría y fama.

A los dos años de estudio, fray Martín viajó, noviembre de 1510 a Roma como acompañante de un fraile anciano que debía realizar gestiones para la orden. Bajar entonces y en invierno desde el corazón de Alemania hasta Roma significaba una aventura excitante y muy arriesgada: frío, lluvias, noches heladas, salteadores de caminos, fieras en los bosques. Atrave-

saron ciudades maravillosas. Vieron preciosidades. A las puertas de la ciudad eterna, fray Martín exclamó conmovido:
—¡Salve, Roma sagrada!
Habían caminado mil doscientos kilómetros.
Roma les gustó, mucho.
La ostentación de la corte pontificia les desconcertaba, observó la desenvuelta frescura de los italianos que se burlaban de la piedad de los peregrinos venidos desde lejos a besar las piedras santas. En las tertulias de sobremesa los frailes contaban historias del papa Alejandro VI, muerto siete años antes, quien había unido en su persona el talento de un político valioso con las costumbres inmorales de los príncipes renacentistas: de cardenal tuvo cuatro hijos, reconocidos, que vivieron a su lado en los palacios vaticanos; y él procuró, sin demasiado éxito, casarlos venturosamente. Alejandro VI, que era español, solicitó ayuda de don Fernando el Católico para repeler la invasión de los ejércitos franceses en el reino de Nápoles: don Fernando envió al Gran Capitán, considerado el mejor estratega de su tiempo, y Nápoles quedó incorporado a la corona de Aragón. Alejandro VI, llamado el papa Borja, utilizó sus dotes diplomáticas con tenacidad hasta conseguir dar a los estados pontificios alguna cohesión. Fray Martín supo de sus contertulios la sospecha de que la muerte del papa, a los setenta y tres años de edad, quizá no fue debida a la malaria, sino a un veneno; en todo caso, su santidad había recibido los últimos sacramentos: ya era elocuente subrayar el detalle tratándose de un papa.

El pontífice romano en los meses de la visita de fray Martín Lutero se llama Julio II, adversario personal del papa Borja y de toda su parentela.
Tampoco la biografía juvenil de Julio II era indicada para ganar la confianza del joven y piadoso fraile agustino llegado desde Alemania: había tenido tres hijas y le encantaba ponerse al frente de un ejército como *condottiero*. Sin embargo, de papa está dedicando sus energías a engrandecer el esplendor de Roma. Eso sí, por desgracia lo hace no alentando la santidad programada en las bienaventuranzas, sino a su estilo, ajustado a la época: busca poderío y esplendor. Dicen las crónicas que Julio II fue un rey, de cuerpo entero; un genio, un titán. Así lo retrata Miguel Angel, amigo íntimo en pelea permanente con

él. Aun de papa monta su caballo y se pone al frente del ejército para sofocar las rebeliones de las ciudades de su reino. Le llamaban «el terrible». Quiso echar a todos los invasores extranjeros de Italia, sueño imposible.

Los frailes agustinos de Roma llevaron a su joven compañero alemán a contemplar en la plaza de San Pedro el grandioso monumento pensado por Julio II para gloria de su pontificado: ha comenzado a construir la nueva basílica sobre el lugar ocupado por la antigua. El papa tiene trabajando a sus expensas artistas geniales del Renacimiento. De todos, él distingue con su predilección a Miguel Angel. Pero también ha llamado a pintar paredes y techos del palacio pontificio al jovencillo Rafael. Como remate de su mecenazgo artístico, Julio II encarga al arquitecto Bramante los proyectos de una basílica digna de Roma y con una cúpula grandiosa que cobije hasta el final de los tiempos la tumba de San Pedro. Las obras comenzaron el año 1506. Lutero las contempla en navidad de 1510.

No pudo sospechar fray Martín el drama escondido entonces a sus ojos: aquella basílica imaginada por los papas del Renacimiento a modo de lugar de encuentro para todos los creyentes del planeta, iba a ser motivo inmediato de una terrible escisión de la familia cristiana. Y precisamente a fray Martín Lutero tocará el papel de protagonista en el desastre.

Fray Martín regresó a Wittenberg, tan contento. A pesar de la frivolidad italiana, Roma le había conmovido. Y él se siente hijo fiel de la iglesia.

¿Qué, pues, pasó luego?
Pasó...

Le nombraron profesor de teología en la flamante universidad de Wittenberg. Arrastraba el fallo de una deficiente preparación escolástica; volcó sus afanes en la lectura de la Biblia. Profesores y alumnos le respetaban como fraile devoto, animado por un afán sincero de santidad, incluso escrupuloso. Y desde luego, obstinado en sus ideas fijas.

Aquel juvenil temor de Martín Lutero al juicio severo de Dios cobra cuerpo según avanzan los estudios teológicos del fraile profesor: el problema fundamental que fray Lutero se plantea es cómo un hombre puede obtener certeza de su salvación eterna. Piensa el profesor que mientras no alcance tal seguridad, nada sirve de nada.

La enseñanza religiosa de su tiempo le respondía: el hombre sabe que se salva siendo bueno, haciendo obras buenas, cumpliendo los mandamientos de Dios y de la iglesia.

Lutero responde intranquilo: no basta, porque ni el cristiano tiene seguridad de haber realizado bien esas obras buenas, ni sabe si por sus faltas ha dado a Dios la satisfacción conveniente.

Una noche preparando la clase universitaria del día siguiente, fray Martín reparó con luz interior especial en la conocida frase de san Pablo: «Como dice la Escritura, el justo vivirá por la fe». Entendió entonces que «la vida cristiana consiste en creer, no en acumular buenas obras». Por tanto, la salvación es un resultado de la misericordia divina ofrecida gratuitamente a quienes reciben la fe. Contó luego aquella experiencia religiosa.

> Me sentí literalmente renacido, entré en el paraíso con las puertas abiertas de par en par; la Escritura adquirió un rostro distinto... Mi enseñanza consiste en que los hombres no deben buscar su salvación más que en Jesucristo, no en sus propias plegarias, sus méritos o sus obras; pues lo que nos salvará no es nuestro celo, sino la misericordia de Dios.

Esta idea de Lutero, y la insatisfacción personal de donde nació, encajaban perfectamente dentro del tradicional catecismo. En la lucha interior de Teresa de Ahumada veremos que también ella busca «seguridades» para la salvación; por hallarlas está dispuesta a «perder su vida», de acuerdo con el consejo evangélico. Y andando el tiempo su confianza en Dios crecerá hasta el extremo de comprometerse a «cantar eternamente las misericordias del Señor».

Pero los documentos históricos demuestran que entonces, como ahora, quizá como siempre, muchos cristianos «se aferran» a las «cosas» más que a la «fe»: oír misas, recitar preces, confesar al menos una vez al año, cumplir abstinencia los viernes y ayunos en cuaresma, ir en peregrinación, «obras» buenas desde luego, imprescindibles, obligatorias y santísimas; sin embargo no deben oscurecer la realidad de la misericordia paternal de Dios que se inclina sobre nosotros para inundar nuestro espíritu con su presencia y su gracia.

Por otra parte los católicos cometemos una injusticia con Lutero cuando le achacamos que menospreció el cumplimiento de los mandamientos y de las «obras» buenas. Dijo Lutero que «la fe en Cristo no nos dispensa de las obras, sino de la opinión que se tiene de ellas». Fray Martín sintió un apego especial a la carta que san Pablo escribió a los gálatas; según él, la quiso tanto como a su mujer: «La epístola a los gálatas es mi Catalina Bora». En su comentario a la carta de los gálatas, escribió este párrafo expresivo:

> Cuando el hombre ha sido justificado y posee ya a Cristo por la fe, sabiendo que él es su justicia y su vida, no se quedará ciertamente ocioso, sino que, como un árbol bueno, producirá frutos buenos; pues el creyente posee al Espíritu santo, que no deja al hombre en la ociosidad sino que le empuja a todos los ejercicios de la piedad, a la oración, a la acción de gracias y a dar pruebas de caridad con todos.

No eran ideas para destrozar la iglesia.
¿Qué pasó, entonces?
Pasó que la polémica, las incomprensiones mutuas, el interés político, empujaron a fray Martín por derroteros agresivos y lo llevaron a estas conclusiones no necesariamente encerradas en su idea primera: los cristianos desconocen la eficacia redentora de la fe y por eso idolatran al papa, y buscan consuelo en la Virgen y en los santos, y aceptan preceptos secundarios, y someten la interpretación de la Biblia a un magisterio externo...

Veamos cuál fue la ocasión del estallido rebelde ocurrido durante la infancia de Teresa: tan lejos de Avila, pero que había de costarle a ella muy amargas lágrimas.

A los dos años de visitar Roma fray Martín Lutero, murió el papa Julio II. Los cardenales eligieron a Juan de Médicis, que tomó el nombre de León X.

Fino, esteta, delicado, León X simboliza virtudes y defectos del Renacimiento italiano. Bondadoso y simpático, a él que no le hablen de subirse a un caballo como Julio II y marchar a la guerra: León X lo pasa bien, y desea ver dichoso a todo el mundo. Claro que no todo el mundo tiene a mano los recursos de León X para defender su dicha...

Había sido desde niño un mimado de la fortuna. Nació en Florencia, de la familia Médicis y justo en el esplendor: fue hijo de Lorenzo el Magnífico. El papa anterior a Alejandro VI, Inocencio VIII, había tenido también un par de hijos antes de entrar en la clerecía. A uno de ellos, Franceschetto, lo casó con la hija de Lorenzo de Médicis, Magdalena. La boda favorecía al

Vaticano, porque Lorenzo entonces brillaba como un astro de primera magnitud en el cielo italiano. Inocencio VIII tuvo que pagar un precio a Lorenzo el Magnífico: nombrarle cardenal a su hijo de trece años Juan de Médicis. Que sería, en 1513, León X.

Los poetas y artistas del renacimiento enloquecieron de alegría con pensar que tenían de papa a un hijo de Lorenzo el Magnífico, glorioso mecenas de las artes: compusieron un epigrama según el cual pasaba el Vaticano del dominio de Venus (el licencioso Alejandro VI) y Marte (el guerrero Julio II), a Minerva (el humanista León X). El nuevo papa repartía limosnas a manos llenas, organizaba fiestas y cacerías, oía música y presidía recitales poéticos. Lo malo fue que comenzaron a faltarle los dineros. Murmuraban en Roma los descontentos que León X estaba arruinando tres pontificados: el de su antecesor, cuya reservas dilapidó en un par de años; su propio reinado; y el del sucesor, porque iba a dejarle la santa sede entrampada hasta las orejas.

Y al pobre León X le presentaban cada mes al cobro las cuentas descomunales de la nueva basílica de San Pedro, iniciada por Julio II.

La construcción de la basílica tragaba donativos venidos de todo el mundo como tragarían agua de mayo los desiertos. León X llegó a asustarse, cosa extraña en él, y ordenó que por toda Europa los frailes realizaran una predicación extraordinaria de indulgencias.

Según la doctrina tradicional de las indulgencias, al creyente que hace una obra buena en determinadas circunstancias, la iglesia le aplica méritos especiales que limpian su alma de huellas del pecado. León X avisó a los obispos europeos su decisión de aplicar indulgencias a los fieles dispuestos a contribuir con limosnas a la construcción de la basílica de San Pedro; patrullas de predicadores, unos discretos, otros insensatos, comenzaron tumultuosamente la tarea.

A cuenta de las indulgencias, nuestro conocido elector Federico de Sajonia pilló un mosqueo tremendo contra el papa; uno de sus colegas electores, el arzobispo de Maguncia Alberto Hohenzollern, consiguió de León X quedarse con la mitad de lo recaudado en la predicación de las indulgencias: lo emplearía en saldar la deuda de la diócesis con la banca Fugger, a la que debía importantes créditos. A Federico de Sajonia no le adjudicó Roma ningún porcentaje: en venganza negó la entrada en su territorio a los predicadores de indulgencias.

Entre los frailes utilizados por el arzobispo de Maguncia, el más destacado fue un dominico llamado Juan Telzel: astutamente se instaló en la línea fronteriza del ducado de Sajonia, donde atrajo a los súbditos de Federico deseosos de conseguir indulgencias. Cuando el duque elector supo la carrera de sus vasallos a comprar indulgencias, montó en cólera y buscó ayuda para dar la batalla contra Tetzel, las indulgencias, el arzobispo de Maguncia y el mismísimo papa de Roma.

La persona elegida para esta guerra fue el profesor de la universidad de Wittenberg, fray Martín Lutero.

A fray Martín le vino el asunto como anillo al dedo: le daban una ocasión pintiparada de predicar el valor de la fe contra la «idolatría de las obras». A él las rencillas entre su elector Federico y el arzobispo de Maguncia le traían al fresco. Pero le indignaba la frivolidad religiosa de sus paisanos, convencidos del valor de las indulgencias para conseguir la salvación eterna: a precio barato.

Se puso a trabajar. Redactó en frases cortas —llamadas «tesis»— noventa y cinco puntos de discusión; y los envió al arzobispo de Maguncia, como responsable cercano de aquel jolgorio, anunciándole el deseo de discutir con sus teólogos el asunto.

Cuando viajas por Alemania, en Wittenberg te llevan inevitablemente a contemplar las puertas de la iglesia del castillo construido por Federico de Sajonia: eran de madera y servían como tablón de avisos públicos. De algún modo las puertas de Wittenberg suplían la falta de periódicos y radio. Una tradición protestante asegura que fray Martín Lutero clavó en esas puertas la ristra de sus noventa y cinco tesis, para desafiar a la iglesia romana. Los documentos históricos demuestran que entonces, 31 de octubre de 1517, todavía Lutero no albergaba intenciones de rebeldía contra Roma. Sin embargo la leyenda caló en Wittenberg honda: a mediados del siglo XIX un incendio quemó las puertas famosas de la iglesia; el ayuntamiento las reconstruyó en metal y les puso grabadas las 95 tesis de fray Martín Lutero.

El arzobispo de Maguncia no contestó: lo que hizo fue remitir las tesis a Roma, y allá se las vieran los teólogos del papa. Un impresor de Wittenberg anduvo despierto: reprodujo las tesis, que pronto circulaban por toda Alemania. Fray Martín se encontró de la noche a la mañana convertido en el teólogo más conocido de su país, y con la aureola de posible «mártir» si de Roma le venía una condena.

Los dominicos de Tetzel apretaron en el Vaticano para que procesaran al agustino fray Martín. León X no sentía ningún deseo de mezclarse en aquella «pendencia entre monjes». Al fin, julio de 1518, Roma citó a Lutero.

Entonces intervino el duque Federico, temeroso de que le encerraran en alguna mazmorra italiana a su ya refulgente profesor de teología: consiguió del papa que Lutero, en vez de viajar a Roma, compareciera en Augsburgo ante el legado pontificio cardenal Cayetano, quien además era maestro general de los dominicos.

Celebrada en septiembre, la entrevista fracasó. Cayetano exigía una retractación y Lutero pedía controversia pública. Fray Lutero comenzó a deslizarse por la cuesta abajo de donde ya no se vuelve. Mientras Roma callaba, la agitación en Alemania creció. Lutero entabló disputas abiertas y atacó la autoridad del papa, los concilios, puntos del dogma y de la moral.

El 15 de junio de 1520, León X firmó una bula condenando 41 de las 95 tesis de Lutero, y dándole dos meses para retractarse. Fray Martín replicó publicando a la carrera tres libros —*Llamamiento a la nobleza cristiana de la nación alemana, Cautividad babilónica de la iglesia, Tratado sobre la libertad cristiana*—, en los cuales explica la fe como base de la libertad, acusa a Roma de haberse convertido en Babilonia, y convoca a los laicos para gobernar la iglesia. Rodeado por sus estudiantes en la plaza de Wittenberg, quemó la bula papal. León X lo excomulgó.

Era el año 1521, niña Teresa de seis años, cuando vimos a don Carlos viajar a Alemania para recibir el nombramiento imperial.

La dieta de Worms, primera presidida por el nuevo emperador, escuchó la defensa de Lutero. Don Carlos —los gentilhombres le oyeron susurrar: «no será este frailecillo quien me haga perder la fe»— declaró hereje a Martín Lutero.

Fray Martín corría peligro de muerte. El duque Federico acudió a protegerlo: hizo que sus soldados raptaran al fraile y lo escondió en el castillo de Wartburg. Allí se dedica a traducir el nuevo testamento al alemán, escribe cartas a discípulos, requisitorias a enemigos suyos, una réplica al rey inglés Enrique VIII que ha publicado un libro contra Lutero. Mientras, su llamada a la rebeldía galopa por Alemania, y los príncipes de pequeños estados se sienten felices de tener motivos religiosos para sublevarse contra la autoridad del papa y del emperador. La chusma de varias ciudades ataca a los gobernantes y establece gobiernos populares. Los nobles se apoderan de bienes propios de monjas y frailes. Los sacerdotes comienzan a casarse, con gran asombro de Lutero que promete no casarse nunca: pero también él contrajo matrimonio el año 1525 con la monja Catalina de Bora.

Regresó Lutero a su convento de Wittenberg, casi vacío: sus hermanos de hábito, casados, han abandonado el monasterio. Desde allí, como si Wittenberg fuera una Roma minúscula, «dirige la Reforma». La pequeña universidad tan querida del elector Federico alcanza dos mil alumnos. Lutero da clases, educa sus hijos, prosigue la traducción de la Biblia, reparte consignas a quienes implantan la Reforma en otro países, publica libros: Alemania tiene su papa... Los príncipes, uno a uno, son ganados por él; y tras los príncipes, las ciudades. El imperio queda dividido en dos bandos: los señoríos católicos, fieles a Roma y al emperador, y los señoríos «reformados». Don Carlos está lejos, en España y en Italia, ocupado con sus guerras contra Francia. Murió el papa León X. Después del pontificado cortísimo de Adriano VI, a quien confió el emperador la idea de convocar un concilio para resolver la crisis religiosa, gobierna la sede vaticana Clemente VII: pacta con el rey de Francia para contrarrestar la potencia de don Carlos. Así los monarcas y el papa, en vez de afrontar juntos el cisma luterano, andan peleando entre sí. Como solución provisional la dieta de Espira reunida en 1526 acordó que cada príncipe organice en sus dominios la forma de religión a su gusto, hasta que el concilio próximo decida. La mancha de la rebelión avanzó tan rápida que una nueva dieta reunida también en Espira el 1529 dispuso «evitar las reformas hasta la celebración del concilio». Seis príncipes y catorce ciudades «protestaron» contra el acuerdo: desde entonces a quienes abandonaron la iglesia de Roma se les llamó «protestantes».

De 1529 a 1530, el papa y el emperador se han hecho amigos. Don Carlos viaja desde Italia con propósito decidido de someter la rebelión religiosa de Alemania.

No lo conseguiría. Ni siquiera un concilio podría coser ya los rasgones de la iglesia. Don Carlos piensa que sí, confía en la eficacia de un concilio. Trata de convencer al papa, quien teme las intromisiones de reyes y príncipes si reúne el concilio: Clemente VII da largas.

Los príncipes «protestantes» de Alemania unen sus fuerzas ante la anunciada venida del emperador. Cuentan con un apoyo importante: el monarca inglés Enrique VIII ha entrado en las filas rebeldes.

Ana Bolena espera un hijo; no soporta más dilaciones, quiere casarse con el rey. Enrique VIII, enfadado por el retraso de las gestiones romanas, despidió al cardenal Wolsey el año 1529. Sentó en la silla arzobispal de Canterbury a Tomás Cramer, quien a cambio de la promoción declaró nulo el matrimonio del rey con su esposa Catalina. Ana Bolena es coronada reina de Inglaterra, previa conformidad de las universidades de Oxford y Cambridge. Enrique VIII sabe perfectamente que el papa tendrá que excomulgarlo; por eso prepara una «ley de restricción de apelaciones»: prohíbe a los ingleses llevar ningún pleito a tribunales fuera de las islas; de modo que implícitamente niega la jurisdicción papal en el matrimonio del rey.

En estas circunstancias, los «protestantes» suman fuerzas suficientes para plantarle cara al emperador en la próxima dieta, fijada el 16 de junio de 1530 en Augsburgo. Los fermentos de la rebeldía religiosa están removiendo Suiza y los países nórdicos: Suiza, trabajada para las doctrinas de Lutero por el sacerdote secular Ulrico Zuinglio, contará más adelante con la fuerza intelectual de Juan Calvino; en Suecia, Noruega y Dinamarca, los reyes introducen el protestantismo con gran habilidad, conservando la forma exterior del culto católico.

Don Carlos ejerce imperio «teórico» sobre trescientas unidades políticas de Europa, unas grandes, otras minúsculas. Ha de contar con los «señores» —príncipes, duques, landgraves, maestres— que las gobiernan: la población carece de instrumentos para decidir por sí misma en asuntos políticos o religiosos. Si el «señor» rompe la unión con Roma, los súbditos pasan a engrosar la familia espiritual protestante.

Sumada Inglaterra y los países nórdicos, la rebelión religiosa llegará a alcanzar un tercio de los habitantes de Europa. Por aquellos años la población europea está en los sesenta millones, de los cuales van a quedar separados de la iglesia católica unos veinte. Nunca los cristianos vivieron antes un drama de tan gigantescas proporciones como el planteado por fray Martín Lutero.

El emperador, mientras sube desde Italia hacia Alemania, quiere convencerse a sí mismo de que todavía logrará atajar el mal. Ignora que ya es demasiado tarde.

Abrió la dieta. Los protestantes le presentaron un documento, conocido en la historia con el nombre «Confesión de Augsburgo», donde resumían sus puntos de vista. Lo había redactado con espíritu y lenguaje moderado el teólogo Felipe Melanchton. Don Carlos prometió estudiarlo. A mitad de noviembre del mismo año 1530, comunicó su propósito de conseguir cuanto antes la apertura de un concilio: entretanto prohibía cualquier alteración del culto católico y la edición de libros en defensa de las tesis luteranas.

Los protestantes consideraron aquellas decisiones declaración de guerra. Antes de cerrar el año, pactaron en Esmalkalda una liga de defensa con apoyo de los reyes de Inglaterra —el rebelde matrimonial— ¡y de Francia!: la inquina entre Francisco I y don Carlos aflora de nuevo.

Parecía inminente un choque armado entre los príncipes protestantes y el ejército imperial.

Entonces llegaron de Viena mensajes apremiantes: los turcos de Solimán estaban a punto de conquistar la ciudad. Don Carlos anunció que, previo consentimiento de los príncipes electores, transmitiría en el momento oportuno la corona imperial a su hermano Fernando, en cuyas manos había puesto Austria y Hungría. Y solicitó ayuda de todos para acudir en socorro de Viena.

Los príncipes protestantes respondieron pidiendo antes la negociación de un pacto, que por fin pudo firmarse en Nuremberg el verano de 1532: ponía en pie de igualdad provisional a protestantes y católicos, acordando que hasta la celebración de un concilio nadie fuera perseguido ni condenado por sus creencias religiosas.

Concentradas las tropas, don Carlos se puso al frente del ejército: noventa mil infantes y treinta mil jinetes marcharon sobre Viena. Asustado, Solimán levantó el cerco antes que llegaran los cristianos. El 21 de septiembre de 1532 el emperador desfiló por las calles de la capital. Una jornada de gozo que le compensaba muchas amarguras.

Convencido de que había llegado la hora de atacar seriamente a los turcos, don Carlos viajó en invierno a Italia para conseguir del papa la convocatoria del concilio donde confiaba resolver la crisis protestante: restablecida la unidad cristiana, Europa vencería a Solimán.

Clemente VII volvió a darle promesas ambiguas.
Don Carlos, desalentado, embarcó en la flota de Andrea Doria rumbo a España. Llegó en primavera de 1533. Fatigado por tanta lucha. Se hubiera asombrado si alguien le contara que los ángeles de Dios están pendientes en Avila de la íntima silenciosa pelea planteada entre la libertad y la gracia en el pecho de una frágil, enfermiza chica llamada Teresa; perdón, *doña* Teresa de Ahumada...

Monja, o no monja, esta es su guerra.

¿Qué pensó la pandilla, qué dijo Inés, cuando la vieron regresar a su casa con inquietudes distintas de las que vivían juntos antes del internado en Santa María de Gracia? ¿Y su enamorado, su cuasinovio...?

Ni rastro; los recuerdos de Teresa dan a entender por el silencio total una ruptura de las relaciones alegres con su antigua pandilla. Quizá le sirvió de ayuda que regresara enferma, sería fácil a don Alonso pedir a todos recogimiento para Teresa. Ella saboreaba su tranquila soledad:

—Dióme la vida haber quedado ya amiga de buenos libros.

Lecturas, rezos, sus pensamientos. Teresa es consciente de quién está complicado en su guerra personal, si monja o no monja... A ella le preocupa el acierto en la elección. Pero nota sobre sí la mano providencial de Dios empujándole suavemente:

—Andaba más ganoso el Señor de disponerme para el estado que me estaba mejor.

Tengo para mí que a Teresa le dolió por aquellas fechas haber nacido mujer. De su hermano Hernando llegan noticias contando hazañas de los conquistadores en Indias. Rodrigo, la debilidad de Teresa, está ya, con sus veinte años, impaciente por embarcar rumbo a América. Teresa pensó que naciendo hombre valía la pena vivir. Con ser mujer, ve su camino cerrado. No es sólo que a las mujeres les nieguen alistarse en los ejércitos imperiales contra turcos, moros y luteranos: han de renunciar también a convertir y bautizar indios del otro lado del océano. Le queda elegir uno de dos encierros: en casa, esclava del marido; en el convento, esclava de Dios.

Monja o no monja...

Convaleciente, «en estando buena», Teresa fue a pasar una temporada con su hermana mayor María, en Castellanos de la

Cañada. Seguro que María pidió a don Alonso le enviara «la niña»; Teresa conocía el cariño de su hermana:
—Era extremo el amor que me tenía y a su querer no saliera yo de con ella, y su marido también me amaba mucho.
Haría el camino en litera, de manos o amarrada entre dos caballerías; repasando canchales, montes pelados; tierras arcillosas, ásperas, improductivas. Don Alonso dispuso el viaje en dos jornadas. Al atardecer de la primera, alto en Hortigosa: quedarían a dormir en la casa palacio del tío don Pedro Cepeda. Saldrían al siguiente día para llegar a Castellanos antes de la puesta de sol.
Don Alonso no sospechó que esta parada nocturna de Teresa en Hortigosa significa una jugada más del cerco puesto por Dios a la muchacha.
El señor de Hortigosa, don Pedro Sánchez de Cepeda, hermano, suponemos que un par de años menor, de don Alonso, había casado el 1506 con dama rica y linajuda: nada menos que una hija de los Aguila, doña Catalina. La novia llevó como dote una finca situada en Hortigosa, veinte kilómetros al poniente de Avila. El matrimonio se instaló en el caserío, un verdadero palacio rural: dos plantas y los desvanes; espacio ancho en el primer piso para dormitorios, salón y comedor; huecos amplios abajo, donde acomodar caballerías y aperos.
Naturalmente, he querido recorrer los caminos que anduvo Teresa este año decisivo de su juventud, cuando ella traía clavado dentro el arpón de dos hierros: si casada, si monja.
Los campos que rodean Avila capital también son ásperos por este costado. Escasa tierra de labor, muchas peñas, árboles, rebañitos de cerdos; y abundantes rebaños de vacas, cuyos lomos supongo son la reserva de donde proceden los famosos chuletones sabrosamente consumidos en los restaurantes de toda España. A Hortigosa se llega penetrando las primeras estribaciones de la sierra. Está escondida la aldea detrás de una loma y recostada junto a un riachuelo con algunas docenas de álamos dialogantes distinguidos que mandan susurros de brisa hacia los encinares vecinos. Qué paisaje tan claro, tan limpio, resecos los campos bajo un sol sin tapujos y arriba el cielo tenso de Castilla.
Me invade la melancolía contemplando la ruina en que ha venido a quedar el palacio de los Aguila: de la vieja construcción perdura sólo el lienzo principal de la fachada, tapiado el noble portal de dovelas que todavía mantiene sobre la frente uno de los escudos gloriosos de la España vieja. En un agujero

de la mampostería ha buscado refugio un panal de abejas. Por encima del tejado se alzan dos antenas de televisión.

Teresa encontró a su tío fatigado, casi anciano. Pero le veía bañado en una extraña luz. Viudo don Pedro maduraba en la serenidad de su retiro la idea de irse a un monasterio y acabar de fraile. Había juntado una excelente biblioteca:

—Su ejercicio eran buenos libros de romance.

Don Pedro pidió a su sobrina que permaneciera haciéndole compañía en casa. Teresa aceptó contenta, no tenía inconveniente en retrasar un poco la llegada a Castellanos.

Tío y sobrina consumieron varios días en conversación cariñosa. A Teresa le fascinó el porte espiritual de don Pedro, «muy avisado y de grandes virtudes»:

—Su hablar era, lo más ordinario, de Dios y de la vanidad del mundo.

Para divertirla, don Pedro escogía un libro y la invitaba a que le leyese en alta voz.

Entre los españoles selectos circulan por estos años una serie de libros espirituales y poéticos de calidad. Tío y sobrina paladearon aquellos días páginas muy sabrosas cuya referencia Teresa desconocía hasta ese momento. A ella le fatigaron al principio algunas obras excesivamente graves, demasiado conceptuales. Sin embargo procuró demostrar interés, «por dar contento» al tío. Don Pedro seleccionaría en su biblioteca las novedades atractivas para Teresa. Quizá las célebres coplas de Jorge Manrique a la muerte de su padre el gran maestre de Santiago: «¿Qué se hizo el rey don Juan? / Los infantes de Aragón / ¿qué se hicieron? / ¿Qué fue de tanto galán, / qué fue de tanta invención / como trajeron?». Los versos de Manrique reflejaban de mano maestra la situación íntima de la joven, parecen escritos para ella: «Las justas y los torneos / paramentos, bordaduras / e cimeras, / ¿fueron sino devaneos? / ¿Qué fueron sino verduras / de las eras?». El poeta no hubiera sido más certero si conociera las experiencias de Teresa en su pandilla juvenil, y el estado de ánimo con que ella mira sus propios recuerdos: «¿Qué se hicieron las damas, / sus tocados, sus vestidos, / sus olores? / ¿Qué se hicieron las llamas, / de los fuegos encendidos / de amadores?».

Pasados unos días, la comitiva siguió a Castellanos. Cruzaron riachuelos bajados de la sierra a buscar el Tormes en los llanos de Salamanca. El camino trepa por colinas suaves.

La enorme finca de Castellanos es en realidad una dehesa; del caserío donde vivieron María de Ahumada y Martín de

Guzmán no quedan rastros, a fuerza de renovaciones verificadas en los edificios. Acaso un pajar, que evidentemente pertenece al siglo XVI: los dueños actuales de la finca lo respetan porque según la tradición local «allí» durmió madre Teresa una noche cuando llegó a mala hora y no quiso desvelar a sus hermanos.

Nuestra convaleciente tuvo que pasarlo muy bien con su hermana en Castellanos. La finca queda a trasmano, en soledad total. Habría poca gente, sólo diez o doce familias de labriegos agrupadas en torno al caserío del amo. El cielo ancho, la tierra áspera, los sones de esquilas lejanas, y la apacible amorosa seriedad de María componían un escenario apropiado para las reflexiones de Teresa: «Nuestras vidas son los ríos / que van a dar a la mar / que es el morir...». Teresa sonríe cara al horizonte. Ha comprendido «la verdad de cuando niña»:

—Era todo nada.

Todo es nada. He aquí la gran verdad imperial de España. También don Carlos I y V de España y Alemania se deja invadir, mientras lucha con turcos y protestantes, por la profunda convicción de que «era todo nada». El emperador acabará sus días en un monasterio...

Monja o no monja:

—En esta batalla estuve tres meses.

Entrada la primavera vuelve de Castellanos a Avila. Ha cumplido los dieciocho años. En el secreto de su corazón, ella ya sabe lo que va a ocurrirle. La potencia implacable de Dios, llamándola, indica un camino:

—Su majestad... sin quererlo yo, me forzó a que me hiciera fuerza.

11
Monja
(años 1534-1535)

Hay en Avila una noticia confidencial que pasa discretamente por conventos y sacristías:

—La chica de los Cepeda, doña Teresa...

No es novedad que aquí una joven distinguida llame a las puertas de un monasterio. El emperador se lleva a los hombres jóvenes a pelear en países lejanos; de Indias vienen capitanes buscando valientes que se alisten para descubrir nuevos reinos. Cuántos no regresan jamás... A muchas damas de familia noble sólo les queda este camino discreto: acogerse a la paz de un convento donde su soledad tome sentido religioso. Existen en Avila, y en toda España, algunas monjas por vocación y muchísimas por resignación.

Faltan hombres; pero a doña Teresa de Ahumada no le faltaría el suyo, lo comentan por toda Avila:

—Doña Teresa casará con quien quiera.

Ya su padre, que la vio llegar tan madura del internado de nuestra señora de Gracia, comprende que «su niña» está convertida en mujer y habrá que casarla.

Cuida Teresa de toda la familia, ejerce amorosamente de madre. Aprendió bien, mirando a doña Beatriz y a María. Mayores que ella, amos de la casa, tiene Teresa a don Alonso y a Rodrigo. Después de ella vienen todavía los seis niños y la niña pequeña. Teresa dispone las comidas, vigila la limpieza de los suelos y de la ropa, distribuye el trabajo de las criadas. Lo que le lleva más tiempo es atender a los dos pequeñines; el último niño, Agustín, anda por los seis años; la nena Juana cumple cinco. A don Alonso, Teresa le da seguridad y energía; hasta le parecen menos amenazantes los agobios económicos teniéndola a ella al lado. Quizá don Alonso, que ahora ve a su hija desinteresada de trapicheos sentimentales, sienta un poco de remordimiento por haberle cortado aquella primera experiencia juvenil. Sin embargo no le importaría, qué va, si Teresa aplaza un par de años, tres o cuatro incluso, la elección de marido. En casa necesitan una mujer. Y María la hija mayor también casó tarde... Claro que Teresa significa en Avila un buen partido. El viejo hidalgo se ha preguntado a sí mismo cuánto alivio podrá un día llegar a su quebrantada fortuna mediante una buena boda de Teresa. El también participa de la certeza general, «doña Teresa casará con quien quiera»: guapa, distinguida, inteligente, simpática...

Lo único que a don Alonso no le pasa por la imaginación es un susurro transmitido confidencialmente de las sacristías a los conventos: «la chica Cepeda, doña Teresa».

Ocurrió que doña Teresa, al regresar de su viaje a Hortigosa y Castellanos, abre consultas con frailes prestigiosos de Avila en torno a su vocación: si monja o no monja. Don Alonso no da importancia a las idas y venidas de su hija, normales en una joven pía de aquella época: misa diaria, rezos, novenas, confesión frecuente. Teresa pide parecer a los padres dominicos de Santo Tomás, la maravillosa iglesia construida por el gran inquisidor fray Torquemada y en la cual quiso doña Isabel la Católica labraran un sarcófago de mármol para su ángel el hijo Juan muerto cuando le tocaba reinar en el mayor reino del mundo. Las niñas enamoradas bajan de la ciudad al monasterio a quedarse atónitas meditando cómo es posible la muerte de un príncipe así de hermoso, ahí está tendido cara al altar mayor, las manos orantes sobre la espada, olvidadas las manoplas, armoniosa la melena: me pregunto si Teresa no gastó sus horas meditando «la nada de todo» aquí a la vera del cuerpo frío tallado en alabastro sin sangre, y qué compasión le daría el fantasma de doña Isabel «reina cristiana, armario de todas las virtudes».

A Teresa le complace oír consejos de los sabios frailes dominicos, sinceros y «muy leídos»: los escucha a través de la rejilla abierta en el muro de la capilla del Santo Cristo de la agonía. Por aquel tiempo los curas confiesan sentados en un simple sillón, recibiendo de cara al penitente: lo cual que a veces les crea situaciones delicadas con cierto personal femenino no bastante sensato. Los sesudos frailes de Santo Tomás resolvieron el problema instalando un curioso sistema de confesonarios. Abrían huecos en el muro que da de la iglesia al claustro conventual, y ponían rejillas en el ventanuco: por el lado interior de la capilla se arrodillaba el penitente; por el lado exterior del claustro, sentaban al confesor en un sillón frailuno. El sistema les ahorró no pocas gaitas.

Teresa consulta otros curas y frailes pues abundan en Avila. Encariñada como estaba con el monasterio carmelitano de la Encarnación, se supone que las monjas le aconsejarían visitar a los padres carmelitas, cuya iglesia le caía cerca de casa.

Sobre todo, menudea sus visitas a la Encarnación. Le sirve de pretexto su amiga Juana Suárez, monja unida por algunos lazos especiales a la familia Cepeda: sospechan los eruditos que Juana trabajó de criada en el caserón de don Alonso. A las carmelitas del monasterio les agrada ver por ahí aquella linda muchacha, tan jovial. Pasarán años y años, abrirán desde Roma un proceso preguntando a quienes la conocieron si Teresa les parecía santa, y una monja viejísima, doña María Espinel, escribirá esta frase deliciosa:

—Me acuerdo, me acuerdo: doy por señas que traía una saya naranjada con ribetes de terciopelo negro.

Se acuerda; la muchacha estaba bellísima, y daba alegría con su saya naranjada.

Hace crisis, la batalla «teresiana» de tres meses: ¿monja o no monja?

Teresa somete a un análisis concienzudo los síntomas de su vocación. Impresiona el ritmo dialéctico de sus razonamientos. Está viviendo, lo nota en las raíces de su personalidad, una fermentación cuyo origen escapa de su propia biología: «Alguien» anda «entrometido» en el asunto. ¿Quién? Dios, solo Dios puede tocarle tan dentro. Teresa se formula preguntas acerca de su futuro, en esta vida y en la otra. Preguntas que uno diría no las plantea sólo para ella misma, quiere que «el otro» las oiga, se entere. Todavía no son «cuestiones de amor»: Teresa lleva a sus espaldas una carga de remordimientos venidos de su «etapa frívola» con Inés y la pandilla: por eso intenta «borrar» el rastro de sus faltas pasadas. Trata de arreglar las cuentas pendientes. Piensa en el negocio de la salvación; cree que ahora Dios aguarda una «ordenación» de vida orientada a librar su alma de la amenaza del infierno y a colocarla en el cielo. Ignora los planes «del otro», quien sin duda sonríe contemplando los saltos y sobresaltos en el cerebro de la muchacha elegida para presa suya. Quizá los ángeles se portaron mal olvidándose de avisar a Teresa. Ya está «cazada» por el gran jugador: «el Espíritu santo vendrá sobre ti y el poder del Altísimo te cubrirá con su sombra...». Pero Gabriel, que llevó un anuncio a Nazaret, se olvidó de Avila.

A distancia de años, Teresa recuerda perfectamente su proceso interior durante aquella primavera definitiva de 1533,

los dieciocho de su edad. El razonamiento arranca de «la verdad de cuando niña», es decir, antes de sus veleidades amorosas:
—Era todo nada, y la vanidad del mundo, y cómo acababa en breve.
La lógica empuja un paso más, a cuenta de las faltas cometidas:
—Si me hubiera muerto, cómo me iba al infierno.
Teresa coloca entonces en dos columnas frente a frente «las realidades» con que ha de contar sobre el tablero de su futuro:
—Yo había bien merecido el infierno... Los trabajos y pena de ser monja no podía ser mayor que la del purgatorio... No era mucho estar lo que viviese como un purgatorio (o sea en el convento)... Después me iría derecha al cielo, que éste era mi deseo.
Ninguna llamada a engaño, ninguna ilusión vaporosa: Teresa plantea su ingreso al convento, de una parte como medio de reparación por sus pecados; de otra, como vía para llegar «derecha» al cielo.
Cuando Teresa escribe sus recuerdos juveniles, vive instalada permanentemente en el bosque misterioso del amor divino, dispuesta incluso si fuera preciso a irse al infierno «por amor de Dios»; comenta con ironía su lejana «lucha» juvenil:
—En este movimiento de tomar estado, más me parece me movía un temor servil que amor.
Desde luego, Teresa. En su zamarra de peregrino que anda estos años entre París, Roma y Montserrat, Ignacio de Loyola ha escrito un apunte acerca del infierno: «para que si del amor de Dios me olvidare...».
Teresa se pregunta si será capaz de aguantar su «convento purgatorio»:
—Poníame el demonio que no podría sufrir los trabajos de la religión, por ser tan regalada... Pasé hartas tentaciones estos días.
Sin embargo ella cuenta con el auxilio de quien le está acosando:
—A esto me defendía con los trabajos que pasó Cristo; porque no era mucho yo pasase algunos por él, que él me ayudaría a llevarlos.
Teresa dispone de una cabeza perfectamente clara, lógica. Y a las conclusiones «vistas» somete con decisión su voluntad. Semejante ejercicio de libre albedrío era infrecuente durante aquellos tiempos en el ámbito femenino, sujetas las mujeres a los hombres bajo una esclavitud templada que apenas alguna

como doña Isabel de Castilla rompió con su «tanto monta». Teresa conocía reflejamente su capacidad decisoria, y un día llegará a escribir con cierta guasa:

—No soy nada mujer en estas cosas, que tengo recio corazón.

Verdad fue; alguno de los frailes más cercano suyos, a la hora de buscar el máximo elogio para la madre Teresa, dejó escapar esta frase machista, significativa: «tiene cabeza de hombre». Lo cual le asombraba, viéndola hermosa y fina.

El «recio corazón» latía ya en el pecho de Teresa joven. Ella lo empujó hacia la decisión vocacional:

—Y aunque no acababa mi voluntad de inclinarse a ser monja, vi era el mejor y más seguro estado; y así poco a poco me determiné a forzarme para tomarle.

«Me determiné a forzarme», así hace crisis la «batalla» de tres meses si monja o no monja: ¡monja! Teresa «pone en hora» su propia voluntad con la de Dios que le «forzó» a que se hiciese fuerza. La palabra «determinase» aparecerá en los momentos supremos de la biografía teresiana, empalmando su inteligencia con su voluntad; y sometiendo conscientemente, en ejercicio de la libertad responsable, toda su persona a los impulsos recibidos de Dios. La «determinación» crea coherencia entre sus facultades, y luego somete todo el ser a los planes divinos.

Bueno, ahora le queda cumplir a la «candidata monja» una serie de reajustes en su mecanismo psicológico y en su contorno social. Probablemente dejó pasar los meses restantes de 1533 sin sobresaltos, mientras fortalecía su resolución y la convertía en sangre de su sangre: de tal modo que no anda Teresa niña en juegos infantiles, sino que Teresa mujer compromete su futuro a base de una elección radical. No habrá recortes de tiempo: decide «para siempre». No habrá reservas sentimentales: se entrega por completo. Ella sabe que su corazón es suyo, y lo pone en manos de un Dios absorbente. Aquí comienza un sistema de relaciones con fuerzas que rebasan la capacidad de esta joven mujer; y que por supuesto nos obligan a nosotros a entrar con respeto sumo, descalzos, en las sucesivas estancias de su biografía. Nos estamos acercando a la nube santa donde Yahvé introdujo a Moisés...

¿Y don Alonso?
Pobre Teresa, qué fatigas.
Ella sabe lo que su presencia significa para el padre y los hermanos en la marcha de la casa; disfruta las preferencias del cariño de don Alonso; adivina los quebrantos económicos del señor hidalgo, remediables si la hija cazara un pretendiente adinerado. Comprendo que se le rompa el alma con la idea de darles noticia de su partida al convento. En cambio ella se conoce muy bien a sí misma; considera provisional, y tambaleante, su «determinación» de irse monja mientras no le hable a su padre. Cuando lo haya dicho, Teresa, «tan honrosa», no se volverá atrás:
—Decirlo a mi padre... casi era como tomar el hábito.
Ha explicado Teresa que de las páginas de un libro recibió energía para confiar su decisión a don Alonso: las «cartas» de san Jerónimo, el huesudo «padre de la iglesia» que a finales del siglo IV huyó de Roma a Palestina y escondido en las cuevas de Belén escribía mensajes a sus amigos y amigas, sobre todo a un grupo de damas piadosas inflamadas por él en los ideales del monacato. Las discípulas de Jerónimo pertenecían a familias encopetadas de la corte imperial, y a veces vacilaban antes de resolverse a abandonar sus seres queridos. San Jerónimo emplea un lenguaje restallante, colorista. Es famosa una carta suya en que pregunta al antiguo compañero de trabajo si todavía las ciudades continúan construyendo casas... San Jerónimo proporcionaba a Teresa pensamientos estimulantes como éstos:

> Caballero delicado, ¿qué haces en casa de tu padre? Tanto ha de pesar en tu voluntad la fe que a este Señor prometiste, que si vieses, queriendo salir a la batalla, que se te ponen delante padre, madre, hijos, nietos, con ruegos, lágrimas y suspiros por detenerte, tú debes cerrar los ojos y orejas; y, si menester fuere, hollando por encima de todos, volar al pendón de la cruz, donde tu gran capitán te espera...

La invitación de Jesucristo sugiriendo al joven rico «déjalo todo, ven y sígueme» le parecía a Teresa pintiparada para este momento suyo; y acertaba. Dios tira de ella, la arrastra. Don Alonso habrá de comprender que aquí andan en juego intereses de la fe cristiana tan respetados por él. ¿Comprenderá?
Teresa por fin se decide, habla a su padre.
Don Alonso quedó turbado; los cautivadores razonamientos de su hija le obligan a preguntarse cómo había estado tan

dormido para no adivinar los sentimientos de Teresa desde que volvió del internado.
Respondió que de ninguna manera.
A Teresa le dolió la negativa cerrada de su padre, pero ella supo bien donde nacía:
—Era tanto lo que me quería que en ninguna manera lo pude acabar con él.
Mujer con sentido práctico, habilidosa, Teresa ha dispuesto una estrategia para rendir la plaza: don Alonso sufrirá asaltos sucesivos de curas y frailes, amigos suyos, a los cuales Teresa utiliza como aliados.
Quiere ahorrarle penas a su padre; pero en todo caso, san Jerónimo le ha metido en las venas una consigna tajante:

> Vendrá tu hermana viuda y te abrirá los brazos; llegarán tus criados, la nodriza que te amamantó y su marido que son para ti como segundos padres, te saldrán al paso preguntando a quién encomendarán su vejez y quién los asistirá en la muerte... Sobre todo tu madre, venerable y anciana, con la frente surcada de arrugas, los pechos lacios y débiles, también te estorbará el paso y te recordará toda la vida desde el día que te trajo al mundo hasta ahora...

El ermitaño de Belén, representado en las pinturas del Renacimiento golpeando con una piedra sus costillas, no pudo sospechar que a doce siglos de distancia sus dardos iban a herir las carnes de una jovencilla en el caserón abulense de Alonso Cepeda. Teresa, una vez que ha puesto a luz su decisión, está cierta de cumplir como san Jerónimo quiere:

> Aunque tu madre, con la cabellera suelta y el vestido a jirones, y aunque tu mismo padre se tumbe en el umbral, pisa sobre su cuerpo... Aquí la piedad de un hijo consiste en no tener «piedad».

Teresa cumplirá, aunque sólo sea por pundonor.

En la primavera de 1534, Avila recibe la visita del emperador.
Hace un año, el 15 de mayo de 1533, abrió don Carlos las cortes cataloaragonesas en la ciudad de Monzón. Para el otoño de este 1534, tiene convocadas en Madrid las cortes de Castilla. Procura el emperador satisfacer las demandas justas de sus

súbditos, pero su tarea mayor consiste en exponer a los españoles el estado militar y económico del imperio: don Carlos ha decidido atacar en el norte de Africa los nidos del pirata Barbarroja.

El famoso corsario tiene aterradas las costas de Italia y del sur de España. Barbarroja ha pactado amistad con el sultán turco Solimán quien muy satisfecho de contar con un aliado a las puertas mismas de España, concede a Barbarroja categoría de almirante de la armada otomana y le acepta como gran vasallo. Más hizo, el sultán turco; envió bajeles suyos a engrosar la flota berberisca.

Reforzado con semejante alianza, Barbarroja señorea el Mediterráneo occidental y concibe el proyecto de alargar su reino de Argel conquistando Túnez. Dueño de Túnez, Barbarroja pasea su insolencia desde Sicilia hasta Cádiz: redobla los asaltos a las naves mercantes italianas y españolas. El desgraciado papa Clemente VII muere cabalmente este año de 1534, dejando escrito su último lamento: «las cosas parecen tan difíciles, que pronto podremos oír el ruido de los remos enemigos».

Clemente VII ya no los oyó, su barco dirige la proa hacia las playas eternas. Ocupa el trono pontificio un papa de la familia Farnesio, Paulo III. El emperador don Carlos habrá sentido poco la muerte de Clemente VII, a pesar de que su amistad y buenas relaciones durante los últimos años han borrado la pesadilla del «saco de Roma»: a Clemente le faltó coraje para convocar ese concilio que quizá hubiera contenido a tiempo la rebelión luterana. Del nuevo papa espera don Carlos una mayor dosis de energía. Antes de ordenarse sacerdote, Alejandro Farnesio, el futuro Paulo III, había llevado en la corte pontificia una vida alegre, típicamente renacentista, y tuvo de su amante preferida un niño llamado Pedro Luis. De cardenal, Farnesio, sin convertirse en un asceta, fue serio, hábil y prudente. Clemente VII, desde el lecho de muerte, lo recomendó como sucesor: los cardenales le hicieron caso y el cónclave duró solo unas horas. Pequeñito, encorvado, cansino el aire, canosa la luenga barba, Paulo III mira la vida con ojos fulgurantes, apasionados. Recién elegido, da una muestra de valor. En la primera hornada de cardenales, concedió el supremo título eclesiástico al arzobispo inglés Juan Fisher, encerrado en una mazmorra por Enrique VIII bajo esta acusación: haber sido confesor de la reina repudiada Catalina, y defenderla con todo su aliento.

Don Carlos recibe información confidencial de sus agentes romanos, quienes le aseguran como decisión primordial del nuevo papa la convocatoria del anhelado concilio.

Ahora el emperador pide a las cortes españolas hombres y dinero: quiere acosar al pirata Barbarroja en su madriguera. Entre las dos sesiones de cortes, Aragón en primavera de 1533 y Castilla en otoño de 1534, don Carlos gasta los meses libres visitando las ciudades más notables del reino.

En Avila entró el 6 de junio del 34. Sobre el escenario impar de las murallas montaban guardia centenares de jóvenes nobles, y ante la puerta del alcázar la muchedumbre rodeaba al marqués de las Navas encargado de tomar el juramento. Don Carlos llegó montado sobre caballo negro y ceñida la corona, precedido de heraldos y acompañado de su corte. Las crónicas de la jornada recuerdan el estruendo de las salvas de honor, el bullicio de los niños, la alegría de las jóvenes. lágrimas silenciosas de los viejos, Apeado, el emperador juró ante el marqués guardar los fueros sagrados de Avila, y dijo una hermosa sentencia:

—Esta ciudad es la cabeza de quien deben tomar ejemplo otras ciudades de nuestros reinos.

Le presentaron las llaves en bandeja de plata. La comitiva penetró hacia la catedral, donde los clérigos entonaron el *Tedeum*.

Y luego hubo gozosas jornadas con festejos altos y bajos, justas y cañas, corridas de toros, música, vino... Avila dará a su rey el dinero y los hijos que le pida.

Aragón le votó doscientos mil escudos de plata; Castilla, doscientos cuatro millones de maravedises. El emperador envió mensajeros al papa y a los príncipes cristianos pidiendo ayuda. Para la primavera de 1535 tuvo reunidas en los puertos del sur de España cuatrocientas naves con trescientos mil hombres de desembarco, mandados por ilustres capitanes de España, Italia, Flandes y Portugal. El treinta de mayo don Carlos oyó misa en Montserrat, comulgó, dejó a la emperatriz por gobernadora de España, y fuese a embarcar en Barcelona. El 17 de junio la flota cristiana tocó las costas de Africa. Barbarroja defendió bravamente La Goleta de Túnez, pero sus hombres acabaron aplastados por aquella fuerza ciclónica: ordenó don Carlos el asalto, cayó La Goleta, tomaron los cristianos cuatrocientas piezas de artillería y cuarenta galeras, marcharon contra Túnez. El 21 de julio el emperador entró en la ciudad y liberó los cautivos.

Barbarroja huyó hacia Bona, llorando más que nada por la pérdida de su preciosa nave capitana.

En el caserón de los Cepeda la vida continúa aparentemente normal durante el otoño y el invierno de 1534. Don Alonso y su hija evitan traer a colación el monjío de Teresa. Ella emplea su tiempo en la casa, los hermanillos, sus rezos, las lecturas. Menudea sus visitas a la Encarnación, donde platica con su amiga Juana y otras monjas del monasterio.

Por la primavera de 1535 sonó la hora de Rodrigo. Mocetón de veintidós años, ha escogido embarcarse hacia las Indias.

Rodrigo sorbe ávidamente las cartas de su hermano Hernando, atrasadas y gloriosas: vienen de tarde en tarde, muy escasas, pero traen las hazañas cumplidas por los hombres de Pizarro en el nuevo reino del Perú. Los españoles han llegado en el momento propicio, cuando al morir el soberano de los incas Huayna Capac sus hijos riñen entre sí por la herencia. El bastardo Atahualpa ha levantado armas contra su hermanastro Huáscar, asentado por Huayna Capac como soberano en la capital Cuzco. Pizarro, atrapó, juzgó y mató a Atahualpa. A mitad de noviembre de 1533 los españoles entran en Cuzco; buscan durante 1534 emplazamiento apropiado para construir una nueva capital. Son puñados de hombres perdidos en regiones inmensas. El 18 de enero de 1535 fundan Lima, a la que inicialmente llamaron «ciudad de los reyes» en honor de doña Juana y de su hijo el emperador don Carlos. A casa de los Cepeda en Avila vienen testimonios de que el capitán don Hernando está cumpliendo como un valiente entre los valientes de Pizarro.

Las noticias llenan de impaciencia a Rodrigo: ¿cuándo vendrá su oportunidad?

Ya, en la primavera de este año 1535.

Los descubridores tropiezan en las costas de América con una gran dificultad para reconocer las orillas del Río de la Plata, donde hoy se asienta Buenos Aires. Los intentos de penetración realizados hasta 1530 han costado peleas y muerte. Susurran los navegantes que muy al interior de la desembocadura formada por la confluencia de dos grandes ríos, existe un imperio indígena riquísimo.

En la primavera de 1534, el capitán Pedro de Mendoza, valiente soldado de las guerras de Italia, presenta al emperador don Carlos solicitud de capitulaciones para el descubrimiento y conquista de doscientas leguas de tierra en una franja que desde el Atlántico al Pacífico comprende la zona llamada Río de la Plata.

Una fiebre de proezas titánicas invade a nuestros paisanos del siglo XVI. Si no conociéramos los resultados, diríamos que andan enloquecidos. Su majestad el emperador toma en serio a un aventurero que le trae mapas apenas diseñados con referencias supuestas acerca de tierras desconocidas donde fantasea la existencia de pueblos ignotos. Su majestad lo escucha, discute, recorta las pretensiones del capitán. Pacta, le da poderes como «adelantado», «gobernador», «capitán general» de los territorios inéditos. El aventurero arma una pequeña flota, alista soldados, reparte mercedes en expectativa. Y salen al mar... Están locos de grandeza.

El 21 de mayo de 1534 don Carlos firmó a Mendoza sus capitulaciones. Al nuevo adelantado del Río de la Plata le bastó un año para juntar una tropa brillante con treinta y dos mayorazgos, primogénitos de otras tantas familias de la nobleza española.

Juan Osorio, abulense, recibió de Mendoza nombramiento de maestre de campo: fue la oportunidad de Rodrigo de Cepeda, quien según consta en los registros sevillanos embarcó el 24 de agosto de 1535 bajo las órdenes de don Pedro de Mendoza hacia el Río de la Plata.

Teresa ha preparado amorosamente los arreos de su hermano. Han pasado una docena larga de años desde los sueños infantiles cuando ambos quisieron marchar juntos a dejarse descabezar en tierra de moros y conquistar «barato» el cielo.

Ahora, Rodrigo parte.

Teresa está frenada por su condición de mujer. Las monjas que más tarde le oyeron contar estos lances, aseguran: «si fuera lícito que las mujeres pudieran ir a enseñar la fe cristiana, fuera ella a tierra de herejes... Aunque fuera un martirio, se pusiera a él entonces...».

Rodrigo quiso darle una señal última de cariño: ante el escribano Alonso de Segovia dejó a Teresa la legítima de su propia herencia.

La partida de Rodrigo da tela que torcer a las cavilaciones de Teresa. Don Carlos, Pizarro, Mendoza, pasan por Avila y arrastran consigo los mozos de la familia Cepeda para cumplir hazañas heroicas.

No es justo que a ella, por ser mujer, la tengan atascada.
No es justo...
Me temo que a don Alonso se le viene encima un disgusto.

12
La huida
(1535)

El sordo forcejeo entre el padre y la hija dura casi dos años, de los dieciocho a los veinte de Teresa. Ella no protesta; él disimula. Como si el asunto no les inquietara.
Quienes sí le hablan a don Alonso Cepeda son sus amigos frailes, algunos sacerdotes, Pedro su hermano cuando viene de Hortigosa. Don Alonso se ha encastillado en la negativa: no dará su consentimiento. Me pregunto si algún día bajó al arrabal del monasterio de las agustinas para conversar con doña María Briceño. Teresa recoge las confidencias que unos y otros le pasan. El buen hidalgo utiliza también el recurso de que ya envejece y pronto morirá:
—Después de mis días, haga lo que quisiere.
Caray con don Alonso. Faltaría más. Aunque vaya usted a saber si en la mente de un severo hidalgo castellano no entra disponer de la hija también después de muerto: quizá piensa que aun entonces alcanza «su derecho» a vigilar el futuro de Teresa, tan querida.
Me apena ver cómo los estudiosos de santa Teresa vapulean al buen don Alonso por esta tozudez suya en negar la aprobación al monjío de la hija. Le acusan de religiosidad equívoca, porque capaz de regalar todos los años fanegas enteras de trigo para los pobres, resiste la entrega a Dios de su hija queridísima; le reprochan que sólo da lo sobrante; da cosas, alimentos, dinero; pero no se da. Me apena, don Alonso no merece tales reprimendas. Hay que verle viudo, con hijos pequeños, ya envejecido, y sabemos la carga secreta de sus quebrantos económicos. La única persona verdaderamente útil para él tanto en ayudas externas como en consuelo interno es su hija Teresa. ¿Cómo no ha de amargarle su marcha? Por otra parte don Alonso conoce perfectamente a su hija: tiene la certeza de que Teresa, cuando estime oportuna la hora, llevará adelante su decisión, entrará en el convento. El aceptará, le dará su bendición. Y Teresa también lo sabe. Así que no regañen a mi pobre hidalgo, por favor. San José pasó lo suyo cuando en Nazaret comenzaron a cumplirse los misterios divinos en el

seno de su mujer María... Hasta que le avisó un ángel por la noche. Pasa, ya lo dije, que en Avila los ángeles andan algo descuidados.

Teresa sigue pegada a sus rezos y lecturas. La partida de Rodrigo estimula los planes que ha ido ella madurando. Ciertas frases de san Jerónimo quizá le parecen excesivas para aplicarlas a su caso, por ejemplo ésta:

> Si mis padres creen en Cristo y le son vasallos verdaderos, gran razón es que se animen viendo que quiero pelear por su servicio; y si no creen, digo que los muertos entierren a sus muertos.

No, Teresa cuenta con que don Alonso es un cristiano sincero. Ahora él sufre las angustias de Jesús en Getsemaní, y pide que le aparten el cáliz amargo. Pero aceptará la voluntad de Dios. Y Teresa piensa desde luego salir del convento para enterrar a su padre, cuando sean cumplidos los días del buen hidalgo.

A la entrada del otoño de 1535, ella decide marchar. No le preocupa que si retrasa su ida al convento vaya a endurecerse la negativa de su padre: da por descontada la bendición de don Alonso ante el hecho cumplido. Le inquieta ella misma, se teme; lo confiesa:

—Yo ya me temía a mí y a mi flaqueza, no tornase atrás.

Teresa dedica las últimas semanas de estancia en su casa para empujar camino del convento de Santo Tomás a uno de sus hermanos: «diciéndole la vanidad del mundo», lo persuade «a que se metiese fraile». Discuten los investigadores cuál de los hermanos fue objeto de este apresurado proselitismo de Teresa durante el otoño de 1535. Parece acertado pensar en Juan de Ahumada, quien tendría entonces dieciocho años. El muchacho asimiló los razonamientos de su hermana, y planearon salir de la casa los dos juntos el mismo día: una al monasterio carmelita de la Encarnación, otro al convento dominicano de Santo Tomás.

Resulta gracioso cómo de esta manera Teresa cumple «su segunda fuga» de casa montando una escenografía semejante a la «primera fuga», cuando de niña pequeñaja escapó con Rodrigo a dejarse descabezar por los moros. Aquella vez eran dos pequeñines, ahora una joven mujer y un muchacho ya plenamente responsables de sus actos.

Cometen un error: se olvidan de poner en antecedentes a los dominicos, y este fallo complicará la entrada de Juan a su convento. Con las carmelitas de la Encarnación, Teresa tiene todo acordado: el día, la hora, su modo de mandar después aviso a don Alonso.

Eligieron el dos de noviembre, día de ánimas: «muy de mañana». Antes que la servidumbre y el amo despertaran, pues comprendían sería conveniente evitar un encuentro con don Alonso.

La escena pudo ser tierna si alguien la hubiera contemplado. Han preparado ella y él sus hatos, la ropa imprescindible. De puntillas y reteniendo la respiración pasan ante los aposentos donde la familia duerme. Tantean el portón, descorren cuidadosamente los cerrojos: a estas alturas me conozco bien el sentido práctico de Teresa, estoy seguro que la tarde anterior echó aceite para silenciar el chirrido de los hierros. Salen, acompañan suavemente la puerta que cierre sin ruido. El aire otoñal de Avila temprana está frío. Nadie anda todavía por las calles, mientras los dos hermanos caminan apresurados cruzando la ciudad de sur a norte hasta atravesar las murallas por la puerta del Carmen. Descienden la pendiente suave del valle Ajates, y al costado de la ermita de san Martín enfilan por el arroyo de Ajates hacia el bulto del monasterio. Jadeantes, entrecortada la respiración, repican la aldaba según lo convenido: al otro lado del portal un grupo de monjas con Juana Suárez aguardan impacientes la señal.

La huida de casa no ha sido un juego. A Teresa el dolor de abandonar a su padre le quedará impreso para toda la vida:

—No creo será más el sentimiento cuando me muera, me parece cada hueso se me apartaba por sí.

Ella luego analizó aquella extremosa pena suya; y la achacaba a su «determinación» tomada en frío, cerebral, cuando no le había invadido aún la presencia cálida sobrenatural:

—Como no había (no tenía) amor de Dios que quitase el amor del padre y parientes, era todo haciéndome una fuerza tan grande que si el Señor no me ayudara, no bastaran mis consideraciones para ir adelante.

Ya de anciana, sus monjas le oyeron que aquella madrugada del día de ánimas «parecía que todos sus huesos se le apartaban unos de otros y que el corazón se le partía».

Pero el Señor
—me dio ánimo contra mí, de manera que lo puse por obra.
Juan la dejó abrazada a las monjas. El tenía que cruzar de nuevo la ciudad hasta el convento de los dominicos situado en los arrabales del sur.

Ignoramos cuál fue el aviso que Teresa y las monjas tenían preparado para don Alonso, si mandaron un recado personal o la hija le escribió algún billete. A él no le causaría sorpresa, bien tragado lo tenía.

Sí, sabemos que Juan regresó cariacontecido a su casa: los frailes de Santo Tomás, amigos de don Alonso, dijeron al muchacho que estaban dispuestos a recibirle como dominico previo consentimiento de su padre, a quien debía el hijo manifestar su deseo.

Y sabemos también que don Alonso acudió a la Encarnación, donde dijo a la priora y a su Teresa que contara con su licencia, su bendición, y sus dineros para la dote de la nueva monja. El pobre hombre no se resiste, está entregado. Buen don Alonso; no lo maltratéis, por favor.

A Teresa los huesos se le reajustaron poquito a poco según lloraba de alegría en brazos de su padre; nuestro viejo hidalgo, gran persona.

Monasterio de la Encarnación: ¿dónde ha caído Teresa?
En la familia del profeta Elías, casi nada.

A mí me ha gustado siempre bromear con mis amigos carmelitas a cuenta de su genealogía espiritual, pues son los más atrevidos entre todos los curas y frailes producidos por la iglesia católica: ellos pretenden traer su origen de muchos siglos antes de la misma iglesia, exactamente de los tiempos del profeta Elías, a quien llaman confianzudamente «nuestro padre Elías».

La estupenda leyenda arranca de la conquista de tierra santa por los cruzados en los últimos meses del siglo XI. Coronado rey de Jerusalén Godofredo de Buillon en noviembre de 1099, afluyeron de occidente piadosos peregrinos que recorrían Palestina buscando huellas de la vida de Jesús y de personajes famosos del antiguo testamento. Parece seguro que en las faldas de la pequeña cadena montuosa, entre las ciudades hoy llamadas Cesarea y Haiffa, conocida con el nombre de Monte Carmelo, existían desde tiempo inmemorial anacoretas refugiados en grutas y dedicados a venerar la memoria del titánico profeta Elías: él y su discípulo Eliseo hicieron del Monte Carmelo un escenario de la gloria de Dios. Elías fue aquel profeta que arrancó milagros poniéndose a orar curvado el lomo sobre la tierra mientras gritaba al cielo súplicas escalofriantes: «Yahvé, Dios mío, ¿es que también vas a hacer mal a la viuda en cuya casa me hospedo, haciendo tú morir a su hijo?». Ocurrió una gran sequía en el reino de Israel, no hubo ni lluvia, ni rocío, ni trigo, ni aceite, ni fuentes ni ríos. Aquí, sobre la cima del Monte Carmelo, Elías desafió él solo a cuatrocientos cincuenta sacerdotes del dios Baal delante del pueblo: «Que se nos den dos novillos; que elijan un novillo para ellos, que lo despedacen y lo pongan sobre la leña, pero que no pongan fuego; yo prepararé el otro novillo y lo pondré sobre la leña, pero no pondré fuego; invocaréis el nombre de vuestro dios, yo invocaré el nombre de Yahvé; y el dios que responda por el fuego, ese es Dios». Baal no respondió, y Elías se burlaba de los profetas de Baal: «¡Gritad más alto, porque es un dios; tendrá algún negocio, le habrá ocurrido algo, estará en camino; tal vez esté dormido y se despertará!». Los profetas gritaron alto, se hirieron con cuchillos y lancetas, entraron en trance: «Pero no hubo voz ni quien escuchara ni quien respondiera». Entonces Elías oró: «respóndeme Yahvé, respóndeme y que todo este pueblo sepa que tú, Yahvé, eres Dios que conviertes sus corazones». Cayó fuego del cielo, devoró el holocausto y la leña, oyeron el rumor de la lluvia, vino del mar «una nube como la palma de un hombre», y llovió «gran lluvia».

Estas páginas de la Biblia eran la lectura habitual de las monjas en cuyo monasterio entraba doña Teresa de Ahumada el dos de noviembre de 1535. Allí aprendió Teresa que «nuestro padre san Elías» ya envejecido fue arrebatado al cielo por «un carro de fuego con caballos de fuego», dejando a su discípulo Eliseo «dos partes de su espíritu».

Parece históricamente cierto que desde Elías y Eliseo hubo anacoretas en las grutas del Carmelo: después de Cristo y después de Mahoma les sucedieron ascetas cristianos y musulmanes, con los cuales no consiguieron acabar los turcos. Los peregrinos del siglo XII buscaron las huellas de aquellos ermitaños entre los olivos y laureles, mirtos, algarrobos, lentiscos y nogales del monte. Por los matorrales del Carmelo habitaban corzos, leopardos y gatos silvestres. Nuestros peregrinos establecieron eremitorios en las grutas y decidieron llamarse «hijos del profeta Elías» consagrados a la virgen María: ella estuvo místicamente prefigurada por la nubecilla del profeta Elías deshecha en lluvia fecunda después de tres años de sequía.

Y los documentos, ¿qué dicen?

Los documentos naturalmente no demuestran el parentesco de nuestros carmelitas con el profeta Elías. Lo que sí dicen es que a lo largo del siglo XIII habitaban el monte «ermitaños latinos, conocidos por frailes del Carmelo, junto a una capilla de nuestra Señora»: el patriarca de Jerusalén Alberto Avogardo les dio una «regla» para imitar a «Cristo capitán», aprobada luego por el papa Honorio III. Mediado el siglo XIII, la persecución sangrienta de los sarracenos les obligó a emigrar hacia Europa, y el papa Inocencio IV suplicó a los príncipes cristianos que les recibieran con benevolencia.

Para establecerse en Europa, los carmelitas cambiaron su forma «eremítica» de vida en forma «cenobítica»: las grutas o ermitas se convirtieron en convento. Eligieron el año 1247 general de la orden a un tipo extraordinario, Simón Stock, de cuya mano los carmelitas llegaron a París, Oxford, Cambridge, Bolonia: crearon casas de estudio a la sombra de tan insignes universidades. La orden creció. Los carmelitas conservaron devoción filial a la virgen María difundiendo por todo el mundo su famoso escapulario. Les quedó una nostalgia permanente del origen «ermitaño», manifestada en su afición a construir conventos en algún «desierto»: páramos, selvas, junto a riachuelos y lagos.

Avanzado el siglo XV, los carmelitas eran frailes «de vida mendicante y apostólica»: los papas «mitigaron» la regla antigua para dejarla definitivamente adaptada a las circunstancias de occidente. Ya «mitigados» sufrieron los carmelitas el ritmo de alza y baja espiritual propio de cualquier institución: con períodos de fervor religioso y períodos de relajación.

A España llegaron los carmelitas el siglo XIII por el reino de Aragón: protegidos de don Jaime el Conquistador, fundaron en Huesca su primer convento; y luego hasta una docena larga entre Aragón, Cataluña y el Rosellón. En el siglo XIV alcanzaron Castilla y Andalucía. También Portugal tuvo su provincia independiente.

Las mujeres se pegaron al costado de la orden carmelitana como se habían pegado a los agustinos, franciscanos y dominicos: comenzaron sirviendo de ayuda material a los frailes en cocina y limpieza, igual que oblatos y cofrades. Luego aparecieron grupos de mujeres dispuestas a vivir en común el espíritu y las reglas del Carmelo: formaban «conventos» o «beaterios» con características distintas según el talante de la fundadora de la casa y según las normas dictadas por el fraile confesor. Se las llamó beatas, reclusas, emparedadas. Por Europa fueron conocidas con el nombre general de «beguinas». Los «beaterios» funcionaron con estatutos particulares, hasta que en 1452 una bula del papa Nicolás V los colocó jurídicamente bajo guía del famoso padre general de los carmelitas Juan Soreth: crecieron a partir de entonces los conventos femeninos con «vida común reglada» y clausura rigurosa.

Los «beaterios» de monjas carmelitas obtuvieron gran éxito en Andalucía a partir del siglo XV: Ecija, Granada, Sevilla, Antequera, Aracena, Paterna del Campo. En Castilla y Cataluña comenzaron a finales del mismo siglo XV.

Fue cabalmente un beaterio carmelitano lo que decidió fundar en Avila una dama, por cierto, de vida anterior dudosa, el año 1478.

Nuestra dama se llamó doña Elvira González de Medina. Los papeles referentes a la vida y andanzas de doña Elvira los ha publicado hace pocos años un joven canónigo, investigador poderoso de los archivos de Avila, don Nicolás González. Gracias a don Nicolás sabemos que doña Elvira fue una especie de Magdalena en los años de Isabel la Católica, si bien sus trapicheos circulaban sólo a media voz entre la nobleza de Avila.

Doña Elvira, nacida de familia innominada, plantó sus gracias femeninas en dos linajes campanudos, los Villaviciosa y los Aguila. Amancebada, sin duda, con un personaje de alta categoría social, y don Nicolás tiene fundadas sospechas al respecto: de su distinguido amante parió doña Elvira dos hijos y dos hijas, los cuatro llevaron el apellido Aguila reconocidos por el padre. El mayor de los hijos, don Diego del Aguila, fue tan mala gente que pleiteó contra su madre y la arrebató una «fortuna tasada en un millón doscientos mil maravedises, varios feudos, su esclava, joyas y ganados». En cambio las dos hijas, Catalina y María, viudas en temprana edad, colaboran con doña Elvira cuando su madre resuelve convertir en «beaterio» la casa donde vive dentro de las murallas junto a la puerta de San Vicente. Don Nicolás piensa que la Magdalena doña Elvira fundando el beaterio se hizo perdonar de la buena sociedad abulense su pasado tronado. Anotemos una curiosidad: la hija segunda de doña Elvira, María, casó y enviudó dos veces; por su segundo matrimonio enlazó con unos Cepeda probablemente progenitores de nuestra conocida doña Inés de Cepeda mujer de don Juan Sánchez «el toledano», ilustre judío gran amigo nuestro por ser padre de don Alonso Cepeda y abuelo de Santa Teresa.

Sean cuales fueren las intenciones secretas de la fundadora, el caso es que doña Elvira había remitido por manos del nuncio una solicitud al papa: manifiesta que «meditando en la hora de la muerte, desea adquirir en el cielo tesoros imperecederos por el precio de unos bienes caducos y temporales, y apartar a muchas almas de las seducciones mortíferas del mundo, presentándoles el atractivo y la consecución de bienes inmortales». El nuncio le comunicó la conformidad pontificia, y doña Elvira convirtió su palacio en «casa de religión de beatas o hermanas, bajo el título de la virgen María». El acta notarial lleva fecha del 24 de junio de 1479, día del nacimiento jurídico de la comunidad carmelita a la que medio siglo más tarde se incorpora Teresa de Ahumada. Como en Avila existían dos beaterios, uno de agustinas —que dará origen al monasterio de Santa María de Gracia, inolvidable internado de Teresa— y otro de dominicas, doña Elvira puso el suyo bajo la regla del Carmen: llamó al provincial carmelita de Castilla para que «diera y envistiese» el hábito a sus beatas.

Cinco años después, doña Elvira trasladó su cenobio a una casa de la calle del Lomo, muy próxima al centro comercial de la ciudad llamado «el Mercado chico», y levantó una iglesia intitulada Santa María de la Encarnación; el obispo les anexionó otro templo, de Todos los Santos, antigua sinagoga de los judíos del barrio.

En 1486 murió doña Elvira dejando al frente del beaterio a su hija doña Catalina del Aguila. Duró el mandato de doña Catalina diez años. El beaterio crecía en número y buena fama. Pero sufrían las monjas inconvenientes por la estrechez del espacio:

> Cuando ellas cantaban en el coro, o los capellanes decían misa en la capilla, se mezclaban sus rezos con las voces de la gente que iba al mercado... El beaterio no tenía huerto ni huerta, ni enfermería ni habitaciones para oficinas, era pequeño.

La tercera priora del beaterio de la Encarnación fue doña Beatriz Guiera, constructora del monasterio actual: una monja impecable, a conciencia, de no caber más. Contraparienta de las fundadoras, ingresó en el beaterio de jovencilla; pero su fuerte carácter chocó con el de doña Catalina, tampoco manso. La jovencilla Beatriz buscó acomodo en el convento de dominicas de Alba de Tormes. Diez años después, muerta doña Catalina, regresó al beaterio de Avila. Corrían ya los últimos años del siglo XV. Las monjas eligieron priora a la joven doña Beatriz, en los veintiséis años de su edad. Fue un acierto sensacional de las beatas de calle del Lomo: doña Beatriz las transformó en monjas cabales, profesas; y decidió labrar un monasterio nuevo, amplio.

Le costó veinte años de pelea. Eligió terrenos en campo abierto al norte de la ciudad, más allá del vallecito Ajates que corría paralelo al lienzo de las murallas. Ocupaba el emplazamiento del osario de los judíos hasta la expulsión, y tenía escasa vecindad de gente sencilla: tejedores, cardadores, pellejeros y hortelanos. En la zona había agua abundante, pozos y fuentes. Para comprar el solar doña Beatriz le arrancó la legítima a su padre. Pleiteó con la ciudad, pues algunos regidores se oponían al traslado; y acudió a Roma contra los nietos de la fundadora doña Elvira que alegaban sus derechos de patronato. No hubo quien la parara. El 2 de julio de 1513, una bula del papa León X autorizaba el cambio de las monjas carmelitas al nuevo lugar «apto para estar en él las dichas monjas e trasladarse a él, porque es lugar apartado de conversación de gente, e donde tienen e pueden haber huertas e mucho agua para la recreación e vida e salud».

El traslado del viejo al nuevo convento se realizó la primera semana de abril de 1515, justo recién nacida en casa de don Alonso Cepeda una niña que vendrá a vivir aquí... El miércoles santo cuatro de abril estrenaron las monjas su iglesia con una misa solemne. Avila entera acudió a contemplar el monasterio, y se inició un verdadero chorro de solicitudes: en pocos años estuvo rebosante.

Será con los ojos con que uno mira, y todo depende si llevas dentro alguna devoción: pero, la verdad, a mí el monasterio de la Encarnación de Avila me ha llenado de querencias. Pasma encontrar con tanta sencillez tanta noble hermosura. Y desde luego está cobijado bajo una techumbre de paz.

Restaurado inteligentemente hace una veintena de años, el monasterio conserva su aire primitivo y buena parte de los materiales originales. En cada rincón queda una huella de madre Teresa que aquí habitó ¡treinta años!, casi treinta años completos descontadas ausencias intermitentes: veintisiete de un tirón, a partir de esta huida matinal de su casa el 2 de noviembre de 1535; saldrá de la Encarnación el año 1562, pero volverá como priora de 1571 a 1574. Aquí le ocurrieron lances impensables. Hasta que ella penetró en la nube misteriosa.

La estructura del convento es fácil de contar: cuatro alas de edificio alrededor de un gran patio central. Fuera, en torno a la edificación, la huerta, el bosque, gallineros, cuadras, cochiqueras, los espacios característicos de un monasterio benedictino. Ciertamente, la Encarnación recuerda los benedictinos, quizá por haber sido construido en descampado y con intención de utilizar recursos ganaderos y agrarios. Los benedictinos construían pequeños poblados, cada cosa en su sitio: la iglesia, las viviendas, los almacenes, las cuadras. La Encarnación, en pequeño, lo trazaron así. También se parece a un pueblecillo de Castilla, una aldea rural bien diseñada: en el centro la plaza con la fuente, alrededor viviendas y servicios.

Un supremo acierto dio sabor al monasterio: está construido sin pretensiones, a base de los materiales humildes utilizados por los campesinos; pero graciosamente rural, solemnes las vistas hacia las murallas de Avila y el horizonte abierto por los cuatro costados. La fuente y el cielo, las nubes jugando a esconder el sol cuando llegan los días grises de otoño, los colores primaverales anunciando carretadas de alegría, un panorama rico en bellezas naturales que invitan a desasirse de inquietudes ciudadanas. Las monjas quedaron, a causa de la obra, pobres, paupérrimas, en miseria real: quizá fue una providencia, así evitaron la tentación de «adornar» su monasterio... les quedó divinamente tosco, campesino.

La fachada sur del monasterio presenta la portada de la iglesia con sus clásicas dovelas abulenses enmarcadas en un arrabá. Esta es la fachada «elegante», hoy coronada con una espadaña muy airosa, lujo que no pudo permitirse doña Beatriz. La iglesia fue también ampliada y enriquecida con yeserías barrocas. En el lado derecho del crucero construyeron avanzado el siglo XVIII una capilla dedicada a la «transverberación de santa Teresa». El pensamiento pío se le ocurrió al obispo Márquez, Dios le haya perdonado: para construir la capilla destrozó la celda donde vivió la santa. Menos mal que hurgando en los pilares hallaron en la última restauración un cachito de la celda relleno de mampostería: cuatro pies del aposento y el rincón de la cocinita, a la que subía por una escalerilla interior de madera. Me trae a la memoria los juegos de Teresa «a monjas y monasterios» con las niñas de Gotarrendura, y me invade un golpe de ternura infantil. Sobre la iglesia dan los coros, uno a ras de suelo y otro alto, que son como el templo secreto, reservado a las monjas: allí verifican sus rezos y contemplan la ceremonia sin ser vistas por los fieles presentes en la iglesia.

Rodean el patio central las cuatro alas del edificio, cada uno con dos claustros superpuestos: amplios, enormes, pensados para dar cobijo en las celdas y proporcionar espacio de actos comunes a una población monjil numerosa. De hecho cuando llegó Teresa al monasterio, la pollada inicial de doña Beatriz —ya difunta, la fundadora— había crecido hasta quizá setenta personas: entre monjas y acompañantes.

Aquí, en el invierno de sus veinte años, queda Teresa encerrada. Con la bendición de don Alonso. Va a comenzar su gran aventura personal. Tiene, al otro lado del tablero, el gran jugador: la niña y el Omnipotente inician su partida.

Fuera la historia sigue devorando hombres y mujeres. Rodrigo de Cepeda participa en la fundación de Santa María del Buen Aire a orillas del Río de la Plata, pero el adelantado Mendoza morirá sin afianzar esta capital que Juan de Garay habrá de fundar de nuevo medio siglo después. El emperador don Carlos entra otra vez en guerra con Francisco I de Francia, cuento de nunca acabar: es la tercera pelea, si realmente alguna época tienen paz verdadera. Fray Martín sigue terco de papa germánico en su querido Wittenberg. Y Enrique VIII... degüella a su amor Ana Bolena: después de tantos dramas, Ana le ha parido una hembra, no el varón deseado. Enrique ve sólo una solución: degollar a su segunda mujer y sentar otra reina nueva en el trono. Ahora él ejerce de papa inglés. No debiéramos escandalizarnos demasiado, se quejan los historiadores británicos, porque el rey se case y descase a la búsqueda de su felicidad conyugal: han existido monarcas con más de seis amantes. Maurois les replica, fina cortesía gala, que otros reyes y nobles tuvieron múltiples amantes y múltiples esposas: sólo que no acostumbraron decapitarlas una tras otra...

Aquí en el silencioso monasterio rural carmelitano de las afueras de Avila queda cobijada en la flor de su juventud doña Teresa de Ahumada. Veinte años, y por fin la bendición de don Alonso. La joven obedece una llamada. Alguien la espera... Entremos en la nube misteriosa donde habita el Dios desconocido.

13
Aprendiendo de monja
(1535-1538)

Tengo un amigo científico que intentando hallar solución a un problema se ha vuelto loco. Mi amigo explica cómo nuestro planeta está sumergido en una especie de mar de vibraciones u ondas oscilantes producidas por los fenómenos físicos desde que la tierra dejó de ser una bola incandescente hasta nuestros días. Según él todos los arañazos ocurridos en la superficie o en la atmósfera dejan una huella vibrátil almacenada en diversas capas correspondientes a la densidad de la cronología, es decir, se van posando como estratos arqueológicos y forman «archivo etéreo» desaprovechado por la ciencia. Ha gastado mi amigo veinte años y su salud mental a la búsqueda de un instrumento que le permita «sintonizar» con la capa de ondas apetecida y traducir a imágenes «actuales» figuras y acontecimientos del pasado. Mi amigo afirma que no hay ningún motivo científico para que la televisión pueda recoger y transmitir figuras «presentes» y no recoja y transmita figuras «pretéritas»: ya que «toda figura ha sido presente» y sus «huellas físicas» permanecen posadas en la gran masa de ondas dentro de la cual vivimos. El cerebro de mi amigo se ha secado a fuerza de gastar jugo inventando un condensador capaz de captar las «ondas» donde «duermen» los acontecimientos y los personajes de la historia. Lástima, mi pobre amigo. Hubiera sido bellísimo enchufar la tele y poder oír a Jesús su sermón de las bienaventuranzas con los discípulos sentados en torno suyo; y presenciar qué ocurrió de veras cuando dispararon a Kennedy...

Por ejemplo ahora nos vendría de perlas que mi amigo nos filtrara imágenes correspondientes al monasterio de la Encarnación de Ávila por las fechas de 1536 para verle a Teresa jovencilla su primera «fotografía» de monja: si lo consiguiera, mi amigo daría por bien empleada su locura y nosotros sonreiríamos felices contemplando el rostro guapísimo de Teresa enmarcado en las tocas blancas de novicia.

Tardaron justo un año en vestirle el hábito: de noviembre de 1535, mes de la huida, a noviembre de 1536, las monjas emplearon doce meses en darle a Teresa lo que llaman «el postulantado». ¿En qué consiste? El entrenamiento; algo así como enseñarle uno a uno los rincones de la casa y del horario, explicarle las reglas y los usos, acostumbrar su cuerpo y su espíritu al funcionamiento del convento; que desde luego era un mundo especial.

Componían la comunidad cuarenta monjas, y con ellas vivían en el monasterio quizá otras veinte o treinta mujeres, todas bajo el mando de la priora «magnífica señora» doña Francisca del Aguila. La familia monjil se compone allí de monjas propiamente dichas, conocidas como «profesas de velo negro», para distinguirlas de las novicias y de las legas —«freilas»— tocadas con velo blanco. Hay el cupo creciente de postulantes, muchachas como Teresa venidas a «entrenarse» y preparar su noviciado: gracias al impulso que doña Beatriz Guiera dio al monasterio, acuden postulantes de familias hidalgas y nobles, así que la nómina de residentes en la Encarnación incluye los apellidos más sonoros de Avila. El monasterio no impone clausura estricta, sino ciertas normas de aislamiento: por eso recibe también algunas mujeres seglares parientas de las monjas, y chicas jóvenes como educandas. Está permitido a las profesas de velo negro traer consigo una criada, y varias efectivamente la tienen: no son muchas, aparte de las ocupadas en el servicio general del monasterio.

La vida común de las carmelitas calzadas de aquellos tiempos resulta bastante distinta de la que hoy consideramos habitual en conventos de clausura, y se rigió por normas —«reglas»— ajustadas a la mentalidad de la época: comprometidas a la obediencia, las monjas sujetaban sus decisiones personales en cada caso a la voluntad de la priora; pero mantenían libre disposición de sus bienes porque no hacían el voto de pobreza. Como además el uso del hábito fuera de los actos solemnes era discrecional, andaban por casa y salían a la calle vestidas con discretos trajes de doncella o de señora según el propio rango: usaban «colas y sayas acotonadas», «faldas largas», «tocas coloradas», sortijas, «zapatos sobresolados». La verdad es que a causa de la construcción del monasterio, la comunidad pasaba serios apuros económicos y bendecía la iniciativa de traerse cada monja ropas usadas de sus familiares: con objeto de conservar nuevecito y flamante el hábito para las ceremonias de gala. Si en la dote pagaban celda individual, se les asignaba; las demás utilizaban dormitorio común. A quienes por linaje familiar, nobles o hidalgos, correspondía, continuaban aplicándoles el título de «doñas»; el resto eran simplemente «señoras».

Esta separación de clases sociales característica de los tiempos aquellos ni causaba la menor inquietud ni entorpeció el ambiente familiar del monasterio mientras el número de monjas estuvo en cifras razonables: luego, en medio siglo, aumentó hasta doscientas personas; y lógicamente decreció la confianza, sustituida por mutuo respeto y cortesía.

La entrada en el recinto del monasterio se consentía sólo a mujeres; los hombres podían visitar a las monjas en las salitas llamadas locutorios, que al venir Teresa no disponían de rejas: don Alonso pudo ver y hablar cuanto quiso con su hija postulante, ciertamente se aficionó a pasar largos ratos.

Rezaban mucho, fervorosamente; consideraban la oración tarea primordial de su encierro. Acudían al coro en horas repartidas estratégicamente desde antes de salir el sol hasta el anochecer para recitar diversas partes del oficio divino. Por regla «las hermanas se ayuntan en las mañana cada un día para oyr la solemnidad de la misa», y los domingos cantaban su misa mayor. Confesaban «una vez en la semana, o a lo menos, a más tardar, en quince días», con «un padre o confesor señalado, honesto y devoto, sabio y discreto y aprobado en la observancia seglar; no en edad muy juvenil, mas de madura edad, al cual en los negocios y cosas arduas llamen, y sin su consejo ninguna cosa temerariamente hagan». Doña Beatriz puso los confesonarios al estilo de los dominicos de Santo Tomás: huecos en el muro de la iglesia, para que el confesor no tuviera que entrar al monasterio. Comulgaban cada quince o veinte días, podían hacerlo con más frecuencia previo consejo del confesor y licencia de la priora. Recibían la comunión a través de una ventanilla que desde el coro daba a la iglesia.

Además de estos actos fundamentales, recitaban en común los misterios del rosario, las estaciones del viacrucis, preces a la pasión del Señor. Y cada una por su cuenta añadía devociones personales más o menos afortunadas.

Teresa postulante se acomodó de momento en la celda de su amiga la monja de «velo negro» Juana Suárez, ignoramos si «doña» o «señora» Juana: probablemente «señora» porque de ser «doña» constaría en los papeles. Y bajo guía de la «maestra» comenzó sus dos años de preparación, uno como «postulante» y el segundo de «novicia»: entre uno y otro recibirá el hábito, primera ceremonia emocionante de su «carrera» monjil.

Desconocemos el nombre de la «maestra», encargada de guiar los pasos de Teresa. Andaba nuestra postulante con los ojos abiertos y descubrió que la mayoría de las monjas llevaban una existencia piadosa, austerísima y penitente: medio año hacían «una comida en el día»; comían carne «tres veces en semana»; durante las comidas leían «vidas de santos y homilías o sermones»; hilaban y cosían en salas comunes «donde se ayuntaban» presididas por la priora; guardaban silencio riguroso «en todo tiempo, en la iglesia mayormente, en el coro y en el claustro y en el refitorio y en el dormitorio y en las celdas»; dormían sin sábanas, «con frezadas de lana» (mantas peludas) «o de estameña»; tomaban disciplinas durante todo el año «tres ferias, lunes, miércoles y viernes»... Teresa vio que

—en la casa había muchas siervas de Dios, y era (El) harto servido.

Conoció monjas ejemplares

—de quien yo pudiera tomar para ir creciendo en su servicio.

Ni que decir tiene que la «postulante» supo ganarse la simpatía general del monasterio. Conocemos la opinión merecida por Teresa, según la manifestó una monja con esta metáfora encantadora: «doña Teresa de Ahumada tenía la propiedad de la *seda dorada,* que viene bien con todos los demás matices, porque se hacía a la condición de todas».

Así no es raro que hubiera unanimidad en las monjas a la hora de aprobar el «postulantado» de doña Teresa de Ahumada y autorizarle el paso a «novicia».

En otoño de 1536 don Alonso y la madre priora convinieron las cláusulas de la «carta de dote» a favor de Teresa: don Alonso se obliga a entregar cada año al monasterio «veinticinco fanegas de pan», a partir del día «en que la dicha doña Teresa hiciere la profesión e recibiere el velo, que será después que haya pasado e cumplido año e día que haya estado con el hábito en dicho monasterio». Las fanegas de pan pueden ser sustituidas «por doscientos ducados de oro en que montan setenta y cinco mil maravedís». El padre de la nueva novicia entrega un ajuar de monja: cama —«que tenga una colcha e unos paramentos de raz e una sobrecama e una manta blanca»—, vestidos, hábito «e tres sayas, una de grana, e otra blanca e una de Palencia»; camisas, calzado, libros. Ah, y una comida de fiesta al convento, para festejar la novicia. Las monjas aceptaron como suficiente la dote «según la cantidad de hacienda de los dichos Alonso Sánchez y doña Beatriz de Ahumada, su mujer, y el mucho número de hijos que tienen, e habida consideración de ser la dicha doña Teresa hija de nobles padres y deudos, y personas de loables costumbres». El monasterio recibe «por monja del velo y del coro a la dicha doña Teresa de Ahumada para la tener y alimentar todos los días de su vida». Ante notario Teresa renunció a favor de la hermanilla Juana —ya en sus ocho años— la legítima que Rodrigo le donó antes de marchar al Perú.

Todos contentos. ¿Y don Alonso? También don Alonso: ha dado «la licencia y su bendición».

Teresa... El dos de noviembre, al año justo de la escapada de casa recibe el hábito. Toda su vida recordó aquellas horas de gozo:

—En tomando el hábito... me dio un tan gran contento de tener aquel estado que nunca jamás me faltó hasta hoy; y mudó Dios la sequedad que tenía mi alma en grandísima ternura.

Del invierno de 1536 al invierno de 1537, Teresa cumple su noviciado, en los veintidos años de su edad.

Por los datos que nos dejó referentes a la etapa de novicia, descubrimos un cruce inquietante de fuerzas internas y externas actuando sobre su persona. Que al fin le costarán una dura enfermedad.

Teresa trató de cumplir honradamente con su oficio, entró de lleno en las tareas y en el espíritu del noviciado. Notaba ella que se le iban ajustando por dentro las piezas, incluso tuvo la sensación de haber acertado al «forzarse» camino del convento:

—Dábanme deleite todas las cosas de la religión.

Fue como si Dios le comunicara la certeza de haber entrado en el camino preparado para ella. Gastaba horas en barrer los largos claustros del convento y de pronto le asaltaba la risa pensando que antes gastó las mismas horas «en mi regalo y gala»:

—Acordándome que estaba libre de aquello, me daba un

nuevo gozo, que yo me espantaba y no podía entender por dónde venía.

De Dios venía, y le confirmaba en su vocación religiosa.

Eran meses prietos de tarea. Además de seguir la marcha general del monasterio, la «maestra» sometía sus novicias al aprendizaje del canto litúrgico y procuraba que manejaran con soltura los complicados libros del breviario, escritos en un latín absolutamente inaccesible para las damitas de Avila. Los latines y el canto, las dos cosas se le dieron mal a doña Teresa, quien sufrió lo suyo por el puntillo de quedar bien ante la maestra y sus compañeras:

—Sabía poco del rezado y de lo que había de hacer en el coro... Sabía mal cantar... De puro honrosa me turbaba tanto que decía muy menos de lo que sabía.

Hasta que decidió pisotear su amor propio:

—Veía a otras que me podían enseñar. Acaecíame no preguntarles porque no entendiesen yo sabía poco... Tomé después por mí, cuando no lo sabía muy bien, decir que no lo sabía. Sentía harto a los principios, y después gustaba de ello. Y así es que, como comencé a no dárseme nada de que se entendiese no lo sabía, que lo decía muy mejor, y que la negra honra me quitaba supiese hacer esto que yo tenía por honra, que cada uno la pone en lo que quiere.

No les imponían llegar a entender el latín: lo manejaban «aproximadamente», buscando una pronunciación correcta. Para obtener jugo de los salmos disponían de traducciones en romance y de sermones o comentarios.

Las reglas encomendaban a la maestra instruir las novicias «en las cosas de la orden», enseñarles reverencia a la priora y a las hermanas, adiestrarlas en los buenos modos «que a las otras no hagan estorbo», ejercitarlas en la obediencia, quitarles «las costumbres del siglo en el gesto y en el parecer y en el andar y en el hablar y en el mirar, los ojos no levantados sino bajos», aconsejarles traer «comúnmente las manos debaxo del escapulario y cobrirse honestamente con el mantillo».

Presidía la maestra «el capítulo de faltas» donde analizaban los fallos de cada una, y Teresa sufrió lo suyo:

—Pasé grandes desasosiegos con cosas que en sí tenían poco tomo, mas culpábanme sin tener culpa hartas veces.

Quizá fue Teresa una novicia demasiado notable, y la tenían en observación permanente. Ella traía intacto de la calle su famoso «apego a la honra» y la vanidad le proporcionaba malos ratos:

—Era aficionada a todas las cosas de religión, mas no a sufrir ninguna que pareciese menosprecio. Holgábame de ser estimada, era curiosa en cuanto hacía.

Sus arranques confundían sin duda a la maestra. Un día se quedaba retrasada en el coro y cuando salía la última monja, Teresa se dedicaba a plegar cuidadosamente los mantos de todas. Otro día rehuía las compañeras, ansiosa de meditar a solas. O la encontraban llorando en un rincón... Temió la maestra que su novicia estuviera melancólica, disgustada. Teresa soportó el acoso «con harta pena e imperfección».

—Aunque con el gran contento que tenía de ser monja, todo lo pasaba.

Instalada ya en su celdilla individual, pagada con la dote, Teresa disfrutaba aquel minúsculo aposento en dos pisos con escalerilla interior. Comienza a comprender un aspecto decisivo en lo referente al cultivo de sus virtudes, más tarde lo expondrá ella a sus discípulas con una imagen certera. Su paz semeja la de una mujer que se acuesta tranquila porque dejó atrancada la puerta; pero tiene los ladrones dentro de casa:

—Ya sabéis que no hay peor ladrón, pues quedamos nosotras mismas.

Tomo con suma reserva las referencias de sus monjas a la juventud de la madre Teresa, pues la santidad «posterior» puede influir los recuerdos juveniles. Sin embargo hay testimonios claros de «las grandes y extraordinarias penitencias» de nuestra joven novicia: «con tal rigor que poco tiempo después tuvo grandes enfermedades y desmayos y dolores de corazón». En el monasterio, aparentemente suave y liberal, encontró Teresa ejemplos silenciosos de monjas penitentes.

Un rasgo de caridad de la novicia entró a formar parte del tesoro espiritual de la casa transmitido de una generación a otra. A las monjas les daba repugnancia limpiar una pobre compañera enferma de úlceras en el vientre, por las cuales arrojaba una mezcla de pus, sangre y suciedad. Teresa venció el asco a fuerza de amor. Su piedad encontró un premio inmediato, contemplando de cerca la finura espiritual de la enferma:

—Hacíame gran envidia su paciencia.

Y echóse a cavilar. Pensó que valía la pena ofrecer a Dios su salud, aceptando «las enfermedades que fuese servido». De mayor, Teresa se pregunta cómo había sido capaz de aquel ofrecimiento, ella entonces aún floja en el amor; y lo atribuye a

—una luz de parecerme todo de poca estima lo que se acaba y de mucho precio los bienes que se pueden ganar con ello, pues son eternos.

Lo que sí dio Teresa por cierto es la respuesta divina: le tomaron la palabra, caerá enferma.

Cumplido «el año y un día», nuestra novicia arriba feliz a la profesión carmelita. Las monjas expresan su consentimiento, requerido por las reglas. Don Alonso confirma los términos de la «carta de dote». Teresa realiza su «confesión general» poniendo a los pies del Señor una gavilla de pecados y faltas. Y ella nota su salud seriamente quebrantada, pero le inunda tal dicha que le quedó sabor toda la vida:

—Cuando me acuerdo la manera de mi profesión y la gran determinación y contento con que la hice y el desposorio que hice con Vos, esto no lo puedo decir sin lágrimas, y habían de ser de sangre, y quebrárseme el corazón...

Dijo sus promesas de fidelidad absoluta, y luego al volver los ojos hacia aquel «compromiso de bodas» le parecía haber fallado por completo; refugiábase en la misericordia divina:

—Que más se vea quién Vos sois, esposo mío, y quién soy yo. Que es verdad, cierto; que muchas veces, me templa el sentimiento de mis grandes culpas, el contento que me da que se entienda la muchedumbre de vuestras misericordias.

Aquí es cuando lamento el fracaso de mi amigo científico y que nos veamos privados de presenciar cómo las monjas de la Encarnación tienen su monasterio hecho una gloria y todo Avila se ha dado cita en la pequeñita iglesia para oír el voto que doña Teresa de Ahumada pronuncia según mandan las reglas del Monte Carmelo, bendito sea nuestro padre san Elías ermitaño y profeta.

El padre fray Andrés, «visitador por autoridad provincial de la orden», vestidos el hábito y la estola, «asentado en una silla delante del altar» y en presencia de la priora y de las monjas «según lo han de uso y de costumbres», advertidos los testigos, recibe ante sí a doña Teresa «quien se hincó de rodillas y luego se postró en el suelo e pidió le diesen la profesión de ábito y orden de nuestra Señora...».

A las damas se les van los ojos mirando la cara de doña Teresa, si está flaca, si está pálida; qué flaca y pálida está, pero sostiene firme la voz mientras recita tres veces la fórmula de obediencia «a Dios, a la Virgen, al general de la orden, y a ti priora»: obediencia, hasta la muerte. El padre fray Andrés visitador y la priora le tienen tomadas las manos y luego la bendicen, «e le cinyeron un cinto de cuero e le pusieron un velo negro en la cabeza e una sortija en el dedo e unas cintas de ámbar en la cabeza a manera de corona». Les besó la mano al visitador y a la priora «en señal de obediencia, e la hubieron por religiosa e monja profesa de velo negro de dicha orden».

«E» hubo jolgorio pero no sabemos cómo fue, porque mi amigo el de la «tele» retrospectiva se ha vuelto loco antes de ultimar su invento. Las monjas solían cantar y danzar con acompañamiento de flautas y tamboriles. Don Alonso les ha regalado una toca nueva a cada monja y una comida de gala. Quizá ocurrió en este día aquel diálogo recogido por una tradición del convento, donde habitaban dos «Teresas», dos monjas con el famoso nombre no registrado en los catálogos oficiales del «martirologio»: una, doña Teresa de Ahumada, la profesa de hoy; la otra, doña Teresa de Quesada, ya viejecita y tan buena que ni siquiera duerme en su celda, ha pedido un sitio en el dormitorio común. Con las bromas de la fiesta, alguien recuerda la predicción del zahorí que buscando rastros de oro vino una vez a la huerta del monasterio y profetizó:

—Este convento de la Encarnación tendrá una Teresa que será santa.

Dicen las monjas mayores que a la joven profesa se le ha escapado esta exclamación alegre:
—¡Quiera Dios que sea yo!

Y han oído como un eco la voz de doña Teresa Quesada:
—Quiera Dios que sea yo...

M e hubiera gustado verla, pálida y flaca, cuando ella puso en manos del fraile visitador su promesa de obediencia «hasta la muerte».

Y también, vive Dios, me hubiera gustado asistir en la pantalla de mi amigo el científico loco a ciertas batallas que por estos años están riñendo los ejércitos del emperador de España con los ejércitos de Francisco I rey de Francia: andan con su tercera guerra, si es que verdaderamente nunca estuvieron en paz. Mal le van las cosas a don Carlos, pues Francisco ha cometido la villanía de aliar consigo los turcos: Solimán ataca el imperio por tierra, al costado de Hungría; y Barbarroja ataca el imperio por mar lanzando piratas sobre las riberas italianas de Calabria. Mal le van las cosas a don Carlos: que en la batalla de Niza le han matado un poeta soldado, y por qué dejarán, Dios bendito, que vengan los poetas a la guerra. Esta muerte del poeta Garcilaso hubiera yo querido verla, mirar cómo cayó el fino caballero toledano en sólo treinta y tres años de su edad, cómo puede morir tan joven tan gran poeta, hacedor de versos en castellano matinal y en fino toscano, por qué va a la guerra si él nació para cantar «corrientes aguas, puras, cristalinas / árboles que os estáis mirando en ellas, / verde prado de fresca sombra lleno, / aves que aquí sembráis vuestras querellas, / hiedra que por los árboles caminas, / torciendo el paso por su verde seno...».

No dicen las crónicas si al emperador le dio tiempo para poner de luto el imperio. En todo caso me queda el consuelo de saber que Garcilaso murió en brazos de su amigo el marqués de Lombay, Francisco de Borja, a quien le va desapareciendo gente muy querida y él se pregunta por qué.

Pálida y flaca, lo que pasa es que la monja carmelita de velo negro doña Teresa de Ahumada está enferma.

¿De qué?

Ah, el misterio de las enfermedades teresianas ha dado hilo que torcer a especialistas de historia de la medicina, según veremos. Complejo el asunto, los «humores» de Teresa llevan una carga psíquica resistente a cualquier control.

Teresa gobierna la trayectoria de su vida a fuerza de voluntad, imponiéndose su famosa «determinada determinación» hacia la meta prevista. Le ruegan que se cuide; responde:

—Si no nos determinamos a tragar de una vez la muerte y la falta de salud, nunca haremos nada... ¿qué va en que muramos?

Además ella entiende, cuando arrecian los quebrantos, que no cayó en el vacío su oferta de sufrir formulada a la vera de la pobre monja ulcerosa; lo recordará más tarde:

—También me oyó en esto su majestad, que antes de dos años estaba tal que, aunque no el mal de aquella suerte, creo no fue menos penoso y trabajoso el que tres años tuve.

Al principio achacaron, Teresa y las monjas, aquellos fastidios a «la mudanza de la vida y de los manjares». La cosa empeoró. Desmayos, y «un mal de corazón tan grandísimo que ponía espanto» a quienes la veían demacrada, lívida. Perdió las ganas de comer, y las fuerzas. Vacilante por el corto trayecto de su celda al coro, habían de darle apoyos evitando caídas. La sonrisa con que procura disimular sus penas ocasiona gran tristeza a las monjas. Le forzaron a dejar sus penitencias, le buscaron manjares apetitosos, dialogó la priora con don Alonso: que vengan médicos de Avila y la reconozcan.

Trajo don Alonso los mejores. Temía la muerte de su hija: tan dichoso él ahora viéndosela monja...

Los médicos visitaron la enferma, aplicaron remedios, aconsejaron descanso. Para nada. Teresa empeoraba, cada noche. Algún desmayo prolongado hizo circular el aviso fatal por el monasterio:

—¡Doña Teresa de Ahumada se muere!

Así la primavera y el verano de 1538, veintitrés años de Teresa. A las puertas del otoño, los médicos están entregados. No saben por dónde tirar. Don Alonso ruega a la priora que le autorice a llevarse su hija: ha pensado un remedio heroico, el último.

14
Un invierno con sol por dentro
(1538)

¿Qué remedio último ha pensado don Alonso para Teresa enferma?

Un remedio que a distancia nos causa hoy gran sorpresa: va a llevar su hija monja ¡a una curandera!

Aunque la pintoresca decisión del buen hidalgo, aterrado por el cariz amenazante de la enfermedad de Teresa, nos parezca extraña, no debemos escandalizarnos sin antes echar cuenta a las circunstancias de la época.

Refieren los historiadores de la medicina que la entrada en el Renacimiento produjo poco a poco una renovación científica demasiado lenta para originar cambios rápidos en la asistencia a los enfermos. La escasez y la limitada formación de los médicos no mejoró gran cosa cuando los Reyes Católicos impusieron a la vida nacional su enérgico programa ordenador creando el «tribunal del protomedicato» que castigaba con penas económicas la práctica de «curadores» no autorizados. Ya las antiguas cofradías de médicos, cirujanos y boticarios habían intentado un control semejante y la represión del «intrusismo». Pero a lo largo del reinado de don Carlos, en España siguen luchando contra la enfermedad escaso número de auténticos médicos, disminuidos fuertemente a raíz de la expulsión de los judíos: y junto a ellos, tanto en el ámbito rural como en medios urbanos, multitud de «empíricos», «hombres y mujeres cuya actividad quedaba claramente inmersa en el oscuro mundo de la superstición». Existía una oferta de sacamuelas y «parteras», «batidores de la catarata» u oculistas, «algebristas» prácticos en dislocaciones, «hernistas» dedicados al tratamiento de hernias, «sacadores» de piedra, además de «barberos y sangradores» aceptados como escalón intermedio entre los curanderos y los profesionales con título universitario. A muchos «empíricos» les resultaba tentador pasar de sus prácticas «naturales» a ritos hechiceriles mezclando supersticiones heredadas de tiempos antiguos que a veces les valieron caer en manos de la Inquisición. No se ve de todos modos cómo el pueblo sencillo esparcido por aldeas y caseríos podía afrontar sus males cuando los médicos estaban concentrados en núcleos urbanos al servicio de hospitales, grandes señores, prelados, el monarca y su corte, las tropas de tierra y mar. El curandero y la curandera «intentaban» remedios que de algún modo servían para entretener la aflicción de los parientes acongojados ante la tragedia inminente. Las palabras misteriosas de los curanderos atemorizaban probablemente menos que la petulancia de los nuevos «cirujanos» al estilo del famoso y erudito, Ambrosio Paré, cuyos libros llegaban de París a España con promesas de eficacia: «nada de griego ni de latines: cuchilla y bacía», es decir, osadía quirúrgica. Este invierno de 1538, cuando busca don Alonso de Cepeda una salida a la enfermedad de su hija, todavía Miguel Servet cuenta sólo veintiocho años, y la medicina europea tiene por máximo representante a Teofrasto Bombast, el famoso «Paracelso»: nacido de un médico rural asentado en una posada junto al camino de los peregrinos dirigidos al santuario suizo de Einsiedeln, Teofrasto recorrió como estudiante errabundo las escuelas médicas de oriente y occidente para terminar confesando que aprendía poco de los grandes maestros y mucho de barberos, matronas, exorcistas, curanderos.

Los médicos de Avila se han declarado impotentes para encarrilar con alguna esperanza las dolencias de la monja doña Teresa de Ahumada. A nosotros nos sorprende, pero a nadie en la ciudad pareció entonces insensato poner la enferma en manos de una curandera.

Quizá la indicación le vino a don Alonso por parte de María su hija y don Martín de Guzmán, que apenados contemplaron en sus visitas a Avila el lastimoso estado de Teresa a quien tanto amaban: en la raya de Extremadura, a seis horas de camino desde Castellanos, ejerce la «curandera de Becedas», con fama en toda la redolada. Los indicios sugieren que la mujer «sabia» de Becedas elaboraba sus pócimas a base de hierbas del campo. Todavía en el Renacimiento conservan su prestigio tradicional las plantas medicinales; serán sustituidas poco a poco en un par de siglos por los preparados químicos. Los «herbarios» antiguos afirman que cinco siglos antes de Cristo los griegos utilizaban cuatrocientas plantas medicinales, casi todas incluidas luego en el *Corpus* de Hipócrates. Al Renacimiento llegó aureolada con prestigio la obra del heleno

Dioscórides, cuyas indicaciones terapéuticas orientaron la selección de materia vegetal médica: las drogas extraídas de plantas corregían el posible desequilibrio de los cuatro humores en el cuerpo humano. Los médicos renacentistas admiten la vieja teoría de los elementos —sangre, flema, cólera y melancolía— como base de la estabilidad corporal humana: la armonía de los cuatro humores da salud; la desarmonía, enfermedad. Los purgantes procedentes de hierbas selectas arrastraban la parte «maligna» de los humores hacia el intestino y dejaban sano el cuerpo.

La «sabia» de Becedas ignoraba el fundamento galénico de sus conocimientos, pero manejó las purgas con tal tenacidad que a poco acaba con la pobre Teresa.

Madre priora dio su consentimiento para la salida de doña Teresa de Ahumada, asignando a la monja amiga Juana Suárez como acompañante de la enferma: don Alonso dispuso el viaje; y vino María a buscarles desde Castellanos, quizá con el marido. Del juego de fechas proporcionado por los testimonios familiares y monjiles, se desprende que harían el viaje un mes del otoño de 1538. El aire soplaría ya frío mientras los gañanes portaban la litera de manos con doña Teresa bien arropada. Don Alonso no renunció, desde luego, a escoltar a su hija, temeroso de perderla para siempre. El itinerario de Avila a Becedas podían cumplirlo pasando por Hortigosa y Castellanos, y así en jornadas cortas evitaban a Teresa mayores fatigas.

Mientras la pequeña comitiva cumple su primera etapa desde Avila hasta Hortigosa, conviene que verifiquemos un balance acerca de la enfermedad de Teresa.

He aquí los datos, verdaderamente impresionantes.

A poco de su entrada en la Encarnación, a Teresa le asaltan unas dolencias extrañas que turban sus fervores de postulante y novicia. Ella no les concede importancia.

Pero luego de la profesión, las dolencias adquieren intensidad y frecuencia, inquietando a nuestra recién estrenada carmelita:

—El mal era tan grave que casi me privaba el sentido siempre, y algunas veces del todo quedaba sin él.

Ella y los parientes pensaron se trataba de síntomas semejantes a los aparecidos durante la estancia en el internado de Santa María con la madre Briceño. Sin embargo Teresa desmejoró a una velocidad de susto, y ocurrieron aquellos extremosos lances comentados por las monjas: «¡doña Teresa se nos muere!».

Los médicos de Avila fracasan: don Alonso pide a la priora su permiso para confiar la hija a los cuidados de la curandera de Becedas.

Adelantemos un poco el futuro: Teresa descansa mal que bien entre Hortigosa y Castellanos otoño e invierno de 1538 y el primer trimestre de 1539: mediado abril se somete durante un mes a la curandera de Becedas.

Resultó un verdadero desastre, lo veremos. La llevaron a Avila muriéndose a chorros.

Efectivamente, en Avila Teresa «murió»: a mitad de agosto cayó en coma y permaneció «muerta» tres días. La iban a enterrar, sólo que don Alonso prolongó los velatorios; el cariño paternal evitó que a Teresa la metieran viva en el ataúd.

«Resucitó» dramáticamente al cuarto día.

Siguen ocho meses de inhibición grave en casi todos los órganos vitales. Padece además Teresa un abatimiento profundo.

Y luego, pasa tres años enteros «tullida», literalmente:

—Cuando comencé a andar a gatas, alababa a Dios.

Si a este rápido resumen añadimos que «ya en adelante toda la vida» madre Teresa permanece sumergida en una atmósfera de dolencias, habrá que reconocer: «la enfermedad de Teresa ofrece apariencias de acontecimiento soberano, definitivo en su trayectoria existencial».

Estos datos constituyen material apasionante para la investigación médica de nuestros días.

Desde hace medio siglo estamos presenciando un avance sensacional en el tratamiento científico del enfermo: no sólo porque la técnica proporciona a los médicos utillaje prodigioso, sino por la decisión con que la medicina se orienta hacia trabajos «realmente humanos».

Sócrates había dicho cuatrocientos años antes de Cristo estas palabras admirables: «los bárbaros tracios superan en un aspecto nuestra civilización griega: ellos saben que el cuerpo no puede ser curado sin curar el alma; los médicos de la Hélade fracasan ante muchas enfermedades porque ignoran al hombre como un todo». Pero la verdad es que pasaron veinticuatro siglos antes de que los médicos aplicaran a sus técnicas de diagnóstico el aviso de Sócrates. Un grupo de sabios alemanes planteó entre la primera y segunda guerra mundial esta cuestión sugestiva: si la enfermedad significa un hecho aislado que puede tomarse con pinzas y «extraerlo» de la persona enferma, o se trata más bien de un «acontecimiento» ocurrido dentro de la «biografía» del sujeto y condicionado por las circunstancias internas y externas influyentes sobre la misma persona.

El cambio de óptica es fundamental. Ante el conjunto de dolencias que pesan sobre Teresa de Ahumada, la patología clásica busca «lesiones» anatómicas o bioquímicas del cuerpo enfermo para aplicarles un remedio concreto. La medicina actual da un paso más y mira a Teresa no como mero «cuerpo» o simple «ser viviente»; la mira como «persona» dotada de intimidad, inteligencia, sentimientos y libertad, la ve como una mujer caminante hacia metas escogidas quizá por ella o quizá marcadas desde fuera. Por tanto las enfermedades de Teresa se integran en su «proyecto biográfico»: existe una relación profunda entre la enfermedad y la biografía total del enfermo.

Estas ideas, cuyo campeón máximo fue el neurólogo alemán Víctor von Weizsaecker, iniciaron el movimiento científico hacia la «patología psicosomática» o «antropológica», expuesta en España por Laín Entralgo como historiador de la medicina y por Rof Carballo como patólogo. Y alumbran con luz nueva las enfermedades de santa Teresa.

Porque viendo camino de Becedas a esa jovencilla monja recién estrenada y ya víctima de un torrente de males caídos sobre su frágil persona, tenemos que plantear dos cuestiones distintas.

Una, la primera, el «catálogo» de sus dolencias, es decir, un diagnóstico a ser posible científico, de los males suyos: los especialistas que han estudiado las referencias, desgraciadamente escasas, conservadas en los documentos, discuten si Teresa sufrió fundamentalmente neurosis, trastornos de origen nervioso, o si más bien fue víctima de meningitis y tuberculosis; parece que todos incluyen además en el diagnóstico procesos de paludismo crónico. La interpretación de los síntomas debe de resultar arriesgada, pues unos médicos dan por segura la tuberculosis, mientras otros oponen a esa teoría el ritmo de existencia llevada por Teresa de aquí a su muerte: sería imposible, caso de estar su organismo minado por la tuberculosis. En cuanto a la meningitis, tampoco aparece conciliable con el brillante trabajo intelectual cumplido por la madre durante la segunda mitad de su vida: nos escribió un puñado de libros insuperables en el mejor idioma castellano.

La otra cuestión surge a la luz de la nueva medicina psicosomática, por encima del diagnóstico «físico» de la enfermedad: ¿cuál es el significado vital, «biográfico», de los quebrantos de Teresa joven y Teresa mayor?

Nuestro filósofo Xavier Zubiri explica que «cuerpo y alma» constituyen una sola realidad humana. El alma no es el cuerpo; ni el cuerpo es una sola sustancia, ya que lo componen innumerables sustancias. Pero todas estas sustancias, el alma y las que componen el cuerpo, constituyen una sola sustantividad: para el sujeto, lo biológico es al mismo tiempo mental; y lo mental todo, es biológico. La «animación», que integra cuerpo y alma, es algo «idénticamente» somático y mental. Por eso entre el alma y cuerpo hay algo más que «relaciones», ya que existen simultáneamente en una sola «animación».

Desde el punto de vista de la medicina psicosomática, la «animación» que llamamos Teresa de Ahumada «sufre» una catarata, «a primera vista incomprensible», de enfermedades «somáticas y mentales»: ¿cuál es su sentido, en qué dirección «forjan y empujan» al sujeto llamado madre Teresa?

Volveremos sobre el asunto, cuando Teresa regrese «tullida» a su monasterio de la Encarnación.

Ahora prosigamos con ella su increíble viaje a la «consulta» de la curandera.

La comitiva hizo alto en Hortigosa. Don Pedro, el tío piadoso y culto que maduraba irse fraile y con quien años antes había sintonizado Teresa cuando su primer viaje por aquella comarca, los recibió complacido. Le encantaría ver monja la sobrina, aunque tan floja de fuerzas, pálida y flaca.

Tuvo el tío Pedro uno de esos impulsos que ocurren ante enfermos queridos: regalarle un libro para distraer algún rato de soledad aburrida. Ya sabemos que don Pedro disponía de buena biblioteca, en la cual seleccionó la vez anterior lecturas para Teresa. Ahora escoge un tomo de título extraño; y, cosas inesperadas de la vida, este libro de título extraño va a provocar en Teresa una fermentación espiritual que don Pedro no podía adivinar.

Quizá hablaron «de oración» a solas los dos. Teresa contaría al tío sus experiencias como novicia. Ella había renunciado definitivamente a libros frívolos, y buscaba uno que le solucionara los desconciertos planteados a quienes comienzan seriamente «el trato con Dios»:

—No sabía cómo proceder en la oración ni cómo recogerme.

El libro regalo de don Pedro es conocido entre los expertos de literatura espiritual clásica como *Tercer abecedario*, y se debe a la pluma de Francisco de Osuna, un soldado toledano que luchó en Africa a las órdenes de Cisneros y luego se metió fraile franciscano.

«Abecedario», una guía. Justo lo que Teresa necesita para orientarse en el laberinto de sus impulsos íntimos. El libro trata los principales problemas de la vida espiritual: la llamada interior a la contemplación divina, los métodos de oración, el recogimiento, la importancia de los fenómenos extraordinarios, el ayuno, las obras buenas, todo: dando razón de cada «movimiento interno» y encarrilando los esfuerzos del sujeto hacia la nube misteriosa donde habita Dios. Teresa leyó fascinada estas referencias a su «bienaventurado padre», profeta y ermitaño del Carmelo:

> Bienaventurados son los que oran mucho antes del sueño y en despertando tornan presto a orar, porque éstos, e ejemplo de Elías, comen un poco, y duermen, y tornan a comer otro poquito, y tornan a dormir, y desta manera pasan su tiempo cuasi reclinándose después de la cena sobre el pecho del Señor, como los niños sobre el pecho de su madre donde recibida la leche se duermen, y tórnanse a dormir...

Aquella noche supo Teresa en Hortigosa que había encontrado un tesoro; al día siguiente llevó el libro apretado en su seno, de Hortigosa a Castellanos; hasta quizá probó a leer mientras los gañanes balanceaban su litera de manos por el camino pedregoso.

Y le gustó la noticia que les esperaba en Castellanos: la «señora curandera» de Becedas no recibe visitas de enfermos durante los meses de invierno, tendrán que aguardar hasta que la primavera venga. Imagino que la curandera quiere utilizar en sus conocimientos hierbas jugosas pletóricas de savia nueva.

Don Alonso ha de volverse a sus ocupaciones de Avila. Teresa queda con María Martín, y la monja Juana, en Castellanos:

—Había de comenzarse la cura en el principio del verano, y yo fui en el principio del invierno. Todo este tiempo estuve, en casa de la hermana que estaba en la aldea, esperando el mes de abril; porque (Castellanos) estaba cerca (de Becedas) y no andar yendo y viniendo.

Bendito soldado metido a fraile, padre Osuna: vaya invierno lleno de sol por dentro que vuestra reverencia le consigue a una monja jovencilla, pálida y flaca. Dicen que trae color de muerta. Siete males secretos la consumen. Nada importa, quién dijera que a pie de la serranía puede doña Teresa quebrantada gozar tanto sol por dentro...

15
Donde se narran los curiosos relatos de la curandera y del clérigo hechizado
(1538-1539)

Don Carlos I y V de España y Alemania envía mensajeros al papa romano apremiándole para que convoque al fin el concilio de la iglesia universal: el emperador se aferra todavía a una esperanza destinada al fracaso, pues ya el concilio llegará tarde para coser los desgarrones de la unidad religiosa producidos por fray Martín, «papa» germano asentado en Wittenberg, y por su majestad Enrique VIII, «papa» inglés a la vera del Támesis.

Por cierto, el rey inglés va por su tercera mujer. Ha casado con Juana Seymour, que le dará el hijo varón apetecido. Flojucho y enclenque, la verdad: Enrique VIII lo mira con cierto desdén, como preguntándose si ha valido la pena tanta crueldad. Y eso que no adivina la irónica venganza de la historia: este hijo Eduardo nacido del crimen será solo seis años rey de Inglaterra, morirá temprano. Le sucederán luego dos *mujeres,* cinco años de reina católica María Tudor, hija de la prisionera Catalina de Aragón; y cuarenta y cinco años de reina protestante Isabel, hija de la degollada Ana Bolena. El «heredero varón» le ha servido a Enrique de pretexto para mil desmanes, enviando a la muerte hombres suyos tan valiosos: Juan Fisher y Tomás Moro, el íntegro, suave humanista que al escuchar la sentencia escribió sus oraciones pidiendo al Señor «la gracia de tener al mundo por nada, y de mantenerse alegre, y de tener a mis peores enemigos por mis mejores amigos...».

Paulo III, igual que don Carlos, desea el concilio. Incluso ha confiado a Vergeri su nuncio en Viena, un viaje por Alemania llevando de parte suya una invitación a los príncipes alemanes y a Lutero: fray Martín recibió arrogante el nuncio, pero promete acudir al concilio futuro.

El papa y el emperador desean además el concilio para unir los ejércitos europeos frente al turco: Solimán ha dado un nuevo zarpazo sobre Hungría y amenaza otra vez los territorios austriacos. Don Carlos no cuenta con suficientes soldados para taponar él solo todas las brechas que se abren alrededor de la cristiandad. Acaba de enviarle a su hermano Fernando, rey de Austria-Hungría y futuro sucesor suyo en el imperio, dos mil infantes españoles, valientes, feroces, habituados a pelear «no como hombres sino como diablos», «pequeños y negros —escriben las rubias crónicas germanas—, pegados a las paredes igual que murciélagos, de donde era imposible arrancarlos». Iban dispuestos a morir, nuestros mozos. Pero son pocos, le faltan soldados al imperio.

Por eso el papa Paulo III quiere la paz entre don Carlos y Francisco I: le parece absurda la pelea «familiar» del emperador con el rey francés. Les ha citado a los dos en Niza, donde uno y otro acuden: ven al papa sucesivamente, cuidando de no coincidir. El papa les recomienda que acepten un pacto elaborado por dos damas, lo mismo que la paz de Cambray: ahora son la reina francesa y la reina viuda de Hungría, ambas hermanas del emperador. Carlos y Francisco firmaron la tregua y prometieron darse un abrazo de paz eterna. ¿Eterna? Durará tres años...

Alejada por ahora de inquietudes, imperiales o pontificias, la joven y quebrantada monja carmelita doña Teresa de Ahumada pasa el invierno de 1538 a 1539 en la solitaria dehesa de Castellanos, estribaciones de la ladera septentrional de la sierra de Gredos. Aunque hace frío, mucho frío, a ella le ha nacido un sol por dentro.

Todo a cuenta del *Tercer abecedario*, bendito sea el padre Osuna.

Los recuerdos de Teresa mezclan estados anímicos suyos experimentados en Castellanos durante los meses del invierno, y parte de la primavera siguiente, con otros acaecidos a lo largo de diez o quince años: en realidad «comenzaron» a ocurrirle aquí, pero fueron sólo el arranque de una larga trayectoria.

¿Qué le pasó? Algo muy serio.

Un cambio de panorama interior. Si tuvo razón el viejo Epícteto para decir con una preciosa palabra griega, y de alguna manera la tuvo, que los hombres somos «partículas desprendidas de Dios», no parece extraña la «inundación de sol» notada por Teresa «dentro», cuando empezó a «percibir» la presencia divina en las raíces mismas de su ser: la «animación»

Teresa, de acuerdo con la fórmula zubiriana, se ve sumergida en una atmósfera inédita que para ella equivale a una revelación.

Conviene antes que nada contarlo con palabras sencillas. Y descalzarnos: a partir de ahora iremos asomándonos a uno de los espectáculos humanos de mayor calidad espiritual ocurridos en la tierra; podremos hacerlo gracias a las páginas autobiográficas escritas por Teresa.

Pues al arranque, esto sucedió. Teresa venía siguiendo su camino de vocación religiosa como si quisiera «huir de realidades tentadoras» las cuales ponen su alma en peligro. Lo suyo de «irse monja» parece una fuga. Huye de las cosas mundanas, no le interesan: todas se acaban, son «nada»; huye de los peligros en que vio vacilar su alma. Lleva entre pecho y espalda una tensión que la balancea de una parte hacia ideales altos, ese cielo donde hallará bienes permanentes; y de otra, hacia llamadas instintivas de vigor pasional poderoso, que ella sujeta gracias a un esfuerzo de voluntad.

Los psicólogos llaman esta situación «distimia afectiva»: un desajuste entre las aspiraciones superiores del «yo» y la esfera emocional inferior. La consecuencia es que el «núcleo personal» funciona inseguro, inestable, no consigue «conjuntar» los elementos constitutivos de su arsenal humano y soporta continuos sobresaltos provenientes de las «energías» inferiores dispuestas a abrir brecha aun a costa de descomponer el todo.

Es decir, nuestra joven monja ha estado sosteniendo «su ideal» sin apoyo de elementos emocionales, privada de refuerzos psicológicos: en varios momentos le hemos oído decir que cuando le ocurrieron aquellos lances juveniles «aún» no tenía «amor de Dios».

De haberse prolongado tan duro conflicto psíquico, Teresa se hubiera arrastrado toda su vida por un desierto interior.

El fermento desencadenante del proceso renovador lo asimiló Teresa en las páginas del *Tercer abecedario* del padre Osuna durante el invierno de Castellanos. Fue la oración llamada entonces por ella «de recogimiento»: un modo para Teresa nuevo de tratar con Dios. Teresa aprende a mirar «amorosamente» hacia dentro y entrevé con gran asombro suyo que tiene las raíces de su ser afincadas en una presencia sobrenatural permanente: Dios habita en ella, Dios está, Dios espera...

¿Qué espera Dios?

A ella espera. Su conversación. Su amor.

Teresa mira atónita; y pone en marcha los mecanismos de respuesta, con una reverencia temblorosa, casi acobardada. Dios la espera, tiene a Dios a su alcance. No lo acaba de creer, pero entiende que «aquello» es verdad, la gran y definitiva verdad de su vida. Empieza a amar a Dios de corazón, con amor jugoso, tierno y delicado; empieza a hablar con él palabras tomadas «de la vena del corazón»:

—Gran cosa fue haberme hecho la merced en la oración que me había hecho, que ésta me hacía entender qué cosa era amarle... Estas señales me vinieron con la oración, y la mayor era ir envuelto en amor, porque no se me ponía por delante el castigo (del infierno).

Las piezas de su *puzzle* interior comienzan a ajustarse, y el temor del castigo eterno cede el sitio a una enternecedora relación filial. Va a ser un camino largo y trabajoso. Teresa manifestará resistencias alternantes, ensayará incluso a dejarse adormilar en una zona mediocre. Sin embargo, el proceso arranca. Bendito padre Osuna. Teresa cuando sea «experta» en oración enseñará a sus monjas lecciones soberanas que rebasan la doctrina del franciscano, al cual, dicen los investigadores, corregirá seriamente. Pero en las páginas del *Tercer abecedario* halló Teresa la invitación de Dios para seguirle horizontes donde «los nublados» desaparecen; y la pondrá «llena de sol».

Pase lo que pase, muchas cosas ocurrirán, Teresa viaja «con Alguien», acompañada. A sus monjas dará el primer consejo «de oración»:

—Procurad luego, hijas, pues estáis solas, tener compañía.

Están «aparentemente» solas, aisladas en su convento: gozan, sin embargo, una fiel compañía.

La compañía y la amistad, servirán a Teresa para componer su portentosa fórmula. De siglos lejanos hemos recibido preciosas definiciones de la oración, que «unc al hombre con Dios» «eleva hacia él», «pide las cosas convenientes», «da al hombre cercanía de Dios en una conversación familiar y piadosa»... Teresa escribirá que oración mental es

—tratar de amistad, estando muchas veces tratando a solas con quien sabemos nos ama.

Estar a solas tratando de amistad «con quien sabemos nos ama». De aquellos primeros pasos le quedó a Teresa una huella imborrable:

—Comenzó el Señor a regalarme tanto... me parece traía el mundo debajo de los pies... Comenzóme su majestad a hacer tantas mercedes en estos principios...

Pasarán los años y la jovencilla enferma se convertirá en «maestra», guía para el trato con Dios: el núcleo esencial de la oración
—no está en pensar mucho, sino en amar mucho.
Tratando de amistad:
—No os pido ahora que penséis en él, ni que saquéis muchos conceptos ni que hagáis grandes y delicadas consideraciones con vuestro entendimiento. No os pido más que le miréis... Como le quisierdes le hallaréis... Ansí como dicen ha de ser la mujer que si quiere ser bien casada con su marido, que si está triste se ha de mostrar ella triste, y si alegre alegre, aunque nunca lo es: esto con verdad, sin fingimiento, hace el Señor con vos... Si estáis alegre, miradle resucitado, que solo imaginar cómo salió del sepulcro os alegrará... Si estáis con travajos u triste, miradle en la coluna lleno de dolores... u miradle en el huerto, u en la cruz... Miraros a él con unos ojos tan hermosos y piadosos, llenos de lágrimas, y olvidará sus dolores para consolar los vuestros, solo porque os vais vos con él a consolar y volváis la cabeza a mirarle.

Llegó abril. Teresa tiene que salir hacia Becedas. La curandera la va a poner al borde de la muerte. A Teresa le da igual, le importa nada. Su vista mira hacia dentro, prendida en una vida nueva. Lleva la primavera ensortijada en cada partícula de las sustancias de su cuerpo y de su alma. La dehesa Castellanos revienta de savia primaveral, verdean las encinas, pían los pájaros melodías recién inventadas. Pero el sol lo trae Teresa consigo, se le ha posado en el seno.

Por culpa de una gallina no podemos precisar el camino que la expedición siguió desde Castellanos a Becedas. Vino don Alonso a transportar su hija, con los criados del caso. Al lado de la litera de manos montaban en sendas mulas María la hermana mayor y Juana la monja amiga:
—Lleváronme con harto cuidado de mi regalo.
Tenían dos caminos. Uno directo, el más corto, bajando hasta Arevalillo para tomar allí la cañada o «cordel» seguido por los ganados entre la sierra y los llanos de Salamanca: va derecho a cruzar el puente del Congosto sobre el Tormes, y sale más arriba del Barco frente a Becedas. El otro camino, mejor y más largo, llega hasta Piedrahita; y del Barco sigue Tormes abajo hasta doblar a la izquierda en el empalme de Becedas.

Lo normal sería que tomaran el «cordel» corto y directo. Pero en Piedrahita existe un antiguo convento de monjas carmelitas cuyas tradiciones cuentan que aquí mataron una gallina «para doña Teresa de Ahumada que venía de camino harto enferma». Si Teresa no pasó por Piedrahita camino de Becedas, significa que pasó a su regreso camino de Avila. Solo que a la vuelta la veremos venir casi moribunda, a causa de las pócimas de la curandera. Algunos autores deciden que por tanto pasó Teresa por Piedrahita en el camino de ida: «al regreso mal podía comer una gallina según iba deshecha de salud que ni agua podía tragar».

La tradición monjil de Piedrahita no explica si Teresa «comió» la gallina: afirma sólo que las carmelitas «mataron» una gallina, posiblemente con la intención de ofrecer a la enferma un buen caldo. El caldo sentaría muy bien a Teresa, lo mismo a la ida que a la vuelta. Así que con perdón de la ilustre gallina parece más razonable poner el viaje de ida en la cañada de los ganados y «pastores de mi Extremadura». El caldo que lo tome doña Teresa a la vuelta, cuando de Becedas los viajeros emprendan el camino ancho y casi recto hacia Avila, con las prisas de evitar que la enferma se les muera antes de llegar a casa.

Becedas es un pueblecito en la raya de la provincia salmantina, al ladito mismo de Béjar. Doscientos o trescientos vecinos ocupan un caserío pintoresco, con viviendas viejísimas agarradas a calles que serpentean senderos quebrados y bastante empinados. Me cuentan que los jóvenes emigran a ganarse la vida en terreno menos áspero, pero se ve que vienen luego a construirse aquí gracias a los ahorros alemanes una casita; porque con casuchas de pinta medieval alternan edificios nuevos, recién levantados. O serán pensiones de alquiler para turistas veraniegos; este pueblo situado en un paraje bravío que de la serranía desciende abierto hacia llanuras lejanas, ofrece un panorama verdaderamente atractivo. Muchas casas viejas y nuevas las veo graciosamente alegres con macetas en la balconada de madera. Todo el poblado gravita sobre la garganta que recibe en su cauce torrentes dispersos de las nieves de Gredos para llevarlos a engrosar el caudal del sabio Tormes. Las lomas, los repechos y vallecitos lucen arbolado prieto, castaños, encinas, robles y nogales. Algunos corpulentos. Los hombres de Becedas tuvieron fama de emprendedores, salían del pueblo a trajinar por el contorno y montaron a orillas de sus riachuelos aceñas y batanes. Muchos mozos partieron de aquí a las Indias; a los que volvían ricos, sus paisanos además de rendirles homenaje de admiración, les pusieron el mote de «peruleros» en recuerdo del Perú.

Becedas te causa cierta impresión salvaje, por la fragosidad del monte. Y el río, tenebroso. Imagino que los inviernos de noches·tormentosas dieron excelente escenario para leyendas de brujas y demonios, deslizados por las laderas de Gredos. Menos mal que doña Teresa y los suyos llegaron avanzada la primavera.

Según la tradición local les hospedaron en el mesón de Juan y Catalina, casi al cruce de las cuatro calles. El mesón se convirtió luego en iglesia y colegio religioso por decisión de un canónigo «perulero» hijo del pueblo: pilló la peste en Cuba, y prometió si sanaba gastar sus ahorros en una obra benéfica donde Becedas recordara siempre la visita de santa Teresa. Logró el canónigo su propósito, pues las monjillas del colegio, el párroco y los concejales procuran todavía mantener fresca la devoción teresiana del pueblo. Les he visto arreglar ahora con mimo el paraje de la fuente donde Teresa venía de paseo al atardecer buscando alivio a sus quebrantos y recogimiento para sus íntimos coloquios.

No hay rastros de la curandera, qué lástima. Quizá porque fracasó. O simplemente, nadie previó la categoría futura de su paciente. Dicen que tuvo la «sabia mujer» su choza en el poblado de Neila, y venía a recibir consultas en Becedas: que conocía los secretos medicinales de las hierbas de Gredos y que sanaba dolencias de intestino, hígado, estómago.

Al parecer la curandera decidió reajustar «los humores» de Teresa mediante un procedimiento enérgico: la tuvo durante un mes y medio a purga diaria. Casi la mata, claro. Los estudiosos actuales sugieren que la enfermedad de Teresa requería en aquel momento tratamiento psiquiátrico; imposible, por supuesto, entonces. A la curandera no podíamos pedirle semejantes exquisiteces. Le propinó su remedio: las purgas en cadena.

Teresa se sintió morir, en pocos días:

—Estuve... padeciendo tan grandísimo tormento en las curas que me hicieron tan recias, que yo no sé cómo las pude sufrir; y en fin, aunque las sufrí, no las pudo sufrir mi sujeto.

Decididamente, las yerbas de Gredos se las traen.

Las dos monjas y sus acompañantes fueron aquella temporada clientes fijos de la iglesia parroquial, regentada por un clérigo llamado Pedro Hernández.

A don Pedro se le paró el aliento cuando escuchaba las primeras confesiones de la pálida monjilla que arrodillada a sus pies le habla un lenguaje cristalino, angélico, y que le pide disculpas por la frecuencia en confesar:

—Ya el Señor me había dado don de lágrimas... comencé a tener ratos de soledad y a confesarme a menudo.

Don Pedro no le pone obstáculos, venga cuantas veces le plazca. Y Teresa en cuatro palabras define al personaje:

—De harto buena calidad y entendimiento; tenía letras, aunque no muchas.

Teresa gustó siempre «de letras»; le dieron miedo los «confesores medio letrados», a los cuales acudió cuando «no los tenía de tan buenas letras como quisiera». Pero en Becedas no había para escoger, y de entrada don Pedro le cayó bastante bien. Este agrado inicial estuvo a punto de causarle a su alma mayor quebranto del que a su cuerpo causaban las purgas de la curandera.

—Comenzó el demonio a descomponer mi alma, aunque Dios sacó de ello harto bien.

Teresa contaba ya veinticuatro años, su madre doña Beatriz por tal edad estuvo harta de parir hijos al mundo. Sin embargo el cura de Becedas dio a la «joven monja» un susto sensacional: se enamoró de Teresa. Bueno, seamos absolutamente leales recogiendo a la letra esta versión de la santa:

—Se aficionó en extremo a mí; no fue la afección de éste mala, mas de demasiada afección venía a no ser buena.

Entre monja y confesor nació un trato afectuoso y frecuente. Don Pedro disponía de pocos feligreses a quienes dedicar sus ratos de charla. Teresa lógicamente dialogaba con el sacerdote más a gusto que con nadie. Le abrió su alma sin disimulos. «Era mucha la conversación», pues las confesiones daban para poco:

—Entonces tenía poco que confesar para lo que después tuve.

Teresa notó que al sacerdote le impresionaba verla, siendo «tan niña», resuelta a nunca «hacer cosa contra Dios que fuese grave»; y se animó a mostrarle algo de la luz que desde Castellanos la traía interiormente encendida:

—Con el embebecimiento de Dios que traía, lo que más gusto me daba era tratar cosas de El.

Al clérigo le asaltó el deseo de corresponder a las confidencias, y un día contó a Teresa su drama secreto. Secreto a voces, porque el pueblo entero lo sabe: tenía desde siete años antes una mujer como amante, y él seguía celebrando la misa.

Una fina escritora francesa, Marcelle Auclair, estudió ávidamente la figura de santa Teresa; y sospecha que el cura de Becedas, confiando a la joven monja su pecado, intentaba «contagiarla»: «Frente a ella a contraluz, para disimular que casi no la oía, él contemplaba sus admirables ojos centelleantes de candor y de una pasión más que humana: ¡si pudiera atraer a aquel ángel, interesarle y retenerlo en la tierra!».

Siempre a los escritores franceses vecinos nuestros les ha complacido exagerar una pizca la carga romántica de las historias españolas. El relato de santa Teresa discurre terso, limpio y sin disimulos: ella vio una sincera petición de auxilio.

Decidió ayudarle, inmediatamente. Con una reacción exquisita, muy femenina, se puso a demostrarle, además de pena, mayor cariño:

—A mí hízoseme gran lástima, porque le quería mucho... Como supe esto comencé a mostrarle más amor.

Teresa indagó: todo el mundo conocía la situación del cura. ¿Cómo no le habían avisado a ella, si su frecuente trato pudo convertirse en comidilla de la gente? Al parecer, ni temieron que a ella le ocurriera nada, ni a los amoríos del cura le daban demasiada importancia: cosas de la época. Atando cabos, Teresa llegó a disculpar al pobre clérigo:

—No tenía tanta culpa.

Da Teresa a entender que la manceba lo había tentado; y agarrado: incluso utilizando para ligar sólidamente los afectos un instrumento muy de la época. Resulta encantadora esta narración de Teresa:

—La desventurada de la mujer le tenía puestos hechizos en un idolillo de cobre, que le había rogado le trajese por amor de ella al cuello, y éste nadie había sido poderoso de podérselo quitar. Yo no creo en verdad esto de hechizos determinadamente, más diré esto que yo vi.

Ella no cree que sean verdad los hechizos «determinadamente». Vamos, del todo. Pero...

Los deliciosos estudios de don Julio Caro Baroja sobre la magia en Castilla durante los siglos XVI y XVII subrayan que la posición del cristianismo fue mucho más clara que la del paganismo con respecto a la totalidad de la magia. No admitía ni la tenida por buena, ni la mala, ni la culta, ni la popular; pero advierte: «no admitirla no es lo mismo que no creer en ella». Las prosas y los versos de nuestros clásicos andaban llenos de referencias a la magia: «Las virtudes del imán / traigo, que atrae los sentidos / granos de helecho, cogidos / la víspera de san Juan. / Traigo habas, que quien las tiene poniendo de un hombre el nombre / en tocándolas un hombre / tras quien las tiene se viene».

Por el famoso catálogo de Pedro Ciruelo sabemos que al repartir metales a los astros, para traspasar a un amuleto «virtud natural» en orden a determinados efectos, el cobre corresponde a Venus como instrumento de magia amorosa.

Teresa estuvo segura de que el enemigo, cobre o demonio, estaba atrincherado en el amuleto. Y dirigió su estrategia a conseguir arrancar el idolillo del cuello de aquel sacerdote.

En vez de retirar al confesor sus señales de confianza, las aumentó:

—Tratábale muy ordinario de Dios; esto debía aprovecharle, aunque más creo le hizo al caso el quererme mucho.

Si efectivamente la quería, al clérigo se le partiría el alma viendo la dulce monja morirse a grandes jornadas según avanzaba el tratamiento de la curandera. Ya Teresa no puede ingerir alimentos, apenas traga fatigosamente líquidos; le arden las entrañas, descansa un ratillo cada noche; los nervios le saltan, tiene el corazón encogido, no halla sosiego. Los lugareños temen que a la monja enferma le sobrevenga la rabia. Teresa dice que «la cura fue más recia que pedía mi complexión»:

—A los dos meses, a poder de medicinas, me tenía casi acabada la vida, y el rigor del mal de corazón, de que me fue a curar, era mucho más recio; que algunas veces me parecía con dientes agudos me asían de él (del corazón), tanto que se temió era rabia.

Teresa piensa que mientras el sacerdote no arroje el idolillo, continúa sujeto en las redes amorosas de la manceba: sea por magia, sea por flaca voluntad. El mismo también lo sabe...

Un día llegó la sorpresa feliz:

—Por hacerme placer, me vino a dar el idolillo.

Llorarían los dos, seguro. Ella sentíase, con la debilidad física, más accesible a ternuras. A él tuvo que costarle mucho, pero de la flaca monja carmelita había aprendido ejercicios de voluntad «determinada».

Teresa encargó que arrojaran el idolillo al río. En adelante quedaron los dos unidos por una especie de complicidad casta:

—Comenzó, como quien despierta de un gran sueño, a irse acordando de todo lo que había hecho aquellos años, y espantándose de sí, doliéndose de su perdición vino a comenzar a aborrecerla... En fin, dejó del todo de verla y no se hartaba de dar gracias a Dios.

Tres meses ya, en Becedas. Don Alonso comprende que de seguir así, Teresa le muere lejos del monasterio y lejos de casa. Decide regresar a Avila. Enseguida, por el camino derecho. Teresa ni tendría humor para mirar desde su litera el valle del Barco donde cruzaron el Tormes. Le costaría esfuerzo sonreír a sus hermanas carmelitas de Piedrahita en agradecimiento por la tacita de humeante caldo de la famosa gallina. Iba ella «embebecida» con la presencia de Dios. Y echando balance a los acontecimientos de Becedas.

Su confesor el pobre don Pedro le ha prometido permanecer fiel en los buenos propósitos.

Ahora ella se pregunta si acaso dio al sacerdote demasiada confianza, excesivas muestras de cariño. Consideró en Becedas obligatorio «ser agradecida, y tener ley a quien me quería». Don Pedro le quiso, ella lo sabe de sobras. Opina Teresa que se trató de un cariño limpio:

—Aquella afición grande que me tenía, nunca entendí ser mala; aunque pudiera ser con más puridad (pureza).

¿Y ella? Ciertamente, si extremó las muestras de afecto fue siempre con propósito de rescatarlo; y mostrándole intenciones rectas:

—Que creo todos los hombres deben ser más amigos de mujeres que ven inclinadas a virtud.

Sin embargo, pensando en sus hijas comentó que «maldita sea» la ley de amistad si turba un punto el servicio de Dios.

Don Pedro Hernández, cura de Becedas, murió al año justo de haber visto por primera vez la joven carmelita:

—Tengo por cierto está en carrera de salvación; murió muy bien y muy quitado de aquella ocasión; parece que quiso el Señor que por estos medios se salvase.

Lo que habría que ver es el alboroto armado en los infiernos por el diablejo escondido en el idolillo de cobre, cuando hubo de contar que lo tiraron al río. Juran los demonios: Teresa de Ahumada se las ha de pagar.

16
Y al cuarto día, resucitó
(1539-1541)

A quienes la visitaban en Avila les sorprendió verla tan alegre y simpática, sabiéndola gravemente enferma, casi moribunda. Ni la dura porfía con las purgas de la curandera había conseguido apagarle aquel sol interior de Castellanos. Resulta curioso el acierto de una dama visitante; al salir del caserón de los Cepeda comentó:
—Está endiosada; doña Teresa está endiosada.
La dama realizó un diagnóstico perfecto; Teresa, invadida de la presencia misteriosa, está verdaderamente «endiosada».
Lo cual no le ahorra dolores, pues ha llegado de Becedas hecha una lástima. Teresa confirma:
—Parecía imposible poder sufrir tantos males juntos.
Desfilaron por su cabecera los médicos, y menearon apesadumbrados la cabeza: no ha remedio. La desahucian. Por Teresa misma conocemos el diagnóstico que ahora pronunciaron:
—Decían estaba hética.
«Hética», ¿qué significa? Tísica. Al parecer, para los médicos de la época «hética» equivale a tuberculosa; o una afección genérica caracterizada por la consunción total del organismo, lenta y gradual, pero desde luego imparable.
De mitad de julio, aquel año 1539, a mitad de agosto, la familia Cepeda soportó un mes amargo a la espera del acceso definitivo que se llevaría a Teresa de este mundo. Ella miraba y sonreía. Dijo luego que le había preparado el Señor «con haber comenzado a tener oración»: los sufrimientos no disiparon su resplandor íntimo. Hallaba conformidad y paciencia meditando los comentarios de san Gregorio papa a la historia de Job, leídos por ella los días del noviciado en la Encarnación:
—Traía muy ordinario estas palabras de Job en el pensamiento, y decíalas: pues recibimos los bienes de la mano del Señor, ¿por qué no sufriremos los males?

El quince de agosto se sintió peor. Dijo que deseaba celebrar la fiesta de nuestra Señora, que le trajeran un confesor. Don Alonso y los suyos temieron dar mayor dramatismo al abatimiento de su enferma: la aconsejaron levantar el ánimo y alejar la idea de la muerte. No le trajeron el confesor.

Pasó el día postrada. A la noche cayó en un colapso y quedó como muerta. Hay que imaginar el susto en la casa y la desesperación de don Alonso, aturdido por haberle negado a su hija los últimos sacramentos. Hizo llamar a toda prisa un sacerdote para ungir a Teresa con los santos óleos. Entre lágrimas y rezos llegaron a convencerse de la penosa desgracia. Le colocaban un espejo a la boca, «a ver si echaba aliento», y no se empañaba: nada, Teresa ha muerto...

Dicen los especialistas que en un caso de coma cataléptico profundo no podían entonces provocar ninguna reacción. Y lo extraño fue el retraso en enterrarla antes de dar tiempo a que volviera en sí. Teresa se salvó por puntos de que viva la metieran bajo tierra.

Realizaron con su «cadáver» los ritos habituales de familia. Le cerraron los ojos y dejaron caer unas gotas de cera para sujetarle los párpados. Amortajaron el cuerpo, lo envolvieron en una sábana. Compusieron su rostro. Aderezaron el aposento. Y comenzaron el velatorio. Don Alonso se estaba al pie de su hija muerta, daría pena verle a la luz de los hachones de cera roja mientras repetía sumisamente:

—Esta hija no es para enterrar.

La familia, los amigos, frailes y sacerdotes, conocidos y hasta simples curiosos desfilaron durante tres días y tres noches a contemplar el devoto espectáculo de la joven carmelita fallecida y dar el pésame a su padre, a los hermanos, a los tíos. Las monjas de la Encarnación se ofrecieron a velar por turno junto al cadáver; mientras, le dispusieron una sepultura en el monasterio. La noticia de la muerte de doña Teresa de Ahumada circuló por los pueblos del contorno, uno de los cuales celebró funeral en favor suyo. Al entierro en la Encarnación habría de acudir un gentío.

La segunda o tercera noche del velatorio estuvo a punto de ocurrir una tragedia. Había quedado de guardia junto a la difunta su hermano Lorenzo, mozo ya de veinte años que prepara su marcha a las Indias en pos de los hermanos mayores. Fatigado por el trajín y agotado con las emociones, Lorenzo se durmió. Una de las velas, completamente consumida, prendió alguna ropa: echaron a arder la colcha y los almohadones de la cama donde tenían tendida a Teresa. La humareda despertó a Lorenzo, quien pidió auxilio para sofocar el fuego. Con unos minutos más, hubieran ardido la cama y el «cadáver»...

Transcurridos tres días y tres noches de vela, ya don Alonso tenía que ceder y consentir que inhumaran su hija. No era razonable pasar así un cuarto día. Parientes y amigos piensan si don Alonso va a enloquecer.

Y justo al cuarto día, Teresa despertó. Pareció a todos que resucitaba. La vieron removerse, balbucir, daba señales de vida y se esforzó por abrir los ojos. Le quitaron con cuidado la cera de los párpados. Grande fue la maravilla de don Alonso, conmovido hasta el llanto. Pero a mí me gustaría conocer las impresiones de Teresa según tomó conciencia y se vio amortajada, velada, a punto de salir «con los pies por delante» camino de la sepultura. Hay un barullo en los recuerdos de las personas presentes a la «resurrección» de Teresa y resulta difícil precisar las palabras dichas por ella «como delirando»: «Que para qué la habían llamado, que estaba en el cielo y había visto el infierno», que vio personas y monasterios y almas y a sí misma cubierto el cuerpo con un paño de brocado... Enseguida Teresa recobró su dominio y «le avergonzó» haber hablado casi sonámbula. Comprendió que salía de un colapso:

—Luego me quise confesar; comulgué con hartas lágrimas.

Pasados muchos años, aún Teresa sentía escalofríos recordando el lance:

—Me parece estoy con tan gran espanto, llegando aquí y viendo cómo parece me resucitó el Señor, que estoy casi temblando entre mí.

Quien de veras murió este año fue la emperatriz; su fallecimiento además de afligir el corazón de su esposo don Carlos, puso triste toda España. A doña Isabel le alcanzó la muerte en Toledo, de sobreparto. La señora estaba en los treintaicinco de su edad. El Tiziano la pintó noble y serena, capaz de dominar sus nervios y doblegarlos en silencio. Los súbditos habían aprendido de memoria la respuesta de la emperatriz cuando al nacer el hijo que sería Felipe II, la comadrona aconsejó a la madre desahogarse con gemidos; doña Isabel respondió en su idioma portugués:

—Nao me faléys tal, minha comadre, que en morrerey, mas non gritarey.

Eso sí, mandó apagar los velones para que nadie viera sus gestos de dolor.

Don Carlos escondió su pena en el monasterio de jerónimos de la Sisla, cerca de Toledo: se le había muerto el gran amor de su vida y quedaba inútil el precioso palacio renacentista soñado por él para vivir en la Alhambra de Granada con su doña Isabel de su alma.

Fuera del marido, y quizá por encima del marido, el español más golpeado por la muerte de doña Isabel fue el montero mayor de don Carlos y caballerizo de la emperatriz Francisco de Borja, duque de Gandía y marqués de Lombay. Borja lleva en su sangre una carga misteriosa, pues por línea paterna es bisnieto nada menos que del papa Alejandro VI, y por línea materna bisnieto del rey Fernando el Católico. Cuando muere la emperatriz, Francisco de Borja tiene veintinueve años, mujer (portuguesa, Leonor de Castro, dama de honor de doña Isabel), varios hijos. El emperador le ha encargado conducir a Granada el cadáver de la difunta. La gente le vio tan apenado que inventaron una exclamación y la pusieron en sus labios:

—Nunca más serviré a señor que se me pueda morir.

Le mueren los señores y le mueren los amigos: que ya en Niza recogió los restos del poeta Garcilaso.

El emperador agradece los servicios de Borja nombrándole virrey de Cataluña. Le ocurrirán otras «promociones», al duque de Gandía.

«Resucitó» Teresa; pero en qué estado, bendito Dios. Al salir del paroxismo notaba uno a uno los quebrantos de su larga enfermedad. Le llamó la atención sentirse la lengua «hecha pedazos, de mordida» en los ataques ocurridos antes del colapso; la garganta no le tolera tragar nada sólido, ni siquiera líquido; le da vueltas la cabeza, perdida con «grandísimo desatino»; se nota «descoyuntada», «sin poderme menear ni brazo ni pie, ni mano»; y quedaba quieta, «hecha un ovillo», capaz de mover solamente «un dedo de la mano derecha». Si la tocan, se pone en un ay. Para arreglar la cama han de alzarle en la sábana entre dos personas. Teresa no disimula:

—Solo el Señor puede saber los incomportables tormentos que sentía en mí.

Paralítica total, pero sensible al menor roce. Descansa cuando consigue ratos de quietud sin moverse y «si no llegan a mí» es decir, si nadie la toca. La fiebre le asalta en «cuartanas dobles», cada dos días con uno de intervalo. Estas calenturas la desganan, le producen un hastío apenas soportable.

Así día tras noche, noche tras día; meses y meses.

La monja quiere volver a su convento. Haya de seguir tullida o haya de morir, Teresa desea estar de nuevo en la Encarnación. Allí se ofreció ella para que Dios repitiera en su cuerpo los dolores de la viejecita ulcerosa, cuya paciencia infinita le aturdió. Y allí le apetece responder a la prueba con su fidelidad callada. Las monjas que la vienen a ver le animan prometiéndole cuidados amorosos, «como en casa». Don Alonso comprende que la podrán tratar «mejor que en casa», pues a Teresa le servirá de estímulo convivir con sus hermanas de hábito, seguir desde la enfermería o desde la celda el ritmo monocorde del convento.

Entrada primavera del año 1540, la llevaron. Cumplió en camilla su segundo ingreso. Han pasado cuatro años y medio de aquel emocionante 2 de noviembre de 1535, cuando latiéndole violento el pulso llamó de madrugada al portón del monasterio. Es la misma, doña Teresa de Ahumada. Pero qué distinta, qué madura viene; qué sazonada.

La recibieron sus monjas con cariño y reverencia. Habían estado pendientes de su «muerte y resurrección». Venía convertida en un lujo del convento. Translúcida, alabastrina, piel y hueso. Con la mirada riente, comunicativa. Era ella, la misma:

—A la que esperaban muerta, recibieron con alma; mas el cuerpo, peor que muerto, para dar pena verle.

Por pascua florida, notó algún alivio. Lento, poquito a poco. Primero, sentarse en la cama. Luego leer, y tomar los alimentos por sí misma. Pudo, por fin, levantarse algún rato, que la vistieran; sentarse, acurrucadita. Quiso andar, y lo hizo a cuatro gatas. Las habitantes del monasterio acompañaban día a día los progresos de su enferma. Les admiraba la alegría, la paciencia, el contento de doña Teresa. Venían a sentarse a su lado en la enfermería, y cuando ella pudo salir al sol de la huerta. También sus hermanos, y Juana la hermana pequeña, acuden a visitarla. Don Alonso, sobre todo, el buen padre sometido ya estos años a una secreta bancarrota soportada silenciosamente. Para todos, Teresa significa una fuente de energía, un estímulo. Ella cumple a conciencia su papel, fortalecida con el íntimo calor traído de Castellanos:

—Se espantavan de la paciencia que el Señor me dava; porque a no venir de su mano parecía imposible poder sufrir tanto mal con tanto contento. Gran cosa fue haverme hecho Dios la merced en la oración que me havía hecho, que esta me hacía entender qué cosa era amarle.

Teresa comenzó a estar cierta de que sanaría, y le alegró vivir: aceptaba, «muy conforme», la voluntad de Dios; pero le entró «ansia de sanar». Entre otras cosas, porque le permitieran dejar la enfermería y volver a su celda para «estar a solas en oración». Menester será echar tiempo, muchos meses...

Dos años completos, fueron menester. Pasito a paso. Atenta Teresa a las voces interiores y cariñosa con las personas de fuera, somete a vigilancia estrecha su propio comportamiento. Quien vive por dentro la presencia de tan buen Amigo ha de cuidar la conducta con los hermanos. Teresa elabora un catálogo de pequeñas virtudes caseras, y se exige a sí misma evitar las faltas. Antes que nada, por encima de todo, jamás hablar mal de nadie, convirtiendo en norma fija de sus conversaciones no murmurar de los ausentes:

—Vínose a entender que adonde yo estava tenían siguras las espaldas... porque traía muy delante cómo no havía de querer ni decir de otra persona lo que no quería dijesen de mí.

Defendía sus ratos de soledad, espacios reservados para la oración; comulgaba y confesaba «muy más a menudo»; leía, «amiguísima de leer buenos libros». Gastaba tiempos largos en confrontar las mercedes recibidas de Dios con sus faltas personales, sus pecados. Le acometían entonces ganas de llorar, pero consideraba «engañosas» las lágrimas «cuando veía mi poca enmienda». Hasta llegó a tener miedo de orar ciertos días por la «grandísima pena» que le asaltaba comparando «los regalos que el Señor me hacía y cuán mal se lo pagaba».

Así dos años, día a día. Le entraban progresivamente mayores prisas de curar, mayor deseo de vivir.

Otros dos hermanos Cepeda marchan a Indias. Lorenzo y Jerónimo se despiden de su hermana Teresa en la Encarnación preguntándose si, cuando ellos vuelvan, su monja vivirá todavía. Teresa se pregunta si Lorenzo y Jerónimo volverán. De Hernando y Rodrigo llegan escasas noticias. Ahora serán ya cuatro Cepedas en América. Lorenzo cuenta, este año 1541, veintiuno de edad. Jerónimo, dieciocho. Van al Perú. Ha estallado en tierras de los incas una feroz guerra civil entre los mismos conquistadores, y tiene que intervenir el emperador.

Francisco Pizarro y Diego de Almagro, los dos protagonistas de la aventura peruana, no caben sobre el mismo suelo, aunque sea tan ancho. Hubo una esperanza de paz cuando Almagro descendió por la costa desde Perú hacia los territorios araucanos, hoy llamados Chile. Le fue mal y regresó. Almagro llegaba de nuevo al Perú en un momento angustioso: los indios del inca Manco tenían sitiados a los hombres de Pizarro en Cuzco y en Lima, a punto de sofocarlos. Pizarro se defendía bravamente, y la aparición de Almagro pilló a los indios por la espalda. Manco huyó a las montañas. Pero en vez de hacerse más amigos, los dos héroes dejaron libres sus míseras pasiones de orgullo y envidia. Las tropas fieles a Almagro atacaron a los pizarristas y les pusieron en apuros. Los de Pizarro reaccionaron, y mandados por Hernando, hermano del conquistador, derrotaron a sus adversarios capturando a Diego de Almagro en el Cuzco: sin pensárselo poco ni nada, lo degollaron. El veneno del odio estaba enturbiando una página heroica. Los partidarios de Almagro juraron matar a Francisco Pizarro, y cumplieron su promesa: en junio de 1541 montan su conjura, asaltan el palacio de Lima y asesinan a Pizarro. Proclamaron gobernador del Perú a un hijo mestizo tenido por Almagro con una india del Darién.

Don Carlos envía un pacificador al Perú con poderes plenos, el oidor de la Audiencia de Valladolid Cristóbal Vaca de Castro. Vaca reclutó a toda prisa un pequeño ejército: en él se alistaron Jerónimo y Lorenzo Cepeda y Ahumada. Ignoramos de qué lado había caído Hernando de Ahumada durante la pelea entre almagristas y pizarristas. Sus hermanos navegan hacia Perú bajo estandarte del emperador.

La monja tullida de la Encarnación, según sus dolores se alivian y puede moverse un poco, instala en torno a su cama de la enfermería una curiosa tertulia espiritual. Le ha ocurrido poco a poco, sin darse cuenta, alargando alguna tarde la charla con las visitantes, a veces amigas suyas o familiares de Avila; otras veces, parientas de una monja venidas de paso al monasterio y deseosas de conocer el caso «curioso» de doña Teresa de Ahumada. La conversación con ella resulta muy sabrosa. Los días buenos permiten transportar la enferma sobre un sillón frailuno y prolongar la tertulia en un rincón de la huerta.

¿Cuáles son los temas de la tertulia? Hablan de todo lo humano y lo divino; a la Encarnación confluyen noticias de Europa y América, ya que las familias de Avila tienen sus mozos repartidos en las empresas imperiales. Pero doña Teresa se las ingenia para que «su grupo» —ella dice sin rebozo «las que yo tenía amistad y deudo (parentesco) y enseñaba»— concedan el mayor interés a los temas espirituales, abarcados en la fórmula general «tratar de oración». La monja enferma introduce suavemente su inquietud por la práctica de las virtudes, defiende con tenacidad el propósito colectivo de evitar la murmuración acerca de personas ausentes, propone lecturas e intercambios de experiencias. Más tarde madre Teresa ironizó un poco a costa de sí misma:

—Antes que supiese valerme a mí, me daba grandísimo deseo de aprovechar a los otros. Tentación muy ordinaria de los que comienzan.

Su padre venía mucho a verle, parte por acompañarle, parte por darse descanso a sí mismo en la sorda pelea económica donde estaba cazado. Teresa lo incorporó al grupo, le dio libros, lo aconsejó en los principios de la práctica de orar. El buen hidalgo aprovecha bien las lecciones de su hija:

—Como era tan virtuoso... estaba tan adelante que yo alababa mucho al Señor, y dábame grandísimo consuelo... Eran grandísimos los trabajos que tuvo de muchas maneras; todos los pasaba con grandísima conformidad.

Probablemente influyeron estos «ensayos apostólicos» en el ánimo de Teresa para «desear determinadamente» una mejoría rápida en su salud, por largos tres años sometida a tan dura prueba: ella pensaba «que serviría mucho más a Dios con la salud». Explican los médicos la importancia de una firme voluntad del enfermo en el tipo de afecciones soportadas por Teresa. Ni ella sospechó que al desconfiar de los médicos estaba colaborando con ellos de forma sustancial:

—Pues como me vi... cuál me habían parado los médicos de la tierra, determiné acudir a los del cielo.

A fuerza de rezos, claro. De súplicas constantes. Le llovían sugerencias para que utilizase métodos más o menos supersticiosos, muy del gusto de las devotas de aquellos tiempos: salmos recitados en noches de luna nueva o de madrugada, posturas tiesas con los ojos clavados en un punto mágico, ceremonias de rito pintoresco. Teresa «no podía sufrir» tales garambainas.

Se puso por derecho a suplicar ayuda de un personaje cuya tarea en el nacimiento de nuestra religión cristiana le encantaba: san José. La intercesión del santo patriarca la consideró Teresa definitiva:

—A otros santos parece les dio el Señor gracia para socorrer en una necesidad; y a este glorioso santo... quiere el Señor darnos a entender que así como le fue sujeto en la tierra, que como tenía nombre de padre, siendo ayo, le podía mandar; así en el cielo hace cuanto le pide.

En los años de Teresa hubo ya una fuerte reacción de los predicadores a favor de la «imagen» del buen san José, habitualmente descrito como un viejecito de barba poblada: ¿nunca fue joven el marido de la virgen María? Uno de los libros que circulaba por los conventos, la *Subida al monte Sión* de fray Bernardo de Laredo, mereció sin duda los plácemes de doña Teresa de Ahumada: «¿cómo admitir que nuestro Dios diese por compañero a la madre de su Hijo, el que les ayudó y protegió durante veinte años y les mantuvo con el trabajo de sus manos, a un viejo achacoso como le pintan los necios? Es cosa de risa».

Al san José «buen mozo» y benigno, acudió Teresa con su pleito: quiere sanar, curarse, caminar como todo el mundo y ponerse a hacer cosas. Qué cosas, Dios dirá. Ahora la enferma necesita levantarse, sostenerse, y andar...

Donde el cielo esté, el lindo patriarca oyó los requerimientos de la monja tullida:

—El hizo como quien es, en hacer de manera que pudiese levantarme y andar y no estar tollida.

La mejoría vino rodada, su poquito a poco. Un día Teresa enderezó su cuerpo y le pareció estrenar la espina dorsal, doblada más de treinta meses. Otro día probó a mantenerse sobre los pies, conservando el equilibrio sin apoyarse en la pared. Al fin tanteó unos pasos... San José es un tipo tan razonable y discreto que privó a las monjas y al grupo de la «tertulia teresiana» el placer de gritar milagro: la mejoría ocurrió pausadamente, de primavera al verano de 1542. Levantó su ruido. Doña Teresa utilizaba la oportunidad para enaltecer a su santo valedor, de quien se hizo «tan» apasionada:

—De esta necesidad, como de otras mayores de honra y pérdida de alma, este padre y señor mío me sacó con más bien que yo le sabía pedir.

Veremos con el tiempo qué fiel permaneció Teresa a la amistad de su buen san José.

17
Se le muere su padre
(1542-1543)

A partir del «milagro» de san José, Teresa «oficialmente» está curada. Entendámonos ojo: ni «del todo» fue milagro, ni está «curada del todo». Las monjas de la Encarnación con su enjambre de amigas y amigos esparcidos por la ciudad, celebran la salud de doña Teresa de Ahumada; que pasa, de «tullida» en una cama de la enfermería, a ocupar su celda como carmelita «normal»; y sigue la marcha del horario: rezos comunes del coro, soledad en su aposento, comidas, ayunos, penitencia, recreaciones, ratos de visita al locutorio.

Sin embargo, la enfermedad va a quedarle a Teresa como compañera permanente para toda su vida. Cuando haces balance luego de haber recorrido varias veces sus papeles a lo largo y a lo ancho, sacas una conclusión: a partir de esta primavera de 1543, quizá madre Teresa no pasó ni un solo día de su existencia sin dolores, la mayoría indescifrables: vómitos, fiebres tercianas y cuartanas, calenturas, la garganta, el costado, las muelas, las quijadas, la cabeza, el hígado, la matriz, pereza de estómago, reumas, perlesía de la lengua, del brazo izquierdo; un cuadro que pocos meses antes de su muerte dejará boquiabierto al médico burgalés don Antonio Aguilar, quien la examinó y dijo:

—Desencuadernada; tiene desencajados hasta los huesos.

Teresa cuenta con esta realidad. Nunca pensará que las dolencias signifiquen un obstáculo para llevar adelante sus programas. Acepta el dolor como atmósfera permanente, respira igual que respira oxígeno. ¿Quizá le hizo entender «Alguien» el sentido de sus males? Quizá, probablemente. A una mujer de cualquier época, bueno, y a un varón también, mucho más a una mujer de su época, los padecimientos le hubieran servido de pretexto, bien justificado, para esconderse plácidamente en su cueva y ahorrarse líos.

Ocurre que a Teresa los dolores «acompañantes» la mantienen despierta, colgada, «rectificada». Son «sus dolores», «su enfermedad» específica, el caldo de cultivo donde los fragmentos de su personalidad ensamblan unos con otros y la disponen a cumplir la hoja de ruta suya, «su destino».

Un poeta enfermizo, Rainer María Rilke, finísimo intérprete de la sensibilidad moderna, escribió una súplica pidiéndole a Dios que a cada cual nos dé nuestra propia muerte. A mí que saboreo golosamente los versos de Rilke, siempre me ha desconcertado esta oración. Porque en definitiva, seguro que la muerte nos alcanza exacta y puntual. Rilke conoció quebrantos y angustias, podría haber suplicado «nuestra propia enfermedad». La muerte nos arrebata sin dejarnos ya margen para sorberle los jugos. La enfermedad, en cambio, nos templa, nos dispone.

A la luz de la medicina antropológica, las enfermedades de Teresa representan su mejor capital humano. Efectivamente, tal como afirman los discípulos de Von Weizsäcker, la enfermedad en santa Teresa condiciona su biografía, la marca y la conduce. Ha sido en los años de juventud el instrumento mediante el cual Dios «macera» los materiales de Teresa, suaviza sus arranques heroicos, amansa los ímpetus, interioriza su mirada. Y en los años de madurez ahora incipiente, las dolencias sostienen su personalidad en un plano de contemplación de los dolores de Cristo, de participación en su misterio redentor, de creatividad apostólica. Diríamos tal vez acertadamente que las enfermedades valen para Teresa a modo de zurra paterna, una zurra sensacional, cuya eficacia para mantenerle despierta y sumisa resulta indiscutible. Las enfermedades, con el arranque terrible reseñado páginas atrás y la permanencia venidera, la hacen «apta» y la sostienen «apta» frente a la misión personal, cara al destino previsto para Teresa.

¿Qué destino?

Lo veremos, paso a paso: «estar con Dios» y «realizar la reforma» del Carmelo.

Teresa, repetidas veces durante los años juveniles, ha percibido que «la llevan», «la dirigen»: «Alguien» se mezcla en su trayectoria, «Alguien» juega las piezas sobre su tablero. Por eso ella incluye como parte de su tarea biográfica «el paquete de enfermedades» suyas. La enfermedad, en definitiva, le ha dado amor, le ha llevado a remansar mediante la oración en el misterio amoroso de Dios. La «caída» en la enfermedad «le condujo» al camino interior propio suyo; y el «estado» permanente de enferma la «mantendrá» en ese camino: sirviéndole de cilicio, de aviso, de atmósfera. Weizsäcker llegó a usar una palabra expresiva: «la enfermedad no es sino *un suspiro* de la criatura», o sea, el reconocimiento de la dependencia, y la apertura hacia el Creador. Exacto, a Teresa las enfermedades la sostienen «abierta», suspirante... ¿Le divierten? No creo; le pesan. A nadie le divierte un cilicio. Simplemente, sabe que ha de contar con ellas. Y cuenta con ellas. Otro gran poeta, Novalis, planteó desde sus tristezas una pregunta sugerente:

«¿No es con frecuencia la enfermedad el principio de lo mejor en las personas?».

Mientras Teresa viajó a consultar la curandera de Becedas, el número de monjas de la Encarnación crecía aparatosamente. Han pasado pocos años, y son ya más de cien mujeres las habitantes del monasterio, sumando novicias y acompañantes a las sesenta y cinco profesas. La Encarnación acoge docenas de jóvenes distinguidas, algunas de las cuales vienen con verdadera vocación religiosa y otras buscando un cobijo discreto que las consuele de la soledad sentimental: «Aquí se recogen —declaró por entonces el notario Treviño— muchas doncellas hijasdalgo de los vecinos de la ciudad de Avila, que no tienen posibilidad para se casar conforme a sus estados y calidad».

Sobre el monasterio pesa el agobio económico todavía pendiente desde la construcción del edificio: las rentas no alcanzan. Por eso la priora se ve obligada a conceder la entrada sin demasiados miramientos, con tal la candidata traiga buena dote.

En estas condiciones, resulta imposible mantener la casa en un clima de aislamiento completo. Las visitas frecuentes de parientes y amigos sirven de oportunidad para donativos, en dinero y en especie, a favor del monasterio. Y además la priora otorga fácilmente permiso a sus monjas que salen por parejas «a consolar» durante semanas e incluso meses a damas aristocráticas deseosas de compañía espiritual cuando les alcanza un infortunio de familia: era costumbre de la época, y favorecía mucho la economía de la Encarnación, pues cada salida representa dos bocas menos en el refectorio.

El monasterio mantiene una tónica global ejemplar, y en algunos puntos rigurosa. Precisamente la afluencia de residentes nace de la buena fama de la casa. Viven allí religiosas de profundo fervor, consagradas seriamente a la oración y a la penitencia. A su lado cumplen el mismo horario varias docenas de mujeres simplemente resignadas a un retiro impuesto por las circunstancias: han quedado sin marido, y el marido constituía la meta única dibujada para ellas en su horizonte. Basta echar un vistazo a la familia Cepeda-Ahumada cuyos avatares seguimos en estas páginas. De los diez hijos nacidos a don Alonso de su segunda mujer doña Beatriz, hay ocho varones y dos hembras. Hemos visto ya partir cuatro varones hacia las Indias: Hernando al Perú, Rodrigo a Río de la Plata, Lorenzo y Jerónimo también al Perú. Uno, Juan, quien ya tentó entrar dominico en Santo Tomás cuando la «fuga» de Teresa, llamará de nuevo a las puertas del convento, y esta vez será recibido. Otros dos, Pedro y Antonio, embarcarán enseguida a reunirse con sus hermanos en América. Hasta el pequeño Agustín marchará apenas cumplidos diecinueve años. Total, ocho «buenos partidos» dejan en soltería perpetua, «para vestir santos», a ocho jóvenes damas de la hidalguía abulense. Así tantas familias, la mayoría. El precio que paga España a su grandeza.

Lógicamente a tales monjas no podía exigírseles un fervor religioso de altas calidades místicas: habían desembarcado en el convento desesperadas por no hallar marido. Bastante hacen con mezclarse sumisas al ritmo del monasterio y guardar las reglas. Se las ingenian para conseguir una existencia discretamente agradable, aceptan los pequeños sacrificios de la vida en común, dan buen ejemplo a los visitantes.

Lo malo es que sin pretenderlo presionan quieras que no sobre «las otras» monjas, quienes al estilo de doña Teresa de Ahumada han venido «llamadas» siguiendo un ideal. Ella misma lo anota:

—Me parece a mí me hizo harto daño no estar en monasterio encerrado... es grandísimo (peligro) monasterio de mujeres con libertad... Hay tantas que sirven muy de veras y con mucha perfección al Señor.

Otras, no. Ni lo pretendían:

—Si los padres tomasen mi consejo... quieran más casarlas muy bajamente, que meterlas en monasterios semejantes, si no son muy bien inclinadas; o se las tenga en su casa.

Teresa «curada» disimula cuanto puede las reliquias de su enfermedad y procura seguir fielmente el horario. Instalada en su celda, disfruta de sosiego para entregarse a íntimos coloquios espirituales. Ella sabe que Dios le ha trazado un plan providencial y sabe también que ha llegado la hora de someter su voluntad a la voluntad divina poniendo su alma a la escucha: la importancia de «la oración» en las palabras y en los escritos de Teresa nace cabalmente de los lazos que su conversación amistosa con Dios va estableciendo y afianzando. A Teresa «la esperan», Dios la reclama desde aquella nube misteriosa donde Moisés entró para oír palabras salvadoras en favor del pueblo. La «oración» sirve a Teresa de plataforma: allí le aguarda Dios y de allí partirá ella hacia la misión que le sea encomendada.

Pero Teresa «se hizo esperar», alargó los plazos. Tarda en acudir a la cita. Y este fue «el pecado» del cual se arrepentirá a lo largo de toda su vida posterior:

—Aunque os dejaba yo a Vos, no me dejastéis Vos a mí tan del todo que no me tornase a levantar, con darme Vos siempre la mano. Y muchas veces, Señor, no la quería, ni quería entender cómo muchas veces me llamabais de nuevo, como ahora diré.

Lo diremos, efectivamente. Le ocurrió un fenómeno simple, comprensible. Doña Teresa de Ahumada se había convertido en una especie de «espectáculo devoto» del monasterio de la Encarnación: la joven carmelita tullida que «milagrosamente» curó y es tan simpática. Y tan buena, ejemplar. Mujer de subida oración. Inteligente, graciosa. Tan aguda. Bonita, incluso, muy bonita...

Así entra en la rueda brillante del visiteo; de la conversación en el locutorio, donde acuden caballeros y nobles señoras a pasar un rato medio devoto medio profano. Las monjas le han pedido que no se retraiga: su simpatía y el episodio de la curación pueden atraer mayores afectos al monasterio, y en consecuencia regalos, donativos, cuya urgencia ella conoce igual que todas. Los visitantes la ven flaca, macilenta, con una aureola espiritual atractiva. Causa embeleso «por su buena gracia». Le interesa cualquier problema, se le pueden confiar inquietudes profesionales o familiares. A las deferencias, a los obsequios, corresponde poniendo el corazón; ella comentará de sí misma:

—Con una sardina que me den, me sobornarán.

Al principio Teresa no sintió alarma ninguna, ya que los encuentros de locutorio le daban ocasión de ampliar su pequeño círculo de diálogos espirituales iniciados desde la enfermería. Compadece a quienes sufren y procura encaminarlos a buscar consuelo en el trato personal con Dios mediante la oración. También don Alonso ejercita los métodos propuestos por su hija, Teresa le nota cada día más profundo en las experiencias cristianas. Ella por su parte aprovecha con avidez los ratos solitarios de su celda para sostener cálida la oración.

Pero este jugueteo frívolo comenzó a ocasionarle cierto malestar. Del locutorio Teresa trae a su celda noticias, comentarios, agudezas, chascarrillos. Y preocupaciones. Su alma le flota:

—Comencé de pasatiempo en pasatiempo, de vanidad en vanidad, de ocasión en ocasión, a meterme tanto en muy grandes ocasiones, y andar tan estragada mi alma en muchas vanidades.

Ella se esmera guardando las formalidades marcadas por la regla, procura cumplir como la primera entre las primeras. No es hipócrita, le repugna la mentira y mucho más «fingiendo cristiandad»:

—En esto de hipocresía y vanagloria —gloria a Dios— jamás me acuerdo haberle ofendido, que yo entienda; que en viniéndome primer movimiento me daba tanta pena que el demonio iba con pérdida y yo quedaba con ganancia.

Pero la ven «tan moza» buscando ratos de soledad «a rezar y leer», le oyen hablar de Dios, le gusta cuidar las imágenes, nunca murmura de personas ausentes, recibe confidencias y reparte consuelos: total, que todo el monasterio la tiene por ejemplar y así la califican. Ejemplar es, no cabe duda. Seguirá siéndolo. Sin embargo Teresa no tiene planteada su batalla ni en los claustros del monasterio ni en el locutorio: le han citado «dentro». Ha de penetrar la nube misteriosa.

Aquí está su fallo:

—Comenzóme a faltar el gusto y regalo de las cosas de virtud; veía yo muy claro, Señor mío, que me faltaba esto a mí, por faltaros yo a Vos.

Tuvo una reacción que refleja su carácter: abandonó los coloquios con Dios. Le pareció una villanía continuar aquella relación jugosa y tierna iniciada en Castellanos, ahora que nota tironeada su sensibilidad por el barullo mundano:

—Ya yo tenía vergüenza de en tan particular amistad como es tratar de oración, tornarme a llegar a Dios.

Más tarde Teresa comprende que retraerse de la oración a cuenta de sus infidelidades —por supuesto, ni de lejos llegaron a falta «técnicamente» grave según los exámenes de conciencia manejados en el confesonario— fue una concesión tardía a la «negra honrilla»: «el más terrible engaño que el demonio me podía hacer debajo de parecer humildad». Pero su confusión era enorme:

—Comencé a temer de tener oración... Estuve un año y más sin tener oración, pareciéndome más humildad... Fue la mayor tentación que tuve, que por ella me iba a acabar de perder.

Y se desliza por la fácil pendiente de la mediocridad:

—Parecíame era mejor andar como los muchos, y rezar lo que estaba obligada, y vocalmente, que no tener oración mental y tanto trato con Dios.

Cierto, anda Teresa en gran peligro. El mayor de los peligros. A mí me acongoja este paso de su biografía. Porque la he visto a punto de abrir sus alas despegando como un águila real, y me la encuentro resignada a permanecer sobre el suelo como una gallina. Y me pregunto si no reside aquí la suprema lección que Dios nos da en la vida de Teresa: ella se alzará por fin a volar altas cumbres, mientras quedamos tantos en el corral picoteando el plebeyo forraje de nuestra medianía.

Qué curioso, a monjas y amigos pasó inadvertido el dramático bajón espiritual de doña Teresa, «porque en lo exterior —anota ella— tenía buenas apariencias». En cambio la faltó valor a Teresa para disimular ante el «bendito hombre» que era su padre:

—Hacíaseme recio verle tan engañado en que pensase trataba con Dios como solía, y díjele que ya yo no tenía oración.

Don Alonso quiso saber qué ocurría y Teresa dio evasivas:

—Púsele mis enfermedades por inconveniente.

El la creyó.

Teresa, por consolarlo, le explica los esfuerzos que hace para no faltar al coro, donde las monjas recitan el breviario en común.

Juega con excusas. ¿Cómo puede achacar a las dolencias su fallo, si cabalmente la etapa anterior, cuando eran más recios sus quebrantos, ella «descubrió» y saboreó el trato amistoso con Dios? Andando el tiempo madre Teresa comentará este episodio a sus monjas:

—El Señor da siempre oportunidad, si queremos; digo siempre... En la misma enfermedad es la verdadera oración, cuando es alma que ama... Aquí ejercita el amor; que no es por fuerza que ha de haberla cuando hay tiempo de soledad y lo demás no ser oración; con un poquito de cuidado, grandes bienes se hallan en el tiempo que con trabajos el Señor nos quita el tiempo de la oración, y así los había yo hallado cuando tenía buena conciencia.

Ahora no los halla por su mala conciencia.

Don Alonso intentó creer las excusas de la hija. Pero a partir de aquel día, venía menos al monasterio, la veía un ratillo, y se marchaba. Sin prolongar la visita. Le disgustaba el parloteo de tanta gente. Tampoco Teresa dedicaba ya mucha atención a su padre:

—Como yo le gastaba (el tiempo) en otras vanidades, dábaseme poco.

Mal cariz llevan las cosas. Teresa intenta engañarse a sí misma ocupándose del grupo de sus «discípulas», «amigas de rezar», a las que anima y orienta:

—Parecíame a mí que ya que yo no servía al Señor... que le sirviesen otros por mí... La gran ceguera en que estaba, que me dejaba perder a mí y procuraba ganar a otros.

Mal cariz...

Muy malo.

Tan malo, que doña Teresa estuvo a punto de hallarse metida en una trampa sentimental. Y de andar en lenguas, lo cual mucho le hubiera apenado.

Entre los visitantes del monasterio hubo «una persona» que cobró afición particular a doña Teresa de Ahumada. Los documentos dan escasas noticias acerca de «esta persona», ni siquiera precisan si hombre o mujer; sería un caballero, porque la relación estrecha y frecuente surgida con la monja no hubiera despertado inquietud en sus compañeras tratándose de una de aquellas damas piadosas admitidas incluso a las celdas dentro del convento. Y tuvo que ser un personaje de calidad, ciertamente bienhechor destacado: cuando Teresa se llevó el primer susto y quiso cortar el trato, las monjas le persuadieron en contrario.

El caso es que a doña Teresa le había surgido su «devoto» especial. Muy distinguido. A fin de cuentas le daría al caballero mayor devoción conversar apaciblemente con la monja que todo Avila celebraba como graciosa y guapa. Ella tampoco puso de entrada reservas al palique, y el corazón se le fue apegando insensiblemente hasta cobrar hacia «la persona» aquella, «mucha afición».

Teresa cuenta que Dios quiso avisarle a tiempo, «bien al principio», removiendo sus mecanismos imaginativos: un día, estando de plática con el visitante, Teresa percibió la figura de

Jesucristo junto al caballero; mientras los demás continuaban su alegre cháchara, ella sufrió atónita el tremendo impacto:

—Representóseme Cristo delante con mucho rigor, dándome a entender lo que de aquello le pesaba.

Alguna confidencia posterior de madre Teresa explicaría detalles, pues la tradición carmelitana concreta que «se le mostró nuestro Señor atado a la columna mui llagado». Nuestra monja quedó más que conmovida:

—Vile con los ojos del alma más claramente que lo pudiera ver con los del cuerpo, y quedóme tan imprimido.

Nadie cuenta si el personaje y los demás contertulios notaron que doña Teresa había estado traspuesta. Ella salió del lance «turbada»:

—Y no quería ver más a con quien estaba.

Quizá fue a la priora con su decisión de no recibir en adelante visitas del caballero «su devoto». Pero no explicaba los motivos; y lógicamente la priora, segura de la ejemplaridad religiosa de doña Teresa, encontró exagerado su recato: hubo en el convento

—gran importunación, asegurándome que no era mal ver persona semejante, ni perdía honra, antes que la ganaba.

Teresa preguntóse a sí misma si no estaría armando un jaleo a cuenta de bobadas suyas: la visión pudo ser pura fantasía «que se me había antojado», y su terquedad iba a disgustar una persona tan cariñosa. Así que

—torné a la misma conversación.

Continuó lo que entonces le parecía «un distraimiento», y llamaría luego «recreación pestilencial».

No ganaba para sustos. El segundo le vino por una coincidencia, nada rara en un caserío inmenso como la Encarnación con su huerta al lado y rodeado de campos. Pero a Teresa, amedrantada desde la visión, casi le costó un síncope. Estaban de charla en grupo con «aquella persona».

—Vimos venir hacia nosotros una cosa a manera de sapo grande, con mucha más ligereza que ellos suelen andar.

Un bicho cualquiera, cuya incursión levantó jolgorio entre los presentes. A Teresa «tampoco» se le olvidó jamás, segura de que tales «sabandijas» nunca las vieron andar por el convento «en mitad del día»: y allí se presentó tan oportunamente...

No todas las carmelitas consideraban inocente la amistad de doña Teresa con «la persona» distinguida. Una religiosa anciana —«que era mi parienta», anota Teresa— le aconsejó cautela, le avisó los peligros de aquel trato excesivamente

llamativo. A Teresa le escocían las advertencias, ponían sal en la llaga escondida. Respondió desabrida, y se disgustó con la monja pariente:
—Parecíame se escandalizaba sin tener por qué.
Sería conveniente, si detrás andaban en juego las fuerzas del bien y las fuerzas del mal disputándose el futuro de madre Teresa, que le viniera cuanto antes un golpe fuerte.
Y le vino.

Le muere su padre.
Han avisado a la priora que don Alonso Sánchez de Cepeda se ha puesto grave.
Son vísperas de la navidad de 1543.
La priora llama a doña Teresa: que vaya a su casa para cuidar de don Alonso y acompañarle los últimos días.
Teresa, la predilecta, correspondió siempre al cariño de su padre. Ahora le comunican la gravedad y ella siente un íntimo desgarro:
—En faltarme él me faltaba todo el bien y regalo.
Marchó inmediatamente a casa. Va maltrecha, «harto mala»; por si fuera poco, desolada, inquieta:
—Fuile yo a curar, estando más enferma en el alma que él en el cuerpo.
Sin embargo, sorbe sus lágrimas y disimula. Quiere compensar «algo de lo que él había pasado» en las enfermedades de la hija:
—Tuve tan gran ánimo para no mostrarle pena y estar hasta que murió como si ninguna cosa sintiera.
La familia Cepeda se juntó alrededor del lecho en el viejo caserón.
¿Cuánta familia?
Hijos, le quedan a don Alonso en casa: Teresa; cuatro de los varones, y la niña Juana. De Castellanos vino la hija mayor María, y su marido Martín. A los hermanos todavía vivos de don Alonso no hay modo de seguirles la pista. Acudió sin duda don Lorenzo, el Cepeda que cantó misa para redondear la dicha de don Juan Sánchez Toledano y rubricar la sincera conversión familiar a la fe católica: del Cepeda clérigo sabemos solamente que ejercía de párroco en Villanueva del Aceral, cerca de Arévalo. Don Pedro, el solitario viudo de Hortigosa, lleva ya cuatro años fraile; por cierto, tampoco le rodaron bien las

cuentas, pues «a la sazón que se metió fraile dexó muchas deudas». Calle por medio frente al caserón de don Alonso vivía su hermano pequeño Francisco. La hermana Elvira, viuda, era madre de aquella Inés alborotadora en la adolescencia de Teresa: ¿qué sería entonces de la pandilla de los primos? Otro Cepeda, don Ruy, vive en Plasencia: ¿lo llamaron? Probablemente. Por supuesto, acudieron sacerdotes y frailes muy queridos del moribundo; antes que ninguno, el dominico padre Vicente Barrón, confesor de don Alonso.

De qué muere don Alonso, tampoco sabemos. De pulmonía, quizá. El frío de Avila resulta muy traidor para personas más allá de los sesenta, frontera de la vejez entonces. Teresa cuenta que su padre sentía «dolor grandísimo de espaldas». «Le acongojaba mucho», y ella le recordó la devoción del viacrucis:

—Díjele yo, que pues era tan devoto de cuando el Señor llevaba la cruz a cuestas, que pensase su Majestad le quería dar a sentir algo de lo que había pasado con aquel dolor.

Ningún alivio cabía propinar a don Alonso más eficaz que sentirle a su hija monja palabras espirituales:

—Consolóse tanto, que me parece nunca más le oí quejar.

Le dieron la extremaunción. Tenía «ganas de morirse», lo confesó a los hijos. Les daba consejo y encargos:

—Le pidiésemos a Dios misericordia para él y que siempre le sirviésemos; que mirásemos se acababa todo.

Enternecido, cuenta don Alonso a sus hijos cuánto le hubiera gustado ser fraile, «de los más estrechos que hubiera». Por fin quedó tres días medio inconsciente:

—Se me arrancaba mi alma cuando veía acabar su vida, porque le quería mucho.

El último día 24 de diciembre, don Alonso recobró el sentido. Notó que se iba: comenzó a recitar el credo; a la mitad, expiró. Teresa escribe:

—Quedó como un angel.

¿Y ella?

Otro aldabonazo, este muy hondo, le ha golpeado por dentro.

18
Los años largos de la rutina
(1544-1548)

Muerto el padre, la familia Cepeda-Ahumada se deshace. Don Alonso deja un barullo de cuentas; prácticamente, la bancarrota. ¿Qué le pasó a nuestro buen hidalgo? ¿Cómo se arruinó?

El 26 de diciembre abrieron su testamento: nombraba albaceas a su hermano el cura don Lorenzo, a la hija monja doña Teresa, y al yerno agricultor don Martín de Guzmán.

Pero a los albaceas no les entregaba dineros y tierras para repartir entre los hijos herederos, les dejaba trampas que saldar: don Alonso había consumido, además de su propia fortuna, los bienes dotales de su primera mujer Catalina del Peso y de su segunda mujer Beatriz de Ahumada.

Apareció inmediatamente un enjambre de cincuenta acreedores reclamando el pago de deudas.

Don Martín el yerno se sintió decepcionado, le pareció que el suegro lo había engañado: en vez de heredar una parte pingüe de los bienes del padre, María, hija de la primera mujer de don Alonso y esposa de Martín, no va tampoco a recibir lo correspondiente a la dote aportada por su madre doña Catalina del Peso. Don Martín de Guzmán decidió plantear un pleito judicial, reclamando a los hijos del segundo matrimonio de don Alonso los derechos de María, única hija sobreviviente del primer matrimonio.

A Teresa, que además de albacea era la mayor de los hijos de la segunda tanda, residentes en España, esta rencilla familiar le acongojó. Le consolaba que ya don Alonso descansa definitivamente de sus penas secretas, enterrado junto a doña Beatriz bajo el pavimento de la parroquia de San Juan.

Aconsejada sin duda por el tío sacerdote, Teresa decidió llevarse consigo a la Encarnación la niña Juana, quien cumple ahora dieciséis años: le hará sitio en su propia celda, se ocupará de instruirla y educarla. Los hermanos —Juan, veintisiete años; Antonio, veinticuatro; Pedro, veintitrés; Agustín, diecisiete— pasan a vivir en casa del tío Francisco, el hermano joven de don Alonso. ¿Por qué abandonan el caserón? Sostenerlo exigiría retener los criados y mantener un costoso tren de vida. Necesitaba la casa reparación urgente: les pareció más conveniente alquilarla cuanto antes.

De todos modos, iban a permanecer poco tiempo alojados en casa del tío: todos ellos tienen pensada su marcha.

Acerca de Juan, los datos resultan confusos. Había intentado entrar dominico en el convento de Santo Tomás la madrugada del 2 de noviembre de 1535, después de acompañar a Teresa hasta el portal de la Encarnación. Los frailes lo enviaron a pedir el permiso a su padre, quien no quiso hablar del tema. Ahora Juan, parece que muy pronto del entierro, llama de nuevo a las puertas del convento, donde le acogieron. Tomó el hábito; y antes de rematar el año de noviciado, murió.

La historia de los otros hermanos, Antonio, Pedro y Agustín, fue mucho más movida.

Vimos páginas atrás que el año 1541, don Cristóbal Vaca de Castro embarcó hacia el Perú con poderes del emperador para castigar a los asesinos de Francisco Pizarro. Dos Cepeda-Ahumada, Lorenzo y Jerónimo, forman parte de la expedición. Vaca de Castro, apoyado por los pizarristas, derrotó al hijo mestizo de Almagro, conocido como don Diego de Almagro el mozo; mandó degollarlo en la misma plaza del Cuzco, donde cuatro años antes había sido ajusticiado su padre. Y por el mismo verdugo: «Así acabó —escriben las crónicas— el pobre don Diego de Almagro el mozo, el mejor mestizo que ha nacido en todo el Nuevo Mundo si obedeciera al ministro de su rey».

Lorenzo y Jerónimo de Ahumada entraron en Indias con buen pie. Enseguida vendrán días azarosos.

Vaca de Castro pacificó el Perú, repartió las encomiendas justamente, potenció la explotación de las minas de oro y plata. Pero su mandato duró menos de un año.

Impresionado por los razonamientos del obispo defensor de los indios fray Bartolomé de las Casas, don Carlos había reunido su Consejo en noviembre de 1542 para elaborar «nuevas leyes» protectoras de los indígenas: estas ordenanzas constituyen un monumento jurídico del respeto a la persona humana, y tenían que enfurecer a los «encomendados» colonos establecidos en América como señores de terrenos con potestad sobre vidas y haciendas. A fuerza de humanizadoras, algunas disposiciones resultaban utópicas, pues desconocían la situación real de las Indias lejanas. Y desde luego fue quimera pensar que todos los conquistadores, hombres endurecidos en fatigas inauditas, iban a dejarse arrebatar riquezas consideradas por ellos el fruto de sus hazañas: se enfrentarían duramente contra el poder real.

Don Carlos escogió dos «virreyes» que implantaran en Indias la nueva ordenación: uno en México y otro en Perú: a México mandó el sevillano Francisco Tello de Sandoval y a Perú, el abulense Blasco Núñez Vela, viejo conocido nuestro como vecino del campo de los Cepeda y hermano de don Francisco Núñez Vela, padrino de bautismo de la niña Teresa.

Hubo en Avila gran gozo por el nombramiento de don Blasco: ofrecía una ocasión preciosa a los mozos ávidos de gloria. Efectivamente, la mayoría de los capitanes elegidos por el nuevo virrey llevaban apellidos familiares en Avila: Tapia, Dávila, del Peso, Mexía... y también Ahumada.

Los hermanos de Teresa Antonio y Pedro, decidieron partir. La enfermedad de su padre les impidió zarpar con la lucida flota que al mando del virrey salió de Sanlúcar de Barrameda en noviembre de 1543; pero ya muerto don Alonso, embarcaron hacia Perú. Serían los primeros meses de 1544.

Queda solo, acogido a la casa de su tío Francisco en Avila, un varón Cepeda-Ahumada, Agustín, diecisiete años. De los siete restantes, seis batallan por tierras americanas y Juan está de novicio dominico en el convento de Santo Tomás.

La expedición del virrey Núñez Vela resultó un infortunio. Don Blasco no disponía de la serenidad, prudencia y astucia precisas para evitar el choque contra los «encomenderos» irritados ante la imposición imperial de las «nuevas leyes»: quiso doblegarlos por la fuerza. Nada más llegar a Panamá pretendió liberar indios peruanos traídos como medio esclavos a casas de algunos mandamases. A los mismos indios les aterró la idea: si volvían a sus tribus, el cacique los sacrificaba al demonio en castigo de haberse bautizado. Don Blasco bajó camino de Lima imponiendo la ley. Los conquistadores «establecidos» resolvieron plantarle cara.

Al frente de los descontentos se puso el hermano de Pizarro, Gonzalo, porque el gobernador Vaca de Castro no quiso pelear contra el virrey de don Carlos. Don Blasco tomó Lima y cometió el grandísimo error de encarcelar a Vaca de Castro, por débil. Gonzalo Pizarro juntó descontentos y rebeldes en Cuzco: «Alzó pendón, tocó atambores», dirigió contra Lima un ejército de cuatrocientos hombres «a caballo y a pie». Apresaron al virrey, lo metieron en un navío y lo enviaron a España.

Pero don Blasco, que no era prudente, valeroso sí era: a la altura de Panamá escapó de la nave y convocó a los leales del emperador. Junto al virrey apareció su hermano Francisco. Entre los más fieles capitanes ocuparon sitio los hermanos Cepeda-Ahumada, «con todo el aderezo de sus personas, de armas e caballos»: consta que acudieron Hernando, Lorenzo, Jerónimo y Antonio; de Pedro no hay noticias.

Después de algunas escaramuzas, los ejércitos del virrey y de Gonzalo Pizarro se enfrentaron en el valle de Añaquito a mitad de enero de 1546: trescientos soldados de don Blasco y setecientos de Pizarro. Una batalla feroz, en la cual murió el virrey don Blasco, amén de muchos capitanes. De los Cepeda-Ahumada, peleó Antonio bravamente: un mandoble le partió la cabeza «que dos clérigos le juntaron apretándole un paño», y a los pocos días murió en Quito. Los otros escaparon malheridos; de Hernando, alférez portador del estandarte real, murmuraron ciertos testigos refiriendo que acobardado dejó caer a tierra «las armas del rey».

Supuesta la ferocidad del encuentro, pereció poca gente: medio centenar en el combate y otros setenta después. Pero a Avila llegaron imprecisas las primeras noticias: la ciudad entristeció dando por muertos sus mozos alistados en la expedición del virrey. Hubo lágrimas y oraciones. También promesas. En su celda de la Encarnación, doña Teresa y su hermanilla Juana ofrecieron, si alguno de sus hermanos salía incólume, peregrinar al santuario de nuestra señora de Guadalupe.

Mientras en Perú Gonzálo Pizarro sentía tentaciones de constituirse «emperador independiente», don Carlos dio poderes a don Pedro de la Gasca, sacerdote del Consejo de la Inquisición, y lo mandó a Lima como presidente de la Audiencia y virrey. Agustín, el joven de los Cepeda Ahumada, dijo adiós a sus dos hermanas del monasterio, y partió alistado a las órdenes de la Gasca.

Llegado al Perú, la Gasca conquistó hábilmente las simpatías de numerosos secuaces de Gonzalo Pizarro. Los leales del emperador dispersos por costas y montañas acudieron a rendirle obediencia. Lorenzo de Ahumada, que vino con sus hermanos Jerónimo y Hernando, entregó a la Gasca el sello real guardado por él desde la muerte de Núñez Vela: «De que el dicho presidente La Gasca recibió gran contento e se lo tuvo en mucho».

La historia de la rebelión acabó dos años más tarde: en el valle Jaquijaguana la Gasca dio batalla a Pizarro, lo derrotó, le cortó la cabeza y la colgó en un «rollo», el poste justiciero. De la batalla Jaquijaguana queda memoria sobre los hermanos Ahumada: pelearon «como buenos soldados e servidores de su majestad». Van a prosperar, especialmente Lorenzo. Hernando ejerce ya de regidor en la villa de Pasto.

Cuando Teresa cuidó a su padre moribundo, al lado del lecho estuvo frecuentemente el fraile dominico Vicente Barrón, confesor de don Alonso. La carmelita y el dominico charlaron ratos largos, sosegadamente. Con él, «muy bueno y temeroso de Dios», se confesó Teresa y realizó un examen concienzudo de su situación espiritual. El padre Vicente le aconseja «comulgar de quince a quince días». Y le impone reanudar, pase lo que pase, su práctica de oración mental, los coloquios personales con Dios:
—Díjome que no la dejase, que en ninguna manera me podía hacer sino provecho.

La huella producida en el corazón de Teresa por la muerte de su padre, favorece sin duda este esfuerzo para encarrilar el ánimo hacia las altas metas, «provisionalmente» aplazadas a causa de «su lamentable estado». El dominico le convence de que abandonar por humildad aparente la práctica de la oración no remedia nada; al revés, la hunde poco a poco en la ramplonería espiritual.

Teresa le obedeció. La presencia de su hermana Juana en la celda y las atenciones que ha de prestarle, también le ofrecen buen pretexto si decide cortar por lo sano los parloteos en el locutorio. Sin embargo ella no está resuelta todavía. Se ha dejado atar por lazos estúpidos; tardará mucho, diez años, en recuperar la libertad total de sus alas. Y lo conseguirá por un toque directo de Dios a su alma.

Se dice pronto, diez años. De los treinta a los cuarenta de su edad, Teresa gasta una parte sustancial de su vida en la rutina del convento. Nadie dirá de ella que falte a las reglas, ni mucho menos. La tienen por monja ejemplar. Lo es, bajo ciertos aspectos. Cumple los horarios escrupulosamente; le ven piadosa, recatada; evita las faltas y anima a sus compañeras a buscar la perfección; saben las monjas que Teresa se aplica penitencias «con grandísimo rigor». Disimula los dolores, lleva la sonrisa prendida en la cara, «siempre muy regocijada»: no gusta de posturas fingidas, da un aire normal, desenfadado a su trato.

Por eso el monasterio la considera «un lujo», una mujer que hoy llamaríamos «de relaciones públicas»: la indicada para cuidar las visitas de gente distinguida. El padre provincial de los carmelitas, a quien corresponde la autoridad superior del monasterio, y la madre priora que gobierna directamente, recurren a doña Teresa cuando les alcanza el compromiso de complacer alguna dama bienhechora deseosa de compañía espiritual: allá va nuestra monja a pasar unos días, o unas semanas, fuera del convento. De doña Teresa, «pueden fiarse».

Es Dios, quien «no puede fiarse». Teresa conoce bien la situación, sabe que anda con el corazón partido. Desde el entierro de su padre, ella permanece fiel a la promesa que le arrancó el padre Vicente: «tornar a la oración». Así se halla en dos frentes: de una parte, atada a las vanidades y a los chismes del trato mundano; de otra, rendida sumisamente en presencia de Dios. Esta tensión íntima la describe madre Teresa con una frase insuperable, de esas suyas que quitan el aliento:

—Por una parte me llamaba Dios; por otra yo seguía al mundo. Dábanme gran contento todas las cosas de Dios; teníanme atada las del mundo.

Fue consciente de que intentaba «concertar estos dos contrarios tan enemigos»; y que el tironeo íntimo pudo acabar con ella:

—En la oración pasaba gran trabajo, porque no andaba el espíritu señor, sino esclavo; y así no me podía encerrar dentro de mí.

Sabe Teresa que el trato espiritual con Dios exige un comportamiento cuidadoso para crearle al alma una atmósfera serena. Como ella no atiende este punto, los ratos de oración se le hacen trabajosos, ya que trae llena su fantasía «de vanidades» y bobadas. Sin embargo, Dios la sostiene: como si quisiera premiarle el arranque de fidelidad a que se ha comprometido «tornando». Teresa «se espanta» de comprobar los regalos caídos sobre su alma en las horas de oración:

—En el tiempo que yo más os ofendía, en breve me disponíais con un grandísimo arrepentimiento para que gustase de vuestros regalos y mercedes... con regalos grandes castigabais mis delitos.

Esta generosidad divina, aunque Teresa comprendía que la mediocridad de su «vida doble» trataba el desarrollo de los planes previstos a cuenta suya, le hizo ver que Dios nunca más «la soltaría»:

—Bien sé que dejar la oración no era ya en mi mano, porque me tenía con las suyas el que me quería para hacerme mayores mercedes.

Ahora es el viejo y tenaz papa Paulo III quien decide abrir el concilio de la iglesia universal, cueste lo que costare. Ha elegido la ciudad de Trento, situada en el norte de Italia y en terreno imperial, así que tanto el emperador como los príncipes italianos estarán a gusto. Además, la zona conserva caracteres germánicos y sus habitantes hablan alemán, lo cual facilita el acceso de los teólogos protestantes.

La dificultad máxima reside, faltaría más, en las querellas entre Francisco I y Carlos V.

El rey francés imagina, con razón, que del concilio derivará el emperador mayor brillo para su función de «custodio espiritual» de Europa. A Francisco I le amargan la vida los éxitos de don Carlos. Un escritor cortesano le oyó en París una noche de confidencias este lamento a cuenta de los poderes imperiales atribuidos a la corona española en los descubrimientos de América:

—Que me enseñe el emperador la cláusula del testamento de Adán donde le deja todo eso.

A partir del abrazo que Carlos y Francisco se dieron en 1538, gracias a la mediación del papa, estuvieron a punto de hacerse realmente amigos. Tanto, que en 1539 el rey francés apoyó al emperador en una circunstancia difícil. Se le había sublevado a don Carlos nada menos que Gante, su ciudad natal: rechazaban el pago de impuestos, acogiéndose a privilegios históricos. Los de Gante pidieron auxilio a Francisco I, quien lo negó; y además facilitó el paso del ejército imperial desde España por Francia hacia Flandes: tributó a don Carlos un recibimiento glorioso en París. El emperador ocupó Gante y ajustició los veintiséis rebeldes principales.

De Flandes don Carlos pasó a Alemania, donde presidió en primavera de 1541 una Dieta en la ciudad de Ratisbona: tres teólogos católicos y tres teólogos luteranos debatieron ante el emperador y los príncipes alemanes los puntos religiosos en litigio. No hubo acercamiento. El emperador resolvió que fueran promulgados como válidos para el territorio germánico los puntos aceptados por todos los teólogos católicos y luteranos; los discutidos, quedaban pendientes hasta la celebración del concilio.

Bajó don Carlos desde Alemania hasta Italia, con idea de proponer a Andrea Doria una expedición de castigo contra el corsario Barbarroja, quien respaldado por el sultán turco seguía pirateando las costas mediterráneas. Trazaron el plan. El emperador navegó desde Génova a las Baleares: acudieron en septiembre de 1541 doscientas naves con veinte mil infantes y dos mil jinetes. Desembarcaron al costado de Argel el 13 de octubre. Cercaron la ciudad. De pronto, furiosos huracanes y tormentas destrozaron el campamento imperial y hundieron numerosas naves. Los argelinos aprovecharon la oportunidad y atacaron de improviso. El desastre fue serio. Doria recogió como pudo los soldados en las galeras; hasta tuvieron que arrojar caballos al mar pues el corto número de embarcaciones no daba cabida suficiente. En España temieron que don Carlos había perecido, así que a pesar de la desgracia le acogieron triunfalmente cuando en diciembre llegó a Cartagena.

Francisco I volvió a dejarse tentar entonces por las alianzas turcas: pactó con Solimán y Barbarroja un ataque simultáneo a varios flancos del imperio por tierra y por mar. Comenzó así ¡la cuarta guerra! entre los dos «monarcas cristianísimos», para desesperación del papa a quien le retrasaban de nuevo el concilio. La guerra duró tres años, de 1542 a 1544. Con suerte alterna, se zurraron de lo lindo y acabaron sin aclarar absolutamente nada firmando la paz en la aldea de Crépy: el uno al otro devolvieron los terrenos conquistados y Francisco prometió renunciar para siempre a la alianza turca. Murió sin tiempo de quebrantar el juramento...

Pacificados los monarcas con la paz de Crépy en otoño de 1544, el papa decidió que había llegado la hora del concilio anhelado por la cristiandad entera.

Le habían fallado ya dos convocatorias, pero ésta por fin resulta: el 13 de diciembre de 1545 se abrió solemnemente el concilio, bajo presidencia de los cardenales legados pontificios; por desgracia, sin teólogos protestantes: los confederados de Esmalkalda habían acordado que sólo acudirían a Trento si el papa concurría en calidad de acusado.

El concilio giraba sobre los dos polos del emperador y el papa. Surgieron divergencias iniciales. Paulo III deseaba discutir de entrada definiciones dogmáticas, para aclarar los puntos doctrinales discutidos entre luteranos y católicos. El emperador prefería retrasar la polémica doctrinal, por no excitar a los protestantes; y plantear decretos de reforma religiosa que demostrarían la buena voluntad de la iglesia. Resolvieron dividir cada sesión en dos partes, una doctrinal y otra de reforma.

Comenzó por fin la magna asamblea, destinada a ejercer una gran influencia en la vida cristiana. También de las monjas de clausura...

Nadie sabe, los ángeles callaron. En el pueblecito Fontiveros, de Avila, ha nacido el año 1542 un niño llamado Juan. Hijo de un matrimonio que se gana la vida ejerciendo el oficio de tejedores. La madre queda viuda y pasa serias dificultades para sacar sus dos hijos adelante. El mayor, Francisco. El pequeño, Juan; será fraile: primero completará su nombre como «fray Juan de Santo Matía»; luego lo cambiará en Juan de la Cruz.

A don Francisco de Borja, duque de Gandía y marqués de Lombay, le ocurren estos años varias decepciones. Ha cumplido bien de virrey en Cataluña. El emperador le quiere, y está muy agradecido a su lealtad. Don Carlos escoge a Borja como mayordomo mayor de la princesa María, la hija del rey de Portugal elegida esposa del príncipe español Felipe. Pero la reina portuguesa, madre de la esposa, recusa el nombramiento porque le disgusta el carácter de doña Leonor de Castro, mujer de Borja. Amargado, Francisco de Borja deja la corte y se retira a su ducado de Gandía. Allí en la primavera de 1546 le alcanza la última desgracia: muere doña Leonor su esposa. Borja pide luz al cielo; y a las puertas del verano toma una decisión de la que Ignacio de Loyola dijo: el mundo no tendrá oídos bastantes para escuchar tal estampido. Borja ha hecho voto de entrar jesuita.

Doña Teresa de Ahumada...

Teresa consume discretamente sus diez años de medianía en el monasterio de la Encarnación. Pero ella adivina que algo ha de ocurrir. Pronto; algo.

¿Qué?

Navega «un mar tempestuoso»:

—Ni yo gozaba de Dios ni traía contento en el mundo... Quisiera yo saber figurar la cautividad que en estos tiempos traía mi alma.

Cumple trabajosamente su ejercicio diario de oración. Le cuesta un mundo. Preferiría sustituirla con «no sé qué penitencia grave», cualquier sacrificio le parecería más leve. Le entra a veces gran tristeza. A pesar de todo, cumple su propósito:

—En fin, me ayudaba el Señor; y después que me había hecho esta fuerza, me hallaba con más quietud y regalo.

Confiesa que «la guerra» le resulta «penosa»:

—No sé cómo un mes la pude sufrir, cuánto más tantos años.

Quienes «tratan de oración» perciben la presencia de Dios en su vida con particular intensidad. Entonces les toca «soportar», si fallan, una situación notable:

—Tratar traición al rey y saber que lo sabe y nunca quitársele de delante...

Algo ha de ocurrirle a Teresa, pronto.

Algo, ¿qué?

19
Su «conversión»: Teresa cruza la frontera
(1549-1554)

Los «años largos» de mediocridad espiritual representan para doña Teresa de Ahumada el tormento secreto suyo ante Dios: por fuera, las compañeras le consideran una monja ejemplar, «santa» incluso. Les maravilla verle atenta a las minúsculas necesidades de cualquier enferma; se ofreció voluntariamente para el oficio de enfermera. No era mujer de resquemores; a quienes le demostraron malquerencia respondía con señales «de grande amor». La penuria del monasterio amargaba la existencia de algunas monjas venidas de familia pobre: trabajaban, sobre todo hilando; pero «la ganancia no les alcanzaba para vestir y calzar». Ocurrieron lances patéticos; el de la religiosa que «sin zapatos» en tiempo de mucho frío, se fue al santo Cristo del coro, le enseñó los pies y le dijo: «Bien sabéis Vos, Señor, que no tengo con qué comprarlos, ni quién me los dé». La tradición posterior del monasterio contaba que «luego la llamaron al torno y la pusieron en él unos zapatos, sin saber quién los traía». Uno de los caminos misteriosos por los cuales socorrió el Señor a muchas carmelitas, necesitadas «de mayor ración», fue la ayuda discreta de doña Teresa. La pobreza tenía lacerado el corazón de la priora, que lloraba de pena por no ver remedio: llegó a temer la desaparición del monasterio. En estas condiciones la delicadeza cobra significado, y resulta lógico que hasta de minucias queden rastros conmovedores. Doña Teresa, «por no acostarse sin hacer una piedad», salía a un paso malo y oscuro, «por donde todas pasaban para ir al coro y dormitorio»: y allí estaba alumbrándolas con una velilla. Varios papeles insisten en que, sin hacerse notar, plagaba y zurcía las capas: «que serían hartas, pues había al pie de doscientas religiosas». Como además la veían dedicada fielmente a sus ratos de oración, y conocían ciertas penitencias cumplidas por ella a escondidas, la voz común del monasterio le puso un halo dorado para toda la vida declarándola «hermosa, discreta y santa». Varios testigos de calidad, uno muy cualificado, su devoto padre Gracián, afirman que madre Teresa llamó luego «falsos testimonios» esos tres elogios: el primero, la hermosura, «porque cuando oyendo esto se miraba en el espejo no acababa de atinar por qué le levantaban tan gran mentira». Aunque también es verdad que lo de hermosa y discreta lo sabía y se lo creía.

El de «santa», especialmente. «Siempre entendía que se engañaban», confió a un padre carmelita: «no soy tan boba que ni siquiera una vez me lo haya creído, aunque no sea más que un tantico».

¿Podía ella «creerse santa» mientras «largos años» aplaza la respuesta que Dios espera? La Encarnación se ufana con las cualidades «agradables y muy amorosas» de su monja doña Teresa, capaz «de acomodarse a todas las personas y condiciones por ásperas que fuesen», deliciosa mujer «de trato llano y muy humilde». En la celda, donde a su lado vive y duerme la hermanilla Juana, conversan frecuentemente algunas monjas sobre temas piadosos. Un padre carmelita venido a inspeccionar el monasterio anota en sus informes la presencia de doña Teresa «morena y de buena estatura, el rostro redondo y muy alegre y regocijado, amiga de buenas y discretas conversaciones». Un encanto, por fuera. Dentro, ella sabe que algo ha de ocurrir...

Mientras, los años pasan. Monótonos. Juana crece, doña Teresa procura no aislarla completamente del trato con muchachos: si no desea quedarse monja, habrá que casarla. Los correos de América traen noticias de los hermanos. Algo ha de pasar. ¿Qué ha de pasar?

M ientras Teresa aguarda un signo para orientar definitivamente su destino, a España le ocurren notables eventos.

El emperador don Carlos ha concertado la boda de su hijo Felipe con doña María Manuela, hija del rey portugués. Los novios son dos veces primos hermanos. El emperador tuvo planes distintos, pero acepta complacer los deseos de su hijo. Cuando Felipe casa en Salamanca con su prima María Manuela, ambos jóvenes de dieciséis años, don Carlos anda guerreando por Europa: ha dejado a don Felipe la regencia de España. El príncipe regente, apuesto, majestuoso, dista mucho de la imagen tenebrosa que la leyenda posterior le atribuye. Muchacho serio, afable, quizá interiorizado prematuramente por la muerte de su madre Isabel —la emperatriz cuyo rostro «se pareció a la virgen María»—, instruido bajo excelentes maestros, Felipe mostró disposición para las ciencias y le costó trabajo parlotear idiomas. Lo pasa bien con fiestas juveniles, ama los pájaros y las flores, el deporte, la música, toca la guitarra, canta mal, juega a las cartas después de la cena, madruga si hay cacería, aguanta firme en los torneos. Ni de lejos semeja el tenebroso monarca conjurado por las mamás inglesas para asustar a los niños. Después de la boda, Felipe llevó su mujer a visitar la anciana abuela doña Juana la Loca, todavía viva en Tordesillas: tan contenta se puso la infeliz, perturbada, que pidió a sus nietos le bailaran; y sonriente los miró trenzar una danza a lo largo del inmenso salón.

Don Carlos deja por consejeros de su hijo al cardenal de Toledo Tavera, al secretario imperial Cobos y al duque de Alba. También le deja un pliego de preciosas advertencias.

Don Felipe inicia dichoso su gobierno en España, convenciendo repetidamente a las Cortes para que manden substanciosos subsidios al emperador, quien consume recursos y hombres frente a los múltiples enemigos del imperio.

La primera sesión del concilio universal reunido en Trento se vio amenazada por la presión de los príncipes protestantes: la «liga de Esmalkalda» hasta soñó con atacar la misma ciudad de Trento. Don Carlos desbarató sus planes realizando duras campañas primero sobre el Danubio y luego sobre el Elba, rematadas gloriosamente en la batalla de Mühlberg: Derrotó los ejércitos protestantes y apresó al obeso elector de Sajonia Juan Federico, caudillo luterano. En Mühlberg Carlos, a pesar de un cruel dolor de gota, había permanecido con sus soldados veintiuna horas a caballo; Tiziano inmortalizó la batalla pintando un cuadro fascinante, perfecto.

Por rencillas de medio pelo, el papa y el emperador se disgustaron: Paulo III retiró a Bolonia la sede del concilio; Carlos V pactó una tregua con los protestantes en Ausburgo, sin sacar provecho a su esfuerzo bélico. Antes que pudiera reconciliarse con don Carlos, Paulo III murió, el año 1549.

Don Carlos pidió a su hijo Felipe que acudiera a Flandes, y le hizo jurar heredero: para llevarlo luego a la Dieta alemana, donde confiaba le reconocieran también sucesor suyo en la corona imperial. Don Felipe venía ya viudo de la prima portuguesa, fallecida de sobreparto al nacer su hijo Carlos. El más destacado de los cortesanos que rodean al príncipe Felipe, con cargo de «sumiller de corps», es el portugués Ruy Gómez de Silva, venido a España como paje de la emperatriz y amigo de infancia de Felipe: duque de Pastrana, está casado con la princesa de Eboli, dama famosa destinada a robar la paz conventual de madre Teresa.

Los flamencos obsequiaron rendidamente a don Felipe; los alemanes, en cambio, no quisieron adjudicarle la herencia imperial, y menos que nadie su tío don Fernando: le había tomado gusto al cetro.

Don Felipe regresó a España en julio de 1551. Su padre don Carlos queda en Alemania, vigilando el desarrollo de la segunda etapa del concilio, reabierto en Trento por el nuevo papa Julio III. Han acudido por fin teólogos protestantes. Pero los príncipes capitaneados por Mauricio de Sajonia, sucesor de Juan Federico derrotado en Mühlberg, plantean al emperador la «segunda guerra de Esmalkalda». Esta vez la fortuna sonrió a los luteranos, verdad es que apoyados por Enrique II, hijo y heredero del rey francés don Francisco I. Mientras los obispos de Trento discutían sobre la eucaristía y la penitencia, Mauricio de Sajonia invadió Alemania del Sur, y a punto estuvo de capturar al emperador en Innsbruck: don Carlos escapó en camisa una noche de mayo de 1552 por los vallecitos del Brénero. Con los ejércitos luteranos a pocas leguas de Trento, los padres conciliares cerraron la segunda etapa del concilio y disolvieron la asamblea. El emperador rehizo sus cuadros. Pero en las conferencias de paz, ya los príncipes protestantes imponían condiciones, ciertos del triunfo a corto plazo: Carlos V ha envejecido.

Ah, dejemos no obstante constancia de un dato curioso: el austero y gotoso emperador ha vivido estos años en Alemania su romance amoroso con Bárbara Blomberg, quien le da a luz un hijo llamado Juan; será don Juan de Austria. Dieciocho años más joven que don Felipe.

Quedan escasos datos, prácticamente ninguno, referentes a los tres, cuatro últimos años del período conventual «mediocre» vivido por madre Teresa en su monasterio de la Encarnación antes que ocurriera «ese algo» desencadenante, impulsor hacia nuevos horizontes. Da mucho margen de reflexión tal carencia de noticias: indica la vulgaridad reservada para la trayectoria biográfica de doña Teresa de Ahumada si llega a permanecer en el bonancible puerto de la medianía, donde sestean bajeles capaces quizá de grandes hazañas pero ahí paralizados. Teresa se salvó...

A fines del verano de 1549, las dos Cepeda Ahumada, doña Teresa la monja carmelita y su hermana Juana, moza ya casadera en los veintiuno de su edad, cumplieron la promesa de peregrinar a Guadalupe para rogar por sus hermanos varones soldados en Indias. El santuario, acogido a las estribaciones meridionales de la sierra de Guadalupe, venera, según la leyenda, una imagen regalada por el papa Gregorio Magno a san Leandro de Sevilla y que según la tradición llevaron a las montañas los clérigos andaluces para salvarla de los moros a principios del siglo octavo: quinientos años más tarde sus apariciones ganaron la devoción de la serranía, y a finales del XV se convirtió en patrona de los conquistadores partidos a Indias. El pensamiento de las familias atribuladas por sucesos americanos, volvía inmediatamente hacia la virgencita de Guadalupe.

Suponemos que a Teresa y Juana les acompañó otra monja, cumpliendo la norma de salir las carmelitas en pareja. Quizá Juana Suárez, la antigua amiga de doña Teresa. A no ser que la madre priora considerara a la hermana seglar «casi monja», dada su estancia en el monasterio, ya cuatro años largos, y autorizara el viaje de las dos sin acompañante. Con mayor razón si, como es probable, se incorporaron a una de las acostumbradas peregrinaciones dispuestas para rendir viaje el ocho de septiembre a las puertas del santuario.

Los caminos desde Avila hasta Guadalupe tenían que salvar las serraría de Gredos, cruzar el río Tiétar, repasar los campos de Talavera, atravesar el Tajo en Puente del Arzobispo, buscando la hendidura del Guadarranque entre las sierras Altamira y Guadalupe. No parece disparatado que Teresa y Juana visitaran parientes Cepeda y parientes Ahumada, más o menos cercanos, esparcidos en aquella zona. Ciertamente vieron la casa de unos primos donde moraba la joven María Ocampo, futura carmelita. Hasta es posible que a la vuelta desviaran su ruta hacia levante y cerca de San Martín alcanzaran el monasterio jerónimo de Guisando, en el cual había ingresado fraile tío Pedro Cepeda, anciano señor de Hortigosa tan certero a la hora de prestar libros a su sobrina.

Tampoco sabemos qué parte cupo a Teresa en las relaciones de su hermana Juana con el contrapariente llamado Juan de Ovalle, hermano de un Gonzalo precisamente casado con una hija del tío Pedro ahora fraile jerónimo en Guisando. La carmelita intervino sin duda en el asunto; aunque quizá ella hubiera deseado para su niña Juana un marido «más recio»: Juan, nadie lo diría viéndole melindroso y aniñado, había servido armas «cuando mozo» en las guerras del emperador; pero manifestó un carácter infantil nada atractivo a ojos de su cuñada monja. Teresa quería a Juana «más que a ninguno de sus hermanos, por tener lindo natural y condición». Juana, cuyo temperamento «no parece pueda tener aspereza con nadie», salió del monasterio a casarse «dotada de grandes virtudes que se le habían pegado de la compañía de su santa hermana». La boda tuvo lugar el año 1553, y el matrimonio se instaló en Alba de Tormes, siempre con cercanía afectuosa de doña Teresa:

—Yo he harta lástima a mi hermana... la pobreza es ocasión para que todos la tengan en tan poco... verdaderamente es mártir en esta vida.

A los cariños de Teresa corresponderán los Ovalle con abundantes disgustos y algunas alegrías. En momentos delicados vamos a verles ayudar generosamente a la monja. Andando el tiempo, le «regalarán» su hija Beatriz, un sol de criatura inteligente y linda; a quien la tía Teresa, viéndole lucir «sus cabellos de finísimo oro y el talle airoso» profetizó socarrona:

—Beatriz, andad por donde quisiéredes, que vos monja havéis de ser.

Excelente monja, fue.

«Algo», por fin, ocurrió.

Dos instrumentos utiliza el Señor para despertar el espíritu de Teresa, igual que se sacude el trigo en la era. Dos signos: una imagen y un libro.

Conocemos la fecha con bastante precisión, sería cuaresma de 1554. También el libro, conocemos. Sobre la imagen, en cambio, existen documentos confusos.

Pero el resultado, nada confuso: el sol aquel posado al pecho de Teresa en Castellanos y tibiamente adormecido esta larga temporada de casi docena y media de años, aquel sol arranca a caminar su horizonte, del alba hacia mediodía; sin que haya de pararse ya, sin aflojar el paso, a ritmo creciente. Fúlgido, arrebatador.

Ha ocurrido «la conversión»: Teresa cruza la raya de la cual no se vuelve. Quema las naves. Responde, pues la están llamando. Se entrega, dice sí: hágase en mí según tu palabra.

Habían madurado sus deseos; ella sentíase aburrida, fastidiada con el juego a dos bandas:

—Ya andaba mi alma cansada y, aunque quería, no la dejaban descansar las ruines costumbres.

Teresa comprueba que la frivolidad del trato mundano dentro de su monasterio seca, paraliza los impulsos hacia una vida de mayor perfección. A monjas futuras les suplica «escarmienten en mí»:

—Les pido yo, por amor de nuestro Señor, huyan de semejantes recreaciones.

Nadie quizá lo supo, aquel día en la Encarnación. La vida monótona siguió su curso. Teresa recibe a solas el aldabonazo, el torrente invasor de gracia divina. Se puso a llorar, silenciosamente...

Por fuera, apenas nada; un encuentro fortuito, bien sencillo. A causa de las celebraciones piadosas de cuaresma, una imagen —ignoramos si estatua o cuadro— quedó momentáneamente depositada en la celda de doña Teresa de Ahumada, justo en el rinconcito dedicado por ella a oratorio. ¿Cuántas imágenes parecidas lleva Teresa vistas en casi veinte años de convento? Infinitas. Pero ésta, la «vio» distinta:

—Era de Cristo muy llagado y tan devota que, en mirándola, me turbó de verle tal, porque representaba bien lo que pasó por nosotros.

Teresa «leyó» la lección de la imagen.

De años, desde jovencilla, se había acostumbrado a «representarse» a Cristo «dentro de sí», sobre todo aquellas escenas de la pasión donde Jesús aparece solo, abandonado de los amigos: «parecíame a mí que estando solo y afligido como persona necesitada, me había de admitir a mí». Cuenta que «de estas simplicidades tenía muchas, en especial me hallaba muy bien en la oración del huerto». Para «componer» las representaciones íntimas, le ayudaba utilizar un rato de lectura; también, «ver campo, o agua, flores»; y más que nada contemplar imágenes: le daba pena de los protestantes «que por su culpa pierden este bien»:

—Parece que no aman al Señor, porque si le amaran holgáranse de ver su retrato, como acá aun da contento ver el de quien se quiere bien.

Pero esta vez, sin saber dónde estaba la luz, si fuera en la imagen o dentro en sus ojos, «vio distinto», profundo: recibió un golpe, una llamada. Teresa «entró» en el escenario, penetró, «fue recibida»... ¿Dónde? Hemos anotado páginas atrás que Teresa desde jovencilla percibía de vez en cuando la sensación de estar sitiada, cercada; y por supuesto «alguien» tiraba de ella: alguien acerca de cuya identidad no le cabían dudas. Ahora llega el instante decisivo y Teresa entra «en la presencia de Dios»: no el Dios inaccesible del antiguo testamento acercado al patriarca Abrahán, a Noé, a Moisés mediante recursos simbólicos de viento, de voces, de nubes, de zarza ardiente; sino el Dios padre y amigo venido hasta nosotros gracias a la encarnación del Verbo hecho hombre en las entrañas de la Virgen. El Dios Jesucristo nacido en Belén, predicador por Galilea, condenado ante Poncio, crucificado, y al fin glorioso. Ante Cristo, ante la presencia de Dios padre y amigo nuestro Teresa comprende, comprende todo. Lo suyo y lo de Jesús; los pecados y deficiencias suyas, los aplazamientos, la sordera; y la misericordia, la bondad paterna de Dios, el amor de Cristo sufriente:

—Fue tanto lo que sentí de lo mal que había agradecido aquellas llagas, que el corazón me parece se me partía, y arrojéme cabe Él con grandísimo derramamiento de lágrimas, suplicándole me fortaleciese ya de una vez para no ofenderle.

Me resulta interesante, hasta gracioso, comprobar que Teresa de Ahumada no pierde nunca el sentido de la realidad. Si hubiera que destacar, entre docenas de matices, una cualidad suya definitiva, permanente, solo una, pienso sería necesario escoger el sentido común. Doña Teresa nunca pierde el pulso, a cada circunstancia da la respuesta adecuada. Las cosas ocurren pidiendo contestación, réplica. Pues Teresa «corresponde» a las situaciones insólitas adoptando una actitud conveniente. Aquí por ejemplo, ante la inesperada sorpresa de hallarse cara a cara con Cristo, sus mecanismos psicológicos funcionaron a ritmo enérgico y le señalaron la postura correcta. De tiempo atrás profesaba devoción a «la gloriosa Magdalena», cuyos ademanes copió «pensando en su conversión». Teresa se tenía a sí misma por falsa Magdalena, porque derramadas sus lágrimas «presto se me olvidaba aquel sentimiento». Ahora Teresa intuye que ha llegado el momento de imitar en serio a Magdalena, le toca comportarse de veras al modo de una arrepentida:

—Estaba ya muy desconfiada de mí y ponía toda mi confianza en Dios: paréceme le dije entonces que no me había de levantar de allí hasta que hiciese lo que le suplicaba.

Suplicaba perdón y fortaleza. Obtuvo ambas mercedes, desde luego:

—Creo cierto me aprovechó.

Pasaron años, y cuando ella refería a ciertas amigas este episodio de su conversión, concluía el relato con una sonrisa:

—Porfié y valióme.

De momento, nadie lo supo. Que doña Teresa anduviera un poco sonámbula, «embebecida», ni les chocó a sus compañeras monjas tratándose «de una criatura bastante original» capaz de ofrecer alternativamente profundos ensimismamientos y simpáticos desenfados. A mí me gusta evadirme de los meridianos y paralelos con que encasillamos las realidades humanas. Trato de adivinar el juego de fuerzas misteriosas operantes sobre nuestro planeta. Contemplo la Tierra desde fuera, redonda, arrugada, indigente de alguna ternura. Supongo el atractivo que aquella tarde de fresca primavera ofrecería mirado en los espacios este «cuerpo celeste, opaco, que llamamos Tierra y que sólo brilla por la luz refleja del sol», visto cuando una mujer, aislada de los acontecimientos aparatosos que entretienen la vida sonora colectiva, fue atravesada por un ímpetu poderoso de energía divina y alzada hasta otras órbitas. La «animación» llamada Teresa de Ahumada tuvo «muertos» sus elementos materiales quince años atrás: cayó en coma y a poco la entierran. Al cuarto día, resucitó. Ahora la misma «animación» soporta una especie de «muerte espiritual» para resucitar sostenida por un vigor divino. Madre Teresa utilizará más tarde una imagen deliciosa en el capítulo segundo de las *Moradas*. Esta «muerte y resurrección» le resulta semejante a la peripecia del gusano de seda, «grande y feo», según le han contado: «yo nunca lo he visto, sino oído, y ansí, si algo fuere torcido, no es mía la culpa». Le maravilla «cómo se cría la seda», «con el calor, en comenzando a haver hoja en los morales», y los gusanillos «con las boquillas van de sí mesmos hilando la seda y hacen unos capuchillos muy apretados, adonde se encierran». Hasta que «el gusano se acaba» y sale «del mesmo capullo una mariposica blanca muy graciosa»:

—Si esto no se viese, ¿quién lo pudiera creer?

Le da cierta compasión el «pobre gusanillo» que «pierde la vida en la demanda», pero le fascina el acontecimiento:

—Yo os digo de verdad, que la mesma alma no se conoce a sí; porque mirad la diferencia que hay de un gusano feo a una mariposica blanca.

Desde los arrabales del cosmos vieron los ángeles quedarse colgada aquella mariposica primaveral en el aire tembloroso de Avila...

Tengo prisa de anotar un aviso: Teresa, levantada hasta la nube misteriosa donde Dios habita, no se deshumaniza. Cierto, de algún modo va a elevarse, la integran en la esfera sobrenatural. Su «conversación», su trato será «divino». Pero las calidades humanas de su figura en vez de anularse cobran energía renovada. Lo cual no debiera asombrarnos considerando el misterio de la persona divina del Verbo como sostén de la naturaleza humana de Jesucristo, quien porta en sí la cifra suprema de nuestros valores temporales. Esta mujer, que veremos «descaradamente mística» a partir de su «conversión», está sin embargo en tierra, pisa y trajina. Más, hay que decir más: cabalmente al «divinizarse», la Teresa de Ahumada que a primera vista pudiera evadirse del contorno histórico, entra con fuerza y urgencia en el escenario donde los hombres juegan sus partidas. «Esta» Teresa va a caer de bruces sobre el avispero ideológico, social y político. No se despega de su escenario, al revés. Y qué mal plantean la interpretación de la figura de madre Teresa quienes desgajan su persona del marco donde le correspondió «realizarse» como contemplativa, orante, y como fundadora. Cabalmente la «conversión» y el «endiosamiento» de Teresa la proyectan, la sumergen hasta el cuello en el mar proceloso de su época. El tejido sutil de las alas de nuestra recién nacida «mariposica blanca muy graciosa» recibirá golpes impetuosos de huracanes llamados Inquisición, Felipe II, nuncio papal, princesas y príncipes, luteranos, turcos, indios de América: ha de revolotear colinas y valles del mapa donde los hombres trafican. Lo único que cuesta entender es cómo tan «divina», tan alta, pudo al mismo tiempo Teresa empalmar y comprometer su biografía con los riesgos humanos. Comportarse tan humana. Quizá pudo, cabalmente, porque fue tan divina.

El arpón está clavado. Las entrañas de Teresa perciben la actitud de fermentos que operan en silencio. El pulso espiritual acentúa su ritmo. La monja «nueva» nacida de la vieja crisálida necesita un mínimo instrumental que la sostenga en el período de maduración. El motivo se adivina: conviene reforzar el proceso con elementos suplementarios. Aquí, precisamente, aparece un libro en las manos de Teresa. Curiosa coincidencia, cada paso decisivo de la trayectoria espiritual suya, viene sostenido por la oportuna lectura de un libro: *Las cartas* de san

Jerónimo, al enfrentar su crisis vocacional; el *Abecedario* de Osuna, en Castellanos; los comentarios a Job, durante la enfermedad. Ahora...

Un libro de san Agustín. Otro célebre «convertido». Otro arrebatado.

A Teresa la figura y biografía de Agustín le caía grata desde la permanencia con las agustinas de María Briceño en el internado de Santa María de Gracia. Sus obras las desconocía, porque no circulaban aún en romance, y las monjas de la Encarnación arañaban el latín apenas lo suficiente para recitar salmos a coro. Un agustino, Sebastián Toscano, tuvo la feliz ocurrencia de traducir las *Confesiones* al castellano; entregó el manuscristo al impresor salmantino Portuariis, quien lanzó la primera edición el mes de enero de 1554. Cayeron en manos de nuestra monja:

—El Señor lo ordenó, porque yo no las procuré ni nunca las había visto.

Teresa devoró aquellas páginas, en las cuales creía reconocerse: un santo pecador, a quien «después de serlo, el Señor tornó a sí»; le procuraba «mucho consuelo»:

—Cuando llegué a su conversión y leí cómo oyó aquella voz en el huerto, no me parece sino que el Señor me la dio a mí.

Otra vez «deshecha en lágrimas», rendida ante Dios «con gran aflicción y fatiga». La «conversión» ha tocado las raíces psicofísicas de doña Teresa de Ahumada, quien tiene conciencia de haber «salido de aquella muerte tan mortal» donde vivía.

Van a precipitarse los acontecimientos.

20
Que si Dios, que si el diablo
(1555)

Circulan por Avila confidencias inquietantes:
—Doña Teresa de Ahumada...
—¿Vendrá la Inquisición? ¿Y si cae la Inquisición sobre las monjas?

Pocos saben de verdad qué ocurre. Pero muchos hablan a media voz de la monja carmelita, si será visionaria, si está «alumbrada». Dos personas respetables estudian el caso, alguien da los nombres:
—El maestro Daza y don Francisco Salcedo.

A todos les acucia la comezón de presenciar acontecimientos insólitos: ¿tendremos en Avila un caso parecido al de sor Magdalena de la Cruz, la priora de las clarisas de Córdoba?

De todas las mujeres moradoras del monasterio de la Encarnación, quizá sea doña Teresa de Ahumada la menos a propósito para pasar disimulada si algo serio le ocurre. Lleva vividas aquí tres etapas. La primera, cuando llamó de madrugada pidiendo sitio, huida de su casa: las monjas le acogieron entonces como a una chica llena de encantos, portadora de juvenil energía. Vino luego el fuerte latigazo de la enfermedad, su viaje a la curandera de Becedas, la muerte aparente, el convento dispuesto para enterrarla, su retorno tullida con el esfuerzo heroico de sobrevivencia hasta el «medio-milagro» de san José. Por fin, esta larga docena de años que han madurado a doña Teresa de los veintitantos a los cuarenta, tenida por «pieza de lujo» de la Encarnación: religiosa pía pero nada melindrosa, servicial siempre y con un aire de gracioso desenfado.

El largo número de monjas, muchas nacidas en familia distinguida, atrae la atención de la ciudad sobre el monasterio. Hay un trasvase continuo de noticias entre la Encarnación y Avila. Doña Teresa entra y sale frecuentemente, designada por la priora para cumplir oficios amistosos en algún palacio aristócrata. La simpatía del trato favorece su influencia sobre quienes la conocen de cerca; su celda sirve de tertulia donde un grupito de monjas y damas seglares, residentes o visitantes, charlan de lo divino y de lo humano.

De repente le ha ocurrido a Teresa la sacudida interior, y anda como perdida por sus nuevos horizontes. Está íntimamente feliz, paladea una especie de plenitud. También está asustada, le parece haber desembarcado en otras playas. Lo cuenta ingenuamente, explicando cómo al imaginar la cercanía de Cristo —«ponerme cabe Cristo», dice, con un giro expresivo insuperable— sentíase invadida por «un sentimiento de la presencia de Dios que en ninguna manera podía dudar que estaba dentro de mí o yo toda engolfada en él». Tiene gracia, ella anota que tal fenómeno le ocurría incluso «a deshora», aludiendo quizá a situaciones embarazosas en presencia de otras monjas o personas seglares.

¿Qué podía hacer, cómo disimular aquellos fenómenos?

Doña Teresa conoce lo que le ocurre, pues lo ha leído repetidamente en el amado libro del fraile Osuna, el *Abecedario* regalado por tío Pedro en Hortigosa cuando la visita camino de Becedas. Teresa entonces sintió una invasión de sol, y ahora comprende que comienzan a cumplirse los fenómenos descritos en el libro del buen fraile franciscano. Hasta copia ella la fórmula que los nuevos «teólogos espirituales» utilizan en la universidad de Alcalá:

—Creo lo llaman mística teológica.

Y describe su estado de ánimo desde varios ángulos de visión:

—Suspende el alma, de suerte que todo parecía estar fuera de sí; ama, la voluntad; la memoria, me parece está casi perdida; el entendimiento no discurre, sino está como espantado de lo mucho que entiende...

A doña Teresa le fascina esta «llamada interior» al diálogo permanente con Dios; y está dispuesta a cumplir cuidadosamente los requisitos señalados «para conseguir oración», según aconseja el *Abecedario* del franciscano padre Osuna.

Hoy conocemos con bastante exactitud el panorama literario y teológico de aquellos años. Gracias a una rigurosa investigación acerca de las lecturas de santa Teresa podemos situar los cauces por donde su esfuerzo, mental y sentimental, echó a andar en este momento decisivo.

Fray Francisco de Osuna, fervoroso franciscano, ha tomado en la universidad de Alcalá, fundada por su hermano de hábito el cardenal Cisneros, la resolución de incorporar a la vida espiritual un lote de verdades tratadas demasiado fríamente en las exposiciones escolásticas de los maestros. Alcalá, universidad sumergida en los movimientos humanistas propios del Renacimiento, favorece una apertura a corrientes europeas que Salamanca juzga menos consistentes. El famoso Juan de Medina, profesor de Alcalá, concede a la vida afectiva de los cristianos una importancia que los dominicos de Salamanca consideran exagerada, si no peligrosa. La familia franciscana desarrolla en Alcalá un programa de adaptación, impulsando a los estudiantes a descender de las frías cimas del pensamiento hasta la caliente experiencia de las vivencias personales: quieren pasar del «saber» al «sabor», de la «ciencia» a la «sabiduría», de la «teología escolástica» a la «teología mística». Propician, para lograr su objetivo, una reforma seria de costumbres, un programa severo de trabajo y oración. Francisco de Osuna participa con toda su alma en tan nobles empeños. Y se convierte, por su talento teológico y su piedad religiosa, en guía de nuevas patrullas de creyentes a la búsqueda silenciosa y «recogida» de «las escondidas sendas» que llevan directamente a un diálogo personal con Dios.

Así les llaman, «recogidos»: practican «la oración de recogimiento». Fray Osuna distingue la «teología escolástica» o «escudriñadora» y la «teología mística» o «escondida». Ambas ayudan, desde luego. La primera se aprende oyendo maestros y estudiando. La segunda, «en el secreto escondimiento del corazón»: «los que siguen este camino solamente se esfuerzan y exercitan en avivar el amor de Dios por solo amor, no curando razones para amar, porque ya tienen concluido y determinado de amar a solo Dios sobre todas las cosas, encumbrando su ánima hasta aquella frontal bondad de donde siempre procede amor».

Quienes deseen practicar esta «vía de recogimiento» deben retirarse a su interior, «subir y bajar» por su alma, desprenderse de intereses y honras. Mortificar sus sentidos, claro. Practicar la renuncia de sus propios deseos. Llorar los pecados, acogiéndose a la misericordia de Dios, en cuyo seno hallarán alegría y paz. Cuidado, deben huir de la tristeza, de la melancolía «que oscurece el ánima y se entra en el corazón y parece que tiene de negro sus alas y pone luto». Deben sobre todo, ejercitar la oración, no solo vocal e intelectiva sino mental «o de recogimiento»: camino afectuoso hacia Dios con deseos fervientes y mucho amor.

Esta era la enseñanza, mejor podríamos llamarla invitación, que fray Osuna propuso en el famoso *Tercer abecedario*.

A fray Osuna le salió una especie de humilde escudero, otro libro compuesto por un lego también franciscano, menos versado en teologías pero encendido en divinos amores: Bernardino de Laredo, se llama el lego; y ha puesto a su obra por título *Subida del monte Sión*. Aunque Bernardino quedó en lego sin cantar misa, la preparación literaria suya era de mucha calidad. Antes que fraile fue médico, licenciado en la famosa universidad hispalense de maese Rodrigo. De médico ajercía en Sevilla, cuando un amigo se metió franciscano el año 1510 y Bernardino decidió seguirle. Los superiores le nombraron enfermero de los conventos de la Custodia franciscana de los Angeles, sur de España: fray Bernardino curaba enfermos, organizaba boticas, recogía hierbas medicinales, y traducía al español páginas del *Corpus* de Hipócrates. Médico nimbado con fama de santo, reclamaban su caridad desde mil lugares, y los reyes de Portugal le consideraron galeno de corte. Pero a él lo que realmente le gustaba era «recogerse» a orar en su monasterio de San Francisco del Monte, de Villaverde, veintinueve kilómetros al noroeste de Sevilla. Tuvo éxtasis, visiones, realizó milagros; escribió la *Subida*, libro ferviente y lírico que impulsa las almas a «encerrarse en lo muy más interior de su encerramiento».

Estos dos libros, el *Abecedario* del teólogo fray Osuna que peleó de soldado en Africa, y la *Subida* del médico lego Bernardino que fue consuelo de enfermos por media España y Portugal, constituyen el compendio de la doctrina de los «recogidos», primera mitad de nuestro siglo XVI, en la cual bebieron ansiosamente los maestros de la mística carmelitana: Teresa de Jesús y Juan de la Cruz.

Lo malo es que a los «recogidos» el diablo les inventó una sombra oscura, los «dejados»: una especie de caricatura. Tuvo que ser Satanás, suelto andaba por la España imperial. Al menos la Inquisición estaba convencida de que los «dejados» eran hijos de Satán.

La sombra oscura de los «recogidos» fueron los «dejados». Dos caras de una misma moneda.

Los «recogidos» practicaban las virtudes clásicas de la moral cristiana, extremando la penitencia, renunciando a los placeres, ejercitando métodos de oración que ponían reverentemente sus almas a la escucha de Dios. No ansiaban revelaciones, milagrerías ni apariciones; al contrario, desconfiaban de los fenómenos extraordinarios, por temor a que el diablo les engañará haciéndoles creer que habían llegado a santos y hundiéndolos así en el pecado de soberbia.

En cambio los «dejados» practicaban una «ascética parda» que bajo capa de austeridad escondía la búsqueda de placeres carnales mezclando aparentes arrobos espirituales y éxtasis llamativos con una secreta vida sensual reprobable. La base ideológica de la que arrancaban los «dejados» coincide con la doctrina de los «recogidos»; pero radicalizada hasta el punto de rechazar el magisterio de la iglesia, entregados «a la iluminación directa del espíritu». Cualquiera puede adivinar el riesgo de los mil excesos y supercherías donde han de caer grupos de hombres y mujeres reunidos a escondidas para ejecutar ritos esotéricos buscando un contacto directo con fuerzas sobrenaturales. Sobre todo si ocurre, ocurrió en el caso de los dejados, que fuera de algunos frailes y monjas la mayoría eran pobre gente analfabeta. A la Inquisición le alarmó extraordinariamente comprobar que los círculos de dejados contaban con judíos conversos o hijos de conversos. La pertenencia a esta especie de «grey escogida» representaba un permiso para saltarse las reglas morales: una vez obtenida «la unión directa con Dios», el «dejado» o «dejada» se consideraban liberados de lazos temporales y «no cometían pecado» hicieran lo que hiciesen.

Los investigadores de la historia española del siglo XVI confiesan la dificultad de seguir los pasos a estas pintorescas cuadrillas de impostores, mitad pícaros mitad anormales. Dan por cierto que los primeros núcleos de dejados aparecieron entre los años 1520 y 1530 alrededor de Madrid, Toledo y Guadalajara. Más tarde serán famosos los dejados de Llerena y de Sevilla.

La onda de apariciones y milagrerías comenzó a penetrar en los conventos, donde surgía alguna que otra monja decidida a conquistar fama de santa. Y esta broma de ver cómo el desatino de los alumbrados ponía en peligro la serenidad monacal, alertó a los responsables de la Inquisición. Un capítulo general de la orden franciscana celebrado el año 1524 en Toledo avisa los errores de la «vía espiritual» inventada por los dejados; la Inquisición tomó cartas en el asunto, abrió proceso en 1525, y condenó un grupo de dejados en auto de fe el año 1529. Pero si la sutil doctrina entraba en los monasterios femeninos, ¿quién evitaría la mancha de aceite? De aquí provienen los recelos de la Inquisición ante cualquier noticia de fenómenos extraordinarios atribuidos a las monjas. Y por eso Avila contuvo el aliento cuando supo que a doña Teresa de Ahumada le ocurrían en el monasterio de la Encarnación revelaciones y éxtasis: podría repetirse la historia de sor Magdalena de la Cruz...

De todas las monjas visionarias de 1500 a 1550, Magdalena fue la más celebrada. Y mira que las hubo pintorescas, como la abadesa de Torrejón, madre Juana, quien durante los éxtasis hablaba latín, francés, árabe y vasco; además conseguía que Jesús en persona le bendijera medallas y escapularios para repartir a los devotos.

Magdalena tuvo a Castilla embobada casi cuarenta años. Abadesa de las clarisas de Córdoba, Magdalena de la Cruz gozó universal reputación de santidad, confirmada con ayunos, penitencias, vaticinios asombrosos que corrían de boca en boca, y al fin el don precioso de los estigmas con llagas iguales a las de Cristo en manos, pies y costado: a partir de aquel día, la madre Magdalena renunció por completo a los alimentos, asegurando que le bastaba la hostia de su comunión diaria. Los predicadores desde el púlpito contaban estos prodigios y recordaban la veneración de la difunta emperatriz Isabel hacia la monja cordobesa, quien además poseía un trato afable, exquisito, muy humilde.

Hay que reconocer a los funcionarios de la Inquisición una lealtad inquebrantable para con su mandato religioso: en vez de disimular, afrontaron sin vacilaciones la superchería. Una denuncia motivó investigaciones a fondo; el santo tribunal descubrió los embustes de sor Magdalena: había fingido los éxtasis, se abría por sí misma las heridas, y le hallaron provisiones en el arcón de su celda. La primavera de 1546, España entera sintió la tristeza de comprobar el engaño de la «beata» cordobesa.

Solo han pasado diez años. Estamos ahora en 1554; Avila se pregunta si a doña Teresa de Ahumada tendrá también que investigarla el tribunal de la Inquisición.

Pobre doña Teresa, ella misma siente confuso el ánimo. De una parte, nota su persona invadida por un consuelo espiritual estimulante y profundo. De otra, teme que haya engaño del demonio en la apremiante llamada hacia las altas cumbres de la vida mística.

Teresa participa de la tradición popular de su época que atribuye a Satanás un influjo especial sobre las personas en momentos decisivos: el demonio utiliza todos los medios a su alcance para desviar las almas por senderos pecaminosos. Las oscuras fuerzas del mal se apuntan un triunfo cada vez que de un aspirante a «recogido» consiguen hacer un «dejado». ¿Y quién será capaz de adivinar las trampas del diablo?

Los recuerdos de madre Teresa indican que comprendió, enseguida de su conversión definitiva, «la prisa de Dios» por invadir el espacio completo de su alma. Miraba atónita su panorama interior, donde percibía una transformación, un endiosamiento:

—Comenzó su majestad a darme muy de ordinario oración de quietud, y muchas veces de unión, que duraba mucho rato.

Dudo si jamás habrá nadie escrito palabras humanas tan bellas como las que Teresa emplea describiendo el estado espiritual de quien «se arrima y allega a Dios» para hacerse «un espíritu con él»:

—Digamos que sea la unión como si dos velas de cera se juntasen tan en extremo que toda la luz fuese una... como si cayendo agua del cielo en un río o fuente, adonde queda todo hecho agua, que no podrán ya dividir ni apartar... como si un arroyico pequeño entra en la mar; como si en una pieza estuviesen dos ventanas por donde entrase gran luz, aunque entre dividida, se hace todo una luz.

Inmersa en la oración, nuestra monja siente «grandísima seguridad» de la presencia de Dios: «era tan grande el deleite y suavidad que sentía». Pero luego le asaltan dudas, vacilaciones, temores:

—En estos tiempos habían acaecido grandes ilusiones en mujeres, y engaños que las había hecho el demonio...

La inquietud de Teresa, su alarma, no nace sólo de estas primeras experiencias místicas: ella comprende que son la puerta de un camino largo, dirigido hacia horizontes misteriosos. Pasarán unos años, madre Teresa cumplirá su destino; entonces echará mano de metáforas deliciosas para explicar cómo percibió el impulso imparable que la alzaba ¿hacia dónde?: «se levanta una ola tan poderosa que sube a lo alto esta navecica de nuestra alma». Ella no pregunta si puede ignorar la llamada, rechazar la invitación; Teresa quiere querer, «determinadamente», y le parece locura no disponer «su navecica» al largo viaje ya dibujado en las cartas del Piloto:

—Así como no puede una nave ni todos los que la gobiernan para que las olas, si vienen con furia, la dejen estar adonde quieren, muy menos puede lo interior del alma detenerse en donde quiere.

Teresa ha replicado con decisión: acepta. No vacilará jamás. Aunque le costare morir. La espiral de Dios que le arrebata jugará con esta su barca entregada confiadamente al timonel. No es una chiquilla, cumple los cuarenta de su edad. Con veinte años de convento. Ha tardado en escuchar; le ha costado tiempo comprender. Ahora cruza, consciente, responsablemente, la raya. Es su gran instante de cristiana. El momento que alguna vez se nos concede a todos los creyentes. Solo que la mayoría ahogamos el latido divino bajo la mediocre quincalla de nuestras preocupaciones temporales, y merecemos el reproche de Paul Claudel cuando pregunta qué hicimos de la luz, qué hicimos del amor, qué hicimos de la presencia: «quienes tenéis fe, ¿qué hicisteis?» A Teresa nada ya le robará la presencia.

Pero le da miedo su flaqueza. La fuerte dosis de sentido común característico suyo, le aconseja poner cuidado. Se pregunta qué hacer para no equivocar este camino nuevo, su camino.

Y toma dos resoluciones.

La primera, típicamente «teresiana»: eficaz y graciosa. El razonamiento de nuestra aprendiz de mística merece una sonrisa. Su gran inquietud reside en las trampas del demonio: si la estará engañando. Ella «sabe» que no. Siente «seguridad». Con todo... ¿quién podría decir que madre Magdalena de la Cruz «quiso» engañar y no fue engañada por el astuto Satanás? Teresa discurre una personal estrategia defensiva. Supongamos que la invitación a entrar en la nube misteriosa del trato con Dios oculte un plan diabólico. En tal caso Satanás busca hacerle pecar. Las ganancias del diablo nacen de los pecados del creyente. Por tanto si el creyente realiza la caridad y evita los pecados, sujeta el poder satánico, pone vallas al demonio. Teresa decide «tener limpia conciencia», apartarse «de toda ocasión», huir incluso «de pecados veniales». Le parece un modo cierto de asegurar sus bazas: si lo que siente viene de

Dios, «clara está la ganancia»; si viene del diablo, habrá chasco en los infiernos de Satán:

—Procurando yo tener contento al Señor y no ofenderle, poco daño me podía hacer; antes (el demonio) quedaría con pérdida.

Veamos ahora la segunda medida discurrida por Teresa como medio de asegurarse el terreno que pisa. Vaya delante una observación.

Las actitudes de Teresa pueden parecer a ojos de lectores desprevenidos algo ingenuas, como fruto del clima peculiar de un convento. Desde fuera frecuentemente imaginamos a las monjas instaladas en una atmósfera psicológica infantil. A causa, supongo, del lenguaje que las monjas utilizan, limpio, terso, formas de expresión libres de doblez y de malas intenciones, vamos, un lenguaje pasteurizado, neto, sin la carga infecta que nuestras palabras suelen transportar cuando viajan por el aire.

El núcleo, sin embargo, los contenidos del aparentemente ingenuo idioma de madre Teresa, afectan las raíces mismas del comportamiento humano: esa resolución contada como hablando de burlas, le compromete a una conducta sin tacha, perfecta. Teresa está decidida a retorcer su personalidad como un estropajo hasta expulsar la última gota de agua sucia. Pagando el precio que sea, de renuncias y sacrificios.

Las complicaciones le vienen a nuestra monja con motivo de la segunda resolución.

Fue un golpe suyo intuitivo. Iba a proporcionarle abundantes dolores de cabeza, desde luego. Sin embargo, sería su tabla de salvación. No ante sí misma solamente. Teresa desconoce que a corto plazo «su caso» adquirirá relieve público: cuando caigan sobre ella tormentas de denuncias, síntoma fundamental de buena voluntad lo verán los inquisidores en la sinceridad de la «nueva monja beata» de la Encarnación de Avila que había confiado sus inquietudes a confesores prudentes.

La trampa mayor de los dejados consistía en rechazar el magisterio de la iglesia, con referencia a ciertas verdades dogmáticas manipuladas por ellos a su gusto; y también lo rechazan en puntos de conducta moral: prescindiendo de consultas y de la confesión, encontraban la puerta abierta hacia los placeres carnales.

Doña Teresa de Ahumada, justo al revés: busca quien la escuche, la oriente, le guíe. A sus hijas avisará luego por experiencia propia cuánto disgusta al demonio este acto de filial apertura:

—Está todo el (re) medio de un alma en tratar con amigos de Dios.

Atribulada y temerosa —ella dice con frase expresiva «pasé en mí mucha batería»—, resuelve «tratar con una persona espiritual para preguntarle qué era la oración que yo tenía; y que me diese luz, si iba errada».

Decidió consultar como primer confidente al padre Gaspar Daza, «un clérigo letrado» a quien atribuían en Avila doctrina y santidad.

¿Cómo llegar a él? Doña Teresa solicitó la mediación del caballero don Francisco Salcedo.

Qué tipo notable, don Francisco. Hidalgo «de capa y espada», estaba con doña Mencía del Aguila, prima de la difunta esposa de nuestro nunca bien ponderado tío Pedro el de Hortigosa, ya fraile ahora en los jerónimos de Guisando. A don Francisco le considera pariente lejano el lote familiar de los Cepeda. Pues al buen don Francisco, que cuando quede viudo acabará cantando misa, le ha dado por estudiar a fondo teología como alumno del monasterio dominicano de Santo Tomás. La clerecía abulense lo respeta. Hombre pío, virtuoso, caritativo; «muy apacible», de «conversación agraciada», le llaman «el caballero santo». Cuentan en Avila que don Francisco «tiene concertados los días y las horas de su vida igual que un reloj». De aspecto venerable, ha merecido un elogio definitivo nada menos que de fray Pedro de Alcántara: entre todos los caballeros de capa y espada, el más virtuoso le parece don Francisco Salcedo, a quien llama «la mejor gorra de Avila». Por si fuera poco, está don Francisco casado con una mujer de la cual madre Teresa opina que Dios la escogió para don Francisco «sabiendo había de ser tan gran siervo suyo».

Doña Teresa expuso a su pariente cuánto desea conocer al padre Gaspar Daza, de quien aguarda recibir luz acerca de algunas inquietudes tocantes a sus métodos de oración. Y don Francisco aceptó encantado hablar al gran amigo, merecedor, a su juicio, de absoluta confianza en asuntos espirituales.

Eran verdaderamente amigos: el «caballero santo» considera un honor el trato del padre Daza, espejo de los sacerdotes de Avila.

Don Gaspar Daza representa quizá el personaje de mayor calidad entre los numerosos clérigos abulenses de su época. «Letrado» y predicador aplaudido, ejerce influencia sobre curas, frailes y monjas, a los cuales alienta, confiesa y dirige «para que todos se empleasen en obras santas de oración, mortificación y penitencia». El va en cabeza con su ejemplo «asistiendo infatigablemente a los pobres y enfermos con sus limosnas, los consolaba, les hacía las camas, barría los aposentos y limpiaba los vasos con mucha devoción y humildad». Le quedaban energías para instruir a los labriegos por aldeas y lugarejos vecinos.

Las monjas de la Encarnación, que poseen noticias al día sobre los acontecimientos religiosos de la ciudad, conocen perfectamente la categoría del padre Daza. Doña Teresa piensa confesar con él «y tenerlo por maestro».

Don Francisco se lo trajo. La monja sintió «grandísima confusión de verme presente de hombre tan santo».

El encuentro resultó un fracaso.

Daza no quiso confesarla. ¿Por qué? Pretextó sus muchas ocupaciones; pero pienso si no trataba de evitar el enfado de los padres carmelitas encargados de confesar a las monjas, pues no les hacía ninguna gracia ver entrometidos en el monasterio clérigos de otro pelaje.

Algo entristecida, doña Teresa le abrió su espíritu: «dile parte de mi alma y oración». Daza prestó escaso interés a las mercedes sobrenaturales recibidas por la monja; en cambio, la estimuló a luchar resueltamente contra las imperfecciones, los afectos, toda ocasión o motivo de falta venial, proponiéndole un rígido sistema de vida que ahogase cualquier sentimiento.

A los pocos días, nuestra pobre monja se halló más atribulada que antes de comenzar la consulta. Aquel plan tan rígido de vigilancia y penitencias ahogaba su alma como si la hubieran metido dentro de un apretado corsé. Teresa se afligió. No iba con su temperamento aplastar los afectos. Daza le pedía que abandonara las ternuras y fijara sus esfuerzos en conseguir cuanto antes un dominio absoluto de los impulsos naturales. Que arrancara de raíz los sentimientos humanos.

Doña Teresa confió sus apuros al «caballero santo», quien visitaba frecuentemente a su parienta. Don Francisco levantó el ánimo de la monja contándole los trabajos pasados por él mismo para eliminar poco a poco las faltas. Lo bueno fue sobre todo la paciencia en oír las confidencias de la carmelita. A madre Teresa la serenaba tener un dialogante discreto, y toda su vida guardó agradecimiento al caballero Salcedo:

—Le comencé a tener tan grande amor, que no había para mí mayor descanso que el día que le veía, aunque eran pocos; cuando tardaba, luego me fatigaba mucho, pareciéndome que por ser tan ruin no me veía.

Hasta que al buen don Francisco le entró un susto fenomenal. Mientras la monja fue contándole imperfecciones y desalientos, él pudo aconsejarla. Pero llevada de su mutua confianza, doña Teresa comenzó a explicarle los fenómenos extraordinarios vividos por ella en su oración: cómo Dios se hacía presente a su espíritu, la inundaba de gozo y de luz, le daba a sentir la cercanía y el amor.

Don Francisco temió que su pariente estuviera cayendo en una trampa diabólica: semejantes mercedes divinas solo podían ocurrirle a una santa, «a personas muy aprovechadas y mortificadas», no a ella todavía presa de fallos y debilidades. Y no le faltaban motivos de duda al caballero santo. Su prima o sobrina Teresa, hija del hidalgo Alonso Cepeda, en paz descanse, está considerada en Avila una monja ejemplar y espiritual; pero jovial, alegre, e incluso desenfadada. No cuentan de ella penitencias asombrosas, ni sacrificios espectaculares. ¿Cómo puede atreverse Teresa pensar que Dios la escoge para realizar en ella fenómenos característicos de los grandes santos?

¿Le pasó por la cabeza a don Francisco el fantasma de la Inquisición? Seguro que sí.

Fue inmediatamente con el cuento a su amigo el padre Daza, a ver si entre los dos aclaraban el asunto salvando la ingenua carmelita de peligros oscuros.

Daza también se alarmó.

Ambos de acuerdo, le pidieron a la monja una descripción exacta de sus experiencias íntimas. Y aquí nació un conflicto nuevo: la monja no acertaba a *contar* sus sentimientos: «no sabía ni poco ni mucho decir lo que era mi oración».

Pobre Teresa. Pasarán los años, correrán los siglos, y la historia religiosa de la humanidad le concederá categoría máxima no solo porque «experimentó» la presencia divina, sino porque «además» supo «contarla», como nadie antes la contó. Ella en su madurez mística explicará que fue «merced de Dios»: «saber entender qué es y saberlo decir».

Pero ahora, en el arranque de su aventura espiritual, le faltan imágenes, ideas y palabras. No es capaz. Ni comprende ni cuenta. Salcedo y Daza le aprietan. Ella se confiesa «ruin», asustada; desea «contentar a Dios», no sabe más. Llora, la pobre, hundida «en gran aflicción»; por verse incapaz:

—No me podía persuadir a que fuese demonio; mas temía por mis pecados me cegase Dios para no entenderlo.

Daza y Salcedo mueven preocupados la cabeza cuando Teresa, desalentada, les asegura «que no podía pensar nada cuando tenía aquella oración»: sólo sentir, experimentar.

El ingenio de la monja encontró un medio para salir del laberinto. Repasó los libros espirituales circulantes por el monasterio, a la búsqueda de alguna página donde hubiera algo parecido a lo suyo.

La encuentra, por fin, en el libro del lego franciscano Bernardino de Laredo, la *Subida al Monte Sión:* aquí está contada la «contemplación quieta», aquel «no pensar nada» que ella experimenta.

Ni corta ni perezosa, madre Teresa subraya cuidadosamente las líneas donde fray Bernardino describe tal estado de espíritu. Paralelamente, anota sus propias experiencias. Luego, entrega el libro subrayado y sus notas personales a don Francisco, rogándole lo estudie juntamente con el padre Daza y le comuniquen su juicio: quiere saber si va por buen camino, pues le parece verse «metida en un río, que a cualquier parte que vaya de él teme más peligro, y se está casi ahogando».

Algo pasó, sería con la mejor intención de acertar: Daza y Salcedo hablaron a personas de su grupo, consultándoles el problema. Y doña Teresa vino a encontrarse objeto de discusión en las comidillas de Avila: vio divulgadas «cosas que estuvieran bien secretas, pues no son para todos». Le dolió: «como eran personas a quien yo daba cuenta por mis temores para que me diesen luz, parecíame a mí habían de callar».

Sin embargo, les mantuvo la confianza. Mientras ellos estudiaban concienzudamente los datos aportados en el libro y en las notas, ella esperó «temerosa y medrosa», «con harta oración», y solicitando también oraciones en su favor a las amigas.

El «caballero santo» le trajo un día la respuesta:

—A su parecer de entrambos, era demonio.

Rudos golpes han de caer sobre doña Teresa, quien ya lleva soportada en los primeros cuarenta años de su vida una letanía de amarguras. Pero el «diagnóstico» de Salcedo y Daza le abrumó: ¡era el demonio!

Así que a juicio de aquellos santos y letrados varones, doña Teresa de Ahumada está siendo manipulada, engañada por Satanás.

Pobre monja, pobre Teresa. ¿Qué puede hacer? ¿Cómo ha de reconocer ella detrás de los impulsos hacia Dios, detrás de la llamada interior, detrás del consuelo espiritual rebosante, cómo ha de reconocer la mano del demonio? Consumió, consternada, días y noches en lágrimas: «todo era llorar».

Daza, y más Salcedo, sentían pena. Pero no entraba en sus esquemas mentales aquel «peligroso» lenguaje de doña Teresa cuando explica cómo para ella la presencia de Dios la pone «toda engolfada en él», proporcionándole un deleite que «ni bien es todo sensual ni bien es espiritual»; «es un glorioso desatino», parecido a «un morir casi del todo a las cosas del mundo», y estar gozando de Dios, mezclando su agonía «con el mayor deleite que se pueda decir»; «desatinada y embriagada en este amor», hasta perderse en la «celestial locura donde se aprende la verdadera sabiduría». El enjuto padre Daza nunca oyó dentro de los muros de Avila tales expresiones, y le parece adivinar ya la llegada de los inquisidores al monasterio de la Encarnación; menos mal que a fin de cuentas está enclavado en las afueras. Así evitarán el contagio. Deleite, desatino, engolfada, celestial locura, qué palabras, vive Dios. Y la monja las pronuncia suave, sumisamente, con la mayor naturalidad y sin temblarle los párpados... Hay que salvarla, el demonio maneja la monja.

Conferencian Daza y Salcedo buscando una salida. ¿A quién encomendar aquella criatura, a quién...?

—¡A los jesuitas!

Claro, a los jesuitas. Estos clérigos prudentes, y sin duda sabios, recién venidos a Avila. Traen fama de santos.

El fundador vive, ya viejecito, en Roma. Toda España conoce la cautivadora biografía del capitán Loyola, y toda España consume largas veladas discutiendo el estilo de los hombres de Ignacio. A Avila tardaron en llegar. Por enero de 1550, su aparición inesperada alborotó la ciudad. Cuatro jesuitas portugueses caminaban de Salamanca a la universidad de Alcalá, y perdieron los senderos a causa de la nieve: cobijados cinco días en Avila, uno de ellos, Gonzalo de Silveira subió a los púlpitos y predicó fervorosamente. Ganaron muchos amigos, entre ellos un cuñado de don Francisco Salcedo: le dio tan fuerte que marchó al noviciado; al año siguiente ya vino a gestionar la fundación de una casa jesuítica. En 1553 el obispo Diego Alava les cedió la iglesia de San Segundo, en las afueras; este 1554 que historiamos, los jesuitas se han trasladado al corazón de la ciudad, ocupando la iglesia de San Gil: y su hospital anejo, para instalar colegio.

La llegada de los jesuitas ha levantado en Avila un apasionante sarpullido. Hasta los dominicos de Santo Tomás andan partidos en dos facciones, unos a favor y otros en contra. De los jesuitas refieren los adictos hazañas y heroismos cumplidos por el ancho mundo, incluso India y las Américas. Pero los enemigos les zurran de lo lindo, los acusan de taimados, hipócritas; nada menos que el célebre teólogo Melchor Cano les reprocha una blandura espiritual «capaz de quitar nervios y fuerzas a los hombres de España hasta convertir los soldados en mujeres». Tampoco al cardenal arzobispo de Toledo le caen bien los jesuitas.

Han crecido vertiginosamente, son el asombro de la época. Abandonan trabas de las órdenes antiguas, y junto a la piedad cultivan las letras.

Ignacio de Loyola, cuya romántica estampa de capitán herido en el sitio de Pamplona da un perfume heroico a sus empresas religiosas, ha escogido una plantilla excelente de colaboradores para España y Portugal. Providencialmente intimó con ellos el duque de Gandía, Francisco de Borja, siendo virrey en Barcelona: al morirle la mujer el año 1546, Borja hizo voto de entrar jesuita. Su decisión quedó secreta tres años. A partir de 1551 apareció vestido de sotana, siendo la admiración del imperio. La primera vez que Carlos V lo vio ante sí de jesuita, el emperador le confió su asombro porque había elegido «una religión nueva» en vez de afiliarse a órdenes antiguas, los jerónimos, por ejemplo. Borja respondió que huía de las honras:

—La Compañía, religión nueva, no es conocida ni estimada, antes aborrecida y perseguida de muchos.

Don Carlos insistió:

—¿Me responderéis a esto que se dice, que todos son mozos en vuestra Compañía y que no se ven canas en ella?

El duque, dicen que mansamente replicó:

—Señor, si la madre es moza, ¿cómo quiere vuestra majestad que sean viejos los hijos? Y si ésta es la falta, presto la curará el tiempo, pues de aquí a veinte años tendrán hartas canas los que agora son mozos.

La vocación de Francisco de Borja dio fuerza y lustre a las casas jesuíticas de Castilla. En otoño de 1554, Ignacio le nombra comisario general de España. Unos meses antes, el padre Borja había pasado por Avila: predicó un día de octava del Corpus «con mucho concurso de gente», en la catedral, y «todos quedaron conmovidos».

Avila se ha dejado conquistar por estos nuevos «frailes» que no son frailes: respeta la finura y el fervor de los jesuitas. Don Francisco de Salcedo, cuyo cuñado fue uno de los fundadores del colegio, los venera, los favorece. El maestro Daza ha pensado encomendarles la dirección espiritual de su grupo, «su cuadrilla de clérigos, caballeros y devotas».

Nada extraño, pues, el pensamiento que a Daza y Salcedo les viene a la mente como remedio para esclarecer las fantasías «diabólicas» de doña Teresa de Ahumada es confiarla al cuidado de los jesuitas.

Quienes, además, podrán protegerla si la Inquisición pone mano en el asunto...

Le eligieron un jesuita jovencillo, Diego de Cetina.

Me asombra la elección, tratándose de los dos severos varones Daza y Salcedo. El padre Cetina cuenta solo veintitrés años y está recién ordenado sacerdote. No le aguarda una trayectoria brillante; dentro de la Compañía le consideran «de mucha religión y prudencia» pero de mediocres cualidades. El se sabe a sí mismo flojo de salud y «flaco de cabeza»; «amigo de hablar de Nuestro Señor» y con gana de consumir largos tiempos en la oración mental. Daza o Salcedo conocerían esta última condición de Cetina, y lo escogieron para el caso.

Don Francisco Salcedo propuso a doña Teresa una consulta con el padre Cetina: parecía conveniente su confesión general, que ofrecería al jesuita elementos de juicio. Ella debía luego atenerse a los consejos del padre; fielmente, «porque estaba en mucho peligro, si no había quien me gobernase».

A doña Teresa le emocionó, hasta le aturdió, la puso nerviosa, merecer atención de un padre jesuita, «gente tan santa». Preparó concienzudamente la confesión general, por escrito:

—Todos los males y bienes; un discurso de mi vida lo más claramente que yo entendí y supe, sin dejar nada por decir.

Le entró «fatiga y aflicción grandísima» al confrontar «tantos males y casi ningún bien».

Si no la supiéramos sincera, sospecharíamos una punta de coquetería: apenada Teresa por hallarse sin «datos buenos» ante su nuevo selecto confesor...

Lo que de veras le inquietó fue que las monjas de la comunidad pensaran se le habían subido los humos a la cabeza solicitando consulta con los clérigos de moda en Avila, los jesuitas de San Gil. Procuró disimular el encuentro: para el día y hora convenidos entre Salcedo y Cetina, doña Teresa rogó a la sacristana y a la portera le guardaran en secreto la visita. Se lo prometieron. La mala suerte quiso «que acertó a estar a la puerta» una monja de lengua suelta, «quien lo dijo por todo el convento»:

—¡A doña Teresa le visita un padre teatino!

«Teatinos» llamaban corrientemente a los jesuitas.

Diego Cetina traía estudios de artes y teología, por Alcalá y Salamanca respectivamente. Pero a madre Teresa le importó más que nada su fervor.

Fue un encuentro feliz. La monja dio su confesión, expuso los temas inquietantes; y el joven jesuita la comprendió perfectamente. Cetina no vaciló; le dejaba atónito que Daza hubiera olido la presencia del diablo en aquella maravillosa mujer. Teresa oyó palabras de consuelo y de ánimo:

—Dijo ser espíritu de Dios muy conocidamente.

Además de aliento, el padre jesuita le dio normas claras de conducta: había de ejercitar sin temores su oración; y al mismo tiempo debía vigilar exquisitamente su conducta, no solo evitando cualquier pecado sino realizando actos de penitencia. Teresa le contó la ristra de enfermedades soportadas. Cetina quiso que a pesar de la enfermedad programara mortificaciones.

¿Y los fenómenos extraños, las «mercedes» que la arrebataban como si le alzaran fuera de este mundo?

Que los evitara, si podía. Le aconsejó rememorar cada jornada un paso de los dolores de Cristo y pegar su pensamiento a la humanidad de Jesús. Hasta insinuó Cetina una profecía, y no cayó en saco roto:

—Que qué sabía, si por mis medios querría el Señor hacer bien a muchas personas.

A Teresa se le esponjó el alma. Le entraron ganas de correr, anhelos de volar los nuevos horizontes. Ya no sentía miedos. Estaba cierta, segura. Confirmada.

Y yo biógrafo me quedo tieso comprobando lo que son las cosas de la vida: Teresa de Jesús, nada menos, en un instante clave de su trayectoria, halló la solución de sus problemas gracias a un curilla recién hecho tenido por mediocre dentro de la familia jesuítica. Ella jamás olvidó «aquel siervo de Dios, que lo era harto y bien avisado». Otros jesuitas realizaban hazañas brillantes, clamorosas: Laínez en Trento, Pedro Canisio en Alemania, Javier por el Oriente... El mundo les reconocía cualidades insignes, poseían cerebros privilegiados. Cuitado Cetina, jamás sospechó él cuánto hubieran envidiado sus hermanos brillantes la tarea que providencialmente le tocó cumplir en la penumbra conventual del monasterio de la Encarnación. A él, Diego Cetina, considerado por los superiores «bueno para poco». Así son las cosas de la vida.

«Consolada y esforzada», inició bajo guía del padre Cetina un programa concreto de cambio personal. Sentía su alma libre, contenta. Las monjas notaron en doña Teresa un cuidado meticuloso de evitar «cualquier ofensa», y la vieron acrecer sus ejercicios de penitencia. Centró su oración en la humanidad de Cristo. Y procuró obedecer la consigna del confesor: «resistir gustos y regalos de Dios». Lo cual produjo una situación bastante divertida, ella lo cuenta: fue como iniciar un juego amistoso suyo con Dios. Hasta entonces, el diálogo íntimo de su alma solo sobrevenía, he aquí la palabra exacta de Teresa, a fuerza de mucho «arrinconamiento, y casi no me osaba bullir»; o sea, recogida y a escondidas. Ahora, en cambio, la «presencia» superior la asaltaba en cualquier momento, persiguiéndola, cazándola:

—Me cubría el Señor de aquella suavidad y gloria, que me parecía toda me rodeaba, y que por ninguna parte podía huir; y así era.

A partir de aquellos días, Teresa supo cierto que su vida ya no era suya, «alguien» se adueñaba de ella. Tampoco me resisto a copiar su modo de expresarlo, genial:

—No era más en mi mano.

La relación de Diego Cetina con Teresa duró solo dos meses: el provincial trasladó al joven jesuita, ignoramos dónde. Cinco años después, los registros de la Compañía inscriben a Cetina en la residencia de Plasencia. Morirá joven, silenciosamente; sin tiempo de saber que sus dos meses de primavera de 1555 dejaban una huella dorada en la crónica misteriosa de los espíritus: había consolado a una santa.

Antes de abandonar Avila, el padre Cetina proporcionó a doña Teresa de Ahumada otro regalo impagable: la visita de Francisco de Borja.

El «duque jesuita» cumple un trabajo intenso por tierras de Castilla. Ignacio de Loyola ha delegado en sus manos el gobierno de los jesuitas de España, organizados ya en tres provincias, con casi trescientos religiosos y una veintena de colegios. Por cierto, entre los ciento setenta chavales del colegio jesuita de Medina del Campo, hay estos años uno llamado Juan de Yepes, futuro fraile Juan de la Cruz...

A don Francisco de Borja encomiendan asuntos confidenciales de alta política el papa y el emperador: tarea confidencial del «duque jesuita».

En marzo de 1555 ha muerto Julio III, con solo cinco años de pontificado. Le sucede Marcelo II, un eclesiástico ejemplar que duró ¡veintitrés días! de papa. El cónclave designa, 23 de mayo, al cardenal Juan Pedro Carafa, un napolitano que tiene sobre la boca del estómago al emperador, al príncipe Felipe, a Ignacio de Loyola, a los jesuitas, a nuestros ejércitos, vamos, todo lo que huela a España, nación que Carafa ha soportado como invasora en Nápoles. Verdad es que don Carlos intrigó furiosamente dentro del cónclave para impedir la elección del cardenal Carafa, y el buen viejecito Ignacio rogó al cielo evitara a la Compañía semejante infortunio. Inútil: por mayoría de un voto, Carafa sale papa y toma como nombre Paulo IV. A Ignacio la noticia le produce un sobresalto, queda pálido: pero, santo como es, «levantóse sin decir ni una palabra y entró a la capilla»; de la cual sale sereno, tan contento. En cambio al emperador le va a durar el berrinche, y tiene por cierto un choque frontal. Don Carlos, desde Flandes, confía en los buenos oficios del «padre Borja» para suavizar cuanto sea posible los contactos con la diplomacia pontificia.

El príncipe Felipe, heredero de España, ha casado con la reina de Inglaterra, su tía María Tudor. La boda representa una jugada valiente del emperador don Carlos. En verano de 1553 había muerto Eduardo VI, aquel «sucesor varón» por quien Enrique VIII degolló esposas y traicionó a la iglesia católica. La corona inglesa pasó a María, hija de la primera mujer de Enrique VIII: ironías de la historia, una mujer ocupa por fin el trono.

Al emperador Carlos V los príncipes alemanes le han rechazado la candidatura del príncipe Felipe para la corona imperial. Don Carlos, que fatigado prepara el relevo, comprende que ha de dividir la herencia: su imperio universal será repartido en dos mitades; una, la centroeuropea, a favor de los Habsburgo; otra, la española, para don Felipe. La muerte del rey inglés le ofrece una oportunidad preciosa: puede reforzar las posiciones de don Felipe casándolo con la nueva reina, que es católica y desea restablecer la sumisión al papa en las islas británicas. María Tudor lleva doce años al príncipe, pero don Felipe acepta: en julio del 54 desembarcó el príncipe en Southampton, y cinco días después tuvo lugar la boda. Don Carlos da por agotado su imperio «hispanogermánico» y sueña para el hijo un nuevo imperio «hispanobritánico». Lástima de sueño imposible: María Tudor morirá pronto, invierno del 58; y sin hijos.

En esta primavera de 1555, cuando el confesor Cetina propicia un coloquio de doña Teresa con el padre Francisco de Borja, nuestro «jesuita duque» viene de cerrar piadosamente los ojos a la infeliz doña Juana la Loca, muerta en su retiro de Tordesillas el 12 de abril, a los setenta y seis años de edad: ha sido durante medio siglo la reina más desgraciada de todos los tiempos. Ella ni supo siquiera que su hijo el emperador don Carlos era señor del orbe... La noticia del fallecimiento encontró al hijo Carlos en Bruselas, y al nieto Felipe en Londres.

Del encuentro de Borja con Teresa nació una amistad profunda, cultivada durante años por correspondencia: desgraciadamente las cartas han desaparecido; forman un tesoro oculto, quizá durmiente en algún escondrijo de legajos antiguos.

No sabemos si el padre Borja bajó al monasterio de la Encarnación, o doña Teresa subió a San Gil. Ella escribe una página luminosa con recuerdos del coloquio. La monja se fiaba absolutamente del jesuita, venerado como santo:

—Después que me hubo oído, díjome que era espíritu de Dios.

Daba, pues, la razón a Cetina, contra el parecer de Daza y Salcedo: Teresa no ha caído en trampas diabólicas.

Dijo más, el padre Borja: la monja debía dejarse ya llevar por Dios sin oponer resistencia a los fenómenos extraordinarios; que ella no los busque, siga fiel a meditar la pasión de Cristo; pero acepte que sea la fuerza superior quien abra sus caminos.

¿Qué más podía Teresa desear? Ella considera «autoridad» al padre Francisco:

—Como quien iba delante, dio la medicina y consejo; quedé muy consolada.

Consolada Teresa, y Salcedo boquiabierto. Al «caballero santo» la opinión jesuítica le valía por ley. También al maestro Daza. Comprendieron que la Encarnación escondía un tesoro. Malo será si continúan incapaces de guardar secretos... Las confidencias circulan por Avila:

—Doña Teresa de Ahumada... ¿vendrá la Inquisición?

21
Donde se discute con la debida reverencia si la flecha india impregnada con «curare» es imagen acertada para describir la transverberación de doña Teresa
(1556-1557)

Está más enferma, a este paso acabarán con ella.

La tensión producida por el nuevo torrente de vida íntima que doña Teresa experimenta, y el tironeo que si Dios que si el diablo por parte de tan piadosos y algo cargantes amigos del grupo Salcedo, han erosionado la siempre quebrantada salud de nuestra monja. Debo pedir excusas por llamar pelmazos al «caballero santo» don Francisco Salcedo y sus compañeros. Actúan de buena fe. El parecer tajante del padre Francisco de Borja los ha tranquilizado. Quieren ayudar cuanto puedan. Solicitan permiso de la madre priora para llevarse una temporada a doña Teresa y reponerle las fuerzas con algunos cuidados especiales.

Accede la priora. Don Francisco hospeda a Teresa en su propio palacio. Doña Mencía, mujer del «caballero santo», ya vimos era pariente de los Cepeda: su hermano Hernandálvarez, que ingresó en la Compañía y trajo los jesuitas a comprar casa en Avila, es ahora rector del colegio de San Gil. Están todos encantados con agasajar a doña Teresa, pues la saben «aprobada» por el padre Borja. Las dos docenas de abulenses que forman el grupo jesuítico tienen como «suya» la monja carmelita. Se ha convertido en un tesoro. A doña Teresa estos cariños le traerán complicaciones: los fenómenos extraños que le ocurren sirven de tema permanente para susurros confidenciales entre las personas enteradas.

De toda la familia jesuítica de Avila, quizá sea doña Guiomar de Ulloa la pieza más llamativa. Hasta el nombre, tiene bonito. Es rica y hermosa.

Guiomar, nacida en las nobles tribus de los Ulloa y los Guzmán, fue niña lindísima. La casaron con el señor de Sobralejo, don Francisco Dávila. Formaban un matrimonio llamativo. Poseían tierras, dineros, amistades, pasaban largas temporadas en su mayorazgo de Aldea del Palo, por los campos de Zamora. Guiomar gozó el paraíso en la tierra. Piadosa y rezadora, naturalmente; suscitaba sin embargo cierta aprensión en la ciudad su excesivo lujo, su vanidad, sus vestidos y sus joyas. Afirman las crónicas que gustaba «de andar galana». Cuando salía de su palacio hacia la iglesia, le precedía un paje llevándole su cojín de seda sobre el cual se arrodillaría la dama gentilmente. A pesar de las envidiejas, Avila considera a doña Guiomar «señora de lindísimo entendimiento y de muy buena gracia».

Estando ella en los veinticinco de su edad y paridos cuatro hijos, tres niñas y un varón, a doña Guiomar de Ulloa le murió el marido.

Encajó cristianamente el golpe. Decidió cambiar de vida y entregarse al cuidado de los hijos. El difunto señor Dávila era muy estimado por los franciscanos, a quienes había favorecido con dádivas; nada menos que el venerado fray Pedro de Alcántara acudió personalmente a consolar la viuda. Guiomar puso de educandas internas en la Encarnación sus tres niñas. Cuando los jesuitas vinieron, gozaron el apoyo de la distinguida señora.

Así conocía Guiomar perfectamente la historia de la monja, y se ofreció a hospedarla en su casa. Doña Teresa pasa de la familia Salcedo al palacio de los Ulloa. Ambas mujeres, la dama y la monja, piensan que por una temporada corta. Pero la salud de Teresa, verdaderamente resquebrajada, le forzará a prolongar casi tres años la estancia junto a su nueva amiga. Guiomar cuenta veintiocho años, Teresa cuarenta.

Doña Guiomar tiene su palacio al ladito de San Gil. Ella frecuenta cada día la iglesia y la casa de los jesuitas. A Diego Cetina vino a relevarle otro padre, también joven, solo cuatro años mayor. Juan de Prádanos, se llama. Riojano, buen teólogo, y brillante. Doña Guiomar lo ha elegido confesor suyo;

aconseja a nuestra carmelita, huérfana de padre espiritual desde la partida de Cetina, que pruebe con Prádanos. Acepta doña Teresa; y le consuela comprobar los buenos modos del jesuita, quien comienza a guiarla «con harta maña y blandura».

Cierto, Teresa vive en un palacio señorial. Pero se somete a clausura estricta. Aquí le resulta más hacedera que en el monasterio de la Encarnación. Ni siquiera gasta tiempo en conversar con Guiomar; solo platican dos ratillos de sobremesa, luego de comer y después de cenar, los paréntesis dedicados a recreación en el horario de su convento. Por fortuna, doña Guiomar cuando sea viejecita escribirá una «memoria» que nos permite conocer las estancias de la carmelita en su casa. Las dolencias le aprietan a doña Teresa, Guiomar siente gran compasión: cada día sufre su huésped dos vómitos violentos, uno de madrugada y otro a la noche. Sin embargo la monja da por normales tales quebrantos físicos, cuenta con ellos como una sombra permanente pegada al cuerpo: no permite que condicionen su ruta, ella prosigue la marcha espiritual sin dejarse atenazar por las enfermedades. A Guiomar le sobrecogen las penitencias de doña Teresa, quien las practica recatadamente. La amiga vigila claro, y sabe la verdad. La doña Teresa sonriente y graciosa conocida por la gente selecta de Avila, la monja jovial, desenfadada, lleva por camisa una cota metálica de malla fina que le deja la piel enrejada de heridas. Se azota las espaldas con un látigo. Pone sobre el catre ramitas de zarza, ortigas, hierrecillos. Emplea su ingenio en discurrir mortificaciones. Y Guiomar la ve siempre tan alegre, tan serena. A doña Teresa nunca le abandona su porte gentil, elegante. Las horas largas, de día y de noche, las gasta en oración. Le gusta leer, hambrea lectura; doña Guiomar se preocupa de poner a su alcance los mejores libros espirituales del momento.

Prádanos aprieta los resortes psíquicos y espirituales de su monja confesada. El jesuita ha comprendido las calidades de esta mujer. Decide cortarle los lazos de afecto que atan a doña Teresa con muchas personas de Avila, amistades nacidas en el locutorio del monasterio y en las salidas a cumplir encargos. A ella le cuesta, pero el confesor exige una purificación completa de los sentimientos: le ordena meditar el asunto y repetir el himno utilizado tradicionalmente en la iglesia para invocar al Espíritu santo. Un día a mitad del himno Teresa sintióse arrebatada, «fuera de mí»; y percibió en su interior estas palabras:

—Ya no quiero que tengas conversación con hombres, sino con ángeles.

Se atemorizó: «me hizo mucho espanto». El efecto fue tal que se supo «animosa para dejarlo todo», todo, incluidas las amistades. Obtuvo a partir de este instante «un desasimiento», una «libertad» absoluta. En adelante ata sus sentimientos cuando quiere y a quien quiere. Asuntos y personas las mira a otra luz, incluso las «cosas de regocijo, de que solía ser amiga». Ahora sí que, internamente, radicalmente, la tiene Dios en sus manos. A merced suya.

En la primavera de 1557, el padre Francisco de Borja visitó de nuevo sus jesuitas de Avila. Guiomar y Teresa, las dos incluidas entonces en la «familia jesuítica» abulense, platicaron con él. A los tres meses, el 31 de julio, murió en Roma Ignacio de Loyola. Le sucedió como general de la Compañía el padre Laínez, quien confirmó a Borja en su cargo de comisario para España y Portugal.

Las relaciones de España con la santa sede andan de mal en peor. En el año 1556, el papa Paulo IV cumple ochenta; pero ni la edad suaviza su resentimiento contra Carlos V, a quien culpa del célebre saqueo de Roma sucedido tiempos atrás. El emperador tiene cedido a su hijo Felipe el título de rey de Nápoles, y por tanto corresponde a don Felipe afrontar la guerra que el papa prepara con apoyo —naturalmente— del rey francés. Felipe tranquiliza su conciencia oyendo una comisión de teólogos, a los cuales plantea la misma cuestión hace años presentada por su padre don Carlos: si es lícito defenderse del papa con las armas. Los teólogos responden que ante los ejércitos del papa considerado «príncipe temporal» puede no sólo defenderse sino también atacar. Este viejo papa Paulo IV resulta un caso dramático. Alto, flaquísimo, ojos iluminados propios de un santo, y dicen que lo es: lleva una vida mortificada, ejemplar, no se parece en nada a los pontífices renacentistas que le han precedido. Desea reformar la cristiandad, librarla de escándalos y herejías. Pero carece por completo de dotes políticas, lo cual significa un peligro serio cuando el papa, además de ser guía espiritual dispone como príncipe de soldados, cañones y barcos. Le sobra razón para odiar a los españoles que ocupan su patria, el reino de Nápoles. Y dejándose llevar de su temperamento irascible, ataca al emperador y a su hijo Felipe no sólo con las armas sino empleando autoridad espiritual.

Comete además el papa un error de «nepotismo»: entrega el poder a dos sobrinos suyos. A uno, Carlos Carafa, lo nombra cardenal secretario. A otro, Juan Carafa, lo nombra capitán general de la iglesia y almirante de las galeras pontificias. Ambos andan sobrados de ambición y escasos de talento. Engreídos con el poder, no dudan en llevar a su tío el papa hasta un choque frontal contra el emperador y don Felipe.

Los Carafa firman alianzas secretas con el francés Enrique II, a cuyo hijo prometen coronar rey de Nápoles si les ayuda para arrojar de Italia el ejército español. La alianza era «secreta» pero los españoles se enteran...

Don Felipe, ni corto ni perezoso, ordena al duque de Alba avanzar sobre Roma. La población, aterrorizada, pidió un armisticio que Paulo IV, lleno de amargura, firmó. Ni siquiera hubo guerra, solo un conato. Los Carafa escapan a pedir ayuda en Francia.

Aquel invierno, Carlos Emperador I y V de España y Alemania buscó refugio en el monasterio de Yuste. Había otorgado el cetro imperial a su hermano Fernando, y las coronas hispánicas a su hijo Felipe. Dijo que la mitad de su reinado la tenía gastada en grandes guerras: «obligado y contra mi voluntad, que no buscándolas ni dando motivo a ellas». Esperaba morir sereno en la paz del monasterio extremeño.

El padre Prádanos ha caído enfermo. Lleva un ritmo de trabajo excesivo. Dicen que le falla el corazón. Los superiores le imponen absoluto descanso; doña Guiomar ofrece llevarlo a su dehesa Aldea del Palo, en tierras de Zamora: ella y Teresa le harán de enfermeras.

Efectivamente, allá fueron a pasar una corta temporada de campo, que también sirvió para fortalecer un poco la salud de nuestra carmelita. Quizá desde Aldea realizó doña Teresa una visita a su hermana Juana, casada con Juan Ovalle en Alba de Tormes: hay constancia del viaje, sin más noticias. Y tiene su importancia, porque Teresa va a necesitar pronto de los Ovalle.

Al regreso de Aldea, Guiomar acoge en su palacio otra huéspeda notable: la famosa María Díaz, una venerable «beata» ya arrugada y viejecita, de sesenta años, conocida en Avila por su devoción a la eucaristía como «la esposa del santísimo sacramento». Las amigas aristócratas de Guiomar se maravillan por el cambio de vida operado en la viuda que antes alegraba sus reuniones: ¿acaso quiere Guiomar convertir su casa en un monasterio? Ahora la ven arrodillarse en la iglesia sin cojín de seda, ella misma lleva un corcho donde sentarse. Y viste ropas sencillas. Preguntan si doña Teresa le ha sorbido el seso...

A la viejita María Díaz la llaman de siempre sus conocidos «Maridíaz». Sus conocidos ya son todo Avila, donde hace años vive a raíz de morir sus padres, labriegos de Vita, pueblecito de la región llamada Moraña alta. Avila tiene a Maridíaz por santa. Confiesa en los jesuitas, claro. Ha sido Prádanos quien pide a Guiomar acoja a Maridíaz. Doña Teresa platica a gusto con la anciana:

—Madre Maridíaz, ¿no tiene ganas de morir?
—¿Por qué?
—Yo, madre, deseo ver pronto a Cristo.
Maridíaz razona con la sencillez de los labriegos:
—Yo, hija, no me deseo morir, sino vivir mucho.
—¿Para qué?
—Para padecer por Cristo, lo cual no podré después de muerta, y entonces me quedará tiempo harto para gozarle.

Será que a Prádanos le caen mal los aires de Avila, o los superiores lo necesitan en otro sitio; el caso es que lo cambian. Aprovechan el cantemisa de un joven jesuita venido con el bachillerato de Artes por Alcalá, a cursar teología en los dominicos abulenses de Santo Tomás. A Guiomar y Teresa les acongoja la partida del padre Prádanos. El misacantano sucesor se llama Baltasar Alvarez, también riojano, veinticinco años. Serio, espiritual y profundo, goza fama prematura de maestro en materias de oración. Tímido, oye las opiniones ajenas como si aún estuviera inseguro de las propias.

Fiel a las reglas que se ha trazado de no esconder nada a su confesor, doña Teresa va entregando confidencias al padre Alvarez en el confesionario de San Gil. Y cualquiera puede comprender el susto del novel jesuita ante semejante chorro de misterios. El había oído comentarios más o menos discretos acerca de la monja carmelita instalada en el palacio de doña Guiomar. Pero nunca pensó encontrarse frente a frente como juez de tan subidos fenómenos.

El diálogo de Teresa con Dios ha entrado en una espiral imparable. Ella vive habitualmente la compañía misteriosa de Cristo, y lo dice con naturalidad al confesor:

—Parecíame estaba junto cabe mí, Cristo; y vía ser Él el que hablaba... Parecíame andar siempre a mi lado... al lado derecho, sentíalo muy claro y que era testigo de todo lo que yo hacía.

Al sesudo padre Alvarez casi le da un infarto:

—¿Y en qué forma le vía?

—No podía dejar de entender estava cabe mí, lo vía claro y sentía.

—¿Quién dijo que era Jesucristo?

—Él me lo dice muchas veces, mas antes que me lo dijese se lo imprimió en mi entendimiento que era Él.

Alvarez la despide «con aspereza, mostrando no la daba crédito». Teme haberse metido en un avispero aceptando las confesiones de la monja. La cual le infunde un respeto tremendo. Estas apariciones ya pasan de la raya...

Sufrió el jesuita una mala noche. Quizá sugestionado, creía percibir junto a sí la presencia misteriosa de que hablaba la monja. Al día siguiente, espantado, nervioso, explicó a Teresa su extraña sensación; la carmelita le comenta con su pizca de ironía:

—Padre, no sería Cristo, mírelo bien.

El jesuita insistió que había notado la presencia de Cristo, y ella sacó la conclusión:

—Entienda, padre; como a vuestra paternidad le parece eso, les parece a los otros que se lo van a decir.

Los sustos le venían en cascada al timorato jesuita: una mañana Teresa vio manos «de grandísima hermosura», las de Cristo; otro día su rostro, que «del todo la dejó absorta»; al fin se le mostró Jesús en su sagrada humanidad, «como se pinta resucitado, con tanta hermosura»:

—Ser imaginación, esto es imposible de toda imposibilidad, ningún camino lleva; porque solo la hermosura y blancura de una mano es sobre toda nuestra imaginación.

El confesor le aprieta, serán figuraciones. La monja comenta ingenuamente «que hay la diferencia de lo vivo a lo pintado, porque es imagen viva, no hombre muerto sino Cristo vivo». Ella lo explica a su modo, directo, limpio de complicaciones teológicas: como sabemos en la oscuridad si alguien anda a nuestro lado; una cosa así, «una noticia más clara que el sol»; una «luz que sin ver la luz alumbra». Luz sin ver luz...

Al jesuita lo desarma esta serenidad, esta paz, el sentido común aplicado por Teresa para enjuiciar y distinguir entre voces «fabricadas» y voces «oídas». Le conmueve sobre todo verla correspondiendo sin trampas a la llamada divina:

—Dábanme unos ímpetus grandes de amor... yo no sabía qué hacerme; verdaderamente me parecía se me arrancaba el alma, con una muerte tan sabrosa que nunca el alma querría salir de ella.

El padre Alvarez, honradamente, se puso a estudiar, husmeando en los infolios teológicos algún rastro de las experiencias aportadas por Teresa. Sus colegas jesuitas le oyeron más adelante comentar ante una pila de libros esparcidos por su celda: «todos los he leído yo para entender a Teresa de Jesús». Le sirvieron, desde luego: no en vano frecuentaba las aulas dominicanas donde le familiarizaron con la *Suma teológica* de Tomás de Aquino. En su conciso latín escolástico afirma el doctor medieval la posibilidad de que una visión sea percibida sin utilizar previamente los sentidos: cuando la «especie aparece directamente impresa» en el entendimiento, lo cual significa una revelación directa de Dios.

Hasta que un día el padre Alvarez se quedó sin palabras en la boca. Teresa vino a contarle una escena increíble. El fue quien recibió la primera confidencia del fenómeno llamado «transverberación» esculpido luego por Bernini en mármol sutil. A los comentaristas pudorosos de santa Teresa les da cierto apuro esta escena que admite interpretaciones groseras, como ocurre con los párrafos del bíblico Cantar de los cantares. Teresa utiliza palabras e imágenes impregnadas de sensualidad característica de nuestra especie. Pero la mala intención pertenece a quien la ponga, no sería de Teresa la culpa. Para mí las «transverberaciones» experimentadas por la carmelita representan uno de los momentos cumbres de la sensibilidad humana. Apenas hay en la literatura mundial alguna página que describa con semejante vigor el arrebato divino de un ser humano. Teresa percibió en varias ocasiones esta experiencia de la transverberación. La primera vez le ocurrió en casa de su amiga Guiomar. Teresa dejó después escrito su «informe» al confesor. Comprendo el terror del pobre jesuita cuando escuchó el relato de su confesada:

—Veía un ángel cabe mí hacia el lado izquierdo, en forma corporal... No era grande sino pequeño, hermoso mucho, el rostro tan encendido que parecía de los ángeles muy subidos que parecen todos se abrasan, deben ser de los que llaman querubines... Veíale en las manos un dardo de oro largo, y al fin del hierro me parecía tener un poco de fuego. Este me parecía meter por el corazón algunas veces y que me llegaba a las entrañas; al sacarle me parecía las llevaba consigo, y me dejaba toda abrasada en amor grande de Dios. Era tan grande el dolor, que me hacía dar aquellos quejidos, y tan excesiva la suavidad que me pone este grandísimo dolor, que no hay desear que se quite ni se contenta el alma con menos que Dios. No es dolor corporal, sino espiritual, aunque no deja de participar el cuerpo algo, y aun harto. Es un requiebro tan suave que pasa entre el alma y Dios, que suplico yo a su bondad lo dé a gustar a quien pensare que miento.

Nada perderá el lector si gasta unos minutos en saborear este texto tres o cuatro veces. ¿Saben qué comparación actual de nuestro utillaje técnico me parece apropiada? Mi amiga Carmen Castro, erudita en temas teresianos e históricos, como buena hija de don Américo, sugiere inteligentemente cierta analogía entre «el dardo de oro» y la flecha empleada por los indios americanos con «curare» en la punta. Teresa recibe cartas de sus hermanos dispersos por las Indias y visitas de viajeros venidos de allá. Unos y otros cuentan la misteriosa eficacia del veneno que aplicado al hierro causa primero un dolor intenso y luego adormece. Quizá la imagen sea muy acertada. A mí ese «dardo» que un querubín dispara hacia el corazón de Teresa me recuerda hoy un «rayo láser», tal como nuestros cirujanos lo lanzan de bisturí para «tocar» el fondo del ojo, el cerebro, los pulmones: un haz luminoso, diez millones de veces más «puro» que los del sol penetra incruento y exacto, sin romper ni manchar... Algo así pienso, un rayo láser... espiritual, claro. Es decir, misterioso. Ni la visión, ni el ángel, ni el dardo, ni la herida, ni el dolor, ni el «curare», ni el láser, ni nada...: nada explica nada, carecemos de imágenes y palabras para contar de modo razonable las «mercedes» recibidas por Teresa en sus coloquios con Dios. Pero ella tenía que dar «cuenta de conciencia» al confesor y se esforzaba cuanto podía:

—Es una manera de herida que parece al alma como si una saeta la metiesen por el corazón... Causa dolor tan grande que hace quejar, y tan sabroso que nunca querría le faltase.

El padre Álvarez solo se atrevió a preguntar:

—¿Pero deja herida?

Y la monja le precisa, copio palabras suyas:

—Este dolor no es en el sentido, ni tampoco es llaga material; sino en lo interior del alma.

Al jesuita le resultó indescifrable; Teresa sonreiría resignada:

—No se puede dar a entender sino por comparaciones; no sé yo decirlo de otra suerte, porque es imposible entenderlo sino quien lo ha experimentado.

Así anda «como embobada», ausente, sin ganas de ver ni hablar a nadie, abrazada «con mi pena, que para mí era mayor gloria que cuantas hay en todo lo criado».

Pasó la temporada entre arrobos y visiones. Le daba miedo hallarse en compañía de Guiomar, o de Maridíaz, o de cualquier amiga; porque comenzaron a decir que los «arrobamientos» la sacaban de sí, la ponían rígida, la subían del suelo al aire. Teresa sufría, y procuraba «resistir» a sus fervores para evitar «el arrobo». Inútil, veíase asaltada: «os llevan, aunque os pese», y tenía la sensación al oponerse de estar peleando «con un jayán fuerte». Al padre Alvarez confiaba la noticia puntual de las visiones:

—Casi siempre se me representaba el Señor resucitado; y en la hostia lo mismo; algunas veces para esforzarme si estaba en tribulación me mostraba las llagas, algunas veces en la cruz y en el huerto (de Getsemaní); y con la corona de espinas, y llevando la cruz.

El jesuita oye, reflexiona. Cambia impresiones con su grupo de amigos: el maestro Daza, don Francisco Salcedo, el padre superior Hernandálvarez, otro par de caballeros. Todos consideran extraño y peligroso el mundo espiritual de madre Teresa. Pero les detiene la opinión del padre Francisco de Borja, quien la había estimulado. Ellos, la verdad, están asustados: ¿y si el padre Borja se equivocara?

22
La salva de la Inquisición un santo «hecho de raíces de árbol»
(1558-1560)

En éstas, ocurrió el descalabro: la Inquisición descubre una plaga de herejes extendida por España.

El emperador don Carlos ha seguido atentamente desde su retiro extremeño de Yuste los primeros pasos del nuevo monarca su hijo don Felipe. A las puertas de 1557, un ejército galo mandado por el duque de Guisa franquea los Alpes y desciende hacia Roma, decidido a «liberar» al papa de la «prepotencia española»: los Carafa han obtenido apoyo del rey francés Enrique II. El duque de Alba retira sus tropas a Nápoles y espera el desarrollo de los acontecimientos. En primavera los franceses llegaron hasta Roma: el viejecito Paulo IV recibió tales ánimos que aprovechando la festividad del jueves santo lanzó la excomunión contra el emperador don Carlos y el rey don Felipe, retiró el nuncio de Madrid, y amenazó con penas terribles a quienes se pusieran del lado de España.

Le fallaron los cálculos. El duque de Guisa al bajar hacia Nápoles tropezó con la resistencia de los soldados de Alba: nuestro duque puso en fuga a los franceses y les pisó los talones camino de Roma.

Entretanto Felipe II había descolgado tropas desde Flandes hacia París: el diez de agosto ganó una memorable batalla al pie de la plaza fuerte llamada San Quintín. Esta victoria llenó de terror a los franceses, pues dejaba desguarnecida su capital.

El papa comprendió el fracaso. Pidió la paz. Felipe II ordenó al duque de Alba entrar en Roma, ponerse de rodillas ante Paulo IV, besar su pie y pedir perdón por haber guerreado contra él. Alba cumplió las órdenes, devolvió al papa las plazas conquistadas y le solicitó humildemente levantara la excomunión lanzada contra nuestros soberanos.

Fuera táctica fuera convencimiento, el viejecito Paulo IV manifestó desde entonces gran afecto a Felipe II: el papa y el rey decidieron unir sus fuerzas para impedir la penetración de la herejía luterana en los países católicos y conseguir una seria reforma de costumbres. Paulo IV quiso comenzar por su casa: los dos sobrinos Carafa, Carlos el cardenal y Juan el almirante, fueron despojados de sus títulos, cargos y honores; y exiliados de Roma.

Don Carlos desde Yuste avisaba repetidamente a su hijo Felipe la urgencia de cortar el paso a la entrada del protestantismo en España. El rey francés también estaba alarmado por el avance de las ideas protestantes. Paulo IV, Felipe II y Enrique II comprendieron que había llegado la hora de sumar sus esfuerzos si querían evitar la lucha religiosa dentro de Italia, Francia y España.

Para entender lo que ocurre a mitad del siglo XVI, debemos ajustar nuestra mente a las circunstancias intelectuales y políticas de aquella Europa desgarrada en dos mitades religiosas por Martín Lutero. Los Estados, pequeños como cualquier principado alemán o grandes como España, Francia, Inglaterra, son confesionales y además «radicalmente intolerantes»: cada soberano impone su religión, cemento de unidad nacional. Carlos V había experimentado en su imperio germano las consecuencias políticas de la herejía protestante y repetía a su hijo la necesidad de impedir que las disensiones religiosas minaran España.

La Inquisición vigiló cuidadosamente la entrada de libros luteranos. Incluso las obras de Erasmo, fervorosamente acogidas por algunos profesores de la universidad de Alcalá y leídas ávidamente entre intelectuales y prelados de 1515 a 1530, suscitaban recelos a causa de su «sabor protestante»: el pensador holandés influyó fuertemente en ciertos círculos selectos españoles preocupados por el problema de quitarle a la vida religiosa hojarasca externa y darle autenticidad profunda. Los libreros alemanes y flamencos, impulsados quién sabe si por espíritu comercial o por fervor proselitista, empleaban procedimientos astutos para introducir en España libros de Lutero y sus discípulos: les ponían encuadernación de obras clásicas, a veces de un santo padre; los escondían revueltos entre encajes; o colocados en el doble fondo de un tonel de vino. La Inquisición perseguía este tráfico y registraba el equipaje de los viajeros. Llegó a establecer la «visita de navíos» anclados en nuestros puertos, y detenía sin contemplaciones a súbditos extranjeros sospechosos de venta ilegal.

Este forcejeo en torno a los libros protestantes aumentó según avanzaba el siglo; y constituía inquietud primordial en el ánimo del asturiano Fernando de Valdés, arzobispo de Sevilla, nombrado inquisidor general por Carlos V el año 1547: Valdés procuró mantener al día los catálogos o «índices» de libros prohibidos.

Precisamente al inquisidor Valdés tocó intervenir en la más clamorosa operación de contrabando protestante.

Nadie lo hubiera pensado en Sevilla, que «Julianillo» el arriero anduviera metido en tales asuntos. Era un arriero fingido, se daba ese aire para servir de enlace con un doctor sevillano que convertido al calvinismo había escapado a Ginebra. Al «arriero» Julián Hernández, los guardias de la Inquisición le pillaron, en las puertas de Sevilla, dos toneles repletos de libros protestantes provenientes de Suiza. Hernández consiguió huir de la cárcel, pero lo encontraron escondido en Sierra Morena.

Alarmado, el inquisidor Valdés puso en marcha un mecanismo de requisa por mercados, librerías, casas privadas; además, montó comisiones de censura que analizaran minuciosamente cualquier publicación sospechosa. Quemó pilas de libros luteranos; y dedicó un equipo de expertos a preparar la edición del nuevo «Indice», puesto al día. Todas las medidas le parecían flojas; hasta que arrancó la firma de Felipe II, residente en Bruselas, para una rigurosa «ley de sangre», dictada el 13 de septiembre de 1558: pena de muerte a quien sea convicto y confeso de introducir, editar, poseer o escribir libros impresos en romance sin licencia del rey refrendada por los miembros del Consejo real.

¿A qué obedecía este nerviosismo desorbitado?

Valdés lleva el título de arzobispo de Sevilla. Sólo aparece «de visita» por su diócesis, él reside en la corte. Pero sus vicarios le tienen informado y conoce perfectamente lo que está ocurriendo: ha entrado en Sevilla el protestantismo.

Sevilla por esta época es una ciudad abierta y bulliciosa, quizá la más vital y atractiva de España. Puente de Europa con América, su tráfico de mercancías, dinero y emigrantes atrae personajes, hidalgos, comerciantes, pillos, de todos los países. También intelectuales, unos clérigos, otros laicos. El cabildo catedral puede permitirse el lujo de llamar a las sillas de su coro profesores insignes de la universidad de Alcalá. Algunos vienen ciertamente «tocados» de ideas luteranas.

Un canónigo sevillano, Juan Gil, que había sido profesor de Alcalá, y era conocido como «el doctor Egidio», le pegó un susto mayúsculo al emperador don Carlos. Gil ejercía de magistral en

Sevilla, y don Carlos le presentó a Roma para obispo de Tortosa. Los inquisidores ordenaron parar el nombramiento porque habían recibido denuncias contra el candidato. Abrieron proceso, que duró tres años; y condenaron al canónigo Gil: un año de cárcel, amén de retractarse públicamente de diez proposiciones heréticas. En el proceso aparecieron amistades peligrosas de los curas sevillanos; uno de los cuales, Juan Pérez de Pineda, salió zumbando y no paró hasta Ginebra: desde allá surtía de libros al «arriero» Julianillo... El «doctor Egidio» murió en 1553, dejando sembrados gérmenes heréticos en Sevilla.

Más seria resultó la denuncia contra otro canónigo, Constantino Ponce. De simple sacerdote fue predicador de campanillas, llenaba las iglesias. En los funerales de la emperatriz Isabel, su sermón gustó tanto al emperador que Carlos V le nombró predicador de la corte. Con este motivo viajaba por España y Alemania. Al volver a Sevilla, los canónigos le eligieron magistral; pero el arzobispo Valdés había prometido la plaza a un amigo suyo llamado Zumel: la pelea entre el cabildo y la mitra fue resuelta en Roma a favor de Constantino. El flamante magistral tuvo la desgracia de que a lo largo de la disputa salieron a flote datos negros de su vida: antes de hacerse cura había estado casado con dos mujeres, ¡y vivían las dos! La Inquisición investigó: Constantino era hijo de judíos; cuatro libros escritos por él contenían doctrina luterana. En verano de 1558 lo encerraron.

Ya eran tres las pistas protestantes en Sevilla: Egidio, Julianillo y Constantino. Los inquisidores trabajaron a fondo. Y alguna gente se asustó.

Más que nadie, se asustaron los frailes jerónimos del famoso monasterio San Isidoro del Campo, situado en las cercanías de la ciudad. Estos monjes habían asimilado el espíritu de Lutero, y tenían reformada secretamente su vida litúrgica. Alarmados por la noticia de la investigación, salieron huyendo hacia Suiza. Casi una docena llegaron a Ginebra. A tres o cuatro los pescó la Inquisición antes de cruzar la frontera.

El inquisidor general Fernando de Valdés se puso en primavera de 1558 camino de Sevilla, dispuesto a tomar las riendas de la pesquisa. Pero en Salamanca una noticia urgente le obligó a suspender inesperadamente el viaje: también Castilla aparecía invadida por la infiltración protestante. Delegó Valdés al obispo de Tarazona, Juan González de Manébrega, como representante suyo en Sevilla; y él se dirigió a Valladolid.

Encontró alarmadísima la corte. La hermana de Felipe II, doña Juana, ejerce de gobernadora de Castilla durante la ausencia del rey: Juana recibe instrucciones remitidas por su hermano desde Flandes, y consejos escritos desde Yuste por su padre. Los dos tienen conocimiento de la infiltración herética en el reino y los dos urgen a la gobernadora medidas tajantes.

Trabajaba en Valladolid un platero, de nombre Juan García, a cuya mujer la devoraban los celos. Ella espió las salidas nocturnas del marido y le vio participar en reuniones sospechosas celebradas siempre en una casa donde acudían clérigos y gente rara. Por consejo de su confesor, la mujer del platero confió sus sospechas a la Inquisición.

Comenzaron las pesquisas en torno a la familia de aquella casa. Era dueña la viuda de un tal Cazalla, doña Leonor de Vivero, descendiente de judíos conversos y madre de diez hijos, tres de los cuales sacerdotes y dos monjas. Uno, el doctor Agustín Cazalla, canónigo de Salamanca, poseía el título de capellán y predicador de corte: doña Juana, la princesa gobernadora, oía con gusto sus sermones. Menudo sobresalto golpeó a doña Juana cuando supo que la Inquisición apresaba al doctor Cazalla como sospechoso de herejía. De todos los hermanos Cazalla, el primero convertido al luteranismo fue Pedro, quien ejercía de párroco en un pueblecito zamorano cerca de Toro: al cura Pedro lo había conquistado un caballero italiano venido a retirarse cerca de Logroño; Pedro a su vez pasó el mensaje luterano a toda la familia. Su madre doña Leonor tomó con entusiasmo la novedad, y ofreció su casa para celebrar reuniones. El prestigio del doctor Agustín Cazalla y las muchas relaciones sociales de sus hermanos, incluidas las dos monjas, extendieron la nueva doctrina: en un par de años, los Cazalla consiguieron formar núcleos protestantes, además de Valladolid, en Toro y en Palencia, atrayendo incluso las hijas del marqués de Alcañices y los hijos del marqués de Poza.

Unas semanas le bastaron al inquisidor Valdés para tener en su mano los hilos de la madeja protestante de Castilla: el 20 de abril de 1558 encarceló a casi toda la familia Cazalla y buena parte de sus amigos vallisoletanos. Algunos, de Toro y Palencia, lograron escapar. Valdés remitió un informe completo a don Carlos en Yuste, y otro a Bruselas para don Felipe.

Abierto el proceso, surgió una sorpresa increíble: la Inquisición consideraba sospechoso de herejía al arzobispo de Toledo. Nada menos. Como un rayo viajó la noticia de Valladolid a Yuste y a Bruselas: el emperador retirado y el rey don Felipe se quedaron boquiabiertos.

A los cincuenta y cinco años de su edad, fray Bartolomé de Carranza ha sido elegido por Felipe II para la silla toledana, y acaba de recibir su consagración episcopal en Bruselas el 27 de febrero de 1558 con asistencia del rey y ante la flor de la grandeza europea. ¿Cómo es posible que a los tres meses caiga en manos de la Inquisición?

Fray Bartolomé, navarro de origen, estudió en Alcalá y Salamanca, donde entró dominico. Destinado a Valladolid, cobró fama de talentudo; obtuvo su birreta de doctor en Roma; y recibió encargos distinguidos, por ejemplo, consultor de la Inquisición. Piadoso y caritativo, rechazó irse de obispo al Perú. Intervino brillantemente en el concilio de Trento y a mediados de siglo publicó varias obras teológicas. Declinó el oficio de confesor del príncipe Felipe, rehusó la mitra de Canarias, abandonó el cargo de provincial de sus frailes: quería estudiar y escribir. Felipe II tiró del fraile Carranza para llevarlo consigo a Inglaterra cuando la boda con María Tudor. Allí trabajó de firme. Pasó a Flandes con el rey, quien le forzó a aceptar el arzobispado de Toledo. Acaban de consagrarlo; y a los tres meses la Inquisición decide abrirle proceso por hereje.

La sospecha saltó en las declaraciones de los hermanos Cazalla, que lógicamente buscaban agarrarse a cualquier apoyo. Agustín Cazalla y un fraile procesado habían sido alumnos de Carranza en Valladolid. Otros sospechosos presumían de relaciones amistosas con el nuevo arzobispo toledano. Uno de los huidos había dicho que iría enseguida a verlo en Bruselas. Mucha gente recordaba sermones «muy espirituales» de fray Bartolomé fustigando la religión «aparente» y ensalzando la sinceridad de conciencia...

A Valdés y sus ayudantes, ciertamente dolidos por la rápida ascensión del fraile dominico a la cúspide jerárquica de España, les encantó el escándalo. Quizá pensaron que Carranza no se atrevería a venir. Pero el nuevo arzobispo afrontó la situación: el uno de agosto entró en España, y camino de Toledo pasó por Yuste.

Carranza encontró moribundo al emperador. Don Carlos murió el 21 de septiembre. Había recibido los consuelos de su antiguo amigo el duque de Gandía, ahora padre Francisco de Borja. Y había gozado la compañía infantil de un pajecillo traído a su lado, el niño «Jeromín», futuro Juan de Austria, quien ignoraba la última razón por la cual le miraba el emperador con tanto cariño.

A don Felipe II le sobrevinieron las desgracias a chorro este otoño de 1558. Supo en Bruselas la muerte de su padre; y a los dos meses le murió su mujer, la reina inglesa María Tudor. Después de pasar algunos días a solas en una abadía, don Felipe cumplió funerales en sufragio de su padre y de su mujer. En santa Gúdula de Bruselas. Las misas de *requiem* más suntuosas de la historia: con una comitiva de dos mil quinientos cirios, timbaleros, trompetas, estandartes, caballos enlutados, maceros, reyes de armas, condes, duques, marqueses, grandes de España y del orbe. Mandó que el catafalco de don Carlos fuera labrado en estilo jónico, símbolo del valor. Y el catafalco de la reina en estilo corintio, símbolo de la belleza. Los cortesanos pensaron que para María Tudor hubiera convenido algún símbolo de las desgracias.

Anunció el rey su vuelta a España. Necesitaba un año para resolver algunas urgencias europeas. La primera, seguir de cerca los acontecimientos de Inglaterra, cuya corona había heredado Isabel, la hija de Enrique VIII y Ana Bolena: Isabel consiguió, adoptando posiciones ambiguas entre el catolicismo y el protestantismo, que su hermanastra María le declarara heredera. Don Felipe, con tal de salvar la fe católica en Inglaterra, se mostró dispuesto a casarse con la nueva reina. Imposible, Isabel tomó enseguida su sendero antipapal.

La otra tarea urgente de Felipe II era firmar definitivamente la paz con Francia, cuyo rey veía invadido su país por los emisarios protestantes que desde Ginebra enviaba el francés Juan Calvino, reformador menos aparatoso que Lutero pero tenaz y metódico: los «calvinistas» amenazaban «misionar» la cristiandad entera. A Francia la tenían ya al borde de una guerra civil religiosa.

En primavera de 1559, Felipe de España y Enrique de Francia firmaron la paz. Reajustaron sus fronteras. Juraron defender la santa iglesia y cumplir las decisiones del concilio de Trento. Acordaron que el reciente viudo Felipe II casara con Isabel de Valois, hija de Enrique II: el duque de Alba, rodeado de nobles y prelados, bajó hasta París a formalizar los desposorios en nombre de don Felipe. Hubo gran fiesta. Lástima, durante los torneos una lanza entró justamente por las aberturas de la visera del rey francés, le atravesó un ojo, se hundió en el cerebro y mató a Enrique II. Don Felipe vistió en Bruselas luto en honor de quien fuera su enemigo y había pasado a ser su suegro.

El veintiuno de mayo de 1559, a las cinco de la tarde, ardió la hoguera inquisitorial en el Campo Grande, extramuros de Valladolid. Hubo que darse prisa, pues la ley disponía que las penas de muerte debían estar cumplidas antes de ponerse el sol. El auto de fe comenzó a las seis de la mañana en la plaza mayor. Era el domingo de la Trinidad. Los «familiares» del Santo Oficio vigilaron el tablado y los accesos. Valladolid parecía, por la abundancia de tropas, una plaza fuerte. Gentío nunca visto acudió de pueblos y ciudades cercanas: «dos días antes —certifican los testigos— no se podían andar las calles». Por ausencia del rey, todavía en Flandes, presidió la princesa gobernadora doña Juana. A su lado, el príncipe heredero don Carlos, niño de catorce años, primer y anormal hijo de Felipe II. Rodeada de los personajes de la corte, y presentes los reos vestidos con su sambenito, el escapulario amarillo infamante, juró la princesa «sostener la santa Inquisición y perseguir las herejías». La multitud oyó en silencio un sermón de fray Melchor Cano, y escuchó pacientemente la lectura de las sentencias para cada reo. Fueron absueltos dieciséis «reconciliados», a quienes el tribunal impuso penas económicas, cárcel, pérdida de títulos. Los quince condenados a morir en la hoguera pasaron a poder secular: serían conducidos por agentes del Estado al Campo Grande; allí «las justicias civiles» agarrotarán a los que se conviertan primero de encender la hoguera. Tres de los hermanos Cazalla murieron quemados. El tribunal ordenó además derribar la casa donde los herejes habían celebrado sus encuentros.

El 20 de agosto embarcó Felipe II en el puerto flamenco de Flesinga, rumbo a España. Dejó por gobernadora de Flandes a su hermana natural Margarita, duquesa de Parma.

Dos días antes, el 18, moría en Roma el cascado pontífice Paulo IV. A don Felipe le inquietó la idea de otro papa semejante al áspero Juan Pedro Carafa, y buscó apoyos cardenalicios para influir en un cónclave que se anunciaba difícil.

Mientras las escuadra real navega las aguas del golfo de Vizcaya, el inquisidor general Valdés precipita los acontecimientos para colocar al rey ante un hecho consumado: el 22 de agosto la Inquisición encarcela al arzobispo de Toledo fray Bartolomé Carranza.

Días antes apareció impreso en Valladolid el «Indice de libros prohibidos» preparado por los teólogos de Valdés. Este catálogo inquisitorial sembró pánico en conventos y familias piadosas, porque incluía libros tan estimados como el tratado sobre la oración de fray Luis de Granada, las *Obras del cristiano* compuestas por Francisco de Borja, y el divulgado *Audi, filia* del maestro Juan de Avila. Buena gente, aceptaron la condena: Borja marchó silencioso a Portugal, Juan de Avila corrigió la obra y quemó apuntes antiguos. Ah, también a nuestro conocido franciscano el padre Osuna, estudiado y admirado por madre Teresa, alcanzaron las censuras del «Indice»... La «perla» condenada fue un *Catecismo cristiano* publicado en Amberes dos años antes por Bartolomé de Carranza, «con licencia del rey y visto bueno de su consejo»; no le valió, los inquisidores hallaron expresiones de sabor luterano.

Don Felipe desembarcó en Laredo el veintinueve de agosto. Diez días después llegó a Valladolid. Un mes más tarde, ocho de octubre, presidía el segundo auto de fe, que mandó a la hoguera seis condenados. La herejía protestante quedaba aniquilada en Castilla nada más nacer. Don Felipe cumplía la recomendación fundamental de su padre el emperador, quien le insistió no dejara penetrar las divisiones religiosas si deseaba mantener sus reinos en paz.

Ocurrieron los hechos cuatro siglos atrás. Aunque contemplarlos hoy con nuestra mirada ecuménica nos apena profundamente, debemos aceptar la historia. Los reyes aplicaron a la defensa de la fe instrumentos penales propios de su tiempo. Un esfuerzo honesto de investigación está colocando en la verdadera luz de documentos históricos las cifras y los métodos del tribunal del Santo Oficio, sometido durante siglos a fáciles exageraciones que aumentaban sus víctimas hasta números astronómicos.

¿Y qué pasó con el foco protestante de Sevilla?

Hubo dos autos de fe, uno en septiembre de 1559 y otro en diciembre de 1560. Instalado el tablado en la plaza de San Francisco, los reos fueron conducidos después al quemadero del Prado. Las cifras resultan inseguras; parece que al primer auto comparecieron unas ochenta personas entre moros, judíos, bígamos y blasfemos; menos de la mitad eran protestantes. El doctor Constantino y Julianillo, el falso arriero, permanecieron en prisión destinados al segundo auto de fe. Constantino murió antes, quizá suicidado. Julianillo y doce más sufrieron la hoguera, casi todos previamente ajusticiados. El tribunal continuó vigilante y repitió los autos de fe hasta finales de siglo; afectaron casi siempre a causas distintas del protestantismo: la propaganda luterana y calvinista había quedado, también en Sevilla, definitivamente borrada.

Ahora imagine el lector la resonancia de los autos de fe sobre los habitantes de Avila, ciudad situada como quien dice a cuatro pasos de Valladolid. Avila, señorial y fiel, vive pendiente de la corte. El rey don Felipe ha proclamado con voz firme su decisión de mantener la fe católica limpia de cualquier impureza. Las quemas de herejes sirven como instrumento para segar de raíz una epidemia religiosa. Los documentos históricos demuestran que el pueblo considera justo y acertado el procedimiento, por más que a nosotros hoy nos turbe.

Precisamente la adhesión popular a los tribunales del Santo Oficio representa un riesgo gravísimo en aquel instante de la vida de doña Teresa. Por Avila circula, no siempre discretamente, el relato de arrobos y visiones ocurridas en casa de doña Guiomar.

La pregunta surge, repetida, insistente:

—¿Tomará cartas la Inquisición?

Los más asustados, parecen presa del pánico, son don Francisco Salcedo, el maestro Daza, y toda la pandilla de sus piadosos amigos. Temen cualquier cosa; incluso verse mezclados en un proceso, posible, a cuenta de sus relaciones con doña Teresa. Ya no les tranquiliza ni la opinión del padre Borja, cuyo libro viene incluido en el «Indice» de los prohibidos por el Inquisidor general:

—Don Francisco ha marchado a Portugal.

El caballero Salcedo y el padre Daza conocen además un detalle guardado como un secreto explosivo: los herejes Cazalla vinieron algún día desde Valladolid a tomar contacto con doña Guiomar y sus amigas, también con doña Teresa... A Guiomar, cierto, la visitaron; y a Teresa «codiciaban hablarle». El grupo espiritual de Avila les pareció a los Cazalla atmósfera propicia para extender sus doctrinas. Renunciaron, y vale la pena subrayar el motivo: les asustó comprobar que aquellas buenas mujeres no escondían «las cosas de su alma»; al contrario, consultaban «confesores y personas de diferentes órdenes»; quizá los vallisoletanos temieron alguna confidencia peligrosa para sus conciliábulos, lo expresa una frase significativa:

—No querían ellos entrar en casas de tantas puertas.

A la espantosa luz venida desde las hogueras de Valladolid, Daza y el «caballero santo» han confirmado su antigua convicción: doña Teresa es presa del diablo, Satanás la maneja. Ellos «lo supieron siempre». El padre Borja la defendió. Ahora no les cabe duda.

Quieren salvarla. Por ella; y por ellos, que se verían seriamente complicados. Utilizan un camino lógico: la influencia del padre Alvarez sobre su confesada.

Al padre Alvarez, siempre comido de vacilaciones, le han cambiado el superior de su casa jesuítica: ha venido Dionisio Vázquez, bilioso, de carácter áspero, hombre duro y entrometido. Una de las primeras consignas del nuevo superior ha ido dirigida al padre Alvarez: debe sujetar la fantasía de esa monja carmelita que trae alborotado el mundo piadoso de Avila con arrobos y visiones. El superior no desea ver la Compañía mezclada en líos inquisitoriales. Las señoras que frecuentan San Gil, lo ha comprobado el superior, bajan la voz y entornan los ojos cuando saborean «el dulce placer» de la murmuración a cuenta de doña Teresa:

—Dicen que un dardo divino le atraviesa el corazón...

La verdad es, y a Teresa le apena, que confesor y amigos dan pie a los cotilleos de Avila. Son «cinco o seis, todos muy siervos de Dios», convencidos de su derecho a intervenir «por el amor que la tienen». Pero poco prudentes: cuentan las cosas.

Teresa, incapaz de engañar, mantiene su trato equilibrado y normal. Le repugna adoptar actitudes acarameladas o fingidas. La pandilla de Salcedo considera incompatible con los fenómenos experimentados por Teresa en la oración, ese temperamento alegre, sereno y desenfadado de que la carmelita hace gala. La tienen vigilada, le acosan:

—Preguntábanme; yo respondía con llaneza y descuido; luego les parecía los quería enseñar y que me tenía por sabia.

Van enseguida con los cuentos al confesor. La página donde madre Teresa narra estos incidentes, parece un espejo al cual asoma su cara sonriente, casi diría que muerta de risa; porque la monja conoció perfectamente las cualidades y defectos de su padre Alvarez, y le haría gracia verlo aturdido. Escribe Teresa la reacción del jesuita, cuando le aportan las denuncias:

—El, a reñirme.

Pero la amenaza va en serio; y el padre Baltasar Alvarez vacila, no las tiene todas consigo:

—¿Y si realmente anda la carmelita presa del demonio?

Decide Alvarez someterla a pruebas. Molestarla, desabridamente.

Le mandó rendir exámenes minuciosos «a cara descubierta». Una medida suficiente para sonrojar a cualquier mujer de aquella época. Los confesonarios consistían en un simple sillón donde se sentaba el sacerdote a escuchar al penitente arrodillado. Pero las mujeres traían la cara cubierta con un velo. A Teresa tuvo que resultarle costoso exponer su intimidad mirando a los ojos del padre Alvarez. Obedeció. Al orar, escuchó Teresa claramente unas palabras, de aquellas «percibidas dentro», «entiéndense muy más claro que si se oyesen»; le decían estuviera tranquila, pues teniendo maestro letrado y no callándole nada «ningún daño puede venir».

Le manda también el confesor espaciar las comuniones. Mucho duele a la monja este mandato. Obedece, desde luego; y pasa sin comulgar veinte días.

Manda más, el padre Alvarez: que procure distraerse, «de suerte que no tenga soledad».

Y al fin, lo peor: que debe renunciar a la oración. Teresa quedó ese día hundida. La voz interior participó de alguna manera en su desconcierto; y le dio un encargo dirigido al confesor:

—Me pareció se había enojado (Jesucristo); díjome que les dijese que ya aquello era tiranía.

Por supuesto, Alvarez le impone abstenerse de la lectura de libros espirituales manejados por ella, y ahora incluidos en el nuevo «Indice» de Fernando Valdés. Doña Teresa recibe el consuelo de la voz interior:

—Me dijo el Señor: no tengas pena que yo *te daré libro vivo.* «Libro vivo». Confiesa que de momento no entendía el sentido de la frase:

—Después... lo entendí muy bien; porque he tenido tanto en qué pensar y recogerme en lo que veía presente, y ha tenido tanto amor el Señor conmigo para enseñarme de muchas maneras, que muy poca o casi ninguna necesidad he tenido de libros. Su majestad ha sido el libro verdadero adonde he visto las verdades.

Y lo explica, maravillosamente lo explica. Extraña, fabulosa mujer. ¿Cómo querían acoplarla en los esquemas jurídicos y burocráticos de nuestra vida vulgar? Lo raro fue que se librara de la cárcel.

Por los pelos, se libró.

Las hablillas crecían en Avila, el nombre de la carmelita andaba por sacristías y conventos. Podía el rumor desembocar en escándalo. La madre priora de la Encarnación también se alarmó. Los cuchicheos de las comadres asaltaron el monasterio, y alguna monja protestaba:

—¿Quién le mete a doña Teresa en estas invenciones? ¿Para qué estos extremos y novedades, tanta oración y contemplación, y andar allá escondida en los desvanes y rincones de la casa de doña Guiomar?

La priora reflexionó. Sería mejor traer a doña Teresa de nuevo al monasterio. Le avisó. Acudió ella inmediatamente. Le sorprendería encontrar miradas desconfiadas en su monasterio...

Teresa lleva dentro sus temores. El padre Alvarez le ha dicho «que todos se determinan la maneja el demonio». ¿Y él, qué juzga? A Teresa le importa la opinión del confesor. Alvarez mueve pensativamente la cabeza:

—Aunque sea demonio, si no ofendéis a Dios nada podrá...

—¿Y ella, Teresa, qué? Trae, lo dijo, «grandísimo temor». Pero la oración le serena; y le da certeza:

—Oh Señor mío, cómo sois Vos el amigo verdadero... Poco es lo que dejáis padecer a quien os ama... qué delicada y pulida y sabrosamente lo sabéis tratar.

Regresa al convento tan enferma como se fue. Nota que le anda mal el corazón.

Hay un ir y venir de los buenos amigos a darle consejos. Los atiende por mandato del padre Alvarez. Le quitan sosiego. La fatigan. Han decidido probar su humildad. A veces envían personajes, desconocidos para ella, que le plantean cuestiones delicadas. Un don Alonso de Quiñones, noble caballero, le advierte con aire petulante:

—A Magdalena de la Cruz media España la tuvo por santa y resultó esclava del demonio.

Alguien recogió entre los recuerdos de la Encarnación esta respuesta de doña Teresa, pálida ella y bajos los ojos:

—Nunca la recuerdo sin estremecimiento.

Y cuentan, vaya usted a saber, que el noble don Alonso Quiñones salió del convento ensalzando la humildad de la monja.

Con un poquito de energía, el padre Alvarez hubiera disipado la niebla en torno a su confesada. Ella tomó miedo a las conversaciones. Pero cumplía la norma de no guardarle secretos al confesor.

Disimular visiones y esconder arrobamientos le resultaba mucho más difícil en el monasterio. La casa de doña Guiomar ofrecía rincones escondidos. Aquí apenas la dejan sola en la celda. Y ha de acudir a los actos comunes; la misa, sobre todo, y rezos en el coro. Teresa sufre cuando presiente la cercanía de «algo» imprevisto, como sufriría percibiendo la caída en un síncope. Le ocurren desvanecimientos y éxtasis a la vista de las monjas. Ella «quedaba después tan corrida», deseosa de esconderse donde nadie la encontrara. ¿Qué podía hacer? La voz interior la tranquiliza.

Pero fuera... Uno de los amigos llegó a proponer «conjurarla», es decir, aplicarle los exorcismos con rezos y agua bendita. Teresa «no hacía sino llorar».

Otro de los «piadosos varones» tuvo una ocurrencia maligna. Siempre de buena fe, Dios bendito. Estaría de viaje el padre Alvarez y dejó encomendado a Teresa confesarse con otro clérigo. Nada más vérsela de rodillas, este cura le dijo que él estaba convencido: la maneja el demonio. Teresa, «a llorar». Ella explica, quisiera resistir los arrobos, las visiones; pero la vencen, se le imponen. El improvisado confesor le dio una solución, quizá se creyó genial por el hallazgo:

—Ya que no hay medio de resistir, cuando venga la visión santígüese y déle higas; así el demonio escapará.

Dar higas... ¡a Jesucristo, aparecido dentro de su alma! Pobre Teresa. Hoy nuestro pueblo ha sustituido por expresiones muy contundentes este ademán clásico de desprecio: dar por saco. El diccionario de Cobarrubias describe la «higa»: se cierra el puño mostrando el dedo pulgar por entre el dedo índice y el dedo cordial. Teresa, pobre, obedeció, aterrorizada:

—A mí me era esto gran pena; porque como yo no podía creer sino que era Dios, era cosa terrible para mí.

Con la otra mano apretaba la cruz de su rosario. Le pareció estar insultando a Jesús en la noche amarga de la pasión:

—Suplicábale me perdonase, pues yo lo hacía por obedecer al que tenía en su lugar.

Esta vez no pudo ni aliviar la situación utilizando el buen humor. Cristo la consoló tomándole la cruz del rosario: «cuando me la tornó», Teresa vio su cruz resplandeciente de diamantes y piedras preciosas. Evidentemente, el Señor no se había enfadado.

¿Qué están haciendo con doña Teresa? De hecho, le han montado una pequeña inquisición, la inquisición privada. A ratos ella mejor quisiera verse en manos de la Inquisición oficial.

Le vinieron deseos de huir. Escapar de Avila. Pedir refugio en algún convento carmelita lejano; quizá por Andalucía, quizá por Levante. Donde nadie la conozca. Lo pensó en serio.

Bastaba trasladar la dote, o «dotarse» de nuevo. El padre Alvarez le mandó alejar de su mente tal proyecto.

Hay un santo suelto por Castilla y Portugal. Nadie discute que sea santo. Representa una leyenda, es hombre de leyenda. Tan misterioso como los profetas, igual de valiente que Cortés o Pizarro o García de Paredes. En vez de irse a ensanchar las Indias de América, tiene puesta su vida directamente al servicio de Dios. Ha cobrado tal fama que, la gente sencilla lo asegura, un cometa suele anunciar su viaje si el santo visita Lisboa, Salamanca o Avila.

Se llama Pedro de Alcántara. Nació de gente noble extremeña, y de jovencillo entró franciscano. Estudió recio, fue fraile ejemplar. Le dieron cargos en la orden. A él le vino la vocación de reformar conventos y fundar otros nuevos, muy ajustados a las antiguas tradiciones penitentes. Practica tal austeridad que cuentan de él cosas pintorescas. Alto, robusto, quizá posea el esqueleto más tieso de la España imperial. Pero él mira siempre al suelo, cuentan que de joven nunca vio la cara de una mujer. Ahora, de viejo, lo confiesa y sonríe, «le da lo mismo ver o no ver». Le ha quedado la costumbre de caminar tras de alguien, como si estuviera siempre metido en una fila de frailes franciscanos, y por eso tropieza con la frente en el dintel de las puertas. Grande como es, de cada convento escoge para sí una celda bien pequeña, donde no quepa tumbado: así dicen que los pocos ratos de dormir los duerme de rodillas o encogido. Por los senderos de Castilla se apoya en un cayado, y bajo el sayal franciscano suena el ruido de sus cilicios de hojalata. Agradece cuando le regalan un mendrugo; comer, pararse propiamente a comer sentado, le ocurre cada tres días, cada cinco, cada ocho. Los pueblecillos le adoran, lo quieren, cómo no, si fray Pedro les parece bueno y risueño igual que san Francisco. Un fraile de veras descalzo, pisa sin sandalias el polvo caliente de Castilla y la nieve invernal de los montes toledanos. Le ven los pies maltrechos, y él bromea:

—No me acuerdo dellos.

A pleno sol del agosto de 1560, fray Pedro de Alcántara entró en Avila. Discuten los historiadores si vino a negociar dineros en favor de uno de sus conventos recién fundado. Pero a lo mejor ese cometa guía de sus pasos, lo trajo para remediar las angustias de cierta monja carmelita...

Hasta de fray Pedro era amigo nuestro caballero santo don Francisco Salcedo: le hospedó en su palacio, habría que ver el rinconcito donde el franciscano rezaba horas y dormía un ratillo.

Gran devoción le tiene a fray Pedro doña Guiomar de Ulloa. A doña Guiomar se le ocurre una idea feliz: que doña Teresa consulte con fray Pedro los misterios del alma.

Ni corta ni perezosa, doña Guiomar va a la Encarnación y somete a la priora su plan. La priora vio el cielo abierto: quién sabe si fray Pedro solucionará este laberinto. Como el caso de doña Teresa ya está complicado, consultó la priora al padre provincial, quien ejerce la suprema autoridad en nombre del general carmelitano residente en Roma. De nuevo salió Teresa del monasterio a casa de su amiga, por ocho días.

Los coloquios del fraile franciscano y la monja carmelita resultan una delicia. Quedan amigos para siempre. Prometen escribirse, como le ocurrió a Teresa con Francisco de Borja. Por cierto, el franciscano y el jesuita son también amigos viejos, desde que Gandía ejerció de virrey en Barcelona y fray Pedro andaba por tierras catalanas.

Teresa lo mira embelesada, como a una aparición celestial. Le pareció «hecho de raíces de árboles», y lo veía «muy viejo»: «afable, aunque de pocas palabras; muy sabroso, porque tenía muy lindo entendimiento».

Hablaron, claro, de oración. Tranquilos, repetidamente. Teresa supo que fray Pedro anda «embebecido» como ella en la presencia permanente de Dios. Le dio el fraile aclaraciones acerca de un fenómeno inquietante para ella: cómo era posible «verse dentro» apariciones que no estaban «corporalmente fuera». Fray Pedro le explicó la verdad de semejantes fenómenos. La tranquilizó por completo:

—Andad, hija, que bien vais, todos somos de una librea.

Le gustaba a fray Pedro soltar sentencias, él inventó aquella definición del caballero Salcedo: «la mejor gorra de Avila». Pues precisamente a Salcedo, y a Daza, también al padre Alvarez, todos escuchaban reverentes, dijo el santo fraile su sentencia tocante a doña Teresa:

—Después de la sagrada Escritura y de lo demás que la iglesia manda, no hay cosa más cierta que el espíritu de esta mujer sea de Dios.

Lo anotó cuidadosamente doña Guiomar.

Ha hablado fray Pedro. Nadie sensato se atreverá en Avila a mentarle los demonios a la monja carmelita. Ella quedó tan consolada:

—Húbome grandísima lástima; díjome que uno de los mayores trabajos de la tierra era el que había padecido, que es contradicción de buenos.

Consolada y contenta. Fray Pedro significa durante un par de años la mayor alegría de Teresa. Ella lo verá decir la misa rodeado de santos; un día le pareció que Cristo nuestro Señor con su propia mano daba de comer y de beber al bendito fraile, y le tendía la toalla para limpiarse después de haber bebido...

23
«Estáse ardiendo el mundo»
(1560)

En verano de 1560, a poco de marchar de Avila fray Pedro de Alcántara, doña Teresa ha visto el infierno. Literalmente, el infierno:
—Aunque yo viviese muchos años, me parece imposible olvidárseme.

¿Qué le pasó? Cualquiera lo sabe. Teresa vive por estos meses un mundo íntimo exultante, rico de ímpetus, generosamente abierto a cualquier sugerencia de «las voces» oídas en los huecos profundos de su alma. Desea responder toda, sin negarle ni una astilla de su amor al Dios bueno que la está inundando de consuelos. Ha conocido la batalla reñida por el bien y el mal para orientar decididamente los pasos del cristiano en una u otra dirección. Teresa tiene tomado su camino. Pasó la raya, nada ni nadie torcerá ya su «determinación». La monja carmelita doña Teresa de Ahumada «es» de Dios, pertenece a Dios. Terreno conquistado.

A ella no le asombra que las fuerzas oscuras del mal rujan a su alrededor con intentos tardíos de conquista. Comprende su ira, les sobra razón a los demonios para sentirse burlados, estafados.

Cumpliendo el ritmo normal del horario en su monasterio, procurando pasar como una monja más, doña Teresa vive atenta a las celestiales cascadas de favores divinos impetuosamente despeñadas sobre su espíritu. Le parece a ratos que ha de estallarle el armazón de sus costillas, incapaz de soportar semejante fuego. Desea evitar comentarios, domina cuanto puede las reacciones externas para no atraer la atención y para soslayar murmullos.

Por ejemplo, le da reparo pedir agua bendita.

Y bien la ha menester.

En el juego de voces, visiones, arrobos que Teresa experimenta, se mezclan también figuras diabólicas. La monja lo sabe, los demonios están furiosos contra ella.

Los ve, los siente, revestidos de la figura y color que la tradición religiosa popular les atribuye. Se le ponen al lado, le abren una boca feísima, «espantable», soltando llamas; hablan, amenazan; también la atormentan, le hacen percibir «desasosiego interior» y dolores, «mal corporal intolerable»; se le posan en las páginas del libro de rezos, estorbando la lectura; y a uno «negrillo muy abominable» le oye «regañar como un desesperado»; pelean a docenas contra docenas de ángeles, quieren atacarle a ella pero no consiguen traspasar una «gran claridad» aparecida en torno suyo; los ve con cuernos atenazando la garganta de un sacerdote que celebra misa en pecado mortal. A veces la sofocan con visiones imaginarias hasta el punto de sentirse ahogada.

Doña Teresa «objetiva» los fenómenos sobrenaturales mediante imágenes y palabras propias de la religiosidad popular característica de su época. No podría «experimentar» de otro modo. Percibimos en torno a su persona y a sus lances el perfume de los sucesos «populares». Hay en sus narraciones un encanto inimitable, fascinante.

Como buena cristiana del siglo XVI español, conoce los medios puestos a su alcance por la iglesia católica para responder a los ataques altaneros del demonio: el temor de Dios, la señal de la cruz, y el agua bendita. Nada de supersticiones a base de sahumerios, jengibre, azufre y otras hierbas: persignarse y el hisopo.

Si ella tiene agua bendita a mano, la utiliza; y los demonios huyen:

—Considero yo qué gran cosa es todo lo que está ordenado por la iglesia, y regálame mucho ver que tengan tanta fuerza aquellas palabras que así la pongan en el agua.

Una delicia, ver la monja «tomando a risa» las embestidas del demonio. No consiguen asustarla, bromea a costa de los diablos. Ella sabe que la cruz le protege y el agua bendita los espanta: remedio infalible para ahuyentarlos; por eso le maravilla «la fuerza de las palabras» que da poder al agua.

Doña Teresa tiene siempre agua bendita en la celda. El apuro le viene si, cuando los demonios le acometen, ella está con otras monjas: intenta quedarse quieta para que nada noten sus compañeras. Los demonios suelen zarandearla, lo mismo que si le asaltara un ataque epiléptico. Las monjas se asustan, sin acertar cómo ayudarle. No piensan en traer agua bendita. Y doña Teresa teme pedirla, por esconderles la cercanía del diablo... En una ocasión se vio «muy atormentada», y empleó esta fórmula inteligente para explicar lo que necesitaba:

—Si no se riesen, pediría agua bendita.

Espantados los diablos, quedábase «cansada, como si le hubieran dado muchos palos».

Pero a mitad de este agosto de 1560, ha visto el infierno. La experiencia resultó espantosa, y va a traerle consecuencias.

Fue una visión que le permitió sentir en su cuerpo y en su alma las penas descritas muchas veces por los predicadores: vio un lugar largo y estrecho, olió pestilencias, palpó el fuego; percibía «dolores corporales incomportables»; y soportó un «apretamiento» de su alma, «desesperado y afligido descontento que yo no sé como lo encarecer»: la «despedazaban» por dentro, le arrancaban la vida.

Doña Teresa entendió simultáneamente los motivos de la visión: despertó convencida de haber contemplado el sitio «a donde me tenían ya los demonios aposentada» si Dios la hubiese dejado de su mano.

Con sentido práctico, Teresa reflexiona.

Le ha ocurrido esta experiencia rara, impresionante: el conocimiento personal del infierno. Para qué le ha ocurrido, por qué, se pregunta ella.

Primero le sobreviene un susto terrible: ahora sabe dónde pudo terminar.

Enseguida, el chorro de agradecimiento a quien le ha librado de semejante peligro.

Ha de responder, pues amor con amor se paga. Formula un compromiso generoso que le parece la manera mejor de complacer a Dios: en adelante ajustará su conducta a una regla «de mayor perfección». Es decir, cuando se le presenten, como cada día ocurre, varias opciones o actitudes, Teresa escogerá siempre la más perfecta; aunque sea difícil, ardua, y no obligatoria. Los confidentes y amigos conocieron esta decisión, que llamaron «el voto de lo más perfecto». Comentaban:

—De ningún santo lo hemos leído ni oído jamás.

No acabó aquí la espiral de sentimientos levantada en el pecho de doña Teresa por la visión del infierno: le nació «grandísima pena por las almas que se pierden»; y experimentaba «ímpetus grandes» de salvarlas:

—Por librar una sola de tan gravísimos tormentos pasaría yo muchas muertes muy de buena gana.

Doña Teresa cavila sobre el papel de las monjas de clausura. ¿Qué pueden «ellas» hacer para librar a los pecadores de la caída en el infierno, cómo podrían colaborar con el trabajo apostólico de los misioneros dedicados a difundir el mensaje de Cristo?

Estas preguntas hoy nos resultan normales. En aquel momento representaban un planteamiento absolutamente nuevo, revolucionario, en torno a la existencia religiosa de mujeres acogidas a la paz de los monasterios.

A una mujer del siglo XVI no le pasaba por la mente la idea de participar en la gran aventura misional americana. Ni tampoco en la batalla teológica reñida frente a los herejes protestantes. Hubiera sido tan absurdo como solicitar un puesto en los tercios que defienden las banderas del rey.

Ve doña Teresa sus compañeras carmelitas del monasterio de la Encarnación. Casi doscientas monjas cobija el convento. Algunas, quizá varias docenas, han venido buscando resignadas un consuelo apacible para la soltería perpetua que la falta de mozos impone a las jóvenes casaderas de Castilla: primero el emperador don Carlos y ahora el rey don Felipe, alistan los hombres llamándolos a cumplir hazañas guerreras. En los hogares de ciudades y aldeas quedan las mujeres solas, a la espera, dramática, de que vuelvan los varones.

Otras monjas llegaron al convento traídas por una verdadera vocación religiosa, una llamada. Llamada ¿hacia dónde? ¿Qué buscan?

Quizás buscan, las venidas en edad madura, un marco apropiado para hacer penitencia por los pecados de su vida pasada: las impulsa el remordimiento, o quién sabe si fuertes desengaños. Incluso, para algunas, la viudedad prematura. Desean, en definitiva, asegurar su salvación eterna.

¿Y si vinieron jovencillas? A unas las trajo la huida de tentaciones mundanas. A otras, un fervor ardiente que las incita al sacrificio total de su vida, fascinadas por el amor de Dios entrevisto misteriosamente en los profundos repliegues del alma.

Todas ellas, unas y otras, viejas, jóvenes, baqueteadas, intactas, todas han resuelto ajustar el ritmo de su existencia a una regla conventual que distribuye su jornada en espacios fijos, según el horario: oración, lecturas, celebraciones litúrgicas, comidas, descansos, trabajo manual, penitencias privadas o comunes.

Pero nunca han empalmado este sistema suyo de vida con los problemas del contorno geográfico, histórico, social o político; ni siquiera con los afanes apostólicos de la iglesia, sus dificultades, sus esfuerzos, los éxitos y los fracasos.

Cualquier monja en su oración privada, y también la comunidad en sus preces comunes, rezan a favor del papa, de los obispos, sacerdotes, misioneros. Lo que no ha existido antes de esta «fermentación» que a partir de la experiencia del infierno empieza a bullir en el cerebro de doña Teresa, es la conexión esencial de la vida contemplativa femenina con la dinámica evangelizadora: doña Teresa se pregunta si en vez de encerrar el alma de una religiosa en el círculo de su propio espíritu, no sería hermoso y estimulante lanzarla por su itinerario de santidad con los ojos puestos en «el servicio» consciente a los intereses de la iglesia misionera y salvífica. Como quien dice, «romper» la soledad de las monjas solitarias extendiendo su mirada sobre inmensos horizontes. Y así llenar la clausura con resonancias apostólicas.

En los apuntes personales de doña Teresa aparecen desde ahora referencias constantes al drama de la cristiandad dividida por los discípulos de fray Martín Lutero. Teresa no puede mirar la ruptura ocurrida en nuestra familia cristiana con la mentalidad ecuménica cultivada hoy entre hermanos católicos y hermanos protestantes: para Teresa, monja española del siglo XVI, no cabe la más mínima duda de que «los luteranos» de fray Martín han traicionado la fidelidad a Cristo rasgando la unidad de su iglesia. Por tanto, «los luteranos» se van al infierno: ellos «en especial, porque eran ya por el bautismo miembros de la iglesia». Lo ve así de claro. Y se pregunta si puede hacer algo a su favor, si puede salvarlos. Se pregunta cuál es el papel de una monja de clausura en el grandioso mapa de la iglesia militante.

Esta nueva, original inquietud de Teresa, abrirá brecha en los muros del monasterio abulense de la Encarnación para iniciar un cambio, una «reforma» de la existencia carmelita. Sus conventos ofrecerán una fisonomía deliciosa, con fuertes motivos de atracción; conoceremos en las fundaciones lances pintorescos. Sin embargo el hondo subsuelo de la «reforma teresiana» tiene como roca donde asentar la construcción este propósito concebido por doña Teresa en el par de años que van de agosto de 1560 a agosto de 1562: consolar a Cristo atribulado en su pasión a causa de los pecadores; y respaldar, con la oración y el sacrificio sin límites, la tarea salvífica de la iglesia.

Es decir, una vida contemplativa inserta vitalmente en los engranajes apostólicos. Escribió doña Teresa con lenguaje robusto:

—Mil vidas pusiera yo para remedio de un alma de las muchas que vía perder; y como me vi mujer y ruin, y imposibilitada de aprovechar en nada en el servicio del Señor, que toda mi ansia era, y aun es que, pues tiene tantos enemigos y tan pocos amigos, que ésos fuesen buenos; y ansí determiné a hacer eso poquito que yo puedo y es en mí, que es seguir los consejos evangélicos con toda la perfección que yo pudiese; y procurar estas poquitas que están aquí, hiciesen lo mesmo.

«Eso poquito que yo puedo y es en mí», eso poquito... Dudo que los ángeles digan estas cosas con más gracia que Teresa.

María de Ocampo, se llama. Una chiquilla linda, comunicativa. Vive en el monasterio porque sus padres, primos de doña Teresa, la mandaron a educarse unos años a la sombra de la tía monja. Teresa, quien tuvo instalada a su hermana Juana en su propia celda hasta vísperas de la boda, se ocupa con gusto de las sobrinillas que la familia le encomienda. Incluso cede un rinconcito para un par de catres, si les apetece dormir aquí en vez de la sala común. Las dos minúsculas piezas de la celda están unidas por una diminuta escalera, son dos habitaciones superpuestas. La de abajo la utiliza doña Teresa de saloncito para todo, rezos y conversaciones. Arriba, junto a una cocina de juguete, se aísla ella en sus coloquios de oración íntima. Son ya muchas las monjas y educandas del monasterio que acuden a conversar algún ratillo con doña Teresa. Sin ella pretenderlo, está convertida en maestra espiritual. A todas les encanta su estilo sencillo y ocurrente. Sabiendo lo que de ella saben, les maravilla cómo doña Teresa conserva intacto su buen humor y jamás se da el aire de santa. Ha conseguido establecer con sus compañeras una especie de valor entendido: los fenómenos que a ella le ocurran en su oración son asunto aparte, manejados por el Señor como el Señor quiera; y no afectan en nada la marcha normal. ¿Acaso Dios ha de pedirles permiso para trabajar las almas?

María Ocampo luce alegremente sus dieciséis años bajo la mirada comprensiva de su tía monja. Ha traído al monasterio libros y perfumes. Doña Teresa sonríe viendo su sobrina embebida en las aventuras de Amadís, quién sabe si adivina el rumbo sentimental de la muchacha. A María, inconscientemente se nota respaldada por la autoridad moral de su tía, le gusta intervenir en las conversaciones de las monjas. La voz de María Ocampo suena con esa frescura invencible de quienes ignoran las malas intenciones agazapadas por los recovecos de la vida:

—Señora tía, ¿y por qué no fundamos un convento como aquéllos?

Las monjas, sentadas en cuclillas al estilo de la época sobre corchos y esteras, manejan las agujas mientras charlan. Súbitamente todas han levantado los ojos y miran aturdidas a María Ocampo. La chica, embarazada, teme haber dicho alguna inconveniencia, y procura suavizar:

—Para los comienzos, yo ayudaría con mil ducados de mi herencia...

También doña Teresa detiene la mirada. Me gustaría saber si está recordando aquella palabra bíblica según la cual Dios saca de la boca de los niños alabanzas sorprendentes.

¿Qué temas habían tocado en la conversación?

Frailes y monjas de todos los conventos de España comentan un mensaje recibido del rey: don Felipe les confía su inquietud a causa de Francia, donde ha penetrado la propaganda protestante; y desea eleven «plegarias pidiendo a Dios nuestro Señor con toda eficacia por las cosas de nuestra religión».

Felipe II, en la plena madurez de sus treintaitrés años, tiene conciencia de que a él corresponde la defensa de la fe. Nuestro rey abre por estas fechas de 1560 la etapa que algunos historiadores consideran «el mejor ventenio de España». Los cardenales acaban de elegir en Roma un papa nuevo con el nombre de Pío IV: hombre sagaz, sin demasiados fervores, y muy deseoso de encumbrar a sus parientes; entre sus sobrinos aparece providencialmente uno, Carlos Borromeo, llamado a imprimir un ritmo acelerado a la reforma de costumbres en la familia católica. Pío IV, con la falta de pudor habitual entre los jerarcas «nepotistas», nombra al joven sobrino cardenal y secretario de Estado. El Borromeo ha cumplido veintiún años. Su piedad y su talento corresponden a un varón de cincuenta. La presencia de Carlos Borromeo crea una atmósfera religiosa en la corte pontificia. Mientras el papa se entretiene juzgando y condenando a muerte los Carafa, «nepotes» del pontífice anterior, su sobrino impulsa la terminación del concilio de Trento y fomenta en toda la iglesia católica una oleada de renovación ferviente.

Con este impulso religioso coincide una etapa serena entre los dos «reinos católicos» que pasaron la primera mitad del siglo empeñados en una lucha fratricida: España y Francia han sellado la paz mediante la boda de Felipe II con Isabel de Valois. Ya conocemos la desgracia ocurrida en los desposorios: pero Francisco II, nuevo rey francés y hermano de Isabel, mantiene la relación afectuosa con su cuñado el monarca español. Don Felipe ha trasladado, después de la boda, la corte de Valladolid a Toledo. Enseguida la asentará en Madrid, convertida en capital definitiva de España. Desde Madrid elige un lugar al pie de la vecina Sierra, para cumplir el voto que le hizo a san Lorenzo cuando la batalla de San Quintín: levantar un monasterio con porte imperial; allí guardará los despojos de nuestro señor el emperador don Carlos.

Don Felipe intenta limpiar las aguas mediterráneas: los corsarios africanos campan a sus anchas, respaldados por la complacencia de Solimán, quien está envalentonado desde la renuncia del emperador don Carlos a favor de su hermano Fernando. El sultán turco sabe que ahora el muro defensivo en Austria y Hungría se ha debilitado seriamente.

Con todo, la preocupación máxima del papa, de don Felipe y de su cuñado el rey francés no son los turcos sino las avanzadillas protestantes infiltradas en las venas de Francia. A la tenaz propaganda verificada por los calvinistas desde Ginebra, se han sumado ahora las maniobras de la reina inglesa Isabel: una verdadera intriga religioso-política internacional acosa a Francia por los dos costados, y el inexperto Francisco II no puede sujetarla. Las conjuras se suceden unas a otras, quizá un tercio de la nobleza ha pasado secretamente al partido calvinista de los hugonotes. A finales de 1560 muere Francisco II y le sucede, con doce años de edad, Carlos IX: la reina madre Catalina de Médicis será incapaz de contener un vendaval de violencia que pone en peligro la estabilidad del catolicismo sobre suelo francés y provoca guerras religiosas durante casi treinta años. Las familias aristócratas de uno y otro bando se acometen ferozmente. A los conventos españoles no vienen planteamientos teológicos, sólo llega como es natural el relato de ferocidades espeluznantes: sacerdotes asesinados, iglesias quemadas, imágenes rotas.

Doña Teresa vuelca en una frase de las suyas los sentimientos que le afligen:

—Estáse ardiendo el mundo, quieren tornar a sentenciar a Cristo... y quieren poner su iglesia por el suelo.

Las monjas comentan si podrían ayudar. Oyen con placer la palabra de doña Teresa. A ella le vuela el pensamiento hacia los orígenes del Carmelo, cuando la orden vivió el rigor de la regla primitiva, luego suavizada con permiso de los papas. Doña Teresa explica que siente deseos «de mayor perfección»; hasta le da cierta envidia el monasterio de las Descalzas Reales recién fundado en Madrid por la infanta doña Juana, en el cual dicen practica oración y austeridad un pequeño número de monjas; sin el alboroto y la relajación de estas casas grandísimas donde habita una muchedumbre.

Justo entonces la propuesta «infantil» de María Ocampo ha caído en medio de la pequeña tertulia:

—Señora tía, podríamos fundar un monasterio pequeñito...

Las monjas suspenden su costura.

Doña Teresa mira fijamente a los ojos de la sobrina.

Quizá...

¿Y si fundaran? Quizá...

Ríen, por fin: parece una broma graciosa.

No es una broma.

La «conspiración de San José» está a punto de empezar. Al demonio este asunto le huele a chamusquina. Avila tendrá hilo que torcer. Nos vamos a divertir.

24
Doña Teresa entra en sociedad
(1562)

Andan alborotadas las monjas de todos los conventos de Avila.
 ¿Cuántas monjas hay en la ciudad? Muchas; los caballeros del Consejo piensan que demasiadas, porque a varios monasterios la renta no les alcanza y naturalmente han de vivir con donativos. Avila, ciudad pequeña, no da para tanto. Por ejemplo, las casi doscientas carmelitas de la Encarnación. Pasan necesidad. Frío... y algunas noches hambre. ¿Cómo se les puede ahora ocurrir la idea de formar otro monasterio nuevo?
 El rumor viaja por sacristías y conventos: doña Teresa de Ahumada, con ayuda de su amiga la señora Guiomar de Ulloa, planea separarse de la Encarnación y abrir convento independiente. Los caballeros del Consejo estiman el proyecto un desatino. Y las monjas de la Encarnación están indignadas:
 —¿Es que doña Teresa tiene a menos nuestro monasterio? ¿quién le impide santificarse en esta casa? ¿quizá considera nuestra compañía indigna de su «mística teológica»?
 Muy mal lo pasa doña Teresa. Y todo empezó, quién podía adivinarlo, con la exclamación inocente de la sobrinilla Ocampo:
 —Tía, ¿por qué no fundamos un monasterio pequeñito?
 Conviene poner los acontecimientos por su orden.

Fijemos exactamente la fecha, septiembre de 1560. Guiomar participa enseguida del proyecto, nacido en la ingenua tertulia monjil. Guiomar apoyaba con su influencia y sus dineros a los franciscanos de fray Pedro de Alcántara y a los jesuitas del padre Borja. Ofrece a su amiga Teresa colaborar también para «el pequeño convento». Ya no dejaron de comentar el tema, se les convirtió en asunto central de los diálogos cuando acudían las más íntimas a la celda de doña Teresa. Sin darse cuenta el proyecto las invadía poco a poco; y a Teresa le ocurrió algo inevitable: el asunto interfiere la oración.

Ella comienza a temer, por varios motivos. Le parece una locura proyectar otro monasterio ahora que, pacificadas las habladurías acerca de sus visiones gracias a la intervención de fray Pedro, se halla «contentísima» en la Encarnación. Ya no es una jovenzuela; calibra de una parte los recursos necesarios para emprender una fundación, y de otra «le desasosiega» el vendaval de contrariedades que sabe ha de levantar en Avila semejante idea.

Pero la voz interior la empuja:

—Mandóme mucho su majestad lo procurase con todas mis fuerzas.

El susto le crece a doña Teresa; las voces van saliendo al encuentro de sus recelos, casi contestan uno a uno los inconvenientes que ella se propone a sí misma. Hasta parece que le diseñan las líneas arquitectónicas del «pequeño convento»: lo llamará «de San José», el santo guardará una puerta «y nuestra Señora la otra»; Cristo andará por el monasterio, será su casa; con el tiempo «dará de sí gran resplandor...».

La voz le apremia:

—Que dijese a mi confesor esto que me mandaba; y que le rogaba él que no fuese contra ello ni me lo estorbase.

Teresa prefiere no ver la cara del padre Baltasar cuando reciba la primera información de este lío descomunal. Así que le escribe una larga misiva, tal cual.

Merece alguna compasión el pobre jesuita, pues él no sabe como nosotros sabemos que su confesada es ante Dios la monja santa de la época. El padrecito no gana para sustos. Ahora, lo que le faltaba a la carmelita: fundar monasterio.

El padre Alvarez no tiene pelo de tonto. ¿Doña Teresa quiere fundar? Muy bien, «trátelo con el prelado»; es decir, cuente su proyecto al provincial de las carmelitas, superior directo de las monjas de la Encarnación: a ver cómo le sientan «las voces» al padre provincial...

Se llama el provincial Angel Salazar. Teresa comprende que no le puede ir ella con estas historias. Le envía a Guiomar, a quien el provincial acoge cortésmente por tratarse de dama pía y distinguida.

Guiomar le cuenta «su» idea, sin descubrir las personas complicadas. El provincial alaba el proyecto y promete cobijar el convento nuevo, si lo fundan, bajo la regla carmelitana. Guiomar entusiasmada explica que ha de ser un monasterio chico, acaso con trece monjas nada más, y gran pobreza. El provincial echa cuentas sobre la renta necesaria. Le cae bien el proyecto; él ayudará.

Lo malo fue que al provincial no le rogó Guiomar les guardara el secreto; y él, pues contó la propuesta sin mayor malicia. Las monjas de la Encarnación temieron que con ayuda del provincial, Guiomar y Teresa llevaran adelante su proyecto. Creció el alboroto. De Guiomar se reían las amigas, a cuenta de verla rematar en fundadora. Teresa vio disiparse las simpatías de su monasterio.

Tampoco ella se siente muy segura. Las voces interiores le animan, pero ve con claridad los problemas.

¿Qué hacer?

Lo de siempre, solicitar consejo.

Elige algunos varones en cuya santidad confía. Les escribe cartas explicando sus dudas. Los primeros, naturalmente, fray Pedro Alcántara y el padre Borja. También a otros, y muy linda respuesta le manda desde Valencia el famoso padre Luis Bertrán.

La estimulan, adelante. A Teresa no le sorprenden estas contestaciones afirmativas, ella sabe cierto la verdad de sus voces interiores. Con todo, hace norma no fiarse de sí misma, dispuesta a someter las revelaciones personales al criterio de los maestros.

Doña Teresa quiere algún consejero de calidad en Avila, al alcance de la mano. Piensa en los dominicos de Santo Tomás, respetados por su sabiduría. Decide acudir al padre Ibáñez, maestro venerable.

El dominico las recibió con recelo, al convento de Santo Tomás habían llegado los rumores acerca de Teresa y Guiomar. Las escuchó, pensando disuadirlas: que volvieran a los ocho días.

Las cavilaciones del teólogo dominico remataron de forma imprevista, y a la misma Teresa le sorprendieron: el proyecto le parece «muy en servicio de Dios», debían llevarlo adelante; deprisa; y él se ofrece a defenderlas si las atacan.

Como un río que sale de madre, los murmullos rebosaron de conventos y sacristías a las calles de Avila. El proyecto de monasterio nuevo se ha convertido en tema de controversia general. Al padre Alvarez lo tienen amedrantado, temeroso de incurrir en las iras de su rector quien le recuerda que los jesuitas están recién venidos y sería insensato poner se la ciudad enfrente a cuenta de una monja y una beata visionarias. No consta si fue Alvarez, pero «un confesor» le niega la absolución a Guiomar el día de navidad de este año 1560: y le advierte la obligación «de quitar el escándalo».

Teresa soporta lo que no está en los escritos. La gente se chunguea en torno a las visiones de la carmelita. Algún hipócrita viene con cara compasiva a recomendarle prudencia: que «andan los tiempos recios» y podría encontrarse de repente denunciada a los inquisidores. No esperaba el melífluo asesor la reacción de la monja: Teresa se echa a reír. Y explica que no teme a la Inquisición: por cualquier verdad de la sagrada Escritura y por la menor ceremonia de la iglesia «me pondría yo a morir mil muertes», si sospechara tener encerrado en su alma un desvío, ella misma iría a buscar limpieza en la Inquisición. ¿Está claro?

Las amenazas externas no la turban. Pero mucho le duelen los desvíos de sus amadas carmelitas, compañeras de la Encarnación. Escribe un lamento impresionante:

—Estaba muy malquista en todo mi monasterio, porque quería hacer monasterio más encerrado. Decían que las afrentaba, que allí podía también servir a Dios, pues había otras mejores que yo; que no tenía amor a la casa; que mejor era procurar renta para ella que para otra parte. Unas decían que me echasen en la cárcel; otras, bien pocas, tornaban algo de mí. Yo bien veía que en muchas cosas tenían razón...

No puede contarles «lo principal, que era mandármelo el Señor». Calla; oye, resignadamente.

La consuela el padre Ibáñez. Teresa toma confianza. Le pone por escrito un examen general de su alma, una verdadera «cuenta de conciencia» con sus modos de oración, sus arrobos, ansias, ímpetus, el despego de los bienes temporales, los quebrantos físicos, su aturdimiento pensando cuánto Dios la bendice siendo ella «sin provecho y harto ruin». El sesudo fraile dominico la escucha, le aconseja, medita los lances. Penetra en su espíritu. Aplica a los dichos y hechos de su carmelita la doctrina escolástica rigurosa, y llega sin vacilar a conclusiones certeras: Teresa está en manos de Dios, el Señor la lleva, la empuja. Al experimentado padre Ibáñez le complace esta monja «muy fuera de melindres y niñerías de mujeres» que al mismo tiempo posee «el don de lágrimas suavísimas, grande compasión de sus prójimos y conocimiento de sus faltas».

Decididamente, el dominico es partidario de Teresa, y de que funde su «pequeño monasterio». Le anima. Que solicite a Roma los permisos pontificios para abrir convento; que busque casa. Ella cuenta con amigos influyentes; pues que le ayuden, dice el dominico: fray Pedro de Alcántara conoce las triquiñuelas de los documentos, lleva realizadas varias fundaciones; el padre Borja tiene mano en Roma, aseguran que el nuevo papa Pío IV es amigo suyo y que el cardenal Borromeo lo reclama, quiere tenerlo a su lado. Alcántara y Borja, buena escolta.

Injusto sería yo disimulando aquí la alegría que me causa ver otras dos personas, bien conocidas nuestras, a favor de doña Teresa. Por fin, y qué gozo: don Francisco Salcedo y su amigo clérigo el maestro Daza «han rendido su parecer», están con la monja y con su empresa. A Teresa le alegra tener de su parte al caballero santo.

Han elegido entre todos una casita. Pagan la señal de compra. El escribano les prepara la escritura. Todo a punto para la firma...

Pues estando los negocios en este estado y tan al punto de acabarse, que otro día se habían de hacer las escrituras, fue cuando el padre provincial nuestro mudó parecer.

Y prohibió la fundación.

No hay que culpar al provincial por rendirse ante la tormenta, Teresa lo entendió: el alboroto llegaba a los cielos.

Al confesor de nuestra monja, querido padre Baltasar Alvarez, le vino de perlas la decisión del provincial:

—Mi confesor me mandó no entendiese más en ello.

Doña Teresa vio disiparse la risueña estampa de su convento pequeño y alegre, con san José en una puerta y la Señora guardando la otra, pocas monjas y todas muy santas... Respiró satisfecha mucha gente:

—Ha sido un disparate de mujeres.

Piensan si doña Teresa está hundida en la miseria. Se equivocan:

—El Señor nunca me faltó... Que no me fatigase, que hiciese lo que mandaba el confesor en callar por entonces, hasta que fuese tiempo de tornar a ello... Entonces me comenzaron más grandes los ímpetus de amor de Dios, y mayores arrobamientos, aunque yo callaba y no decía a nadie estas ganancias.

El padre Ibáñez no se rinde: por su cuenta lleva adelante los trámites romanos, a nombre de doña Guiomar.

Pasaron seis meses.

En abril de 1561 hubo cambio en los jesuitas de Avila: se llevan al desabrido rector Vázquez y le sustituye el padre Gaspar de Salazar.

Teresa utiliza una frase muy graciosa para explicar la importancia que los primeros jesuitas daban a la obediencia:

—Ellos tienen esta virtud en extremo, de no se bullir sino conforme a la voluntad de su mayor.

Lo experimentó en su piel. Baltasar Alvarez «se bullía» conforme a la voluntad del rector. Mientras estuvo Vázquez, el padre Baltasar mortificó a la monja. Gaspar de Salazar, un toledano de treintaidós años, «aplicado a la vida interior», trae gran estima hacia la carmelita: desea conocerla, platica gustoso con ella; sugiere al confesor deje a doña Teresa los horizontes abiertos.

Teresa nota el comienzo de una etapa distinta.

Efectivamente, la voz interior le urge de nuevo:

—Comenzó el Señor a tornarme a apretar que tornase a tratar el negocio del monasterio y que dijese a mi confesor y a este rector muchas razones y cosas para que no me lo estorbasen.

No la estorban, le ayudan.

El padre Alvarez da licencia a su confesada para reanudar la aventura de la fundación. A partir de ahora se adivina detrás la mano prudente y firme del nuevo superior de los jesuitas.

Han de andar con cuidado sumo. Los dineros escasean, la fortuna de doña Guiomar está cuarteada. Y por encima de todo deben evitar la escandalera: si les denuncian al provincial de los carmelitas, el proyecto irá a pique.

Discurren entre todos un medio astuto para mantener el secreto: que doña Teresa llame a sus hermanos de Alba, Juana y Juan de Ovalle; les encargue comprar la casa, y establecerse como si pensaran residir en Avila. Los Ovalle aceptan. Traen sus hijos y el menaje. Les agrada volver una temporada. Sobre todo desean ayudar a Teresa. Ocupan la casa y se aprestan a meter albañiles para realizar las modificaciones que a la monja convengan. Ningún vecino considerará extrañas las obras pensando que los Ovalle quieren acoplar a su gusto la vivienda. Hasta los albañiles tardarán en descubrir la verdad: están labrando un convento, sin saberlo.

Descubran o no descubran el misterio, a los albañiles hay que pagarlos. La obra devora los dineros disponibles. Doña Teresa gasta un par de dotes aportadas por sobrinas suyas a las que ha prometido puesto en el nuevo monasterio. Doña Guiomar rebaña los flecos de su hacienda, empeña objetos preciosos, recuerdos familiares. Cuando se ve apretada, Teresa recurre a su banquero confidencial, «el glorioso patriarca san José»: en definitiva, la casa llevará su nombre, parece justo que el santo aporte capital. San José echa una mano, y a veces las dos, con auxilios inesperados.

Por ejemplo, un obsequio venido repentinamente ¡del Perú! Nada menos.

Teresa recibe noticias escasas y tardías de los hermanos esparcidos por América. A unos les va bien, a otros regular; uno, Pedro, anda mal. Hace tres años, Rodrigo, el compañero de los juegos infantiles de Teresa, ha muerto en tierras de Chile peleando con los indios araucanos: ocurrió su muerte el 10 de agosto de 1557, justo el día en que don Felipe II ganaba a los franceses la batalla de San Quintín. Don Felipe ordena edificar el Escorial para eterna memoria del triunfo; Teresa dedica un elogio definitivo al heroismo de su hermano: «lo creyó mártir, porque murió en defensa de la fe».

De todos los hermanos, a quien mejor le va es a Lorenzo: le sonríe la fortuna en tierras americanas. Además de soldado valiente, Lorenzo Cepeda manifiesta dotes de gobierno. Alcanza el puesto de alcalde en las ciudades de Loja y Zamora, así bautizadas por conquistadores deseosos de inmortalizar la lejana patria chica. Don Lorenzo gana prestigio y plata, se hace rico.

No ha perdido el recuerdo de María la hermanastra y de sus hermanas Teresa y Juana. Con Teresa mantiene correspondencia, ella le cuenta intimidades familiares y las cosas de España. Don Lorenzo ha sentido de repente un impulso y envía doscientos ducados a su hermana la monja. Habrá sido inspiración del «banquero» san José, llegan justo a tiempo de pagar el retraso a los albañiles de Avila. Vienen regalos para María, Juana, y otras personas queridas. A Teresa una cantidad fuerte, ni que Lorenzo tuviera noticias de las angustias de su hermana...

Otra cuestión complicada se ha resuelto de un modo que casi da risa. Doña Teresa debe dirigir las obras del convento: ¿y cómo gobernar los albañiles desde el monasterio de la Encarnación? Pues se encarga de solucionar el problema quien menos podía esperarse: el mismísimo padre provincial. Una de las hijas de doña Guiomar, educadas en la Encarnación, ha tomado velo de monja. Anda floja de salud. El provincial piensa que le irá bien pasar una temporada en casa de su madre, y la envía poniéndole como compañera a doña Teresa. Quizá desea el provincial compensar un poquito el disgusto de hace seis meses cuando estorbó a Teresa y a Guiomar la firma de la escritura de compra de la casa. El caso es que doña Teresa se instala en el palacio de su amiga, y de allí puede acudir cuantas veces convenga a gobernar los albañiles.

La casa comprada para convento está situada en el declive oriental de la ciudad. Tiene capacidad para una docena larga de monjas. Doña Teresa pensaba los primeros días no pasar de quince religiosas en su monasterio, luego ha bajado el número a trece: las quiere en clausura total, «con grandísimo encerramiento, ansí de nunca salir como de no ver si no han velo delante del rostro; fundadas en oración y en mortificación». Desea su conventito al mismo tiempo austero y alegre: le complace la casa esta que «pobre y chica» dispone de «lindas vistas y campo» abierto. Le asalta el temor si será demasiado pequeña: comparada con la Encarnación, desde luego. Y la voz del Señor le reprende: «oh codicia del género humano, que aun tierra piensas que te ha de faltar».

Las obras de reforma avanzan. No faltan curiosos que meten la nariz donde no les importa y se preguntan cómo la familia Ovalle gasta meses y tanto dinero para retocar su vivienda.

Tampoco a las fuerzas oscuras del mal les agrada este trajín de la monja por la obra, doña Teresa cuenta con ello. Un par de faenas le han de jugar los demonios, seguro.

La primera, derrumbarle una pared maestra: los albañiles la levantaron a destajo; y a la mañana siguiente apareció derribada. Juan de Ovalle echó la culpa a los albañiles, les regañó, quiso exigirles la reconstruyeran a su costa. Doña Teresa lo calmó, estaba segura de que no había sido fallo de los albañiles...

Y luego el incidente del niño, cosa más seria. Los testigos dejaron sus recuerdos algo embrollados, resulta difícil reconstruir exactamente lo sucedido. Tenían los Ovalle un hijo de cuatro añitos, Gonzalo. Andaba siempre jugueteando por la obra. Un día su padre se lo encontró caído al suelo y como muerto, quizá porque una viga le había golpeado. Juan dio voces afligido. Doña Teresa, presente aquel momento, acudió a Juan rogando se callara para evitar sobresaltos a Juana, emba-

razada de ocho meses. Doña Teresa tomó el niño en brazos y se metió en un cuartito. Habían corrido Juana y los albañiles, Juan les contó el suceso; todos aguardaban a la puerta del cuarto, sin atreverse a llamar. Al cabo de un rato, salió doña Teresa con el niño de la mano tan sonrientes los dos. Juana abrazó llorando su niño, y preguntó a la monja:
—Hermana, ¿qué ha sido esto? El niño era muerto...
Teresa contenta respondió:
—No diga disparates, hermana.

Doña Guiomar refirió pasado el tiempo las preguntas suyas a Teresa, si el niño estaba muerto, y cómo vivió: siempre la monja le bromeaba. El niño Gonzalo creció. Ya mocetón de dieciocho años, se chanceaba con su tía Teresa:
—Vuestra merced tiene obligación de pedir a nuestro Señor el cielo para mí; pues en el tiempo que yo lo tenía cierto por morir niño, me lo impidió resucitándome.

Por estos mismos días de agosto de 1561 le ocurre a doña Teresa una visión en la iglesia de los dominicos. Ella baja muy a gusto al convento de Santo Tomás, jamás olvidará el apoyo del padre Ibáñez y los eficaces consejos recibidos de los sabios maestros de esta casa. Hoy día de la Asunción viene a oír aquí la misa. La memoria le trae el recuerdo de las confesiones suyas realizadas en estos confesonarios. Le asalta «un arrobamiento tan grande que casi me sacó de mí».
—Vi a nuestra Señora hacia el lado derecho, y a mi padre san José al izquierdo, que me vestían aquella ropa...

Un vestido blanco, símbolo de su alma ya definitivamente limpia. La Virgen le alabó sus cariños a san José y le prometió proteger su monasterio. Le puso al cuello «un collar de oro muy hermoso, asida una cruz a él de mucho valor». Nuestra Señora le pareció «muy niña».

A primeros de septiembre Juana Ovalle dio a luz un niño; le pusieron José, con el «caballero santo» y doña Guiomar de padrinos. Murió el niño a los pocos meses: doña Teresa lo vio subir entre ángeles al cielo.

Mientras la monja vigila las obras, Guiomar y los jesuitas tramitan los permisos pontificios para establecer el monasterio. Han tenido que repetir la solicitud, porque de acuerdo con la petición primera viene un documento colocando la nueva fundación bajo autoridad del provincial carmelita: como ya el provincial no acepta el monasterio, solicitan de Roma el permiso «bajo obediencia del obispo», es decir, sometiendo la casa a la autoridad directa del obispo de Avila. Las monjas seguirán el estilo carmelitano, pero reconocerán por superior legítimo al señor obispo.

Otra vez el alboroto en la calle. Alguien ha descubierto el secreto y lo lanza escandalosamente al aire: los albañiles labran para convento la casa donde viven Juan y Juana de Ovalle, hermanos de doña Teresa de Ahumada.
 A los chismosos de Avila les invade una especie de rencor: han sido burlados por la astucia de la monja. Redoblan las críticas, muerden sin piedad. De seguir esto así, la noticia llegará enseguida al provincial.
 Una tarde doña Teresa va con Juana a oír un sermón en la parroquia vecina. El fraile predicador quizá las reconoció desde el púlpito. O le indignaba la discutida fundación. El caso es que arremetió en directo «contra las monjas salidas de su monasterio a fundar órdenes». Tales cosas dijo, que Juana moría de vergüenza. Sin atreverse a torcer la cabeza miró de reojo a su hermana. Doña Teresa se reía...

El padre provincial de los carmelitas envía una petición urgente a doña Teresa. Sabe muy bien que ella cumplirá sin rechistar.
 Hay una dama distinguida en Toledo cuyo marido acaba de morir. La señora viuda cae inconsolable en una depresión. Los carmelitas le deben favores importantes, y ella solicita del padre provincial que tenga la bondad de mandarle a su casa por una temporada esa monja doña Teresa de Ahumada con fama de santa: su compañía y los rezos le servirán de consuelo.
 El provincial nada tiene contra la costumbre. Le alegra atender los deseos de tan alta señora. Ordena que doña Teresa, en compañía de otra monja, viaje a Toledo y tome alojamiento en el palacio de doña Luisa de la Cerda.
 Así de sencillo. Justo los días de la navidad de 1561. Teresa confía a su cuñado Juan, bien asistido por el grupo de los amigos, proseguir las obras. Guiomar pasa este tiempo en la casa señorial de Toro con su madre. La ausencia de las dos servirá al menos para calmar la murmuración en Avila. Teresa y su acompañante, ignoramos qué monja le designaron, sube a una carreta y cumple las veinte leguas de viaje. Quisiera yo

saber cómo se colaba por las junturas del carromato ese cierzo del Guadarrama que según un amigo mío periodista francés «sopla sutil / matando las personas / sin apagar un candil».
 Las dos monjillas pasaron un frío infernal, sin duda. Pero este viaje reviste importancia suma de cara a los veinte años de trajín que para doña Teresa están programados allá donde Dios traza la ruta de los humanos.
 Teresa no lo sabe: viene a presentarse en sociedad.
 En la mejor sociedad de España; quiero decir, en la más distinguida sociedad.
 Camino de Toledo, le acudirían a la memoria los relatos oídos a su padre don Alonso durante largas veladas invernales acerca del abuelo toledano. Quizá don Alonso disimulaba los motivos por los cuales el rico mercader don Juan Sánchez mudó la familia desde Toledo a la ciudad de Avila...
 Nunca pensó Teresa visitar Toledo. Trae intención de cumplir una obediencia del padre provincial. Espera que sea breve la estancia. Le urge volver a ultimar su pequeño monasterio. Si a ella le dijeran las veces que ha de visitar Toledo, se espantaría.
 Don Felipe acaba de trasladar la corte de Toledo a Madrid. Pero Toledo continúa, como la vio Garcilaso, «puesta en la sublime cumbre». El espejo señorial de España se llama Toledo. Doña Teresa va a conocer la flor y nata de la nobleza castellana. Doña Teresa entra en sociedad. A su modo, claro. Las dotes de seducción propias de nuestra monja cosecharán aquí amistades profundas que luego le abrirán camino hasta los personajes decisivos. Cuando le convenga, hasta la misma antecámara del rey.
 Poco puedo contar de cómo era el palacio de doña Luisa de la Cerda, porque faltaron los cronistas de sociedad en el Toledo del siglo XVI. Pero sí conocemos la categoría de doña Luisa: pongan ustedes portones labrados, escaleras de mármol, alfombras de Flandes, arabescos, arañas de cristal de roca, velones ardiendo, vajillas de plata, cortinas, encajes, perfumes, pongan un escenario donde supongo entrarían atónitas nuestras dos monjas viajeras.
 Doña Luisa de la Cerda y Silva tiene las ramas de su árbol genealógico entrecruzadas con los apellidos más ilustres del imperio español. También guarda sepultado en su pecho un secreto dramático.
 Su abuelo fue aquel don Luis de la Cerda, conde del Puerto de Santa María y primer duque de Medinaceli, que casado con doña Ana de Aragón tuvo por amante a María Vique, mujer de

un barbero del Puerto; hasta que viudos, el duque y la fígara se casaron. Legitimado el menor de los bastardos, don Juan de la Cerda, segundo duque de Medinaceli, también casó dos veces: la sexta de sus hijos fue Luisa, hija por tanto del segundo duque de Medinaceli y hermana del tercero.

De jovencilla, casi niña, le ocurrió un drama guardado tan secreto que ni siquiera lo conocen sus parientes. Murió prematuramente su padre. Entre los amigos dispuestos a consolar a la viuda y a los huérfanos, frecuentaba mucho la casa el noble don Diego Hurtado de Mendoza, príncipe de Mélito, duque de Francavilla, nieto del cardenal toledano don Pedro González de Mendoza. Y sinvergüenza de tamaño natural: cortejó a la niña Luisa, la encandiló, y le hizo una hija. Hubo que disimular el desaguisado, porque don Diego ejercía cargos de máximo rango: virrey de Cataluña y Aragón, presidente del Consejo de Italia, otros así. Casado el don Diego con Catalina de Silva, les nació Ana, futura princesa de Eboli. A la niña Luisa le arrebataron su hija. Tres o cuatro años más tarde, Luisa casó con el mariscal de Castilla don Antonio Arias Pardo, señor de Malagón, caballero 24 de Sevilla y una de las fortunas más sólidas del reino: tuvieron siete hijos, de los cuales viven, este año de 1561, cuando Arias Pardo acaba de morir, cuatro.

Quizá esta historia secreta, que incluso las amigas íntimas de doña Luisa desconocen, explique su depresión ante la muerte del esposo: quien ignoramos si conoció la desgracia juvenil de su mujer. Si la supo, merecía ciertamente todo el amor agradecido de su esposa; si no la supo, doña Luisa puede ahora descubrir renacidos en su corazón sentimientos de culpabilidad.

¿Conseguirá doña Teresa de Ahumada disiparlos?

La monja carmelita y la dama aristócrata congeniaron de maravilla. A doña Luisa le encantó el estilo natural, sencillo y cercano de Teresa. Cierto que las dos carmelitas procuraban cumplir escrupulosamente dentro del lujoso palacio las normas propias de su orden; pero doña Teresa evitó cualquier apariencia estridente y dio a su presencia un aire cariñoso. Los hijos y los criados de la señora, sus amigas, sus parientes, todos la reverenciaban. Les impulsó a mejorar su vida religiosa. Y se conquistó para monja carmelita una jovencilla de catorce años, María de Salazar, huérfana recogida por doña Luisa.

Por la señora sintió Teresa gran compasión; y ternura. Le apenaba verla hundida en su dolor y al mismo tiempo atada por las exigencias sociales. Nuestra monja descubrió que las damas aristócratas de Toledo eran por fuera «esclavas de mil cosas»; por dentro, sencillas mujeres como las demás. A lo largo de los seis meses de estancia, doña Teresa y doña Luisa trabaron una fuerte amistad que traería consigo en tiempos futuros abundantes apoyos para la carmelita: la señora de Malagón cuenta con parentela y relaciones en los altos círculos de la monarquía. Hasta el secreto drama de su juventud la relaciona con el hombre más influyente de España. He anotado que el Mendoza seductor de la niña Luisa de la Cerda tuvo de su mujer legítima una hija llamada Ana: Ana Mendoza conocía perfectamente la historia borrascosa de su padre y conocía a la hija natural de Luisa y don Diego bautizada con el nombre de Isabel. Aunque jamás hablaran del tema, doña Luisa de la Cerda y doña Ana Mendoza, primas hermanas, sentíanse unidas, al margen de su parentesco, por aquella desdicha que había marcado tristemente la primera juventud de Luisa. Ana, famosa belleza tuerta y dotada de un temperamento huracanado, casó el año 1552 con Ruy Gómez de Silva, príncipe de Eboli y favorito de Felipe II. Recién casado, Ruy Gómez tuvo que salir acompañando a don Felipe durante sus viajes por Europa, prolongados hasta 1559. Al volver su marido, Ana de Eboli, hermosa, intrigante y altiva, brilla más que ninguna mujer de la corte. Isabel de Valois, la joven reina venida de París, la distingue con su afecto: la gentil desenvoltura de aquella princesa española siempre dispuesta a pisotear las normas del protocolo, le divierte mucho más que la estirada cortesía de otras damas campanudas. Ana gusta de venir a descansar en Toledo junto a su prima. Y naturalmente le interesan las noticias acerca de la carmelita santa que ha conquistado el cariño de doña Luisa.

Teresa veía los personajes de la aristocracia toledana y oía sus historias como si viera y oyera los héroes de las novelas caballerescas leídas ávidamente durante su primera juventud a la vera de aquella madre suya tan sensible y tan amada. Le causó cierta melancolía comprobar cuántos sinsabores van encerrados dentro de una apariencia relumbrante:
—Es así que de todo aborrecí el desear ser señora.

A lo que sí presta oídos atentos es a las noticias de Francia comentadas al día en los salones de Toledo. Cada relato de las tropelías cometidas contra la iglesia católica en las regiones donde los calvinistas dominan, conmueve el corazón de la carmelita:

—Venida a saber los daños de Francia de estos luteranos y cuánto iba en crecimiento esta desventurada secta, fatiguéme mucho, y como si yo pudiera algo o fuera algo, lloraba con el Señor y le suplicaba remediase tanto mal.

A veces sola, a veces acompañando a doña Luisa, visita los templos de Toledo. Elige por confesor al rector de los jesuitas, como guardando fidelidad al lejano padre Baltasar Alvarez. En la iglesia de los dominicos tropieza una sorpresa: encontró a un fraile conocido suyo del convento de Santo Tomás de Avila, fray García de Toledo. Cambiaron impresiones: se preguntaban mutuamente por la marcha de sus vidas. Fray García había nacido de noble familia y poseía un talento insigne. A doña Teresa le encantó conversar apaciblemente con él, aun a costa de vencer su íntima repugnancia para explicar las «mercedes divinas» caídas en su alma. De fray García escribió una frase preciosa; revela cómo Teresa siente certeza total acerca de las relaciones personales suyas con Dios, hasta el extremo de que «coinciden» los intereses divinos y los intereses teresianos. Desea la monja que fray García de Toledo avance por caminos de oración; y suplica:

—Señor, no me habéis de negar esta merced; mirad que es bueno este sujeto para nuestro amigo.

Para amigo de ambos, de Dios y de Teresa: cuya «riqueza sentimental», la de Dios y la de Teresa, por lo visto coincide. Ella misma comenta:

—¡Que una como yo hable a su majestad tan atrevidamente!

En estos intercambios de confidencias espirituales entre fray García y doña Teresa, surgió una petición o un mandato por parte del dominico a la monja: que le escribiera una relación «de los trabajos de su alma», con pormenores acerca de su oración y de las mercedes regaladas a ella por Dios.

Fuera ruego amistoso, fuera mandato en confesión, doña Teresa, lejos de las inquietudes abulenses, se puso a componer lo que luego llamaríamos el libro de su vida: una autobiografía muy especial, unas memorias a su modo. Trabajó duro, porque a las puertas del verano de aquel 1562 ya tenía escrito «su informe», todo de tirón, sin separar capítulos ni párrafos. Años adelante sus confesores le mandarán ampliar el texto incluyendo ciertos fenómenos ocurridos después: parece que la redacción definitiva la ultimará madre Teresa a finales del 64 ó principios del 65.

Pero bendito mil veces fray García de Toledo, amigo deseado en común por Dios y Teresa, bendito fraile a quien debemos una joya literaria donde abre su alma la mujer más fina del siglo XVI.

Luisa y Teresa consumen largas horas de conversación. La monja echa mano de todos los recursos para entretener a su nueva amiga.

Le cuenta sus lances de Avila. No podía faltar una descripción de fray Pedro de Alcántara, persona fascinante: Teresa lo venera. Doña Luisa quisiera conocerlo, ¿no puede doña Teresa invitarlo? Quizá le gustaría a fray Pedro planear un convento de franciscanos dentro del señorío de Malagón, a mitad de camino entre Toledo y Ciudad Real...

Teresa invitó al buen fraile, que acudió a verles y asombró la familia de doña Luisa con su figura huesuda, sus arreos penitenciales, su conversación mansa y los ojos incandescentes. Proyectó fray Pedro la fundación de un convento que sería costeado por doña Luisa: enviará frailes para ultimar las cosas.

Unas semanas después, a finales de marzo, llegó al palacio una visita extraña: cierta mujer con ropas de peregrina venía preguntando por doña Teresa de Ahumada. Traía carta de presentación firmada en Madrid por el superior de los jesuitas de Avila, padre Gaspar.

La mujer, María de Jesús Yepes, en edad de cuarenta años, contó su historia. Le había muerto el marido y ella había decidido entrar carmelita en el monasterio de Granada. Se sintió llamada a penitencias mayores; así que abandonó el convento, vendió su hacienda, cosió los dineros al forro de sus ropas y caminó como peregrina hasta Roma. Vio al papa y le confió el deseo de fundar un convento con todo el rigor de pobreza que tuvieron los primeros ermitaños del Monte Carmelo. El papa la bendijo, los cardenales consideraron su caso; y al fin le dieron un «breve» pontificio autorizando el nuevo convento. Pero las monjas de Granada le amenazan si funda. Piensan igual que las de Avila: existen ya demasiados conventos. María Yepes subió a Madrid buscando apoyo de la corte. En el monasterio de las franciscas reales ha conocido al padre Gaspar, quien le encaminó hacia doña Teresa.

Quince días quedó en Toledo la beata granadina. De sus charlas, Teresa sorbió el asunto de la pobreza total. Comenzó a fijar en su cerebro la idea de fundar el convento «sin renta», es decir, sin capital ninguno de respaldo. Escribió consultando a sus amigos. El padre Ibáñez le aconsejó prudencia; pero fray Pedro de Alcántara respondió tajante:

«A la muy magnífica y religiosísima señora Teresa de Ahumada, que Nuestro Señor haga santa. Si vuestra merced quiere seguir el consejo de Jesucristo de mayor perfección en materias de pobreza, sígalo, porque no se dio más a hombres que a mujeres. Yo no alabo simplemente la pobreza, sino la sufrida con paciencia por amor de Cristo Nuestro Señor, y mucho más la deseada, procurada y abrazada por su amor».

Doña Teresa decidió que su monasterio practicaría la pobreza según el sentido literal de la regla primitiva del Carmelo: sin glosas.

A las puertas del verano, primeros días de junio, llegó a Toledo Juan de Ovalle, con una noticia triste: ha muerto María, la hermanastra mayor de los Cepeda. Teresa no se sorprendió. Unos años antes había fallecido Martín, el marido de María, repentinamente y sin confesión. Teresa dio entonces aviso a María: que esté preparada, pues le toca seguir pronto al marido. María comprendió que Teresa lo supo por las voces interiores «y en todo trajo cuenta con su alma».

Ovalle dijo más: la obra del convento está rematada. Juana y él regresan a su casa de Alba.

Nada más partir Ovalle, doña Teresa recibió del padre provincial mandato de obediencia: que regrese a la Encarnación de Avila. Le permite detenerse aún pocos días en Toledo no demasiados, pues el monasterio prepara elecciones de priora.

Doña Teresa conocía por cartas de Avila que las monjas andaban discutiendo nombres de candidatas para el puesto; y muchas pensaban votarle a ella.

Meditó si apoyándose en la licencia del provincial le convenía retrasar su viaje hasta después de la elección, eliminando así su candidatura. Escribió a las amigas: que dieran a otra sus votos.

Quedó muy a gusto «de no hallarse en aquel ruido». Pero en la oración entendió claramente unas palabras del Señor: debía

partir hacia Avila, donde «se le apareja una buena cruz», como a Teresa le gustan:
 Lloró:
 —Porque pensé que era la cruz ser prelada (priora).
 Lloró... y se puso en viaje.
 Doña Luisa quedó «con harta pena». Teresa la consoló:
 —Dila esperanza que era posible tornarla a ver.
 Al venir pasaron frío. Al marchar, soportan calor. Detrás queda Toledo, ciudad española asentada en la sublime cumbre...

25
San José de Ávila
(1562)

Julio de 1562. Ávila está muy entretenida, porque el inmediato mes de agosto toca elegir priora en el monasterio de la Encarnación. El convento carmelita cuenta por estas fechas un total de casi doscientas mujeres, entre monjas, señoras residentes, niñas educandas y muchachas acogidas. Un centenar, jovencitas o ancianas, pertenecen a familias nobles de la ciudad. El cargo de priora de la Encarnación coloca a su titular en la cúspide del resplandor religioso de Ávila, junto al obispo y a media docena de frailes. La priora ostenta un brillo impalpable, sin autoridad extramuros del convento. Pero ejerce poder moral reconocido.

Doña Teresa viene de Toledo afligida por el temor de que la elijan priora. Si el modo de vida religiosa propio del monasterio no la satisface, ¿cómo podría ilusionarle gobernar una comunidad tan compleja? Ella sueña su conventito de trece monjas clausuradas, bajo custodia de san José y de la virgen María.

Nada más llegar, sus amigas le informan desconsoladas: no saldrá elegida priora, ha perdido la simpatía de casi todas las monjas a cuenta del nuevo convento proyectado. Teresa las tranquiliza, y apenas consigue disimular su gozo: así que «la buena cruz» anunciada por las voces no era el cargo; ha de referirse a la fundación del convento. La idea de sufrir por su conventillo la enardece, la conforta.

Y además Teresa, conocedora de los sentimientos profundos de sus paisanos, sabe que durante julio y agosto estarán pendientes de la elección de priora, sin tiempo ni ganas de ocuparse en otras cosas. Si ella pudiera ultimar su fundación aprovechando estos dos meses...

Ha llegado el permiso de Roma. Justo la misma tarde que doña Teresa. Pío IV autoriza el convento nuevo de monjas carmelitas «debajo de la obediencia y corrección del obispo de

Avila». Oficialmente las fundadoras del convento serán Guiomar y su madre. El pergamino, con hermosa caligrafía latina y adornado de cordones colorados, trae la firma del cardenal Rainucio Farnese, arzobispo de Nápoles: su eminencia Rainucio ha de morir dentro de tres años, de modo que sólo desde el cielo conocerá el valor de aquella firma burocrática estampada por él un día del invierno pasado y recibida en Avila a las puertas del verano.

Mal podría doña Teresa ultimar la fundación de su conventillo si permanece encerrada en el monasterio de la Encarnación. Hacía falta un pretexto que le diera libertad de movimientos, y lo tuvo a costa del pobrecillo cuñado Juan de Ovalle. Juan, según comunicó a doña Teresa en Toledo, había rematado la reforma del edificio y volvía con la mujer y los hijos a su casa de Alba. Efectivamente, Juana y los niños marcharon, mientras Juan quedaba unos días en Avila recogiendo los trastos familiares. A estas alturas no podemos dudar que san José vigiló atento las necesidades de su devota monja carmelita, echándole a veces una mano sin mayor disimulo: sería san José quien descargó sobre Juan de Ovalle una calentura tremenda, con tercianas dobles, que lo metió en la cama. La priora de la Encarnación ordenó a doña Teresa ir a cuidar el cuñado «mientras durase la enfermedad». Y de este modo increíble la «fundadora» estuvo instalada en su convento nuevo, con holgura para dar a la casa los últimos toques. Al mismo tiempo se veía libre del clima electoral; tiene gracia pensar que quizá las candidatas al priorato de la Encarnación estuvieran felices con saberla «providencialmente» alejada del monasterio en vísperas de la votación.

Mientras los albañiles realizaban pequeñas modificaciones de la obra bajo vigilancia directa de la monja, doña Teresa estudió con sus amigos de siempre cómo alcanzar el permiso del señor obispo a cuya jurisdicción adscribía Roma el nuevo convento. A Teresa la respaldan varios sacerdotes respetables: el padre maestro Daza, antiguo conocido nuestro; don Gonzalo de Aranda; el padre Julián de Avila, persona ingenua y bondadosa cuya existencia va a quedar íntimamente ligada a las aventuras de doña Teresa; sin contar los jesuitas de San Gil y los dominicos de Santo Tomás. También Francisco Salcedo y algún otro caballero podrían negociar la benevolencia del obispo. Pero todos consideraron camino rápido y seguro una gestión de fray Pedro de Alcántara, a quien ciertamente su ilustrísima veneraba. Fray Pedro había caído enfermo, pocos días atrás, de visita en Avila: desde la cama donde sus píos amigos lo cuidaban, escribió una carta al señor obispo «confiando en la santidad y bondad grande de Vuestra Señoría»; pide permiso y bendición para crear el nuevo convento; da garantías acerca del proyecto; dice que «mora el espíritu de nuestro Señor» en la fundadora.

Pertenecía el aristocrático obispo don Alvaro a la poderosa familia de los Mendoza; las crónicas lo describen por igual piadoso y noble. Ni que decir tiene que una petición de fray Pedro le importaba. Pero las habladurías en torno al no nacido y ya tan famoso convento habían llegado al palacio episcopal. Probablemente su señoría estaba lejos de sentir simpatía hacia la monja visionaria. Sin contar con el enredo de acoger bajo su jurisdicción un monasterio de regla carmelitana desligado de la orden... ¿Quién le mandaba al obispo meterse en líos? El caso es que don Alvaro de Mendoza dijo palabras desabridas al maestro Daza, portador de la carta, y sin dignarse contestar ni una esquela al fraile franciscano, marchó de vacaciones a su finca veraniega del Tiemblo, orillas del Alberche.

No contaba con el fervor de fray Pedro. El buen fraile hizo que los amigos le montaran en un jumentillo y allá se fue a visitar la solemne residencia veraniega del obispo. Don Alvaro vio llegar al santo viejo asmático, febricitante; y le admiró tanto interés a favor de un puñado de beatas. Sin embargo mantuvo la negativa explicando a fray Pedro que no convenía establecer un nuevo convento sin rentas en una ciudad pequeña como Avila, ya incapaz de sostener sus monasterios.

Fray Pedro insiste, será un convento distinto. Y la fundadora, es también una monja distinta. Su ilustrísima tendría que oírla, debiera conocerla...

Nunca pensaron los criados del obispo que la devoción de su señor por fray Pedro llegara al extremo de aceptar un viaje en pleno agosto desde el Tiemblo hasta Avila para ir a ver una monja.

Fue, don Alvaro.

Qué pasó en su entrevista con doña Teresa, nadie lo ha contado. El obispo quedó prendado de la monja: regresaba diciendo que «Dios habla en aquella mujer». Otorgó la licencia y comprometió su autoridad episcopal a favor del convento. A partir de hoy Teresa tiene un obispo amigo para toda la vida.

El diez de agosto las monjas de la Encarnación han elegido priora nueva. Doña Teresa aprieta los últimos detalles de su convento. Teme que ahora, terminado el entretenimiento de las elecciones de priora, el monasterio y la ciudad le hagan a ella objeto de sus trapicheos. Le protege la bendición del obispo, pero de todos modos Teresa quiere ahorrar obstáculos. Aunque abra el convento nuevo, ella continúa siendo monja del monasterio de la Encarnación: en cualquier momento, el provincial o la priora pueden mandarle que se reintegre a la comunidad, dejando desamparado el pequeño grupo de mujeres preparadas para inaugurar su conventillo.

Cuatro mujeres forman la primera patrulla de doña Teresa. Una, Antonia de Henao, se la regala fray Pedro: mujer prudente y «recogida», con veintisiete años, ha manifestado al santo fraile su deseo de irse monja.

La mayor de las cuatro, Ursula se llama, cuarenta y un años, fue de joven dama «muy galana», hasta que se hizo discípula del maestro Daza.

Treinta y siete años cuenta María de Avila, hermana del buen cura Julián de Avila; copia fiel de la bondad y de la inocencia de su hermano.

La más joven es María Paz, muchacha de familia humilde venida desde Ledesma a trabajar como criada en el palacio de doña Guiomar de Ulloa: durante las estancias de la monja en casa de su amiga, doña Teresa conquistó el amor y la confianza de María Paz.

Antonia, Ursula, María y María Paz, buenas mujeres; se asombrarían si les hubieran dicho que a cuatro siglos de distancia copiaríamos cariñosamente sus nombres. A ellas todo les parecía muy sencillo: encerrarse con clausura estrecha en un monasterio minúsculo bajo la dirección de doña Teresa de Ahumada. Ignoraban el significado histórico de su aventura.

Corría la mitad de agosto cuando las cinco, Teresa y sus cuatro nuevas hijas, experimentaron esa fiebre dichosa de los últimos preparativos apresurados en vísperas del acontecimiento ansiado. Había que dar puntadas a los hábitos y a las tocas, con el añadido del velo negro para taparse la cara si vienen visitas; buscar los cacharros de cocina, la perola y una sartén; libros para el coro, utensilios de altar, ropas de misa; cuatro camastros, doña Teresa ya tiene el suyo; acoplar el bajo reservado a capilla con su acceso independiente junto a la puerta del convento, sin olvidar las dos imagencitas de nuestra Señora y san José, una a cada lado, y ponerle a san José su lindo sombrero de seda, además de la vara florida; barrer bien y fregar hasta el último rincón; ensayar los rezos y aprender el horario...

Desde Alba había acudido Juana Ovalle a cuidar de su marido; él fue mejorando aprisa y comprendió que la enfermedad era un pretexto de ayuda celestial a su cuñada la monja. Teresa les buscó acomodo, y Juan le comentaba con fina ironía, viendo cómo estaban las cosas a punto:

—Señora, ya no es menester que yo esté más malo.

Fray Pedro tenía que marcharse de Avila, quiso antes ver el convento de su amiga Teresa: le encantó. Le gustaba el zaguán pequeñito con las dos puertas, una a la casa y otra a la iglesia; la rejita de madera «bien espesa» por donde «viesen las monjas misa»; el coro, un comedor minúsculo, la cocina, las celdas; le pareció «que todo en pequeño y pobre, representaba un portal»; y dijo el santo asceta franciscano una de sus famosas sentencias:

—Verdaderamente esta es propia casa de san José, porque se me representa el pequeño hospicio de Belén.

T odo listo.

A última hora, doña Teresa reclamó una campana, que ha de servir para señalar a las monjas los actos comunes del convento. Y sonará fuerte un rato largo cada día avisando a los habitantes del barrio la hora de la misa por si quieren venir a rezar en la nueva iglesita de San José, tan pobre casi como una ermita. No quedaba ya dinero, era imposible comprar alguna campana grande, solemne. Uno de los amigos halló, ignoramos dónde, un cimbalillo cuya voz desde luego quedaría ahogada cuando sonaran recio sus hermanas mayores colgadas de las altas espadañas de Avila. Doña Teresa no piensa hacerles competencia, sólo quiere que su campaneta eche al aire tres docenas de toques alegres. Ni le importó verle al címbalo un agujero «harto grande», pues había salido con ese defecto de la fundición: el caso es que su convento tuviera campana.

M uy de madrugada, el lunes día 24 de agosto de 1562, docena y media de personas cumplen un sencillo rito litúrgico. De siempre tengo ganas de preguntar a los ángeles si ellos adivinan las consecuencias cuando suceden actos aparentemente triviales, preñados, sin embargo, de íntima potencia. En Belén supieron quién nacía en el portal, pero fue acontecimiento exclusivo con el Hijo de Dios por medio. Aquí en el barrio san Roque de Avila siete monjas, cuatro clérigos, un par de caballeros y algunas damas inauguran convento, el más pobretón de Avila. No tengo espías infiltrados entre las milicias angélicas, de modo que mi sospecha carece de rigor. Apostaría, eso sí, que la planta baja del caserón reformado por Juan de Ovalle reventaba de ángeles venidos a presenciar la fiesta.

Dice misa el maestro Daza, le asisten Julián de Avila y Gonzalo Aranda. Con doña Teresa y el matrimonio Ovalle forman grupo don Francisco Salcedo, dos monjas de la Encarnación, y algunos curiosos atraídos por el temprano repique. Del minúsculo corro situado al fondo de la pieza, cuatro mujeres se acercan a la reja y reciben de manos del maestro Daza el hábito carmelitano:

—Antonia del Espíritu Santo, María de la Cruz, Ursula de los Santos, María de San José, ¿prometéis...?

Están descalzas. Prometen guardar en clausura estricta la regla primitiva del Monte Carmelo bajo la obediencia del obispo de Avila.

¿Y qué más? Nada más. Son pobres y alegres. Todavía carecen hasta de madre priora, porque la suya, doña Teresa, sigue siendo monja de la Encarnación. También les faltan las «Constituciones», doña Teresa piensa redactarlas poquito a poco según aconseje la experiencia. Pero traen tanto amor que las penitencias y cualquier sacrificio les parecen un juego. Doña Teresa escribió más adelante su recuerdo de aquella madrugada:

—Fue para mí como estar en una gloria.

El señor obispo tiene anunciado que a media tarde pasará de visita por su nuevo convento de San José.

Doña Teresa gozó aquella mañana memorable «tan gran contento que estaba como fuera de mí, con grande oración». Pero «a tres o cuatro horas» de la ceremonia le asaltó una fuerte depresión: le asustaba el áspero programa de vida preparado para sus cuatro primeras novicias, las veía desamparadas «en tanta estrechura»; igual se asustaba por sí misma viéndose destinada a morar «casa tan estrecha» y sometida ella a «tantas

enfermedades»; se preguntaba, en fin, si había hecho bien acudiendo a la protección del obispo en sustitución del provincial de la orden. Notó al demonio martilleándole la mente:
—Si había sido disparate; que quién me metía en esto, pues yo tenía monasterio... una casa (la Encarnación) tan grande y deleitosa, y adonde tan contenta siempre había estado, y tantas amigas.

Postrada ante el pequeño sagrario de su pobre iglesia, soportó la embestida de temores ciertamente razonables:
—Fue uno de los recios ratos que he pasado en mi vida.

Poco a poco notó un crecimiento de luz divina en su cabeza: entendió que aquellas angustias le venían del demonio, empeñado «en quererme espantar con mentiras». Realizó pausadamente un recuento de las mercedes regaladas por Dios a su alma. Y tuvo uno de sus arranques típicos: si la vida de las cuatro novicias iba a ser austera, penitente, ella procuraría cuanto antes incorporarse al conventillo de San José, abandonando las comodidades del monasterio de la Encarnación. Enseguida de formular esta promesa, recuperó la serenidad interior:
—En un instante huyó el demonio y me dejó sosegada y contenta... Quedé bien cansada de tal contienda y riéndome del demonio que vi claro ser él.

Por estas fechas ya doña Teresa le tiene tomadas las medidas a Satán: le ha perdido el miedo. Más, el respeto le ha perdido. La veremos haciéndole bromas, nunca las «diabluras» de los «diablos» conseguirán asustarla.

Qué mañana memorable, aquel 24 de agosto. Llegado el mediodía, doña Teresa deseó descansar un rato antes que viniera de visita el señor obispo. Necesitaba paz; quedarse a solas, en paz.

¿En paz? Sí, sí...

Un sabio consejo de Stendhal recomienda colocar en orden los datos exactos. Avila toda, y particularmente las monjas de la Encarnación, reaccionaron con fuerte alboroto cuando conocieron la noticia del conventillo inaugurado por doña Teresa. La embestida civil y religiosa contra la fundadora fue tan airada que por muchos libros posteriores circulan descripciones terroríficas de la muchedumbre abulense tirando piedras al convento teresiano, la ciudad en motín, cerrados los establecimientos para atacar y arrasar la casa. Los documentos donde consta la verdad escueta del suceso desmienten tales fantasías. Avila y el monasterio de la Encarnación mostraron gran enfado, pero sin perder el comedimiento. Me parece obligado seguir el consejo del novelista francés y narrar las cosas por su orden.

El primer disgusto lo recibió Teresa de sus hermanas carmelitas de la Encarnación. Resulta fácil adivinar cómo las monjas presionarían a la nueva priora, elegida quince días antes, urgiéndole pusiera remedio a la osadía de doña Teresa cuya iniciativa fundacional ponía en entredicho la santidad del monasterio. Doña María Cimbrón, la recién estrenada priora, consultó a los frailes carmelitas y de acuerdo con ellos envió un recado al convento de San José: que doña Teresa regrese inmediatamente a la Encarnación.

Estaba el señor obispo de tranquila plática con doña Teresa y sus cuatro novicias, cuando llegó el mensajero. Les estropearon la fiesta. Sería ya media tarde. Doña Teresa designó como representante suya a la mayor de las novicias, Ursula de los Santos: que hiciera de priora provisional durante su ausencia, bajo la dirección del maestro Daza, a quien el obispo tenía delegada la jurisdicción sobre el conventillo. Al padre Daza rogó doña Teresa le cuidara las hijas, les celebrase misa, las confesase, tuviera tiempo para animarlas y enseñarles a recitar los salmos del breviario. Cuánto me hubiera gustado ver los ojos húmedos del noble obispo don Alvaro de Mendoza mientras contemplaba la tierna despedida.

Al parecer, las monjas de la Encarnación se asombraron ante la prontitud de su hermana «rebelde» en cumplir el mandato de la priora: quizá creyeron que acogiéndose a la sombra protectora del obispo intentaría zafarse de la obediencia. Ella no vaciló un instante.

Volvía a la Encarnación con el presentimiento de que la encerrarían en celda de castigo, la reservada como cárcel. Y le apetecía «descansar en soledad», deseaba el encierro:

—Porque me traía molida tanto andar con gente.

La tradición carmelitana señalaba castigos distintos según la culpa mereciera calificación de «grave», «más grave», o «gravísima»: desde azotes públicos, ayuno a pan y agua, señales de paño rojo cosidas al hábito, hasta cárcel perpetua. Incluso tenían prevista la privación de sepultura eclesiástica.

Pero a doña María Cimbrón le bastó un rato de diálogo con la «rebelde» para reducir las proporciones del alboroto. Teresa le presentó «su descuento», anota ella misma en el sabroso lenguaje de la época: le dio razón y cuenta de sus pasos. En vez de a la cárcel, doña María mandó a Teresa a dormir, y «la envió aquella noche muy bien de cenar».

Sin embargo era ineludible dar cumplida respuesta a las inquietudes de la comunidad: el provincial carmelita debía intervenir como superior definitivo del monasterio.

Efectivamente, al día siguiente, martes 25, fray Angel de Salazar reunió a las monjas más antiguas para examinar el caso de doña Teresa. Las monjas expusieron su disgusto y analizaron las culpas de la fundadora. Teresa recordaba los sufrimientos de Cristo: decidió escuchar en silencio. Fray Angel le propinó «una gran represión»; y le ordenó «diese descuento». Ella entonces defendió su fundación; contó los pormenores, tan persuasiva, que ni el provincial ni las monjas hallaron motivo de condena. Y el monasterio recobró la calma.

Quiso el provincial hablarle a solas. En el fondo fray Angel da la impresión de aplaudir los planes de doña Teresa, una vez que Roma entregó al obispo la responsabilidad del nuevo convento: prometió a la fundadora que «en sosegándose la ciudad» le otorgaría licencia para irse con sus novicias a San José.

«En sosegándose la ciudad», que anda muy alborotada. Narremos también ordenadamente los acontecimientos «municipales».

A nadie extrañe que el ilustre concejo de Avila pretenda meter la vara del «muy magnífico señor corregidor Garci Suárez de Carvajal», en el tema del nuevo convento. Serán escasas las familias de cierto nivel social que no tengan una o dos hijas en alguno de los monasterios de la ciudad. El cabildo municipal distribuye cantidades importantes, dinero y víveres, para remediar la necesidad, a veces apremiante, de los conventos. Esta nueva fundación de San José trae, como peculiar, «pobreza total»; de modo que la dote de las candidatas va a ser gastada en pagar cuentas pendientes de las obras y en adquirir el menaje imprescindible: el convento queda establecido sin renta de capital, y por tanto ha de vivir con trabajillos de las monjas y de limosna. El cabildo municipal se verá obligado a cargar con una obligación nueva...

Tratándose de un número tan reducido de monjas, sólo las trece previstas por doña Teresa, no pondrían en peligro la estabilidad presupuestaria del municipio. Sin embargo la inquina del corregidor y los concejales ha sido estimulada por el cariño y el respeto al monasterio de la Encarnación: doña Teresa, al «reformar» la regla imponiendo clausura total, silencio y mayores penitencias, plantea un reproche a las monjas carmelitas acogidas en aquel gran monasterio del cual Avila se siente orgullosa. El señor corregidor Garci Suárez interpreta los sentimientos de la gente oponiéndose al convento nuevo.

La noche del lunes 24, Avila fue un bullebulle que puso nervioso al señor corregidor: ni que la ciudad estuviera sufriendo un peligro inminente. En muchas reuniones se oyeron «palabras descompuestas», amenazantes contra doña Teresa y sus novicias. El martes 25 por la mañana, Garci Suárez estudió detenidamente el asunto y halló un pretexto jurídico inesperado para intervenir: la casa donde Teresa había instalado el convento de San José estaba gravada por un tributo perpetuo al ayuntamiento. Ordenó el corregidor que para el día siguiente fueran citados a junta deliberativa los caballeros regidores y los letrados del concejo.

En la deliberación del miércoles 26 surgió todavía otro fundamento de pelea municipal contra el citado conventillo de San José: la huerta de la casa hacía linde con el acueducto que repartía las aguas de varias fuentes para el abastecimiento de Avila. El concejo, decidido a liquidar el convento, delegó a los regidores Alonso Yera y Perálvarez Serrano para elevar al señor obispo los informes correspondientes.

Desconocemos la conversación de los regidores con don Alvaro de Mendoza, la tendrían el jueves. El obispo debió de ofrecer seria resistencia, porque Garci Suárez resolvió actuar sin más dilaciones: el viernes 28 tomó un piquete de corchetes y vara en mano se personó en el zaguán del conventillo.

Habría que ver el jolgorio del barrio San Roque con la novedad del suceso. Un enjambre de curiosos rodeó al corregidor y su escolta. Todos daban a las monjas por vencidas. Incluso doña Teresa, quien recibió puntualmente la noticia en su retiro de la Encarnación:

—Yo ninguna pena tenía de cuanto decían de mí más que si no lo dijeren, sino temor si se había de deshacer (el convento)... Estando bien fatigada, me dijo el Señor: «¿no sabes que soy poderoso?, ¿de qué temes?»; y me aseguró que no se desharía. Con esto quedé muy consolada.

Plantado ante la puerta de San José y rodeado de sus alguaciles, el señor Garci Suárez dio violentos aldabonazos conminando a las novicias que salieran inmediatamente de la casa. Ha sido el padre Julián de Avila quien se tomó la molestia de recoger este precioso diálogo entre las novicias y el corregidor. Ellas respondieron desde dentro:
—Tenemos prelado, el señor obispo; el corregidor nada tiene que ver con nosotras.
¿Temblaría la voz de Ursula de los Santos? Garci Suárez, enfurecido:
—Os sacaré por la fuerza.
Las novicias:
—No saldremos si no es por mano de quien aquí nos ha metido.
Amenaza el corregidor:
—Derribaré las puertas.
Quizá tardó un minuto Ursula en responder, asustada:
—Si quieren quebrar las puertas, quiébrenlas enhorabuena, pero quien lo haga mire primero lo que hace.
Al corregidor le pareció que los oídos le engañaban. No cuenta el padre Julián si Garci Suárez quiso saber cuáles eran los poderes de las monjas encerradas a cal y canto en la casita, ni si tuvo paciencia para escuchar las explicaciones de Ursula sobre la voluntad de Dios, el «Breve» del papa y la autoridad del obispo...
¿Qué camino le quedaba al muy magnífico señor corregidor? Furioso, regresar al consejo.
El sábado 29 dictó un aviso «acordando y mandando» celebrar el domingo 30 junta general del cabildo, con invitados de la catedral y de todas las órdenes religiosas establecidas en la ciudad. Invitados masculinos, se entiende: el provisor, el chantre, el arcediano, dominicos, franciscanos, jesuitas, carmelitas, amén de regidores y letrados. El padre Julián comentando junta así de campanuda se permite una suave ironía: Avila no podía reunir otra más solemne «aunque fuera en ello salvarse toda España o perderse». Y el «enemigo» eran cuatro mujeres sencillas encerradas en un conventillo...
El provisor, licenciado Brizuela, habló en nombre y por autoridad del obispo: quien le había ordenado mostrar al concejo un «breve que su santidad había dado y concedido, que allí traía, el cual mostró y se leyó a los dichos señores que presentes estaban». Cumplida la lectura, el provisor se marchó.

La jugada del obispo era inteligente, pues colocó al concejo no frente a su autoridad sino frente al decreto pontificio. Sin embargo Garci Suárez supo reaccionar, y propuso la discusión del «breve» papal: que no había sido presentado al rey, ni en consecuencia tenía la sanción del consejo real.
Uno a uno los presentes tuvieron su turno. Algunos callaron. Quienes hablaron, todos opinaron contra el convento: pedían, exigían un desalojo inmediato [1].
Hasta que tocó la vez a los dominicos. Acompañaba al prior de Santo Tomás un padre teólogo todavía joven y ya insigne: fray Domingo Báñez. Nada menos. Báñez levantó la voz poniendo sensatez a los reunidos, quienes muy excitados estaban a punto de tomar el acuerdo definitivo de ir inmediatamente a destruir el convento, incluso derribando el edificio: así de virulenta estaba su saña. Por fortuna el joven padre dominico les trajo a razones.
Domingo Báñez, nacido de familia guipuzcoana en Valladolid, ha estudiado teología en Salamanca con el célebre maestro Melchor Cano, y lleva diez años contemplando el misterioso cruce de la potencia divina y la libertad humana como radical impulso de las determinaciones personales. Su nombre alcanzará fama universal en las disputas teológicas sobre el libre albedrío. El suyo es un cerebro poderoso. Y aquí lo tenemos inesperadamente ocupado en convencer al corregidor de Avila para que antes de aplastar las cuatro mujeres del convento de doña Teresa, se tiente la ropa.
Habló pausadamente, el padre Báñez. A él, dijo, tampoco le parece prudente abrir monasterios sin renta. Pero en este caso existe un «Breve» pontificio y está mezclada la autoridad eclesiástica. El consejo no puede invadir el terreno jurídico propio del obispo. Deben proceder con tino oyendo serenamente a su ilustrísima...
El razonamiento calmó los ánimos; acordaron solicitar del obispo los informes pertinentes. Reunidos de nuevo al día siguiente, don Alvaro de Mendoza les envía al maestro Daza quien luchó bravamente a favor del convento. El corregidor,

---

1. E. Ruiz Ayucar, cronista oficial de Avila, ha publicado un interesante trabajo para condenar «la injusticia que se viene cometiendo desde hace siglos con Avila, su municipio y su vecindario al atribuirles una opugnación a su primer monasterio»: «*El municipio de Avila ante la fundación de San José*». Avila 1982. Considero muy claros algunos juicios suyos, que incorporo al texto, aunque lógicamente otros me parecen aún tema de controversia y por eso mantengo el punto de vista tradicional.

vista la tenacidad del obispo, resolvió elevar el pleito al consejo real: la ciudad de Avila invocará la autoridad de su majestad contra las cuatro mujeres encerradas en San José.

El pleito, como todos los pleitos, discurrió largo y tortuoso. Doña Teresa carecía de dineros para sostener procuradores en Madrid. Los amigos le echaron una mano. El corregidor Garci Suárez se las había prometido a sí mismo muy felices, apoyado en el prestigio de su cargo frente a un puñado de beatas. Pronto notó cierta resistencia en los engranajes, pues doña Luisa de la Cerda, conocido el apuro de su amiga monja, movía personajes influyentes. A Garci Suárez le asombró que una carmelita de Avila pesara tanto en la corte: no conseguía vencerla ni con las triquiñuelas del impuesto municipal perpetuo y de la servidumbre de los depósitos del agua. Efectivamente, no la venció.

A partir de la famosa junta, doña Teresa entabló amistad con Domingo Báñez: el teólogo dominico entra en la lista de sus cariños personales, y así la monja tiene a su servicio el talento más profundo de la España de entonces.

Una madrugada de aquel otoño, justo el domingo 18 de octubre, doña Teresa en su celda de la Encarnación percibió la presencia y la voz de fray Pedro de Alcántara:

—Me voy a descansar.

Le avisaba su muerte. Ella pensó serían imaginaciones, y así lo comentó. A los ocho días supieron que fray Pedro había fallecido aquella madrugada. Los franciscanos, viéndolo grave, lo habían transportado en un jumentillo hasta Arenas. Allí murió: «al punto que dieron las seis de la mañana, quedó con los ojos tan claros y abiertos y el rostro tan resplandeciente». Teresa guardó como preciosa herencia un par de cartas de su santo viejo, escritas con la curiosa cabecera utilizada habitualmente por él: «a la muy magnífica y religiosísima señora doña Teresa de Ahumada, en Avila, que Nuestro Señor haga santa». Las cartas de fray Pedro repetían tozudamente a la carmelita: que funde los conventos en pobreza, sin renta.

Por vísperas de navidad de 1562 visita Avila el padre Ibáñez, tan querido en la ciudad desde que gobernó el convento dominicano de Santo Tomás.

Con él platica doña Teresa reviviendo su antigua confianza; le da cuenta del estado de su espíritu, negocio que al fraile y a la carmelita les importa muy por encima de los asuntos externos. La «cuenta de conciencia» redactada por Teresa para esta visita del padre Ibáñez es conmovedora, copio algunos párrafos:

—Hame tenido Dios en su mano... Las visiones y revelaciones no han cesado, son más subidas mucho... Los arrobamientos han crecido, porque a veces es con ímpetu y de suerte que, sin poderme valer, exteriormente se me conoce, y aun estando en compañía, porque es de manera que no se puede disimular, si no es con dar a entender —como soy enferma de el corazón— que es algún desmayo. En lo de la pobreza, me parece me ha hecho Dios mucha merced, porque aun lo necesario no querría tener, si no fuese de limosna, y ansí deseo en extremo estar adonde no se coma de otra cosa... Paréceme tengo mucha más piedad de los pobres que solía, teniendo yo una lástima grande y deseo de remediarlos, que, si mirase a mi voluntad, les daría lo que traigo vestido... Me figuro andar en un sueño, y veo que en despertando será todo nada. De parte de hacerme Dios mercedes, hállome muy más mejorada; de servirle yo de mi parte, harto más ruin.

Ibáñez era respetado y oído. Preguntó al obispo si, sereno ya el clima pasional de Avila con respecto al conventillo de San José, no habría llegado el momento de autorizar la ida de doña Teresa, responsable de las cuatro novicias allá encerradas. Don Alvaro presentó el ruego al provincial carmelita; y fray Angel consintió: doña Teresa podía pasar de la Encarnación a San José, llevando consigo las monjas que desearan seguirla.

Teresa prepara la marcha. ¿Qué mejor regalo podían traerle las navidades? Le pareció mentira, después de «tanta batería»...

Cuatro monjas partieron con ella, «prestadas», por la Encarnación para instruir las novicias novatas de San José.

Antes de salir dejó firmada una «memoria» a la madre Cimbrón comprometiéndose a restituir el ajuar que se lleva. Un cronista copia la lista del ajuar: «una esterilla de paja, un cilicio de cadenilla, una disciplina, un hábito viejo y remendado».

Qué ajuar, Dios bendito, qué tesoros, con veintisiete años de permanencia en la Encarnación. Vino a los veinte de su edad, escapada de casa un día de ánimas, temprano, la ciudad aún dormida... Ahora se va llevándose su hábito viejo y su esterilla.

Una tradición conservada en Avila cuenta que doña Teresa y las cuatro carmelitas acompañantes, visitaron, camino de la Encarnación a San José, la basílica de San Vicente: querían bajar a la cripta y rezarle a la santísima Virgen de la Soterraña. Nada dicen los documentos, pero bella estampa: la fundadora se quita los chapines y los deja como exvoto sobre el altar de la Virgen románica venerada en Avila desde los viejos tiempos.

Lo que sí sabemos con certeza es que al llegar al zaguán de San José, quiso, antes de entrar en la clausura, arrodillarse ante el sagrario de su iglesita: vio a Cristo «que con grande amor me recibía y ponía una corona, agradeciéndome lo que había hecho por su Madre».

Bienvenida, Teresa. Por fin, en casa; en tu casa soñada.

26
Cinco años en el paraíso
(1562-1567)

Las amigas preguntan a madre Teresa si no le da pena este conventillo pobre, tronado, diminuto al lado de la Encarnación: ¿por qué buscó una casa pequeña? Madre Teresa les sonríe; y contesta que así su convento hará menos ruido cuando el día del juicio los edificios se desplomen: «¿quién sabe si será presto?».

Lo curioso es verlas tan alegres. Las monjas de madre Teresa llevan una vida penitente. Rigurosa. Pero nada triste, qué va. Son alegres, risueñamente alegres. Y además normales, gente no afectada, sin aspavientos ni empaque. Miren que dentro del convento cualquier sorpresa tiene cabida, lleno a rebosar de fenómenos místicos, con una priora capaz de complicarle la existencia al mismísimo Satán. Pues ellas se comportan llanamente, afables, espontáneas. Vale la pena que observemos el convento por dentro: aquí en San José, de 1562 a 1567, pasa Teresa los cinco años mejores de su vida, los más serenos. Feliz. Ella los llamó sus años «descansados».

Las carmelitas de San José ponen a cada nombre de pila un apellido piadoso: doña Teresa de Ahumada cambia el suyo en madre Teresa de Jesús. Ya es «la madre», madre Teresa. Durante unos meses quiso ella que la más anciana de las monjas venidas de la Encarnación ejerciera de priora en el nuevo convento. No funcionó, lógicamente; era la fundadora quien debía imprimir como priora el estilo peculiar a la casa nueva: el obispo «hizo tomar el oficio a la madre Teresa». Así ha llegado el instante decisivo: ella puede ahora «inventar» su convento y «fabricar» carmelitas a gusto suyo.

Veamos el edificio. No está construido exprofeso para convento: han empalmado un poco a la buena tres casas añadiendo los pasillos y escaleras convenientes. Tres casas de barrio popular, nada parecidas a los palacios aristócratas. Es el convento en realidad una vivienda de familia humilde, con iglesia y salas de reunión. El dinero no llega para más. Madre Teresa tiene su visión arquitectónica del convento. Comprende que otras finalidades exijan edificios grandiosos; ella quiere una casa «pobrecita en todo y chica», donde acoger «trece (mujeres) pobrecitas» enamoradas de «un Rey que no tenía casa, sino en el portal de Belén fue su nacimiento». Comentando el porte rural de su minúsculo monasterio, madre Teresa bromea con las monjas. Cuando venga el día del juicio y los edificios se desplomen, el convento de San José hará poco ruido: «hacer mucho ruido al caer (la casa) de doce pobrecillas no es bien; que los pobres nunca hacen ruido». Ella lo ha meditado a fondo: «si por el mucho encerramiento tuvieren campo y ermitas para apartarse a orar, y porque esta miserable naturaleza nuestra ha menester algo, norabuena. Más edificios ni casa grande ni curiosa, nada; Dios nos libre».

El convento está distribuido en dos clases de habitaciones: celdas para las monjas y salas comunes. Cada celda es un cuartito estrecho donde no hay nada que distraiga la atención. Bueno, realmente las celdas no tienen nada de nada fuera del camastro y del crucifijo: ni silla, ni mesa, ni armarios o alacenas. El colchón de paja sobre una tarima; y como asiento, junto al poyete, un trozo de corcho. Pegada a un rincón de cada celda, la jofaina con su jarra de loza. Nada más, nada que distraiga las carmelitas de su atención profunda, nada que les ate a bobadas o caprichos. Un chisme de trabajo: la rueca, el huso, una lanzadera, o hilos y agujas. A mayor altura de la cabeza, una ventanita mete en la celda un trozo de cielo, azul por el día, negro de noche. Dice un escritor que aquel convento de madre Teresa lo veían los ángeles como un árbol lleno de pájaros; pienso que sí, que acierta, porque cada celda era un nido colgado al árbol y su pajarillo dentro.

Recogidas en sus celdas, las carmelitas de madre Teresa han de vivir su aventura personal hacia Dios: a solas, en profundidad, distanciadas de los ruidos y de la algarabía. Sin embargo no están «aisladas», forman una familia, una «comunidad», cuyo ambiente colectivo estimula y apoya esa trayectoria espiritual de cada una. Les sirve de atmósfera el cariño, matizado por la ternura que nace de saberse todas embarcadas en la maravillosa empresa de abrir sus almas a diálogos misteriosos. Para realizar la «vida común», el convento dispone de algunas piezas destinadas a coro, capítulo, comedor, sala de recreo.

En el coro recitan salmos, plegarias, oyen misa a través de celosías, cantan, apretujadas en un espacio estrecho. El «capítulo» le sirve a la priora para instruir a sus hijas; allí, además de discutir los asuntos, celebran las famosas «correcciones», en que una oye de sus hermanas la relación afectuosa y llana de sus defectos, de sus faltas. Al comedor le han dado un aire de casa rural castellana, con hermosos cacharros rústicos de barro. También la cocina, el hogar, la chimenea y su elemental menaje parecen traídos de una mansión de labriegos. A la salita de recreo madre Teresa le atribuye gran importancia, como serena y alegre válvula de escape para la tensión psicológica de sus monjas.

Añadan ustedes a esta descripción del convento la gracia, el encanto: con elementos arquitectónicos vulgares y un trazado laberíntico, a causa de empalmes forzosos, madre Teresa ha creado un espacio atractivo, pintoresco y sugerente. ¿Gracias a qué? Será la limpieza, relucientes los objetos, los suelos, las paredes; será la noble autenticidad de los ladrillos, la cal y la madera; o quizá ese toque cautivador de imágenes coloristas que a madre Teresa le encanta situar en cada rincón, pinturas y esculturas de Jesucristo, la Virgen, los santos, las ánimas, los ángeles, todo el repertorio de la piedad popular incorporada sabrosamente a las estancias del convento de San José y te sientes invadido por el apacible perfume de una ingenua coquetería, deliciosa, sutil. Qué fina mujer la que fue capaz de obtener semejante prodigio.

Pronto el convento se puebla con las trece monjas previstas, doce y su priora. A las chicas jóvenes de Avila les atrae el nuevo estilo monjil inventado por madre Teresa. Habrá cola para entrar en San José. Sólo quedan cuatro plazas disponibles, y sobre alguna existen compromisos previos.

El primero, con María de Ocampo, la sobrina bulliciosa de doña Teresa que aquella tarde, parece ya tan lejana, se atrevió a preguntar en la celda de la Encarnación:

—Señora tía, ¿y por qué no fundamos un monasterio pequeñito?

Madre Teresa criba severamente las candidatas de su convento, y rechaza las mujeres demasiado sofisticadas. De una muy pretenciosa, sentenció:

—No es para acá mujer tan bachillera, que siempre quiero más a las que hablan con sinceridad.

Eso sí, las elige dotadas «de buen entendimiento»; dóciles además, y adaptables.

María Ocampo entra en San José con veinte años recién cumplidos. Con veinticuatro, Isabel Ortega, hija espiritual del difunto fray Pedro de Alcántara. Con veintidós, María Dávila, hermosa y noble, uno de los partidos más brillantes de Avila. Estas muchachas traen al convento pingües hijuelas, que madre Teresa gasta inmediatamente en pagar las deudas pendientes, de la casa y de la obra; le regalan sus ajuares para convertirlos en frontales de altar, albas y casullas; sobre todo aportan al vetusto edificio de San José chorros de ímpetu juvenil que la priora meterá en cauce...

La entrada de María Dávila ocupó lugar de honor en los relatos junto a la chimenea de los hogares de Avila durante el invierno de 1563. Había ocurrido una tarde otoñal. Hija única del caballero don Alonso Alvarez Dávila y emparentada con «la gente principal», María decidió abandonar la rueda de muchachos que la cortejaban. Pidió a sus amigos que la escoltaran hasta el portal de San José, adonde llegó vestida «muy galana, con mucha seda y oro, y con todas las galas y aderezos que se podían pedir, acompañada de toda la caballería de la ciudad»: madre Teresa abrió la puerta, le dio a besar un crucifijo; y los amigos vieron atónitos como María cruzaba el umbral sin volver los ojos atrás...

M adre Teresa viste a sus monjas un hábito austero, las descalza y les marca un horario.

A las cinco en verano suena la campana; en invierno, a las seis. Cumplido el aseo personal, gastan en oración solitaria la primera hora de su jornada. Recitan luego los salmos matutinos reunidas en el coro. Les queda un par de horas de trabajo, hasta la misa: madre Teresa las alienta a comulgar con mayor frecuencia de lo habitual en la época. Ella misma comenzó por estos años a recibir la comunión cada día. Y le gusta que acabada la misa todas permanezcan largo rato silenciosas agradeciendo al Señor el misterio eucarístico. Celebra la misa normalmente el buen cura Julián de Avila, capellán del convento. Su hermana María se siente muy satisfecha con la presencia del padre Julián, a quien la Madre profesa especial afecto. El padre Julián considera su existencia definitivamente atada al minúsculo monasterio de San José. La iglesia no alberga obras artísticas, abundantes en los templos de Avila, pero en ella concentra madre Teresa los regalos de valor que llegan a la casa; y si viene algún tarrito de perfume, lo derrama sobre el altar.

Comen muy temprano, entre la diez y las once; y hasta esa hora, prosiguen cada una su trabajo. Aunque la comida es frugal, los encuentros en el refectorio revisten cierta solemnidad. Comen en silencio, y escuchan lecturas piadosas. Después de la comida, pasan juntas una hora de recreación. Y en verano, pueden dormir la siesta, voluntaria.

A las dos de la tarde, llama la campana para salmodiar vísperas en el coro, donde sigue una lectura espiritual. El resto de la jornada la reparte cada una entre la oración a solas y el trabajo, según prefiera. A caída de sol, una señal de la campana recuerda que donde estén han de arrodillarse, rezar un padrenuestro y escudriñar las faltas del día. Van a cenar, y luego charlan un ratito. Recitan en coro los salmos de la noche, pausadamente. Dedican quince minutos a una reflexión personal sobre la jornada, es decir, se preguntan si el día les ha servido en el camino hacia la intimidad con Dios. Por fin tienen otra lectura sobre un tema que pueda ayudarles como fondo para sus meditaciones del día siguiente. A las once, marchan a reposar en sus catres.

Este horario representa un esquema básico, enriquecido a lo largo de la semana, del mes y del año, con docenas de interpolaciones a cual más interesante: fiestas, penitencias comunes, misas cantadas, pláticas y sermones, visitas del obispo y de sacerdotes amigos, incidentes inesperados. El trabajo representa un elemento de peso a lo largo del día: hay en el horario un lote de casi ocho horas flexibles para que cada una las reparta entre oración y trabajo, según las exigencias particulares de su alma. La casa vive «sin renta», de limosna y de trabajo. Hilan, cosen, bordan, las limitadas labores «propias de su sexo» en la época.

Estos años primeros de vida en San José, madre Teresa y sus monjas fueron experimentando variaciones de horario y de costumbres, antes de redactar las «Constituciones» que serían regla definitiva de las carmelitas descalzas. Hay recuerdos llenos de ternura; por ejemplo, el de María Dávila, ahora de San Jerónimo: si una de ellas «inventaba» ejercicios de penitencia, la Madre quería «ser la primera a probarlo y ejercitarlo en su persona» antes de dar licencia a las hermanas. Les ocurrieron lances divertidos, sobre todo a cuenta del vestido.

Madre Teresa quiere sus monjas «siempre aseadas y limpias». Pero ninguna concesión a la frivolidad femenina. Nada brillante, ni un cinturón. Bajo el hábito de jerga negra, sin pliegues, redondo hasta los pies, llevaban a manera de camisa una túnica de estameña. Las jovencillas, a la cabeza María Ocampo, ahora María Bautista, le pidieron permiso para cambiar la túnica de estameña por túnicas de jerga o sayal, que les mortificaran permanentemente. La idea les vino por el recuerdo de la camisa de fray Pedro de Alcántara, hecha con las mantas de montar cabalgaduras. Y les ocurrió un desastre: se llenaron de piojos.

La Madre tuvo que ordenar volvieran a las túnicas de estameña. Quedaba lo más difícil, eliminar la plaga extendida por todo el convento. Se hartaron de lavar ropas, fregar suelos y jergones. Inútil. Decidieron que los piojos estaban a las órdenes del diablo, había que combatirlos en su propio terreno... ¿cómo? Mediante rogativas.

Cierta noche, después de maitines, una curiosa procesión de monjas recorrió pasillos y estancias del convento. En cabeza, «un santo Cristo por guía, con velas encendidas». Detrás las monjas rezando letanías y cantando un estribillo graciosísimo: «pues nos dáis vestido nuevo, / Rey celestial, / librad de la mala gente / este sayal». Madre Teresa entonó la primera estrofa: «Hijas, pues tomáis la cruz, / tened valor, / y a Jesús, que es vuestra luz, / pedid favor. / El os será defensor / en trance tal». Las monjas repitieron su estribillo: «Librad de la mala gente / este sayal». La segunda estrofa de la Madre termina dándoles ánimo: «Mas en Dios el corazón / tened igual». Las monjas, suplicantes: «Librad de la mala gente / este sayal». Sabe Madre que ganarán su batalla: «Pues vinisteis a morir / no desmayéis; / y de gente tan *cevil* / no temeréis. / Remedio en Dios hallaréis / de tanto mal». Y el estribillo sonó a canto de victoria: «Pues nos dáis vestido nuevo, / Rey celestial, / librad de la mala gente / este sayal». (Una nota sobre la marcha, sin detener la procesión: «cevil», entonces no tenía el actual significado de «civil», sino justo al revés, valía por grosero). Pasaron celda a celda, y la Madre roció los jergones con agua bendita. Rematarón en el coro, donde repitieron ante el sagrario su donoso salmo. Y calladitas, regocijadas, se fueron a dormir.

La plaga de piojos cesó, visto y no visto.

Una tradición familiar sostiene que desde la noche de marras las carmelitas no han visto un piojo en sus conventos.

Naturalmente atribuyen su privilegio a la madre Teresa. Quién sabe. Hoy las duchas constituyen elemento normal de higiene para los monasterios de clausura igual que para los hogares modestos. España imperial careció de tales ventajas. A mí me produce melancolía ver cómo a doña Isabel la Católica le siguió en sus viajes por la Península un cortejo de mulas cargadas con tinas de perfume, único remedio seguro en la época contra los malos olores. Muy aficionada fue madre Teresa de Jesús al agua, y muy curiosa. Pero nada mal le vendría en aquel tiempo la ayuda de algún milagrito para mantener relimpios sus conventos.

A mitad de julio de 1563, exactamente el día 13, las monjas de San José realizan una ceremonia simbólica: se descalzan. Ignoramos si el acto tuvo lugar en el coro o quizá en la sala de capítulo. Madre Teresa se quitó los zapatos «simples y redondos», propios del monasterio de la Encarnación, y quedó descalza. En su afán de reproducir las reglas de los primitivos ermitaños del Monte Carmelo, que andaban a pie descalzo por valles y collados de Palestina, Madre hizo «descalzar» sus carmelitas, quienes iban así a diferenciarse de sus hermanas de la Encarnación: serán en adelante «las carmelitas descalzas».

Parece que la idea inicial de Teresa fue prescindir efectivamente del calzado. Después de los ensayos, estableció en las «Constituciones» medias de borra, lana basta; y alpargatas de cáñamo.

Junto al programa de penitencias cumplido por las carmelitas de San José, andar en alpargatas significó más holgura que mortificación. Sin embargo la descalcez tenía para ellas el significado espiritual de aquella mañana en que Francisco de Asís se desnudó en presencia del obispo para entregar a Pedro Bernardone ropas y dineros, quedando definitivamente desposado con la dama Pobreza. Renunciaban en realidad a la distinción mundana, abandonaban los signos de prestancia social. Descalzarse equivalía para ellas a desclasarse. No sólo abandonan los bienes materiales, quitándose los zapatos rompen el vínculo de unión con las herencias familiares de honor y de alcurnia. Quedan verdaderamente pobres. «Reforman» la manera de entender su retiro conventual, su estado eclesiástico, su consagración a Dios: hasta entonces la entrada en un monasterio podía reforzar la categoría social de una persona, incluso le daba nuevas oportunidades de medrar y de alcanzar mayor poder. Las carmelitas de madre Teresa renuncian, «reforman»; se han descalzado.

Pobre sin remedio, el conventillo es pobre.

Roma les aprobó el plan «sin renta» de madre Teresa, vino un «Breve» pontificio perfectamente claro:

«Os hacemos gracia que no podáis tener ni poseer bienes algunos en común o particular, según la forma de la primera regla de la orden; sino que libremente podáis sustentaros de las limosnas y caritativos socorros que por los fieles de Cristo piadosamente os fueren hechos».

Disipado el sobresalto inicial de Avila por la fundación de San José, pronto la ciudad miró con cariño su minúsculo monasterio revolucionario; y lo protegió. A través del disco giratorio instalado en la pared y llamado «torno», manos silenciosas entraban queso, pan, huevos, galletas. Don Alvaro el obispo las abastece con «pan y botica y otras muchas limosnas». Algunas familias estaban además alerta para recoger al precio que les parecía justo las labores de las carmelitas.

Pero el año cuenta doce meses con treinta días cada mes. Los fríos de Avila desaniman salidas de casa durante el invierno, tan largo. ¿Quién va a recordar una semana y otra las pobrecitas monjas clausuradas de madre Teresa, si ellas por mensajero sólo disponen de una campana pequeñita y agujereada? Las carmelitas no piden. Están, simplemente. Cumplen su programa diario al margen de lo que pueda ocurrir en el «torno».

A veces el torno queda mudo, quieto, varios días; y la encargada de cocinar esa semana pasa sus apuros.

Nunca comen carne; sólo las enfermas, que además se resisten bravamente. Hoy para nosotros esta norma de no comer carne ha perdido fuerza penitencial: un fino menú de pescado y mariscos sustituye dignamente al solomillo. Hay que pensar en las viandas de Avila siglo dieciséis: renunciando a todo tipo de carne, las carmelitas tendrían que alimentarse de patatas, legumbres, hortalizas, huevos... y alguna sardina. Ayunan desde septiembre hasta pascua de resurrección, excepto domingos y fiestas. Madre tiene dicho que cuando no haya comida para todas, tomen primero quienes «más lo hubieran menester»: así una sardina o un huevo dan tres vueltas por la mesa larga del comedor entre un regocijo silencioso sin conseguir el ataque de ninguna. Si hay para todas, deben tomar lo que les pongan delante, necesitan permiso especial para privarse. Un día del Corpus no tuvieron ni pan: suplieron la comida cantando coplas al niño Jesús en una procesión festiva. Madre Teresa comentó:

—Es para mí grandísimo consuelo de verme aquí metida con almas tan desasidas.

Las casas compradas por madre Teresa para establecer su convento de San José forman un conjunto irregular que incluye varios patios internos y espacio baldío alrededor. A fuerza de plantar arbustos y cuidar los pocos árboles, consiguieron algo parecido a una huerta. Ciertamente la huerta de San José no copia el parque de las abadías benedictinas, pero al menos ofrecía desahogo para paseos de las monjas ensimismadas. A la Madre se le ocurrió una idea genial: que por los rincones de la huerta, sus hijas establecieran pequeñas ermitas donde pudieran esconderse a orar imitando las cuevas del monte Carmelo.

Fue una maravilla, en poco tiempo diez rincones de la huerta tuvieron categoría de ermita: un desnivel del terreno, los restos de un pajar, el socavón del pozo abandonado, una casita que antes quizá sería gallinero, las monjas aprovecharon todas las oportunidades para establecer ermitas dedicadas a un misterio de la fe cristiana o al recuerdo de un santo.

El invento de las ermitas proporcionó amenidad al convento, estimulaba la iniciativa piadosa de las carmelitas. Sin embargo encontró la enemiga del ayuntamiento: aquella parte de la huerta daba al famoso acueducto donde confluían varias fuentes de la ciudad, y el veedor municipal repetía tenazmente la denuncia contra las monjas. Madre Teresa consiguió del concejo que le compraran el terreno, y con los veinte mil maravedises amplió al otro lado: pudo construir a su gusto un lote de ermitas.

Eran cuatro, de una planta, como cuatro casitas juntas con entrada independiente formando un solo bloque. Cada ermita no es otra cosa que un sencillo aposento donde recogerse a rezar en solitario. Madre Teresa las adornó con pinturas piadosas. En la ermita de Nazaret, una escena familiar: ora la Virgen que recibe visita del ángel, mientras duerme san José. Dos están dedicadas a san Agustín y santa Catalina. La cuarta al santo Cristo de la columna: Teresa hizo pintar una imagen del Señor, que las carmelitas llaman «el Cristo de los lindos ojos». Bajo guía personal de la Madre trazó la pintura el buen artista

Jerónimo Dávila, quien oía embobado a la monja indicaciones acerca del rostro de Jesús, los cabellos, las llagas, el cordel y la columna, todo igual que si le estuviera contando una aparición grabada indeleble en su memoria: un día el pintor quedó encogido, porque la Madre quería una llaga en el codo de Cristo, y al verla pintada cayó en éxtasis. Al pobre artista le dio un susto tremendo. Menos mal que la monja acompañante sacudió los hábitos de la Madre y la despertó. Esta ermita del Cristo atado a la columna la enriquecieron con otro fresco expresivo: san Pedro llorando su infidelidad al Maestro.

Las evocaciones pictóricas ejercían fuerte atractivo sobre las monjas. Madre Teresa pasaba horas muertas en la ermita de su «Cristo de los lindos ojos». También gozó en la de Nazaret, donde tenía media docena de libros queridos. El dinero para construir el bloque de las cuatro ermitas se lo regalaron el obispo don Alvaro y su hermana doña María de Mendoza: la familia episcopal la consideraba ya protegida suya.

E stas doce mujeres alojadas en San José tienen conciencia del privilegio que disfrutan viviendo cabe la madre Teresa, guiadas por ella en el camino hacia Dios. Saben que Madre «las lleva en las entrañas». Les habla con amor, cortesía, y, vean qué sabrosa expresión, «con tanta crianza». Les muestra gran respeto; y nada exige sin ir ella por delante, lo atestiguan todas: «hacía el oficio de cocinera y de enfermera, barría y fregaba como las demás». La veían libre de espíritu, pero atenta a cualquier minucia de la regla. Les avisa la importancia de las faltas:

—Es niñería, no lo hagan; que eso poquito estorba más de lo que piensan.

La oración de Madre ha llegado a identificarse con su existencia misma. Un diálogo permanente con Dios. Una presencia. Que a veces toma formas insólitas, llamativas, con arrobos, levitaciones y resplandores. Pero tales fenómenos, muy molestos para ella, apenas valen nada en comparación de la constante compañía. A las carmelitas les parece que la mesura y el equilibrio de su Madre, su tranquilidad y su alegría, nacen de una fuente honda escondida en su pecho. Dios la llena de dicha, y Teresa reparte felicidad como puede. Toda la que puede.

Les aconseja lecturas, y las adoctrina en «todo lo que la santa madre iglesia manda saber a un cristiano». Trae teólogos de valía que den lecciones. Fomenta el amor a la iglesia, «de la cual quiere se sientan hijas». Desea verlas alegres, abiertas, le disgustan «las personas encapotadas». De ningún modo consiente que pretendan simular santidad ante los seglares: le repugna la mentira y la afectación. Contesta siempre la verdad, sin rodeos ni apañijos. Rechaza los melindres, las niñerías. Estimula el ímpetu de sus hijas hacia ideales altos, pero cuida que conserven claridad de juicio y buen sentido. Incluso de las penitencias desconfía, si en algún caso debilitan la humildad o la prudencia.

A un confesor ha explicado madre Teresa el último secreto de su convento. El confesor quiso saber cómo reparten la jornada entre la oración y los trabajos. Teresa le ha sonreído, se trata de una división mal planteada. Ella y sus hijas no se alejan de Dios, no abandonan su presencia cuando realizan faenas de limpieza o manejan la rueca. Hagan lo que hagan «están siempre con El y en El». Porque son mujeres enamoradas, y ni un instante dejan de amarle.

Enamoradas, son.

Teniéndolas a todas en el coro, madre Teresa las ha visto una noche cobijadas bajo el manto de la virgen María. Nuestra Señora las ampara:

—Entendí cuán alto grado de gloria daría el Señor a las de esta casa.

Están sentadas a la mesa. Una monja reparte silenciosamente las raciones. ¿Qué toca hoy? Pepinos, de la clase alargada y retorcida, en Castilla los llaman «cohombros». A madre Teresa le colocan en el plato su pepino. Ella lo palpa disimuladamente y nota que por dentro viene pocho, podrido. Decide utilizarlo para probar la obediencia de la hermana María Bautista. Madre les ha explicado el valor profundo de la obediencia. No se discute, se cumple. A rajatabla, y a ti qué más te da lo que te manden. Los actos externos cuentan poco, la sustancia de la virtud reside en el rendimiento de la voluntad. Madre Teresa hace una señal discreta a María Bautista. La hermana se acerca y Madre le habla al oído:

—Toma mi cohombro y siémbralo en la huerta.

María Bautista, sin pestañear, sólo pregunta:

—Madre, ¿alto o tendido?
—Tendido.
Como quien lleva un tesoro apretado a su regazo, María se fue a sembrar el pepino. Madre Teresa escribió este comentario:
—Sin venir a su pensamiento que era imposible dejarse de secar, el ser por obediencia le cegó la razón natural.

No me diga el lector «eran otros tiempos». Ya sé, hoy obedecemos «razonablemente», es decir, no obedecemos: porque exigimos mandatos ajustados a la razón natural, y si no se ajustan los consideramos atentatorios a los derechos intocables de la persona. Otros tiempos, claro.

Hermana Ursula de los Santos es la de más edad entre las fundadoras. Madre pone cuidado especial en «trabajarla». Ursula soporta muy bien las pruebas. Un día en recreo, ante las demás hermanas, Madre se le acerca mirándole con preocupación a la cara:
—Ay, pecadora de mí, hermana, qué lástima la tengo...
—Madre, ¿por qué?
Madre Teresa le ha tomado el pulso, le escudriña los ojos:
—La veo enferma, váyase a acostar, mi hija.
Ursula se fue a la cama, «sin pasalla por la imaginación otra cosa sino que estaba enferma».
Iban las hermanas a verla:
—¿Qué tienes?
—Estoy muy mala.
—¿Qué te duele?
—No lo sé, hermana, la Madre lo dice.
Vino la Madre, de nuevo le toma el pulso:
—Mal la veo, cuitada de mí; llamen a un barbero: que la sangre.
Acudió el barbero, sangró a Ursula, calladita: «enferma, la Madre lo dice».

Madre Teresa constituye para sus hijas un espectáculo sobrenatural fascinante: a cada hora notan la mano amorosa de Dios apoyando sobre ella. Y la Madre utiliza ese prestigio suyo para explicarles nítidamente los fundamentos de la vida religiosa. He aquí un párrafo de madre Teresa, vale un imperio:
—En lo que está la suma perfección, claro está que no es en regalos interiores ni en grandes arrobamientos ni visiones ni en espíritu de profecía, sino en estar nuestra voluntad tan conforme con la de Dios que ninguna cosa entendamos que quiere que no la queramos con toda nuestra voluntad, y tan alegremente tomemos lo sabroso como lo amargo, entendiendo que

lo quiere su majestad. Esto parece dificultosísimo, no el hacerlo, sino este contentarnos con lo que de en todo en todo nuestra voluntad contradice conforme a nuestro natural; y ansí es verdad que lo es. Mas esta fuerza tiene el amor si es perfecto, que olvidamos nuestro contento por contentar a quien amamos.

«Ansí» queda bien claro, madre Teresa: la obediencia se acepta por amor. En el amor hay que apoyar la vida. Y «esta fuerza tiene el amor si es perfecto, que olvidamos nuestro contento por contentar a quien amamos». Nadie jamás lo dijo mejor.

Un problema recio le plantea a madre Teresa la convivencia total con sus carmelitas: cómo esconder «las mercedes» que Dios vuelca sobre ella. Igual que la arena de la orilla se deja invadir en pleamar, su persona vive jubilosamente inmersa en la presencia de fuerzas superiores. Actúan en ella, la desquician. Sin anular su iniciativa, desde luego. Pero la tiene en ascuas saber que de repente y sin previo aviso le puede sobrevenir un rapto, un arrobo, una suspensión. Ni su fino ingenio le proporciona medios suficientes para disimular.

Sobre todo en misa. Acerca de sus hijas, ya Madre se resigna. Lo malo es que frecuentemente los raptos le asaltan al comulgar, con el sacerdote allí en la reja y quizá mujeres pías venidas a misa. La comunión se ha convertido para ella en el acontecimiento central del día. Los largos años de enferma le han dejado como achaque crónico unos vómitos fijos cada mañana. Ella se ingenia y los provoca con tiempo suficiente, de modo que no le impidan comulgar. El buen padrecito Julián de Avila, habitual celebrante por su cargo de capellán, tampoco la inquieta: ya él la tiene vista docenas de veces «tan arrobada y enajenada de sus sentidos, que se daba a entender la estaba Dios haciendo alguna grandísima merced». Pero vienen dominicos, jesuitas, franciscanos... y el señor obispo. La ven «quedarse en éxtasis» al comulgar, «fuera de sus sentidos». Una mañana le ocurrió ante el padre Báñez, y sufría ella tanto de hallarse así ante el sabio teólogo, que se asió a la reja «para impedir que se fuera a levantar el cuerpo del suelo, y la oyeron pedir a nuestro Señor: por cosa que tan poco importa, no permitas que una mujer pecadora sea tenida por buena».

Si el obispo viene a celebrar la misa, trae consigo a doña María de Mendoza su hermana y otros familiares. El obispo desea que Madre permita a doña María y algunas de sus amigas entrar al coro con las monjas. Madre consiente, faltaría más, siendo la hermana del obispo protectora providencial del convento. El susto le viene a madre Teresa cuando comulga: se agarra fuerte a la reja. Y tiene encargado a sus monjas que la sujeten por los hábitos si notan un amago de «ascensión».

Estando las carmelitas solas, a Madre no le turba, «sintiéndose llevar», echarse larga al suelo. Por obediencia les ha prohibido que a los de fuera cuenten estas cosas.

Los arrobos, vérsela enajenada, fuera de sí, ocurría frecuentemente. Le sucedió en conversación con visitantes. Una tarde platicaba el padre Báñez a las trece monjas reunidas en el locutorio, y la Madre quedó de repente en éxtasis. El fraile dominico calló; en muestra de respeto se quitó la capucha del hábito, que tenía puesta. Vuelta en sí la Madre, Báñez siguió su sermón como si tal cosa. El obispo, su hermana y demás parentela le presenciaron diversos arrobos. Ella intentaba achacar estos accidentes a su enfermedad de corazón, o a desmayos por descuidar el alimento. En alguna ocasión, como disimulo, al volver del éxtasis pidió algo de comer y beber.

Inútil, las noticias de tales fenómenos se filtraron del convento a la ciudad. Por Avila circularon fantasías pintorescas pintando más o menos a madre Teresa de Jesús elevada del suelo hacia los aires, y las demás monjas agarradas a su hábito suspendidas también con ella...

Las hermanas pronto se acostumbraron, y obedecían la consigna de la Madre quitando importancia a los sucesos. Aunque llegaron a temer por su vida. Isabel de Santo Domingo, la discípula de fray Pedro de Alcántara, vio una noche a la Madre entrar en una de las ermitas. No llevaba luz. Isabel temió si puesta a orar le daría uno de sus éxtasis y permanecería sola y a oscuras. Entró Isabel y quedó callada a su lado. Madre Teresa cayó en éxtasis. Isabel le tomó las manos, frías, y le dio tanta pena, cuenta la misma Isabel, «que sin mirar lo que hacía, comencé a reñirla, y a decirla que mirase lo que hacía, que también podía haber peligro en aquello y morirse con aquella pena, y que se mataría a sí y a nosotras». Madre, «con una mansedumbre de ángel», respondió:

—Calle, boba, ¿y piensa que está en mi mano?

Isabel quiso discutir el asunto con el padre Báñez en presencia de la Madre, a quien el fraile aconsejó «no fuese lejos ni a solas en tales tiempos».

Si oye a sus hijas comentar estas cosas, la Madre corta sonriente la conversación:

—No se emboben y trabajen.

Madre Teresa comprendió que había de rogar seriamente al Señor le ahorrara semejantes complicaciones. No podía seguir así; anota el padre Julián «que de sólo ver una imagen bien pintada, se quedaba arrobada».

Le ocurrió, chuscamente, hasta en la cocina. Animando las hermanas a realizar alegremente cualquier trabajo, con el mismo amor que si estuvieran gozando un rato de oración subida, les tenía dicha la famosa sentencia:

—Cuando la obediencia os trajere empleadas en cosas exteriores, entended que, si es en la cocina, entre los pucheros anda el Señor.

Ya lo creo, si anda.

Le tocó a la Madre cocinar. Tiene de ayudante a la hermana Isabel. La Madre ha echado aceite en la sartén. Un poquito, no tienen más. Hermana Isabel le comenta que no les queda ya ni una gota. Isabel olvida que no debe comentar estas cosas tan festivas para la Madre, puede darle un arrebato de gozo...

Efectivamente, le da. Isabel la ve, que se ha quedado tensa y sonriente, sosteniendo la sartén sobre el fuego, abiertos los labios, perdida la mirada. En éxtasis.

Las hijas han aprendido las lecciones de sentido común enseñadas por su Madre: Isabel confiesa que le inquietó se derramase el poquito aceite del día, todo su aceite. Agarró la sartén; y como no pudo sacarla de manos de la Madre, la estuvo sosteniendo el rato que duró el éxtasis.

Al fin, y a fuerza de lágrimas, madre Teresa consiguió del Señor que al menos le espaciara los éxtasis.

Tienen su convento junto al acueducto municipal, y les falta el agua. Ni pensar que el concejo, en pleito contra ellas, autorice un empalme para abastecer a las monjas. Han de pagar acarreadores que traen cargas de la fuente pública. Les cuesta molestias, y dinero.

Hay en la huerta un pozo antiguo, hondo, maloliente: un hilillo «de mal agua». Casi seco.

Madre Teresa cavila si valdría la pena ahondar en el pozo. Ha llamado a varios poceros. Ríen: «Madre, no tire su dinero».

Madre comenta en recreo con las hermanas, qué pena de pozo.

¿Y si probaran?
María Bautista saltó, siempre impetuosa:
—Probemos, Madre; el Señor nos ha de proporcionar acarreadores que nos traigan el agua de fuera, y dinero para pagarles: más barato le saldría al Señor darnos agua en casa, ¿no le parece?
Decidieron las monjas que sí. Los poceros, tercos que no. Madre les mandó cavar: y brotó del pozo un chorro de agua fresca. Le pusieron caño hasta la casa. Quedaron abastecidas; y contentas.
Madre no quería oír hablar del «milagro del agua». Quizá ella sospechó, como yo sospecho, que al ahondar tocaron los poceros alguna vena de las fuentes que iban al depósito municipal... En todo caso, los milagros, como la vida misma, suelen ser un juego de coincidencias.
¿Y el crucifijo que se le quedaron al señor obispo?
Don Alvaro conoce de sobras la debilidad de madre Teresa por las imágenes devotas de Jesús y de la Virgen.
Acaban de regalarle un crucifijo precioso; lo manda al convento de San José para que Madre lo enseñe a sus monjas. Un Cristo grande, tamaño natural.
Días más tarde vino el obispo a platicar con la Madre. Mientras los dos dialogaban junto a la reja del locutorio, aparecieron las hermanas en procesión cantando letanías. El obispo miró, y no podía creer lo que estaba oyendo. Varias monjas traían el crucifijo tendido, y las demás recitaban en torno suyo:
—Señor Jesús.
—¡Quedad con nosotras!
—Cristo crucificado.
—¡Quedad con nosotras!
—Jesús coronado de espinas.
—¡Quedad con nosotras!
Repasaron el locutorio, y regresaron con su procesión hacia dentro:
—¡Quedad con nosotras!
Algún investigador pregunta si madre Teresa conocía el ingenioso ardid de las hermanas para solicitar del obispo les regalara el crucifijo. Don Alvaro no le dejó disculparse, estaba conmovido:
—Madre, quédenselo norabuena.
Ellas le pusieron al Cristo un bello nombre. Cuentan que una monja dialogaba con la imagen:

—Señor, ¿cómo os llamáis? Sois a veces «de la Agonía» o «el Salvador», más aquí en esta imagen ¿cuál es vuestro nombre?
Y cuentan que oyó la respuesta:
—Llamadme aquí santo Cristo del Amor.
Cuatro siglos llevan, llamándole Cristo del Amor. Y amándolo, claro.

Las navidades en el convento son pura gloria. A Madre le gusta celebrar fiestas. Del Señor, de la Virgen, de san José. Y de muchos santos. Olvidaba esos días la pobreza de la casa, quería «cera encendida y mucho aliño en los altares». Que asearan la iglesia, pusieran flores «y mucho olor». Componía coplas populares a honra de los santos, «hacía que sus hijas las cantasen en las ermitas».
La navidad le chifla. Organiza muchas cosas. Una escena pidiendo a sus monjas posada para el Niño, la Virgen y su esposo san José: «No durmáis, hermanas; / mirad que viene / la que a Dios por Hijo tiene»; la procesión con imágenes por el pasillo de las celdas; desafíos «con el cartel de las virtudes» repartiendo a cada hermana la más conveniente. Y ruedas de villancicos. Le han regalado un tambor, pitos, sonajas. Las hermanas bailan jubilosas al son de panderetas. Cantan villancicos escritos por la Madre: «¡Ah, pastores que veláis / por guardar vuestro rebaño, / mirad que os nace un cordero / Hijo de Dios soberano!». Acoplan estas letrillas a música de villancicos populares, tan corrientes por Castilla. Madre Teresa escribe algunos versos realmente deliciosos, llenos de candor y ternura: «Hoy nos viene a redimir / un zagal, nuestro pariente...». Las carmelitas en torno al portal contemplan el niño repitiendo exclamaciones pastoriles: «Mira, Llorente, / qué fuerte amorío; / viene el inocente / a padecer frío». La Madre inventa diálogos para cantar en dos grupos con réplicas ingeniosas:

—«¿Es pariente del alcalde,
u quién es esta doncella?
—Ella es hija de Dios Padre,
relumbra como una estrella.
—Mi gallejo, mira quién llama.
—Angeles son, que ya viene el alba».

Algunos eruditos se rompen los cascos intentando descifrar si «gallejo» alude al «canta, gallo, canta» de coplas primitivas, o es un diminutivo de Miguel: «Miguelejo», «Migallejo», y sería un pastor presente en el portal. Qué más da; para madre Teresa los ángeles que vienen a la misa de alba son sus hermanas vestidas de capa blanca: «Pues que la estrella / es ya llegada, / va con los Reyes / la mi manada».

A cuatro siglos de distancia, he visitado este convento de San José, «paraíso» donde madre Teresa gozó los cinco años «más descansados» de su vida. Más felices. Después de la visita me apetece una confidencia a los lectores.

Quizá los míseros mortales que llenos de polvo andamos dando tumbos por el mundo, traemos afinadas las antenas para captar enseguida una atmósfera «distinta» donde se respiran esos aromas imposibles llamados paz, amor, alegría profunda, cariño, desprendimiento, solidaridad, esperanza.

La década de los sesenta a los setenta del siglo XVI español nos ha dejado en herencia dos espacios arquitectónicos notables, realizados simultáneamente. Chiquitito uno, grandioso el otro. Grandioso, El Escorial: don Felipe coloca la primera piedra de su monasterio en primavera del año 1563. A uno le puede interesar más o menos el estilo artístico y la significación histórica del enorme Escorial; lo que nadie discute es su categoría específica entre las realizaciones majestuosas del ingenio humano.

Al mismo tiempo que perforaban las breñas del Guadarrama buscando asiento sólido para edificar «la octava maravilla», los españoles de la sexta década del siglo XVI, las españolas exactamente, creaban un espacio conventual nuevo cosiendo mediante pasillos retorcidos tres o cuatro casas suburbiales de Avila.

Ignoro si a usted, lector amigo, se le cae o no la baba contemplando El Escorial. Pero una cosa le deseo. Ojalá pueda usted visitar una vez en la vida el conventillo carmelita de San José de Avila: le verá la cara a la felicidad.

¿Qué ocurre en San José? Nada. Docena y media de monjas enclaustradas siguen ajustando su jornada a las reglas de madre Teresa. Nada. Un espacio que mide siete palmos. Eso sí, se palpa el estado de gracia.

Me ocurrió una vez, he aquí la confidencia. Bajé de Caracas a la Guayana con el propósito de conocer personalmente los esfuerzos siderúrgicos montados por el gobierno venezolano a orillas del gigantesco río Orinoco.

Los amigos me acercaron a disfrutar un día de asueto, kilómetros más abajo, en el parque nacional del Caroní, afluente ilustre del Orinoco. Han pasado veinte años, pero todavía guardo en el último recodo de mi caja torácica puñados de aire que allá respiré. Jamás en ningún retazo del planeta había percibido antes la caricia natural de la belleza. Supe que al otro lado de aquellos tabiques verdes y azules latían presencias misteriosas. Pedí a los amigos que me dejaran echar una instancia al señor presidente de la República de Venezuela solicitando plaza de «conservador del parque nacional del Caroní». Para quedarme allí toda la vida. Se reían, maldito el caso que me hicieron.

Desde el Caroní no he vuelto a percibir con mis sentidos la presencia de Dios; hasta San José de Avila. Comprendo que aquí pasara madre Teresa cinco años de dicha. Había inventado el paraíso.

También sus monjas se han reído de mí cuando he preguntado si la priora tomaría en serio una instancia mía solicitando plaza de jardinero en la huerta del convento: con derecho a gastar la caída de tarde en las ermitas...

27
«Animos fuertes... aunque sean de mujeres»
(1562-1567)

Madre «fabrica» monjas espontáneas, sin remilgos, mujeres sinceras, naturales. «Verdaderas», le gusta decir. Que nunca dejen de pisar tierra.

El capellán Julián de Avila ha faltado unos días a la celebración de su misa. Estaría enfermo, o de viaje. A su hermana María de San José le parece que ya hoy el sacerdote celebrante es su hermano. Habrá regresado. Pero a través de la rejilla del coro no lo distingue bien, tan temprano y hay luz escasa. Cuando se acerca a comulgar en la ventanita, antes de recibir la hostia consagrada, pregunta:

—Julián, ¿eres tú?

—Sí, hermana, soy yo.

Esta sencilla anécdota las retrata. María de San José no adopta posturas artificiosas en presencia de Dios. Ni le pasa por la cabeza que signifique falta de reverencia dirigir una palabra a su hermano Julián cuando trae el copón en las manos. Quiere saber si ha venido:

—Julián, ¿eres tú?

Luego recibe la comunión devotamente; y continúa su diálogo reverente con Cristo.

Madre Teresa les está escribiendo un libro. Ellas se sienten muy satisfechas, ignoran lo valiente que ha de ser su fundadora para atreverse a semejante hazaña: desconocen los peligros a que ella se expone. Porque el libro está dedicado a la oración, tema conflictivo entre los teólogos de la época; y desde luego, absolutamente vedado a la pluma de una mujer.

Por estas fechas madre Teresa tiene conquistado el respeto y la confianza de personajes influyentes: sin su apoyo, este libro le hubiera costado un proceso ante la Inquisición. Veamos por qué.

La oración y los modos de orar representan el núcleo de las controversias espirituales españolas aquellos años. El movimiento respaldado por el cardenal Cisneros en la Universidad de Alcalá dio fuerza y difusión a grupos «recogidos» en casas franciscanas, de soledad y retiro, que constituyeron verdaderos focos de reforma cristiana. Y produjo, desde 1500 hasta el «Indice» de libros prohibidos publicados por el inquisidor Valdés en 1559, un lote de obras espirituales de tanta categoría como el *Abecedario* de Osuna y la *Subida al Monte Sión* de Laredo, manejados por doña Teresa de Ahumada en momentos clave de su peripecia interior.

Ocurridos los procesos de Valladolid y Sevilla, preso el arzobispo de Toledo fray Carranza, potenciada la Inquisición por Valdés, el clima espiritual de España se enrarece: los sospechosos de judaísmo, luteranismo y también de erasmismo han de andar con sumo cuidado, pues todos ellos son considerados parientes cercanos de los «alumbrados». La gente sencilla coge miedo; los frailes predican el ejercicio cómodo y seguro de la oración vocal renunciando a las «exquisiteces» de la oración mental, cuyas secuelas místicas resultan sospechosas.

Y resultan sospechosas sobre todo en las mujeres. Los casos de «beatas» engañadas por el diablo provocaron una corriente antifeminista muy conforme con las ideas generales de la época: todavía ilustres pensadores del siglo XVI europeo consideraban exacta la interpretación clásica de la biología humana según la cual es la mujer un fallo de la naturaleza, una especie de varón incompleto. El dicho popular aconsejaba: «que las mujeres tomen su rueca y su rosario y no curen más devociones». Las tres salidas de casa recomendadas a cualquier fémina durante su existencia, eran tajantes: «el día de su bautizo, el día de su boda, el día de su entierro». Ni siquiera un talento riguroso como el padre Báñez estuvo a salvo de semejantes prejuicios: la mejor alabanza suya a la «autobiografía» de madre Teresa nace de que la considera un libro perfecto a pesar de haberlo escrito una mujer.

Madre Teresa no vacila. Sus monjas son mujeres. Ella quiere que sean «mujeres orantes». Por tanto necesitan enseñanzas acerca de la oración y sus métodos. Bajo mandato de su confesor padre Báñez, decide escribirles un libro, muy deseado por las hermanas: una especie de «guía» espiritual. Un «librillo», dice Teresa, con «avisos y consejos». En fecha tardía le pondrá título definitivo: «Camino de perfección».

Lo escribe a saltos, pues la marcha del convento le come todas las horas del día y algunas de la noche. No teme a los «letrados», cuyos libros conoce y cuyas razones ha pesado. Ella echa mano de su experiencia personal, ya contada en la autobiografía; y del sentido común. Causa asombro la línea recta, integradora, de su discurso. Hoy su libro nos parece claro y prudente. En aquel momento fue «fronterizo, de avanzadilla espiritual». Afirma el valor de la oración vocal, rechazada por erasmianos y alumbrados; explica cómo Dios puede levantar a la más subida contemplación un alma «que con perfección esté rezando el paternoster». Pero ha de ser oración vocal no meramente rutinaria o mecánica, según les ocurre a quienes «están rezando el paternoster y pensando en el mundo». Da un paso más: denuncia como demoníaco el miedo a la oración mental. Y entra en polémica directa con los «letrados» antifeministas empeinados en exagerar el peligro de las mujeres dedicadas a la vida espiritual. Recoge graciosamente algunas expresiones contra las féminas: «mejor será que hilen»; «no han menester esas delicadezas místicas».

Madre Teresa redacta el libro dos veces: la primera, en estos años de 1562 a 1565, para sus hijas de San José; la segunda, en 1569, con destino a la media docena de sus nuevos conventos. La segunda redacción lleva retoques, uno de los cuales deja truncada cierta página que los censores consideraron inoportuna, escrita valientemente por la Madre. El fragmento censurado comienza así:

—Ni aborrecisteis, Señor de mi alma, cuando andabais por el mundo, las mujeres; antes, las favorecisteis siempre con mucha piedad...

En la primera redacción, este párrafo tenía veinte líneas más. El censor las tachó «recientemente», tanto que los investigadores pasaron apuros para reconstruir el texto. Decía, a continuación de «las favorecisteis siempre con mucha piedad»:

«...y hallasteis en ellas tanto amor y más fe que en los hombres, pues estaba vuestra sacratísima Madre... ¿No basta, Señor, que nos tiene el mundo acorraladas... que no hagamos cosa que valga nada por Vos en público ni osemos hablar algunas verdades que lloramos en secreto...? No lo creo yo, Señor, de vuestra bondad y justicia; que sois justo juez y no como los jueces del mundo, que —como son hijos de Adán y, en fin, todos varones—, no hay virtud de mujer que no tengan por sospechosa... Veo los tiempos de manera que no es razón desechar ánimos virtuosos y fuertes, aunque sean de mujeres».

A quien conozca un poco Castilla del siglo XVI no le sorprenderá la furia del censor.

Escribe su libro en la celda.
Me pasma el «escritorio» de madre Teresa.
Las páginas redactadas por esta mujer han obtenido alabanzas increíbles. Fray Luis de León comenzó los elogios «dudando que haya en nuestra lengua escritura igual». Don Juan Valera los confirma confesando que si junto a Cervantes podemos colocar los nombres de Shakespeare, Dante y Ariosto, no hay en la literatura europea «pluma de mujer comparable a Teresa».
Pues ¿dónde escribió?
Aquí. Os lo cuento. Su «escritorio» es contemporáneo del «estudio» creado por la italiana Isabela d'Este en el palacio ducal de Mantua. He querido compararlos, ya que a Isabela sus contemporáneos del Renacimiento la consideraron brillantísima, «la mujer más brillante de su tiempo». Incluso, «la primera mujer del mundo». Inteligente y bella duquesa, dejó apenas unas cuantas cartas. Eso sí, qué preciosidad su estudio, su escritorio, con la pluma de ave y el tintero sobre una mesa maciza, en el rincón exacto de la estancia noble colmada de piezas de arte únicas y libros raros, bajo un artesonado señorial. ¿Qué libros escribió su alteza? Tres docenas de cartas... Demasiado bello el «escritorio» para tan corta cosecha.

Conservan en San José de Avila el escritorio de madre Teresa: su celda. A Isabela d'Este le hubiera complacido tal sencillez. Quizá le hubiera estremecido. Buscando la luz bajo la ventana, un poyo de ladrillos hasta medio metro de altura; justo para que la monja alcance, sentada en el suelo sobre una esterilla. ¿Qué más? Nada más, la pluma de ave y el tintero. Aquí escribió madre Teresa su *Camino;* la segunda copia de la *Vida;* parte sustancial de las *Moradas.* Y miles de cartas, alteza. A mí sólo me queda una duda: si Teresa miraría de vez en cuando la ventana, cielo azul de día, cielo negro de noche. ¿O siempre miró hacia dentro? De todos modos, alteza, el cielo terso de Avila tiene poco parecido con el cielo virgiliano de Mantua. Tampoco el Renacimiento exquisito de la duquesa italiana se parece, alteza, al Renacimiento penitencial de la monja castellana. Vos la duquesa, seguís el consejo de vuestro amigo Lorenzo de Médicis: «¡cuán dulce es la vida que tan pronto pasa, sed felices mientras podáis serlo!». Ella la monja, considera ganancia «perder la vida por amor»...

Escribió Madre este su primer *Camino* en 153 hojas tamaño cuartilla nuestra, todo de tirón, sin dividirlo en capítulos ni poner epígrafes. Las hermanas lo devoraron.

Les cuenta en los tres primeros capítulos la finalidad de su convento, creado para vivir pobres y orando por la iglesia: su modo femenino de ayudar desde retaguardia a quienes combaten en primera línea (predicadores y letrados).

Un medio han de usar las monjas para conseguir el fin: la oración. Teresa considera la oración el camino seguro; y a la oración dedica su libro: es verdaderamente guía que introduce al alma en la oración mental; madre Teresa estima falta de sentido la oración puramente vocal. Los capítulos 4 al 15 exponen tres condiciones previas que una monja de clausura debe cumplir si quiere de veras entrar en clima de oración: primera, ejercer la caridad con sus hermanas; segunda, desasirse de ataduras internas y externas, es decir, olvidar los intereses del mundo, las inquietudes familiares, incluso el apego a la vida, aceptando valerosamente la enfermedad y la muerte; tercera, ejercitarse en la humildad, luz verdadera para entender cómo no somos nada y Dios es todo.

Gasta los capítulos 16 al 18 en avisos muy acoplados a la mentalidad religiosa de su época. La «oración contemplativa» lleva consigo experiencias místicas cuya ausencia podría desasosegar a las monjas creándoles complejo de frustración. Madre Teresa les aclara que deben aceptar con humildad el estado de almas orantes donde Dios las coloque, sea en los primeros peldaños sea en las alturas: no es perfecta la monja que tiene «más gustos en la oración, y arrobamientos, y visiones o mercedes», sino quien descubra ser «la más ruin de todas, y esto que se entienda en sus obras».

El capítulo 19 afronta el estudio de la oración a fondo, parte central del libro. A veces el lector se extravía, por la abundancia de observaciones y experiencias, cuya afluencia Teresa no consigue reprimir: «¡ojalá pudiera yo escribir con muchas manos!», comenta. Expone la manera de iniciar la oración, el apoyo de la oración vocal a la mental y a la contemplativa, los diversos grados a partir del simple discurso; pasa luego de la «oración de recogimiento» a la «de quietud», que representa la primera oración mística. A partir del capítulo 27 apoya sus consideraciones en las palabras del padrenuestro, tejiendo un comentario muy original y sugestivo de cada petición: El «cielo» donde el Padre está, es el alma humana; su «reino», la oración de quietud; «cumplir la voluntad de Dios» equivale a recibir la cruz y practicar virtudes; el «pan de cada día», la eucaristía; el «mal», apegarse a esta vida poniendo en riesgo la «otra», la verdadera.

¿Ofrece algún interés al ciudadano corriente de finales del siglo XX, un librito escrito por madre Teresa para sus monjas castellanas de mitad del XVI?

Pues... tan distintos no somos. El río baja de la sierra —«Un borbollón de agua clara, / debajo de un pino verde / eras tú, ¡qué bien sonabas!» (Machado)— para llegar a la desembocadura convertido en «barro salobre». Machado nos ve en el río, somos el río, agua cansada que viaja ya sucia; pero lleva dentro el recuerdo del alma:

«Como yo, cerca del mar,
río de barro salobre,
¿sueñas con tu manantial?»

El *Camino* de madre Teresa nos conduce río arriba, río arriba, hacia el manantial. ¿Dónde brota el manantial, dónde hallar nuestro secreto? En la casa de Dios, en el pecho de Dios:

«Méteme, Padre eterno, en tu pecho,
misterioso hogar.
Dormiré allí, pues vengo deshecho
del duro bregar». (Unamuno).

Si conocéis algún peregrino desconcertado en el laberinto de la vida, dadle los libros de madre Teresa.

Que por cierto, no son tan fáciles de leer como dicen los expertos. Anoto la advertencia para evitar el desánimo a quienes los tomen por vez primera. Están escritos cuatrocientos años hace, con un estilo lejano del nuestro. Exigen al principio cierta constancia, hasta entrar en su ambiente y acostumbrarse a sus giros. Inesperados, personalísimos. Que sorprenden como latigazos. Estimula a sus monjas: «sería cosa terrible y muy recio de sufrir (que fueseis) pocas y mal avenidas ¡no lo permita Dios!». Las quiere decididas: «venís a morir por Cristo, y no a regalaros por Cristo». Y bien atentas a la presencia íntima que se cumple en sus almas: «por paso que hable», es decir, por quedo que hable, el Señor habita en ellas. Habita en nosotros:

—Ya sabéis que Dios está en todas partes. Pues claro está que adonde está el rey, allí, dicen, está la corte; en fin, que adonde está Dios es el cielo. Sin duda lo podéis creer, que adonde está su majestad está toda la gloria. Pues mirad que dice san Agustín que buscaba en muchas partes y que le vino a hallar dentro de sí mismo. ¿Pensáis que importa poco... para un alma entender esta verdad, y ver que no ha menester, para hablar con su Padre eterno, ir al cielo, ni para regalarse con él, ni ha menester hablar a voces? Por paso que hable, está tan cerca, que nos oirá; ni ha menester alas para ir a buscarle sino ponerse en soledad y mirarle dentro de sí y no extrañarse de tan buen huésped; sino, con gran humildad, hablarle como a padre, pedirle como a padre, contarle sus trabajos, pedirle remedio para ellos, entendiendo que no es digna de ser su hija... Las que de esta manera se pudieren encerrar en este cielo pequeño de nuestra alma, adonde está el que le hizo y la tierra, y acostumbrarse a no mirar ni estar adonde se distraigan estos sentidos exteriores, crea que lleva excelente camino, y que no dejará de llegar a beber el agua de la fuente, porque camina mucho en poco tiempo. Es como el que va en una nao, que con un poco de buen viento, se pone en el fin de la jornada en pocos días; y los que van por tierra tárdanse más.

Estos años de paz, sin tabiques entre el día y la noche, le dan a madre Teresa margen amplio para orar y escribir. Antes que nada procura servir de modelo a las hermanas, ellas serán como ella sea: la tienen por espejo. Poco a poco va redactando las «constituciones» o regla de vida carmelitana; y somete su manuscrito al parecer del padre Báñez, de los amigos Daza, Salcedo, Aranda, del mismo señor obispo don Alvaro.

También compone una redacción nueva, retocada, de su autobiografía, el «libro de la vida» escrito en el palacio toledano de doña Luisa: realiza la copia en folios grandes, muy limpia, cuidadosamente: porque ha de enviarla a cierto personaje del mayor respeto. Nada menos que al venerable maestro Juan de Avila. Le dio la idea un inquisidor, don Francisco de Soto Salazar. Madre Teresa le ha consultado si deben inquietarle los fenómenos extraordinarios de su oración; y el inquisidor le recomienda remitir una copia del «libro de la vida» al maestro

Avila: quédese luego tranquila con la opinión del maestro. Al padre Báñez le parece ocioso andar en nuevas consultas, pero la Madre desea la mayor seguridad. Así decide cumplir el consejo del inquisidor, a hurtadillas de Báñez: quiere evitar a toda costa que su buen padre confesor se le enfade. La entra prisa por conocer el dictamen del venerable Avila, a quien toda la España espiritual considera por estos años maestro insuperable. El viejo Juan de Avila tardará poco en morir, está para cumplir los setenta. Nacido en la Mancha, estudiante en Salamanca y en Alcalá, quiso marchar de misionero a las Indias. El arzobispo Manrique lo retuvo en Sevilla, por causa quizá del remoto origen judío de la familia Avila. Juan de Avila pasó lo suyo a cuenta de la Inquisición, recelosa con los fervores de aquel impetuoso predicador. Le metieron en la cárcel. Salió, y a los pocos años se había convertido en apóstol de Andalucía, director de almas escogidas, fundador de colegios y universidades, reformador de costumbres. Un día de enero de 1537 le oyó el sermón cierto mercader en la ermita granadina de San Sebastián: tal fuego bajaba del púlpito que salió el mercader trastocado en santo, «Juan de Dios» lo llamaron. El arzobispo don Pedro Guerrero a mitad de siglo quiso llevarse al maestro Avila como consejero a la segunda convocatoria del concilio de Trento; Avila, ya muy quebrantado por las enfermedades, renunció, enviando en compensación un par de tratados acerca de la reforma religiosa, sobre todo de los clérigos y de los obispos. Era un tipo curioso, con aficiones científicas y mecánicas; incluso inventó elevadores de agua, muy convenientes en Andalucía. Del maestro Juan de Avila circularon dichos y hechos muy notables. Cuentan que él se consideraba guardián del honor de Dios. Vio a un sacerdote celebrar la misa desganadamente; luego de la consagración se acercó al altar como quien atiza una vela semiapagada, y con disimulo le dijo al cura: «trátalo bien a Cristo, es hijo de buena madre». Ignacio de Loyola lo veneraba, y los espíritus selectos le tenían por oráculo. Madre Teresa quiso que el maestro no dejara este mundo sin examinar los modos de oración que a ella le ocurrían. Así gasta abundantes noches en copiar pulcramente su «libro de la vida» para remitirlo al padre Juan de Avila: ha de darse prisa, en mayo de 1569 el maestro Avila morirá.

Todavía le quedan ánimos a nuestra monja, ánimos y tiempo: comienza por estas fechas otro «librillo» dedicado a comentar algunos párrafos del poema bíblico «Cantar de los cantares». No intenta un comentario sistemático ni completo; sólo escribe reflexiones suyas «con pretexto» de ciertas frases del *Cantar*, libro del antiguo testamento que ha dado mucho hilo que torcer a los estudiosos por razón de su contenido amoroso: a madre Teresa le venía muy bien para interpretar las relaciones del alma enamorada con su Dios amado.

Debo subrayar otra vez la valentía de madre Teresa, valentía rayana en el atrevimiento. Como reacción a la doctrina de Lutero, quien había proclamado «el libre examen» de la Escritura certificando el derecho de cualquier cristiano a interpretar por sí mismo las páginas bíblicas al margen de la ortodoxia oficial, los teólogos españoles defendieron en el concilio de Trento la conveniencia de prohibir las traducciones de la Biblia a lengua vulgar. El concilio no decidió, pero España incluía las traducciones en los «Indices» de libros prohibidos, medida que cortó un precioso esfuerzo de ediciones comenzado en 1512 por fray Ambrosio de Montesino con sus *Evangelios y epístolas para todo el año*, y en 1524 por las *Cartas* paulinas de Alcalá. Ocurrió así la tristeza de verse privados de alimento bíblico amplios sectores de creyentes deseosos de hallar un camino de reforma cristiana: si desconocían el latín, sólo encontraban textos traducidos de la sagrada Escritura en las citas de libros espirituales; y al oído, en los sermones. Las obras de madre Teresa descubren que ella sorbía como una esponja los párrafos bíblicos leídos o escuchados. Era mujer...: resultaba inconcebible su osadía de ponerse a comentar páginas de la Biblia.

Ella lo hizo, tan tranquila: aquellos poemas de requiebro mutuo entre amado y amada, procedentes quizá de fiestas matrimoniales judías y esmaltados con imágenes fascinantes, le daban pie para elevarse a la unión mística del alma con Dios. A sus hijas carmelitas les animará este juego delicioso de sentimientos alzados del esposo y la esposa al plano transfigurado entre Cristo y el alma.

Le salió cortito el libro. No le puso título. Al editarlo, muerta ella, lo encabezaron *Conceptos del amor de Dios*; y luego lo titulan *Meditaciones sobre los Cantares*. Dedica la parte central a describir las formas de «paz» del alma, cuyo sosiego no se apoya en los placeres ni en las riquezas: sino en «el beso de Dios» recibido por el alma cuando generosamente llega sin reservas a él. ¿Cómo? A través de la oración, claro. Entonces adquiere señorío sobre todas las cosas, y ve su flaqueza humana transformada en fortaleza divina.

Las monjitas de San José saborean los comentarios de Madre al Cantar de los cantares: queda entre ellas como un librito para iniciados. Andando el tiempo circularán copias por ciudades lejanas, hasta suscitar la alarma inquisitorial: ¿una mujer se atreve a comentar la Escritura, y justo este libro de los Cantares, el más «peligroso» de toda la Biblia? Un confesor de la Madre se asusta por las tormentas previsibles, y le manda quemar el libro. Ella, «fue tan pronta en la obediencia que lo quemó al punto».

Menos mal que las carmelitas desobedecieron a su Madre y salvaron alguna copia...

Tenía que ocurrir, alguien ha de romperle a madre Teresa el encanto celestial de su sabroso retiro en el minúsculo monasterio de San José.

Ha sido un franciscano venido de las Indias, fray Alonso Maldonado.

A madre Teresa le complace que por el locutorio de San José pasen misioneros y teólogos, digan pláticas a sus monjas y sostengan su fervor. Ella no ha fundado el monasterio para esconder las carmelitas; al revés: las quiere convencidas de la misión apostólica de su retiro. Piensa que al mundo le viene muy bien este compromiso espiritual de un puñado de mujeres recogidas en clausura y decididas a gastar su vida silenciosamente ante Dios. Por eso agradece la visita de frailes que vienen de primera línea a contar cómo van los asuntos de la iglesia en las difíciles fronteras de Europa y América. Acoge con especial simpatía a los franciscanos, por recuerdo del inolvidable fray Pedro Alcántara.

Vino el padre Alonso durante el verano de 1566. Ha estado diez años en América, y ahora prosigue la pelea legal comenzada por fray Bartolomé de las Casas a favor de los indios. El indomable fray Bartolomé acaba de morir a mitad del mes de julio, sin que la vejez consiguiera debilitar su voz: ha exigido del rey de España leyes nuevas que liberen a los indígenas de la codicia invasora, pues ciertos pobladores abandonan la conciencia cuando cruzan el océano. Fray Alonso Maldonado habla con la misma pasión del obispo dominico, y sin duda exagera también los aspectos tenebrosos de la conquista. Pero a estos frailes ardientes les ha tocado cumplir una misión; y consiguen de la corte medidas de vigilancia bienhechoras, que mantengan a raya la codicia de los conquistadores.

A madre Teresa le dio «harta envidia» el franciscano misionero, mensajero del evangelio por tierras lejanas. Las carmelitas recibieron sin pestañear aquel huracán de noticias y lamentos acerca de los indios americanos: el misionero les contó sus aventuras, la anchura de los países nuevos, «los muchos millones de almas que allí se perdían por falta de doctrina». Las exhortó a respaldar con sus oraciones, su penitencia y su fervor, la tarea de los predicadores consagrados a la evangelización.

Fray Alonso Maldonado de Buendía, el fogoso y algo desmesurado franciscano, pasó por el locutorio de San José como había pasado por tantos conventos: dijo su arenga, bendijo a las monjas y se fue. No adivinó que había removido las entrañas de un volcán. Madre Teresa sentía rompérsele el alma con pensar en la falta de misioneros para América. Le renacieron las ansias de suplir a fuerza de sacrificio y de oración el papel que a ellas se les negaba por ser mujeres. Fue a llorar en una de las ermitas de la huerta, y allí entabló un diálogo vehemente:

—Clamaba a nuestro Señor suplicándole diese medio cómo yo pudiese algo para ganar algún alma para su servicio, pues tantas llevaba el demonio; y que pudiese mi oración algo, ya que yo no era para más.

La turbación le duró varios días, sus monjas la veían desasosegada, confusa. El hilo de sus razonamientos lo ha dejado escrito en el capítulo primero del libro donde cuenta las fundaciones de conventos carmelitas después de San José. Ella se sabe guía y responsable de una docena de mujeres dispuestas a todo, «almas de ángeles», las llama. Cavila si no estarán destinadas «para algún gran fin las riquezas que el Señor ponía en ellas»: el «tesoro» espiritual guardado en San José ha de servir «en alguna parte para bien de algún alma». Por eso procura aficionar sus carmelitas «al bien de las almas y al aumento de la iglesia». Ahora el fraile franciscano de América ha removido las brasas. Teresa nunca se tuvo por tonta; a estas alturas es capaz incluso de oler a distancia los nuevos proyectos de Dios. Sospecha por dónde sopla el viento: su convento ha despertado la ilusión juvenil de muchas doncellas de Avila, deseosas de pedir plaza en San José. El monasterio tiene cubierto el cupo; madre Teresa mantiene como intocable su número de trece monjas, doce y ella. ¿Pues qué hacer con ese plantel de jóvenes disponibles, para las cuales no tiene plaza? Nunca se atreve a dirigir al Señor abiertamente la pregunta. Pero a veces sonríe consigo misma cavilando si San José ha de ser único, quién sabe: ¿le nacerán, como retoños, monasterios nuevos donde haya cabida para más jóvenes dispuestas a respaldar con oración y penitencia el esfuerzo misionero de la iglesia de Cristo...?

Cabalmente la noche de uno de estos inquietos días a raíz de visitarles fray Alonso, Teresa, «estando en oración», percibe la presencia íntima del Señor que «mostrándome mucho amor, a manera de quererme consolar, me dijo: espera un poco, hija, y verás grandes cosas».

Qué cosas, Teresa no sabe. Pero presiente aventuras.

En 1566, nuestro señor el rey don Felipe lleva diez años de reinado. Van ya ocho otoños desde que en 1558 murió en Yuste el emperador don Carlos. También murió ese otoño la reina inglesa María Tudor, dejando a nuestro señor don Felipe viudo por segunda vez y disipándole aquel sueño imperial suyo a base de coser la corona hispana con la británica. Buscó doble consuelo, diplomático y sentimental, desposando la princesa francesa Isabel de Valois: al menos habrá paz en los Pirineos.

La situación interna de Francia sufre una deterioro inquietante a causa de la penetración calvinista por el costado suizo. En realidad Francia experimenta un estado permanente de guerra civil religiosa. Los «misioneros» calvinistas, preparados concienzudamente en la «academia» ginebrina creada por Calvino, han conquistado amplios sectores de la nobleza francesa. El ingrediente religioso proporciona nueva virulencia a la clásica tensión de las facciones cortesanas. Ciudades y campiñas al sur y al oeste de Francia ven crecer aparatosamente las comunidades protestantes. Cuando en 1564 moría Calvino, su doctrina contaba ya con setecientas «iglesias constituidas» en suelo francés y dos mil comunidades. La reina regente Catalina de Médicis ha intentado crear una plataforma de tolerancia mediante coloquios teológicos y edictos conciliantes. Catalina, fino ejemplo de la capacidad intrigante del Renacimiento italiano trasladado a París, no consigue sujetar con firmeza las riendas del poder. Las grandes familias feudales buscan apoyo extranjero: los católicos Guisa, en Felipe II; los hugonotes Chantillon, en Isabel de Inglaterra. Sangre a raudales mancha campos y ciudades francesas desde 1562 hasta fin de siglo.

En la cuenca del Mediterráneo turcos y moros proporcionan fuertes quebrantos al rey don Felipe: saquean costas, aterrorizan puertos, entorpecen el tráfico naval. Ha fracasado una expedición de castigo a las fortalezas bereberes de Africa: Gastón de la Cerda, hijo del duque de Medinaceli, muere cautivo de Solimán en una torre del mar Negro, y España paga fuerte rescate por los demás supervivientes. En otoño de 1564 las tropas de Felipe II consiguen por fin apuntarse un éxito reconquistando el Peñón de Vélez de la Gomera. Como desquite, el turco Solimán ataca la isla de Malta a las puertas del verano de 1565. Felipe II envía una escuadra en apoyo de los caballeros de la Orden de Malta. Los turcos levantaron el sitio y abandonaron su artillería gruesa. Solimán juró vengar aquel nuevo desastre, pero tuvo que acudir a reforzar sus ejércitos de tierra contra Hungría: allí le esperaba la muerte a primeros de septiembre de 1566. Los cristianos van a tener unos años de respiro.

Un respiro que le viene de perlas a Felipe II. El rey está para cumplir cuarenta años. Ama tiernamente a su mujer. Isabel de Valois ha sufrido la tristeza de una larga esterilidad, hasta el nacimiento de su niña Isabel Clara Eugenia en el verano de 1566. Pronto les nacerá otra hija, Catalina Micaela. La vida del rey de España, presentado como un taciturno por la leyenda posterior, aparece durante muchos años regocijada, serena. A don Felipe, sólo le tenían atribulado los defectos físicos del hijo Carlos, nacido de la primera esposa María Manuela de Portugal: el príncipe traía claros síntomas de haber heredado la locura de su bisabuela Juana. Pero don Felipe confía en la influencia bienhechora sobre Carlos de don Juan de Austria. Felipe adora a su hermanastro Juan. Al volver de Flandes, recién muerto el emperador, don Felipe quiso enseguida conocer a don Juan, muchacho aún de catorce años: le ciñó la espada y le colgó al cuello el Toisón de Oro. Don Juan miraba atónito al rey, quien le serenó con estas palabras cariñosas:

—Buen ánimo, niño, pues sois hijo como yo del emperador Carlos V, que en cielo vive.

Don Juan era una delicia de muchacho. Tenía emparejada la edad con su sobrino el enfermizo príncipe Carlos, nacidos los dos en 1545. El rey los envió juntos a estudiar tres años en la Universidad del Alcalá. Vueltos a Madrid, don Juan, en los veinte de su edad, salió a escondidas de la corte hacia Barcelona con el propósito de embarcar en la flota enviada por don Felipe para socorro de la isla de Malta. El rey mandó detenerlo, pero se sintió complacido y abandonó la idea de introducir a su hermanastro en la carrera eclesiástica: le preparó el título de capitán general de la mar. No podía hacerle mejor regalo. Lástima que ni la simpatía de don Juan de Austria puede frenar el proceso de locura en los recovecos cerebrales del príncipe don Carlos...

Hay tormentas en Flandes. Margarita de Austria, gobernadora de los Países Bajos desde que en 1559 el rey don Felipe regresó a España, no domina tan complejo tablero, sobre el cual mueven peones políticos y religiosos la reina de Inglaterra, los hugonotes franceses, los calvinistas suizos; todos, desde luego, atizando la conspiración de los nobles flamencos contra el rey. La masa popular desconoce aún el impulso patriótico hacia la independencia, pero los turbios manejos de la nobleza van creando un foso de rencor entre católicos y protestantes, hasta provocar en agosto de 1566 choques sangrientos: los calvinistas asaltaron iglesias, quemaron conventos, mataron frailes y monjas. Donde tuvieron armas, los católicos replicaron duramente. La duquesa gobernadora intentó apaciguar la revuelta y después llevó su ejército a las zonas agitadas. Entretanto Felipe II decidía en Madrid enviar a Flandes fuerzas expedicionarias al mando del duque de Alba. Si Alba también fracasara, el rey acudiría en persona, dispuesto a consumir en la defensa de Flandes el millón de ducados recibidos por la corona como parte del tesoro americano recién desembarcado en Sevilla por los bajeles llegados de Indias.

Todavía le atormenta a don Felipe otro rompecabezas, los moriscos granadinos. Ya desde tiempos del emperador don Carlos, la galeras de corsarios turcos y berberiscos han contado en sus piraterías con el apoyo de moros que permanecieron esparcidos en España por las costas de Levante y del Sur después de la reconquista de Granada: estos moriscos, convertidos a la fuerza al cristianismo, continuaban apegados a sus creencias mahometanas y practicaban en secreto los ritos tradicionales de su raza. Constituían lógicamente una quinta columna favorable a los corsarios. En 1560 ordenó el Consejo de Castilla que los moriscos de Valencia y de Granada entregasen todas las armas para realizar un control general de las licencias: por temor a que aprovechando algún ataque turco planearan una sedición. Los moriscos de Granada siguieron el ejemplo que sus hermanos de Valencia les habían dado en tiempos del emperador: huyeron a los montes; y organizaron desde las Alpujarras una rebelión armada. Eligieron caudillo a un descendiente lejano de los califas Omeyas, Aben Humeya, quien conquistará en 1568 la villa de Laujar y la declarará capital de su reino. Así comienza una guerra dura, feroz.

Más que los problemas políticos de su reino, preocupan a Felipe II los asuntos religiosos. Dos oleadas de la doctrina protestante han golpeado y cuarteado los muros de la cristiandad. Primero fue la rebelión teológica de Martín Lutero, planteada con estilo medieval y apoyada en los príncipes feudales alemanes. Luego vino la embestida de Juan Calvino astutamente dirigida desde Ginebra: Calvino dio al protestantismo una vestimenta racional, ágil y agresiva, muy apropiada para impulsar la expansión del capitalismo burgués. Pasada la mitad del siglo XVI, la iglesia supo, mientras finalizaba el concilio de Trento, que el rasgón de la familia cristiana en dos mitades, protestante y católica, no podía remediarse, como no había podido remediarse siglos antes la separación entre cristianos de oriente y cristianos de occidente.

El papa Pío IV, sostenido por la tenaz decisión de su joven sobrino y secretario de estado Carlos Borromeo, había rematado en diciembre de 1563 el concilio de Trento. Las últimas sesiones del concilio dictaron decretos importantes sobre la misa, los sacramentos, el culto, la formación de sacerdotes en «seminarios», la devoción a los santos, las indulgencias. El concilio había fracasado en su propósito inicial de impedir la ruptura de la iglesia en dos mitades. Pero consiguió fijar los puntos de conflicto y trazó con línea robusta las fronteras de la fe católica.

Hizo más, puso a excelente presión las calderas de la reforma espiritual, deseada y ensayada en muchos puntos de la cristiandad. Los decretos de reforma impusieron a los obispos la residencia habitual en la sede y estimularon la celebración frecuente de sínodos provinciales o diocesanos. Un decreto especial del concilio, «Sobre los regulares», planteaba un ambicioso diseño para llevar a término en toda la iglesia una revisión sistemática de las órdenes religiosas, tanto de varones como de mujeres. Sería injusto desconocer que los frailes y las monjas venían realizando un vigoroso esfuerzo de reforma desde muchos años atrás, y estaban ya lejos aquellos escándalos que a finales del siglo XV espantaban a doña Isabel la Católica cuando veía «monasterios e casas de religión muy disolutos y desordenados en su vivir». Ahora la legislación disciplinar del concilio impone la reforma a todas las casas religiosas, les guste o no les guste.

Precisamente un fraile santo sería el nuevo papa. Pío IV clausuró el concilio de Trento a finales de 1563. El 16 de enero de 1564 firmó la bula de aprobación, y la promulgó en junio del mismo año. Puso en marcha los mecanismos diplomáticos para conseguir la aceptación de los decretos conciliares por parte de los monarcas católicos. Lo consiguió, con algunas dificultades. Felipe II ordena la publicación de los decretos en España y en los Países Bajos, aunque luego a la hora de interpretarlos se las tiene tiesas con el papa, y le restringe las ayudas económicas. Reconozcamos que bastante hacía el rey con asegurar cincuenta ducados de salario medio a sus clérigos, uno por cada cincuenta ciudadanos españoles. Los dos, el papa y el rey, estaban arruinados, comidos por intereses de sus amargas deudas a los usureros.

A finales de 1565, Pío IV murió. El 17 de enero de 1566 ocupa la silla de Pedro un fraile dominico que toma el nombre de Pío V. Con él la corte pontificia entra en una etapa nueva, dejando atrás la atmósfera rutilante del Renacimiento: desde el siglo XIII, no había habido en Roma un papa santo.

Nacido en familia pobre del norte de Italia, Miguel Ghislieri obtuvo fama de fraile austero y bondadoso; aquel anciano y terrible Paulo IV, que se atrevió a excomulgar los reyes de España, lo hizo cardenal. De cardenal, el dominico se dejó crecer una barba cándida de profeta hebreo. Flaco, majestuoso el porte, sus ojos denunciaban un espíritu comprensivo. También será tenaz y resuelto. Recién elegido papa, los romanos le vieron andar a pie por las calles hacia leproserías y hospitales, donde le gustaba consumir largas horas conversando con enfermos contagiosos a quienes curaba y besaba.

Evidentemente, la renovación cristiana programada por el concilio ha encontrado un guía excelente.

Al costado del papa dominico, los tres mil quinientos jesuitas que ya forman la Compañía de Jesús por estas fechas, están capitaneados por un buen amigo de madre Teresa. Todos menos él daban por seguro que al padre Francisco de Borja tocaría ocupar algún día el generalato de la Compañía. Muerto el sabio padre Laínez, Borja fue elegido general de los jesuitas. Su mandato cubrirá completo el pontificado del nuevo papa.

A madre Teresa, escondida en el conventillo de Avila, le van a robar su paraíso. Enseguida, el año que viene. Dios le ha dicho «verás grandes cosas». Ella viviría dichosa con su docena de hijas en San José, a no ser por la íntima desazón de preguntarse si no le toca entregar algo más para bien de ese mundo tan complicado que bulle fuera de los muros del monasterio. Entregar, ¿qué? Más amor y más sacrificio. Es decir, oración. ¿Acaso podría ella sembrar por tierras lejanas algunos conventos como el suyo, y dentro de cada uno poner doce monjas dedicadas a oír mansamente las palabras de Dios?

«Verás grandes cosas».

El papa y el rey necesitan una monja. Ni Pío V ni Felipe II conocen todavía el nombre de madre Teresa. Quién sabe, quizá don Felipe haya escuchado de las damas de la corte alguna referencia sobre los éxtasis que le ocurren a cierta carmelita de Avila. Nada más, un comentario superficial, si será si no será visionaria.

Pero van a ocurrir grandes cosas.

Madre Teresa nota que no caben sólo en San José los anhelos de su espíritu: «muchas veces me parecía como quien tiene un gran tesoro guardado y desea que todos gocen de él, y le atan las manos para distribuirle».

¿Quién le desata las manos?

¿El papa y el rey?

Grandes cosas...

28
Le dan «patente» de fundadora
(1567)

¿Para qué pueden necesitar el papa y el rey los servicios de una monja encerrada desde hace cinco años en el pequeño monasterio de San José de Avila?

Los dos, Pío V y don Felipe, propugnan obstinados la gran reforma religiosa, de acuerdo con las normas del concilio recién clausurado. Ambos saben que si este programa de renovación cristiana hubiera sido acometido cien años antes, quizá nos habríamos ahorrado la penosa ruptura en dos mitades de la familia creyente cristiana.

Y ambos consideran también elemento decisivo que los frailes y las monjas den ejemplo al pueblo sencillo comenzando precisamente la reforma por monasterios y conventos.

En este gran esquema religioso, madre Teresa, monja todavía escondida en su clausura de Avila, prestará notables servicios al papa y al rey.

El asunto viene de lejos, pues ya mediado el siglo XV existía una pugna fuerte dentro de las órdenes religiosas entre «claustrales» y «observantes»: los frailes «claustrales» estaban aferrados al régimen tradicional de sus conventos, frente a los «observantes» que buscaban mejorar el espíritu de sus comunidades limpiándolas de la rutina y de la relajación. Lo malo fue que ni muchos obispos ni el mismo papa solían dar muestra de vida santa, y por eso los partidarios de la «reforma» anhelaban una mejora «total» de las costumbres divulgando la famosa frase latina: «reformatio in capite et reformatio in membris», es decir, hay que reformar la cabeza y los miembros. Pero la reforma de la jerarquía resultaba difícil mientras en Roma los pontífices actuaran como reyes de un Estado temporal, y en España los prelados gozaran privilegios característicos de los señores feudales.

Píos frailes y alguna mujer dieron vigor a la reforma religiosa en España durante la segunda mitad del siglo XIV, y contaron con el apoyo generoso del rey Juan I de Castilla. A lo largo del siglo XV las «observancias» progresan ofreciendo una seria batalla a los «claustrales» dentro de cada orden religiosa: los «observantes» exigen de sus compañeros una vuelta al espíritu y a la letra que inspiró a los fundadores cuando crearon monasterios o conventos. De modo que la «renovación» llevaba consigo, igual que ha ocurrido en nuestros tiempos, un «regreso a las fuentes».

Los Reyes Católicos comprendieron la importancia de la reforma religiosa. No sólo a causa de su sincera fe cristiana, que les impulsaba a desear la abundancia de conventos ejemplares. Ellos intuían también el vigor político que la renovación moral y religiosa imprimiría al Estado unitario, por primera vez conseguido en España. Por eso asumieron como propia la reforma de los frailes y procuraron obtener de los papas el control de la misma: decidir los programas, elegir visitadores, establecer normas, abrir el paso a los «observantes» donde los «claustrales» opusieran resistencia. Roma tardó en ceder al propósito de los Reyes Católicos, primero por evitar que la sujeción de frailes y monjas al poder político resquebrajara la unión con la sede pontificia; además, en defensa de los dineros revertidos a la curia papal desde los monasterios.

Sin embargo, no había en Roma fuerza moral para negar el apoyo a doña Isabel y a don Fernando, que efectivamente suprimían los escándalos. Parece una ironía, fue cabalmente el nada ejemplar papa español Alejandro VI quien concedió a los Reyes Católicos en verano de 1493 las facultades decisivas para la reforma sistemática de los monasterios.

Doña Isabel utilizó a fondo su nuevo poder religioso. En pocos años las órdenes clásicas de benedictinos y cistercienses, a pesar de ásperas tormentas, aceptaron la reforma. También los frailes mendicantes, franciscanos, dominicos, agustinos, con mayor o menor éxito, entraron en carriles. Fruto sabroso del esfuerzo reformista en la época de los Reyes Católicos fue la aparición de frailes con talla prócer: el jerónimo Hernando de Talavera, el benedictino García Jiménez de Cisneros, el dominico Pascual de Ampudia; sobre todo, el franciscano Jiménez de Cisneros, quien nombrado arzobispo de Toledo intentó afianzar la reforma religiosa con los estudios universitarios, y extendió el programa renovador a las monjas de su diócesis.

El emperador don Carlos, acosado por asuntos planetarios, no podía ocuparse personalmente de la reforma de conventos; pero mantuvo el ritmo y la extendió a las Indias. Desde Roma veían con recelo los programas reformistas de España, los consideraban exagerados, por la pretensión de imponer el «encerramiento» perfecto, o sea clausura total, a las monjas, y supeditar absolutamente los «claustrales» a los «observantes». Una vez puesto en marcha el concilio de Trento, la curia papal intentó aplazar la reforma hasta que los padres conciliares dictaran las normas convenientes.

A Felipe II le desazonaba este retraso. Y además no se fiaba nada de los planes romanos. Teme que el concilio proponga una solución intermedia tolerando la pervivencia de los «claustrales» con tal acepten mejorar su conducta. Don Felipe considera urgente alcanzar dos objetivos: uno, la implantación universal de los «observantes» eliminando a los «claustrales»; otro, sujetar los religiosos de España a superiores españoles, pues los «superiores generales» residentes en Roma sólo se acordaban de ejercer su autoridad a la hora de «sacar dinero» a los conventos, y así no había reforma posible.

El concilio rechazó estas pretensiones del rey de España: surge un áspero conflicto entre los criterios españoles y romanos de reforma religiosa. Roma ha decidido que los «claustrales» salven su existencia siempre que corrijan los defectos aceptando las reglas establecidas por el derecho común; y encomienda esta «reforma conciliar» a los superiores mayores de cada orden.

A Felipe II y sus consejeros tal «reforma» les parece corta, insuficiente. Los embajadores del rey de España amenazan en Roma con que don Felipe podría desterrar a los frailes díscolos como último expediente para «limpiar sus reinos desta pestilencia». El cardenal secretario Borromeo, a quien por otra parte Felipe II venera, replica fastidiado: que si el rey de España desea tan ejemplares reformas religiosas, «bien podría mostrarlo renunciando a sus privilegios en la colación de prebendas y beneficios eclesiásticos». Cuentan en Roma que hasta el papa, Pío IV, llegó a perder la paciencia, y manifestó con estas palabras su enojo:

—Si el rey quiere ser rey en España, yo quiero ser papa en Roma.

Sin embargo, el rey don Felipe era mucho rey: Pío IV buscó salida del conflicto enviando a Madrid una legación que tratara en nombre suyo la reforma de los frailes. Al legado, cardenal

Hugo Buoncompagni, lo escoltaban como asesores el nuncio Juan Bautista Castagna y el franciscano Félix Peretti Montalto. Pocas veces Roma se ha lucido tanto eligiendo los personajes de una embajada, pues los tres llegarían más tarde a papas: Buoncompagni sería Gregorio XIII; Castagna, Urbano VII; Peretti, Sixto V. El legado papal y sus asesores van a necesitar en España muchas arrobas de prudencia, porque les ha encomendado Pío IV que de paso procuren buscar una salida al famoso proceso de la Inquisición contra el arzobispo de Toledo fray Bartolomé Carranza: lleva el arzobispo seis años preso, y la santa sede quiere traerse a Roma el pleito para darle sentencia rápida; pero la corona española se resiste por no rebajarle al tribunal de la Inquisición su temible prestigio. Lástima, apenas pudieron los legados demostrar su valía, ya que Pío IV murió enseguida y como es lógico sus enviados quedaron cesantes.

El nuevo pontífice, Pío V, santo fraile dominico, austero y «observante», coincidía por completo con los puntos de vista del rey don Felipe: hay que rematar a fondo la reforma. Aun a costa de eliminar definitivamente a los «claustrales». Y sobre todo, poniendo mano a tres órdenes religiosas que hasta el momento no han sido reformadas: mercedarios, trinitarios, carmelitas.

¿Qué ocurría con los carmelitas?
El tema nos afecta directamente, pues tenemos a madre Teresa «reformando a solas» en su monasterio de Avila.

¿Quedó al margen la orden carmelitana del movimiento general de reforma religiosa hasta después del concilio de Trento?

No quedó al margen, pero sobre todo en España la orden carmelitana planteaba serias dificultades a los programas de reforma.

Los carmelitas guardaron en el seno de su orden una tensión secreta desde su origen oriental. Habían sido «ermitaños», dedicados a vida de oración y penitencia en las cuevas del Monte Carmelo. El traslado a occidente los convirtió en frailes «apostólicos, mendicantes» al estilo de los otros frailes europeos: franciscanos, dominicos, agustinos. Fue la única solución que halló el papa Inocencio IV a mitad del siglo XIII para acoplar en los modos occidentales de vida religiosa aquellos eremitas fugados del oriente. La mutación de eremitas mendicantes llevaba consigo algunas normas «nuevas»: recitarían los salmos del breviario juntos en el coro; acudirían a comer al refectorio común; podrían salir del convento a predicar; fundarían casas donde creyeran oportuno, no sólo en montes y desiertos sino también dentro de núcleos urbanos. Y el silencio total les obligaría nada más desde caída de noche hasta el amanecer. Sometidos a este inevitable «deterioro», resulta lógico que los carmelitas conservaran escondida la nostalgia de su vocación primitiva.

Las turbulencias del siglo XIV, marcado por acontecimientos tan penosos como la guerra de los cien años, la peste negra, el cisma de occidente, afectaron a los carmelitas, igual que a todos los frailes. Entrado el siglo XV repoblaron sus conventos a base de «mitigar» las reglas mediante una bula del papa Eugenio IV: les autorizaba, por ejemplo, comer carne tres veces por semana y suavizaba las normas de permanencia en la celda.

Esta nueva mitigación reavivó las tensiones internas entre carmelitas encantados con su oficio de predicadores, y carmelitas nostálgicos del antiguo ideal contemplativo: los primeros consideraron acertado subordinar la penitencia a la caridad; los segundos deseaban mayor pobreza, mayor austeridad. Un padre general santo, Juan Soreth, evitó la ruptura ofreciendo, a quienes pedían «más penitencia», casas especiales donde practicaran el rigor primitivo.

Reorganizada la orden, participaron los carmelitas en el deseo general de reforma religiosa creciente por toda la iglesia según pasamos del siglo XV al siglo XVI. Pero los grupos de carmelitas «reformados» y «observantes» tuvieron carácter pasajero y quedaron absorbidos en el seno de la orden. A lo largo del concilio de Trento, Nicolás Audet, general de los carmelitas, impone a sus frailes una notable mejoría espiritual: fracasa en España, donde algunos conventos vivían muy a gusto al margen de las reglas. El rey don Felipe avisa repetidamente a Roma la urgencia de poner mano dura a los carmelitas.

En pleno invierno de 1562 murió Nicolás Audet. Felipe II vio la oportunidad de atacar a fondo la reforma carmelitana imponiendo un general «de confianza»; español, por supuesto. Maniobró cuanto pudo, sin resultado práctico: en mayo de 1564, quinientos carmelitas delegados de todo el mundo eligieron nuevo general al italiano Juan Bautista Rubeo. El capítulo carmelitano se comprometió a la reforma según las normas del concilio tridentino, consideradas suaves por Felipe II. Eso sí el capítulo aceptó, «por evitar disgusto a tan católico monarca», que el nuevo general visitara España cuanto antes: si tardaba dos años, «las provincias españolas elegirían un vicario general» que realizara la reforma querida por el rey.

Las monjas del siglo XVI plantearon serios problemas al concilio de Trento.

Los padres conciliares habían decidido, naturalmente, aplicar la reforma religiosa «también» a los conventos femeninos: dictaron sus sabias normas, recalcando sobre todo la obligación ineludible de cumplir la clausura total.

Pues ni la santidad del papa dominico Pío V podía desenmarañar la madeja de las monjas.

Para entender el problema conviene tener cuenta del origen de los monasterios femeninos, y de los subsidios en que apoyaban su economía doméstica.

La mayor parte nacían bajo protección de una familia aristocrática, cuyas damas buscaban un refugio piadoso a la viudedad o a la soltería. Este origen «patrimonial» hipotecaba la disciplina del monasterio: lo ataba a los caprichos de sus patronos, quienes solían imponer la elección de prioras y abadesas, amén de campar a sus anchas por el recinto e incluso forzar la permanencia de mujeres como huéspedes distinguidas. Al crecer el número de residentes, las rentas del monasterio no alcanzaban; la penuria, a veces hambre descarada, exigía salidas buscando ayuda exterior.

Los monasterios femeninos recibían muy relativa asistencia por parte de los obispos, a cuya jurisdicción estaban en su mayoría teóricamente sometidos. Si el obispo tocaba santo, cuidaba la espiritualidad de las monjas, algunos llegaron a estimular serias reformas religiosas. Normalmente sólo influían en los conventos los frailes de aquella orden religiosa cuya regla había escogido cada fundadora al crear su monasterio. Y por tanto la santidad de las monjas dependía de la santidad de los confesores.

Ni el papa ni el rey encontraban medio de resolver aquel acertijo. Mantener las monjas encerradas en clausura, significaría condenarlas a morir de hambre. Permitir los monasterios con entrada y salida del personal seglar, anulaba los programas de penitencia y oración.

Fueron exactamente los problemas experimentados por «doña» Teresa de Ahumada en la Encarnación de Avila. Ella ignoraba el servicio prestado al papa y al rey cuando se mudó a San José y se convirtió en la «descalza» madre Teresa de Jesús.

Tampoco el papa y el rey sabían que una monja les había comenzado a resolver el acertijo.

Casi dos años tardó el nuevo padre general Juan Bautista Rubeo en ponerse de camino para visitar los conventos carmelitas de España.

La enfermedad y la muerte del papa Pío IV le habían retrasado el viaje. Faltaba solo un par de meses para agotar el plazo prometido a Felipe II; Rubeo temía que el rey actuara por su cuenta, forzando el nombramiento de un vicario general, con peligro de escindir en dos la orden carmelitana. Así que a primeros de abril de 1566, solicitadas las facultades del papa Pío V, Rubeo partió de Roma camino de España.

Era buen hombre, y las pasó moradas.

Ya cercano a los sesenta de edad, cuando el padre Rubeo viene a España ofrece la estampa ideal de un fraile sabio y bondadoso. Acaso, una pizca ingenuo. Alto, robusto, espaciosa la frente, sus modales recuerdan el aire aristócrata de su casta. Nacido de familia noble y huérfano prematuro, entró carmelita muy jovencillo. Estudió teología y letras clásicas. Colaborador del anterior padre general Audet, le complace aparecer como un superior severo, y en alguna ocasión ha llamado al barbero para que en presencia suya rapase la barba a los frailes presumidos. Sin embargo conocen todos su buen corazón, y utiliza la ternura en los momentos comprometidos. Le gusta escuchar, hablar, busca infatigable soluciones pacíficas a los conflictos, aun a costa de dejarse engañar. Minucioso, anota puntillosamente los datos de su inspección por tierras de España.

Contorneando las costas italiana y francesa, llegó a la frontera catalana. Por Barcelona y Zaragoza viajó a Madrid, donde «fue bien recibido de su majestad» Felipe II, el doce de junio. Al rey no le inspira confianza la «reforma» que este bondadoso italiano sea capaz de imponer a los frailes díscolos, pero le acoge correctamente y aprueba sus papeles. Los acompañantes de Rubeo se sintieron felices con haber conocido a su majestad católica.

Quizá nadie avisó al padre general los calores del verano andaluz: a mitad de junio, Rubeo baja por Toledo hacia Andalucía.

Tenía prisa por entrar en la madriguera de los carmelitas del sur, la fama de cuyas trapisondas había llegado hasta Roma. El año anterior mandó un delegado suyo a preparar la visita, el padre Mazzapica. Los frailes tomaron al Mazzapica por su cuenta, y en el convento de Ecija le propinaron una paliza. Allí feneció la tarea del visitador delegado, a quien le faltaron pies para regresar a Roma.

La provincia carmelitana de Andalucía estaba dominada por los hermanos Nieto, tres extremeños, uno de los cuales era provincial. Respaldaba sus fechorías el portugués Juan de Mora, prior de Sevilla. Rubeo comenzó por Jaén, el 29 de junio, fiesta de san Pedro. A lo largo de julio y agosto visitó Granada, Antequera, Castro del Río, Córdoba, Ecija, Carmona y Utrera. El 30 de agosto llegó a Sevilla. Espantado, aturdido. Había escuchado relatos increíbles de fechorías cometidas por sus frailes, deshonestidades, robos, violencias, de todo. Sin mezcla de casi nada bueno. Hasta quisieron comprarle con joyas y dineros. Esperando cambiar la cara a la provincia, reunió en Sevilla capítulo provincial y consiguió que eligieran superior a un fraile aceptable. Inútil, los Nieto y el Mora manejaron astutamente los hilos y salieron destinados para puestos de mando en varios conventos. Por amor de paz, disimuló Rubeo cuanto pudo, quemó las declaraciones peligrosas, y se quedó hasta primeros de noviembre.

Respiró, al fin, camino de Lisboa. Dejaba atrás una pesadilla. Y traía clavado en el pecho un interrogante: cómo conseguir la reforma de aquellos conventos imposibles.

Entró de nuevo en España por Salamanca. Allí lo recibió nuestro conocido fray Angel de Salazar, provincial de Castilla, quien le mostró el colegio universitario de San Andrés, con nueve colegiales. Uno de ellos, natural de Fontiveros, llamado fray Juan de Santo Matía, seguía la «regla primitiva» autorizado por los superiores: sus compañeros pensaban que fray Juan acabaría en la Cartuja.

Castilla levantó la moral del padre Rubeo. Esta provincia carmelitana había aceptado tiempo atrás las reformas del anterior general Nicolás Audet: los frailes díscolos huyeron; quedaron pocos carmelitas, cumplidores. No ardían en fuego celestial, pero frente a los andaluces parecían santos de altar.

Tras un alto en Piedrahita para visitar el beaterio de las carmelitas, Rubeo entraba en Ávila al anochecer del 15 de febrero de 1567. Allí pensaba centrar la visita de Castilla y rematarla con el capítulo provincial.

¿Le han contado al padre general del Carmelo que dentro de las espléndidas murallas tiene un conventillo «disidente» con trece monjas encerradas en clausura total?

¿Qué le habrán contado?

Esta pregunta trae turbada la paz interior de madre Teresa de Jesús.

No sería exactamente miedo. Los acontecimientos pueden complicarle la vida, incluso proporcionarle pena; pero a Teresa nada ya la atemoriza.

Me causa respeto imponente copiar aquí una página donde Teresa refleja como en un espejo la situación de su espíritu por estas fechas. Impone, son párrafos escritos por ella en confesión, absolutamente segura la monja de que nadie fuera del confesor los vería jamás. Salvados del fuego, andan ahora impresos en el tomo completo de los libros teresianos. No sé qué efecto le producirán al lector, a mí me llenan el alma de ternura y de alguna confusión.

Frente a murmuraciones y agravios, Teresa se siente «muy mijorada: no parece me hace casi impresión, más que a un bobo». Ha comprendido la importancia relativa de los juicios humanos:

«Entre mí me río, porque me parece todos los agravios de tan poco tomo los de esta vida, y veo que en despertando será todo nada».

Ha verificado balance acerca de las partidas de Dios y las partidas suyas:

«De parte de hacerme Dios mercedes, hállome muy más mijorada; de servirle yo de mi parte, harto más ruin».

La intimidad con Dios le afianza el ejercicio de la libertad:

«Hasta ahora parecíame había menester a otros y tenía más confianza en ayudas de el mundo; ahora entiendo claro ser todos unos palillos de romero seco y que asiéndose a ellos no hay siguridad, que en haviendo algún peso de contradicciones u mormuraciones, se quiebran».

Le nace lógicamente una fortaleza invencible: «hállole (a Dios) amigo verdadero, y hállome con esto con un señorío que me parece podría resistir a todo el mundo que fuese contra mí, con no me faltar Dios».

Ella recuerda que «solía ser muy amiga de que me quisiesen bien», pero «ya no se me da nada». Al revés, cobra «amor de nuevo» a quienes la ultrajan.

Impetuosa, «de mi natural, cuando deseo una cosa», ha conseguido «tanta quietud» que «todo va templado, parezco boba y como tal ando algunos días», atenta sólo a lo que importa:

«Ni me parece vivo yo, ni hablo, ni tengo querer, sino que está en mí quien me govierna y da fuerza, y ando como casi fuera de mí».

Sabe cómo la mima su Señor, «que me parece veo el gran cuidado que trai de mí», abrumada de «mercedes» divinas: «revelaciones y arrobamientos», nunca buscados por ella: «yo ninguna parte soy, ni hago para ellos más que una tabla». La fuente de tantas «ganancias» no le pertenece:

«Aunque con estudio quisiese tener vanagloria, no podría, ni veo cómo pudiese pensar que ninguna de estas virtudes es mía... Esto no es, cierto, humildad, sino verdad: y conocerme tan sin provecho me trai con temores algunas veces de pensar no sea engañada».

A los trabajos planta cara: «no soy nada mujer en estas cosas, tengo recio corazón». Le inquietan las «grandes necesidades de la iglesia»: «me afligen tanto que me parece cosa de burla tener por otra cosa pena». Estaría dispuesta a salir por las calles:

«Paréceme a mí que contra todos los luteranos me pondría yo sola a hacerles entender su yerro; siento mucho la perdición de tantas almas».

Nota «deseo grandísimo» de que «tenga Dios personas que con todo desasimiento le sirvan», «en especial letrados», y su confesor lo era:

«Veo que haría más provecho una persona del todo perfecta, con hervor verdadero de amor de Dios, que muchas con tibieza».

Desde luego, esta mujer no puede asustarse por la visita del padre general.

¿Qué, pues, le turba?

Viene «el padre general del Carmelo».

Ella pertenece al Carmelo. Se siente súbdita suya... en circunstancias especiales. Difíciles, comprometidas. ¿Qué juicio merecerá el monasterio de San José al padre general?

Dos aspectos inquietan a madre Teresa.

Uno, que al padre general le disguste encontrar San José colocado no bajo la obediencia de la orden carmelitana, como lo está la Encarnación, sino a la sombra de la autoridad episcopal. Cierto, no hubo más salida al fundarlo, dado el pánico del padre Angel Salazar, provincial entonces, ante la gritería local. Pero el padre general desconoce aquellos apuros...

Segundo aspecto, la situación jurídica de la priora, ella misma. Teresa procede de la Encarnación, a la Encarnación pertenecía. El provincial le autorizó residir en San José, primero un año, después otro año. Luego el nuncio y Roma le pusieron bajo obediencia del obispo. Sin embargo, la dejaban siempre subordinada a la orden, cosa que ella desea y le sirve de consuelo. ¿Qué significa tal subordinación? ¿Querrá el general volverla al primer monasterio separándola de sus hijas de San José?

Por encima de tales inquietudes, el olfato de Teresa le anuncia «grandes cosas»: quizá el camino preparado por Dios al crecimiento de su minúsculo monasterio. ¿Quién sabe? «Verás grandes cosas». Ella, Teresa, dispuesta:

«Póngome en los brazos de Dios y fío de mis deseos, que éstos, cierto, entiendo son morir por El y perder todo el descanso, y venga lo que viniere».

Venga lo que viniere.

Avila recibió a Juan Bautista Rubeo con la debida deferencia. Dos canónigos le presentaron los respetos del cabildo catedral. El obispo le sentó a su mesa. Alternó el padre general las sesiones de visita entre frailes y monjas, un día el convento de las carmelitas y otro día la Encarnación.

Gracias a las notas del padre Rubeo conocemos pormenores curiosos de la existencia monjil en la Encarnación de Avila. El buen general escuchó pacientemente las carmelitas, una a una, para rematar dictando normas sabias de convivencia.

Y fue a ver San José.

¿Cuándo?

Pronto. Desconocemos el día preciso, pero él traería ganas de conocer a madre Teresa. Se las acrecieron nada más llegar: el provincial, los frailes, las carmelitas de la Encarnación, todos le hablaron de San José. Y el obispo, también. Madre Teresa había consultado con don Alvaro acerca de la visita.

Muy pendiente del acontecimiento estaba el capellán de San José, nuestro Julián de Avila, quien recoge pormenores deliciosos:

—El general mostró gran gana de verlas, el obispo le trajo a San Josef y le metió en el monasterio.

Don Alvaro dejó a Rubeo en San José, con una consigna bien clara: que las monjas «le hiciesen toda la cabida que a su mesma persona».

Pena, tan puntilloso en sus apuntes, y el padre Rubeo descuidó anotar la primera conversación con madre Teresa. A ella el fraile le pareció «siervo de Dios, discreto y letrado»:

—Yo le di cuenta con toda verdad y llaneza, porque es mi inclinación tratar ansí con los prelados, suceda lo que sucediere, pues están en lugar de Dios.

Lo fascinó, Teresa, al buen fraile. Igual que a todos:

—El me consoló mucho y asiguró que no me mandaría salir de allí.

Rubeo traía pegada en la masa gris de su cerebro la pesadilla de los conventos andaluces: ¿cómo iba él a sospechar la existencia de un milagro llamado San José de Avila? Cobijadas en un convento de mala traza que le parecía «un hospital robado», rústicos el suelo y las paredes, bastos los muebles, halló el general del Carmen «trece pobrecillas mujeres», y las veía, oigamos al padre Julián, «monjas tan diferentes de las demás, vestidas con sayal, con sayas sin falda y calzadas de alpargatas»... «Alegróse —la impresión pertenece a madre Teresa— de ver la manera de vivir, y un retrato, aunque imperfecto, del principio de nuestra orden; y cómo la regla primitiva se guardaba con todo rigor». Recorrió el general las ermitas de la huerta, donde cada carmelita de San José pasaba sus horas escondidas lo mismo que los antiguos ermitaños en las cuevas del Monte Carmelo.

Reunidas las monjas, «les hizo una plática muy espiritual». No disimulaba su emoción. Al pensamiento de Rubeo se han abierto anchos horizontes. ¿No andan el papa y el rey discutiendo la reforma? Aquí está hecha, la reforma...

Continuaba el padre general su pausada visita oficial al convento de los frailes y al monasterio de la Encarnación, de mitad de febrero a mitad de marzo. En cuanto le quedaba un hueco libre, se escapaba a San José. Quiso que madre Teresa le contara por menor el arranque de la fundación, y cómo fue acudir a la obediencia del obispo. El padre Julián relata las conversaciones, y hasta señala que Rubeo regañó al provincial por no haber favorecido el nacimiento del monasterio: el general las reconoció en un escrito de su puño y letra súbditas suyas, pues a causa de no haberle oído a él como responsable

de la orden consideraba inválida la licencia romana que las desligó del Carmelo. Madre Teresa reventaba de felicidad:
—Habíale cobrado gran amor.
Rubeo le correspondía, y siempre le llamaba cariñosamente «la mia figlia».
El general y la madre intercambiaron confidencias, platicaron de oración, repasaron el presente de la orden, discutieron proyectos. Madre Teresa le presentó las «Constituciones» o reglas escritas poco a poco para su convento y revisadas por los amigos —padre Báñez, maestro Daza, Gonzalo de Aranda, el caballero Salcedo— antes de presentarlas a la aprobación del obispo. El asombro del padre Rubeo crecía cada encuentro. Tomó una decisión: que madre Teresa fundara por toda Castilla monasterios idénticos al de San José. El padre Báñez, tan cerebral, recogió, no sin cierto regocijo, una frase colorista del entusiasmado visitante italiano:
«El padre general dijo a la madre que hiciese tantos monasterios cuantos pelos tenía en la cabeza».
La voz amiga había dicho: «verás grandes cosas»...

A mediados de marzo circuló por toda España la noticia de que el rey, al mando de un ejército poderoso, partía camino de Flandes. De cada ciudad importante del país acudieron los jerarcas a despedirle, y a negociar antes de su marcha los asuntos urgentes.

El general de los carmelitas interrumpió su apacible visita de Avila: marchó también precipitadamente a la corte.

Felipe II no llegó a partir. Era el papa quien le urgía que viajara en persona a poner paz en Flandes. Pero al rey le pareció suficiente acelerar la salida del duque de Alba, según la resolución tomada en verano del año anterior con motivo de las reyertas entre calvinistas y católicos. Alba, a punto de cumplir los sesenta de su edad, goza fama de duro. Curtido en las campañas africanas y europeas del emperador don Carlos, generalísimo en Italia y virrey de Nápoles, fue quien doblegó la voluntad del papa Paulo IV. No le asustan los rebeldes de Flandes.

El rey permaneció en Madrid. Alba embarca en Cartagena, para sustituir parte de sus tropas, bisoñas, con tercios aguerridos de guarnición en Italia. Al frente de mil doscientos jinetes y nueve mil infantes, sube por Suiza, Lorena y el Franco Condado hasta Flandes. A fin de agosto entra en Bruselas. Lleva poderes absolutos militares y políticos del rey. A la gobernadora Margarita de Parma le disgustó que su hermano Felipe otorgara tal confianza al de Alba, y decide retirarse a Italia al lado de su esposo el duque de Parma. Alba implanta en Flandes el terrible «tribunal de la Sangre». Los jefes rebeldes huyen, pero desde Inglaterra y Alemania preparan su asalto definitivo a los Países Bajos.

Nuestro padre carmelita Juan Bautista Rubeo pudo solicitar otra vez audiencia del rey, quien le recibió con la reina y sus hijos. El carmelita repartió escapularios a la familia real.

Sus frailes andaluces le amargaron la estancia en la corte, qué tipos implacables: tenían abierta batalla contra el provincial nuevo, elegido en el capítulo de Sevilla; lo traían loco. Astutamente, apoyaban sus intrigas «en el brazo secular», recurriendo de la «reforma romana», representada por el padre general, a la «reforma del rey», respaldada por la corte. Rubeo envió un «mónitum» o aviso canónico a los cabecillas Gaspar Nieto y Juan de Mora, ordenándoles presentarse a él en Avila el 15 de abril. Ellos, ni caso.

Visitadas Medina, Valladolid y Fontiveros, el padre general abrió en Avila el anunciado capítulo de la provincia el doce de abril. En relevo del padre Angel de Salazar, salió elegido provincial un bondadoso anciano, fray Alonso González.

Antes de abandonar Avila, el padre Rubeo formuló oficialmente su encargo para madre Teresa:

«Damos libre facultad y llena potestad —dice la (patente) firmada con fecha 27 de abril de 1567— a la reverenda madre Teresa de Jesús, carmelitana, priora moderna en San José y de nuestra obediencia, ...para hacer monasterios de monjas carmelitas».

En cualquier lugar de Castilla —aclara—; «ningún provincial, vicario o prior las puede mandar, mas sólo Nos y quien fuere señalado por nuestra comisión»; madre Teresa queda autorizada a tomar para cada nuevo monasterio dos monjas de la Encarnación, que libremente «quisieren andar»; todas sus fundaciones estarán puestas bajo obediencia del padre general.

Rubeo dejaba pendiente otra petición que le había desconcertado, hasta le había asustado por la posible controversia entre los frailes de la orden. Fue el obispo don Alvaro quien primero se la planteó: ¿por qué no establecer una rama de varones, carmelitas contemplativos, cumplidores de la regla primitiva, y «descalzos» al estilo de madre Teresa?

El general comprendió que la idea venía de la Madre, y trató a fondo el asunto con ella. La creación de carmelitas descalzos protegería los monasterios de carmelitas descalzas, evidentemente. Y realizaría la anhelada reforma.

Sin embargo al padre Rubeo le aterraba imaginar cómo reaccionarían sus frailes si él protegía semejante atrevimiento. Le pareció prudente esperar.

Y marchó definitivamente de Avila. A madre Teresa le apenaba la partida del padre general:

—Parecíame quedar con gran desamparo.

Nada más llegar a Madrid, el general de los carmelitas tropezó con un nuevo desmán de sus venenosos súbditos andaluces. Ni el Mora ni el Nieto habían acudido a la cita en Avila, y por tanto el general los proclamó excomulgados. Ellos apelaron al rey, denunciando como inválida la visita de Rubeo. El consejo real los escuchó, encantado, y levantó la excomunión. Felipe II procuraba suavizar la tensión de sus burócratas con el general carmelita, pero al mismo tiempo urgía a su embajador en Roma hasta conseguir del papa justo aquellos días la aprobación de su plan: la reforma de conventos españoles se encomendaba a los obispos, que en cada caso utilizarían como asesores dos religiosos, bajo mandato superior del rey.

Amargado con esta intromisión del poder real en sus conventos, Juan Bautista Rubeo prosiguió la visita por Valencia y Barcelona. En Valencia le alcanzó una carta de madre Teresa rogándole concediera la autorización para fundar conventos de carmelitas descalzos:

—Escribí a nuestro padre general suplicándoselo lo mejor que yo supe.

Rubeo cedió. También hacían falta agallas en aquellos tiempos para entregar a una mujer la fundación de frailes varones. Desde Barcelona despachó el 10 de agosto la «patente»: otorga facultad de abrir dos casas, con licencia simultánea del provincial de Castilla, fray Alonso González, y del anterior, fray Angel de Salazar. A fray Angel lo consideraba Teresa «harto dificultoso». Pero la válvula de seguridad parecía conveniente en tan audaz aventura.

El ocho de septiembre Rubeo abandonó España por la frontera francesa. A sus espaldas deja el embrollo demencial de los carmelitas andaluces, que andan ya a cuchilladas. Deja también un milagro en Avila. El milagro lleva nombre, se llama Teresa de Jesús. Al padre general Juan Bautista le gusta escribir sus impresiones. En una carta a persona de confianza, sentencia:

«Ella sola, nuestra Teresa de Jesús, da más vigor a la orden que todos juntos los carmelitas de España».

Por eso, le ha desatado las manos: que reparta el tesoro...

29
Correrías por Castilla y la Mancha
(1567-1568)

Lo que madre Teresa tiene ahora en sus manos es un papel que le ha dejado el padre general. Un permiso, la «patente»: que funde monasterios, calcados de San José. ¿Y qué más? Nada más, le ha dejado «un papel».

Yo quisiera saber dos cosas, acerca de las cuales no queda ningún documento para darnos respuesta.

Primera cosa, si a la Madre le apenaba renunciar al paraíso de su pequeño monasterio.

Se ríe un poco de sí misma, viéndose sola y desvalida:

—Helaquí una pobre monja descalza, sin ayuda de nenguna parte, sino del Señor, cargada de patentes y buenos deseos y sin ninguna posibilidad para ponerlo por obra.

Ella se conoce perfectamente, sabe que arremeterá enseguida: apoyándose en Dios, «su amigo», que muestra el poder «en dar osadía a una hormiga».

Pero acometer fundaciones exige salir de clausura, echarse a los caminos, pedir consejos, buscar dinero, negociar, trajinarse personas influyentes. Justo volver a lo que aborreció en su período de la Encarnación. Como si San José hubiera sido para ella un paréntesis de paz, un remanso: cinco años en el paraíso. ¿Le dolió? Tuvo que dolerle.

Mi segunda pregunta, si madre Teresa adivinó las amarguras que le aguardaban.

Algunos pensadores cristianos comentan que cuando el ángel anunció a María el misterio de Cristo solicitando su conformidad, Dios iluminó la mente de la jovencita nazarena para que «viera y sintiera» de una vez, en un instante, cuánta hermosura y cuánto dolor iban a cumplirse sobre ella: de este modo el consentimiento de María llevaba consigo la aceptación simultánea de la pasión redentora.

Por los valles del Pirineo aprendió mi madre, una mujercita frágil nacida para aguantar lo suyo, este sabio dicho de labriegos:

—Que Dios nunca nos mande junto lo que somos capaces de soportar en veces.

Por fortuna, madre Teresa no puede adivinar, en el verano de 1567, qué gustos y disgustos le guardan quince años de correrías.

Al rayar el alba del 13 de agosto de 1567, una caravana sale de las murallas de Avila para tomar por el puente sobre el Adaja el camino hacia el norte.

Rara caravana. La componen tres carros tirados por asnos. Media docena de mozos a pie sujetan el ronzal de los borricos; y un clérigo a caballo dirige el convoy. Los carros van herméticamente entoldados.

Avila toda conoce la carga que llevan dentro los carros misteriosos. Hace quince días la ciudad no habla de otro tema, y madre Teresa lo sabe:

—Hubo mucha mormuración: unos decían que yo estaba loca, otros esperaban el fin de aquel desatino.

Ni al obispo don Alvaro le agrada el apresurado plan trazado por madre Teresa para fundar monasterio en Medina.

Había que comenzar. Ella tiene «un papel» del padre general, la «patente»: que funde monasterios. Pues a fundar uno, el primero. Y venga luego lo que viniere. Madre Teresa no proyecta a largo plazo, ignora el calendario de necesidades, carece de recursos. Quiere, simplemente, empezar a cumplir la «patente» del general fundando un monasterio.

Escoge Medina del Campo porque allí cuenta con dos personas que le ofrecen confianza, un jesuita y un fraile.

El jesuita, nuestro conocido padre Baltasar Alvarez, cuya timidez proporcionó a Teresa notables quebrantos cuando él le oía el relato de visiones y éxtasis, está en Medina al frente del noviciado jesuítico: ha cobrado seguridad en sí mismo y los personajes distinguidos de Medina le respetan; cuentan que al fin de la jornada sube al oratorio y comienza con esta frase la oración de cada noche:

—Señor, acá vengo a descansar con Vos.

El fraile carmelita Antonio de Heredia ha sido prior en el convento de Avila y ahora gobierna el de Medina: hombre cordial, bonachón, muy devoto de madre Teresa.

A los dos escribió ella comenzando junio último. Y les envió al buen capellán de San José, Julián de Avila, para negociar las oportunas licencias, civiles y eclesiásticas.

Mediado el siglo XVI, Medina del Campo ha perdido parte del lustre mundial que antaño tuvo. La ciudad puede presumir de haber sido el emporio del comercio en la España imperial. Asentada en un emplazamiento excelente, debajo de Valladolid y de Burgos, encima de Avila, Segovia a la derecha y Salamanca a la izquierda, Medina cuenta con la protección del castillo de la Mota, fortaleza construida en los lejanos tiempos de la alta edad media, remozada por Juan II y convertida en residencia real de Isabel y Fernando. En la Mota padeció la princesa Juana aquel terrible ataque de locura por la ausencia de su hermoso y casquivano Felipe.

La fama mundial de Medina proviene de sus «ferias», que atraen comerciantes flamencos, franceses, florentinos, genoveses, ingleses y tudescos: aquí circulan mercancías de España y América, de Marruecos y Siria, del extremo oriente. Los días de feria, sobre todo en fechas veraniegas, el dinero corre a manos llenas por Medina, lo manejan banqueros expertos representantes de las grandes familias europeas que utilizan fórmulas «nuevas» de crédito y abono: letras, pagarés, certificados con aval; papeles misteriosos, desconcertantes para los labriegos de Castilla.

El consejo real tiene dictadas ordenanzas minuciosas gracias a las cuales las ferias de Medina funcionan maravillosamente, distribuida la mercancía por barrios, aquí el puesto fijo de las joyas, allá la madera, las pieles, el grano, los cueros, la seda, los muebles, el ganado. Sus dieciséis mil habitantes fijos atienden la población flotante que llena como una ruidosa marea calles y plazas. Medina goza de autonomía administrativa y también religiosa, con un abad que rige, bajo prudente vigilancia del obispo lejano, parroquias, colegiatas, hospitales, y conventos. El municipio da realce a la feria con alegres festejos populares, en cuya cúspide figuran media docena de corridas de toros distribuidas estratégicamente a lo largo del calendario ferial. Medina vive orgullosa de su esplendor, reflejado en la bravata del escudo: «Ni el Rey oficio, ni el Papa beneficio», es decir, esta ciudad maneja sus intereses sin admitir intromisión real o pontificia. La verdad sin embargo es bastante menos gloriosa desde que Medina sumó sus gentes a los comuneros alzados contra el emperador don Carlos: soportó las represalias y tuvo que resignarse a un estrecho control central.

Fray Antonio de Heredia y el padre Baltasar Alvarez llevaron de la mano al buen capellán enviado por madre Teresa: en menos de un mes obtuvo los permisos municipales y eclesiásticos para la fundación del monasterio carmelita. Los regidores de Medina habían oído comentarios acerca de la monja «visionaria» Teresa de Jesús; pero una docena de testigos, seleccionados por el padre Baltasar, ensalzaron a la Madre y apoyaron su proyecto.

Julián escribió las buenas noticias y recibió de madre Teresa orden de alquilar una casa, solemne, la mejor disponible: quería ella «poner las monjas con autoridad», pues debe cumplir un mandato del superior de la orden carmelita.

Ni corto ni perezoso, el capellán comprometió un inmueble propiedad de don Alonso Alvarez, persona distinguida. En cincuenta y un mil maravedises de alquiler al año. Padre Julián nunca vio semejante suma reunida, pero la Madre manda.

Tampoco ella tiene dinero, sólo una «patente». Confiesa que estaba «sin blanca». El alquiler lo considera transitorio, han de comprar casa donde instalar definitivamente el monasterio. Encarga a fray Antonio Heredia que la busque. El fraile halló una que le pareció apta; ruinosa, en buena zona; consiguió concertar el compromiso de compra sin pagar fianza: era dueña de la casa una dama devota, a quien encantaba reconstruyeran su finca para convento.

Está sin blanca madre Teresa, pero ya tiene dos sedes en Medina: una alquilada, donde comenzar; otra, para disponer con calma y a gusto su monasterio.

Le faltan las monjas.

La Encarnación le cede cuatro: dos primas suyas, llamadas Inés y Ana de Tapia; dos más, Isabel Arias y Teresa de Quesada, como obediencia a la «patente» del padre general. Las dos últimas van algo a contrapelo: llevan apellido ilustre, las desazona esta aventura dudosa.

Escoge otras dos de San José: la subpriora, Ana de los Angeles, y María Bautista, la joven sobrinilla suya. Admite además una postulante, aún vestida de seglar, vocación nueva de las que aguardaban plaza en Avila: Isabel Fontecha. Isabel aporta «unas blanquillas, harto poco», suficientes para pagar el alquiler pendiente:

—Sin más arrimo que éste, salimos de Avila.

Al rayar el alba. Una caravana de tres carros entoldados. El tiro no es de mulas, sino de jumentos. Les faltaron mulas o les faltó dinero: por dejar sus hijas de San José «acomodadas de casa y huerta» durante su ausencia, pidió prestados nueve mil reales. A Madre tuvo que fastidiarle la humillación de llevar

borricos en vez de mulas. En Avila quedan comentarios venenosos: «disparate, otra locura».
Mozos a pie sujetan el ronzal de los asnos. El buen padre Julián, único jinete al costado de los carros, guía la expedición. Al rayar el alba, camino hacia el norte.

Han programado su primera jornada desde Avila hasta Arévalo, por el camino paralelo al río Adaja. En Arévalo, que dio descanso nocturno a reyes y príncipes, madre Teresa ha encargado a un clérigo amigo suyo les reserve posada. La caravana atraviesa lenta paisajes familiares de Teresa: La Moraña, Gotarrendura, senderos por donde trajeron de bodas a su madre, senderos por donde la llevaron a enterrar. Hay ermitas donde arrodillarse, y fuentes de agua fresca a cuya vera sestear. El sol pega fuerte, llegarán fatigados.
    A caída de noche, un susto les aguarda en Arévalo. El clérigo amigo ha recibido aviso urgente de don Alonso Alvarez, dueño de la casa que alquilan en Medina para instalación provisional del monasterio: que retrasen la ida, pues los frailes agustinos de un convento próximo a la casa no desean tener monjas vecinas. Quizá por temor a que les distraigan donativos de los fieles. Don Alonso, amigo de los agustinos, no quiere líos...
    Al padre Julián se le derribó el entusiasmo: temió un triste regreso a Avila, entre risas y mofas de sus paisanos.
    A la Madre la notaron turbada un instante. Y enseguida, una salida de las suyas:
    —Comienza el demonio a fastidiar, buena señal para el monasterio de Medina.
    Le contaron que aquella noche dormía en Arévalo el padre Báñez. Se alegró madre Teresa; pidió lo trajeran a la posada: quería oír su consejo.
    Juntos trazaron un plan.
    Ni pensar en volverse atrás. Pero entrarán en Medina sigilosamente.
    Al día siguiente de madrugada apareció en Arévalo fray Antonio Heredia, informado también del contratiempo. Propone como solución ocupar directamente la casa ruinosa comprada para establecer el monasterio: el portal puede aderezarse con unos paños, y convertirlo en capilla.

La Madre dijo adelante; con solo un tercio de la expedición: las dos monjas de San José, ella, y el padre Julián. También les acompañará fray Antonio. Irán sin carros, en mulos alquilados. Los mozos de tiro que regresen a Avila con los carros. Las cuatro monjas de la Encarnación se desviarán al cercano pueblecito Villanueva del Aceral, donde está de cura don Vicente de Ahumada, primo de madre Teresa: él las cuidará hasta que reciban aviso de viajar a Medina.

Antes de verle la cara al sol, la patrulla teresiana estaba repartida en los tres grupos previstos.

La comitiva de Madre se desvía un par de leguas a la izquierda del camino. En el pueblecillo de Fuentesol reside doña María Suárez, dueña de la casa ruinosa que fray Antonio apalabró en Medina y que las monjas pretenden ocupar a toda prisa: viendo a la dueña, Madre quiere ahorrar nuevos sobresaltos. La señora les acoge gentilmente, y les da una carta para el mayordomo, a quien además ordena les entregue unos tapices por si les acomodan en el arreglo del portal.

Todavía prefirió Madre realizar otro desvío, ahora cuatro leguas a la derecha, hasta Olmedo, la preciosa población mudéjar. En Olmedo está disfrutando la temporada veraniega el obispo de Avila don Alvaro, con sus hermanos: a madre Teresa le parece obligado visitarles.

Cae la tarde, cuando llegan a Olmedo. Don Alvaro y sus hermanos les hacen fiesta. La familia Mendoza quiere y admira a la Madre. Familia campanuda, los Mendoza. La dignidad episcopal de don Alvaro da esplendor a un apellido tan ilustre. Pero sus hermanos también brillan en el horizonte aristocrático de Castilla. Diego, el mayor, casado con una hija de los condes de Lemos, fue cuarto conde de Rivadavia y adelantado mayor de Galicia: murió hace ya veinte años dejanto el título Rivadavia a su hijo don Luis. María, mujer bella y ambiciosa, es viuda de un personaje principal: casó María en 1522 con don Francisco de los Cobos, un sencillo hidalgo de Ubeda que por valía personal llegó a secretario mayor de Carlos V, comendador mayor de León y señor de varios castillos: el emperador le tenía un poco de ojo porque le consideraba «amigo de mujeres» pero lo colocó de consejero al lado del príncipe Felipe. En 1547 Cobos murió, dejando a doña María un espléndido palacio en Valladolid y un puesto permanente entre las damas principales de la corte: son amigas suyas, por ejemplo, la duquesa de Alba y doña Leonor de Mascareñas, aya de nuestro señor el rey y de su enfermizo hijo el príncipe don Carlos. Hay otra hermana menor del obispo don Alvaro, Francisca, mujer del regidor de Toledo don Hernando Rivadeneyra. Y un hermano calavera, el más pequeño, Bernardino, solterón de juventud tronada; pasada la raya de los cincuenta y bastante achacoso, ha sentado cabeza dispuesto a morir en paz con Dios.

Don Alvaro, su hermana María y su hermano Bernardino han seguido las peripecias de fundación de San José. Adoran a madre Teresa. Ahora que la Madre posee la «patente» del general carmelitano para abrir monasterios, los Mendoza quieren ayudarle. Don Bernardino, dispuesto a compensar la juventud pecadora con una vejez caritativa, ofrece Río Olmos, una finca suya en las afueras de Valladolid, para que madre Teresa funde allí un monasterio de los suyos: al obispo le complace la iniciativa cristiana de su hermano balarrasa; y doña María promete proteger desde su mansión vallisoletana el nacimiento del monasterio.

Ya se sabe, los grandes suelen ser voluntariosos: los Mendoza aprietan a madre Teresa urgiéndole antes que nada realice «su» monasterio de Valladolid. La Madre sonríe y acepta, pero explica el compromiso de cumplir primero un deseo de su ilustre amiga toledana: doña Luisa de la Cerda, desde que madre Teresa fundó San José, le ha instado en cartas repetidas para crear un monasterio en la villa manchega de Malagón, señorío del difunto marido de doña Luisa. Teresa la monja no quiere defraudar a Luisa la marquesa: antes que nada, de Medina irá a Malagón. Después Valladolid, promete a los Mendoza.

La noche cae sobre Olmedo, madre Teresa tiene prisa de llegar a Medina: cueste lo que costare, ha decidido inaugurar su monasterio al romper el alba de mañana día 15 fiesta de la Asunción. Y no sabe todavía cómo estará la casa ruinosa... El obispo don Alvaro manda enganchar un coche para las monjas. Y que su propio secretario galope junto al padre Julián, con idea de adelantar gestiones en Medina.

Efectivamente, a medianoche Julián golpeaba el portón de los carmelitas, quienes se levantaron de la cama y esperaron la llegada de las monjas.

El coche episcopal llegó al poco rato. Los frailes miraban atónitos cómo aquella monja, ya famosa, daba órdenes: monjas y clérigos salieron del convento hacia la casa ruinosa de la señora María Suárez. Van cargados con un misal, el cáliz, cirios, manteles, vinajeras, alba y casulla, todo el utillaje para celebrar la misa inaugural del monasterio desconocido: «parecíamos gitanos que habíamos robado alguna iglesia», comenta jocosamente el padre Julián.

En la calle menudo susto les aguarda.

El 15 de agosto Medina celebra ferias. Una semana de las grandes. Riadas de forasteros acuden. Ninguno piensa perderse la corrida de toros, incluida en el programa como plato fuerte de los festejos. Las corridas de toros están a punto de plantear un conflicto diplomático entre la santa sede y España, pues en Roma piensan que la reforma impulsada por el concilio de Trento exige de los españoles la liquidación de un espectáculo sangriento y peligroso. Pero Medina no concibe feria sin toros.

La víspera del día de corrida, los medinenses realizaban ya de noche el «encierro», traslado de los toros desde su corral a los toriles de la plaza. El encierro desata un jolgorio fenomenal por toda la ciudad, paisanos y forasteros se divierten con las carreras de jóvenes osados, cantan, beben, bailan, ha comenzado un día grande. Nadie piensa en irse a dormir.

Fray Antonio Heredia comprendió el riesgo de andar frailes y monjas por las calles precisamente en noche de encierro: si les pilla un grupo de juerguistas, habrá que oír comentarios picantes a cuenta de la extraña procesión nocturna. Al padre Julián le parece que hasta podrían tener conflicto con los alguaciles. Decidieron sortear el centro dando un rodeo por las afueras, en vez de ir derechos a la casa vendida por doña María Suárez. Aun así tropezaron algunos beodos, de lengua suelta; y el padre Julián confiesa:

«No osábamos chistar, alargábamos el paso y dejábamoslos decir lo que querían».

Mal trago pasaron. Madre temería si al demonio iba a ocurrírsele ocupar el corpachón de un toro y embestir las cuatro mujeres venidas a estrenar antes del alba un monasterio nuevo...

El sobresalto lo dieron al pobre mayordomo que con su mujer custodiaba el caserón de doña María Suárez. Marido y mujer dormían plácidamente. Los despertaron, les entregaron la carta de su dueña; y los dos se ofrecieron a ayudar en aquella increíble decisión de convertir la casa en convento.

Viendo el zaguán de la casa, pensado por fray Antonio como posible capilla, a madre Teresa se le encogió el ánimo: lleno de tierra y de basura, desconchadas las paredes, dudoso el techo. ¿Cómo embellecer aquel espacio? Menos mal que no se ocupó de otras dependencias: padre Julián dio una vuelta por dentro y vio en el lienzo frontero del zaguán «edificios que habían sido aposentos y salas, una escalera, ruinas, montones de tierra de lo que había caído».

Arremangados los hábitos, pusieron mano a la tarea: «viérales a la Madre y a las hermanas y todos los que estábamos allí, unos a barrer, otros a colgar paños, otros a aderezar el altar, otros a poner la campana; el que más podía, más hacía, con alegría». El mayordomo de doña María sacó los tapices de su señora, y colchas de damasco azul.

Bizarra construcción de un monasterio.

Les faltaron clavos, y rebuscaban por las paredes del viejo caserón. Barrieron, fregaron el suelo. Madre Teresa recordará muchos años después:

—Nos dimos tan buena priesa, que cuando amanecía estaba puesto el altar, y la campanilla en un corredor.

Falta el notario, para dar fe del acontecimiento. Padre Julián va por él. Mientras, madre Teresa y sus tres monjas suben una escalerilla que arranca del zaguán y se acomodan en un cuartito: por los agujeros de la puerta, que les sirve de clausura, ven la capilla improvisada en el zaguán. Al señor notario, le ha sacado Julián de la cama, que apenas son las cinco horas del quince de agosto, lo escolta fray Antonio por las dos «dependencias» de aquel increíble «monasterio»; y el señor notario da fe, eso sí, de que en el cuartito había «ciertas mujeres con mucha honestidad y recogimiento».

Sacudieron la campana, y enseguida vinieron algunos curiosos: a Julián le divierte verlos «medio espantados, ni sabían qué descir, mirábanse unos a otros». Pronto «se llegó tanta gente que no cabían».

Fray Antonio celebró misa. Metió el santísimo sacramento en una arqueta colocada en medio del altar. El acta del aturdido señor notario dice:

«Estaba una campanilla con que tañían a ver a Dios y a todo lo necesario, como un monasterio de monjas».

Como un «monasterio». El segundo «San José» de madre Teresa.

Avanzaba el día. Después de misa, la gente se fue.

A la luz del sol, madre Teresa contempla un panorama desolador. La casa era, efectivamente, una ruina: toda «por el suelo». No bastarían reformas a la buena, había que obrar en serio. Y el zaguán estaba sin defensa, con acceso directo desde la calle por encima de los muros derruidos. De modo que la capilla, el altar y su sagrario, carecían de protección. A Madre le asaltó el temor de que algún hereje venido a las ferias de Medina intentara un sacrilegio: ¿quién les aseguraba contra un loco, contra un malvado, en la ciudad llena de extranjeros?

Decidió poner vigilantes por la noche. Pero le dio miedo que se durmieran: y a cada dos por tres se levantaba ella misma, a vigilar sus vigilantes.

Así no podían seguir. Al caserón le faltaban condiciones mínimas, y Teresa notó que la salud de sus monjas se resentía. Pasó días amargos. Ni fray Antonio ni el padre Julián hallaban otra casa donde instalarse «al precio que fuera». Y estando ellas dentro, resultaba imposible acometer la obra.

Por fin un mercader, Blas de Medina, les tuvo compasión: ofreció a la Madre el piso alto de su casa, «con una sala grande dorada que serviría de iglesia»; allí podrían instalarse cómodas mientras arreglaban el viejo caserón. Blas y su gente ocuparían el piso bajo. Madre vio el cielo abierto. Dispuso el traslado y mandó llamar las cuatro monjas que en Villanueva del Aceral aguardaban su aviso. La pesadilla había durado quince días: a finales de agosto el monasterio provisional funcionaba con normalidad. El padre Baltasar Alvarez instó a una devota suya, doña Elena de Quiroga, para que pagase la reconstrucción de la casa derruida: en dos meses y bajo dirección de fray Antonio Heredia, los albañiles la dejaron como nueva.

Madre Teresa tiene en su poder un papel, una «patente», en la que el padre general Juan Bautista Rubeo le encomienda establecer conventos de monjas carmelitas ajustados a la regla primitiva del Carmelo. Rubeo le firmó otro papel, otra «patente» que no ha llegado todavía a poder de la Madre. La segunda «patente» ha viajado por los conventos hasta el procurador general de la orden, residente en Toledo.

Estando madre Teresa en Medina, el provincial comisionó a fray Antonio Heredia para realizar la visita del convento de los carmelitas de Toledo. En la ciudad del Tajo dieron a fray

Antonio el encargo de traer a madre Teresa la patente firmada por el padre general del Carmelo respondiendo desde Barcelona la petición de la Madre: aquella patente en que el padre Rubeo le autoriza fundar dos monasterios de «carmelitas contemplativos».

Fray Antonio se ofreció a madre Teresa para iniciar la nueva aventura: estaba dispuesto a ser el primer «carmelita descalzo». Ella tomó a broma el ofrecimiento, pues letrado y fino, era fray Antonio delicado, «pulido»: ¿estaría dispuesto a la regla austera de los nuevos monasterios?

Fray Antonio, que sí; hasta confió a la Madre su propósito de irse cartujo, a la búsqueda de mayor perfección: renunciará a la cartuja, si Madre le acepta.

Estas negociaciones del fraile con la fundadora ocurren en vísperas de un gran encuentro.

Sucedió igual que ocurren las cosas en la vida, como por casualidad. Pero sería de bobos pensar que ocurrió casualmente el encuentro de Teresa de Jesús con Juan de la Cruz. Alguien tira de los hilos detrás del escenario.

Los frailes carmelitas de paso por Medina disfrutaban ahora de piadosos entretenimientos: visitar las monjas refugiadas en el piso alto de la casa de don Blas, y ver cómo van las obras en el monasterio nuevo.

Uno de los visitantes ha sido un jovencillo misacantano, fray Pedro de Orozco, estudiante en Salamanca, quien antes de regresar a la universidad salmantina charló con madre Teresa. De tema en tema cayó la conversación sobre otro compañero misacantano de fray Pedro: le hizo tales elogios que a la Madre le entró curiosidad por conocer al frailecillo.

Se llama Juan de Yepes, y al entrar fraile cambió su nombre de pila en Juan de Santo Matía. Le cuentan a madre Teresa la biografía, sencilla, del joven carmelita.

Nació en Fontiveros, un pueblecillo al norte de Avila no lejos de Arévalo. Era el menor de tres hermanos. La boda de sus padres, Gonzalo de Yepes y Catalina Alvarez, tuvo carga romántica: Gonzalo, que pertenecía a una familia señorial toledana de comerciantes en sedas, se enamoró de la hermosa Catalina, pobre lugareña de Fontiveros. Los Yepes rechazaron el matrimonio, y Gonzalo vino a trabajar de pañero en el pueblecito de su mujer. Les nacieron Francisco, Luis y Juan. Recién nacido Juan, su padre murió, dejando a la pobre Catalina en la miseria y tres hijos. Catalina con sus niños buscó en balde por tierras toledanas algún apoyo de la familia Yepes. Desolada, regresó a su comarca y pidió trabajo en Fontiveros, Arévalo, Medina. El niño Luis, segundo de los hijos, le murió de hambre.

En Medina del Campo encontró algún respiro, gracias a la actividad comercial de las ferias. Pudo enviar su niño pequeño a la escuela de la Doctrina. El mayor, Francisco, se le casó. Juanillo de Yepes, era un chaval menudo, serio, profundo. Ensayó de todo, monaguillo, recadero, aprendiz, auxiliar sanitario. Quería estudiar. Aquel don Alonso Alvarez que hizo a madre Teresa la fechoría de negarle su casa por no enfadar a los agustinos, hizo a Juan de Yepes el mejor regalo: le pagó los estudios en el colegio de los jesuitas. Allí comenzó Juan una etapa nueva. Decidió entrar fraile carmelita, en el convento de Medina, con el nombre de Juan de Santo Matía. Magnífico estudiante, los frailes lo enviaron a la universidad de Salamanca. Cumplió tres cursos de artes y luego teología. Salamanca resplandecía entonces con maestros sonoros: Mancio, Guevara, Luis de León, Grajal.

En 1567, los veinticinco de su edad, fray Juan es ordenado sacerdote. Viene a Medina para celebrar la primera misa en presencia de su madre y de su hermano...

A madre Teresa le nace un impulso: quiere conocerlo. Le han contado que el frailecillo es breve de cuerpo, metro y medio de estatura, callado, cenceño, algo terco, penitente hasta extremos edificantes, contemplativo. En Salamanca lo respetan, le han nombrado «prefecto de estudiantes». Escoge siempre la celda peor, la incómoda. No tiene miramiento en reprender a los frailes frívolos.

Madre Teresa lo quiere conocer.

Se lo traen.

Alguien maneja los hilos...

Madre Teresa supo enseguida que no le habían exagerado:

—Aunque chico, entiendo es grande en los ojos de Dios... cuerdo, y propio para nuestro modo... no hay fraile que no diga bien de él, porque ha sido su vida de gran penitencia.

La cordialidad de la monja rompió el retraimiento de fray Juan. Hablaron confiadamente. El contó que planeaba pasar del convento a la cartuja, al Paular de Segovia, un monasterio rodeado de selvas, frío y bien austero. Ella explicó la «patente» del padre general y cómo sería hermoso mejorar en «su mesma orden» carmelitana. «Le rogué mucho esperase», cuenta madre Teresa, «hasta que el Señor nos diese monasterio». A fray Juan le sorprendió la propuesta. Y al fin, cedió: aguardaría, pero con la condición que no se tardase mucho. Alguien maneja nuestras vidas...

Marchó fray Juan. Madre Teresa comentó graciosa con sus monjas:

—Ya tengo fraile y medio.

Uno, fray Antonio Heredia, grande, corpulento; el otro, fray Juan, pequeñito, enjuto. Fraile y medio.

No falta quien duda si la Madre contaba como fraile completo al jovencillo fray Juan, y sólo medio fraile al grandón fray Antonio... Cosas de la Madre.

En todo caso, ella, tan optimista, ya veía «hecho el negocio». El buen Julián de Avila certifica: «como vinimos a tierras de feria, donde se halla todo, también halló dos piedras fundamentales con que empezase».

En otoño las carmelitas abandonaron la casa del mercader Blas: tenían a punto su monasterio, «bien labrado y en buen sitio». Madre Teresa organizó el equipo y puso a Inés de Jesús como priora. Medina volcó simpatía y ayudas sobre aquellas monjas llegadas a la ciudad una noche de toros. Media docena de jóvenes medinenses pedían plaza en el monasterio. Madre las adoctrinó y las ejercitó. Ellas respondían fervorosamente, y en poco tiempo alcanzaron metas «que a otras personas costaban treinta años». En cambio procuró, con prudencia exquisita, hacer amable la vida «a las dos señoras monjas de la Encarnación venidas desde Avila: ella misma les barría y regaba las celdas. Completó la comunidad llamando algunas carmelitas de San José».

A las puertas del invierno estuvo dispuesta para iniciar el viaje a Malagón.

Sus amigos aristócratas le obligaron a dar un rodeo.

De todas las damas de la corte, será quizá doña Leonor de Mascareñas la más respetada por doña María Mendoza, hermana del obispo de Avila. A doña Leonor le amarga un problema, y doña María desea ofrecerle remedio.

Doña Leonor de Mascareñas, todos lo saben, goza la veneración del rey. Ella vino a Castilla desde Portugal como dama de la emperatriz Isabel. Leonor era ya mujer de veinticuatro años cuando el emperador don Carlos la nombró aya del príncipe Felipe recién nacido. Tan fiel aya, susurran en la corte, que viendo una noche gravísimo al príncipe, Leonor hizo voto de castidad: el príncipe sanó. A su vez, ya Leonor en los cuarenta, Felipe II la hizo aya del príncipe Carlos: «mi hijo queda sin madre, vos lo habéis de ser suya; tratádmelo como tal». También susurran que luego doña Leonor quiso irse monja, y el emperador, anciano, la detuvo, indicándole sería mayor servicio «si ella levantara conventos donde otras lo fuesen». Siguió el consejo, y en Madrid reside venerada por santa.

A doña Leonor acudió aquella beata granadina María de Jesús Yepes que vimos el año 1562 visitar a doña Teresa de Ahumada durante su estancia en el palacio toledano de doña Luisa de la Cerda: doña Leonor donó unas casas suyas de Alcalá de Henares para que la beata fundara un convento. María de Jesús abrió su convento «de carmelitas con regla primitiva», y metió en él diecisiete monjas jovencillas, una de catorce años. Pero la comunidad no funciona. María de Jesús impone a sus monjas un estilo demasiado duro, y además se arman líos con los dineros de dotes y limosnas.

Doña Leonor de Mascareñas ha comentado a las amigas su inquietud por el monasterio de Alcalá, con seis años de existencia y sin encontrar camino seguro. Doña María de Mendoza le promete traerle a madre Teresa para que encarrile aquel monasterio.

Entrado el invierno de 1567, madre Teresa piensa bajar de Medina a fundar en Malagón. La Mendoza viaja con su hermano don Bernardino, el antiguo calavera, a revisar las haciendas de Ubeda: propone a Madre venga con ellos hasta Alcalá, donde la dejarán a medio camino ya de Malagón y podrá cumplir el deseo de doña Leonor Mascareñas visitando su monasterio. Así madre Teresa viajó esta vez con dos de sus monjas en los preciosos coches de la familia Mendoza, nada semejantes a los carros de jumentos que las llevaron de Avila hasta Arévalo.

En tres días llegaron a Madrid. Las esperó doña Leonor, lástima que no hayan quedado noticias del encuentro. La Mendoza siguió viaje con don Bernardino a Ubeda. Y las monjas, a Alcalá.

María de Jesús y sus hijas recibieron la visita con notoria frialdad. Les parecería intromisión, era lógico que reaccionaran aferrándose al «extremado rigor» enseñado por su fundadora. Alguna de ellas «tenía don de lágrimas y en diez años no la vieron reír ni hablar con nadie». Un estilo ciertamente lejano del creado por madre Teresa para sus carmelitas de San José.

A primeros de marzo de 1568 madre Teresa decidió marchar. Poco a poco había ganado el cariño de aquellas monjas, que le hicieron una despedida cordial. Pero el padre Báñez, de paso por Alcalá, le aconsejó no demorar su estancia en gallinero ajeno. Regresó por Madrid a rendir informe a doña Leonor Mascareñas. Tampoco esta vez dejaron huellas de su encuentro. Eso sí, el agradecimiento del aya del rey abre las puertas de la corte a la monja de Avila.

El tronera converso don Bernardino murió en Ubeda de repente, con gran dolor de los Mendoza. Y sin tiempo de confesar. Madre Teresa, cuando supo la noticia, meditó el caso en su oración: y allí entendió que haber regalado la finca de Río Olmos cerca de Valladolid pesó en las cuentas finales ante Dios para la salvación de don Bernardino. Le parece comprender a Madre que don Bernardino ha de permanecer en el purgatorio mientras no sea un hecho la apertura del monasterio de Valladolid. Urgía, por tanto, acelerar aquellas fundaciones tan pronto rematara la solicitada por su amiga doña Luisa de la Cerda.

Doña Luisa envió un coche a recogerla en Madrid. Volver al palacio de Toledo era una fiesta para madre Teresa, por los cariños que allí dejó seis años antes.

La recibieron ya con fama de santa, parientes y criados de doña Luisa. Espiaron el horario de las tres monjas, sus comidas, sus ratos de oración, sus idas y venidas a la iglesia. Una doncella del palacio, María de Salazar, veinte años, vivaracha, se siente atraída: «movían a las piedras con su admirable vida y conversación, me hizo ir tras ellas la suavidad y gran discreción de nuestra buena Madre». Llegaron a mirar por las cerrajas, por ver a madre Teresa en sus arrobos. Y le colgaron pequeños milagros, como la criada con fuerte dolor de muelas y de oído cuando fue a pedirle una señal de la cruz, y la Madre «haciéndose enojada» le tocó y le dijo: «quítese allá, no sea boba, santígüese ella, que la virtud de la santa cruz no está en mi mano». La criada juraba que al punto se sintió sana. María Salazar acabó carmelita, claro. Y contaba que a Madre le complacía «danzasen y se aderezasen» las muchachas «para ser perfectas en su estado»; pero a ella le reprendió: «porque andaba con galas, y me decía que no eran ejercicios los míos para monja».

Gastaron los días de marzo en formalizar los papeles de la fundación. Doña Luisa dotaba el monasterio como una especie de sufragio a favor de su difunto marido, quien se había portado mal con los habitantes de aquel señorío manchego de Malagón. Madre Teresa no podía fallarle a su amiga, aunque fundar en un pueblo pequeño le obligaba a ciertas modificaciones de la regla establecida en San José: tendría que aceptar renta, pues allí no podrían vivir las monjas de su trabajo; y habría de consentir comieran carne, dada la absoluta carencia de pesca. Fijaron cuidadosamente las cláusulas: el provincial de los carmelitas las aprobó. Llamadas por Madre, acudieron a Toledo cuatro monjas de la Encarnación de Avila. Y el 31 de marzo la expedición, con siete monjas más doña Luisa y un jesuita, partió de Toledo hacia Malagón.

En dos días cubrieron quince leguas por el campo manchego. El uno de abril a media tarde los coches entraron al pueblo entre gran regocijo de los campesinos: jamás habían soñado tal novedad. La casa donde iban a instalarse no estaba dispuesta, doña Luisa cedió a las monjas un aposento del castillo.

Para el once de abril tuvieron listo el monasterio, una casa en la plaza, que sería provisional mientras construían el nuevo de planta. Era domingo de ramos: todo el vecindario, con su cura y alcalde al frente, acompañó las monjas desde el castillo a la iglesia; y de la iglesia a la casa, portando el santísimo. Las monjas lucían sobre el hábito su capa blanca y llevaban el velo delante del rostro. Se acercaban las niñas a tocarles. Madre Teresa tomó de la mano una chiquilla hija del alcalde, la acarició, y dijo en tono festivo:

«Mira que has de ser aquí monja».

Pasarían años, y lo fue; una de las muchas que dio Malagón.

Más novedades ocurrirían en esta fundación, impensables desde Avila. Madre Teresa discurrió cómo sus monjas ayudarían de algún modo a la pobrecilla gente, incultos labriegos. De acuerdo con el cura decidió abrir un taller de costura para las niñas y una escuela para los niños. Hizo le buscaran «una mujer muy teatina», como llamaban a las personas piadosas y cultas; comprometió el monasterio a darle de comer: la «teatina» enseñaría labores a las chicas. Ayudado por jóvenes seglares, el cura tomó a su cargo la enseñanza de los muchachos.

Puso priora a Ana de los Angeles, que de San José le acompañaba por Medina, Alcalá, Toledo y Malagón: bien entrenada. El convento funcionaba igualito a San José, una gloria. Madre la primera en servir a los demás. Eligió una habitación desabrigada; le quisieron mudar y les rogaba:

—No hijas, para quien yo soy ésta me basta y me sobra.

Hubo sacrificios, oración, recogimiento... y éxtasis, permanente sufrimiento de la Madre. Un día, en el momento de comulgar, se alzó tanto que no alcanzaba el sacerdote: la forma consagrada voló de manos del celebrante a la boca de la monja. Estas cosas, quieras que no, se contaban por el pueblo.

Habían de buscar sitio para construir el monasterio definitivo. Sería el primero edificado de planta, no a remiendos como San José y Medina. Le acompañaron una monja, el cura y el alcalde por las afueras del pueblo. Escogió un trozo de olivar: «no pasar de aquí, este lugar tiene elegido Dios para mi convento».

Doña Luisa tenía enfermo su hijo mayor, y le aconsejaron los médicos llevarlo a tomar aguas en Fuentepiedra, cerca de Antequera. Partió, comenzada la primavera. Pensó Madre que al bajar su amiga desde la Mancha hasta Andalucía se le presentaba una excelente ocasión para someter al fin su autobiografía al padre maestro Juan de Avila: Luisa tenía que pasar cerca de Montilla, residencia habitual del santo viejo.

Madre Teresa ha traído consigo la copia segunda de la autobiografía o «libro de la vida», aquella copia que pensando someterla al maestro Avila realizó en San José, hace ya varios años, por consejo del inquisidor Soto y a escondidas del padre Báñez, quien da ya por definitivamente aprobado el libro luego de la revisión que él mismo como teólogo realizó: ¿no es acaso él, Domingo Báñez, el teólogo más sólido de España? Desde luego, lo es.

Pero madre Teresa anhela el juicio del venerable maestro Avila. Ella se tomó el trabajo de copiar limpiamente su libro en folios grandes y quiere mandarlo al maestro. Antes que el santo viejo se muera.

El maestro Juan de Avila conoce, a través de algún discípulo, la aventura espiritual de la monja Teresa, y desea leer aquel libro. El negocio urge, estamos ya en 1568, Juan de Avila presiente cercana su muerte. De hecho morirá justo dentro de un año.

Luisa se lleva el libro, promete a su amiga hacerlo llegar al bendito maestro. Teresa le suplica mucho cuidado: en el libro «va su alma», todos los cariños de Dios con su alma.

Según avanza el mes de mayo, madre Teresa ve consolidado en Malagón su «palomar» de monjas carmelitas. Abundan las solicitudes, entran jóvenes dotadas con buenos deseos. Ya está completo el número trece: doce a memoria de los apóstoles, y la priora por Cristo.

Madre Teresa prepara su viaje de regreso. Le acompañará, de las que vinieron, solo Antonia del Espíritu Santo. Y el cura párroco de Malagón. Esta vez no viajan en carro sino cabalgando mulas. A ella le acomodan una silla de montar que doña Luisa utiliza en Malagón, y ordena que compren otra para Antonia del Espíritu Santo. Salen el 18 de mayo, camino de Toledo. Escribe a doña Luisa una cariñosa carta de despedida. Pero se lamenta de que aún no ha entregado Luisa el libro al maestro Avila: el retraso la inquieta.

Tuvieron un viaje durísimo. La tarde del 21 llegó a Toledo. Le asaltó una fiebre alta, que la retuvo una semana en cama, con fuertes dolores y dos sangrías. Quedó, escribía a doña Luisa, «flaca harto», «bien desflaquecida». Sin embargo ya le anuncia su nueva etapa hacia Avila. Le cuenta lo bien que la cuidan en el palacio toledano parientes y amigos de Luisa. Desliza en la carta uno de sus cariños típicos: le consuela seguir cabalgando sobre la silla de montar tomada en Malagón, «siquiera me iré en cosa suya». Y culpa al demonio del descuido de doña Luisa en mandar al maestro Avila la autobiografía: «sería harto desmán» la muerte del maestro antes de leer el libro.

Quebrantada, entró en Avila el dos de junio.

El «paraíso» de San José, su paraíso perdido. Llevaba diez meses fuera. Y otra vez abandonará enseguida la paz de sus hijas: está el calavera don Bernardino preso en el purgatorio mientras ella no abra monasterio en Valladolid...

Ya le han dicho que el maestro leyó su libro. Ahora necesita el original, pide a doña Luisa su envío inmediato. Fray Domingo Báñez ha sabido la existencia de esta copia «limpia», y quiere verla: madre Teresa no se atreve a decirle dónde anda el libro.

Diez meses, desde su partida: «verás grandes cosas». Ha fundado «monasterio» en Medina y en Malagón. Tiene a las puertas Valladolid, con don Bernardino sujeto a los tormentos del purgatorio. La solicitan de Segura de la Sierra, Toledo, Pastrana. Y debe ocuparse ya, del primer monasterio de frailes carmelitas «contemplativos». Carmelitas descalzos. Su patrulla masculina le aguarda en Medina: fraile y medio. Han de resignarse sus hijas a que Madre abandone otra vez el paraíso.

Está buscando un pajar, literalmente. Un pajar. En el cerebro de esta mujer funcionan resortes extraños que la inmunizan contra cualquier tentación de grandeza. Entre los Mendoza y doña Luisa de la Cerda le han abierto las puertas de los palacios distinguidos de la corte, tanto en Madrid como en Toledo. Sus planes de reforma cuentan ya con el apoyo pontificio, a través del padre Rubeo; y con el apoyo real, nadie negará nada en los aledaños del rey a doña Leonor de Mascareñas. Pues justo ahora, ella se entusiasma con la oferta que le hacen, una señora salmantina y cierto caballero abulense, de un pajar como convento nuevo donde nazcan los carmelitas «contemplativos», los carmelitas descalzos: la rama masculina de su «reforma». El pajar ni siquiera está en las afueras de Avila, sino perdido en los campos ásperos hacia Salamanca.

Decidió ir a visitarlo.

Le acompañan Antonia del Espíritu Santo y el padre Julián. En mulos, montada la madre sobre la silla de su amiga toledana doña Luisa. Salen el treinta de junio, ha estado un mes con sus hijas del paraíso San José.

Van rumbo a Medina, en cuyo monasterio Madre ha de tomar las monjas necesarias para fundar Valladolid; y que don Bernardino salga del purgatorio...

De paso harán un alto a ver el pajar, desviándose algo del camino: les han explicado el sitio, una aldea llamada Duruelo, a una jornada de Avila, tomando a la izquierda del camino real que por Santo Tomé de Zavarcos sube hacia Medina.

Partieron de madrugada. Mediado el día les abrasó un calor sofocante, ella recordará la jornada toda su vida:

—Anduvimos aquel día con harto trabajo, porque hacía muy recio sol.

Para colmo, se perdieron. Vagaban de un sendero a otro, sin dar con el pueblecillo:

—Siempre se me acuerda del cansancio y desvarío que traíamos en aquel camino.

Por fin un labrador les dio a beber agua fresca y los encaminó hacia Duruelo.

Llegaron a entrada de noche.

Los labriegos remataban la jornada de trilla en las eras. Algo asombrados con la visita de dos monjas y un cura a caballo en mulos, un espectáculo insólito por aquellos parajes, les indicaron la casa ofrecida.

Y no era pajar, sino granero, utilizado para almacén del grano que al caballero abulense correspondía como renta de algunos campos del contorno.

Los labriegos desconocían la intención de la visita monjil, estarían intrigados. Acaso pensaron si el dueño había dejado su renta de grano a las monjas en herencia.

El granero estaba cortado en dos pisos horizontales; tenía portal delante, y al fondo una especie de cocinilla. Todo sucio, naturalmente. Antonia del Espíritu Santo, desolada; pero madre Teresa puso la imaginación a trabajar: en el portal, la iglesita; abajo el dormitorio, arriba el coro; la cocinita, refectorio. Ya tenían convento sus frailes carmelitas contemplativos. Antonia y el padre Julián la miraban...

Pasaron los tres la noche en la iglesiuca de Duruelo. Al romper el alba, arrancaron hacia Medina, otra jornada. Madre Teresa tiene prisa de contar a su fraile y medio los planes del flamante monasterio.

Ellos la esperaban en Medina. Fray Antonio ha soportado un año fatal, de verdadera prueba, por envidiejas y suspicacias entre sus frailes: así Dios lo prepara para las austeridades futuras, piensa él y piensa la Madre. Fray Juan ha rematado sus estudios en Salamanca, viene más profundo y más decidido.

A los dos les encanta el proyecto Duruelo, que contado por la Madre es como si fuera a instalarles su convento en el portal de Belén.

Ella piensa por supuesto en monasterios de mayor porte, pero urge comenzar. Y Duruelo tiene la ventaja de que no alarmará a los frailes carmelitas, nadie sentirá celos de semejante fundación en un lugarcillo desconocido.

Los tres de acuerdo, pusieron mano a un régimen de vida «para descalzos», calcado en las constituciones de las descalzas, a base de resucitar la regla carmelitana primitiva. Y decidieron que fray Juan acompañara a Madre a fundar en Valladolid: así convivirá cuanto sea posible con las monjas y conocerá su estilo, sus costumbres.

Madre sigue con la inquietud de retrasar lo menos posible la salida del purgatorio al solterón don Bernardino: ella desea abrir enseguida monasterio en Valladolid. Llamó una monja de San José y dos de la Encarnación. El obispo don Alvaro, además de recomendaciones para el abad de Valladolid, le manda a su secretario en persona, quien se adelantó a Valladolid con el padre Julián para disponer alojamiento a las monjas.

Ellas venían ocho: las tres llamadas de Avila; dos de Medina; una postulante, Francisca de Villalpando, todavía de seglar; Antonia del Espíritu Santo y la Madre.

Las acompaña fray Juan de la Cruz, ellas metidas en carros entoldados y él a lomos de una mula. En Medina estuvieron a última hora muy divertidas probando al fraile chiquitito el nuevo hábito que la Madre ha pensado para los carmelitas descalzos: pronto lo tendrán dispuesto para que fray Juan lo estrene cuando se vaya al «monasterio» de Duruelo. Al granero lo llaman monasterio, sin pestañear. ¿Qué más les da el edificio? Un monasterio existe si dentro hay monjas o monjes leales con Dios.

Viajaron de Medina a Valladolid la noche del nueve de agosto. Llegaron el diez a la salida del sol. El padre Julián les aguardaba en la finca Río de Olmos, donación de don Bernardino, a media hora de Valladolid, orillas de un riachuelo afluente del Pisuerga.

Preciosa la finca, «deleitosa» le pareció a la Madre. Pero ella adivinó que allí les iría mal. Tan distantes de la ciudad, resultaba imposible defender la casa: faltará trabajo y faltarán limosnas. La humedad, además, comía las paredes; y efectivamente comenzaría pronto a comerles a ellas.

Recorrieron la huerta, distribuyeron los aposentos. Asignaron residencia a fray Juan y al padre Julián, que tres o cuatro días, mientras instalaban la clausura, podrían seguir con ellas los actos de comunidad.

A pesar del respaldo que significaba la presencia del secretario enviado por el obispo don Alvaro, el padre Julián no tenía todavía conseguida la licencia para decir misa en el nuevo monasterio. Así fue la caravana completa al convento de frailes carmelitas de Valladolid, a oír la misa. En el convento residían el provincial fray Alonso y su antecesor fray Angel Salazar: ambos debían aprobar según establecía la «patente» del padre general, el proyecto Duruelo. A fray Alonso le vio Madre «viejo y harto buena cosa, sin malicia». Más arduo resultaría convencer a fray Angel, ducho desde años atrás en mirar con recelo los intentos de madre Teresa.

Comenzaron el trajín, con vistas a convertir la finca en monasterio. A los dos días vino a ver la casa un personaje eclesiástico, el vicario general, quien autorizó que dijera una misa el padre Julián. Fue la primera. Al dar la comunión, Julián notó a la Madre especialmente fervorosa: «la vi con grande arrobamiento». No era para menos, pues a ella se le representó en aquel instante nuestro famoso calavera don Bernardino «con rostro resplandeciente y alegre»: libre, al fin, del purgatorio.

Las cosas marcharon ya rápidas. Fray Juan miraba «nuestra manera de proceder, ansí de mortificación como del estilo de hermandad y recreación que tenemos juntas». El domingo 15 de agosto, asunción de nuestra Señora, tuvieron la licencia y establecieron clausura.

Doña María de Mendoza vino a pasar temporada en su palacio de Valladolid, sin duda por respaldar a madre Teresa si surgían dificultades: y se trajo consigo al obispo su hermano, excelente idea. Porque Madre utilizó a don Alvaro en las conversaciones con el provincial acerca del proyecto Duruelo: fray Alonso y el difícil fray Angel dieron su permiso, aprobaron la marcha de los dos candidatos escogidos por Madre para «primeros descalzos», revisaron la regla que sería enviada a Roma para conocimiento del padre general. Acordaron que fray Antonio renunciara al priorato de Medina, y entretanto fuera fray Juan a ultimar la casita de Duruelo.

Madre mandó aviso a fray Antonio, que viniese a verla. Sin perder más tiempo ella vistió al «santico fray Juan» el nuevo hábito de carmelita descalzo. La postulante Francisca traía sayal pardo y blanco para coser su hábito, y madre Teresa le pidió el favor de regalar a fray Juan la tela. Francisca consintió. Ni los ángeles hubieran confeccionado un vestido con mayor amor. Fray Juan lo vistió. Luego pidieron sayal para cortarle hábito a fray Antonio.

Quien por cierto no se sintió feliz de verse a fray Juan ya vestido y descalzo, pues si él iba de superior a Duruelo parecía natural que le tocara estrenar la reforma. Pelillos a la mar, venía contentísimo; y qué cosas, cargado de relojes: cinco traía, y explicó a madre Teresa que a él le gustaba «tener las horas concertadas». Una manía pacífica. A ella le hizo gracia: fuera de relojes apenas disponían de ningún ajuar para Duruelo. La madre miró si ellas podrían ayudar con algo. Las cosas de celebrar misa, regalaron a fray Juan en el momento de verlo marchar a Duruelo. También «unas estampas de pared y un Cristo», que fray Juan prometió distribuir entre el coro y las ermitas, cuando las construyera. Madre Teresa avisó a Medina que regalaran a fray Juan un par de jergones, alhajas para la iglesia, algún dinero que gastar en las obras. Le dio además una carta rogando al «caballero santo» don Francisco Salcedo respalde la fundación desde Avila: «aunque hemos tenido aquí algunas ocasiones —le dice de fray Juan—, y yo que soy la mesma ocasión me he enojado con él a ratos, jamás le hemos visto una imperfección».

Mediado septiembre, fray Juan salió hacia Duruelo. Le acompaña desde Valladolid un albañil, van los dos a convertir el granero en un Escorial...

Don Bernardino salió del purgatorio, pero su finca Río de Olmos estuvo a punto de matarle a madre Teresa media docena de monjas, y aun de matarla también a ella misma.

La humedad convertía una residencia, tan apacible y bella, en peligrosa: campo abonado para el paludismo. Cayeron todas, una detrás de otra. Y el padre Julián, al regresar a su capellanía de San José, llevaba consigo la fiebre: «yo luego que volví a Avila me dio unas cuartanas».

La Madre tardó en caer, y dedicó sus fuerzas a cuidar las enfermas: cuando a ella le alcanzó, la casa estuvo convertida en un hospital.

Doña María de Mendoza acudió en su ayuda: dispuso una planta de cierto palacio suyo adosado a la parroquia del Rosario, y allá trasladó las carmelitas, todas, sanas y enfermas. Desde una tribuna que les servía de coro, podían seguir la misa y recibir la comunión. Realizó este traslado el 31 de octubre. Madre iba seriamente tocada por las fiebres; a mediados de diciembre todavía escribe:

—Me estoy harto ruin.

Doña María la mimó: «me mataba a regalos», recordará Teresa. Juntas buscaron salida al problema. Doña María le propuso quedarse para sí la finda Río de Olmos, y pagarles en compensación la compra de otra casa dentro de la ciudad. Madre aceptó, agradecida.

Encontraron un edificio con emplazamiento discreto. Doña María firmó el aval para la compra.

Durante los trámites, llegó la navidad. Las carmelitas celebraron el nacimiento del Señor al estilo de San José de Avila, y el palacio de doña María semejaba un circo celestial.

A finales de enero de 1569, la casa nueva estaba dispuesta. Madre reforzó la comunidad, llamando a su sobrina María Bautista.

Realizada la inspección previa, el abad de Valladolid, autorizó el traslado de las carmelitas a su nuevo monasterio. Doña María trajo a su hermano el obispo, quien presidió el 3 de febrero una procesión con clero, nobles, pueblo vallisoletano, y las monjas en medio: las llevaron del palacio Mendoza a su monasterio.

Completó Madre la comunidad admitiendo algunas jóvenes de poblaciones cercanas. Antiguas y nuevas la miraban a ella con ojos de admiración y de cariño. En los trajines de la casa se les quedaba «arrobada con lo que tenía en las manos, tan tiesa que no se lo podían quitar». Les infundía confianza. Estaban convencidas de que realizaba milagros, les parecía normal tratándose de ella. Ni siquiera daban importancia a los éxtasis.

En los últimos días de febrero abandonó Valladolid, hacia Medina: quería visitar a sus dos descalzos en el «granero-monasterio» de Duruelo. Y seguir hasta Avila.

L os frailes amigos se cuentan unos a otros por toda Castilla que fray Juan de Santo Matía lo que realmente ha aderezado no es un monasterio sino una chozuela, una pobre chozuela. Eso sí, todos ellos admiran el temple, la austeridad y la elevada contemplación del frailecillo.

De Valladolid salió a mitad de septiembre de 1568, y por Avila llegó fray Juan a Duruelo. Le acompañaba su albañil, de quien dijeron los labriegos si traía intención de tomar hábito y quedarse fraile. Durmieron rendidos. Al amanecer, comenzaron a limpiar el granero, a remover pedruscos, a revocar paredes. Fuerte les dio, que pasaron su primera jornada sin acordarse de comer: ya de noche, visitó el albañil algunas casas del pueblo pidiendo de limosna unos mendrugos para el fraile y para él. Comieron sus mendrugos, alguien les vigilaba, «con más contento que si fueran faisanes».

Conforme al «proyecto» de madre Teresa, fray Juan destinó a iglesita el portal, a refectorio la cocinita, el desván a coro y la planta para dormitorio. El asombro fue cómo consiguió con palos, estampas, ladrillos, y calaveras tomadas del cementerio, una decoración genial, un clima impregnado de gracia y devoción. Los labriegos asomaron la nariz a los cuatro días por el granero y apenas creyeron lo que veían: aquello era de verdad un convento.

Fray Juan mandó recado a madre Teresa y a fray Antonio, que ya tenía lista la casa. El albañil renunció, se fue. Hasta que vinieran los frailes, Francisco de Yepes acompañó algunas semanas a su hermano fray Juan, quien vestido el hábito y descalzos los pies «sin sandalias, suelas ni choclos», gastaba el día en predicar por los pueblos cercanos, y la noche en oración.

A finales de noviembre vino a Duruelo el provincial fray Alonso acompañando a fray Antonio y al diácono fray José de Cristo, un joven dispuesto a formar en la patrulla de carmelitas descalzos. Era fecha simbólica, primer domingo de adviento; de madrugada el provincial bendijo los hábitos y les tomó la renuncia a la regla mitigada con el compromiso de cumplir la regla primitiva. Ellos se descalzaron y vistieron su sayal; fray Juan también, aunque ya lo tenía estrenado de dos meses. Dijo el provincial que de aquel día en adelante fray Antonio se llamaba «de Jesús», y fray Juan «de la Cruz».

Ya tiene madre Teresa su primer monasterio de varones.

Camino de Avila, se desvió a verlos. En el comienzo de marzo, arrancando la cuaresma.

Llegó de mañanita, por sorpresa:

— Estaba el padre fray Antonio de Jesús barriendo la puerta de la iglesia con un rostro de alegría que tiene él siempre. Yo le dije: ¿qué es esto, mi padre? ¿qué se ha hecho de la honra?

El «pulido» fray Antonio ni se acuerda de la honra, en su «monasterio» de Duruelo. A Madre le acompañan dos mercaderes amigos y Antonia del Espíritu Santo; las monjas quedaron en Valladolid. A los mercaderes y a Madre «les espanta» el fervor y la austeridad cobijados en el antiguo granero. Fray Antonio y fray Juan cuentan a la fundadora su estilo de vida, sus andanzas a predicar por los pueblos. Ella los alaba, los anima. Le maravillan «dos ermitillas» que para orar a solas se han construido a los costados del portal:

—No podían estar sino echados o sentados, llenas de heno, con dos ventanillas hacia el altar y dos piedras por cabeceras, y allí sus cruces y calaveras.

Les rogó no exagerar sus penitencias. Y se fue convencida de que este vivero le dará maestros de espíritu para proteger la santidad de sus monjas.

Sus hijas de San José llevan cuenta exacta del día en que Madre marchó: ha estado, entre Medina, Valladolid y Duruelo, ocho meses fuera. Ahora regresa, primera semana de cuaresma de 1569: ¿cuánto tiempo queda en casa, Madre?

Poco tiempo, quedará la Madre.

Antes de pascua, a fin de marzo, quiere salir hacia Toledo. El padre Julián continúa preso de las fiebres palúdicas, sus «cuartanas» que pescó en Río de Olmos. Todo lo da por bien empleado con saber que sacaron del purgatorio al calavera don Bernardino...

Madre elige un sustituto para acompañante a Toledo: irá con ella el padre Gonzalo de Aranda.

30
Monasterio descalzo en Toledo
(1569)

Tuvo que pensar en su abuelo, aunque ningún documento recoge huellas de los sentimientos que le bullían a madre Teresa cuando entra en Toledo a fundar su monasterio. Recordaría las medias palabras oídas de niña a su padre don Alonso durante las veladas invernales de Avila, hasta que al fin él decidiera contarle la historia completa de los siete viernes sufridos por el viejo don Juan Sánchez vestido con el infamante sambenito para cumplir en siete iglesias la penitencia impuesta por el tribunal de la Inquisición. Don Juan buscó refugio lejano a la familia, de modo que hijos y nietos quedaran al abrigo de recuerdo tan amargo, y nadie les echara en cara su origen infame. Hasta compró en la cancillería de Ciudad Real a peso de oro cédulas de linaje, propias de cristianos viejos. El mercader Juan Sánchez continuó traficando en Toledo, mientras sus hijos casaban con damas distinguidas de Avila y fundaban hogares libres de toda sospecha. Quién sabe si don Alonso se atrevió a contarle completa la historia cuando Teresa era niña. Quizá quiso evitarle la imagen del abuelo metido siete viernes en el sambenito amarillo, quién sabe. Pero ella de mayor lo supo, y le dolía.

Ahora viene a fundar monasterio en Toledo, si el abuelo don Juan le viera. Un mercader, seguramente también de familia judía conversa, ha dejado al morir una manda para que la madre Teresa establezca uno de sus conventos al estilo de Avila. Anotemos el nombre del mercader, Martín Ramírez, de quien madre Teresa dice fue «hombre de gran verdad y honestidad».

Salen de Avila el martes 22 de marzo de 1569, en un solo carro: Madre y dos monjas, jovencillas, las dos se llaman Isabel, una Isabel de Santo Domingo y la otra Isabel de San Pablo. Las escolta en mula don Gonzalo de Aranda, pues nuestro bendito

Julián de Avila queda sujeto por las cuartanas pescadas en la finca vallisoletana del calavera don Bernardino, que ya en gloria está.

Mucho me duele a mí la ausencia del padre Julián, con lo bien que narra él los lances divertidos de los viajes.

Y cabalmente sucedió esta vez uno pintoresco.

Cumplían la ruta por el paso de Arrebatacapas hacia Toledo. Todavía encontramos hoy en iglesias y alojamientos de esta zona recuerdos de alguna visita de madre Teresa cuando sus viajes. Cuadros, altares, estatuas en las parroquias; y hasta el nombre «casa de santa Teresa» donde quizá pernoctó cierta noche su pequeño convento trashumante. La insólita caravana de monjas metidas en carros entoldados iba convirtiéndose en espectáculo frecuente para posadas y arrieros. Han de ocurrir, naturalmente, episodios llamativos.

Hoy viajan tres monjas en un carro, a Toledo van.

Vencida la tarde, hacen alto en la posada de El Tiemblo, cruzado el río Alberche.

El posadero vio bajar del carro tres monjas de hábito pardo y tapadas las caras con velos negros.

Don Gonzalo, el cura que las acompaña, le pide alojamiento.

Al buen posadero, que tiene la posada llena, se le conmueven las entrañas: ¿cómo podría dejar sin asilo tres monjas de cara a la noche?

Pasen, pasen, y las acomoda en una habitación reservada para un arriero, que vino antes y dejó aquí su hato: a lo mejor el arriero no vuelve hoy.

Pero el arriero, al poco rato, volvió.

Con toda la razón del mundo, en viendo su hato sacado al zaguán, el arriero montó en cólera. Exigió el aposento comprometido. No quería entender las extrañas explicaciones del posadero acerca de tres monjas con la cara tapada. Presa de la ira, se lanzó a espada desenvainada contra el posadero, a punto estuvo de descalabrar un par de mozos que intentaron sujetarlo.

El capellán don Gonzalo le razonó cómo se trataba de tres mujeres monjas a quienes serían inconveniente dejar a la intemperie. Con los gritos furiosos del arriero, la posada estuvo en gran alboroto.

Alguien fue al pueblo y llamó al corregidor.

La razón pertenecía claramente al arriero, pero el corregidor opinaba igual que el posadero: las monjas pasarían la noche a cubierto, el arriero debía buscarse acomodo en otra posada o aguantar el relente. El hombre, rabioso, qué podía hacer, al fin se fue.

Acurrucadas en su aposento, las dos Isabeles preguntaron a madre Teresa, oyendo el alboroto, si un demonio había entrado en el cuerpo al arriero. La verdad, le habían hecho una fechoría, con demonio o sin demonio...

Madre Teresa debió de sentirse muy consolada cuando al día siguiente llegaron al palacio toledano de su amiga doña Luisa.

Los piropos a la ciudad de Toledo, que durante siglos fue para España «lo mismo que el corazón en el cuerpo humano», forman una letanía sensacional. Doña Isabel la Católica dijo esta prodigiosa alabanza: «nunca me hallo necia sino cuando estoy en Toledo». Los grabados del siglo XVI dibujan la ciudad abrazada por el río Tajo dentro de una herradura perfecta. En tiempos viejos Pedro Alcocer y Luis Hurtado, en tiempos nuestros Amador de los Ríos y don Gregorio Marañón han descrito amorosamente las bellezas de Toledo.

Ni siquiera se vino abajo Toledo cuando en 1561 el rey don Felipe trasladó a Madrid la capitalidad de España. Al revés, observa agudamente Marañón, Toledo, libre de los aventureros y hampones pegados a la corte, acreció el señorío de las grandes familias, la fuerza económica de sus industrias, la pujanza del comercio. La clerecía de su catedral, reforzada por los monasterios y por la universidad, sostuvo un nivel intelectual excelente, cuyos frutos pasaban enseguida a las prensas de los grandes impresores.

El palacio de doña Luisa de la Cerda representa perfectamente el estilo de vida propio de las damas toledanas durante el siglo XVI. Las mujeres tienen casi de continuo sus maridos ausentes, ocupados en guerrear por tierras lejanas o desempeñando cargos de gobierno en la corte junto al rey. Cada señora procura convertir su palacio en otra corte doméstica, donde la rodean sus criados y la visitan sus amigas, a quienes muestra complacida el último tapiz llegado de Flandes, una pintura italiana, objetos de plata y cuero, el regalo exótico recibido de América. Son damas elegantes, bajo su aparente solemnidad guardan un espíritu discreto, nada frívolo; todavía cien años más tarde dirá de ellas Baltasar Gracián: una palabra suya vale a veces por un libro entero de los filósofos de Atenas.

En 1569, Toledo lleva ya diez años sin arzobispo. El arzobispo de Toledo y las corridas de toros constituyen dos temas molestos en la relación del papa y el rey.

Para nuestro señor el rey don Felipe ha sido aciago el año pasado, 1568. De doble luto. En julio le murió el hijo Carlos y en octubre la mujer Isabel.

Carlos murió loco de remate, luego de hacer pasar un calvario a su padre. La leyenda ha tejido una red de conspiraciones en torno al príncipe con objeto de presentarlo como víctima de los celos de su padre, quien habría descubierto relaciones amorosas entre el hijo y la reina Isabel su propia esposa: conocida la afrenta, don Felipe hizo asesinar a su hijo en verano, y en otoño envenenó a su mujer. El famoso drama *Don Carlos* de Federico Schiller y la ópera de Verdi han paseado estas fábulas por los escenarios del mundo. La verdad fue más escueta, y bien dolorosa para el rey.

Don Felipe había decidido retrasar el casamiento del hijo, a causa de la evidente locura. Carlos enfurecido contra su padre, trató de huir secretamente a Flandes: don Juan de Austria se negó a ayudarle, y Carlos le acometió espada en mano. A consecuencia de esta disputa, el desequilibrio mental del príncipe aumentó; el rey, prudentemente aconsejado, lo declaró preso dentro de sus habitaciones. Abatido, desesperado, Carlos se dio a comer con exceso, a beber litros de agua helada, a pasear desnudo noches enteras por sus habitaciones. Nadie conseguía sujetarlo. El 24 de julio de 1568, murió.

A la reina no la envenenaron: falleció de sobreparto el 3 de octubre del mismo triste año. Dejó al rey dos niñas y gran desconsuelo. Justo entonces, cuando él necesitaba cariño y consejo.

Felipe II pasó en El Escorial, todavía inconcluso, unas navidades muy amargas: Flandes parece un avispero; y la guerra de los moriscos en la sierra de Granada alcanza violencia aterradora.

El duque de Alba obtiene en Flandes triunfos militares resonantes, y arroja lejos al príncipe de Orange que ha intentado atacarle con soldados luteranos alemanes. Pero Alba ejerce una serveridad de gobierno rayana en la tiranía. Ha ejecutado en Bruselas a los condes de Egmont y de Horn, pronto el pueblo flamenco los convertirá en mártires de la independencia. Y no le tiembla el pulso si ordena colgar en las puertas de las tiendas a los comerciantes que se niegan a pagar impuestos.

A los moriscos la corona les había hecho imposible la vida. Cierto que constituían una quinta columna, dispuestos a favorecer en cualquier momento ataques piratas de los berberiscos e incluso planes estratégicos del imperio turco. Pero la represión no se limitó a la tenencia de armas: les prohibieron hablar o escribir la lengua arábiga, les arrebataron y quemaron los libros, les cambiaron los trajes, les obligaron a tener abierta la puerta de sus casas y descubierto el rostro de sus mujeres. Para cumplir estas decisiones fue nombrado presidente de la cancillería de Granada el inquisidor Pedro Daza, quien las pregonó en forma pragmática el primero de enero de 1567. Los moriscos de las Alpujarras, la sierra, se declararon en rebeldía; los del Albaicín, dentro de Granada, intentaron negociar: sin resultado. A finales de 1567, la guerra era ya formal, guiados los moriscos por su recién elegido rey Aben Humeya, instalado en el castillo de Laujar.

La rebelión morisca prendió por las provincias de Granada, Almería, Murcia y Málaga. El fanático Ibn Farax, tintorero granadino, echado al monte, capitaneó en las navidades de 1568, una terrible excursión de represalias contra pueblecillos cristianos: atormentó hombres, mujeres y niños, los echó a calderas de aceite hirviendo, saqueó y quemó conventos, iglesias, destrozó imágenes, asesinó sacerdotes, pasaron de tres mil las víctimas suyas en sólo una semana. España y el rey se horrorizaron.

A primeros de enero de 1569, el marqués de Mondéjar partió de Granada contra los rebeldes. Escaló las Alpujarras. Los moriscos huían. Mondéjar tomó varios de sus fortines. Practicó Mondéjar una política contemporizadora con los prisioneros, lo cual disgustó a Deza y al consejo real. Felipe II supo que Aben Humeya enviaba legados a Constantinopla solicitando auxilio del Sultán: le ofrecían aclamarle «gran señor» si los liberaba del yugo cristiano.

Decidido a resolver definitivamente la guerra, don Felipe nombró jefe de las tropas granadinas a su hermano bastardo Juan de Austria, nuestro flamante capitán general del Mar, apuesto soldado, ya en los veintitrés de su edad.

Jóvenes hidalgos de toda España, muchos de Toledo, pidieron a don Juan de Austria un puesto bajo sus banderas.

Pío V y Felipe II se profesan mutua simpatía, no cabe duda. Y devoción. Los roces entre sus dos equipos burocráticos, son frecuentes, y a veces fastidiosos, pues Madrid disfruta un ancho lote de «privilegios» que le permiten intervenir en la organización eclesiástica, y Roma extrae de España fuertes sumas de dinero mediante la nunciatura. Por encima de los pleitos jurisdiccionales, el papa considera hijo predilecto al rey de España. Sólo hay dos asuntos que al santo pontífice Pío no le encajan en la figura del prudente monarca Felipe, las corridas y el proceso Carranza.

Al concilio de Trento las corridas de toros le parecieron una costumbre salvaje, impropia de fieles cristianos. A Pío V también: ha decidido expedir una bula condenando las corridas «tanto a pie como a caballo», y privando de sepultura eclesiástica a los toreros muertos en la lidia. Felipe II intenta suavizar los rigores del papa explicando cómo resulta difícil extirpar un espectáculo tan arraigado en el pueblo...

El caso Carranza tiene a Toledo sin arzobispo desde 1559. Impresiona pensar que lleva diez años en la cárcel el prelado titular de la silla más importante de España. La Inquisición lo declaró sospechoso de herejía, y ha recogido alegaciones de un centenar de testigos. Roma se apresuró a reclamar el proceso y el preso, para dar sentencia rápida e imparcial. La Inquisición española no cedía. Pío V exigió la entrega, y Carranza llegó a Roma en mayo de 1567.

Felipe II teme que Pío V absuelva al arzobispo, sentencia que dejaría en muy mal lugar al tribunal de la Inquisición. El rey abruma con razonamientos al papa, la presión diplomática española resulta en Roma insoportable.

Entretanto, lleva Toledo diez años sin arzobispo. Ejerce como gobernador eclesiástico don Gómez Tello Girón, un cura campanudo a quien los canónigos juraron odio eterno cierta mañana en que se atrevió a ocupar la silla del arzobispo en la catedral, habráse visto audacia.

La ciudad, con unos cincuenta mil habitantes repartidos en 27 parroquias, mantiene una docena de conventos de frailes, dos docenas de conventos de monjas, casi treinta hospitales, cientos de clérigos, «muchos en número y pocos en santidad», según murmuran los toledanos. Monjas las hay pobrecitas, algunas, y la mayoría linajudas: los monasterios de Santo Domingo el Real y de San Clemente albergan «muy ricas y principales señoras», hijas de familias sonoras. Los padres carmelitas tienen su convento sobre las murallas que dan al puente Alcántara. Madre Teresa confía que los carmelitas le ayudarán.

Confiada viene la Madre a fundar en Toledo, muy segura de que las cosas rodarán suaves. La creación de su monasterio requiere tres elementos, amén de las monjas que son asunto suyo: una casa donde instalarlo; dinero para comprar la casa; licencias civil y eclesiástica, es decir permiso del obispo y permiso del rey.

De buscarle casa tiene dado encargo a un mercader «rico y amigo», Alonso de nombre, quien dedica sus ocios a favor de los presos de la cárcel.

Los dineros vienen derechamente de la herencia del otro mercader difunto, Martín Ramírez, cuyos albaceas son un hermano y un sobrino del donante.

Las licencias no le preocupan, contando con la influencia cortesana de doña Luisa de la Cerda.

Demasiado fácil, esta vez se le han olvidado a Teresa las trapisondas del diablo.

Pues el diablo no le olvidó a ella: fallaron los tres elementos, casa, dineros y licencias.

La casa fue lo de menos: el mercader Alonso cayó enfermo, y dejó sin cumplir el encargo de su amiga Teresa.

Pero debajo de dineros y licencias había un oscuro fondo de recelos que la Madre tardó en descubrir.

He aquí la clave.

Toledo imperial niega la entrada en los círculos selectos de la sociedad aristocrática a los «conversos», procedentes de familias judías convertidas a la fe cristiana. El rechazo no se pronuncia claramente pero resulta absolutamente eficaz. La gran mayoría de los mercaderes ricos de Toledo pertenecen al nivel social de los conversos. Carecen de «sangre limpia», y no son «cristianos viejos»; un toledano selecto debe guardar distancias con los apellidos de ascendencia dudosa.

Y resulta que madre Teresa, tan estimada, tan bien vista en la buena sociedad toledana por su amistad con doña Luisa de la Cerda, viene a fundar monasterio de mano y con dineros de mercaderes, señalados por el estigma converso.

Doña Luisa y sus damas ignoran el empalme directo que une a su amada monja carmelita con don Juan Sánchez Toledano, el abuelo «reconciliado» por la Inquisición ochenta años atrás. Pero los mercaderes toledanos, con su tenaz memoria de marginados, conocen perfectamente el dato y las circunstancias. De una parte quieren ayudar a esta monja santa, cristiana fervorosa como ellos, descendiente de conversos. De otra parte, son gente práctica, piensan aprovechar la fundación del monasterio para elevarse un paso en la escala social. ¿Cómo? Muy sencillo, poniendo en las cláusulas de la donación el requisito de «enterramiento».

Los templos de Toledo solían estar «protegidos» por las familias nobles a través de limosnas y herencias. En compensación, los nobles escogían alguna capilla de la iglesia protegida suya para erigir en ella el «enterramiento» familiar. Aquellas hermosas tumbas representaban la cúspide gloriosa de los linajes distinguidos. Ninguna familia que careciera de títulos «ilustres y caballerosos» podía pretender «enterramiento» en los templos.

Pensaron los albaceas del mercader Martín Ramírez que habían hallado su oportunidad; pondrían «enterramiento» en la iglesia del monasterio nuevo.

Madre Teresa venía confiada, tan ajena a estas gaitas de linajes. La «honra» le daba humo a los ojos. Nunca dudó en recibir aspirantes que trajeran nombre característico de conversos. Conocía ella su propia condición familiar, aunque naturalmente la guardaba escondida en su armario. En Toledo comprobó la peligrosidad del asunto.

Comenzaron a ocurrir rarezas.

La licencia no venía. Depende, le dijeron, del gobernador eclesiástico, el campanudo Tello Girón. Ante quien doña Luisa dispone, faltaría más, de gran predicamento.

El tal don Tello anda en negativas con el argumento de cuántos conventos de más existen en Toledo. Le sobra razón, desde luego.

Doña Luisa parece retraída. Ella no puede fallar ni al cariño por su amiga Teresa ni al respeto de los padres jesuitas que fueron quienes decidieron al difunto Martín Ramírez para firmar la manda a favor de madre Teresa. Pero ha de contar con la opinión de su gente, los de su alcurnia. Madre ve a su amiga como distante, alejada.

Los albaceas del difunto plantean las negociaciones con madre Teresa al estilo de grandes señores: quieren ejercer como patronos del monasterio; y sobre todo, «enterramiento». Lleva la voz cantante Diego Ortiz, el sobrino, entendido en teologías. A Madre le alarma que pretendan entrometerse en la vida del monasterio. Sobre el «enterramiento» quizá le ha puesto alerta doña Luisa: no basta que los donantes sean hidalgos, ricos, y tengan escudo; si les falta linaje, el enterramiento pondría baldón al monasterio. En sus ratos de oración, a solas con Dios, medita estos lances; y oyó la voz interior:

—Mucho te desatinará, hija, si miras las leyes del mundo; pon los ojos en mí, pobre y despreciado de él. ¿Por ventura serán los grandes del mundo grandes delante de mí; o habéis vosotras de ser estimadas por linajes, u por virtudes?

La manda de Martín Ramírez da para comprar una buena casa, doce mil ducados. Pero el sobrino Ortiz seguía terco, amén del enterramiento, en exigencias sobre el monasterio. Madre Teresa no podía consentir. No consintió: rompieron los tratos.

Ya la tenemos sin dineros. Ella teme si habrá de volverse a San José. Reacciona enseguida, comentando a sus dos Isabel: «ahora que veo derribado el ídolo del dinero, más cierto tengo que hayamos de fundar convento».

¿Y la licencia?

Madre dispone de un «espía» eclesiástico, el canónigo de la catedral don Pedro Manrique, a quien se ha conquistado: don Pedro, prestigioso, «mucha cosa en este lugar». Su canónigo espía don Pedro le avisa que alguien «pone mal corazón» al gobernador don Tello. La oscura intriga de los linajes. Desde la sombra. Y el don Tello dando pares y nones. Dos meses ya, sin avanzar un palmo. Pues Madre quiere la licencia. Va a enterarse, don Tello. Van a enterarse, don Tello y sus canónigos, la iglesia «organizada», los que mandan en Toledo.

Resolvió ir a por él un domingo, el ocho de mayo. Fecha que considero memorable. Porque madre Teresa siempre anda sumisa con las autoridades eclesiásticas. Respeta y venera la iglesia jerárquica. Pero no a bobas. Sabe cuál es el servicio que la «iglesia organización» ha de prestar a los creyentes. Si hace falta, Teresa levanta la voz. Nunca un gobernador eclesiástico escuchó alegato tal, viniendo de quien venía. Yo hubiera pagado en oro fino por verle la cara de sorpresa al campanudo don Gómez Tello Girón, acostumbrado, nada menos, a sentar sus ilustres posaderas en los sillones del arzobispo de Toledo. Nada menos.

La monja lo esperó a salida de misa.

Le suplicó la oyese.

Y dijo... Lástima de magnetofón. Por ella sabemos una parte de lo que dijo al ilustrísimo gobernador del arzobispado más poderoso de España:

—Díjele que era recia cosa que huviese mujeres que querían vivir en tanto rigor y perfección y encerramiento, y que los que no pasavan nada desto, sino que estavan en regalos, quisiesen estorbar obras de tanto servicio de nuestro Señor.
Me imagino al don Tello.
La monja seguía:
—Estas y otras hartas cosas le dije, con una determinación grande que me dava el Señor.

Lástima de magnetofón, nos quedamos sin las «otras hartas cosas» escuchadas por don Tello. Uno de los biógrafos contemporáneos de santa Teresa da más largo el discurso, incluyendo «otras cosas» dichas por la Madre al gobernador eclesiástico: «vine a esta ciudad no para verla ni holgarme en ella. Cosa era digna de las muchas letras y virtud y dignidad de Vuestra Señoría favorecer a unas mujeres pobres para cosa tan santa y animarlas para que pasen adelante... Si esto por Vuestra Señoría se dejase de hacer, estudie cómo se podrá disculpar cuando esté delante del acatamiento de Jesucristo Nuestro Señor, por cuyo amor y voluntad hemos venido, que yo no veo con qué se pueda Vuestra Señoría descargar si estorba cosa tan agradable al Señor, estando puesto por El para ayudar con todas sus fuerzas a todo lo que es servicio suyo».

A don Tello nunca una mujer le habló así, quizá tampoco un hombre, ni siquiera los canónigos de la catedral.

Sería buena gente, don Tello, que no se enfureció. Al revés, quedó conmovido. Ahí mismo en pie, sobre la marcha, concedió a madre Teresa su licencia: que fundara, enhorabuena. Sólo una condición, y el don Tello se ve no tenía pelo de tonto: ni enternecido por el alegato pierde sus papeles, él conoce perfectamente los enredos tramados a espaldas de la monja en la buena sociedad toledana. Le pone la condición de fundar su monasterio en pobreza, sin renta ni patronos. Así no hay problema con el linaje o no linaje de los mercaderes.

S in blanca, pero ya tiene licencia. Exactamente le quedan cuatro ducados. Floja cantidad, para comprar casa...

Tuvo un arranque de los suyos: se llevó las jovencillas Isabeles ¡de compras! Compraron dos jergones, una manta; y dos cuadritos, quizá uno para el altar, otro para el dormitorio. Cuando tengan casa, claro.

Y quedaron limpiamente a cero, sin un maravedí.

Ahora, Madre, ¿qué?
Ahora nada, a esperar una casa.
Añade Madre:
—Podríamos pedir ayuda al mancebo que nos envió fray Martín.

Las dos Isabeles rompieron a reír: ¿cómo ha de ayudarles un estudiantillo?

El padre franciscano fray Martín, conocido de Madre, había pasado por Toledo. Dialogando con ella le dijo que algún día si necesitaba auxilio recurriera a un estudiante llamado Andrada, confesado del buen fraile. El Andrada una mañana efectivamente se les acercó en la iglesia: que sólo podía servirles con su persona, pero le tenían a su disposición.

A pesar de las risas de una y otra Isabel, Madre llamó al Andrada. Explicó al joven sus apuros; y le rogó buscarle, con discreción absoluta, una casa que alquilar: ella pondría por fianza del alquiler la firma del comerciante enfermo don Alonso, quien primero se había ofrecido a buscarlas casa y que ahora estaba enfermo.

El muchacho prometió encontrar la casa.

Y la buscó.

A los pocos días les avisa: ha encontrado una casa, trae las llaves, podrían ir juntos a verla.

Cerquita de la sinagoga del Tránsito. Les gustó. Madre meditaba las trazas de Dios. Un estudiantillo «harto pobre», daba solución a su problema, cuando ella estaba rodeada de ricas y poderosas personas. Las dos Isabel ya no bromeaban a cuenta del Andrada.

H a aprendido madre Teresa que debe proceder con alguna astucia si quiere ahorrarse conflictos. La casita le gusta. Sin llamar la atención, mira y remira el edificio, discute con la dueña, formaliza el alquiler. Decide alquilar también la casa contigua, igual pequeñita: entre las dos hacen una vivienda normal. Les bastará, de momento. En esta casa contigua viven dos mujeres solas, prefiere no avisarlas hasta el momento preciso.

Era justo la mitad de mayo, caía domingo el día 15. Madre quiso estrenar su convento el sábado 14. Fue una semana especial en Toledo: algún adivino popular tenía corrida la voz, desde tiempo atrás, que el sábado 14 de mayo de 1569 la ciudad sería sacudida por un terremoto, medio Toledo iría a parar al río. Muchos toledanos, hombres y mujeres, confesaron, comulgaron, por si acaso, preparándose a bien morir. Madre Teresa ni pensó en la profecía: ella, sus dos Isabel y Andrada estaban bien ocupados.

Citó a su estudiante para la entrada de la noche del viernes 13, en el palacio de doña Luisa. Andrada prometió acudir: que tengan preparado el ajuar. Madre le comentó, no sin rubor de las Isabel:

—Como se lleven dos jergones y una manta, tenemos ya llevado todo nuestro ajuar, señor Andrada.

Los jergones, la manta, dos cuadritos. Por pagar el albañil y las minucias del primer día, pidió prestados cien reales a una criada de doña Luisa. Su aristocrática amiga no podía sospechar la penuria absoluta de la monja: ¿cómo iba a pasarle por la cabeza que madre Teresa estrenara convento en tales aprietos?

Efectivamente, vino Andrada; a caída de noche del viernes, doña Luisa y sus criadas despidieron a las monjas: les prometieron acudir a la misa de madrugada. Con el estudiante iban la Madre, las dos Isabel, un oficial albañil previamente apalabrado. Portaban sus dos jergones, la manta, los cuadritos, los útiles para decir la misa. Ah, y una campanilla, pequeña, de las usadas al alzar a Dios: no hubo dinero para comprarla mayor.

Emplearon seis o siete horas en limpiar y aderezar la casa, colocar una red en la salita escogida para locutorio, disponer las habitaciones con clausura. De madrugada sólo faltaba la capilla.

Madre había destinado para capilla el patinillo de la casa vecina. Las dos mujeres inquilinas dormían plácidamente. Fue preciso tirar ya el tabique medianero que separaba las viviendas. El albañil metió la piqueta... y allí fue el susto de las infelices mujeres despertadas a golpe de ladrillo cuando estaban en el mejor de los sueños:

—¡El terremoto!, clamaron ambas a una voz. Convencidas de que la profecía acertaba y Toledo se hundía.

Las monjas las vieron espantadas, despavoridas, inermes. No había modo de serenarlas explicándoles el significado de aquella media docena de seres humanos que veían ellas penetrando en su casa por un rasgón de la pared: el albañil, tres monjas, un muchacho...

Al fin Madre consiguió darles paz. Les contó el caso, cómo ya el alquiler había pasado al nuevo convento. Plantaron cara, «estuvieron recias», recordaba madre Teresa narrando el suceso. Pero vinieron a buenas, y la Madre prometió hallarles alojamiento.

Había comprometido a un notario que levantara acta del nuevo monasterio, y al superior de los carmelitas para celebrar la primera misa. Con la luz del alba llegaron el notario, el fraile, doña Luisa, sus sirvientas, unos pocos amigos. A la puerta de la calle salió alguien, Andrada quizá, a tocar la campanilla: comienza la misa, madre Teresa estrena su convento toledano.

Los canónigos de la catedral declararon guerra al monasterio, erigido sin consentimiento suyo. Su colega don Pedro Manrique los aplacó. La Madre, ni caso: avisó que de Avila le mandaran cuatro monjas y dos de Malagón. El campanudo señor Tello puso por escrito la licencia concedida de palabra, firmó y selló debidamente.

Mayo de aquel año fue frío en Toledo. Las monjas lo pasaron muy mal, sin leña, sin abrigo, sin dinero. Ninguno de los visitantes del primer día sospechó que las monjas no disponían en el monasterio de más comida que unas sardinas. Alguien tuvo la feliz ocurrencia de ponerles un hacecito de leña en un rincón de la iglesia, y las monjas pudieron asar las sardinas. Del frío nocturno se defendieron con la manta y con sus capas. Una noche «había la Madre frío y dijo la echasen alguna ropa»; las Isabel soltaron su risa:

—Madre, no hay más ropa que las capas.

Pasaron hambre. Hasta una sartén pidieron prestada. Todo, a cuatro pasos del palacio de doña Luisa. Madre no quiso molestarla:

—Soy enemiga de dar pesadumbre.

Ni les importaba; que dentro traían «el consuelo interior y la alegría». Ella dice una frase de las suyas muy felices: la necesidad de aquellos días les proporcionó «como una contemplación suave». Notaban a Dios cercano.

Tanto que les apenó «volverse ricas». La ciudad de Toledo miraba poco a poco hacia el convento de madre Teresa. Les asombraba a los toledanos aquella sencillez, tanta pobreza. Y el recogimiento de unas pocas mujeres calladitas, orantes. Llovían limosnas. Y los albaceas del difunto Martín Ramírez, con el discutidor sobrino Diego Ortiz, aparecieron también ofreciendo los doce mil escudos. A la Madre le dolió perder el consuelo de sufrir necesidad:

—Era tanta mi tristeza como si tuviera muchas joyas de oro y me las llevaran.

Vio mustias a sus compañeras. Preguntó qué les ocurría. Respondieron:

—Qué hemos de haver, Madre: que ya no parece somos pobres.

Así eran sus hijas. Les gustaba reír pasando hambre, soportando frío. Las apenaba estar satisfechas.

Con estas monjas abrió madre Teresa una fresca primavera: su monasterio descalzo en la ciudad imperial de Toledo, a los ochenta años de aquellos siete viernes cumplidos por don Juan Sánchez Toledano de iglesia en iglesia vistiendo el sambenito inquisitorial.

31
Donde se narran las peripecias estupefacientes de una princesa, aunque tuerta, astro fulgente de la Monarquía; y de una ermitaña, quizá loca, quizá sublime

(1569-1570)

Revuelo en Toledo: la princesa de Eboli quiere fundar en Pastrana un monasterio de madre Teresa. Ha enviado su coche para que la Madre viaje al ducado.
La princesa de Eboli es la mujer más poderosa de España.
¿Y la más hermosa?
Quizá, si no fuera tuerta...
Aunque realmente nadie sabe con certeza si le falta un ojo, si sólo bizquea, o acaso el parche negro lo luzca por coquetería. Resulta curioso el destino de esta mujer, cuyos secretos sentimentales han descrito historiadores y poetas. A cuenta suya circula por la literatura mundial un relato turbador. Le achacan que luego de enviudar la tuvo por amante Antonio Pérez, el célebre secretario infiel de Felipe II. Pérez y la Eboli tramaron el asesinato de Juan Escobedo, servidor de don Juan de Austria: Escobedo había descubierto los amores de la Eboli con Antonio Pérez. Añaden además que Felipe II cayó en las redes de la princesa, y a los celos del rey atribuyen la desgracia final del secretario infiel y de su hermosa, aunque tuerta, amante.

¿Quién iba a pensar que nuestra santa carmelita de Avila habría de verse introducida en el laberinto biográfico de tales personajes?

Llamada por la princesa de Eboli, madre Teresa entra en el círculo supremo de la grandeza nacional. Doña Luisa de la Cerda también pertenece a ese círculo. Pero la princesa está casada con el valido del rey. Quizá designar valido a un personaje situado junto a Felipe II resulte denominación excesiva, dado el carácter y el estilo del rey. En todo caso, nadie ha gozado ni goza en la corte de la confianza que Felipe II dispensa al príncipe Ruy Gómez, marido de la Eboli.

Ruy Gómez de Silva vino de Portugal como menino en la lucida escolta que acompañaba a la emperatriz Isabel, la bien amada del emperador don Carlos. En la misma caravana venía doña Leonor de Mascareñas. Nacido el príncipe Felipe, le pusieron a Ruy como amigo y compañero mayorcito. Jugaron juntos, crecieron juntos. Don Felipe nunca supo ya prescindir de Ruy Gómez, lo tuvo a su lado en la fortuna y en la desgracia. Ruy le fue servidor fiel, y el único capaz de razonarle puntos de vista contrarios en cualquier negocio de Estado. Felipe colmó a su amigo de títulos y honores, lo tuvo realmente por favorito intocable.

Abdicado el emperador, en la corte aparecieron poco a poco dos partidos, dos corrientes diferentes en el enfoque del gobierno. Una, encabezada por don Fernando Alvarez de Toledo, tercer duque de Alba, colaborador leal del emperador don Carlos en todas sus campañas, pretende imponer a toda costa la autoridad del rey. De la otra tendencia, partidaria de una política más liberal y dialogante, es cabeza don Ruy Gómez de Silva, amigo personal de Felipe II. El forcejeo entre las dos corrientes provoca situaciones tensas cada vez que rozan los asuntos, tan espinosos de Flandes: Alba recomienda mano dura, y él la está ejerciendo por estos años del sesenta y ocho al setenta: Ruy Gómez prefiere atender los deseos nacionalistas de los flamencos y tratarles con liberalidad. El tipo físico de estos dos consejeros reales ya refleja por sí mismo sus estilos: con la erguida esbeltez militar de Alba, contrasta el aspecto bonachón de Ruy Gómez, hombre de mediana estatura, simpáticos los ojos, cortés el ademán, aficionado a banquetes y torneos, conversador atento. Un espíritu liberal frente a espíritus intransigentes. Felipe II se inclina gustosamente del lado de Alba en negocios bélicos, del lado de Ruy Gómez en negocios cortesanos.

Pero su amigo es Ruy, a quien los adversarios llaman frecuentemente «Rey» en vez de «Ruy»: «Rey Gómez».

Hace ahora diecisiete años, Felipe II eligió novia para su amigo Ruy Gómez: había decidido casarlo con alguna dama de la más alta alcurnia. Recayó la elección real en doña Ana de Mendoza y de la Cerda. Dama, «damita» en realidad, de linaje aplastante, Ana contaba entonces doce años. Su pretendiente, Ruy, treinta y seis. Las capitulaciones fueron firmadas el año 1553, pero el matrimonio se realizó en 1559, cuando el rey Felipe y su amigo Ruy regresaron de los largos viajes por Europa. En catorce años de matrimonio tendrán diez hijos. Felipe II les dio el título de príncipes de Eboli en el Reino de Nápoles, y duques de Pastrana en el de Toledo.

Había nacido Ana en el poderoso clan de los Mendoza. Tataranieta del marqués de Santillana y biznieta del cardenal arzobispo don Pedro González de Mendoza: aquel prelado, a quien llamaron, cuando reinaban doña Isabel y don Fernando, «el tercer rey de España», por lo visto disponía de vitalidad indómita para guerrear, gobernar la diócesis toledana... y engendrar hijos naturales. Haciendo honor a estas aficiones mujeriegas, el padre de Ana, cargado de empleos sonoros en Italia y Cataluña, príncipe de Mélito, duque de Francavilla, fue aquel aristócrata sinvergüenza que hizo una hija a la jovencilla huérfana doña Luisa de la Cerda, quien además era prima suya. Así comprendemos los lazos entre el palacio la Cerda de Toledo, donde ha residido madre Teresa hasta fundar su monasterio, y el ducado de Pastrana adonde ahora le llaman: doña Luisa es tía de Ana la princesa; pero además es madre de una hermanastra de Ana; la niña, recién nacida, fue arrebatada a doña Luisa y bautizada secretamente con el nombre de Isabel.

Ana Mendoza, hija única, creció malcriada. Residía de niña con sus abuelos en Alcalá de Henares. Menudita, graciosa, ignoramos cuándo apareció por primera vez el parche negro que colgando de su cabellera le tapaba el ojo derecho, ni siquiera sabemos si bajo el parche había una cuenca vacía o simplemente una pupila desviada.

Cumplida la boda con Ruy Gómez, Ana fue acompañante predilecta de la tercera mujer de Felipe II, la francesa Isabel, a quien divertía la gracia juvenil de aquella princesa tan poco semejante a las austeras damas castellanas de la época.

La relación conyugal entre Ana y Ruy funcionó gracias a la inteligente prudencia con que el marido supo templar las explosiones turbulentas de su mujer. Ella, airadamente voluntariosa, no da en vida de su marido pie para los devaneos amorosos que le cuelgan: ha parido diez hijos, de los cuales le perviven seis, y a cuidarlos está entregada.

Sus verdaderas complicaciones, sentimentales y políticas, comenzarán después de muerto Ruy Gómez, y cabalmente a causa de un joven que a finales de 1568 se incorpora a la secretaría del rey: Antonio Pérez, el famoso e inteligente secretario traidor a la confianza de Felipe II. Antonio Pérez, entre las dos corrientes cortesanas, elige a la liberal de Ruy Gómez, y a través del príncipe conoce a la princesa: Ana y él, andando los años, vivirán juntos experiencias dramáticas.

Pero estamos aún a las puertas del verano de 1569. La princesa de Eboli, mujer del valido real, quiere fundar monasterio carmelita en su ducado de Pastrana. Está preñada del hijo noveno. Ha oído relatar a su parienta Luisa de la Cerda las virtudes y los éxtasis de madre Teresa. ¿Qué fraile ni monja podría traerle mayor lustre al ducado de Pastrana? Ruy Gómez ha dado su consentimiento. Doña Ana, princesa, bella, tuerta, veintinueve años, voluntariosa, decide que madre Teresa venga a fundar cabe su palacio.

Envió a Toledo un coche, que le traigan la monja.

El primer impulso de madre Teresa, responder que no iba. Su monasterio toledano funcionaba ya con ritmo normal, y ella gozaba tantos consuelos internos que «casi no podía comer, según se sentía mi alma regalada». Pero comenzó a calcular consecuencias. Enemistarse con la princesa significaba cerrar los accesos al rey, pues don Ruy Gómez administra el favor regio. Madre quisiera crear pronto nuevos monasterios de frailes descalzos al estilo de Duruelo: necesitará simpatías, apoyos.

Aquel 28 de mayo de 1569, vigilia de pentecostés, llevó estas inquietudes a la oración. Entendió de su voz interior que debía ir a Pastrana, donde hallaría alguna sorpresa. También el confesor le aconsejó ponerse en viaje.

Le acompañaron dos monjas y un fraile carmelita. Acostumbradas a sus carretas, les asombraría el contoneo suave del coche principesco.

Entran en Madrid el lunes 30 de mayo.

Las damas de la corte andan pendientes de Granada, donde Juan de Austria prepara su asalto a las Alpujarras; y de Flandes, momentáneamente pacificado por el duque de Alba. Susurran que ya el rey ha elegido novia para hacerla pronto su cuarta esposa. Don Felipe quiere un hijo varón, heredero del reino. Isabel de Valois, la tercera mujer, le ha dejado sólo dos niñas. De la segunda, mujer, la inglesa María Tudor no vino sucesión. El único varón se lo dio la primera esposa, María Manuela de Portugal, y mejor sería no se lo diera: don Carlos, el pobre príncipe loco, muerto míseramente a los veintitrés años de su edad. Don Felipe piensa casarse cuanto antes, anhela un heredero varón. Las damas de la corte susurran que ha elegido a la princesa austriaca Ana, sobrina carnal suya, hija de Maximiliano II emperador de Alemania: Ana estuvo prometida al recién muerto príncipe Carlos, y ahora el rey la escoge para sí. Las damas aseguran que los embajadores negocian en Roma una dispensa pontificia, y que al papa le disgusta muchísimo esta manía de los monarcas de la casa de Austria siempre tercos en realizar enlaces matrimoniales dentro de su propia familia. Pero el papa cederá y habrá boda pronto...

Ha sido un triunfo personal de la Eboli, uno más conseguido por esta rutilante mujer, traerse a madre Teresa para fundar convento en Pastrana. La carmelita de Avila goza de gran fama entre las damas de la corte, que han escuchado embelesadas relatos de María Mendoza y Luisa de la Cerda. De Toledo llega noticia de arrobos y visiones. La Eboli ha programado retener la monja ocho días en Madrid, antes de llevarla a Pastrana. Así las damas podrán tratarla. Doña Leonor de Mascareñas ofrece hospedarla en su convento de los Angeles, ya conocido por madre Teresa.

Hay algo más; la princesa doña Juana, hermana del rey, desea conocer a madre Teresa y mostrarle el convento de las Descalzas Reales. La llaman en la corte «princesa de Portugal». Tercera hija del emperador don Carlos, nació Juana en 1535. A sus diecisiete años la casaron con el heredero de la corona portuguesa, Juan Manuel, primo suyo, naturalmente. En vísperas de dar a luz, al año de casada, el marido se le murió. Su hijo Sebastián nacía a los dieciocho días de morir el padre. Creyeron que Juana enloquecía. La trajeron a Valladolid y luego a Madrid. Buscó alivio a su pena fundando un convento de clarisas, llamado Descalzas Reales, para damas de alto linaje. Le ayudó el padre Francisco de Borja, y puso de primera abadesa a sor Juana de la Cruz, hermanastra de Borja. Con treinta y tres monjas —«nobles, hijas de algo, y por lo menos limpias de sangre»—, horario prudente, oración mental, labores, y un confesor santo: el franciscano Nicolás Factor, místico, poeta, pintor y músico. En el corazón de Madrid, las Descalzas Reales ocupan un palacio de ensueño. Aunque por el sistema de vida, son monjas muy vecinas al estilo teresiano.

Barruntó la madre Teresa que la tenían anunciada en Madrid como un espectáculo para las pías y encopetadas señoras de la corte. No puso reparos a la velada social organizada por la Eboli. Ignoramos si el encuentro sucedió en el convento de los Angeles, hospedaje de Madre y sus compañeras, o en el palacio mismo de los príncipes de Eboli. Lo que conocemos es la treta de Madre para desinflar la fiesta. Las damas aguardaban su plática sublime, quizá suspiros de amor divino, la mirada incandescente de una santa, qué sé yo. Y encontraron una monja sencilla, normal, algo simplota, que después de los saludos inició la conversación con temas de lo más prosaico:

—Oh, qué buenas calles tiene Madrid.

Aquellas damas se miraban sonrientes unas a otras: decididamente, la monja no era para tanto; bastante aldeana, viene de Avila... Imagino que a la princesa de Eboli se la llevarían los demonios.

Madre Teresa con quienes se sintió feliz fue con doña Leonor Mascareñas y con la princesa doña Juana, la hermana del rey.

Doña Juana, en los treinta y cuatro años de edad, mostraba en su porte un aire de nobleza imperial que recordaba la majestad de don Carlos. Los viajeros distinguidos, artistas y diplomáticos, la describen «alta y elegante como una diosa», severa y amable, impregnada en el misterioso encanto de las personas capaces de superar sufrimientos profundos. Su hijo Sebastián, retenido en Lisboa a la vera del abuelo Juan III, ha heredado la corona de Portugal donde reinó primero bajo regencias y personalmente desde hace un año. Le aguarda un destino trágico, pero afortunadamente su madre no puede adivinarlo.

La princesa Juana y nuestra carmelita congeniaron de maravilla. Las Descalzas Reales le gustaron a madre Teresa, y Madre gustó a las Descalzas. De la abadesa de Madrid ha quedado una expresión significativa acerca de la monja fundadora y mística:

«Bendito sea Dios que nos ha dejado ver a una santa a quien podamos imitar, que come, duerme y habla como nosotras, y anda sin ceremonias».

Evidentemente, las damas habían creado una atmósfera algo histérica en vísperas de la llegada de madre Teresa; y la sensata abadesa de las Descalzas Reales estuvo encantada de comprobar qué lejos de aquellas criaturas estaba el personaje verdadero.

A su vez la Madre dedicó, en carta a sus hermanos de Alba, los Ovalle, un recuerdo elogioso de la princesa Juana:

—Con la princesa de Portugal he estado hartas veces y holgádome, que es sierva de Dios.

A través de la princesa doña Juana realizó madre Teresa uno de los actos atrevidos de su vida. Quizá el más misterioso, no hay documento que lo aclare. Conocemos el hecho: envió la Madre un mensaje al rey, por medio de su hermana la princesa.

El episodio permanece oscuro. Ella nunca lo aclaró.

Sin duda, Teresa, en la soledad de sus ratos de oración rumia ante Dios las impresiones recogidas durante el día. Estas jornadas de permanencia en la corte le proporcionan informes de primera mano acerca de los asuntos de Estado y sobre todo acerca del rey. Felipe II atraviesa una etapa difícil, amarga. Luto familiar doble, con la muerte del hijo y de la mujer. Rebelión de los moriscos en la sierra granadina, incertidumbre acerca del futuro de Flandes. Los conflictos entre la jurisdicción eclesiástica y civil le crean tensiones con el papa a quien tanto venera. La economía nacional está en bancarrota. Y todo gira en torno a su persona. No parece extraño que madre Teresa piense en él, sienta compasión, rece a su favor.

Quizá fue un efecto de ternura maternal el billete que se sintió ella impulsada a escribir con destino al rey. Previa consulta al padre Báñez, quien siempre aparece providencialmente cercano a la Madre en instantes decisivos, entregó su mensaje a doña Juana con ruego de hacerlo llegar a su majestad. Sólo unas líneas conocemos: don Felipe debe recordar la historia del rey Saúl. Algunos comentaristas piensan que le avisaba la injusticia de sus recelos hacia don Juan de Austria, el David de la historia. No parece verosímil, todavía no existían motivos de tensión entre Felipe y su hermanastro. Mejor confesar que ignoramos el contenido del mensaje.

Don Felipe lo leyó: «¿no vería yo esa mujer?», sugirió a su hermana. Madre Teresa había partido hacia Pastrana. Parece cierto que luego cruzaron sobre este asunto algunas cartas la monja y el rey, desgraciadamente perdidas. El rey «la tuvo en mucho»; y a ella le oyeron llamarle, mezclando respeto y cariño, «mi amigo el rey».

La voz interior había avisado a madre Teresa en Toledo que del viaje le vendría una sorpresa. Madre presintió si tendría que ver con sus frailes descalzos. Mientras crecía el número de conventos femeninos, los carmelitas varones continuaban limitados a la única fundación de Duruelo. ¿Cuándo el Señor aumentaría la cosecha?

Le vino la sorpresa de mano de doña Leonor Mascareñas, dedicada en Madrid a socorrer frailes y monjas: dijo a madre Teresa que deseaba presentarle dos ermitaños, dispuestos a establecerse en una ermita regalada para ellos en Pastrana por el príncipe de Eboli don Ruy Gómez de Silva. De alguna manera, las carmelitas y los ermitaños iban a ser vecinos.

Efectivamente, se los presentó.

Dos tipos notables. Aventureros natos. Italianos los dos, nacidos en la comarca de Nápoles.

El más viejo, rayando en los sesenta, de nombre Mariano, dotado de modales nobles, traía fama de docto, tanto en leyes como en ingeniería. Circulaban complicados relatos a cuenta suya, y lo cierto es que trabajando en obras de navegación del Guadalquivir a la altura de Córdoba, decidió retirarse como ermitaño al Tardón, Sierra Morena, donde habitaba un puñado de anacoretas.

El otro aventurero, Juan Narduch, andaba por los cuarenta de edad. De joven tomó el hábito franciscano en Italia, pero no soportó el encierro conventual. Venido a España peregrinó a Santiago, viajó a Barcelona, luego a Burgos, a Palencia, a Jaén, a Murcia y a Córdoba. Se daba traza para pintar y esculpir. Lo encaminaron al Tardón, donde congenió con su paisano el ermitaño Mariano.

Tampoco juntos quedaron quietos. Iban y venían a Córdoba, a Sevilla, a Jaén. Alguien que conocía el ingenio de Mariano le propuso para realizar un proyecto de acequias en la vega de Aranjuez. Allá fueron los dos ermitaños. Y en premio de su trabajo pidieron a los señorones de la corte una ermita donde retirarse. La petición llegó a doña Leonor Mascareñas, que consiguió del príncipe Ruy Gómez les regalara la ermita de San Pedro en su villa de Pastrana, y además puso de aprendiz a Juan Narduch en el taller del pintor Sánchez Coello.

A madre Teresa los dos aventureros le cayeron muy bien. Escuchó complacida sus historias. Les notó que deseaban una vida religiosa seria. Explicó ella cómo además de monjas descalzas había comenzado a establecer conventos de varones y tenía el primero en Duruelo. Les comentó la regla primitiva del

Carmelo, cuyo espíritu coincidía con la vida por ellos buscada. Y le dio a leer las «Constituciones» de sus monasterios. Acabó animándoles a venirse con los suyos.

Mariano prometía «pensar en ello aquella noche».

Madre Teresa comprendió que los dos aventureros constituían «la sorpresa». Esperaba respuesta afirmativa.

La tuvo, y sintió «grandísimo contento»: Mariano y Juan entraban a sus descalzos; y aportaban la ermita que Ruy Gómez les regalaba en Pastrana.

Ya tiene Madre dos carmelitas descalzos en Castilla la Vieja, los de Duruelo, y dos en Castilla la Nueva, los de Pastrana. Está feliz. Cuenta con que los provinciales no se asustarán por otra fundación «en lugar tan apartado».

Pastrana, el «lugar apartado», se hallaba sólo a media jornada después de Alcalá, o sea, una jornada completa desde Madrid.

Las tres monjas, y el carmelita venido con ellas de Toledo, viajan en un cómodo coche de los Eboli. Se les ha unido Beatriz, una criada de doña Leonor Mascareñas dispuesta a tomar el hábito carmelita en el nuevo convento.

La recepción en Pastrana fue principesca. El monasterio iba a realzar la categoría señorial de los Eboli dando un toque superfino a la sede ducal. Les instalaron en un aposento del palacio, que las monjas convirtieron en convento provisional. Y la princesa mostró a madre Teresa la casa preparada por ella para monasterio.

No era extraño que doña Ana de Mendoza y de la Cerda, princesa de Eboli, tuviera un soberano despiste acerca de las condiciones ideales para montar un monasterio. Había proyectado la casa con tal estrechez que las monjas apenas podrían moverse, parecía una cárcel: ella creyó que así les ayudaba a cumplir su existencia muy austera. Madre Teresa indicaba las reformas oportunas; enseguida comenzó doña Ana a sentirse molesta, como si le corrigieran la plana.

Lo peor vino cuando sentadas las dos cara a cara, trataron de condiciones económicas. A madre Teresa le gusta fundar «sin renta», en pobreza absoluta: pero en ciudades donde el trabajo de las monjas y la cercanía de limosnas asegure una vida normal al convento. Si funda en pueblecillos apartados, quiere dejar a sus carmelitas una base firme, y no tenerlas pendientes de la inquietud material.

Doña Ana no se aclara, establece el monasterio sin renta y ella se compromete a sostener con limosnas permanentes de la casa Eboli la existencia de las monjas.

Madre Teresa ve que significaría poner de hecho a la princesa como dueña y señora del convento. Consiguió que don Ruy Gómez influyera en su mujer y le mudara los planes.

Doña Ana pretendía ejercer de abadesa perpetua en «su» monasterio. Lo demostró claramente tratando de imponer a madre Teresa una candidata: había prometido a cierta monja agustina de Segovia, amiga suya, traerla al nuevo convento carmelita de Pastrana. Madre Teresa desbarató aquella «vocación» desconocida.

Estas decisiones de Madre herían la sensibilidad de la princesa, habituada a imponer sus caprichos y además antojadiza en su octavo mes de embarazo. Ansiaba leer el *Libro de la vida* escrito por madre Teresa, pues doña Luisa de la Cerda le había ponderado los arrobos espirituales contados en el manuscrito. Ruy Gómez suplicó a la Madre cediera en aquella pretensión, evidentemente descarada. Para evitar un choque, madre Teresa prestó su libro, a condición expresa de que sólo habían de verlo ellos, los príncipes.

Doña Ana fue incapaz de cumplir el compromiso: a los pocos días sus amigas, y hasta las criadas, conocieron los pasajes más delicados; y discutían con gran jolgorio si aquellas revelaciones podrían costar a la monja morir en la hoguera inquisitorial como la famosa Magdalena de la Cruz.

Madre Teresa soportó días tristísimos, inacabables. El agobio la llevó a pensar en volverse a Toledo abandonando la fundación. Decidió aguantar por el interés de ver a sus descalzos abrir el segundo monasterio de varones.

El martirio ducal duró tres semanas largas: a 23 de junio, una procesión —«muy solemne, con grande congregación de gentes y fiestas, danzas y repiques»— acompañó las monjas hasta su nuevo convento. Madre Teresa dudaba si ahora la princesa les dejaría vivir en paz. Había ordenado le mandaran de Avila y Medina varias monjas de refuerzo.

P ienso que adivinó madre Teresa la duración efímera de su monasterio de monjas en Pastrana. Y no le importó demasiado. Tener sus hijas al alcance de doña Ana la princesa, significaba una amenaza permanente de sobresaltos.

En cambio se aferró a la idea de poner los frailes. Le urgía establecer una réplica de Duruelo. Pastrana tiene la ventaja de hallarse cerquita de Alcalá: madre Teresa prevé que de la población estudiantil alcalareña habrá un reflujo de vocaciones hacia su monasterio de carmelitas descalzos.

La ermita de San Pedro cedida por Ruy Gómez a los dos aventureros italianos, está en un cerro afueras del pueblo sobre panoramas amenos. En la falda del cerro existía un palomar a propósito para que los frailes instalaran allí sus celdas: Mariano podrá explayar a gusto sus talentos de ingeniero hasta convertir el ejido en monasterio.

Vinieron Mariano y Juan Narduch, trayendo de Madrid la licencia de los provinciales. Les acompaña uno de aquellos carmelitas calzados que amargaron al padre general Juan Bautista Rubeo en su viaje por Andalucía, los hermanos Nieto. Este es Baltasar Nieto, predicador afamado, y tan pájaro de cuenta como sus otros dos hermanos. La madre Teresa ignora las «cualidades» del sujeto, quien viene respaldado por la simpatía del príncipe don Ruy: los Nieto habían conquistado apoyo en la corte poniéndose a favor de la «reforma regia» de los frailes españoles contra la «reforma papal» traída por Rubeo.

Madre Teresa, encantada con la fundación, cosió por su mano los hábitos y las capas para sus dos italianos, mientras Mariano acometía las obras de adaptación en el cerro San Pedro. De Duruelo ha de llegar el padre Antonio, al cual considera la madre «cabeza» oficial de sus frailes descalzos.

El sábado 9 de julio madre Teresa vistió a Mariano y a Juan el hábito nuevo. Juan Narduch cambia su nombre en fray Juan de la Miseria. El ducado Eboli está de fiesta porque doña Ana ha parido felizmente un niño, a quien bautizaron Pedro: andando el tiempo será obispo y arzobispo, él labrará un «enterramiento» señorial para sus padres los príncipes en la capilla mayor de la iglesia colegial de Pastrana.

Llegó el padre Antonio, con un par de carmelitas calzados decididos a descalzarse. El 13 de julio, en medio de una jubilosa procesión popular, los frailes fueron a instalarse en el cerro. El padre Antonio puso como superior a Baltasar Nieto, por ser el más experto: fray Antonio no sospechaba cómo de experto. Las reglas reproducían el plan de Duruelo: trabajo y oración, habían de ser verdaderos «ermitaños contemplativos».

Fray Mariano ha perforado el cerro desde la falda hasta la cumbre para unir mediante un pasadizo el convento palomar con la ermita de San Pedro. La Madre teme que la obra se hunda matándole los frailes. La verdad, estaba feliz.

El bonito coche de los Eboli costó a madre Teresa un disgusto.
Había salido de Pastrana hacia Toledo el 20 de julio. Dejaba funcionando los dos conventos. A la puerta de su monasterio toledano, los curiosos contemplaron el espectáculo de unas monjas apeándose de la hermosa carroza. Un clérigo gritó a Madre estas palabras destempladas:

—¿Sois vos la santa, que engañáis al mundo y os andáis en coche?

Cierto testigo afirma que el clérigo añadió ristras de improperios.

El suceso fue comentado. A Madre dijeron que el pobre clérigo andaba mal de la chaveta. Ella sonrió mansamente.

—No, no hay quien me diga mis faltas sino éste.

Las crónicas cuentan que ya en adelante costaba Dios y ayuda hacerle subir a cualquier carruaje que no fuera un carromato.

Con el mismo coche de los Eboli envió a Isabel de Santo Domingo para priora de Pastrana. Bien instruida. Mucha prudencia con la princesa, y que lleve un registro minucioso de los dones recibidos de doña Ana, valiosos o no: el convento duraría poco, adelantó la Madre, y habrá que devolver las cosas. También dijo: aguanten cuanto puedan, en su momento yo las sacaré a otra casa.

De julio de 1569 a julio de 1570, la Madre pasa en Toledo un año pacífico. Sereno. Recuerda los cinco de paraíso vividos en su San José abulense cuando recién fundado. Sólo hace un viaje a Malagón, donde Cristo le anima a continuar el trabajo de nuevas fundaciones. Le vienen jóvenes abundantes a pedir sitio en todos los monasterios, unas ricas con valiosa dote, otras pobres de solemnidad. Le va tan bien esta temporada toledana que hasta se nota mejor de salud —«creo que ha cuarenta años que no tuve tanta»—, y lo achaca a que «el temple de esta tierra es admirable».

Ha recogido a dormir en su propia celda una niña huerfanita de Navalcarnero: será monja, María de San Francisco, y ahora, con menos de quince años, «espía» a la Madre santa, y se admira de verla escribir noche tras noche. Madre Teresa realiza la segunda copia del *Camino de perfección*, destinada a sus hijas fuera de San José. Retoca los puntos señalados por censores y amigos.

La permanencia de Madre da solera al monasterio. Ella quiere todas sus hijas semejantes a las primeras de San José. También con las de Toledo ha de medir mandatos o sugerencias, pues ellas se lanzan por derecho. Las quiere sobre todo «verdaderas». Y absortas en un clima religioso, «libres y dispuestas para ser poseídas de Dios».

Sus monjas la miran, la estudian. Conocen sus noches pasadas en oración continua, a veces «con ansias y lágrimas, sin poderse contener»; deambula tan embebida por el convento que han de tomarle la mano y guiarle hasta su celda. Se les arroba en el coro, le notan «resplandor y alegría muy grande». Disimula cuanto puede: «tenía dicho que si llamasen a su celda y no respondiese, se volviesen y la dejasen».

Murió una monja, ignoramos el nombre. Murió «con tanta alegría y contento... como si fuera a otra tierra». Entró Madre a la celda:

—Vi a Su Majestad a su cabecera, en mitad de la cabecera la cama. Tenía algo abiertos los brazos, como que la estaba amparando.

Cristo le dijo a Madre que «ansí ampararía» sus monjas a la hora de la muerte:

—Yo quedé harto consolada y recogida.

Los albaceas de Martín Ramírez sienten vergüenza por no haber entregado todavía los doce mil ducados de la herencia para que madre Teresa compre la casa nueva donde instalar definitivamente su monasterio. Ya no se atreven a exigir patronato ni autoridad sobre la marcha del convento, sólo desean «enterramiento» en la capilla. A la Madre le fastidiaban las intromisiones pretendidas antes, lo del «enterramiento» le trae sin cuidado. Alguien supo en Toledo que iba a consentirlo, y trataron de disuadirla solicitando el puesto para «una persona principal»: los nobles trataban de evitar el honor a unos mercaderes privados de linaje, y sin duda de origen converso. Madre Teresa, harta de aquellos piques de honra, dio la capilla a los Ramírez.

Apoquinaron al fin los albaceas su dinero. Madre compró una buena casa en el barrio San Nicolás, dos patios y huerto. A finales de mayo de 1570, la estrenaron. Con una capilla preciosa, mimada. Entró una niña y exclamó:

—Bendito sea Dios, qué lindo está.

Madre le había oído, comentó:
—Por sola esta alabanza que a Dios dio esta niña, ahora doy por bien empleado cuanto he trabajado en esta casa.

En el paso de 1569 a 1570 le han cambiado los aires al rey de España: don Juan de Austria vence la guerra en las Alpujarras. Seis meses antes Felipe II ordenó trasladar los moriscos residentes en Granada hacia localidades distantes, quitando así a los rebeldes su apoyo fundamental. Aben Humeya murió asesinado por su propia gente: ocupó la jefatura morisca uno de los asesinos, Diego López, con el nombre de Aben Abóo. En diciembre don Juan comienza el ataque a las fortalezas de la sierra, las toma una tras otra: en abril tenía dominada la situación. El monarca decreta esparcir por Extremadura, Castilla y Galicia los moriscos andaluces; y los sustituye instalando doce mil familias de castellanos, gallegos y asturianos en las feraces vegas granadinas. El prestigio de don Juan de Austria cobra tal resplandor que el papa decide proponerlo como capitán general de la gran cruzada contra el poder turco en aguas del Mediterráneo.

Al rey le van bien las cosas; y a madre Teresa también. Sus dos conventos de frailes descalzos prosperan.

En Duruelo la comunidad ha crecido hasta dieciocho frailes, guiados por el padre Antonio y fray Juan de la Cruz. No caben ya en el granero inicial. Un labrador acomodado les propone trasladarse al pueblecillo de Mancera, vecino a Duruelo, sólo a una legua, donde se venera una preciosa imagen flamenca de la virgen María: los descalzos aceptan; el labrador les construye un conventito apropiado, lo estrenan en junio de 1570.

Pastrana crece a ritmo vertiginoso, por afluencia de jóvenes estudiantes de Alcalá. El noviciado rebosa. Los frailes y Madre meditan fundar un colegio en la misma Universidad de Alcalá, y enviar ahí los aspirantes para que cumplido el noviciado estudien seriamente la teología.

Pero a Madre lo que más le inquieta es conseguir que el buen espíritu de Duruelo contagie Pastrana. Hace un año ella dio el hábito a los dos aventureros italianos: ahora les toca ya pronunciar los votos religiosos. Madre Teresa decide aprovechar la oportunidad; pide al padre Antonio que venga de Duruelo y le acompañe a Pastrana.

Salieron de Toledo el 10 de julio de 1570.

Madre iba feliz, contenta, y el día de su llegada tuvo un arrebato expresivo: había misa en la iglesia de los descalzos, y ella, acercándose hasta el altar, dio por sorpresa un abrazo al novicillo que ayudaba la misa. El muchacho, sin pararse a ver quién le abrazaba, escapó huyendo a la sacristía.

La Madre sólo permaneció cinco días en Pastrana. Preocupada: le fue asaltando una inquietud.

Sus frailes habían tomado al pie de la letra el ejemplo de los eremitas clásicos del desierto. Trataban de imitarlos, a base de las narraciones que la literatura piadosa transmite desde hace siglos. Ciertas modificaciones de aquellos venerables anacoretas no admiten transplante fuera de sus circunstancias. A madre Teresa le asustó que los carmelitas de Pastrana avanzaran por un camino equivocado, sometiéndose a rigores excesivos, malos para el cuerpo y malos para el alma. El maestro de novicios, llamado fray Angel, empujaba sus discípulos hacia torturas y excentricidades peligrosas. Había en la casa un frenesí de penitencias. Madre Teresa pensó que sería conveniente traer a fray Juan de la Cruz para que diera equilibrio al convento de Pastrana.

Efectivamente, ella regresó a Toledo enseguida, pero a mediados de octubre fray Juan de la Cruz vino a instruir al maestro de los novicios de Pastrana. No le hicieron caso, lo aburrieron. Al mes, se volvió a Mancera.

Desgraciadamente, los carmelitas de Pastrana estaban encandilados con un ejemplo aparatoso, muy alejado de la serena doctrina de fray Juan: han tomado por modelo a una ermitaña penitente, quién sabe si medio loca. Con fama de santa. Incluso madre Teresa la tiene por santa.

Catalina de Cardona, se llama.

Y a punto estuvieron de enloquecerle a madre Teresa sus descalzos de Pastrana.

La historia y leyenda de la ermitaña Catalina llenó de asombro la corte de Madrid. Los documentos de la época mezclan datos históricos y milagrerías ingenuas, propias de la leyenda áurea medieval. La figura de Catalina fascinó a sus contemporáneos. El testimonio de madre Teresa obliga a interpretar los datos con respeto. Madre no la conoció personalmente, pero la llama «hermana nuestra», «la santa», y la vio representada, después de muerta, «como cuerpo glorificado y algunos ángeles con ella».

Catalina, hija natural de don Ramón de Cardona, había nacido en Barcelona. Los duques de Cardona, Folch de Cardona, familia linajuda, descienden nada menos que de una hermana de Carlomagno. Los Reyes Católicos les adjudicaron grandeza de España. Ramón, nuestro hombre, peleó de joven a las órdenes del Gran Capitán. Don Fernando el Católico le nombró virrey de Nápoles: gobernaba con tal astucia que a cuenta suya nació la famosa frase «es más listo que Cardona».

A Nápoles llevó a su hijita natural Catalina, para ocultarla en un convento de monjas capuchinas. Jovencilla, Catalina casó con un noble napolitano, que la dejó enseguida viuda. Ella regresó al convento, hasta que le dieron un puesto de camarera en el palacio de los príncipes de Salerno.

Incorporada al séquito de la princesa Salerno, Catalina vino a Madrid; donde la princesa inesperadamente murió. Don Ruy Gómez recogió en su palacio a Catalina, mujer ya próxima a los cuarenta años. Camarera de los príncipes de Eboli, parece que la llamaron frecuentemente al palacio real para cuidar de los príncipes don Carlos y don Juan de Austria. Piadosa, doña Catalina, a quien los documentos describen como menuda y bonita, gastaba su tiempo en rezos y en caridades: sentía vocación de soledad, decidió huir a esconderse donde nadie la viera.

Un ermitaño de la Alcarria y el capellán de los Eboli le ayudaron a preparar la fuga. Vestida de hombre, salió del palacio una madrugada dejando cartas para los príncipes y el rey: les suplica «no fuesen en su seguimiento, porque tenía decidido no salir de la soledad en los días de su vida». Con reserva de tres panes, ermitaño y capellán, únicos conocedores del refugio, la dejaron bien escondida en una cueva en el término de La Roda, a orillas del Júcar.

Comenzó sus penitencias. Un pastor le trae pan cada tres días. Come hierbas y raíces. Mortifica su cuerpo con cadenas, cilicios, hortigas, pinchos y esparto. Los pocos labriegos del contorno creen se trata de un hombre anacoreta, y lo tienen por santo: aseguran que de noche los demonios lo zarandean, Satán se le aparece tomando forma de serpiente y de león. Alguien ha visto pájaros, perdices y conejos festejando «al santo ermitaño». Dicen que una mujer enferma vino a pedirle ayuda, y al punto apareció en la cueva un gato trayendo una perdiz. A buscar al ermitaño llegó una noche aquel loco escapado que quiso bendecir entero el río Júcar «para que ya no fuera menester hacer agua bendita».

Así cuatro, seis, siete años pasó Catalina en su cueva. Hasta que inevitablemente los labriegos descubrieron la verdad: aquel fraile «enflaquecido y denegrido», era una mujer, antigua dama de la corte del rey. Toda la redolada se conmovió. Comenzaron a venir peregrinaciones de los pueblos vecinos, trayendo súplicas y enfermos. La llamaron «buena mujer». Le confiaban sus cuitas. Ella alzaba la mano esquelética y dibujaba una tímida bendición. Pensó que habría de huir a otra cueva... Cayó enferma, le faltaron las fuerzas. Unos hombres venidos de Pastrana le contaron la creación de dos monasterios en el feudo de los príncipes de Eboli. Catalina se emocionó. Tuvo visiones de carmelitas vestidos con hábito pardo y capa blanca. Decidió escribir a los príncipes, convencida de hallarse a las puertas de la muerte.

Los Eboli, jubilosos por saber de Catalina y tristes por su enfermedad, hablaron a los frailes. Fray Mariano la conocía de sus tiempos de aventurero: se ofreció para ir a verla; y si posible fuera, traerla a Pastrana.

Fue posible, Catalina mejoró; y fray Mariano la trajo a Pastrana, donde sus cilicios, sus cadenas, su penitencia brutal van a levantar un ciclón de imitadores entre los frailecillos de madre Teresa. Dios asista a los descalzos.

32
A lomos de jumento escapa de una excomunión
(1570-1571)

La llamaron a fundar en Salamanca.
A madre Teresa le atrae Salamanca, le apetece.
Pero alguien aconseja que no vaya.
Le atrae por la Universidad.
Los frailes descalzos preparan la apertura de un colegio en Alcalá, con objeto de que los estudiantes sigan el curso de la célebre Universidad. Este proyecto representa una decisión importante para el futuro de la reforma carmelitana.

A las monjas carmelitas no se les plantea el problema, pues en aquellos tiempos era impensable que las mujeres pretendieran cursar estudios.

Los frailes en cambio, debían decidir si su carácter de «contemplativos», fundamentalmente dedicados a la oración, significa renunciar a las tareas de apostolado.

Madre Teresa había creado los frailes como «brazo misionero» de la reforma. A ella, viéndose «mujer y ruin», la entristecía no poder participar en la formidable lucha de la iglesia de su tiempo, por un lado frente a los protestantes y por otro en la evangelización de la América recién descubierta. Pide a las monjas que vivan su consagración penitencial y orante con la conciencia de hacerse presentes en la estrategia misionera:

—Mil vidas pusiera yo para remedio de un alma de las muchas que veía perder.

Estimula el ánimo de sus hijas, las enfervoriza con famosos latigazos:

—Estáse ardiendo el mundo, quieren tornar a sentenciar a Cristo...

Pero los frailes tienen abierto cualquier camino, ellos pueden salir por plazas y calles, andar los campos, subir al púlpito de las iglesias, echarse al mar. Ellos pueden, y «deben» hacerlo. Fray Juan de la Cruz ni se lo preguntó a sí mismo: antes ya de que viniera el padre Antonio a Duruelo, salía él a pueblecitos y alquerías. La Madre comprobó en su primera visita el trabajo apostólico de los descalzos:

—Iban a predicar a muchos lugares... iban a predicar legua y media, dos leguas, descalzos, que entonces no traían alpargatas que después se las mandaron poner, y con harta nieve y frío; y después que habían predicado y confesado, se tornaban bien tarde a comer a su casa.

Ampliado así el horizonte, la preparación intelectual de los frailes resultaba un requisito insoslayable: había que hacerles «letrados», en las clases de la universidad, naturalmente.

«Letrados» los hubiera querido madre Teresa aun pensando sólo en garantizar la dirección espiritual de sus monjas: la extensión de monasterios carmelitas por ciudades lejanas le aconsejaba establecer una familia religiosa de varones con ideal idéntico al de sus monjas. A ella le iba muy bien con el apoyo de jesuitas, dominicos, franciscanos, clérigos seculares, todos fueron amigos y colaboradores suyos. Pero sería gran asistencia la que a sus hijas y a las hijas de sus hijas podrían prestar en tiempos futuros los «carmelitas descalzos» amamantados con la misma leche que las carmelitas.

Y por supuesto, a Madre le aterrorizaba la idea de poner la dirección espiritual de sus monjas en manos de frailes torpes, incultos, iletrados.

Todo aconseja enviar sus estudiantes a la universidad. Por eso abrirán colegio en Alcalá, donde Madre quiere de rector a fray Juan de la Cruz, modelo existencial de los descalzos.

Y por eso le atrae la fundación de Salamanca: si vienen las monjas, después vendrán los frailes...

Sin embargo, alguien le aconseja que lo piense.

¿Por qué?

Le hablan de Salamanca como ciudad poco inclinada a sostener conventos de limosna.

¿Ciudad tacaña?

No exactamente. Más bien austera. Rodeada de cultivos de secano, con una campiña escasa, privada de industrias y alejada de las grandes vías comerciales, la economía salmantina giraba en torno al pupilaje estudiantil. Los recursos cívicos alcanzan cotas verdaderamente bajas.

Le hicieron dudar. Mediaba la invitación de un jesuita distinguido, el padre Martín Gutiérrez, rector de la comunidad ignaciana salmantina. Decidió la Madre tener al jesuita como punto de apoyo. Tampoco Avila posee los dineros de Medina, Valladolid o Toledo y el monasterio de San José lleva ocho años de vida feliz. Madre Teresa sonríe feliz pensando si al concejo salmantino le asaltarán los temores que aturdieron a sus paisanos cuando fundó San José.

Responde al jesuita, irá a Salamanca. No está claro si fue don Fernando el Católico o fue su nieto el emperador don Carlos quien llamó a la Universidad de Salamanca «el tesoro de donde proveo a mis reinos de justicia y de gobierno». Madre Teresa confía recibir para sus monjas y sus frailes algunas migajas del tesoro amasado sabiamente por los maestros salmantinos. Sí a Salamanca.

El 15 de julio de 1570, madre Teresa, cumplida su rápida visita a Pastrana, dio el hábito a cinco hermanas nuevas del convento de Toledo.

Agosto. A pleno sol, toma el camino de Avila. Iba preocupada por el desarrollo de Pastrana; el Señor le deja oír la voz interior:

—Haz lo que es en ti y déjame tú a mí, y no te inquietes por nada.

Viajan en un par de carros; lleva consigo dos monjas y tres novicias, en reserva para las nuevas fundaciones.

Pasa tres meses con sus hijas de San José. A finales de octubre ya tenía maduro el negocio de Salamanca: el padre Julián, que recuperaba sus oficios de mensajero, había conseguido, con avales del jesuita Martín Gutiérrez, la licencia episcopal. Les alquilaba una casa cierto primo distinguido del cuñado de madre Teresa Juan Ovalle, un Gonzaliáñez que había sido regidor en el concejo salmantino.

Salamanca queda vecina de Avila. Madre Teresa, escocida por el recuerdo de la difícil entrada en Medina, procura guardar discreción: sale de San José sin ruido, en un solo carro y con solo una monja, María del Sacramento. Escoltan el carromato en sendas mulas dos carmelitas calzados; ya los llaman «frailes del paño» para distinguirlos de los carmelitas «nuevos» que han cambiado los hábitos de paño fino por los hábitos de estameña.

Hicieron dos noches en el camino. Madre iba enferma, «bien mala»; y sintió, dicen sus papeles, «harto frío». Sus

acompañantes contaron el susto que les dio el río Arevalillo, hinchado por los aguaceros de otoño. El carrero vacilaba. Madre señaló sin darle importancia:
—Pasad por aquí.
El carrero metió las mulas en aquel espacio, y vio cómo el agua turbia se tornaba clara. Nada más pasar, otra vez el río bajaba oscuro, traidor. Pudo ser la impresión, el carrero sabía quién lleva dentro de su carro.

La segunda noche, en Peñaranda, hospedada la expedición en casa Bracamonte, un chiquillo dio guerra empeñado en verles a las monjas el rostro, tapado como siempre por el velo negro. De mayor, aquel chaval, Alonso Bracamonte, contaba que consiguió verle a Madre un momentito la cara cuando ella le dio la bendición.

Entraron en Salamanca la mañana del 31 de octubre. Desde una posada a orillas del Tormes, mandó la Madre llamar a su amigo el mercader Nicolás: era padre de seis monjas de la Encarnación, tres de las cuales habían pasado a descalzas. Madre Teresa le tenía encomendado desde Avila negociar el alquiler de la casa Gonzaliáñez.

El buen Nicolás acudió presuroso y disgustado: una docena de estudiantes pupilos de la casa habían prometido desocuparla, pero allí seguían. En Salamanca escaseaban siempre los alojamientos para siete mil estudiantes matriculados por aquellas fechas en la universidad.

Madre instó a Nicolás que por favor moviera al Gonzaliáñez. Ella quiere aderezar la casa esta misma noche, y estrenar el convento de madrugada: con arreglo a su estrategia del hecho consumado.

También mandó aviso a los jesuitas. El padre Martín Gutiérrez vino a ponerse a sus órdenes. Maravillosa persona, el padre Martín: culto, espiritual, bondadoso y eficaz. Contaba entonces cuarenta y seis años, madre Teresa casi le lleva diez. Congeniaron, parecían en pocas horas el jesuita y la monja dos amigos de toda la vida.

Gastó Madre con su María del Sacramento unas horas en recorrer los puestecillos de chamarileros plantados junto al puente romano. Escogió, para el convento nuevo, dos pinturas al temple: un «Ecce Homo», y el Descendimiento de la cruz. Le costaron catorce reales.

A caída de tarde, trajo Nicolás buenas noticias: los estudiantes se habían enojado, pero luego supieron el destino de la casa y aceptaron desalojarla inmediatamente.

Madre Teresa puso en marcha su patrulla: un albañil, un carpintero, dos legos jesuitas. Con las monjas, seis personas. Oscurecido, entraron en la casa, dispuestos a convertirla en convento. El carpintero cuenta que a las cuatro de la mañana estuvo todo dispuesto, incluso una capillita con su coro. Dejaron cerradas muchas habitaciones, el caserón «era grande y desbaratado».

Los dos legos acarrearon de la sacristía de los jesuitas aparejos para celebrar la misa.

Primero de noviembre, fiesta de todos los Santos. Al alba, «se tomó posesión del monasterio», vendría sin duda un notario... Y el padre Martín celebró la misa: para dos monjas y muy poquitos amigos, Nicolás, los legos, algún curioso. Madre cuidó «evitar el ruido». Quizá le imponía un poco Salamanca. Ni siquiera dejó anotado que tocaran la campanilla... De momento prefirieron no poner en la capilla el santísimo: a madre Teresa le apenaba colocar la eucaristía en aquel caserón todavía tan sucio, los estudiantes lo habían dejado en un estado lamentable.

Ya solas, nuestras dos monjas pasaron y repasaron las habitaciones de su nuevo monasterio. No resultará fácil acoplarlo. Madre teme si el inmueble será húmedo, situado como está junto a la alberca de la ciudad.

Estaban rendidas después del viaje y una noche sin dormir. Acoplaron dos tarimas regaladas por el padre Martín, con paja como colchón, y dos mantas. Se acostaron tempranito. María del Sacramento se rebulle en su tarima. Madre pregunta si no está buena. María responde que la casa le da miedo.

—¿Por qué?

—Quien sabe si habrá estudiantes escondidos en algún rincón.

—¿Para qué?

—Para darnos un susto, pues salieron enojados.

La Madre ríe. Por tranquilizar a María, se levanta y cerró bien la habitación. María sosegó.

Pero al poco rato, Madre la veía mirar a una y otra parte:

—¿Todavía con temores?

Había comenzado la noche de ánimas. Todas las torres de Salamanca pusieron sus campanas a doblar tocando a muerto. Nuestras dos monjas acurrucaditas bajo la manta oyen el tañido lento y lúgubre.

—Madre...

—¿Qué, María?

—Estoy pensando, Madre: si ahora me muriese yo aquí, ¿qué haríades vos sola?

Esta salida no la esperaba madre Teresa. Le asustó también a ella: «me parecía recia cosa, y comencé a pensar un poco en ello, y aun a haver miedo».

Las campanas, doblando... Madre reaccionó, que «buen principio llevaba el demonio para hacernos perder el pensamiento en niñerías». Decidió reñir secamente a su compañera:

—María.
—Madre.
—María, hermana, si usted se muere, yo pensaré lo que haya de hacer; ahora déjeme dormir.

María calló.

Madre, pasado el tiempo, sonreía:
—Como habíamos tenido dos noches malas, presto el sueño quitó los miedos.

Nada extraño que el padre Báñez aparezca estos meses por Salamanca. Cualquiera diría si al ilustre teólogo dominico le gusta combinar sus predicaciones con las andanzas de madre Teresa. Bendito sea, que a ella muy oportuno le va el apoyo de personas tan principales como él.

Báñez todavía no desempeña cátedra en la universidad, tardará, siete años. Pero influye fuertemente: respalda a su condiscípulo Bartolomé de Medina, catedrático a quien un día heredará.

En esta época, cuando Teresa funda su convento, Salamanca hierve agitada por el choque de varias corrientes teológicas. Ha ocurrido una coincidencia curiosa. Después de Trento, los maestros dominicos de teología, base fundamental de la universidad, están acentuando un tomismo rígido y miran con recelo cualquier innovación. Reconocen como maestro a Francisco de Vitoria, pero renuncian a su carga humanística. Sin embargo esos mismos años avanza en Salamanca un equipo de teólogos que traen como exigencia previa a la reflexión humana el conocimiento exacto de los textos bíblicos: quieren conocer las palabras de la Biblia no sólo en la traducción latina de la Vulgata, garantizada por el concilio de Trento, sino también los textos originales griegos y hebreos. De alguna manera los hebraístas salmantinos prolongan la tarea cumplida en Alcalá por los humanistas que publicaron en 1514 la Biblia políglota complutense, primera edición católica del texto hebreo.

Los estudiantes salmantinos siguen apasionadamente la disputa que enfrenta sus profesores unos contra otros. Por parte de los hebraístas, a quienes sus contrarios llaman despectivamente «judaizantes», destacan Martínez Cantalapiedra y Luis de León. A fray Luis de León están jugándole una mala pasada. Místico y poeta, amén de teólogo, el fraile agustino tiene traducido directamente del hebreo nada menos que el Cantar de los cantares, libro bíblico mirado con recelo por ciertos escolásticos. En las disputas actuales, fray Luis ataca de frente al más duro enemigo de los hebraístas, León de Castro. Los escolásticos reaccionan montando un proceso contra fray Luis a base de diecisiete proposiciones peligrosas tomadas de apuntes escolares: mandan el informe a la Inquisición. Va a costarle a fray Luis un disgusto serio: cinco años de cárcel.

Madre Teresa conseguirá poco a poco en Salamanca un milagro increíble, ser amiga personal de unos y otros. A ella mucho la quiere ya fray Domingo Báñez. Pronto la Madre ganará el afecto de Bartolomé de Medina y la admiración de fray Luis. Para ella no existen rencores de escuela...

Su consuelo en Salamanca, y su confidente, fue el jesuita padre Martín. Nos ha llegado una referencia notable de las conversaciones entre la monja y el jesuita. Conversaban en la capillita del vetusto caserón. Al padre Martín le acompañaba un novicio joven, Bartolomé. El novicio solía sentarse alejado de ellos, pero la capilla era minúscula y Bartolomé se enteraba de todo: «trataban... de las visitas que nuestro Señor hacía a la dicha Madre; en el hablar de Dios y cosas espirituales se les pasaron tardes enteras».

Mandó venir dos monjas de Medina, una de Valladolid, tres novicias de Avila. Con María, la asustadiza María, y ella, eran ya ocho. El monasterio comenzaba a funcionar cuando llegaron los primeros fríos. Y efectivamente la Madre comprobó sus temores: en aquella casa sus carmelitas caerían de una enfermedad en otra. Habría que buscar acomodo nuevo.

Madre Teresa ha llamado al padre Báñez para consultarle un apuro. El tema lo tienen tratado ambos desde vísperas de fundar en Malagón, y aún antes, cuando Madre resolvió asentar sus monasterios con pobreza absoluta. Sin renta.

Aceptó rentas en Malagón y en Pastrana, lugares pequeños donde las limosnas no acudirían, y por otra parte, no habían de hallar comprador los trabajos de las carmelitas.

Pero no le gusta fundar con renta.

Y ahora le ofrecen otro monasterio.

Han venido de Alba de Tormes sus hermanos Juana y Juan de Ovalle. Le traen una propuesta.

Los duques de Alba tienen al cuidado de su hacienda un contable distinguido, con título de contador mayor: don Francisco Velázquez, quien años atrás llevó la administración de la Universidad salmantina. Está casado con Teresa Laíz. Matrimonio sin hijos, doña Teresa decidió emplear los ahorros fundando un monasterio de monjas. En Alba.

Sus amigos frailes procuraron disuadirla, «porque —le ironizaban— las monjas, las más estaban descontentas». Un franciscano le habló de madre Teresa y sus conventos. La señora supo, en los pueblos todo se sabe, que madre Teresa tenía hermanos en Alba. Llamó a los Ovalle, y les rogó llevaran una carta a la fundadora.

Madre Teresa oye a sus hermanos. Lee la carta. En Alba el monasterio habría de fundarse con renta, otro más. A ella le gustan conventos de pobreza total.

Llama al padre Báñez.

El teólogo la riñó:

—Me riñó, y dijo que, pues el concilio daba licencia para tener renta, que no sería bien dejase de hacer un monasterio por eso.

Bien, acepta. El monasterio de Alba, tan cerquita de Salamanca, a orillas del Tormes, dominado el caserío por los torreones del castillo ducal, va a ser un punto de referencia constante en la vida y en la muerte de madre Teresa.

Acompañada de sus hermanos y dos monjas, fue a negociar con el contador mayor y su mujer. Acudió el padre Báñez, y le admiró «con cuánta suavidad allanaba todas las dificultades». El tres de diciembre firmaron los acuerdos. Madre alabó el desprendimiento de los donantes, «que dejaron su propia casa para darnos y se fueron a otra harto ruin». Estaba contenta y ocurrente. Cuenta el padre Báñez que un día en casa de los Ovalle recordaron acusaciones antiguas contra la madre Teresa por parte de un fraile que la comparó a Magdalena de la Cruz, la famosa embaucadora. Al poco rato, la Madre, cruzando de un aposento a otro, se dio «tan recio golpe en la frente con el quicio de una puerta, que sonó lejos como si se hubiera descalabrado». Acudió su hermana Juana y la encontró riendo:

—Ay, hermana, esto sí es un golpe, yo sé dónde me duele; las cosas esas que dicen de mí, no sé dónde me dan.

Madre quiso realizar las obras convenientes y estrenar cuanto antes el convento.

Pero la reclamaron con urgencia sus hijas desde Medina del Campo.

¿Qué problemas hay en Medina?

Los hay; sin embargo, podrían resolverse fácil a no ser por el padre provincial.

El provincial de los carmelitas, ahí está el verdadero problema. Celebrado capítulo este año 1570 a fines de septiembre, los frailes del paño han elegido provincial de Castilla a nuestro conocido fray Angel de Salazar. Quien a los recelos de siempre acerca de madre Teresa, añade ahora un tufillo de celos bastante aparatoso. Siempre le gustó meter la nariz en guisos ajenos, madre Teresa adivina en el horizonte nubes tormentosas.

Ha entrado novicia en Medina una chica joven, guapa y riquísima, de los mejores partidos de la ciudad. Isabel Ruiz, tomó de nombre Isabel de los Angeles. Huérfana, la habían criado sus tíos Simón Ruiz y María Montalvo: Simón, banquero, una de las fortunas conspicuas de Medina, goza el respeto y la confianza de jerarcas civiles y eclesiásticos.

La niña Isabel quiere poner su herencia en manos de la priora, para que las carmelitas construyan al fin una iglesia deseada desde hace años, una hermosa capilla.

El tío Simón, buen negociante, decide sacarle honores religiosos al monjío de la sobrina: entromete su parentesco, exigiendo «patronato familiar» sobre la nueva iglesia. La priora sabe con cuánta decisión rechaza madre Teresa los patronatos, que llevan consigo intromisiones en el funcionamiento interno de los monasterios: y niega, con el respaldo de su comunidad, la pretensión del banquero. Don Simón acude al padre provincial; fray Angel, encantado, se pone de su parte: o las monjas aceptan el patronato, o no habrá dineros para la nueva capilla. La jovencilla novicia Isabel afronta la resolución del provincial:

—¿Acaso no puedo yo disponer libremente de mis dineros?

Llegó la Madre. Aprobó la conducta de sus monjas, el patronato no es de recibo.

La cólera sorda del padre provincial había de estallar...

Tocaba elecciones en el monasterio de Medina. La priora, madre Inés, gobernaba con agrado de las monjas. Pensaban elegirla de nuevo. Pero fray Angel Salazar les había indicado su deseo de que votaran a favor de una venerable monja de la Encarnación de Avila, doña Teresa de Quesada. ¿Por qué, una «doña» de la Encarnación para priora de descalzas? Bueno, fray Angel es provincial, y se cree con ciencia infusa.

Madre Teresa presidió la votación: salió reelegida la madre Inés.

Fray Angel, estaba en Medina al quite, estalló: envía un decreto suyo al monasterio de las carmelitas nombrando priora a doña Teresa de Quesada, y ordenando que bajo pena de excomunión las madres Teresa de Jesús e Inés abandonen Medina inmediatamente.

Al fraile del paño le podía la ira.

Era caída de tarde; la noche, sobre el doce de diciembre, entraba fría.

Madre no vaciló, se iban, obedecía. La orden del provincial contradice las facultades concedidas por el padre general Rubeo a la fundadora de monasterios carmelitas. Pero ella quiso dejar a sus hijas el ejemplo de la obediencia costosa.

A aquella hora no encontraron mulas, sólo dos jumentillos de un aguador.

A caballo en sus jumentos, de noche, salieron de Medina camino de Avila. Sus hijas de San José la vieron llegar al día siguiente «harto fatigada, y afligida»: catorce leguas de marcha nocturna a lomos del jumentillo...

Regresó enseguida a Salamanca, pasando de camino por Mancera: pidió a fray Juan de la Cruz que le acompañara, deseaba su ayuda en el arranque de los monasterios de Salamanca y de Alba.

La navidad llenó de música el viejo caserón estudiantil de Salamanca convertido en monasterio.

Madre compone villancicos:

Este Niño viene llorando;
mira, Gil, te está llamando.
Vino del cielo a la tierra,
para quitar nuestra guerra;
ya comienza la pelea,
su sangre está derramando.
Mira, Gil, te está llamando.

Las monjas oyen embobadas lecciones de fray Juan, sin prisas, sin aturdimiento. Madre siente un respeto inmenso por este frailecillo, «medio fraile», capaz de alumbrar con palabras claras los fenómenos íntimos de la presencia divina en el alma. De Salamanca le nace a fray Juan un vínculo espiritual fortísimo con la novicia Ana de Jesús, una de las venidas de Avila, a quien más adelante considerará discípula predilecta.

También el palacio madrileño de los príncipes de Eboli resplandece con fiestas jubilosas esta navidad de 1570. Hay alegría en la corte. En otoño le trajeron al rey su cuarta novia desde Viena. Don Felipe, acompañado de su hermana doña Juana, recibió el cortejo en Segovia. La princesa Ana de Austria no les parece a las damas españolas muy bella, pero es atractiva y cariñosa. Ha cumplido 21 años; su novio el rey, 43. La boda, en la catedral, resultó magnífica, y la nueva reina quiso a su lado las dos niñitas huérfanas de Isabel de Valois. Los segovianos pidieron corrida de toros, el rey no les dio toros: antes que a los segovianos, prefirió complacer al papa.

Pío V había abierto el año excomulgando a la reina Isabel de Inglaterra por las persecuciones desatadas contra los súbditos católicos de su reino. A Felipe II, cuyas naves sufrían en los mares el asalto de los piratas de Drake, no le parecía conveniente exasperar las iras de Isabel, y había rogado al papa retrasara la excomunión. Nuestro rey ayuda en secreto a la desgraciada contrincante de Isabel, la reina de Escocia María Estuardo. Pero abriga la última esperanza de que Isabel no rompa definitivamente con la iglesia católica.

El papa, en cambio, da Inglaterra por perdida, y lo que ahora negocia es oponer una barrera al avance de los turcos en el mar Mediterráneo. Selim II, el sucesor de Solimán, amenaza las posiciones orientales de Venecia: los turcos dan un zarpazo sobre la isla de Chipre. La república de San Marcos pide auxilio al papa, quien trata de convencer a Felipe II para que acepte participar en la cruzada naval. Pío V ha elegido como generalísimo de la armada cristiana «a un hombre enviado por Dios llamado Juan», don Juan de Austria, que ha regresado de las Alpujarras vencedor del morisco Aben Abóo. Por eso el festejo de los Eboli en la navidad de 1570 tiene como centro a don Juan de Austria: la enigmática princesa tuerta le dedica sus misteriosos encantos. Y dicen que ahora el rey sí comienza a sentir celos por la gentil estampa de su joven hermano don Juan...

Pasada navidad, madre Teresa acomete las obras en el edificio de Alba. Fray Juan de la Cruz trabaja de peón albañil. La Madre da órdenes al oficial y vigila. Les bastó un mes, el 25 de enero de 1571 pudieron inaugurar el monasterio con dos monjas de Medina, dos de Toledo y dos de Salamanca: aquí queda nuestra María del Sacramento, la muerta de miedo de la noche de ánimas; y aquella niñita de Navalcarnero María de San Francisco, acogida por su Madre en su celda toledana. En la procesión del estreno, junto a frailes franciscanos, frailes jerónimos y clero parroquial, figuraron el padre Domingo Báñez, con su capa negra, y fray Juan de la Cruz, con su capa blanca. Al matrimonio Velázquez, fundador del convento, lo acompañaba su señora la duquesa de Alba, doña María Enríquez de Toledo: el señor duque sigue en Flandes.

Madre Teresa se queda tres meses en Salamanca. Fray Juan de la Cruz regresa enseguida a Mancera. Madre y fray Juan han conferenciado reposadamente acerca de las amenazas que para la reforma carmelitana significa verse otra vez de superior provincial al venenoso fray Angel de Salazar. Descalzos y descalzas gozan cierta libertad de movimiento en las fundaciones gracias a las patentes concedidas por el padre general Rubeo, pero como superior directo siguen sujetos al provincial de los frailes del paño. Los choques, dado el ímpetu imprudente de fray Angel, pueden venir fuertes.

Tienen además la inquietud de Pastrana. El noviciado crece a ritmo de vértigo, pronto abrirán el colegio en Alcalá donde madre Teresa quiere de prior a fray Juan de la Cruz. Hay un trasvase grande de carmelitas calzados a carmelitas descalzos. El padre general ha enviado una carta desde Roma señalando los roces posibles entre unos y otros; autoriza la creación de conventos descalzos hasta el número de veinte, y les da voz y voto en los capítulos de la orden; pero recomienda serenidad a «los carmelitas contemplativos», y les ordena que no reciban carmelitas calzados sin licencia escrita de Roma; en fin, claramente prohíbe la entrada en los descalzos de frailes calzados provenientes del grupo andaluz rebelde. Y madre Teresa sabe que desde el principio tienen dentro a uno de ellos, Baltasar Nieto, nombrado superior de Pastrana por el padre Antonio.

Marcha fray Juan a Mancera. Madre da la cadencia habitual de sus comunidades al monasterio salmantino. Las carmelitas la ven absorta siempre, a pesar de los trabajos externos, en la presencia de Dios. Le han preguntado cómo se arregla para hermanar sus ocupaciones con semejante oración: responde que está enamorada de Cristo, «consolándose con El, hablando siempre con El y de El». La ven «arrobada», ciertos días le notan «júbilos, inflamación del rostro y un color tan extraordinario, tan hermoso, una hermosura que maravilla». Sus papeles de conciencia de estos meses, ella los entrega al jesuita padre Martín Gutiérrez, refieren pasmos ocurridos en la cuaresma y semana santa de aquel año. El día de la Virgen dolorosa, la Madre, aturdida de pena, no pudo tomar un pedacito de pan en la cena:

—Y luego se me representó Cristo, parecíame que me partía el pan y me lo iva a poner en la boca...

En la comunión de domingo de ramos, se vio toda inmersa en la sangre redentora de Cristo, «como que entonces acabara de derramarla el Señor»:

—Y díjome: hija, yo quiero que mi sangre te aproveche, y no hayas miedo que te falte mi misericordia; yo la derramé con muchos dolores, y gózasla tú con gran deleite.

El domingo de resurrección, las carmelitas celebraron festejo a la tarde. Bailaron y cantaron, Madre con ellas. Una novicia recién llegada de Segovia entonó este cantarcillo popular: «Véante mis ojos, / dulce Jesús bueno, / véante mis ojos, / muérame yo luego».

Madre oyendo el cantar quedó suspensa, como desmayada. Levantándola en peso, sus hijas la llevaron a la celda. Tardó la noche y medio día en salir, y aun les pareció «no estaba del todo vuelta en sí». La veían como flotando en una sonrisa divina. Aquella semana de pascua les recitó un poema que glosa en catorce estrofas esta letrilla deliciosa:

Vivo sin vivir en mí
y tan alta vida espero
que muero porque no muero.

Los versos de Madre brotan a chorro de su corazón enamorado: «Vivo ya fuera de mí / después que muero de amor, / porque vivo en el Señor / que me quiso para sí. / Cuando el corazón le di / puso en él este letrero: / Que muero porque no muero».

Y enseguida la veían descender con absoluta naturalidad a las minucias de la vida. Para ocuparse de asuntos cotidianos. Sobre todo, para buscar la casa nueva que les permita dejar este caserón insano y establecer definitivamente su convento. Madre busca y busca, sin hallar lo que desea. Quién lo dijera, si quizá hasta sean ciertos los milagros que por Salamanca le atribuyen. Cuentan que tocó en el palacio de los condes de Monterrey la cara del aya, enferma de un tabardillo feroz, y la vieja abrió los ojos espantada: «¿quién me ha tocado, que me siento sana?». Por lo visto, la misma madre Teresa se asustó. También le achacan la curación de la joven condesa doña María Pimentel de Fonseca, moribunda en los veintidós años de su edad: la curó, dicen, sin tocarla siquiera.

Arrobos, milagros, pero no encuentra casa. Y ha de marcharse, dejando sus hijas todavía en el destartalado caserón.

Ha de marcharse, llegan noticias de Roma y de Pastrana.

La primera, una gran noticia familiar; le alegró con solo entrar en Avila: el «caballero santo», don Francisco Salcedo, ha cantado misa. Es sacerdote. Murió doña Mencía, su mujer. Viudo, anciano ya, don Francisco se ordenó. Madre goza participando en sus misas, le parece oír aleteo de palomas alrededor dc las manos consagradas de su caballero.

Las nuevas de Pastrana le confortaron, dentro de la inquietud proveniente de aquellas casas. Las monjas carmelitas soportan mal que bien la intemperancia de la princesa. Los frailes carmelitas han llevado a puerto el proyecto universitario de Alcalá: con dineros de don Ruy Gómez compraron casa capaz para una veintena de estudiantes; y esta primavera han abierto el estudiantado. Fray Juan de la Cruz, como rector: así los jóvenes provenientes de Pastrana pasarán por sus manos y recibirán el conveniente toque de equilibrio después del fervor penitencial vivido en el noviciado. A las pocas semanas de estancia, ya fray Juan «está tenido en aquellas escuelas como muy santo varón por su mansedumbre y quietud». Madre Teresa respira, y ahora Pastrana le da menos miedo.

La noticia de Roma vale lo que pesa, confiemos sea para bien. Nunca el rey de España, ni su corte, se dieron por satisfechos con el plan pontificio de reforma religiosa. Después de Trento continuaron quejándose al papa: había que forzar más a los conventos si de veras pretenden renovarlos y suprimir todos los escándalos. En Roma saben perfectamente las motivaciones secretas escondidas dentro de tan fervoroso celo: intervenir en el régimen de los conventos significa para el rey una parcela importante de poder, mitad eclesiástico mitad político.

Pío V aceptó por fin una fórmula intermedia: encomienda impulsar y vigilar la reforma religiosa a los obispos españoles, que podrán realizarla por sí mismos o por medio de delegados suyos. El resultado fue mediocre. Al papa y al rey, entre otras órdenes, les preocupaban especialmente los carmelitas, a cuenta sobre todo de Andalucía, donde el padre Rubeo las había pasado tan amargas. Por eso decidieron confiar la reforma carmelitana a tres frailes dominicos titulados «visitadores apostólicos»: uno para Castilla, otro Aragón y Cataluña, el tercero Andalucía.

Correspondió a Castilla el padre Pedro Fernández.

Quien, por tanto, posee autoridad superior al provincial fray Angel Salazar. Fray Angel habrá de andarse con tino. Para madre Teresa significa un motivo de tranquilidad saber que el nuevo visitador, padre Fernández, es amigo personal del padre Báñez. Y de doña María de Mendoza, la hermana del obispo de Avila.

El visitador comenzó a funcionar en el momento justo: porque el provincial, fray Angel, tenía embarullado terriblemente el monasterio de las descalzas de Medina. Había impuesto él por decreto la priora, doña Teresa de Quesada; la famosa noche, cuando madre Teresa escapó, a lomos de jumento, de una excomunión. Sus monjas no aceptaron la priora impuesta. Le guardaban reverencia, pero no le dieron confianza. Y la novicia Isabel Ruiz seguía terca en dedicar su herencia a construir iglesia sin patronato a favor del tío Simón. La atmósfera del monasterio se le hizo inaguantable a doña Teresa Quesada, quien avisó al provincial que ella volvía a su Encarnación de su Avila. Fray Angel, terco, sondeó el clima de la Encarnación: a ver si allí se la aceptarían de priora, por compensarla. Ni soñarlo, respondieron. Y a todo esto, quedaba sin priora el monasterio de Medina.

El visitador padre Fernández ha avisado a la madre Teresa que desea verla en San José de Avila el 20 de mayo.

Lleva curiosidad enorme por conocerla.

Ha preguntado a todos cómo es ella. También a su amigo Báñez, por supuesto. Le dicen lindezas. El, los ha oído, pero trae sus reservas.

Hablaron, tranquilamente. Contó Teresa el origen de la reforma, sus pasos, sus conventos, sus monjas. El padre visitador quiso conocer al detalle los conflictos de Medina. Fue un examen mutuo. A la Madre le pareció el fraile un hombre fuerte y limpio, nada retorcido, nada hostil. Al padre visitador la monja le pareció «mujer de bien», así lo dijo al amigo Báñez: «ella y sus hijas dan a entender al mundo ser posible que mujeres puedan seguir la perfección evangélica».

Sobre la marcha, resolvió el visitador corregir el entuerto cometido en Medina por fray Angel Salazar: viajó allá, reunió a las monjas, las consoló; y les ordenó proceder libremente a elegir su priora.

—¿Podemos votar a la madre Teresa?

—Pueden votar a quien prefieran.

Votaron, unánimes: las hijas de Medina gozaron un día glorioso con poder compensarle a su Madre fundadora el amargo paso de aquella noche, cuando la excomunión y el jumento.

Enviaron un propio para que conocieran enseguida la noticia en Avila.

Madre «aceptó la elección con gusto, por la necesidad de las de Medina».

Al visitador le pareció de perlas que acudiera la fundadora donde habían pasado sus hijas tan penosa temporada.

Por estos días finales de mayo hay gran revuelo en lo que pudiéramos llamar hemisferio oriental de los descalzos, Pastrana: ha llegado la «buena mujer», la eremita, la penitente Catalina de Cardona.

La hospedan en palacio los príncipes de Eboli, sus patronos de antaño. Toda la redolada se conmueve. De Madrid acuden nobles cortesanos, sobre todo cortesanas, a contemplar las arrugas de aquel rostro conocido.

Hay damas que lloran viéndola marchita, deteriorada. Trae ropas de hombre. Cuando sale de palacio a visitar el monasterio de las carmelitas y el cerro de los frailes, la gente sencilla le presenta niños a que los bendiga, la tocan, le rezan.

Catalina pide como un honor vestir el hábito carmelita; pero no lo quiere de monja, pide hábito de fraile. Se lo impusieron en la ermita del cerro: madrina la princesa, fray Baltasar Nieto revistió a Catalina con el sayal de los descalzos, su escapulario, la capa blanca. No hubo que descalzarla, venía descalza. Aquella rara toma de hábito cobraba sentido con un compromiso expreso de Catalina: emplearía sus fuerzas en fundar un monasterio de frailes descalzos por las cercanías de su cueva junto al Júcar.

Más emociones en Pastrana. Doña Juana de Portugal, la hermana del rey, manda una carroza para que la penitente sea trasladada a Madrid: el rey la quiere ver. Catalina propone a los frailes que la acompañen, aprovecharán el viaje recogiendo limosnas con destino al monasterio proyectado.

Los madrileños contemplaron la carroza real llena de frailes, uno de los cuales, menudito, demacrado, repartía bendiciones. La noticia circuló pronto por los huecos de la corte, y las damas distinguidas pidieron puesto a los frailes para escoltar ellas a la penitente. Así hubo quien pudo asombrarse y correr a contarle al nuncio que andaba por Madrid un frailecillo descalzo repartiendo bendiciones desde una carroza en la cual viajaban hermosas señoras.

—¿Qué señoras?

Respondieron al nuncio:

—Damas elegantes de la corte.

Nuestro aventurero fray Mariano tuvo que llevar su venerada penitente a la nunciatura. Catalina, sin reparar en las pintorescas circunstancias, trazó la señal de la cruz sobre el nuncio:

—Hijo mío, Dios te bendiga.

El nuncio pensó si «aquello» estaría loco.

Quiso saber, preguntó; y la historia de la «buena mujer» le pudo, también a él, fino monseñor.

Justo aquellos días partió de Madrid don Juan de Austria para tomar el mando de la armada contra el turco. Catalina, a quien don Juan llamaba «madre» desde los lejanos tiempos de la niñez, bendijo al príncipe y le deseó la victoria.

Catalina repetía durante los días del viaje sus terroríficas penitencias, y los frailes acompañantes procuraban imitarla. Pusieron la corte en vilo. Llovían las limosnas para el futuro monasterio: al volver a Pastrana trajeron dinero, cálices, ornamentos, imágenes de plata, de oro, libros artísticos, rosarios...

La penitente permaneció en Pastrana todo el verano y todo el otoño. A las monjas carmelitas no les alcanzaba la locura penitencial de Catalina, ellas continuaron fieles a su estilo y a las normas de su fundadora. Pero madre Teresa temió por sus frailes todavía sin solera. Las truculencias de la eremita no se ajustaban al sereno equilibrio espiritual de la reforma teresiana, en la cual mortificaciones y penitencias ocupan un lugar subordinado al amor. El tirón de Catalina deslizaba los inexpertos descalzos del «hemisferio oriental» por una pendiente propicia a histerismos colectivos.

Madre temió, sólo le tranquilizaba tener a fray Juan de la Cruz como rector del colegio universitario de Alcalá.

Desde luego, Catalina de Cardona es un enigma histórico. Los documentos y declaraciones de la época en torno a su persona admiten interpretaciones opuestas: ¿fue una mujer sublime, o estaba loca de remate?

Ocurrieron lances que hoy analizamos desde postulados científicos de la psicología: pero ni ella misma pudo darles una explicación natural razonable.

Resumo papeles referidos al 7 de octubre de 1571.

Aquel día la flota de don Juan de Austria se enfrentó en el golfo de Lepanto a la armada turca de Alí-Pachá. A las cinco de la tarde, los cristianos habían resultado vencedores «en la mayor jornada que vieron los siglos», según testimonio de Miguel de Cervantes.

La noticia se supo en Roma el 26 de octubre, a los diecisiete días: un mensajero del dux de Venecia informó a Pío V.

Pero el papa, cuentan las crónicas vaticanas, conocía ya la victoria por un aviso celestial. A uno, la verdad, no le sorprende que los ángeles pidieran el oportuno permiso para conmover el alma del santo viejo.

Sin embargo, resulta extraño comprobar que el servicio angélico de información visitó también el día 7 de octubre de 1570 un palacio principesco de Pastrana.

La ermitaña Catalina ocupa su aposento en la señorial mansión de los Eboli. Estaba, como siempre, sola. Las criadas oyeron voces dentro del cuarto. Avisaron a la princesa. Doña Ana acudió. Efectivamente, oían exclamaciones, suspiros, rezos. Doña Ana Mendoza no tuvo reparos en fisgonear por la cerradura. Y tras ella, sus criadas. Vieron y oyeron. Catalina, como hablando con Dios a la vista de una batalla naval, imploraba:

«El viento nos es contrario. Si no lo mudáis, Señor, pereceremos».

Y al poco rato:

«Gracias, Señor, a buen tiempo habéis mudado el aire».

Por fin, voces jubilosas.

Salió Catalina; y respondió a las preguntas de doña Ana: la flota cristiana ha derrotado a los turcos.

La princesa contó el suceso a su marido. Don Ruy Gómez, al rey. Felipe II dispuso, prudente siempre:

—Téngase secreto, porque si después no saliese cierta la revelación, no se desacredite la opinión de esta buena mujer.

Salió cierta...

¿Qué era, Catalina de Cardona?

33
Priora de la Encarnación
(1571-1573)

Por los mismos días de Lepanto, en octubre de 1571, a madre Teresa de Jesús le plantean una batalla inesperada. Su gran batalla. Peor que si la hubieran enviado a pelear con los turcos.

Nueve años hace salió de la Encarnación. Le han ocurrido desde entonces acontecimientos extraños, diríamos que no queda posibilidad de ocasionarle sorpresas. Monjas, arrieros, obispos, frailes, cortesanos, albañiles, posaderos, el demonio y los ángeles pasan y repasan su biografía. A veces en tumulto agobiante. Creó el monasterio de San José buscando un rinconcito silencioso para quedarse acurrucada con doce mujeres atentas a la voz interior y desprendidas, desasidas del vendaval humano. Le salieron los cáculos al revés, ella sabe aceptar con sentido del humor las algarabías donde le toca danzar. Nada habrá ya que pueda sorprenderle.

Sólo una cosa, precisamente la que ahora sucede: Dios bendito, la mandan de madre priora a su antiguo monasterio de la Encarnación. Dios bendito...

Sorpresa le dieron, y bastante. Era quizá el único encargo ante el cual madre Teresa pudiera sentirse inerme. De momento, claro. Sólo de momento.

¿Cómo ha ocurrido?

Algunos historiadores atribuyen la iniciativa de nombrarle priora de la Encarnación, a las malas ideas del provincial fray Angel Salazar, quien así encontró la manera de frenar aquella siembra de monasterios descalzos realizada por la Madre a lo largo y ancho de Castilla. De paso, se vengaba él sañudamente de las monjas por haberle negado el puesto de priora a su protegida doña Teresa Quesada: les impone esta otra Teresa, que las abandonó para fundar un monasterio más fervoroso. En cierto modo la marcha de doña Teresa de Ahumada dejó marcado la Encarnación como un establecimiento de reputación disminuida. Es normal que sus antiguas compañeras le guarden algún rencor. Quién sabe si además a fray Angel le complace de antemano el inevitable fracaso, la ruidosa catástrofe que ha de venirle a madre Teresa en la selva donde ahora la instalan.

A mí tampoco me gusta un pelo este fraile provincial quizá envidioso del resplandor de madre Teresa, quizá simplemente deseoso de afirmar el poderío masculino sobre las veleidades místicas propias de féminas sentimentales.

Pero en los documentos veo claro que no ha sido fray Angel el responsable del nombramiento. Fray Angel hace otra cosa muy acorde con su mediocre estatura espiritual: deja pensar a la gente, sobre todo a las monjas de la Encarnación, que efectivamente ha sido él quien puso los resortes en marcha.

No ha sido él.

Ha sido el visitador apostólico, padre Fernández. Al visitador corresponde la suprema autoridad, por encima de fray Angel.

El padre dominico cumple su oficio de visitador cavilando cuanto puede a la búsqueda de fórmulas eficaces para llevar a buen fin la reforma de la orden carmelitana en España.

A estas alturas él ha visto en las monjas descalzas y en los frailes descalzos de madre Teresa una reforma ejemplar, maravillosa, muy arriba del techo apetecido por el papa y por el rey.

Discurre cómo utilizar la fórmula de madre Teresa en beneficio de toda la orden.

Y llega a dos conclusiones.

Antes que nada, le conviene dar forma definitiva, legal, al estado de las monjas pasadas de convento calzado a convento descalzo. Una treintena de carmelitas procedentes de la Encarnación han participado ya en las fundaciones realizadas hasta la fecha por madre Teresa. El visitador apostólico decide ofrecerles quedarse definitivamente vinculadas a la reforma de madre Teresa, si así lo desean; de modo que nadie, por ejemplo ningún provincial entrometido, que los hay, pueda reintegrarlas a su convento de origen. Es listo, el visitador dominico: decretó que las monjas de regla mitigada —es decir, calzadas de la Encarnación— decididas a permanecer para siempre en la regla primitiva —es decir, descalzas de madre Teresa— hicieran profesión pública de su voluntad.

Madre Teresa quiso ser la primera, y emitió su juramento con solemnidad, ante testigos calificados: «digo yo, Teresa de Jesús, monja de nuestra señora del Carmen, profesa de la

Encarnación de Avila, y ahora de presente estoy en San Josef de Avila, adonde se guarda la primera regla... es mi voluntad de guardarla toda mi vida, y ansí lo prometo».

Siguieron las demás, y quedaron jurídicamente protegidas.

Pero al sabio visitador apostólico le bailaba en el magín otra iniciativa.

¿Cómo introducir la reforma en los conventos calzados? Pues muy sencillo, colocándoles de prioras y priores monjas descalzas y frailes descalzos. No para descalzar en bloque los conventos, de ninguna manera. Cada convento ha de seguir gobernado con arreglo a su regla propia, y sus costumbres: lo que pasa es que un prior santo y una priora santa conseguirán la observancia perfecta de la regla.

Luego veremos cómo el invento funcionó regular. Sin embargo, la idea era muy atractiva, un hallazgo.

Tocó a madre Teresa estrenar el sistema del visitador.

Ella durante el verano de 1571 descansa en San José, y prepara su viaje a Medina donde la tienen elegida priora.

Pero el visitador le plantea confidencialmente su proyecto. A Madre le causa sobresalto: ¡priora de la Encarnación! No puede creerlo.

De mitad de junio a mitad de julio, hubo un forcejeo entre los dos. La Madre oponía mansamente sus razonamientos: y acababan sus hijas de elegirla priora en Medina, él lo sabe y le pareció perfecto. El visitador la escucha, reflexiona, le explica las diferencias entre su puñadito fiel de carmelitas y ese monjío inmenso de la Encarnación... Me imagino a madre Teresa mirando sonriente al dominico: si sabrá ella, la Encarnación.

El padre visitador no quiere forzarla.

Y entonces le ocurre a madre Teresa una de aquellas cosas suyas.

Ni son muchas ni frecuentes las noticias que recibe de sus hermanos esparcidos por América. A unos les va bien, a otros mal. Se cruzan cartas muy de tarde en tarde. El mejor librado ha sido Lorenzo, le asignaron puestos de gobierno en varias ciudades americanas y le consideran rico: ha contado a su hermana Teresa que le murió la mujer Juana Fuentes a finales del año 1567 dejándole tres niños y una niña. Lorenzo está cansado de América y prepara el regreso a España. Con él volverá Pedro, taciturno, enfermizo. Jerónimo y Agustín nunca

hablan del regreso, lo cual intranquiliza a su hermana monja.
El más joven, Agustín, ha quedado solterón y al parecer fue siempre mujeriego: Teresa está pendiente de sus andanzas «por no saber cómo va en las cosas de nuestro Señor».

Precisamente estos días del verano de 1571 la monja se inquieta a cuenta de Agustín: el «conquistador» le escribe contando un ascenso suyo, «le han entrado en un gobierno nuevo». Ella no quisiera que su hermano siga en América, le gustaría verlo volver. Allá lo ve en peligro de irse al infierno. Madre Teresa es así, habla donosamente a Jesucristo en los sabrosos ratos de oración:

—Si yo viera, Señor, un hermano vuestro en este peligro, ¿qué hiciera por remediarle?

Una queja finísima, de mujer enamorada. Su Señor, amo de los vientos que hinchan la vela de las naves, puede igual soplar sobre el corazón de Agustín deseos de venir a España: Agustín es mi hermano, Señor...

La voz de Cristo se le dejó oír a Teresa en su alma:

—Oh, hija, hija, hermanas son mías estas de la Encarnación, y te detienes...

A Teresa le ha pillado su Señor en las delicadas redes del cariño. Sigue la voz:

—Hermanas son mías, ten ánimo, mira lo quiero yo. No es tan dificultoso como te parece. No resistas, que es grande mi poder.

Naturalmente, madre Teresa dio su conformidad al visitador: irá de priora a la Encarnación.

El padre Fernández ignora quién ha sido su aliado para convencer a la monja.

Deciden que ella viaje a Medina y ejerza de priora, mientras él prepara el asalto a la fortaleza monjil más altiva de Avila, el monasterio de la Encarnación.

Con gran alborozo la recibieron sus hijas de Medina, no sospechaban la brevedad de la estancia.

Llegó Madre la última semana de julio. A primeros de octubre, vino el padre Fernández a comunicar la sensacional noticia: Madre las abandona, ha sido nombrada priora de la Encarnación.

Impresionadas, a las carmelitas de Medina la novedad les suavizó el desconsuelo.

A esas horas ya en Avila ni los aguadores hablaban de otro tema.

La historia mundial narra tomas militares, asaltos heroicos a fortalezas que se creyeron inexpugnables. En siglos muy anteriores a madre Teresa fue célebre Numancia, por ejemplo; en siglos posteriores, la Bastilla.

Minúscula y monjil, la «toma» de la Encarnación de Avila por la nueva priora revistió caracteres épicos, ya que las residentes ofrecieron resistencia «numantina».

Esta vez sí debemos cargarle las culpas al bilioso provincial del paño, fray Angel Salazar.

Quiso lucirse, darse aires ante las carmelitas, apareciendo como responsable de la decisión tomada por el visitador apostólico. Las monjas lo creyeron. El llegó también a creérselo. Pasarán años, y declarará cuando le citen para los procesos sobre la santidad de madre Teresa: «este testigo la mandó volver al dicho monasterio por priora». Pero escrito de mano de la protagonista hay en el libro de las *Fundaciones* un párrafo definitivo: «me mandó el padre maestro fray Pedro Fernández, que era comisario apostólico entonces, ir por tres años a la Encarnación de Avila».

El archivo de la Encarnación guardó hasta nuestros días un precioso manuscrito en el cual doña María Pinel, monja carmelita del siglo XVII, recoge «noticias del santo convento» a base de la tradición oral conservada fresca en el monasterio. La Pinel describe con pormenores la ira colectiva que esta nueva intromisión del provincial desató en las monjas: ¡había pretendido colocarles a doña Teresa Quesada, y ahora les impone a doña Teresa de Ahumada!

La repulsa del monasterio nada tiene que ver con la persona de madre Teresa. Ciertamente hay en la Encarnación un pequeño grupo de monjas enemigas, o porque no la estiman o porque tienen miedo a sus reformas: sospechan que «las había de apretar en las cosas de la religión, por ser ella tan observante». Las «enemigas» son un grupo; la mayoría de las carmelitas conocieron, amaron y aman a doña Teresa, que abandonó el monasterio no despreciándoles sino apeteciendo mayor perfección, y ahora toma monjas de esta casa como levadura para cada nuevo convento suyo. Hay claros indicios de que no sólo la quieren, también la admiran: se sienten orgullosas por la santidad, el empuje y la fama de «su» doña Teresa, hija de «su» monasterio.

En cambio al provincial... guerra abierta. Fray Angel comete contra ellas dos desafueros.

Uno de intromisión, las tiene acostumbradas a semejante atropello: le encanta farolear, pavonearse, imponerles su autoridad.

El otro desafuero, saltarse la norma electoral: las monjas no rechazan a madre Teresa, rechazan el procedimiento seguido en la designación para el cargo. Quieren votar, ejercer el derecho que la regla les atribuye.

Recién nombrado visitador, al padre Fernández se le escapan todavía estos matices de gobierno. Poco a poco entenderá que la conducta del provincial en Medina no representa una equivocación esporádica: fray Angel Salazar es víctima de arrebatos, y arbitrario en las decisiones. Si el visitador hubiera tratado directamente con las monjas de la Encarnación el nombramiento de madre Teresa, se le hubiera rendido fácilmente la fortaleza. Cometió el error de utilizar como intermediario al provincial. Con la mejor voluntad, quizá deseoso de no aparecer en primer plano, él, dominico, ante monjas de otra orden.

A mediados de octubre, el monasterio es una babilonia. Casi doscientas mujeres habitan en la Encarnación, de ellas ciento treinta son monjas: las demás, señoras seglares hospedadas, jóvenes educandas, criadas.

Y todas, todas, por uno u otro motivo, están furiosas.

La ciudad participa, ya lo creo, en el alboroto de sus monjas preferidas. Avila goza con estos acontecimientos que alteran el aburrimiento de la existencia normal, tan monótona dentro del recinto amurallado. El provincial tiene anunciado que antes del quince de octubre asentará la nueva priora en la Encarnación. Al visitador tampoco le pasa por la mente que delegar al provincial para este acto irritará todavía más a las monjas, aunque satisfaga la hinchada vanidad de fray Angel. Desde la ciudad sube y baja durante ocho días un chorro de parientes y amigos de las carmelitas, también cientos de curiosos, a coloquiar, a discutir, a intrigar. El corregidor de Avila es hombre sensato, y avisa al provincial que ha decidido acompañarlo al acto de posesión, para asegurar el orden. Que dentro del monasterio las monjas tienen algunos arcabuces, por si de noche cualquier granuja salta las tapias del cercado con la intención de robar o asustarlas. Y armas a la mano, nunca se sabe si habrá tentación de usarlas en un arrebato de ira:

imagine, padre provincial, las monjas disparando contra un fraile...

Desde su retiro silencioso de San José, madre Teresa observa el bullebulle de su entrañable ciudad. Conoce bien a sus paisanos, hay que darles tiempo y acabarán aceptando lealmente la nueva situación. Ella ya es mujer de cincuenta y seis años. Estas zarabandas la tienen sin cuidado. Recuerda la mañana aquella cuando jovencilla veinteañera conmovió a la ciudad escapando de su casa al monasterio: «la hija de don Alonso huyó a encerrarse, en la Encarnación». Treintaiséis años ya. Avila comprenderá, y además tendrá que ayudarle. Porque la causa donde se originan los males de la Encarnación está en que las monjas pasan necesidad, algunos días hambre. Avila se lo arreglará, ha de ayudarle.

En vísperas del día fatídico, cuya data exacta desconocemos pero cayó ciertamente del seis al quince de octubre, madre Teresa envió un mensaje personal a la Encarnación: antes de ocupar la silla prioral, quiere que salgan del monasterio todas las huéspedas, señoras residentes y jóvenes educandas; pueden quedarse, claro es, las criadas; pero mientras las huéspedas no salgan, ella no irá a tomar posesión.

Resulta gracioso el estilo de Madre: habla a las monjas como si estuvieran deseando su presencia, y las amenaza con retrasar la ida.

Más gracioso aún ha sido el efecto de su ultimátum: las monjas de la Encarnación despiden a toda velocidad las huéspedas del monasterio, señoras seglares y jóvenes educandas. Una niña hubo, sólo una, que acudió a San José pidiendo a madre Teresa le consienta permanecer: huérfana, vive acogida al hábito de su tía monja. La madre Teresa concede la permanencia de la niña, poniéndola como criada de su tía. Por fin, la niña terminó colocada, gracias a la Madre, en casa de un caballero de la ciudad.

Ya se ve, las carmelitas acabarán reconociendo una priora cuya voluntad aceptan en plena rebeldía. Y eso que de la convivencia con damas seglares derivan al monasterio algunos dineros del sustento. Pues aún así, obedecen a la nueva priora antes de tenerla en casa. A la priora: que al provincial, le han jurado guerra.

A la hora prevista, una minúscula procesión salió de San José: el provincial, a quien acompañan dos frailes calzados; el señor corregidor don Mateo de Arévalo, escoltado por uno de los regidores y varias personas «de cuenta»; la madre Teresa...

¿Lleva la Madre algún amigo? Sí trae un amigo, su estatuilla de san José apretada contra el pecho.

La noticia corre por Ávila, y un reguero de curiosos va sumándose a la comitiva, excitados por contemplar de cerca a la monja famosa, su hábito pardo, su capa blanca, el velo negro tapándole el rostro.

Cuando llegan a la Encarnación, ya los escolta una muchedumbre. Estaría feliz sintiéndose importante fray Angel Salazar... Pues le aguarda un rato amargo.

Las monjas tienen cerrado el portón del monasterio. Llaman, nadie contesta. Llaman, llaman. Inútil. Fray Angel hace una señal a sus acompañantes, que salgan del zaguán y le sigan a la iglesia. El conoce palmo a palmo el monasterio, sabe que existe una puertecilla del coro bajo a la iglesia, por la cual entran y salen las monjas cuando arreglan el altar, y también la usan los capellanes si han de subir la comunión a las enfermas. Madre Teresa, el gentío que contempla el espectáculo desde la explanada le ve, se queda sentada sobre un pedrusco, junto al portal de la iglesia, y siempre apretado contra el pecho su bendito san José.

Fray Angel forzó fácilmente la puertecita que da de la iglesia al coro, las monjas no habían previsto esta brecha en su sistema defensivo: el provincial hizo avisar a madre Teresa, que viniera rápido. Los tres frailes y Madre penetran al coro y pasan al claustro.

Las monjas han comprendido su fallo y acuden precipitadamente a plantarles cara: un tropel de mujeres airadas que gritan y amenazan. La gente de fuera contó luego que les espantaba oír las voces. No sólo acometen a los tres frailes, también a la Madre, la insultan, la empujan. ¿A madre Teresa, cómo es posible? Muy sencillo, el tropel facilita las malas intenciones de las «enemigas», que se hallan protegidas por la confusión del griterío. El provincial eleva su voz intentando superar el alboroto: inútil, no puede con ellas. En su cara le dicen horrores. Madre abrazada siempre a su san José... Más tarde las monjas declararon, incluso las gritonas y alguna «enemiga», que no le vieron un ademán de impaciencia.

Al provincial lo que le aterró fue que por fuerza del sofoco comenzó una que otra monja a caer desmayada, las más frenéticas. El asunto estaba verdaderamente feo. Dispuesto a rendirse, gritó:

—De acuerdo, no quieren vuestras mercedes a la madre Teresa de Jesús.

Sorprendidas, callaron. Un silencio absoluto. Sólo se oía el jadeo de las más sofocadas. Y una, doña Catalina de Castro, habló emocionada:

—La queremos y la amamos.

Fue la crisis, el cambio emocional colectivo. Había lágrimas en los ojos de las monjas. Doña Catalina inició el canto del primer verso del *Tedeum*, el himno litúrgico de acción de gracias. Las monjas cantaron, volcaban su emoción en la hermosa melodía gregoriana. Una monja entretanto alzó la cruz con que debieran haber salido a recibir su nueva priora. Todavía las «enemigas» intentaron abajar la cruz. Pero la batalla había terminado, madre Teresa estaba recibida y las monjas fueron sosegando. Comenzaban las muestras de cariño. Según avanzaban el canto del *Tedeum,* entraron al coro. Fray Angel tomó de la mano a madre Teresa y la sentó en la silla prioral. Acabado el canto, el provincial leyó «la patente» del visitador nombrando la priora. Y se fue, con sus dos frailes del paño.

El corregidor don Mateo, su regidor y acompañantes, la gente de la explanada vieron que doña Teresa no salía, quedó dentro del monasterio.

Avila podía descansar...

En la misa del día siguiente casi ninguna monja de la Encarnación pasó a comulgar: necesitaban primero acudir a los confesores. Y vieron asombradas, llegada la hora, que madre Teresa, cuya delicadeza espiritual conocían de sobra, se acercaba a recibir la hostia consagrada. Lo cual reflejaba una serenidad no perturbada por los ruidos de la tarde anterior.

Faltaba cumplir el rito que llaman «de presentación», en el cual la nueva priora, sentada en su silla del coro, recibe acatamiento de cada monja que de rodillas le ofrece obediencia: sería el momento crucial para conocer la actitud de las «enemigas».

Madre Teresa dio al acto un toque genial.

La campana convocó a las monjas en el claustro. Vestidas de capa blanca, se ordenaron en filas. La Madre, aparentemente distraída, ocupó un puesto cualquiera. Fueron entrando al coro. Y quedaban todas estupefactas al ver colocada en la silla prioral ¡una estatua de la virgen de la Clemencia, venerada en el monasterio! Con las llaves del convento en las manos. Madre Teresa la había colocado para expresar de manera plástica su propósito de que vieran las monjas a nuestra Señora como su verdadera priora. En el sitio correspondiente a la subpriora estaba puesto el san José compañero de Madre en todas sus andanzas.

Entró madre Teresa, y absorta con sus pensamientos fue a ocupar el sitio antiguo, la silla suya de cuando estaba en la Encarnación.

Silencioso el coro, cada monja en su puesto. Contaron luego las carmelitas cómo la presencia de la Virgen sentada en la silla las tuvo enternecidas.

Madre Teresa pareció despertar, salió de su sitio y fue a sentarse en el suelo, a los pies de la Virgen, bajo la silla prioral. Y comenzó a hablarles, un corto saludo de cinco minutos, que luego a distancia las monjas reconstruyeron casi al pie de la letra, porque las diversas versiones coinciden. Una maravilla de discurso, una pieza limpia, sincera, noble y cariñosa:

«Sólo vengo a servirlas y regalarlas en todo lo que yo pudiere; y a esto espero que me ha de ayudar mucho el Señor, que en lo demás cualquiera me puede enseñar y reformarme. Por eso vean, señoras mías, lo que yo puedo hacer por cualquiera; aunque sea dar la sangre y la vida, lo haré de muy buena voluntad».

Dijo que venía por obediencia, jamás buscó el cargo, y cuánto le disgustaba este nombramiento impuesto sin elecciones:

«Hija soy de esta casa y hermana de todas vuestras mercedes; de todas, o de la mayor parte, conozco la condición y las necesidades; no hay para que se extrañen de quien es tan propia suya. No teman mi gobierno; aunque hasta aquí he vivido y gobernado entre descalzas, sé bien, por bondad del Señor, cómo se han de gobernar las que no lo son».

Madre Teresa tomó Numancia, la fortaleza era suya.

A partir de aquel primer día, puso cada noche las llaves del convento en manos de la Virgen que allí siguió sentada en la silla prioral.

La Madre conoce al dedillo el monasterio, la Encarnación y sus habitantes no tienen escondites para ella. Ocupa la celda propia de priora, en el claustro alto, y pone como compañera suya una de las hijas del buen señor Nicolás, conocido nuestro de Salamanca, Ana María de Jesús: le hará un poco de secretaria, y mucho de enfermera, porque a la entrada del invierno la salud se le quebranta seriamente.

A madre Teresa le cuesta poco trazarse un plan de defensa y estímulo del complicado monjío que ahora le han colocado como hijas suyas. Más peliagudo le resulta cuidar desde aquí sus conventitos de descalzas y sus conventitos de descalzos, a través de cartas y algún mensajero. En fin, Dios lo ha dispuesto.

Son tres los puntos de mira para renovar la Encarnación: el hambre, la piedad y los locutorios.

Antes que nada, quién lo dijera, el hambre. Por muy santas que sean las monjas aquí encerradas —algunas, no todas, lo son—, no hay modo de hacer funcionar un monasterio si están pendientes del pedazo de pan. Las moradoras de la Encarnación sufren necesidad, pasan hambre; y durante los meses fuertes del invierno, que en Avila no es ninguna broma, frío. El monasterio no ha sido rematado, tiene la cubierta a teja vana, de modo que en el coro alto la nieve se filtra y cae sobre los breviarios durante el rezo de las monjas. Cada una recibe por ración diaria un poco de carne y un poco de pan, muchos días sólo el pan. Las señoras monjas venidas de familia poderosa completan su ración privadamente, pero las monjas no señoras lo pasan muy mal. Los primeros meses madre Teresa vivió en su propio estómago el problema, agravado porque al ser descalza ella no toma carne: en el reparto diario le toca un pedazo de pan, sanseacabó. Hay una carta suya a los Ovalle rogando le manden «unos reales, habré menester; que no como del convento sino sólo pan».

Puso en danza sus amistades, tantas ya a estas horas: pidió limosna, de palabra y por escrito. A la Encarnación comenzaron a llegar víveres y dinero desde los cuatro vientos de Castilla. La duquesa de Alba envía cien ducados, Juana Ovalle pavos de Galinduste, doña María Mendoza ropas de abrigo, Martín Dávila setenta y dos gallinas, don Francisco de Fonseca, doña Magdalena de Ulloa, doña Luisa, doña Leonor, nadie faltó a la cita. Las monjas vieron su pitanza asegurada, y las enfermas estuvieron cariñosamente cuidadas. Esta asistencia urgente no sana los fundamentos equivocados del monasterio. Madre se irá sin poder remediarlo: las rentas escasas. Da, sin embargo, solución inmediata, borra el hambre. Las monjas comen, confían. Es decir, sonríen. Comprenden que les ha tocado la mejor priora del mundo. Hasta los envíos de dinero remitido por su hermano Lorenzo desde Indias, los emplea en las enfermas.

Segundo horizonte de renovación, la piedad. Para avivarles a sus monjas el anhelo de virtudes, madre Teresa dispone de un medio infalible: su propio ejemplo. Las carmelitas de la Encarnación en su mayoría forman un lote de buenas mujeres, algunas con serios deseos de agradar a Dios mediante la oración y la penitencia. Habitar bajo el mismo techo que la fuente de energía llamada Teresa de Jesús, facilita evidentemente las cosas, estimula el ideal. Las monjas la miran, la admiran, y procuran imitarla. Ella les propone prácticas, reaviva tradiciones, dialoga, platica preciosamente acerca del trato personal con Dios y de las condiciones ascéticas para colocar el alma a la escucha de las voces íntimas. La ven fervorosa, encendida y serenamente feliz, alegre. Como una esposa amada del esposo: «glorifica a Dios, —decían las monjas— con grandísima vehemencia y fervor, sin ninguna ceremonia, sino como un ángel, que era cosa maravillosa verla». Les apetece imitarla, intentan imitarla. Madre Teresa nota el esfuerzo de estas hijas suyas difíciles, no jovencillas como sus «niñas descalzas», y goza con su esfuerzo; lo escribe a doña María Mendoza:

—Es para alabar a nuestro Señor la mudanza que en ellas ha hecho; las más recias están ahora más contentas y mejor conmigo.

Cumplen devotamente las prácticas litúrgicas navideñas y cuaresmales. Por semana santa ofrecen algún heroísmo. Las acerca a su san José querido, su protector, allí sigue colocado en la silla de la subpriora junto a la Virgen priora: las monjas le han puesto a san José un mote, lo llaman «el parlero», porque tienen seguro le «parlotea», le cuenta a madre Teresa los hechos y dichos del convento, es un espía. Los días de pentecostés las carmelitas notan una elevación extraordinaria de Madre, va y viene absorta: es fama que desde hace años por esas fechas la paloma del Espíritu santo le acompaña posada en su hombro y a veces sobre la cabeza. El día del Corpus le faltan horas a madre Teresa para gastarlas en adoración eucarística: ha confiado a una de las monjas que el Señor llagado se queja porque «las cabezas de su iglesia le tenían de aquella manera»; y Madre lo ha comentado a su amigo el obispo don Alvaro, también él es cabeza de la iglesia, aunque pío y limosnero.

Madre está contenta, y según parece el cielo también. Una noche, mientras las monjas cantan la salve, ha visto en el coro la Virgen nuestra señora bajar rodeada de ángeles a sentarse de veras en la silla prioral donde tienen colocada su imagen:

—Y díjole: bien acertaste en ponerme aquí; yo estaré presente a las alabanzas que hicieran a mi Hijo y se las presentaré.

Han pasado siglos de entonces a hoy, y ninguna priora de la Encarnación ha osado sentarse en la silla prioral de nuestra Señora.

Parecía que los locutorios, tercer objetivo de reforma, iban a constituir una guerra larga y difícil. De siempre, desde la fundación, el monasterio ha sido centro de cita para la sociedad abulense. El locutorio proporciona entretenimiento a las monjas y pone un aire frívolo a su relación con los visitantes, que pasan horas muertas en diálogos inútiles, vanos. La Madre conoce además el peligro cierto de complicaciones sentimentales a través de las rejas. Decidió atacar el problema de frente, pidiendo a sus carmelitas la renuncia a semejante visiteo.

Y quedó asombrada por la rapidez de la respuesta: las monjas dieron razón a su priora, le pidieron controlara personalmente el uso de las llaves y la notificación de las visitas. Era como ponerse en manos de la priora, para que ella decidiera cuándo era oportuno y cuándo no convenía pasar el aviso a la interesada. Así muchos, la mayoría de los visitantes comenzaron a volverse de vacío a la ciudad.

Fue curioso, las monjas le ahorraron esta batalla, y en cambio, sin esperarlo ella, los visitantes —parientes, amigos, curiosos charlatanes— se la dieron. Los caballeros de Avila, jóvenes y viejos, estaban acostumbrados a entretener sus ocios de charla en los locutorios del monasterio, «por haber muchas monjas muy mozas y muy damas». Madre Teresa los fastidia. Ellos intentaron presionarla. Hasta que ocurrió el lance de un distinguido caballero, cuyo nombre ocultan discretamente los documentos.

Estaba claramente prendado de una monja, pues le tenían cada jornada pegado a la reja del locutorio. Por respeto a su alcurnia, la priora anterior callaba. Madre Teresa hizo en este caso exactamente lo mismo que en otros: dejó de pasar el aviso a la monja; y el caballero se iba sin verla. Renegado, claro. Harto, airado por las negativas, reclamó la presencia de la priora. Madre Teresa bajó. Acostumbrado él a dejarse oír, soltó una riada de insultos y amenazas. La Madre oyó «con mucha humildad y paciencia». Callaba el caballero al fin, tan violento, jadeante. «Y ella como si él fuera un ícaro y ella una reina», le replicó explicando bien clara la lección: no quería verlo aparecer jamás por el monasterio; porque si venía, ella «haría con el rey que le cortasen la cabeza». Marchó asustadísimo «y comenzó a echar voz entre todos los que solían ir al monasterio, diciendo que buscasen ya otros entretenimientos»: las monjas de la Encarnación se dedicaban a ser monjas. Alguien oyó decir al señor corregidor que convenía tomar en serio los avisos de madre Teresa, porque la corte le oye...

A todo esto, Madre anda mal de salud: catarros, calenturas, la garganta, la cabeza, los insomnios. La purgan, la sangran, hay semanas «que si no es a misa, no salgo de un rincón, ni puedo». Su enfermera Ana María de Jesús, la hija del señor Nicolás, contó el heroismo de madre Teresa para ponerse en pie y seguir la marcha de la comunidad, luego de soportar noches terroríficas. Ana María pretendía mimar a su enferma «y la echaba un colchoncillo» a su jergón de paja. Ana María se ganó algún reproche porque guardaba cosas de la Madre como reliquias, incluso algún mechón del cabello: ¿y qué podía hacer la monja jovencilla, si estaba segura de vivir junto a una santa?

El monasterio mejora, a ojos vista. Pero madre Teresa descubre quién echa arena en los engranajes.

La función del confesor en un convento de clausura cobra importancia decisiva: ante el confesor revisan las monjas su conciencia personal, y del confesor reciben consejo para elegir libremente las opciones de conducta.

Los confesonarios de la Encarnación están ocupados desde siempre por frailes carmelitas calzados, los del paño. Algunos calzados apoyan fervorosamente la reforma teresiana. Otros, en cambio, miran a la Madre con recelo, incluso con odio, pues la ven como instrumento para la destrucción de la orden. Además han ajustado su función a las realidades cotidianas del monasterio, renunciando a metas de mejora espiritual. Prefieren que las cosas continuen como están, sin empujar a sus confesadas por caminos de mayor exigencia; así evitan verse ellos mismos comprometidos en la renovación. Deciden no colaborar. Al contrario, siembran dudas y minan la confianza de las monjas en los planes, incluso en las intenciones de la nueva priora. Madre los conoce bien, una vez los califica con la frase más dura que salió de su pluma: «negros devotos, destruidores de las esposas de Cristo».

Estudia el asunto, lo trata como siempre con Dios en la oración, y resuelve: traerá para confesores frailes descalzos. ¿Quién? Sin dudarlo, fray Juan de la Cruz.

Muy preocupada hubo de estar madre Teresa con el tema, cuando decidió quitar su fray Juan del colegio de Alcalá, donde el santo fraile filtra los fervores rabiosos del noviciado de

Pastrana y pone a los candidatos en la atmósfera de entrega amorosa característica de la reforma teresiana.

No hay otra solución, ella sola perdería la guerra sorda de los confesonarios a los cuales evidentemente le está negado el acceso: quiere traer a fray Juan.

Fue una negociación espinosa, llevada por medio del padre Julián de Avila al visitador apostólico, entonces residente en Salamanca. El visitador adivinó la protesta furiosa de los frailes del paño cuando vieran arrebatados a su jurisdicción estos confesonarios que consideran suyos e intocables, aunque otros clérigos de Avila vienen a confesar, dar la comunión a las enfermas, celebrar misas, predicar a la colmena de casi ciento cincuenta monjas de la casa. Los carmelitas, por encima de su tarea de confesores, ejercían como capellanes de la Encarnación, cargo por el cual cobran del monasterio cien fanegas de trigo. Uno de los confesores desempeña además «oficio de vicario»: concede permisos ordinarios a las monjas, dispensas, confirma o reforma decisiones de la priora. Curándose en salud, el padre Fernández informó al nuncio nuevo, recién llegado de Roma, monseñor Ormaneto, quien mostraba interés por el desarrollo de la reforma religiosa.

Total, a mediados de septiembre de 1572, madre Teresa pudo anunciar a las carmelitas de la Encarnación:

—Tráyoles un padre, que es santo, por confesor.

Fray Juan de la Cruz bordó en la Encarnación encaje de bolillos. A él tocaba disipar los últimos recelos de algunas monjas acerca del sistema teresiano. Residía en el convento de los calzados, y venía con ellos a confesar; madre Teresa no había descubierto aún su propósito de que todos los confesores fueran descalzos, de entrada fray Juan alternaba con los calzados. A veces desconocía si la penitente deseaba confesor descalzo, y hasta llegó a inocentes disimulos para ganarse la clientela. Una monja tanteaba por rejilla del confesonario:

—¿Es el padre calzado o descalzo?

Fray Juan rebozó apresuradamente sus pies con la rueda inferior del hábito, y le respondió:

—Calzado estoy, hija.

Hasta que les disipó el miedo. Traía fama, bien ganada, de sabio y de santo: le temían, si las llevaría por caminos espirituales de duras penitencias. Vieron las monjas que no era un fantasma celestial, sino padre, un hermano atento, delicado, que les ganaba suavemente la voluntad y les abría horizontes atractivos. Leía su alma, les adivinaba las turbaciones y poseía un talento especial para diagnosticar el fervor. Le amaron enseguida, y le preguntaban:

—¿Qué hace el fraile para ganar el cariño y que las monjas sigan su consejo?

Sonreía fray Juan:

—Hácelo Dios, Dios ordena que me quieran bien.

Se rindió a la dirección espiritual de fray Juan de la Cruz hasta la más revoltosa de las monjas jóvenes, a quien apodaban amistosamente «Roberto el diablo»: rehuyó largo tiempo al descalzo, pero al fin acabó arrodillada ante su confesonario.

Para reforzar la influencia de fray Juan, madre Teresa consiguió que el visitador asignara a su descalzo el oficio de vicario. Y por supuesto hizo encontrar a fray Juan tiempo libre para llegarse a San José y confesarle las descalzas.

Esta temporada, que duró poco, del otoño de 1571 al otoño de 1574, y con largas ausencias, madre Teresa puso su alma en manos de fray Juan. Está ella cercana a los sesenta de edad, él cruza la raya de los treinta. La monja confía plenamente en la ciencia y en la santidad de aquel frailecillo pequeño, enjuto y moreno, a quien llama «mi Senequita»:

—Todas las cosas que me dicen los letrados, hallo juntas en mi Senequita.

Fray Juan conoce perfectamente la calidad espiritual de su confesada. Nadie sabe lo que pudo significar para ambos la convivencia, sosegada, caudalosa. A fray Juan joven teólogo, las experiencias de madre Teresa le proporcionan un material de primera mano impagable, sobre el cual aplicará él más tarde una reflexión teológica sistemática. A la Madre, madura y ya inmersa sin reservas en la misteriosa presencia divina que todo lo llena, le asombra y la enfervoriza el ímpetu espiritual de aquella personilla aparentemente tímida y silenciosa:

—Es un hombre celestial y divino... No he hallado en toda Castilla otro como él ni que tanto fervore en el camino del cielo.

Son dos temperamentos distintos y de alguna manera contrapuestos. Se profesan el uno al otro admiración recíproca, y madre Teresa no disimula su ternura. En cambio fray Juan, retraído, temeroso de dar vía suelta a la emotividad, trata a Madre con aparente sequedad y hasta la mortifica. Imagino que madre Teresa reía por dentro y gozaba mucho viendo a su sabio y prudente confesor dominar «profesionalmente» las emociones. Pienso también si lo miraba con un poco de temor reverencial a causa de la ciencia teológica utilizada por él en la interpretación de los fenómenos sobrenaturales. Las crónicas

confidenciales de los descalzos recogieron un delicioso episodio que permite comprender el diverso estilo dado a su trato por madre Teresa y por fray Juan. Cuentan que un día ella «se acusaba en confesión de que con el amor que le tenía le parecía no le trataba con el respeto debido». Fray Juan adoptó la grave postura conveniente al confesor, y respondió:
—Enmiéndese en eso, hija.
A ella ni le pasó por la cabeza «enmendarse en eso, padre». Lo adoraba, sin disimulos. Fray Juan sí disimulaba.

No siempre, porque a veces el arrebato místico de los dos arrasaba sus líneas defensivas: algún testigo vio a fray Juan que, dialogando con la Madre, era presa «del ímpetu de oración» y se alzaba repentinamente de la silla. El episodio fue ampliado y adornado en la tradición carmelita con relatos y pinturas que presenta a madre Teresa y a fray Juan «arrobados» a uno y otro lado de la reja, suspensos en el aire: madre Teresa ha conseguido quedarse a dos palmos del suelo, porque tuvo la suerte de agarrarse a la reja; pero fray Juan, que sólo pudo asirse a la silla, ha subido hasta el techo con silla incluida. Estos eran comentarios inevitables teniendo a los dos en casa, pero ciertas son la palabras de madre Teresa:
—No se podía hablar con el padre fray Juan de la Cruz cosas de Dios, porque luego se transportaba.

A ella le ocurre por estas fechas una «merced» conmovedora, signo de plenitud espiritual. Fue cabalmente con motivo de la pena que le producen las «mortificaciones» sutiles a que la somete su confesor fray Juan. Al menos ella pensó se trataba de un fastidio consciente, quizá no lo era. Madre Teresa le había comentado cuánto le gustaba recibir formas grandes en la comunión. Aquel día dándole la comunión fray Juan partió una forma, dio la mitad a Madre y la mitad a otra monja:
—Yo pensé que no era falta de forma, sino que me quería mortificar.

Quién sabe si el teólogo fray Juan quiso darle a entender la diferencia nula de comulgar en forma grande a comulgar en forma pequeña. Madre Teresa comenzó un coloquio íntimo con Dios, oyó la voz:
—No hayas miedo, hija, que nadie sea parte para quitarte de Mí.

Muy hondo de su espíritu contempló a Cristo que le daba su mano derecha como esposo a esposa:
—Mira este clavo, que es una señal que serás para mí esposa desde ahora; hasta ahora no lo habías merecido. De aquí

adelante, no sólo como Criador y como Rey y tu Dios mirarás mi honra, sino como verdadera esposa mía: mi honra es ya tuya y la tuya mía».
Cristo ha formalizado el «matrimonio espiritual» con Teresa. Le da por arras el clavo que perforó su mano derecha. Aquel día las monjas vieron a su priora «como desatinada, no cabía en sí, y todo el día anduvo embebida».

Sólo año y medio, de abril del 71 a septiembre del 72, había ejercido fray Juan como rector del colegio carmelita de Alcalá. Lógicamente apenas pudo frenar la histeria de los carmelitas del «hemisferio oriental», influidos por la presencia de Catalina de Cardona. No eran broma las penitencias inventadas por los frailes deseosos de copiar la bravura de la ermitaña: «acaeció alguno tomar un novicio y estalle azotando las espaldas desnudas hasta que encendiese fuego en leña mojada con la oración sola sin poner alumbre, como hizo nuestro padre Elías, diciendo que en esto se había de conocer la perfección». Exigiría muchos esfuerzos eliminar del núcleo carmelita de Pastrana estas locuras derivadas del estilo de la «buena mujer» Catalina.

Madre Teresa pidió al padre Báñez le razonara el valor cristiano de tales prácticas: el sabio teólogo no dudó en dictaminar que se trataba de aberraciones dignas de condena.

Fray Juan de la Cruz durante su corta estancia, había conseguido dar un clima sereno y atractivo al colegio de Alcalá, limpiando a sus estudiantes de las prácticas terroríficas. Al venirse al monasterio de Avila, dejaba tendidos unos lazos de afecto con «el otro hemisferio».

Cierto día llegó a la Encarnación una graciosa misiva remitida por los frailes «del oriente», ignoramos si desde Alcalá o desde Pastrana: ellos retan, desafían a las monjas a un torneo donde se vea quién llega antes a la meta de la perfección religiosa. Este tipo de entretenimientos encantaba a madre Teresa para que sus monjas, y también sus frailes, discurrieran iniciativas agradables en días y horas de recreación.

El «desafío» invitaba a la comunidad abulense fuera escogiendo una a una las monjas capaces de sostener la lid frente a virtudes practicadas por los frailes. La Madre redactó un precioso «cartel» de respuesta al desafío, con deliciosas gotas de humor. Advertía a los frailes que las condiciones del torneo estaban desequilibradas, pues ellos viven una soledad deleitosa, sin las complicaciones de hambre y frío que atenazan la Encarnación. Como «maestra de campo» responde al «maestre» contrario:

—Va mucho de lo uno a lo otro y del hablar a obrar, que un poco entendemos de la diferencia que hay en esto. Salga, salga de esa deleitosa vida él y sus compañeros; podrá ser que tan pronto estén tropezando y cayendo, que sea menester ayudarlos a levantar; porque terrible cosa es estar siempre en peligro y cargados de armas y sin comer...

Fray Juan de la Cruz se ofreció a salir al palenque como «venturero», soldado de fortuna, a enfrentarse contra el maestre de campo dejándose llevar los dos de la obediencia donde fuere.

Comienza el año 1573. El padre Fernández, visitador apostólico, revista los conventos carmelitas de Avila.

En la Encarnación queda pasmado por el resultado; se asombra de lo listo que ha sido él inventando la fórmula de colocar «una priora descalza» al frente de un convento calzado. Claro que «la descalza» no es «una» elegida al azar, sino «ésta» cualificada. Madre Teresa dice sin rebozo al padre visitador que la mudanza del monasterio debe atribuirse a la «verdadera» priora, nuestra señora la virgen María sentada en la silla prioral. Al visitador le gusta que la reforma se haya operado sin obligar a que las calzadas pasen forzosamente a descalzas.

Tanto se anima que decide aplicar la fórmula en otros conventos. Comienza por el Carmen, de calzados de Avila: ordena que vengan ocho frailes descalzos a ocupar los oficios principales: prior, portero, sacristán, etcétera. De prior trae a nuestro buen amigo el padre Antonio de Jesús, primero de los descalzos —¿primero o segundo?: el padre Antonio considera que fray Juan de la Cruz «vino después», cuando ya él había pactado con madre Teresa—. Veremos, pero esta vez el invento del visitador no va a funcionar.

Madre Teresa pide y obtiene del visitador algo interesante: que fray Juan de la Cruz, confesor y vicario de la Encarnación, venga a vivir cerca del monasterio. Las monjas poseen seis casitas junto al tapial de la huerta, para hortelano, despensero y otros empleados. Fray Juan dejó el convento del Carmen y vino a instalarse, con su compañero fray Germán de San Matías, en la «casa de la Torrecilla», una de las seis. Convirtieron la casita en celda carmelitana, pobre y austera, sin muebles casi. Desde allí tenían a un minuto el monasterio. Las monjas les enviaban la comida. Los vecinos estuvieron encantados con la compañía de los dos frailes —«uno bermejo (fray Germán), de buena estatura; el otro (fray Juan) pequeño e barbinegro»— que enseñaban a los niños del barrio a leer en cartilla y a rezar. Fray Juan descansa de sus lecturas constantes dibujando estampas de Cristo en la Cruz.

En cambio el visitador se opuso rotundamente a otras peticiones, presentadas no por la Madre sino desde fuera. La vida sigue; de madre Teresa dependen sus descalzas de Medina, Valladolid, Malagón y Toledo; a ella toca resolver los litigios de la princesa de Eboli con monjas y frailes de Pastrana; en Salamanca está pendiente aún el cambio de casa, y también Alba pide dos o tres respuestas. Resulta que la única responsable para tantos negocios es lógicamente la fundadora. Y la fundadora está «confinada» en la Encarnación.

La reclaman, de todos sitios. El padre Fernández no cede; de ninguna manera piensa consentir ausencias de madre Teresa, que pondrían en peligro la maravillosa marcha del monasterio.

Don Alvaro el obispo, inquieto por la suerte de los conventos de las descalzas, suplicó al visitador autorizara algunos viajes de la Madre. Respuesta negativa. Recurrió el obispo a Roma; el comisario informó por su parte, y la santa sede contestó: que la Madre permanezca quieta en la Encarnación.

Sólo una dama consiguió arrancar de Avila a madre Teresa.

La familia ilustre de los Alba atraviesa una época desgraciada. Don Fernando el duque, vencedor de batallas militares en Flandes, pierde las batallas políticas. Desde que ordenó ejecutar a Egmont y Horn, se ha convertido en el personaje más odiado de Flandes. La corriente liberal de la corte, capitaneada por Eboli, aprovechó la ocasión; sembraron en el ánimo de Felipe II desconfianza y hasta desprecio contra Alba: el rey le hizo objeto de público desdén, enviando a Flandes al duque de Medinaceli como sucesor. La llegada de Medinaceli, a quien Alba no concede categoría, coincidió con un ataque combinado de las tropas del príncipe Orange y su hermano Luis Nassau, uno por el este y otro por el sur. El duque de Alba y su hijo don Fadrique de Toledo afrontaron la nueva acometida protestante, verano de 1572, mientras en París y provincias ocurría la dramática matanza de calvinistas franceses la noche de san Bartolomé. Los Alba vencieron, como siempre. Pero Madrid regatea los dineros para pagar la soldada. El secretario real Antonio Pérez, ya pieza destacada del clan ebolista, participa en las conspiraciones cortesanas contra el duque de Alba. Por si fuera poco, el Alba joven, don Fadrique de Toledo, capitán valeroso muy querido de su padre, sale de una aventura amorosa y entra en otra, todas jaleosas y jaleadas. Al fin, el arrojo militar de los Alba, padre e hijo, no los librará de caer en la desgracia del rey.

Doña María Enríquez, la duquesa, desde su retiro de Alba de Tormes, sigue atenta los acontecimientos. Le acongojan estas noticias. Piensa que madre Teresa de Jesús, a quien ya considera amiga y venera como santa, le daría alivio y fortaleza. Desea tenerla unos días a su lado.

Rogó la duquesa al visitador le mandara la monja. El visitador contestó proclamándose «devoto capellán de la señora duquesa»; pero nones, la monja no iba: utilizó padre Fernández como pretexto la negativa de Roma al obispo don Alvaro.

La tenacidad femenina pudo con el visitador apostólico: doña María Enríquez vio al rey, que quiso portarse piadoso mientras era tan duro frente al duque; la santa sede cedió, a requerimiento real.

Madre Teresa recibió mandato de viajar hacia Alba y consolar a la duquesa. La llevaron en coche elegante, de los ya odiados por ella, a primeros de febrero de 1573.

Le acompañaba desde Avila una monja de la Encarnación. Entraron a visitar sus descalzas de Salamanca; desde allí escoltaron el coche dos clérigos en sendas mulas. Llegaron a Alba cuando caía la tarde. La duquesa les recibió «con amor increíble», las retuvo, les preparó cena. Ellas no probaron ni agua, era decisión de Madre. Charlaron hasta medianoche; fueron a dormir al convento.

Estuvieron en Alba una semana. La mayor parte del tiempo Madre lo dedicó a la duquesa. Platicó con sus hijas, resolvió asuntillos del convento. Y corrigió una copia del *Camino de perfección*, transcrito por las carmelitas de Salamanca.

Su familia Ovalle también gozó la presencia de madre Teresa. A la sobrinilla Beatriz, doce años, le encantaba tener una tía monja tan importante que cada día conversaba largas horas con la señora duquesa; pero le afrentaba verla ir al palacio ducal con un hábito viejo y remendado: si la tía es persona principal, ¿por qué va tan remendada?

A mitad de febrero habían regresado ya a la Encarnación de Avila.

34
Madre y sus hijas huyen de la princesa fatal
(1573-1574)

Si Ana Mendoza se ha vuelto loca: esta es la pregunta que circula entre las damas de la corte.

Nadie sosiega en Madrid, ni en Toledo; a la Eboli, seguro, le ha dado un ramalazo de locura: vestida entró, la pobre, con un hábito de fraile carmelita en el convento de monjas de Pastrana.

¿Hábito de fraile...?

Llegó vestida de fraile, ahora lo lleva de monja porque nada más entrar al monasterio le cambió el hábito la madre priora Isabel de Santo Domingo.

Pero ella viajó vestida de fraile desde Madrid a Pastrana, detrás del coche fúnebre que transportó el cadáver de su marido el príncipe de Eboli.

Don Ruy Gómez de Silva, poderoso valido del rey, ha muerto.

Ana lo amaba, con las turbulencias características de niña malcriada; nunca dio pie a chismorreos sentimentales que pusieran en lenguas su fidelidad al marido. Nueve hijos le parió, viven cinco. La alegre frivolidad de la princesa daba color y atractivo a las fiestas cortesanas. Ella siempre se apoyó en la robusta posición de Ruy Gómez, única persona de quien Ana toleraba consejos.

Durante largos meses de enfermedad, Ana permaneció cosida en Madrid al lecho donde Ruy se consumía. Los amigos aguardaban una reacción aparatosa de Ana, cuando el príncipe muera: «temo ha de hacer algún extremo», escribía don Hernando de Toledo.

El espectáculo superó las previsiones: Ana de Mendoza y de la Cerda, guapa, intrigante, audaz y tuerta, ahora es también loca; ha enloquecido.

Está moribundo don Ruy, finales de julio de 1573. Rodean el lecho, en el palacio de Madrid, la mujer, los hijos, parientes, amigos; y dos frailes carmelitas venidos de Pastrana para rezarle las últimas horas: nuestro antiguo aventurero fray Mariano, y el padre Baltasar Nieto, aquel andaluz dudoso protegido del príncipe.

Nada más expirar don Ruy, la princesa se alza de junto a la cama. Le notan a punto de tomar una resolución aparatosa. Dirige la palabra a los frailes:

—Padre Mariano, desnúdese el hábito.

¿Qué?

La oyen atónitos. Fray Mariano le responde como a una persona trastornada, intenta serenarla: señora princesa, tenga buen ánimo...

Doña Ana sabe perfectamente lo que quiere: fray Mariano debe desnudarse el hábito para que ella se lo vista. Ha resuelto profesar en la orden carmelita, desea vestir el hábito, ya, junto al lecho de su esposo; y acompañar el cadáver hasta Pastrana donde ingresará en el convento de las monjas:

—Fray Mariano, déme su hábito.

Las damas de la corte cuentan el caso: ¿Ana está loca? Verás:

—Vistió el hábito del fraile y salió en una carreta detrás del coche fúnebre donde llevaron el cadáver de Ruy Gómez.

—¿En una carreta?

—No quiso subir a los coches del cortejo; por más recogimiento pidió una carreta.

El asombro ha invadido la corte. El secretario Antonio Pérez le pasa un billete al rey: «ha tomado, en expirando su marido, el hábito de monja de las descalzas carmelitas, y se parte esta noche a su monasterio de Pastrana con un valor y una resolución extraña».

A Pérez le falló la información: ha tomado la princesa el hábito de un fraile. La corte se llena de asombro. Pero quienes han de llenarse de miedo son las carmelitas: ¡la princesa, en casa!

Que Madre lo sepa cuanto antes...

Madre Teresa no estaba en Avila, ha viajado a Salamanca.

Ya el visitador apostólico, luego que perdió la batalla con la duquesa de Alba, no se pone tozudo en negar salidas de la Madre desde la Encarnación a los conventos de sus hijas descalzas: le parece injusto al dominico permitir que Madre acuda para consolar a una dama distinguida y prohibirle ir en ayuda de sus propias monjas.

El convento salmantino anda mal a causa del insalubre caserón, urge hallar remedio cambiando de lugar. El padre Báñez habló a su amigo el visitador, quien aprobó la venida de Madre.

Partió de Avila una caravana con media docena de personas el 29 de julio: acompañan a Madre dos hombres, nuestro capellán Julián de Avila y el padre Antonio de Jesús, ahora flamante superior de los carmelitas de Avila; la monja de la Encarnación doña Quiteria; tres o cuatro mozos y doncellas. Viajan en mulas y jumentos. En las alforjas de uno de los borricos va una bolsita con quinientos ducados que la Madre ha conseguido reunir para afrontar la primera entrega del precio si hallan casa nueva en Salamanca. Este borrico les da un susto fenomenal.

Apretaba estos días el calor, «y a nuestra santa Madre —cuenta Julián— le hacía mal el sol»; salieron anochecido.

A dos leguas de camino comenzaron los lances. De una mula se cayó el padre Antonio, caída que parece produjo cierto regocijo a don Julián. Tropezó luego un jumento, besó el suelo la doncella que lo cabalgaba. Entrada la noche se extravió el borrico del dinero. Idas y venidas, no aparecía. Angustiados, decidieron parar en una posada, ya medianoche. Julián no tomó bocado, por guardar el ayuno de misa para el día siguiente. De madrugada, un mozo trajo el borrico perdido: lo había encontrado recostado en un ribazo del camino. Nada faltó en las alforjas, bendito Dios. Pusieron la expedición en marcha hasta la ermita del Parral. Allí no había ni vino para celebrar la misa, ni cura, ni sacristán ni nada. Vagaron por los pueblos vecinos, que si quieres: pasó toda la mañana «e yo me quedé —escribe Julián— sin decir misa e sin cenar y sin almorzar».

Cumplida la segunda jornada de camino, buscaron posada en los pueblecillos y no encontraban. Al cruzar un riachuelo les pareció ver que un resplandor en torno a la Madre les alumbraba. Luego extraviaron las dos monjas, Madre y doña Quiteria. Tardaron en recomponer el grupo, llegaron a un mesón: repleto, «tantos arrieros echados por aquellos suelos —narra Julián— que no había dónde poner los pies sino sobre albardas u hombres dormidos». Les cedieron un rinconcito para las monjas. Julián filosofa: «lo que tenían bueno estas posadas, que no víamos la hora de vernos fuera de ellas».

Las monjas de Salamanca tenían en tratos una casa, cerquita de los jesuitas. A madre Teresa le gustó, aunque las obras de acoplamiento costarían mil ducados. Tenían que realizar aprisa la reforma, por dejar libre su caserón a nuevos estudiantes. La Madre dirigió las obras, y tuvo de oficial a su conocido Pedro Hernández, que trajo esta vez una veintena de peones.

Del buen albañil Pedro existe un relato, como para recordar las bodas de Caná. Lo copio tal cual.

Un día de mucho calor. Madre Teresa dijo al oficial:

—Hermano Pedro Hernández, sus peones andan cansados, envíeles por algo que beban.

—Madre, somos tantos y el vino vale tan caro que sería menester una sima de dinero.

—Ande, hermano, envíeles por ello, Dios remediará.

Pedro mandó traer «dos maravedises de vino por cabeza, que valía a real y medio la azumbre»: echó al jarro un poco de agua, y pasó de beber a los peones.

Faltaban tres o cuatro por beber, y Pedro dio un vistazo al jarro preguntándose si alcanzará para todos: ¡y vio que el jarro seguía lleno!

Asomó Madre y preguntó:

—Hermano Pedro, ¿hizo lo que rogué?

Pedro, entre asombrado y zumbón:

—Sí, Madre, y me parece ha sucedido aquí lo que en las bodas del arquitriclino.

—¿Qué?

—Se ha convertido el agua en vino.

Madre le siguió el aire festivo, quitando importancia al asunto:

—Ande, hermano, que esto Dios lo hace.

Pedro dijo a su gente:

—Ea, hermanos, que no hay sino beber muy bien, que esto es vino de bendición.

Bebieron, juraba Pedro, «hinchando el vaso a cada uno, y no podían acabar el vino que estaba en el jarro, y lo tuvieron a muy grande milagro».

Gastaron buenos dineros, pagaba de listero el padre Julián: «lo gastó la Madre de las dotes de las monjas que ya habían entrado».

A mediados de septiembre tuvieron rematada la obra. Prepararon el traslado para la víspera de san Miguel. Aquellos días se puso a llover, el agua les fastidió el traslado. Ana de Jesús, temiendo por la procesión, sugirió a la Madre:

—¿Vuestra reverencia no pedirá a Dios que deje de llover y nos dé lugar a componer estos altares?

Madre Teresa le riñó, contestando con ese sabroso giro de la época que sustituye el usted por él o ella:

—Pídaselo ella, si tan presto la parece lo ha de hacer porque yo se lo diga.

Ana contó «cómo vi que mostraba disgusto». Pero dejó de llover...

Amaneció claro, hubo sol, «mucha gente y música, y púsose el santísimo sacramento con gran solemnidad».

Comienza en Salamanca el curso universitario.

La madre Teresa y sus monjas constituyen la novedad del año.

El catedrático de mayor postín les ha dedicado un sofión de padre y muy señor mío: nada menos, fray Bartolomé de Medina, dominico, maestro de prima, la «voz teológica» de Salamanca.

España no disimula su recelo ante la presencia social de las mujeres, cualquiera que sea el ámbito. Ya queda lejos el recuerdo de doña Isabel la Católica con su círculo de damas letradas. La España de Felipe II sigue confinando la mujer en el estrecho marco del hogar sin más respiros que las fiestas cortesanas. A estudiantes y profesores salmantinos les aturde, les apasiona el fenómeno de esta monja fundadora que planta conventos de clausura, viaja, dirige albañiles, trae fama de mística, escribe libros misteriosos que apenas nadie conoce. ¿Quién es madre Teresa, cómo es?

Fray Bartolomé de Medina larga en clase una respuesta contundente:

—Considero de mujercillas andar de lugar en lugar, mejor estuvieran en sus casas rezando e hilando.

Y se quedó tan pancho.

La Madre, le fueron con el cuento, pidió al visitador apostólico, dominico él, le concertara un coloquio con el sabio teólogo: hablaron, le dio sus libros, le abrió la conciencia. El fraile Bartolomé «quedó satisfecho, espantado y muy edificado». «Muy mi amigo», sonreía la monja; desde su cátedra, suplicó disculpas a los alumnos por haberles hablado «palabras mal consideradas de una religiosa que funda casas de monjas descalzas»:

«Hela tratado, sin duda tiene espíritu de Dios y va por muy buen camino».

A quien quiso escucharle, decía el teólogo: «no hay tan gran santa en la tierra».

Los hugonotes de Francia le han asesinado a madre Teresa uno de sus mejores amigos salmantinos, el santo jesuita Martín Gutiérrez.

En 1572 fallecieron en Roma dos papas, el de verdad, Pío V, y el general de los jesuitas a quien ya llaman de broma «papa negro», por la importancia de la Compañía de Jesús. Este «papa negro» muerto en 1572 ha sido Francisco de Borja, tan unido a los primeros tiempos de madre Teresa. Al papa Pío V sucedió Gregorio XIII, aquel cardenal Buocompagni, que tiempos atrás visitó Madrid y admiró la prudencia de Felipe II. También Buoncompagni practica la prudencia, y encima envía de nuncio a España un monseñor prudente llamado Ormaneto: así que Roma y Madrid llevarán con tino los laberínticos pleitos de jurisdicción planteados entre la potestad civil y la potestad eclesiástica.

Para elegir sucesor a Francisco de Borja, los provinciales de la Compañía viajaron a Roma. El provincial de Castilla salió con tres acompañantes, uno de ellos Martín Gutiérrez, quedando de viceprovincial nuestro amigo Baltasar Alvarez.

Cuando atravesaban el sur de Francia, el provincial y los suyos cayeron presos de los hugonotes, que les sometieron a vejámenes sin cuento y terribles torturas: en las cuales, Martín Gutiérrez sucumbió. El padre Baltasar Alvarez, enfermo de pena, buscó dineros y pagó el rescate de los otros tres jesuitas. Madre Teresa expresó un delicado lamento a la muerte de su amigo Martín Gutiérrez:

—Oh, válame Dios, no había yo de querer tanto a los siervos de Dios, que ansí me aflige su ausencia.

Eligió confesor sustituto del padre Martín, al jesuita Jerónimo Ripalda, quien le ordenó escribir el relato de las «Fundaciones»: las comenzó este mismo verano de 1573.

Que es un verano movido en la corte de Madrid. El secretario Antonio Pérez ha tomado la jefatura de los seguidores del príncipe Eboli, y además gana la confianza del rey, la privanza y el poder que Felipe II tenía depositada en Ruy Gómez. A Pérez le intranquiliza el prestigio creciente de don Juan de Austria, teme que su talento militar lo incline a favor del bando encabezado por el duque de Alba: por eso el taimado secretario cultiva los recelos del rey contra don Juan y fomenta las suspicacias.

Antes Pío V y ahora el nuevo papa Gregorio XIII deseaban sacar provecho a la victoria de Lepanto, colocando a don Juan de Austria como rey de algún nuevo Estado que sirviera de parapeto a futuras acometidas del turco en el mar Mediterráneo. Felipe II recelaba, y quizá un poco envidiaba, la buena estrella de su hermano, convertido en héroe universal. Los venecianos pactaron con el sultán Selim por salvar su comercio con oriente: quedaba disuelta la liga cristiana contra los turcos; y don Juan, por consejo del papa, pidió licencia al rey para atacar Túnez liberando del poder de Selim las costas del norte de Africa. Felipe II vaciló. Don Juan mandó su hombre de confianza, el secretario Soto, a explicarle al rey los planes de Gregorio XIII: quería el papa coronar a don Juan rey de Túnez. Don Felipe decidió que la flota de don Juan zarpara hacia el norte de Africa, donde sería entronado rey no don Juan sino el moro Muley Hamet, aliado de España, hijo de aquel Muley Hacem protegido del emperador don Carlos.

Qué pena, no veremos rey a don Juan de Austria.

Toda Salamanca glorifica las descalzas, pero el albañil Pedro ha descubierto que las monjas pasan hambre: les ha visto comer «un pedazo de pan, como dos dedos, poco más o menos, y una jarra de agua, y la mesa sembrada de hierbas». Ellas luego «tan contentas como si hubieran comido faisanes».

Efectivamente, arrancaban hierbas secas del corral. A nadie molestaban pidiendo.

Les faltaba dinero para ir pagando los plazos de la casa. El vendedor resultó una persona intratable: no guardaba la palabra dada, y tendrían pleitos fastidiosos. Nadie pensó en Salamanca que una monja de tal calidad como madre Teresa aguantara necesidad extrema. Las descalzas parecían sonrientes siempre, felices. Hasta cuando muere alguna, tributo que pagan a los sufrimientos soportados: Madre ve a Cristo en la cabecera de la cama «sosteniendo la cabeza a la enferma». ¿Qué, pues, importa sufrir, soportar?

La tristeza mayor le vino de los jesuitas, no lo esperaba. La plantilla del nuevo general, padre Mercuriano, intenta uniformar drásticamente la espiritualidad de la Compañía sobre la base de los *Ejercicios*. Declaró sospechosa la oración afectiva y contemplativa. El padre Baltasar Álvarez y otros como él sufrieron lo suyo.

A madre Teresa le alcanzó el ramalazo en Salamanca. El nuevo provincial, eco del general nuevo, aceptó una denuncia: los jesuitas se ocupan excesivamente de las monjas. El provincial, Juan Suárez, puso en guardia al padre Baltasar: el trato de las carmelitas hacía su oración sospechosa de cercanía con los alumbrados. Más tarde vino una disposición tajante: «no gastar tiempo con mujeres, especialmente monjas carmelitas».

Madre Teresa sintió que su amada Compañía le abandonaba en alta mar.

La invitan a fundar en Andalucía, Beas de Segura, por tierras de Jaén. Nunca ha salido fuera de la meseta, esta llamada lejana le conmueve. Cree imposible la aventura; el visitador apostólico le aconsejó «diese esperanzas»...

En cambio la instan de Segovia, donde le tienen preparada casa y licencias.

¿Recuerdan aquella novicia que arrobó a la Madre con sólo cantar las coplillas «véante mis ojos»? Isabel de Jesús, se llama; las monjas, por cómo canta, le dicen «Isabel de la linda voz». Vino de Segovia, pertenece a la familia noble de los Jimena. Amigas suyas segovianas desean seguir su ejemplo. La primera, una prima de Isabel, viuda, doña Ana Jimena, que pide ingresar con su hija María: cuarenta y cuatro años la madre, veintidós la hija.

Un hermano de Isabel, don Andrés, regidor en el concejo de Segovia, consigue licencias de la ciudad y del obispo para el monasterio carmelita. El obispo Diego Covarrubias, un personaje, preside el Consejo de Estado; pasa media vida en la corte.

Los Jimena escribieron a Madre: le tenían licencias y una casa, venga cuanto antes.

A madre Teresa se le encendió la luz en el cerebro: Segovia podía servirle de refugio donde cobijar las hijas que soportan en Pastrana los caprichos de la princesa.

Solicitó del visitador permiso; propuso entrar en los monasterios del camino, también la Encarnación. Comenzaba el año 1574. El visitador, que adelante.

La desgracia real de los duques de Alba se ha consumado, y doña María Enríquez se siente verdaderamente desgraciada. Ha de serle penoso comprobar que ha perdido el duque la privanza del rey.

Felipe II resolvió cortar de un tajo a fines de 1573 las celotipias entre Alba y Medinaceli: les pidió la renuncia a los dos y nombró gobernador de Flandes a don Luis Requesens, comendador mayor de Castilla: afable y dialogante por temperamento. El rey confía que Requesens le serene las tormentas de los Países Bajos.

La amargura del duque, y más de la duquesa de Alba se acreció con la marcha del proceso abierto en Castilla contra el hijo don Fadrique, quien años atrás había pretendido matrimonio sin previa licencia del rey: al volver de Flandes, don Fadrique habrá de responder ante una junta de teólogos y letrados; uno de ellos, don Alvaro, el obispo de Avila.

Frailes y clérigos de Salamanca visitan Alba por consolar a la duquesa. Le han entregado como fino obsequio una copia del *Libro de la vida* de Madre, quien al dejar Salamanca entra primero a despedirse de la señora entristecida. Se quieren, las dos. Doña María Enríquez mandó al convento para madre Teresa este regalo exquisito: una trucha. Madre la remite al padre Medina, el feroz teólogo mudado en amigo suyo. Dudo si el hermano cocinero de los dominicos de San Esteban sería experto en guisar truchas, ojalá: motivos hay para que al profesor le supiera a gloria, trucha tan distinguida.

De Alba, Madre pasó a Medina. Luego, Avila: la Encarnación, y una visita a su San José.

En Avila dispuso la caravana para Segovia: cinco monjas, dos capellanes y algunos mozos. Uno de los capellanes, Julián; el otro, fray Juan de la Cruz.

Entraron en Segovia de noche y sin ruido. Doña Ana Jimena les condujo a la casa alquilada, parroquia de San Andrés, actual calle Daoíz. Nunca Madre tuvo la noche de vísperas tan fácil, los Jimena habían mimado los detalles. Pusieron altar, colgaron una campana; y al amanecer celebró el padre Julián la primera misa. La segunda, fray Juan. La tercera, el canónigo Covarrubias, sobrino del obispo: pasaba, vio gente, oyó la campana, preguntó, y le apeteció celebrar.

La presencia del canónigo vino providencial. Porque de repente se organizó un cisco terrorífico. ¿Será posible, que Madre no consiga estrenar en paz un monasterio? Está claro, cada fundación le sienta como un tiro... a Satanás.

El obispo está en Madrid, como siempre. El dio la licencia, y en paz. Licencia de palabra, al regidor Mejía. Pero también hay en Segovia, como lo hubo en Toledo, un cura campanudo, rabioso: las monjas se han olvidado de contar con él, tan importante. Ahora verán, se van a enterar.

Acudió furioso, el reverendísimo señor provisor don Hernando Martínez de Hiniesta, quitarse el sombrero. Entró iracundo en la capilla y dio voces a diestro y siniestro: quién aliñó esta iglesia, yo no he dado permiso, cómo se atreven a poner el santísimo, fuera, fuera, mando quitarlo todo y veré si os envío a la cárcel. El huracanado provisor se encaraba con el bueno de fray Juan de la Cruz; y fray Juan calladito, sólo miraba silencioso.

Madre Teresa, tan tranquila; estos lances ya no la inquietan. El provisor se fue, volvió trayendo un cura que dijo misa y consumió las hostias del sagrario. Después el reverendísimo energúmeno descolgó los paños, destrozó los adornos, vamos, deshizo la capilla. Marchó resoplando, satisfecho. Había dejado a salvo su honor.

Andrés Jimena, el regidor, trajo un notario y citó al provisor. En presencia del notario y de testigos, declaró que el obispo había dado licencia para abrir el monasterio. Madre dijo entonces cuatro cosas al reverendísimo: «este negocio no pensase que era de mujeres, sino negocio de Dios y que se hacía para su servicio». Fueron palabras, refiere Julián, «de mucha sustancia y de un pecho más que de varón».

Al canónigo Covarrubias Madre agradeció su gentileza: medio en serio medio en broma le profetizó sería obispo. Lo fue, a pocos años.

Ya tiene Madre un puerto donde acoger sus hijas de Pastrana: ha de montar ahora con sumo cuidado la operación rescate. No sea que la tuerta y astuta princesa les ponga una trampa.

Madre Teresa no guarda rencor a la princesa. Pastrana le ha servido para dar el estirón definitivo a los carmelitas descalzos, que por la vecindad de Alcalá reciben un chorro de vocaciones juveniles excelentes. En pos de la alborotada eremita doña Catalina Cardona, los frailes se descolgaron desde Pastrana hacia el sur y establecieron conventos nuevos en lugares estratégicos, aptos para el recogimiento y la penitencia.

El primer monasterio lo colocaron en la ermita de Altomira, un risco de mil doscientos metros entre las tierras de Madrid y Cuenca, donde el aire invernal soplaba fiero hasta helarles el vino y el agua de las vinajeras antes de la misa.

De mano de la ermitaña llegaron después hasta La Roda, allí la «buena mujer» tenía su gruta. Los dos aventureros fray Mariano y fray Juan de la Miseria, se incorporaron a la comunidad de La Roda, que tuvo como una especie de extraño padre espiritual en la ermitaña. Estaba el convento cerca de la gruta; al padre Mariano le dio su manía de socavar subterráneos y cuevas hasta que gastó los dineros recogidos en Madrid: el ingeniero fraile sintió gran desconsuelo, porque los cerros de La Roda se le desmoronaban, y a punto estuvo de hundir el convento. Los labriegos del contorno llamaban a los carmelitas «frailes de la buena mujer».

En Andalucía penetraron los descalzos con autorización y apoyo del visitador apostólico nombrado para la reforma de los carmelitas del sur: Roma y el rey habían partido España en dos zonas. Castilla, cuyo visitador es familiar nuestro, el padre Fernández; y Andalucía, donde colocaron de visitador a otro fraile dominico, el padre Francisco Vargas. Fue Vargas quien les dispensó su protección para crear conventos de frailes reformados en Granada y en La Peñuela. Quiso además que convirtieran la casa carmelitana de San Juan del Puerto en monasterio descalzo, y propició la apertura del convento de Sevilla.

Este crecimiento de los carmelitas descalzos no lleva lógicamente la cadencia espiritual conseguida por madre Teresa para sus monjas, pues a ella no le consentirían «los varones» una intervención personal directa en la creación y desarrollo de las casas: ya representa una maravilla que la reconozcan por fundadora y siendo hombres se ajusten a las constituciones y estilo de las descalzas.

Para los frailes, pues, Pastrana cumple un destino providencial.

En cambio las monjas deben huir cuanto antes de la tiranía: doña Ana Mendoza las tiene sitiadas por hambre.

La tarde del 30 de julio de 1573, fallecido don Ruy Gómez, el cortejo fúnebre toma desde Madrid el camino de Pastrana. Viene la princesa vestida de fraile carmelita con el hábito del padre Mariano, a quien desnudó ante el cadáver del príncipe. Un propio se adelanta, llega a Pastrana antes de la madrugada del 31 de julio, golpea el portón de las descalzas y comunica las novedades a madre Isabel de Santo Domingo, la priora:

—Tras el muerto viene la princesa para entrar de monja.

Madre Isabel, consternada:

—¡La princesa, monja!; yo doy el convento por deshecho.

A las ocho llegó la comitiva. La princesa, le acompaña su madre, va derecha al convento, donde madre Isabel les ha preparado camas y un hábito de monja: al menos que deje su vestido de fraile.

Enterraron al príncipe el día siguiente. Terminadas las exequias, los familiares y amigos venidos de Madrid querían despedirse de la princesa.

Madre Isabel indicó que podrían saludarla a través de la reja del coro. Pero la princesa ordenó abrir las puertas de clausura y que los asistentes penetraran: un gentío invadió la clausura, están las monjas apenadísimas.

Era sólo el comienzo. Había tomado doña Ana el nombre de Ana de la Madre de Dios. Pero no podía comprender las limitaciones características de la vida religiosa, para ella se trataba de un juego llamativo. Exigió que tomaran el hábito dos de sus doncellas, y que además, vivieran a su lado en clausura otras dos criadas seglares, de modo que metió dentro un pequeño cortejo de cuatro sirvientas. La priora intentó convencerla, con ayuda de su madre doña Catalina de Silva, cuánto ganarían si ocupara un apartamento independiente con accesos uno a la calle y otro a clausura. No hubo quien le entrara en razón, y se encaró a la priora:

—Vos no debéis saber que en este mundo yo no me sujeté sino a Ruy Gómez, caballero y gentilhombre; ni me sujetaré a otra persona; y sois loca.

La enojaba cualquier insinuación, daba respuestas irritadas, violentas. Sus visitantes habían de campar a gusto por el monasterio. Ejercía de dueña, de princesa. Impuso a las monjas «hablarle de rodillas y con gran señorío».

Pasadas unas semanas comunicó a propios y extraños la noticia inesperada: estaba encinta, daría a luz para el mes de febrero próximo. Su hijo número diez.

Pobre priora madre Isabel, nunca en su convento se había planteado tener de novicia una parturienta: ¿qué habrían de hacer cuando llegara el parto?

Madre Isabel tomó dos de sus carmelitas y en su presencia habló seriamente a la princesa: el monasterio ajusta su existencia a unas reglas que deben ser respetadas; de otro modo, abandonarán Pastrana.

«Sor Ana de la Madre de Dios» enfureció. Enojada y despechada, herida en lo más vivo de su orgullo, dijo a la priora que se iba con su séquito a vivir en las ermitas de la huerta. Pero anunció seriamente que desde aquel momento suspendía la limosna dejada por don Ruy para sustento de las monjas: las sitiaba por hambre. En un pueblecito donde no disponían de alternativas.

Los desafueros de Pastrana eran comidilla de la corte. Llegaron a oídos del rey. Felipe II pasó el asunto al Consejo de Castilla. El Consejo dispuso que la princesa de Eboli saliera del convento y morase en su palacio para ejercer la tutoría de sus hijos y administrar la hacienda.

Madre Teresa recibía información puntual por cartas de la priora y de los frailes. A principios de 1574 le comentó al padre Báñez:

—He gran lástima a las de Pastrana, están como cautivas; no hallo por qué se ha de sufrir aquella servidumbre.

Habló al visitador apostólico. Intentaron un acercamiento, enviando mensajeros; la princesa se negó a recibirlos.

No les quedaba otro camino que levantar la fundación. Madre avisó a la priora:

—Poco a poco preparen para cuando las llame desde Segovia.

Madre Isabel, ante un notario y en presencia del superior de los frailes, depositó en manos del corregidor las joyas y alhajas recibidas de la princesa. Levantaron acta. Muy en secreto. Pero en Pastrana doña Ana se entera de todo, lo supo: amenazó a la priora con poner guardias si pretendían escapar.

A finales de marzo madre Teresa envió dos hombres de su confianza para consumar la operación huida: el padre Julián, y un caballero de Alba, Antonio Gaitán, viudo dispuesto a colaborar en las empresas teresianas. El padre Julián lo pasó en grande, fue la aventura que de viejo le gustaba contar.

Eran trece las monjas de Pastrana. Antonio y Julián comprometieron cinco carros entoldados, y los apostaron en las afueras del pueblo después de un repecho. A medianoche, una procesión sigilosa de quince monjas en fila india salió del convento, cada una con su hatillo. Cuesta arriba subieron el repecho, hasta llegar a los carros. Mientras se acomodaban, oyeron las voces de un mayordomo de la princesa quejándose al superior de los carmelitas por la marcha de las monjas. Al padre Julián aquella noche le recordó las huidas bíblicas narradas en el libro sagrado. Acomodadas las monjas, los carros echaron a andar. Detrás quedaban Pastrana y su princesa fatal, doña Ana de Mendoza y de la Cerda, bella, enigmática y tuerta: madre Teresa no le permite alborotar los conventos, pues alborotará la corte; que vaya preparándose don Felipe II rey de España.

Antonio y Julián, escoltas de la caravana, temían la aparición de los corchetes de Eboli mientras no cruzaran las lindes del ducado. Pasaron el río Henares por un vado peligroso donde a punto estuvieron de hundirse. A la vista de Madrid, respiraron. Los curiosos de la capital pensaban se trataba de un traslado de reos sujetos a la Inquisición de Toledo. Al cruzar el Guadarrama soportaron otra odisea. Pero sanos y salvos, tras cinco jornadas de viaje, entraron en Segovia el miércoles santo siete de abril.

Madre Teresa suspiró: había vencido la peor pesadilla de su vida.

A última hora, huidas las monjas, la princesa enturbia sus relaciones con madre Teresa: por venganza entregó a la Inquisición la copia del *Libro de la vida* conseguido por ella a fuerza de ruegos en la primera visita de la Madre a Pastrona. Fue una villanía, que pudo costar a la monja graves amarguras.

M adre se queda seis meses en su nuevo convento de Segovia, ahora rebosante.

Los primeros días se dedicó a mimar las recién llegadas, varias venían enfermas.

Reorganizó el convento, nombrando priora a la que fue de Pastrana, Isabel de Santo Domingo. Subpriora puso a la segoviana «de la linda voz», Isabel de Jesús: su apellido Mejía vale por una invitación permanente a las jóvenes de Segovia.

Le pesan los achaques a Madre: calenturas, perlesía, vómitos, dolor de cabeza, su lote habitual. Las hijas procuran cuidarla, ella se lo pone difícil:

—Déjeme, hija, que este cuerpo ansí lo ha de pasar.

El médico le obliga a acostarse en cama. Ella engaña al doctor, bajándose por la noche al suelo, y subiendo de madrugada a la cama.

Durante la estancia segoviana de Madre ocurre un episodio que impresionó fuertemente a las carmelitas. Agonizaba en Salamanca Isabel de los Angeles, atemorizada por los escrúpulos. Una mañana, durante la misa, la enferma recibió la visita de Madre, quien le sanó los escrúpulos y le anunció:

—Es grande la gloria que Dios la tiene aparejada, y crea que hoy la gozará.

Era el once de junio, san Bernabé: ¡pero madre Teresa estaba en Segovia!

Murió sonriente Isabel. Entre Salamanca y Segovia las monjas cruzaron cartas controlando fechas y horas. Acosaron a preguntas la Madre. Desvió ella la conversación, bromeando:

—Váyanse de ahí, qué cosas inventan, ¡extrañas son!

A estas alturas, nada de Madre puede asombrar a sus hijas. Se les queda en éxtasis, «arrobada y el cuerpo tan tieso como un muerto». Ana de la Encarnación confiesa que viéndola extática le hincó un alfiler en el brazo; brotó sangre, sin notarlo la Madre. Ana la vio en el coro suspensa «media vara sobre el suelo»: «me atemoricé, le temblaba el cuerpo; puse las manos debajo de sus pies, y estuve llorando como media hora que duró estar así. Luego se bajó; y volviendo el rostro hacia mí me preguntó quién era y si había estado allí; le respondí que sí». Verla absorta después de comulgar, era frecuente.

De noche, Madre roba horas al descanso para escribir páginas de su comentario al Cantar de los cantares, el libro bíblico que los teólogos de la época consideran peligroso y los espirituales muy atractivo: haberlo traducido del hebreo le está costando serios disgustos al profesor salmantino fray Luis de León. Madre avisa a su confesor en Segovia, el dominico padre Yanguas, esta escritura nocturna; Yanguas aprueba, pero más tarde le dará tal terror que su confesada vaya a la hoguera por causa de los comentarios al libro peligroso de la Biblia, que prefirió quemar él los papeles de madre Teresa. Afortunadamente las carmelitas habían escondido una copia.

El padre Yanguas la venera. A él confió madre Teresa una respuesta de Cristo; ella dijo al Señor en la oración cuánta envidia le daba María Magdalena; y oyó la voz interior:

—Hija, a ésta tuve por amiga viviendo en la tierra, y a ti te tengo por amiga ahora estando en el cielo.

El monasterio de las descalzas resplandece sobre Segovia, atrayendo limosnas y vocaciones abundantes. Vienen jovencillas, alegres, ávidas, deseosas de incorporarse a la patrulla de Teresa de Jesús. Vienen además mujeres maduras, experimentadas, como doña Ana Jimena que trae a su hija María: María Jimena posee una complexión enfermiza, y madre Teresa le manda «ponerse buena» para durar muchos años en servicio de Dios.

Enseguida eran más de veinte, así que podía Madre tomar un enjambre y proyectar otra fundación.

El caso notable de novicias segovianas provino de un «divorcio teresiano». Doña Mariana Monte de Bellosillo era reconocida entre las nobles de Segovia por su «mucha bizarría, hermosura y señorío», esposa de don Diego de Rueda. Andaban desavenidos los esposos, de mucho tiempo atrás. Consideraban imposible recuperar su armonía conyugal. No tenían hijos. Doña María pasaba ya los cuarenta y cinco años de edad. Propuso a su marido un «divorcio»: el ingresará fraile franciscano, ella monja carmelita. Don Diego aceptó. Quien vaciló fue madre Teresa, que al fin recibe su madura novicia, bajo el nombre Mariana de la Cruz. Don Diego entró franciscano y cantó misa.

Lo único que a Madre daba quebrantos en Segovia era no encontrar casa definitiva para instalar el monasterio. Halló a su gusto una en la misma parroquia de San Andrés, cerquita de la que ocupaban alquilada. Los canónigos le complicaron la compra, pues la casa estaba gravada con un censo a favor del cabildo y ellos se pusieron tacaños:

—Me train cansada estos canónigos, que ya estaríamos en casa, si no fuese por estos negros tres mil maravedises.

—A todos nos han mortificado estos canónigos, Dios los perdone; en fin, con hartos dineros se vino a acabar aquello.

Dispusieron el traslado. Pero tuvieron que realizarlo de noche y con sigilo: la nueva casa daba justo frente a un convento de mercedarios. Cuando supieron aquellos frailes la noticia, ya las monjas dentro de la casa, intentaron forzar el portón con palancas «para echar las monjas fuera». Temían que la vecindad les rebajase las limosnas. Madre Teresa resolvió el contencioso pagando a los mercedarios una compensación.

Madre debe regresar cuanto antes a la Encarnación.

Porque estamos en vísperas de san Miguel, y su mandato de priora termina el seis de octubre: la nombraron el seis de octubre de 1571, hace tres años.

Dice adiós a sus hijas de Segovia. Antes que se vaya, los dominicos la invitan a venerar en su convento de Santa Cruz la capilla donde santo Domingo habitó. Postrada, oró «harto grande rato», húmedos los ojos. Le dijeron misa, comulgó. Su amigo el padre Yanguas supo que aquella mañana madre Teresa y santo Domingo platicaron a su gusto.

El padre Julián y dos monjas le acompañaron camino de Avila. A media mañana del 1 de octubre, madre Teresa, todavía priora, entró en la Encarnación.

35
El largo viaje
a las tierras del Sur
(1575)

Y qué mal le fue a madre Teresa, Virgen bendita, en mi Andalucía de mi alma. ¿Qué le ocurrió en Andalucía a madre Teresa? He colocado en batería las quejas y los lamentos escritos por ella contra Andalucía, y hay para quedarse desolado.

Creo que gran parte de la incomprensión de madre Teresa para con Andalucía nació de haber puesto a la buena monja en camino un mes caluroso desde la misma sierra de Cazorla donde nace el Guadalquivir hasta Sevilla. La empujaron, venía medio engañada, según contarán estas páginas. Varios motivos contribuían a tenerla incómoda. Pero le influyó más que todos el viaje desde Beas por Córdoba a Sevilla, aquel terrorífico sol, la sed, los sudores que no cesan por la noche, la fiebre, las posadas imposibles.

Me dejan boquiabierto sus denuestos, que pasan de la ofensa a la injuria. Ella suele disimular agravios, dulcifica los defectos de la gente. Menos aquí. Ningún viajero de respeto maltrató así Andalucía, ¿será posible?

Ahora veremos cómo discurrió el 1575, a ella le hizo exclamar con amargura:

—Oh, qué año he pasado aquí.

Le desconcertó el carácter de los andaluces:

—Las injusticias que se guardan en esta tierra es extraña, la poca verdad, las dobleces.

Tanto, que justifica los malos pensamientos de Castilla sobre las tierras del Sur:

—Ya le digo que con razón tiene (Andalucía) la fama que tiene.

No pudo entender a los andaluces:

—Yo confieso que esta gente de esta tierra no es para mí.

Afirma lisa y llana:

—No me entiendo con la gente de el Andalucía.

Ni el paisaje, ni el clima, ni los habitantes, incluidos los frailes calzados:

—Ahora que veo lo de acá me parecen los frailes de Castilla muy buenos.

Hasta buscó una explicación diabólica:

—No sé si la misma clima de la tierra, que he oído siempre decir los demonios tienen más mano allí para tentar, que se la debe dar Dios.

Ella también se sintió más tentada:

—Me apretaron a mí, que nunca me vi más pusilánime y cobarde en mi vida que allí me hallé. Yo, cierto, a mí mesma no me conocía.

¿Qué le pasó? Vamos a verlo, este año 1575 madre Teresa salva los límites de la meseta castellana, realiza su única excursión hacia la periferia. Y no hubo sólo agravios, vamos a verlo.

Ahora las monjas de la Encarnación, «señoras» y «doñas» con apellido de familias ilustres castellanas, pobres mujeres a las que madre Teresa libró del hambre física y abrió panoramas espirituales atractivos, ahora ellas, que la recibieron cerrando el portón en las narices del padre provincial, ahora quisieron elegirla priora por votación unánime.

El visitador apostólico anuló la candidatura de madre Teresa: había comprendido que retenerla otros tres años en la Encarnación dañaría el desarrollo de la reforma y pondría en riesgo la vitalidad de los deliciosos conventitos de carmelitas descalzas sembrados ya por toda Castilla.

Así las señoras monjas de la Encarnación, apenadas, preguntaron a Madre quién le gustaría ver elegida priora. Madre dijo que le gustaría doña Isabel Arias, había sido estos años su brazo derecho y representante suya durante las ausencias. Y las señoras monjas eligieron a doña Isabel Arias priora de la Encarnación.

Madre Teresa volvió a su paraíso, a su San José.

No a quedarse; la llaman desde lejos, ha de viajar a la frontera sur de Castilla, hacia la misma raya de Andalucía.

Piensa ella que Beas y Caravaca están en la raya castellana del sur, pero maneja noticias equivocadas: Beas «es» Andalucía; y Caravaca, en la región murciana, no está «cerquita» de Beas, está muy alejada. Demos tiempo al tiempo.

Necesita monjas para dos monasterios, esta será la expedición fundacional más numerosa guiada por madre Teresa. Para escoger las monjas, realiza desde diciembre de 1574 a mediado febrero del 75 un recorrido por sus conventos de Valladolid, Medina, Avila, Toledo y Malagón. La visita de Madre trae a los conventos fiestas y júbilo, entra un chorro de alegría en el corazón de cada una de sus hijas. Les dice la palabra justa, les regala caricias estimulantes. María Bautista rehúsa ser reelegida priora de Valladolid «por verse poca cosa», y Madre amonesta:
—Creerse «poca cosa» es tomar mucha mano y tener poca humildad, lo que sea el bien de la casa se hará y no lo que le parece a una monja.

Hubo por navidad música, tambores y villancicos. Para reyes pasó a Medina, donde Madre compuso un poemilla dedicado a la niña Jerónima recién ingresada novicia con catorce años y dejando a sus espaldas familia noble, riquezas, halagos, pretendientes:

—¿Quién os trajo acá, doncella,
del valle de la tristura?
Dios y mi buena ventura.

Citó en Avila varias carmelitas de las huidas a Segovia desde Pastrana. Pidió al caballero viudo Antonio Gaitán aceptara escoltar la expedición al Sur; con Julián de Avila, naturalmente. Soportaron harto frío hasta Toledo; a primeros de febrero, llegó a Malagón.

En todos los conventos halla novicias nuevas, jovencillas, fervorosas y rientes, a las que Madre bautiza con epítetos cariñosos. En Malagón incorpora un sacerdote, don Gregorio, deseoso de tomar hábito descalzo.

A mitad de febrero tuvo lista su caravana: ocho monjas, una postulante, los padres Julián y Gregorio, el caballero Gaitán, mozos y carreteros. Las monjas y el ajuar viajan en cuatro carros entoldados, los capellanes y Gaitán a caballo; los mozos, a pie, tiran del ronzal a las mulas.

Una de las monjas, María de San José, es conocida nuestra: aquella damita del palacio toledano de doña Luisa, jovencilla conquistada por Madre y mimada suya. María, aguda y «letrera», ha contado este viaje hacia el Sur: gozosas las monjas con su Madre dentro del carro, rezan, cantan, oran, cumplen a golpe de campanilla su horario como si habitaran un convento rodante. Madre arrancó mala, aturdida de fiebres; repentinamente la calentura le bajó, y las entretenía con charlas, dichos, poemas y canciones.

En los pueblos y ventas de la Mancha quedaron recuerdos de la expedición, unos auténticos, otros evidentemente legendarios. Cuentan, y será falso, que Daimiel les negó posada. Dicen, fue verdad, que cierta mesonera les regateaba dos huevos, única vitualla existente en la posada, pero Ana de Jesús la convenció. Y lo más divertido, la oferta espléndida de perdices en cazuela guisadas por el ventero Miguel Merino ¡para unas monjas que jamás comían carne!

En dos jornadas llegaron al pie de sierra Morena. Madrugaron, oyeron la misa del miércoles de ceniza en Torre de Juan Abad, y acometieron la sierra por el puerto de Ventaquemada, calculando llegar a Beas cuando el sol cayera... ¡Y se perdieron!

Los carreros extraviaron el camino, «no hallaban remedio de salir de unos riscos altísimos por donde íbamos». Madre Teresa mandó a las monjas rezarle a san José, confiando les sacara del apuro. Bien les sacó, pues con los carros junto a un precipicio, oyeron la voz de un hombre gritarles desde abajo:

—Teneos, teneos, vais perdidos y os despeñaréis si pasáis de ahí.

Pararon, espantados. Preguntaron al viejo los carreros, a grandes gritos:

—¿Por dónde habremos de salir del estrecho?

El hombre les hizo señas indicando un sendero, salieron, y estaban ya en el camino.

Pudieron caer y partirse el alma, sin duda.

Hicieron alto; los mozos quisieron asomarse a dar las gracias al viejo, pero no hallaron rastro. Madre y las monjas pensaron cómo habían de encontrarlo, si a juicio suyo ni pastor ni labriego, fue san José...

Reanudaron la marcha; las mulas, como queriendo recuperar el tiempo perdido, se pusieron a un trote alegre y atravesaron el vado del río Guadalimar sin detenerse, de modo que llegaron a una venta sólo a legua y media de Beas: las esperaban, un muchacho salió a caballo para llevar al pueblo la noticia.

Hora es de narrar quién las trae a Beas.

Madre Teresa tiene situados todos sus conventos de monjas en el ámbito de Castilla. Las patentes del padre general Rubeo, que había sufrido penas del infierno cuando visitó Andalucía, autorizaban a madre Teresa a crear conventos dentro de Castilla. La Madre desarrolló su actividad fundacional en un conjunto de ciudades enlazadas por la red más densa de caminos, localidades relativamente cercanas y bien comunicadas, habida cuenta de la época. Y fuera de los casos de amistad personal que significaron Malagón, Pastrana y Alba, Madre buscó lugares con vida económica suficiente para garantizar en lo posible el sustento de sus monjas: quería evitar las angustias que atenazan a una persona restándole energías espirituales cuando sufre hambre.

Este viaje a Beas, piensa ella, no le saca fuera de Castilla, pues considera Beas situada junto a la raya de Andalucía. Y viene atraída por la historia fascinante de una mujer.

Dos mujeres, exactamente.

Hijas del hacendado más rico de Beas, Catalina y María crecieron rodeadas de cariño y bienestar. Catalina, la mayor, apenas cruzó la adolescencia, era cortejada por los mozos gentiles de la redolada. Ella, guapa y distinguida, despreciaba con altivez los requerimientos, a la espera de un marido digno de su porte. Una noche levantó los ojos al crucifijo que tenía en su cuarto y viose inundada por luz interior: arrebatada, resolvió abandonar los sueños mundanos y entregar la juventud a Jesucristo. Sus parientes contaban que aquella noche la rabia de los demonios originó un ruido infernal en la casa, y el padre de Catalina, don Sancho Rodríguez de Sandoval, bajó de su aposento espada en mano a enfrentarse con los invasores: no halló a nadie.

Sus padres impidieron a Catalina irse monja. Ella vistió hábitos penitentes, consumió el tiempo en oración, mojaba su rostro y se exponía al sol intentando ajarlo y quitarle belleza. María su hermana copió el ejemplo, y las dos vivían santamente.

Les murió el padre, luego la madre. Ellas gastaban la herencia en socorrer a los pobres, y abrieron en su casa un taller donde a las niñas del pueblo enseñaban labores y doctrina.

Asaltó a Catalina un rosario de enfermedades terribles, ella sufría resignada. Pero deseaba morir siendo monja. Adormecida, vio en sueños un grupo de religiosas vestidas de hábito pardo y tapadas las caras con velos negros. Ella les preguntó su orden, las monjas destaparon sus rostros alegres, la priora le tomó la mano, le dijo «hija, aquí os quiero yo», y le dio a leer las reglas del convento. Al despertar, Catalina escribió cuanto recordaba de aquellas reglas. Y las explicó a un jesuita conocedor de las descalzas: «son las monjas de madre Teresa, escribidle», aconsejó el jesuita.

Escribió, ofreciendo para convento su casa y sus rentas. El visitador apostólico explicó a Madre que por pertenecer Beas a la Encomienda de Santiago era necesaria una licencia, muy difícil de obtener, del Consejo de las órdenes militares.

Pero Catalina viajó a Madrid, importunó a unos y otros hasta poner su petición en manos del rey: don Felipe, al saber se trataba de un convento de carmelitas descalzas, ordenó dar la licencia.

Ahora, en llegando a la venta que sólo dista legua y media de Beas, madre Teresa encuentra esperándole un billete de saludo escrito por Catalina, sólo con estas frases: «Gloria Patri et Filio et Spiritui sancto, que me han dejado ver este día que tan deseado tenía».

De Beas salió hacia la venta el vecindario, con el clero a cruz alzada. Los niños y las niñas correteaban en torno a los carros, una multitud de jóvenes a caballo escoltó la caravana hasta la iglesia parroquial: «no debió quedar persona chica ni grande —anota el padre Julián— que no saliese con gran regocijo». El espectáculo de las monjas bajando de los carros con el rostro tapado para entrar en la iglesia, dejó pasmado al personal. Las llevaron luego a casa de las señoras Catalina y María, donde residirían hasta tener dispuesto el convento. Alzaron las monjas sus velos, y Catalina reconoció el rostro de las religiosas vistas por ella en su sueño tiempo atrás. A las descalzas les pareció Catalina, a pesar de sus penitencias, «doncella muy hermosa y gallarda, con todas las gracias naturales, nobleza y discreción».

En manos de Madre pusieron las dos hermanas cuanto quedaba de su herencia. Pidieron ser recibidas para legas; Madre las quiso monjas de coro, les dio el hábito y les completó el nombre: Catalina de Jesús, María de Jesús.

Le gustó a Madre, Beas: con sus valles de regadío, tierra «muy deleitosa y de buen temple». Pero se llevó un susto al descubrir que Caravaca no queda «muy cerquita», sino a las mismas leguas que Avila de Valladolid, y saltando sierras por caminos empinados.

Caravaca, la hermosa villa del reino de Murcia, vive por estos años enardecida con el fervor de los padres jesuitas que abrieron colegio en 1570. El clima espiritual intenso provocó un episodio notable: tres muchachas hijas de familia distinguida resolvieron al salir de un sermón irse monjas, encerrarse inmediatamente en un convento. Las tres se llamaban igual, Francisca. Una, hija de don Rodrigo de Moya, tenía un hermano jesuita. Otra Francisca era sobrina de la señora más rica de Caravaca, la viuda doña Catalina Otálora.

Había en Caravaca jesuitas y frailes franciscanos, ningún convento de monjas. Doña Catalina ofreció remedio a las tres Franciscas cobijándolas en un ala de su casa, donde vivieran en clausura hasta encontrar solución.

Un jesuita les habló de las descalzas de Avila. Doña Catalina escribió a madre Teresa contando el caso y poniendo a su disposición la hacienda de las tres Franciscas, si decidía fundar monasterio en Caravaca.

A Madre «hízole devoción» la historia de aquellas tres doncellas: respondió que al ir a Beas se acercaría hasta Caravaca, y les habló de María de San José como posible priora. Las Franciscas contestaron muy contentas, dando ya obediencia por carta a su futura priora: «con muchas caricias».

Sobre el terreno, Madre ve la dificultad de un viaje hasta Caravaca. Resolvió enviar como exploradores al padre Julián de Avila y al caballero Gaitán, con encargo de anular el proyecto si veían problemas.

Qué problemas, volvieron entusiasmados. Malos eran los vericuetos de la sierra. Pero Caravaca, una gloria. Julián contaba y no paraba: gente «principal», devotísima, fieles a los jesuitas, amables, «muy hidalgos y muy virtuosos». Un problema sí hubo: la Francisca sobrina de doña Catalina había caído entre tanto víctima de un ataque de melancolía «y estaba en su casa». Sin embargo ponía también su hacienda en la masa de dineros que había de asegurar las rentas del convento.

Con estas noticias de sus exploradores, Madre decidió llevar adelante la fundación de Caravaca; y comenzó a preparar desde Beas la nueva expedición.

Surgió un inconveniente. Caravaca era plaza sujeta a la orden militar de Santiago, lo mismo que Beas. Doña Catalina tramitó la licencia en Madrid, donde la respetaban: su difunto marido fue oidor del Consejo de Indias. La licencia llegó, doña Catalina la manda muy satisfecha a Beas. Y Madre ve que tal documento deja el monasterio sujeto no al padre general de la orden carmelita, sino al comendador de la orden militar de Santiago: hubiera sido gracioso poner una parcela de sus hijas bajo la obediencia militar.

Enviaron otra solicitud a la corte. Madre Teresa escribió al rey suplicándole diera pronto la licencia. Y retuvo en Beas el total de sus monjas, a la espera.

¿Quién iba a decirle a madre Teresa que precisamente en Beas, la supuesta «raya de Andalucía», le ocurrirá el encuentro más importante quizá de toda su vida?

En la trayectoria biográfica de una persona nunca puede considerarse un encuentro «el más importante», de acuerdo. Pero a madre Teresa le ocurre aquí un lance inesperado, y si he de sostener mi decisión de narrar las cosas como fueron, debo contarlo sin disimulos: madre Teresa en Beas se enamora de un fraile. No vea el lector ni una chispa de frivolidad o falta de respeto en mi afirmación, porque el amor no está necesariamente rodeado de turbios enigmas, puede acontecer que caiga como un chorro milagroso sobre el corazón humanísimo y cálido de nuestra monja. Madre Teresa cumple en Beas los sesenta años de edad, hoy diríamos nosotros «una mujer madura», serena. Para la media correspondiente al siglo XVI, es anciana. Siempre, desde niña, quiso al Señor; pero hace al menos veinte años está «definitivamente» enamorada de Jesucristo, inmersa en diálogo íntimo con su amado, atenta por encima de los barullos externos a la sutil presencia que la invade. Y sus trabajos de fundadora son una respuesta cariñosa, presentada por ella en correspondencia a las mercedes recibidas de Dios.

Por tanto, «un nuevo amor de hombre» sólo le cabe si viene enganchado a las dos realidades soberanamente dueñas de su persona: Jesucristo y la orden carmelitana.

Estaría mejor afirmar que ha sido el fraile quien «la enamora», a causa de las preciosas cualidades descubiertas en él por madre Teresa: le enamora este hombre amigo de Dios, lo considera capaz de llevar a puerto feliz la reforma del Carmelo.

Comprendo, será más discreto decir que Teresa «se prendó» de su nuevo conocido. Además, «madura» —anciana— ella con sesenta años, y joven él de veintinueve, la monja podía permitirse el lujo de volcar sobre su fraile cariños de madre.

Pero a ella no le inquietan los sustos de quienes la ven «prendada»; ni se tomó la molestia de ocultar sus sentimientos: sentíase radiante con aquel amor inesperado, estímulo para su corazón y aliento de una etapa muy dura de su trayectoria, la última etapa.

¿Quién es él, qué hombre ha enamorado a madre Teresa?

Jerónimo de la Madre de Dios, Gracián de apellido, nació en Valladolid cuando en aquella ciudad residía la corte. Era nieto del armero mayor de los Reyes Católicos. Su padre dio de lado a la milicia y dedicó sus talentos a las letras: llamado Diego Gracián, oyó en Lovaina las lecciones del maestro Luis Vives, aprendió lenguas clásicas, tradujo libros griegos y latinos. Carlos V le nombró secretario e intérprete suyo. Don Diego, ya personaje de corte, casó con Juana de Antisco, hija del embajador de Polonia en España. Les nacieron veinte hijos, que costó trabajo al erudito secretario sacar dignamente adelante. Consiguió colocarlos. Pero Jerónimo, precisamente su predilecto, el mejor dotado, escapó de sus manos: don Diego empujaba a Jerónimo hacia la carrera de leyes, y el chico se empeñó en estudiar teología. Menos mal que para bien de la familia otro de los hijos de don Diego, Antonio Gracián, hizo caso al padre y llegó a secretario del rey.

Don Diego lo mandó primero al colegio de los jesuitas en Madrid, luego a la universidad de Alcalá. Jerónimo conquistó simpatías, trabó amistades: erudito, poeta, jovial, apacible, devoto de nuestra Señora a quien llamó «mi enamorada» se ordenó sacerdote el año 1569, a los veinticuatro de su edad. Continuó los estudios en Alcalá, meditando si entrar jesuita.

Los estudiantes de Alcalá seguían con curiosidad el apasionante curso de los conventos carmelitas, frailes y monjas, fundados en Pastrana. A Jerónimo uno de sus amigos se le fue al noviciado. Y él mismo visitó Pastrana para recomendar a la priora una joven deseosa de ser carmelita. Madre Isabel, la priora, le atendió; hablaron largo, y el padre Jerónimo marchó. Madre Isabel puso sus monjas a rezar para conseguir que Dios empujara hacia el Carmelo aquel padre tan escogido...

Entró carmelita. Madre Teresa supo en Avila el respeto y admiración ganados por aquel novicio: a distancia, sin conocerlo, le pidió ayudara en la difícil tarea de serenar la exaltación histérica originada entre los frailes de Pastrana por la visita de la penitente Catalina de Cardona. El padre Gracián aportó a Pastrana el peso teológico y la sensatez que necesitaban aquellos frailes fervorosos pero incultos y aventureros.

Vimos atrás cómo la reforma de los frailes carmelitas del sur de España la encomendaron Roma y el rey al visitador apostólico padre Francisco Vargas, dominico. Vargas no encontraba el hilo de la madeja, los carmelitas calzados de Andalucía eran hueso duro de roer. No vio más salida que pedir auxilio a los descalzos de Castilla.

Para tantear el terreno, bajaron desde Pastrana a Sevilla dos frailes, nuestro conocido ingeniero fray Mariano y el padre Jerónimo Gracián: venían a escondidas, por no irritar al áspero provincial castellano fray Angel Salazar.

El padre Vargas decidió retener en Andalucía a los dos carmelitas de Pastrana; lo cual efectivamente costó un berrinche a fray Angel Salazar porque «habían huido» de su territorio: denunció el caso al padre general.

Gracián, orador brillante, paseaba con éxito arrebatador los púlpitos de Sevilla. Vargas, feliz, lo nombró, como adjunto suyo, «vicario provincial de frailes calzados y frailes descalzos de toda Andalucía». El nuncio y el rey confirmaron el nombramiento, que en cambio disgustó mucho al padre general y a sus ayudantes romanos.

Gracián, imparable, activísimo, abrió un monasterio nuevo de frailes descalzos en la huerta de los Remedios, afueras de Sevilla. Los calzados, «los del paño», elevaron a Roma una protesta. El nuncio citó en Madrid al flamante vicario provincial de Andalucía: Gracián pensó sería una oportunidad excelente desviarse del camino para conocer personalmente a madre Teresa.

Jerónimo Gracián llega a Beas mediado abril de 1575. Por fin, conoce a madre Teresa: «la fue luego a ver, con el gran deseo que tenía de conocerla».

Comenzaron a hablar... les faltaban horas: Gracián mismo cuenta cómo analizaron «todas las cosas de la orden, así pasadas como presentes, y lo que era menester para prevenir las futuras»; a los dos importaba el buen espíritu de la reforma, la santidad de los descalzos.

El padre Jerónimo vino acompañado de un novicio, y debía esperar en Beas la llegada de fray Mariano antes de proseguir viaje hacia Madrid. Fray Mariano tardó veinte días. Gracián y la Madre los gastaron, «fuera del tiempo de misa y de comer», dialogando infatigables acerca de sus monasterios. Fueron días venturosos para la Madre, quien escribía de su fraile:

—Es cabal en mis ojos, y para nosotros mejor que lo pudiéramos pedir a Dios... Perfección con tanta suavidad yo no la he visto... Por ninguna cosa quisiera dejar de haberle visto y tratado tanto... Julián de Avila está perdido por él y todos, predica admirablemente.

Pienso cómo fue; fue traer al cauce vital por donde discurrían las energías de Madre un afluente poderoso, joven, aguas impetuosas caídas desde los picachos para darle al río de la reforma teresiana empuje mayor y fuerza.

Madre Teresa tiene asentados en roca firme sus conventos de monjas, pero teme por los conventos de frailes. Ella no los puede cuidar en persona. Los dos primeros descalzos han sido fray Antonio de Jesús y fray Juan de la Cruz. A fray Antonio no le reconocen sus compañeros dotes de mando. Fray Juan es una persona sublime, seráfica, incapaz de consumir su existencia en asuntos temporales. De repente la Madre fundadora encuentra ante sí el hombre a medida, la roca, el adalid de la reforma. ¿No era para sentirse dichosa?

Confesó con él, le abrió poco a poco los secretos de su alma. Fray Jerónimo le correspondía sin disimulos: «ella me comunicó su espíritu, y yo a ella de la misma suerte declaré todo mi interior».

Al padre Jerónimo le asaltó algún escrúpulo: ¿no le quiere demasiado la Madre, no parecerá excesivo su cariño?

Ella contestó riendo, con el sabroso giro que sustituye el pronombre de la segunda persona por el de la tercera:

—El no sabe que cualquier alma, por perfecta que sea, ha de tener un desaguadero; déjeme a mí tener éste, que por más que me diga no pienso mudar del estilo que con él llevo.

A Teresa los acontecimientos todos de su vida se le reflejan en la oración como en un espejo. Los somete todos a la presencia de Dios. Y se pone a la escucha de la voz interior. El amor a fray Jerónimo, su alegría por aquel encuentro que les unía de cara a los trabajos inmediatos, dio motivo a una representación interna:

—Pareciome ver junto a mí a nuestro señor Jesucristo, y hacia su lado derecho estava el mesmo padre Gracián.

Jesús les juntó la mano derecha, igual que el sacerdote junta las manos de los nuevos esposos:

—Y díjome que éste quería tomase en su lugar toda mi vida, y que entrambos nos conformásemos en todo, porque convenía ansí.

Fray Jerónimo admira y respeta a madre Teresa, no le pasa por la cabeza la idea de utilizar en provecho propio el prestigio de la fundadora. Sencillamente, acepta servirle a Madre de báculo, a Madre «madura», anciana:

—Quedéle tan rendido que desde entonces ninguna cosa hice grave sin su consejo.

P adre Gracián sólo puede por ahora respaldar a Madre con el talento y los consejos: su autoridad como vicario está circunscrita a la provincia carmelita de Andalucía, mientras Madre pertenece a la provincia de Castilla.

Madre Teresa le comenta el retraso de la fundación de Caravaca, con la expedición preparada: cuánto le gustaría llevarse sus monjas disponibles y fundar en Madrid.

A cuenta de Beas «raya de Andalucía», fray Jerónimo conversa con unos y otros, hasta que de repente le asalta la duda: quizá Beas no sea «la raya», quizá sea «Andalucía».

Acude a consultar los franciscanos del convento local y los letrados del pueblo, quienes sin vacilación le informan: aunque los asuntos civiles se tramitan en las cancillerías de Castilla, para la jurisdicción religiosa Beas ha pertenecido y pertenece a Andalucía.

Las carmelitas de Beas recibieron alegría inmensa encontrándose de repente súbditas del maravilloso padre Jerónimo. El discutió con Madre la situación, dio licencia oficial al convento de Beas, y recibió la obediencia de las monjas: ahora puede ya dedicarles, además de consejos, apoyo y también mandatos.

Madre Teresa había venido a fundar «en la raya», no en Andalucía. Sin saberlo, cruzó la frontera; está en un terreno donde no manda fray Angel Salazar, sino «su» padre Gracián.

A fray Jerónimo le encantan las bromas inocentes que alegren la convivencia: no es él de los santos «encapotados». Ha dejado escrito el apuro soportado en Beas por el padre Julián de Avila.

Seguro Gracián de que su jurisdicción alcanza el convento, no tiene inconveniente en ejercer como superior dando hábitos y recibiendo votos. Por ejemplo, impuso el hábito de carmelita descalzo al sacerdote don Gregorio, venido desde Malagón con la tropa teresiana.

El padre Julián nunca pensó hacerse fraile; pero solicita de fray Jerónimo, que le impongan el escapulario de la Virgen del Carmen, por devoción a la reina de la orden carmelitana.

Gracián le gasta una broma. Dispuso la ceremonia sin aclarar a las monjas de qué se trataba. Ellas vinieron con velas encendidas y trajeron para bendecir las prendas de un hábito completo. El pobre Julián de Avila, de rodillas ante Gracián, miraba tembloroso: llegó a pensar si madre Teresa habría recibido alguna revelación para entrarle a él en los descalzos. Fray Jerónimo dijo una larga plática en alabanza de la vida religiosa. Julián no chistó, aunque le comían las preguntas por dentro: ¿cómo le hacían fraile a la fuerza, si él tenía varias hermanas que alimentar y no piensa cumplir el voto de pobreza? Sufrió las peores congojas de su vida. Hasta que al fin remató la plática Gracián, y le impuso devotamente... un escapulario.

Hubo largos días de risa en el convento.

Llegó de Sevilla fray Mariano, que, instigado por Gracián se dedicó a contarles a las monjas las excelencias de la famosa capital: si se animaran a fundar en Sevilla, desde el arzobispo hasta el último mono las acogerían con amor.

El padre Gracián desea vayan a Sevilla.

Madre teme, aunque fray Jerónimo sea superior de la provincia, disgustar al padre general. Ella prefiere aprovechar el lote de monjas aquí disponibles por el retraso de Caravaca: regresar con ellas, y fundar en Madrid.

Gracián sugirió a Madre llevar el dilema a su oración: Sevilla o Madrid.

La voz interior contestó a madre Teresa: Madrid.

Pero Gracián, con autoridad en la provincia, resolvió por Sevilla:

—Yo le dije fuese a fundar en Sevilla, y sin réplica ninguna se aderezaron carros para caminar allá.

Teresa escuchó su voz interior:

—Bien hiciste en obedecer; mas costará grandísimos trabajos.

Con pocos días de diferencia, el padre Jerónimo salió hacia Madrid y la caravana de nuestras monjas tomó el camino de Sevilla.

A fray Jerónimo Gracián lo recibe la corte como gran personaje; el nuncio y el rey tienen decidido apoyar en este fraile culto, jovial, pío y valiente, la reforma de los ásperos carmelitas calzados del sur de España.

Felipe II ha instalado su familia y su despacho en El Escorial. Todavía queda obra larga para rematar el monasterio, pero al rey le apetece tanto aquella majestuosa paz que sufre con gusto las molestias. En el Escorial ha muerto su hermana la princesa Juana, amiga de madre Teresa y madre del rey de Portugal. Don Felipe utiliza como despacho una estancia pequeña, cercana a los aposentos de la reina y de las princesas. Va trasladando al monasterio los restos de sus familiares, sepultados antes en diversas iglesias.

Cumpliendo instrucciones del rey, don Juan de Austria conquistó Túnez en octubre de 1573. Su hermano le había ordenado desmantelar la fortaleza de La Goleta y las murallas de Túnez, para quitar a los turcos la tentación de atacarlas. Don Juan desobedeció, regresó a Italia sin destruir aquellas fortificaciones.

En junio de 1574 una fuerte armada turca recuperó La Goleta y Túnez: don Juan perdía definitivamente su sueño de verse coronado rey del norte de Africa. Felipe II sospecha que la camarilla de don Juan fomenta las veleidades del príncipe: le nombra un secretario nuevo, Juan de Escobedo, hombre fiel de Antonio Pérez, y le da encargo de moderar las aspiraciones ambiciosas de don Juan.

Pero a raíz de Lepanto, don Juan de Austria se ha convertido en un héroe nimbado de gloria. Gregorio XIII le adjudica la «rosa de oro», que según costumbre viejísima envían los papas al rey o reina merecedores de la gratitud pontificia. Don Juan recibió la rosa en Nápoles. Gregorio XIII puso en marcha una conspiración diplomática fascinante: el papa estimula a Felipe II para desembarcar un ejército en Inglaterra como apoyo de los partidarios de María Estuardo, cautiva de la reina Isabel en la torre de Londres. Destronada Isabel, casarían a don Juan de Austria con María Estuardo y los sentarían en el trono británico. El mismo don Juan capitanearía el desembarco.

Gregorio XIII encargó al nuncio Ormaneto contar en supremo secreto estos planes a Felipe II. El rey los escuchó fríamente.

En cambio su majestad y el nuncio van muy de acuerdo en lo tocante a la reforma de la orden carmelita: ambos admiran la obra de madre Teresa, la protegen, y esperan de fray Jerónimo Gracián un éxito definitivo sobre los calzados.

No será fácil, el éxito. Pío V había dejado realmente orillado al padre general Rubeo y dio facultades plenas a los dos visitadores apostólicos, uno en Castilla, otro en Andalucía. A la muerte de Pío V, Rubeo intenta recuperar su mando: Gregorio XIII le firma este año 1575 la revocación de poderes concedidos a los visitadores; así la orden quedará sujeta por completo al padre general.

Pero el nuncio y el rey han buscado solución. Felipe II oye del Consejo real grandes alabanzas de fray Jerónimo Gracián. De acuerdo con Ormaneto resuelve asegurar la reforma descalza confiriendo a Gracián el cargo de visitador apostólico, con firma del mismo nuncio, cuyas facultades permanentes no han sido limitadas por el papa: esta maniobra invalida para Andalucía el breve pontificio.

No se paran a pensar cómo será de serio el enojo del padre general Rubeo cuando vea que continúan robándole la potestad sobre sus carmelitas, calzados y descalzos, de Andalucía. Y que le nombran visitador apostólico a Jerónimo Gracián, un frailecillo de veintinueve años...

Una caravana de carros con su escolta de mozos y tres hombres a caballo sale de Beas la madrugada del miércoles 18 de mayo de 1575 camino de Sevilla. Los tres hombres de la escolta son un clérigo, nuestro padre Julián; un fraile «recién vestido», el antes cura manchego don Gregorio; y el caballero salmantino Gaitán, escudero voluntario de madre Teresa, hoy lo llamaríamos misionero seglar o laico comprometido.

Dos de los carros, convertidos en convento rodante, llevan en total siete monjas: la Madre y otra seis, «muy ejercitadas». Las ha escogido cuidadosamente para esta gran aventura, porque madre Teresa le tiene miedo a Sevilla. Lleva por futura priora a María de San José, que antes destinó a Caravaca. María ha posado sus ímpetus juveniles, pero conserva bríos y aire resuelto, es culta, lee latín, sus experiencias del palacio toledano de doña Luisa de la Cerda le servirán en Sevilla para tratar esas damas y caballeros aristócratas que según fray Mariano pueblan la hermosa ciudad. La Madre mortifica a veces la inconsciente petulancia de María, sin olvidar nunca esta palabra cariñosa:

—No sé qué tentación me ha dado de quererla tanto.

Menos madre Teresa, las monjas viajan alucinadas hacia la ciudad prometida, pues Mariano y el padre Gracián les han descrito maravillas: el arzobispo noble y benévolo, un monasterio que se llenará de novicias alegres, las calles bulliciosas con traficantes, misioneros, damas lujosamente ataviadas, el río abierto a bajeles que van y vienen hasta los puertos remotos del oriente... Madre conoce la calidad de sus monjas:

—Tales almas, que me parece me atreviera a ir con ellas a tierra de turcos... Como habían de quedar tan lejos, procuré que fuesen de las que me parecían más a propósito.

Los otros dos carros arrastran utensilios para componer la capilla del futuro monasterio sevillano y un mínimo ajuar: fray Mariano ha prometido tales obsequios de la generosidad andaluza que ni siquiera traen ellas chismes de cocina, les van a regalar de todo. ¿Contentas? Alucinadas, viajan.

En cambio madre Teresa no consigue ahuyentar sus temores: le inquieta cómo recibirá el padre general Rubeo la noticia de que «su» reformadora le ha desobedecido yéndose a fundar conventos en Andalucía. Que no le ha desobedecido, ella lo sabe, porque a Beas vino confundida, y a Sevilla va por mandato del padre Gracián. Ella lo sabe, pero Rubeo no lo sabe. ¿Y Sevilla? También recela de aquella famosa metrópoli, le han contado que Sevilla sirve de gran puerto a los barcos de las Indias, los barcos salen por un ancho río a buscar el mar..., ese mar nunca visto por Teresa y que le dicen es inmenso como la grandeza de Dios.

Todavía le preocupa más una noticia recibida en Beas a última hora, ella no la cuenta a sus hijas, para qué atemorizarlas. Las carmelitas de Valladolid y el obispo don Alvaro la ponen en guardia: reclama el tribunal de la Inquisición desde Córdoba un ejemplar del *Libro de la vida* escrito por Teresa de Jesús. Algunos discípulos del maestro Juan de Avila, visionarios, han mencionado en sus declaraciones los éxtasis de la monja. A los inquisidores se les despertó la gana de leer el libro. Lo reclaman a Madrid, a Valladolid. Un ejemplar duerme olvidado en algún archivo del supremo tribunal, la princesa de Eboli firmó denuncia el año pasado. ¿Darán con él? A madre Teresa le acongoja irse ahora camino de Sevilla teniendo que pasar por Córdoba: precisamente por Córdoba. Teresa oyó en casa las remotas historias del tribunal fundado en Sevilla cuando los Reyes Católicos, y cómo desde Sevilla fue subiendo hasta Toledo, y vistieron el sambenito siete viernes al abuelo...

Escribió Madre al obispo don Alvaro, en vísperas de salir de Beas:

—Cada día entiendo más la merced que me hace nuestro Señor en tener entendido el bien que hay en padecer.

Ana de Jesús quedó de priora. Madre Teresa le regala como recuerdo su capa:

—Troquemos, hija, las capas; tome la mía, que es nueva y más a propósito para ella que es joven; y déme la suya, que por estar vieja y gastada me irá muy bien a mí.

La primera jornada, de Beas a Santisteban, sólo cinco leguas, fue un portento de luz y color; a través del paisaje delicioso, florido, solitario, pudieron llevar alzados los toldos del carro y el velo de la cara. Madre medía las horas con su relojito de arena, una campanilla señalaba el rezo, los arrieros callaban oportunamente, se oían esquilas de rebaños cercanos; luego cantaban las monjas a pulmón batiente, o escuchaban regocijadas un poemilla compuesto por Madre sobre la marcha: «Caminemos para el cielo / monjas del Carmelo. / No deja de nos amar / nuestro Dios, y nos llamar. / Sigámosle sin recelo, / monjas del Carmelo». Durmieron en una ermita sobre el santo suelo. Felices, dichosas.

Pero el segundo día, qué jornada, Dios bendito. Enfilaron en diagonal las tierras de Jaén hasta la ribera del Guadalquivir, habían de cruzar el río por el vado de Espeluy. El sol caía furioso; cuando en Andalucía el mes de mayo viene fuerte hay que temblar, peor que agosto. Furiosos también los hombres en las ventas del camino, pendencieros, blasfemos, Julián temblaba pensando si las monjas oirían aquellas palabrotas dentro del carro. A la hora de comer llegó el susto grande: las provisiones estaban ya podridas, las tiraron. Les quedó un puñado de habas, pan y cerezas. Habían consumido el agua, y en las ventas les cobran dos maravedises por cada jarrito, «de suerte que era muy más barato el vino que el agua». Atravesaron Linares y bajaron a buscar el vado, donde había un servicio permanente de barca para llevarles a la otra orilla del Guadalquivir: desde Espeluy hasta Córdoba caminarán al costado del río. El río, el río, poderoso, tan bello, y a punto estuvo, traidor, de engullirles dos carros.

Primero pasaron las monjas; travesía feliz, con algarabía y coplillas. Madre pensó, mientras la barca cumplía idas y venidas, entretener a sus hijas montando a la sombra de una peña un simulacro de convento chiquitín, arreglado con cuatro chismes. Cantaron los salmos de «completas», la oración de la noche. De repente, las sobresaltó el grito de los carreros.

El barquero se había confiado, dijo que no sería preciso desuncir las mulas: metieron dos carros con las caballerías en la barca. Tenía suelta la maroma de la otra orilla, sin nadie que tirar. A mitad del río, no bastó el remo, la corriente les pudo y empezó a llevarse agua abajo la barca, con las mulas, los dos carros, mozos, barquero... Corrieron la monjas a tirar de la soga, y menos mal que la barca encalló en un bajío. Por un pelo evitaron el desastre. Durmieron, agotados, en la primera venta.

Tardaron dos días más en llegar a las puertas de Córdoba: Madre se les puso seriamente mala, fue preciso multiplicar los descansos. Si podían llamar descansos a las paradas bajo aquel sol abrasador. Dentro de los carros faltaba el aire. Quisieron acostar a la Madre, la bajaron del carro junto a una posada. Pidieron un aposento, era mediodía. Les dieron una cochiquea tejavana, sin huecos. Trajeron agua para refrescarle la cara, pero tan caliente que no le aliviaba. A las monjas les aturdió el jolgorio de la gente comiendo, bebiendo, cantando y bailando, un griterío insufrible. Madre les rogó la levantaran:

—Y que nos fuésemos, mejor me parecía sufrir el sol del campo.

Durmieron al raso, «por huir de la barahúnda de ventas y mesones». De madrugada refrescó, madre Teresa se sintió aliviada. Menos mal, necesitaría buen ánimo enseguida.

Entraron en Córdoba el domingo de pentecostés al alba. Madre deseaba pasar de puntillas, sin ruido, le asustaba esta ciudad grande en uno de cuyos palacios los oficiales de la Inquisición trabajaban sobre el expediente de cierta monja llamada Teresa de Jesús. El camino discurría entre las murallas y el río. Preguntaron por una iglesia donde oír misa, les indicaron que al cruzar el río con salir del puente la encontrarían. Lo que no les dijeron fue que precisamente aquella iglesia estaba dedicada al Espíritu santo, y hoy tenía romería con gran afluencia de visitantes: tantos, que los alguaciles negaban el paso por el puente a los carros, sólo podían transitar personas.

El padre Julián, aterrado, a un alguacil:

—¿Quién nos dará paso? Llevamos urgencia para Sevilla.

Sólo el señor corregidor, él da la licencia.

—¿A estas horas?

Sólo el corregidor.

Julián fue a casa del corregidor, aguardó que se levantara de la cama. Dos horas tardó en volver con el permiso.

A madre Teresa las dos horas le parecieron la misma eternidad. Menos mal que le ahorraron una noticia, ella no conocía Córdoba: los carros estaban parados justo ante la fachada del alcázar de la Inquisición, justo bajo las almenas del santo tribunal. Lástima de foto.

La ciudad despertó, mucha gente viene a cruzar el puente hacia la iglesia donde toca romería. Encontraban la extraña caravana de cuatro carros entoldados, daban alguna vuelta alrededor, preguntaban a los mozos silenciosos; los niños terminaban levantando una punta de los toldos: qué va dentro, quieren saber.

Llegó el padre Julián muy sofocado licencia en mano; el alguacil que de acuerdo: pueden pasar.

...Pues no pueden. Al meter el primer carro, no cabía: los ejes del carro tropiezan en las pilastras cabeceras del puente. No entra el carro. Los mozos aconsejaron la única solución: aserrar las puntas de los ejes.

Las sierras, y venga gente. Nuestras monjas quietecitas dentro. Tres horas más, ya era media mañana. Llegaron a la iglesia en pleno festejo: procesión, misa, sermón y danzas. Apenada, compungida, la Madre preguntó al padre Julián si no sería prudente seguir viaje aun a costa de quedarse sin misa. Deseaba escapar de Córdoba, le obsesionaban los corchetes de la Inquisición. Julián quería misa. Abrieron los toldos, bajaron las monjas. Aquel espectáculo no se lo esperaban los romeros del Espíritu santo de Córdoba. Les dejaron paso, las entraron a la iglesia. Años adelante, Madre recordará esta escena, con una gota de humor:

—El alboroto de la gente era como si entraran toros.

Ah, se le quitó la calentura. De repente. A fuerza de sobresaltos.

Echaron cuatro jornadas de Córdoba a Sevilla, pues Madre quiso un día de descanso completo en una ermita a la salida de Ecija: mandó los acompañantes a una de las posadas cercanas, y quedaron solas sus monjas. De la posada Julián les trajo «lechugas, rábanos y pan, con que comimos». Un banquete soberano. Madre pidió a sus hijas que a ella le dejaran a ratos recogida en la sacristía de la ermita. Las monjas adivinaron una «gran merced» rondando el alma de la Madre. No sé si acertaban. Madre Teresa formuló en la sacristía de esta ermita una resolución valiente. Quizá durante el camino ha recordado varias veces cómo ella prefería viajar hacia Madrid, hasta que fray Jerónimo torció los planes con su mandato. ¿Le venían ganas de maldecir al padre Gracián? Cortó por lo sano, con un arranque de los suyos, formulando una promesa de obediencia total y perpetua a su nuevo y joven superior:

—Me hinqué de rodillas y prometí de hacer cuanto me dijese toda mi vida... y que de todas mis faltas y pecados interiores no le encubriría cosa a sabiendas.

Desde la ermita cumplieron su última jornada, octavo día. Torcieron de Fuentes a Mairena para buscar la entrada del camino real que viene de Granada a Sevilla. A mediodía hicieron alto en la venta de Andino, muy concurrida de viajeros. Por temor a llamar la atención de la chusma, aparcaron al costado de la venta y permanecieron las monjas dentro de los carros. Julián entró a la venta, compró sardinas, y las fue repartiendo a las monjas, que traían hambre. Las sardinas eran en salmuera, lógicamente «muy saladas». Les produjeron una sed terrible. Y sin agua. Tampoco en la venta vendían agua, sólo vino. Nuestras carmelitas soportaron tal sed que de ahí en adelante, si sentían calor, madre Teresa comentaba sonriente:

—Calorcita hace, más mejor que se lleva que el sol de la venta de Andino.

«Albino», decía ella equivocando el nombre del ventero.

Quizá la culpa, aparte del sol, la tendría el vino. El caso es que de repente a la puerta de la venta, se armó un follón de hombres disputando, insultos, carreras, juramentos, salieron a relucir navajas, cuchillos y espadas. Nuestras monjas habían bajado todas menos la Madre, y estaban apiñadas en torno a la puerta del carro.

La batalla campal les pilló por sorpresa y a poco se desmansan: «si no lo viéramos —cuenta María de San José— no podíamos creer que tan abominables gentes había entre cristianos... Metíamos las cabezas en el carro de nuestra Madre para ampararnos con ella». La Madre las tranquilizaba riendo, pasaría el vendaval. Pasó, ellas siguieron su camino; a dormir, en una posada de Mairena. Bebieron agua fresca, reposaron. Desde Mairena, Sevilla se toca con la mano...

Veamos cómo les va.

36
¿Qué demonios andan sueltos por Sevilla?
(1575-1576)

A madre Teresa y sus monjas el viaje las dejó agotadas, consumidas. Entraron en Sevilla con la sensación de haber recorrido el itinerario que lleva al infierno. Como buenas castellanas traían recelo para los habitantes del Sur. Además, incluida la Madre según sugieren ciertas frases suyas, venían con miedo. Sevilla en el panorama nacional representaba entonces para los españoles un fenómeno distinto del resto del país, la puerta de acceso a mundos lejanos más allá de mar. Ellas proceden de «pueblos» castellanos y manchegos; ni siquiera Toledo, Avila y Valladolid, con el resplandor de los apellidos ilustres, ofrecían el atractivo fascinante de la metrópolis andaluza. Llegaban difidentes, desconfiadas.

Ninguna ciudad debe visitarse con semejante talante, y Sevilla menos que ninguna. Los andaluces, cuya nariz percibe sutilmente los perfumes del alma, dejaron a madre Teresa y sus carmelitas cocerse en el caldo de sus aprensiones. Las hicieron sufrir, terriblemente. Pero luego, borrados los prejuicios, les dieron alegrías mayúsculas. Alguna de estas alegrías figura entre las mayores experimentadas en su vida por madre Teresa.

A media mañana del jueves 26 de mayo de 1575, la caravana teresiana entra en Sevilla, rodeando las murallas, por la puerta Real: buscan la calle de Armas, donde fray Mariano les tiene alquilada una casa.

Sevilla en 1575 está a punto de alcanzar el apogeo de su grandeza histórica, en el cual por desgracia permanecerá poco tiempo.

Hasta fines de la edad media, la ciudad constituyó un núcleo urbano importante pero de irradiación limitada a su comarca esencialmente agraria: los servicios administrativos y el comercio local le daban vida, incluso bienestar. De repente, ocurrió su terremoto histórico: con el descubrimiento de América, Sevilla se ve incorporada al círculo de relaciones internacionales. Su puerto fue la plataforma para el intercambio humano y material con las Indias, y colocó la ciudad entre los mercados dinerarios importantes del mundo, desde luego el primero de España. Lógicamente, los capitales y el comercio fomentaron la implantación acelerada de industrias.

Sevilla entonces cambia de cara. Mejora sus calles, construye nuevos monumentos, produce una floración literaria y artística impetuosa. La población se dobla en medio siglo; cuando madre Teresa y sus monjas vienen, la ciudad ocupa el puesto primero en España, con más habitantes que Madrid y Barcelona juntas. Los cálculos sensatos ponen la población en 150.000 sevillanos, por encima de Londres, Génova y Roma: superan a Sevilla, en Francia sólo París, en Italia Nápoles, quizá Venecia.

Visitantes de todo el mundo alaban el carácter de los sevillanos, mezcla de gentileza y dignidad: finos, donosos, y también desprendidos, ganan la simpatía del viajero aunque mantengan siempre una tenue distancia, favorecida por su pronunciación característica del idioma. Los sevillanos guardan profundamente hondo y hermético el lote personal de sus sentimientos; y eso sí, acogen corteses, incluso cariñosos, a quien llega. Tiene valor simbólico que por estos años las casas de Sevilla modifiquen su fachada: construidas antes «al estilo moro», que para defenderse del sol y de miradas indiscretas elimina huecos al exterior, los sevillanos ahora las dotan de balcones con rejas, celosías, ventanales, utilizando hierro forjado y adornos vistosos. Han inventado el modo de salir fuera quedándose dentro. Y nace la costumbre de mantener abierto el portón sobre los patios internos, a manera de invitación discreta para quien anda por la calle.

También las mujeres habían conservado reminiscencias moras tapándose con mantos buena parte de la cara. Marido, hijos y galanes les traen ahora de países remotos sedas, tafetanes, bordados, sombrerillos, perfumes, oro y perlas, un instrumental fascinante para cultivar su belleza. Ellas, «que andan muy derechas y menudo el paso», según cronistas de la época, «y así lucen el buen donaire y gallardía conocidas por todo el reino», practican un toque de coquetería: manejan el velo sobre la cara de modo que les tape sólo la mitad del rostro dejando descubierto uno de sus ojos.

Españoles de toda la península y extranjeros de numerosos países se citan en Sevilla, unos de paso hacia Indias, otros para quedarse: blancos y negros, señores y esclavos, negociantes, financieros, tratantes, nobles, facinerosos, marinos, mercaderes, la especie humana en pleno. A lo largo del arenal junto al puerto contempla Cervantes asombrado la mayor resaca de pícaros del mundo. Y en las gradas de la catedral se pactan transacciones a peso de oro.

Esta mezcla de sujetos e intereses origina una oleada de epicureísmo inevitable. Sin embargo, la religiosidad andaluza, lejos de sucumbir a los estímulos materialistas, florece con iniciativas admirables: hospitales, cofradías, conventos, incluso beaterios de «mujeres emparedadas» a las que una reja por el muro de una iglesia o parroquia les permite seguir la misa. Madre Teresa y sus monjas quedarían boquiabiertas si alguien les contara las historias ejemplares escondidas dentro de aquella frívola babilonia: hombres y mujeres dados al ejercicio de la caridad, capaces de la mayor ternura, delicadamente, sonrientes, sin jamás perder la compostura. Tipos de talla excepcional, como el venerable Fernando Contreras muerto apenas veinticinco años atrás, infatigable redentor de cautivos que cumplió diez veces la travesía de Africa para traerse presos de las mazmorras berberiscas: cuando la bolsa se agotaba, los reyes moros le recibían en prenda su cayado y le dejaban traerse algunos cristianos a crédito. Alguien debiera explicar a nuestras carmelitas cómo en Andalucía conviene aguardar un poco, no precipitarse, pues debajo de los colores frívolos quizá esté latiendo una vena poderosa de sangre caliente.

El arzobispo ha sido para madre Teresa la gran cruz de Sevilla.

Algo falló en los primeros encuentros de las carmelitas con sus vecinos de la calle Armas, o quizá se les fue a ellas una frase hiriente acerca de la casa, cuya descripción no tenemos: estaba situada en zona ciertamente distinguida. El caso es que nadie se ocupó de ayudarles en esos difíciles primeros días. María de San José anota con aire despreciativo el ajuar, que además de seis colchoncillos aportados por fray Mariano se componía de «una estera de palma y una mesa pequeña, una sartén, un candil o dos, un almirez y un caldero... con algunos jarros y platos». Menguado instrumental para montar un monasterio. Sobre todo, después de haber oído en Beas los cantos a la riqueza sevillana... Lo peor vino al día siguiente, cuando las vecinas que habían prestado estos utensilios para la llegada por indicación de fray Mariano, comenzaron a reclamarlos: la sartén, el candil, la mesa, «de suerte que ninguna cosa nos quedó, ni sartén, ni almirez, ni aun la soga del pozo».

No les asustó a las monjas pasar hambre. Algún día comieron «sólo manzanas y pan, a veces guisadas y a veces en ensalada». La discreción de madre Teresa impedía que fray Mariano y los descalzos corrieran a remediar esa necesidad agobiante. Hubo una dama, cumpliría indicación de los frailes, que les enviaba por medio de cierta beata dineros, ropas y objetos para el convento. La beata veía contentas a las carmelitas, y prefería repartir los donativos de su señora ilustre entre pobres mujeres de vida airada, evitando que la dama lo supiera.

Madre se alarmó cuando pasaron tres o cuatro días sin que fray Mariano trajera las licencias del arzobispo para establecer oficialmente la nueva fundación: estaban ellas allí como de tapadillo. A las preguntas de madre Teresa, Mariano incómodo daba largas. Hasta que por fin contó la verdad: el arzobispo les niega las licencias.

La Madre no pudo creer a sus oídos. Mariano y Gracián le habían asegurado el favor del arzobispo: ¿qué pecado habían cometido las carmelitas en Sevilla? Después del viaje terrorífico soportado, la situación le parece francamente injusta. Ha despedido al padre Julián y al caballero Antonio, que debían regresar a Castilla. Y comienza a preguntarse si no sería prudente meter otra vez la caravana en marcha y llevarse sus monjas.

Mariano temió que se fueran. Trató de explicarle cómo el arzobispo nada tenía contra ellas. Al revés, su señoría don Cristóbal de Rojas y Sandoval dedica sus preferencias a la reforma carmelitana y distingue con su amistad al padre Gracián. Don Cristóbal adjudicó la ermita de los Remedios a los frailes descalzos para que instalaran junto a ella su monasterio, pese al fuerte disgusto de los franciscanos que rigen el convento vecino de nuestra señora de la Victoria, patrona de los navegantes: los franciscanos temían, y así ocurrió, que la virgen de los Remedios disputara a la suya de la Victoria los cariños de la gente marinera. Correspondían los descalzos al favor del arzobispo prestándole ayuda generosa: las finanzas de la diócesis andaban renqueantes, y ellos, los descalzos, le buscaron un experto mercader genovés para enderezarlas.

¿Pues si su señoría tanto ama los descalzos, qué le ocurre con las descalzas?

Fray Mariano acabó por confesar.

Ni él ni Gracián habían hablado al arzobispo antes de viajar a Beas: nunca pensaron que Madre visitara Sevilla, hasta que Gracián descubrió que siendo él provincial de Andalucía y habiendo ellas «cruzado la raya» estaban en su territorio. Les ilusionó el proyecto Sevilla. Muy seguros Gracián y Mariano del afecto del arzobispo, contaron como ciertas las licencias. Y ahora...

¿Ahora qué?

Su señoría ha explicado a fray Mariano que no desea más monjas en Sevilla, saturada con veinticuatro conventos femeninos. Y en todo caso, considera imprudente aceptar un monasterio nuevo «en pobreza», porque se le pueden morir de hambre: hará una excepción recibiendo las descalzas, si madre Teresa funda «con renta».

A la Madre le parecía absurdo que las carmelitas no pudieran vivir de su trabajo y de limosnas en la ciudad más rica de España. Se mostró inflexible: el monasterio de Sevilla debía fundarse sin rentas, en pobreza.

Fray Mariano confiaba que desde Madrid el padre Gracián, a quien escribía las peripecias sevillanas, conseguiría ablandar con sus cartas el corazón de su amigo el arzobispo.

Efectivamente, don Cristóbal envió mensajes de afecto a madre Teresa prometiéndole ir pronto a verla; y el domingo de la Trinidad, cayó a 29 de mayo, manda un secretario suyo a decirles misa: lo cual equivalía a una inauguración discreta del convento.

Madre Teresa espera que su señoría se le ponga a tiro. Y don Cristóbal cometió por fin el error: vino a verla. Desde ese día don Cristóbal de Rojas y Sandoval figura en la lista de seducidos por la monja de Ávila: el arzobispo dio su licencia para fundar el convento; fundar en pobreza, sin renta, como la madre quisiera; y además se compromete a ser su primer limosnero enviándole un socorro mensual, mitad en plata mitad en trigo.

Quedaron en inaugurar públicamente el monasterio cuando las carmelitas compraran casa definitiva.

A Madre le sorprendió la lentitud con que las jóvenes sevillanas descubrían la existencia del convento nuevo. Estaba acostumbrada a suscitar en todas partes una corriente de vocaciones. Quizá las muchachas disponían aquí de atractivos entretenimientos con el ir y venir de soldados y mercaderes. O quizá la mala disposición inicial de las monjas «castellanas» hacia Sevilla impedía dar calor a los encuentros.

La primera novicia fue una joven ya madura, Beatriz Chaves, confesada del padre Gracián: Beatriz había sufrido amarguras familiares durante su infancia, pero el convento le sentó de maravilla; y cuando la madre enviudó, se vino con la hija.

Los frailes calzados españoles continúan haciéndole mala sangre al padre general Rubeo contra Jerónimo Gracián. Cuando supieron que el nuncio Ormaneto le había nombrado visitador apostólico, su furor alcanzó los cielos. Ellos ven inquietos el avance imparable de la reforma teresiana. Quieren defender su existencia comodona, puesta en evidencia por el estilo mortificado y ejemplar de los descalzos. Envenenan al padre general, lo azuzan, aprovechando el fastidio que a Rubeo le producen las «intromisiones» del nuncio y del rey en los asuntos internos de la orden.

Lo inconcebible para el padre general Rubeo es que «su» amada hija Teresa de Jesús, aquella deliciosa y santa carmelita conocida por él en Avila y protegida suya como levadura para realizar la reforma, primero de las monjas y luego de los frailes carmelitas, haya caído también del otro lado de las trincheras y participe con sus fundaciones andaluzas en la estrategia desplegada «contra» su autoridad de general de la orden: le dicen que se ha convertido en el brazo derecho de Jerónimo Gracián y que acaba de abrir en Sevilla un convento nuevo.

Suele ocurrir, el paso de amores ardientes a odios feroces: el padre Rubeo coloca el nombre de Teresa en la lista de los enemigos peligrosos de la orden. Precisamente la mujer a quien él había confiado sus esperanzas.

Rubeo decide cortar por lo sano. Sus informes de España, obtenidos a través de frailes calzados, le avisan que son ya nueve los monasterios de monjas creados por Teresa de Jesús; y que los frailes descalzos tienen cincuenta profesos en el monasterio de Pastrana dispuestos a inundar la península: las vocaciones provienen sobre todo de la universidad de Alcalá, pero muchos también de conventos carmelitas calzados. El padre general se pregunta si semejante transfusión de sangre joven no dejará secas las venas de su orden. Ha de intervenir, por encima del rey... y del nuncio.

He aquí el problema. Las intromisiones de la corona repugnan a la curia pontificia y Rubeo podría enfrentarlas con éxito, sobre todo fallecido Pío V, quien nunca disimuló su predilección por Felipe II. La pega está en el apoyo del nuncio a madre

Teresa y los descalzos. Ormaneto ha caído en la red de simpatía tejida por Teresa y Gracián, en ellos ve la línea segura de reforma para los carmelitas. El nuncio representa en España la autoridad directa y total del papa: obedeciendo al nuncio, Teresa y Gracián obedecen al papa, incluso al margen y por encima del general de la orden. Si además el nuncio camina del brazo del rey...

El padre Rubeo decide utilizar el único foro donde la orden puede someter a revisión el panorama conjunto: convoca un capítulo general en Piacenza (la italiana Plasencia) el 21 de mayo de 1575. Al capítulo están sujetos frailes y monjas, todos, calzados y descalzos, observantes y contemplativos. Rubeo confía que su capítulo clarifique el panorama de la orden declarando impostor a Jerónimo Gracián y rebelde a Teresa de Jesús. Así el nuncio Ormaneto habrá de abandonar a su protegido Gracián, nombrado sin consentimiento del padre general nada menos que «visitador apostólico de todos los carmelitas descalzos, así de Castilla como de Andalucía, y de los calzados de Andalucía».

Este nombramiento había colocado definitivamente a madre Teresa bajo el mandato de fray Jerónimo Gracián, no sólo en el territorio andaluz sino también en Castilla.

La lentitud de correos entre Roma y Sevilla está dañando la relación de madre Teresa con el padre general. Ella le escribió desde Beas contándole la fundación, pero ya él había remitido dos cartas a la Madre quejándose duramente de Gracián y fray Mariano, incluso amenazando con cerrar todos los conventos de frailes descalzos en Andalucía. Estas cartas las recibe madre Teresa en Sevilla el mes de junio del 75, cuando acaba de redactar para el general un informe sobre la apertura de su monasterio sevillano. Alarmada por las furias del padre general, le escribe inmediatamente una misiva cariñosa y al mismo tiempo firme: defiende sus descalzos, las buenas intenciones del impetuoso fray Mariano y sobre todo la calidad religiosa de Gracián, «que es como un ángel»; le asegura que reverencian y aman a su padre general, aunque obedecen instrucciones del nuncio y son apoyados por el rey; ella venera al general, sería «darme en los ojos dar a vuestra señoría nengún desgusto»; los calzados son «una gente extraña», dicen una cosa en España y otra diferente en Roma; ella está «vieja y cansada»; cerrar ahora las casas de descalzos sería una locura, póngalos «vuestra señoría debajo de su amparo». Finaliza con un aviso digno de su alma grande nunca encogida ante los poderosos:

—Mire vuestra señoría que es siervo de la Virgen y que ella se enojará de que vuestra señoría desampare a los que con su sudor quieren aumentar su orden.

De todos modos, el mecanismo del capítulo está en marcha, Rubeo no lo detendrá. Madre Teresa teme las resoluciones del capítulo general de Piacenza, dominado por los furiosos calzados. Adelantándose a los acontecimientos, la Madre plantea por cartas a Gracián el remedio verdadero que ha de disipar las tensiones: independizar a los descalzos creando para ellos una provincia separada de los calzados. Naturalmente nunca podrán conseguir del padre general ni del capítulo semejante solución: han de pedirlo al nuncio y al rey. Ella con fecha 19 de julio escribe una carta a Felipe II rogando ampare su iniciativa.

—Si no se hace provincia aparte de descalzos, y con brevedad, tengo por imposible que puedan ir adelante.

Suplica a su majestad encargue al padre Gracián este negocio.

—Aunque mozo (Gracián) me ha hecho harto alabar a nuestro Señor lo que ha dado a aquel alma y las grandes obras que ha hecho por medio suyo, y ansí creo que le ha escogido para gran bien de esta orden.

Al rey, la idea le gustó. Y al nuncio, por supuesto, quien apremiaba a fray Jerónimo Gracián para que utilizase sus facultades realizando la visita de conventos carmelitas: los descalzos en Castilla, y todos en Andalucía.

El, Lorenzo su hermano, ha venido «enfermo y desflaquecido». Ella, madre Teresa, «vieja y cansada», lo recibe con tan gran contento que siente escrúpulos, recordando un precepto escrito para sus carmelitas en las *Constituciones* de su reforma: «de tratar mucho con deudos se desvíen lo más que pudieran». Oyó la voz interior:

—No, hija, que vuestros institutos no son de ir sino conforme a mi ley.

Es ley de Dios evidentemente que una hermana cariñosa apriete en sus brazos a un hermano querido si estuvieron separados por el ancho océano ¡treinta y cinco años!

Nada más fondear en Sevilla, Lorenzo recibe una sorpresa: está Teresa en la ciudad. El avisó desde Sanlúcar de Barrameda a un su amigo canónigo sevillano: que por favor envíe noticias a la hermana monja Teresa residente en Avila. De ningún modo podía sospechar que la encontraría en Sevilla. La nao ha fondeado cabe la Torre del Oro a mitad de este agosto del 75: a don Lorenzo de Cepeda un propio le sube saludos de su hermana Teresa y dulces para los niños...

Lorenzo viudo viene con tres hijos, dos varones de quince y trece años, una niña de nueve. Trae licencia real para veinticuatro meses, a contar desde el ocho de mayo, día en que la flota zarpó del puerto panameño Nombre de Dios. Piensa quedarse en España definitivamente.

En el plan inicial del viaje, Lorenzo, además de los niños, traía sus dos hermanos Jerónimo y Pedro. Hombres maduros y bien baqueteados los tres, con 56 años Lorenzo, 54 Pedro y 53 Jerónimo. Pero Jerónimo murió poco antes de embarcar, en el mismo puerto. Pedro, viudo igual que Lorenzo, viene quebrantado, enfermo de nervios; y pobre, lo cual agrava su neurosis viéndose obligado a recibir auxilio de su hermano Lorenzo.

De los siete hermanos de Teresa partidos en juventud hacia las Indias, con Jerónimo son cuatro los muertos allá. Regresan dos ahora. Queda sólo uno, Agustín, cuyo comportamiento intranquiliza mucho a su hermana monja. Teresa escribe feliz a Juana Ovalle:

—La gracia del Espíritu santo sea con ella, amiga mía, y la deje gozar de sus hermanos que, gloria al Señor, están ya en Sanlúcar... Por su contento lo tengo, de que me hallen tan cerca. Espántanme las cosas de Dios, traerme aquí los que tan lejos parecía.

Mozos se fueron. Llegan cana la cabeza, arrugado el rostro, pesada el alma. Lorenzo alcanzó fortuna, ganada, según narra su exposición de servicios al Consejo real, «en conquistas y pacificaciones de indios, y siendo corregidor de las ciudades de Loxa y Zamora, todo con probanzas fidedignas». Teresa le prefiere a los demás porque es responsable y espléndido. Ahora lo cuidará, que «ha sido providencia de Dios» hallarse ella en Sevilla:

—Y yo le digo que cuando no fuera mi hermano, por ser tan virtuoso y siervo de Dios, es mucho para amar; muy buen alma tiene.

Lorenzo, a distancia y por cartas, estuvo prendado siempre de su hermana Teresa, y de su obra. Da muestras de que la adora: pone sus dineros a disposición del convento sevillano, les da «para el sustento lo que habían menester», y les promete ocuparse de la compra de una casa donde instalen su monasterio definitivo. La priora María de San José, que le atribuye «delicadísimo ingenio y generoso corazón», lo considera «merecedor del nombre de carmelita» por haber sido «segundo fundador de la casa de Sevilla».

Teniéndolo al lado, madre Teresa se siente más segura. Y confortada. A su vez ella consuela a don Lorenzo en los días negros de un gran disgusto. Ha solicitado del Consejo real aumento de sus rentas «conforme a sus muchos y buenos servicios y calidad», pues desea quedarse en España «para criar en virtud y buenas costumbres» sus tres hijos pequeños. El consejo denegó la petición: si queda en España habrá de vivir con lo que haya traído. Que no es poco, según su hermana Teresa:

—Está ya seguro, bien tiene con qué pasar.

Los niños de Lorenzo son preciosos. La nena, Teresita, un encanto. Tiene arrebatadas a las monjas. Lorenzo la bautizó en América con el nombre de su hermana, y a madre Teresa le complace oír que se le parece. La cara de indiecita, y la voz con su acento delicioso, las carmelitas piensan que les han regalado un juguete celestial. Es inevitable que la quisieran para ellas, monja carmelita. Su tía, la primera. ¿Y cómo van a meter en el convento una criatura de nueve años? Los intérpretes del concilio de Trento consideran prohibido dar el hábito a mujeres menores de doce años, pero afirman que ningún decreto conciliar decide si una niña puede o no ser educada dentro de un monasterio. Madre consulta jesuitas, dominicos, y a su padre Gracián. Todos sonríen al capricho de las monjas: si el padre consiente... ¿Don Lorenzo? Satisfecho, «no cabe de placer». La entraron en clausura, le cosieron un hábito minúsculo, «parece un duende de casa, sabe entretener bien las recreaciones contando cosas de los indios y de la mar». Será monja de verdad, seguro. La llaman, remedando su acento, «Terecita». Su tía, «Teresica».

Don Lorenzo y su niña estimularon la capacidad de alegría en el convento. Ya estaban las carmelitas «castellanas» más a gusto en su destierro andaluz. Aprendieron a mirar con mejores ojos las cosas y las personas del sur. Iban acoplándose, poquito a poco. Madre Teresa escribió al caballero Gaitán, recordando las horas dramáticas del viaje, su famosa frase:

—Calorcita hace, más mejor se lleva...

Y daba señales de gozo:

—Tenemos un cielo en el patio, mucha cosa.

El cielo tenso de Andalucía.

A mediados de noviembre, fray Jerónimo Gracián baja desde Toledo a Sevilla. Madre Teresa no saborea la presencia de su querido visitador apostólico, pues adivina las recias batallas que aguardan a Gracián en Andalucía. Los frailes calzados, alegando que del capítulo general de Piacenza vendrán soluciones nuevas, recusan la autoridad del visitador y le cierran sus casas. Madre Teresa le aconseja prudencia y paso lento, a Gracián; en cambio fray Mariano le impele a enarbolar los poderes firmados por el nuncio.

Fray Jerónimo, desoyendo a la Madre, decidió dar batalla: comunicó a los calzados de Sevilla, que el 21 de noviembre, fiesta de la presentación, visitaría oficialmente su convento.

Por Sevilla corrieron voces: que los frailes estaban armados, y que Gracián no saldría vivo. Fray Mariano previno un lote de alguaciles para meterlos en el convento si era menester.

Los frailes fueron astutos: entrado el visitador, cerraron su portón a cal y canto. El tumulto fue serio, y Gracián asegura que libró la vida gracias a las oraciones de madre Teresa. Ella tenía las monjas en oración, y oyó su voz interior:

—Mujer de poca fe, sosiégate, que muy bien se va haciendo.

Gracián salió desolado: un fraile del convento le había prestado obediencia, uno. Los demás, rebeldes. Envió al nuncio su informe. Después excomulgó a los calzados de Sevilla, ordenando colocar sus nombres en las tablillas de las iglesias. Madre escribía espantada:

—No hay obedecer, tiénelos descomulgados.

Tras difíciles mediaciones, los rebeldes se rindieron. Aparentemente. Gracián encarceló al provincial de los calzados y a dos priores, nombró prior de Sevilla al único fraile obediente, y cambió los superiores de todas las casas andaluzas. Llevó adelante con paciencia la visita, y remitía los informes correspondientes al nuncio y al rey: ponen la carne de gallina, verdaderamente la conducta de aquellos frailes corruptos, pendencieros y sensuales clamaba al cielo. Los destituidos difundían calumnias en contra del visitador, mezclando su nombre con el de madre Teresa: «murmuraban contra mí diciendo estaba sujeto a una mujer, y otros decían otras cosas feas». La Madre, por levantarle el ánimo, ridiculizaba las congojas de fray Jerónimo:

—No me afrento yo, y hase de acongojar él.

Pero ella y el arzobispo temían les mataran a Gracián. El mismo fray Jerónimo sospechaba intentarían envenenarlo, de modo que durante las visitas a conventos calzados «guardávame de comer sino güevos asados o cocidos con su cáscara».

Hubieran sido las de Sevilla navidades primorosas, y se las amargaron. Juana y Juan de Ovalle habían bajado desde Alba para pasar con los hermanos una temporada. Madre procuró acercar su hermano Lorenzo al cuñado Juan evitando los celos del quisquilloso Ovalle:
—Hale dado que estoy lisiada por Teresita y por mi hermano, y no hay sacárselo de la cabeza.
La verdad, no iba descaminado el olfato del Ovalle.
Hubieran sido navidades felices, porque hasta el neurótico Pedro de Ahumada gozaba del bullicio familiar, y discutía con el padre Gracián las ventajas e inconvenientes de irse fraile.
Al convento le nacían nuevos amigos, algunos relevantes: por ejemplo, el prior de la Cartuja, don Hernando de Pantoja, castellano afincado en Sevilla, estimado entre los eclesiásticos de mayor porte. A don Hernando le conmovió la dulce mansedumbre de las carmelitas, las colmó de cariños y regalos. El arzobispo don Cristóbal tampoco falla, remite puntual sus limosnas. Muchas damas distinguidas acuden a comprar los bordados de las descalzas, y pagan a gusto, generosamente.
Lo mejor de todo, comienzan devotos y devotas a poblarles la capilla. Ocurrió en nochebuena que un sacerdote participaba en la misa de las clarisas, llena la iglesia a rebosar. Anotemos su nombre, lo merece el bondadoso padre Garciálvarez. Habría oído hablar del convento de las descalzas, situado en la otra punta de Sevilla. Sintió el impulso interior de ir a verlas. Fue. Llamó al torno, y la portera le dijo que no tenían sacerdote para la misa del gallo. El se ofreció, buscó algunos amigos, y les montaron a las monjas una fiesta sevillana de las buenas.
Pero el corazón fatigado de madre Teresa soporta estos días una amargura lancinante, para ella no hay alegres navidades.
El padre general Rubeo y sus calzados remataron el capítulo de Piacenza montando un dispositivo estratégico para liquidar a los descalzos de la faz de la tierra: guerra de exterminio total. Mandan cerrar «en el término de tres días» —también eran optimistas estos calzados de Piacenza— los conventos de frailes descalzos establecidos en Sevilla, Granada y La Peñuela; les cambian el nombre «descalzos» por «contemplativos»; en fin, ponen los monasterios de Castilla bajo mandato exclusivo del provincial calzado.

Más ordenan: que Teresa de Jesús, «apóstata», «descomulgada», elija un convento donde permanecer detenida «como manera de cárcel». Así la desconectarán de sus monasterios, y sobre todo le impedirán nuevas fundaciones.

Madre Teresa por sí hubiera obedecido enseguida al padre general y su capítulo. Pero el nuncio y fray Jerónimo, respaldados por el rey, no aceptaron las órdenes del capítulo, ya que monseñor Ormaneto continuaba manejando directamente las facultades pontificias por encima de cualquier orden religiosa. Para dejar constancia el nuncio Ormaneto añadió este párrafo al nombramiento de Gracián firmado y sellado por la nunciatura: es válido «no obstante la decisión del capítulo general y las letras apostólicas dadas a la orden». Si fray Jerónimo ve impedida su tarea de visitador apostólico, puede reclamar apoyo civil, según tiene ordenado el rey.

La disposición del capítulo contra madre Teresa la remitió desde Roma el padre general a fray Angel Salazar, el provincial calzado de Castilla, tenaz embrollón a quien ya hemos visto entorpecer los trabajos de la Madre. Fray Angel se fue de la lengua, voceando por Madrid que había sonado la hora última de Teresa de Jesús. Retuvo el papel unas semanas, esperando que alguien llevara el rumor a Sevilla, por dar a Madre mayor sufrimiento.

Gracián le mandó quedarse quieta en Sevilla, donde debía fortalecer la fundación. Quería el visitador además su consejo para redactar las «Constituciones» de los carmelitas descalzos, ajustando a ellos el espíritu de las escritas por madre Teresa para las descalzas.

Obediente, Madre permaneció en Sevilla. Tomó la pluma y escribió al padre general otra de sus cartas: explica de nuevo el proceso de las fundaciones andaluzas, defiende a Gracián y Mariano —«es de los hijos errar, y de los padres perdonar y no mirar a sus faltas»—, le asegura que su encierro lejos de causarle pena le alivia, y desde luego «ni le pasa por el pensamiento dejar de obedecer». Emplaza al padre general a la eternidad «que no tiene fin, adonde verá vuestra señoría lo que me deve».

Un día enderezó fray Jerónimo Gracián la calle Armas para llegarse al convento de las descalzas y se pegó un susto: allí estaba el despliegue característico de carruajes, caballos y corchetes del tribunal de la Inquisición. Todo el barrio alborotado: los inquisidores entran a examinar la casa de las monjas.

Gracián se alarmó, tenía motivos para alarmarse. Hace unos meses, cuando él llegó de Madrid, algún amigo suyo empleado en el tribunal le avisó confidencialmente de ciertas denuncias presentadas contra la madre Teresa de Jesús y sus monjas. El momento resultaba peligroso, porque desde tres o cuatro años andaban los inquisidores investigando un grupo de «alumbrados» aparecido en Llerena, ciudad extremeña; podían establecer nexo entre Llerena y Sevilla.

Fray Jerónimo había confiado su inquietud a la Madre, quien bromeó respondiendo:

—Calle, mi padre, no haya miedo que la santa Inquisición, a quien tiene puesta Dios para guardar su fe, dé disgusto a quien tanta fe tiene como yo.

Quiso Gracián saber por dónde venían los tiros, y halló el cabo de la madeja. A poco de abrir el convento, madre Teresa había recibido novicia a una mujer ya mayor, distinguida con fama de santidad: una de las «beatas oficiales» de Sevilla, «mujer principal», estimada en los ambientes clericales. Doña María del Corro, así se llamaba, vino deslumbrada por la fama de madre Teresa, quería arrimarse a su sombra. La psicología de mujer autoritaria le impidió practicar la obediencia propia de novicia. Sentíase incómoda, fastidiada; hubo de marcharse. La salida significaba un fracaso, que trató de paliar contando a sus confidentes las prácticas raras de oración y penitencia detectadas por ella en el convento; y no faltó un cura dispuesto a oler allí la peste de los alumbrados: presentó denuncia. La Inquisición puso su mecanismo en marcha, reclamando a Madrid el famoso *Libro de la vida* escrito por Teresa de Jesús. Gracián quiso adelantarse, y madre Teresa reía:

—Ojalá, padre, nos quemasen a todas por Cristo. Mas no haya miedo, que en cosa de la fe, por la bondad de Dios, falte ninguna de nosotras: antes morir mil muertes.

Andaban en estos comentarios, cuando llegó el mandato del capítulo general para que madre Teresa se encerrara a modo de cárcel en un convento. Gracián y las monjas la veían deseosa de cumplir cuanto antes la condena. María de San José tuvo esta ocurrencia: «no se vaya la Madre, pues si acuden los inquisidores ella ausente, qué nos ocurriría». Sonrió Madre:

—Viene mi hija a consolar mi aflicción con decirme que espere a los inquisidores.

El proceso inquisitorial caminó a su ritmo. De Madrid respondieron que el «libro» había sido calificado por el maestro teólogo padre Báñez con una censura absolutamente elogiosa. La noticia tranquilizó a los inquisidores sevillanos, que al fin, mediado febrero de 1576, decidieron examinar el convento y las monjas.

Al entrar, comprendieron que aquel ambiente no casaba con las turbias denuncias de María del Corro: había contado azotes a novicias atadas de pies y manos, ceremonias confusas ante el comulgatorio, confesión de pecados y absoluciones impartidas por la superiora. Hallaron paz, serenidad y alegría. Ciertas respuestas de las monjas les encantaron, la apacibilidad de Madre les impresionó. Indicaron la conveniencia de que madre Teresa escribiera una relación amplia de las vicisitudes atravesadas en su vida interior y la sometiera al juicio del experto inquisitorial padre Rodrigo Alvarez. Ella cumplió el mandato redactando dos amplios documentos que resumen su trayectoria íntima. Con las palabras más sencillas y verdaderas del mundo. De paso anotaba los teólogos que habían examinado en años sucesivos su espíritu. Los inquisidores quedaron sobrecogidos, veían esta mujer absorta en «unos deseos de Dios tan vivos y tan descolgados que no se pueden decir». Les dio rubor haberla sometido a nuevo examen detrás de aquellos preclaros varones reseñados en el documento.

Por Sevilla circuló el pasmo del tribunal ante la categoría de la monja.

P ero no le vendían una casa a propósito para instalar su convento. Madre Teresa se siente apremiada por «el mandamiento de irse de Sevilla». Y no quiere dejar a sus carmelitas en convento provisional.

Entrado abril, don Lorenzo, guiado por el padre Garciálvarez, probó suerte. Les sonrió, hallaron una casa magnífica en la calle Pajería, hoy la llamamos calle Zaragoza y discurre paralela al río bordeando el barrio del Arenal. Los dueños pidieron seis mil ducados más las costas del registro, llamadas la «alcabala». A madre Teresa le cautivó la casa, con vistas traseras al río, al puerto, a la Torre del Oro; contaba en sus cartas la excelencia del inmueble:

—Es grandísima recreación para las monjas... ¿Piensa que es poco tener casa adonde puedan ver esas galeras?

Sólo un problema: daba la casa por la fachada a la huerta del convento de los franciscanos, quienes de ningún modo estaban dispuestos a consentir la vecindad de unas monjas.

Madre Teresa se hizo la despistada, rehuyó el encuentro de los frailes para evitar un choque cara a cara. Y la noche del 30 de abril, sigilosamente, con la priora y dos monjas se metió en la casa: pasaron «harto miedo, cuantas sombras vían les parecían frailes». Su estrategia del hecho consumado le resultó bien, una vez más: el primero de mayo Garciálvarez celebró misa, y tomaron posesión ante notario. Los franciscanos ni chistaron.

Vinieron las monjas y los albañiles. Don Lorenzo dirigía la obra según las indicaciones de su hermana, ya experta consumada para convertir viejos palacios en convento. Tuvo un cisco don Lorenzo: el vendedor de la casa le había obligado en el contrato a pagar «la alcabala», trescientos ducados; y don Lorenzo, que no reparó al firmar, negaba el pago. Le denunciaron, y si no escapa lo meten en chirona. Puso fianza, y regresó del monasterio de carmelitas descalzos de Los Remedios, donde se había escondido.

De Los Remedios vino fray Juan de la Miseria en calidad de pintor: decoró la iglesia, un poco a la buena. Los amigos, en cabeza don Hernando el prior de los cartujos, enviaban ropas, utensilios, regalos. Madre Teresa gozó en grande contemplando la excelente disposición de su nuevo monasterio:

—No hay mejor casa en Sevilla, ni en mejor puesto; parece no se ha de sentir en ella el calor. El patio parece hecho de alcorza (almidón)... El huerto es muy gracioso; las vistas, estremadas.

Viéndola contenta, el padre Gracián se permitió una travesura: mandó a fray Juan de la Miseria retratarla; y a ella, con su autoridad de visitador, posar, estarse quieta.

Fray Juan andaba en apuros para rematar la decoración de la iglesia que Madre quería estrenar el domingo día 3 de junio: ella emprendería viaje hacia Castilla la madrugada del lunes 4.

Las carmelitas temieron quedarse sin retrato. Apremiaron a fray Juan, quien solo pudo dedicar a su comprometido encargo un día, el sábado dos de junio. Trabajó a gran velocidad, reclamando de Madre que no moviera la cabeza, que no elevara los ojos, que tuviera quietas las manos. Aquel leve martirio la divertía, y rematado el trabajo posó su mirada sobre el cuadro:

—Dios te lo perdone, fray Juan, que ya que me pintaste, me has pintado fea y legañosa.

Un reproche afectuoso, algo injusto. El cuadro, millones de veces reproducido, da la estampa de una soberana mujer en madurez humana y tocada por energía sobrenatural. Quizá el efecto nazca de la reverencia con que lo miramos. Hoy lo guardan las carmelitas de Sevilla, que poseen también una deliciosa tela, atribuida al mismo fray Juan, de la nena Teresita vestida de monja.

En la madrugada del domingo 3 de junio de 1576, Sevilla saldó, como sabe hacerlo cuando llega la hora exacta, una deuda de veneración con la madre Teresa de Jesús.

Madre programaba un estreno discreto del monasterio, sin ruido. Pero Garciálvarez habló al prior de la Cartuja, el prior al arzobispo, el arzobispo a los curas, los curas a las cofradías... Mandó el arzobispo «traer el santísimo en procesión desde una parroquia con música y aderezadas las calles». El, su señoría, presidiría el cortejo.

Sevilla se movió, aquello fue de ver. Una exageración andaluza, la ciudad estaba en la calle para honor de las monjas descalzas. Ellas tuvieron que dejarse invadir la casa de hombres y mujeres que colgaron tapices, colchas, tafetanes, hasta una fuente que manaba agua de azahar les colocaron en el centro del claustro.

La procesión avanzó entre música y cohetes, rodeado el arzobispo de su clerecía y escoltadas las autoridades por soldados. Traían la custodia entre nubes de incienso. Esta vez la famosa campana que madre Teresa requiere como signo inaugural de sus monasterios fue sustituida por jubilosas explosiones de fuego artificial. Estuvieron a punto de incendiarles la casa, con una llamarada que prendió en las colgaduras del claustro...

Fiesta brillante, una exageración. Colocado el sacramento en el sagrario del altar, Madre y sus monjas cariñosamente rodeadas de la multitud, despidieron al arzobispo. Madre Teresa se arrodilló ante su señoría y pidió la bendición. Don Cristóbal Rojas de Sandoval la bendijo, la tomó de los codos, la alzó. Y cuando la tenía de pie ante sí, él se arrodilló ante la monja y pidió su bendición. La Madre contó espantada:

—Miren qué sentiría, cuando viese un tan gran prelado arrodillado delante de esta pobre mujercilla, sin quererse levantar hasta que le echase la bendición en presencia de todas las relisiones y cofradías de Sevilla.

Una exageración, Madre. Sevilla es así. Aquí pensamos que «a las palabras de amor / les sienta bien un poquito / de exageración» (Manuel Machado).

Muy de madrugada, todavía sin luz del lunes cuatro de junio de 1576, madre Teresa de Jesús, cumplido un año de estancia en Sevilla, partía hacia Toledo.

Anotemos que desde la navidad del año pasado tiene instalada una patrulla de hijas suyas en Caravaca. Había llegado el permiso del rey. Madre rogó al caballero Gaitán bajara de Alba a disponer el local de Caravaca, y después mandó cinco monjas para estrenar la casa. Tomaron el hábito las piadosas «Franciscas». La fecha oficial de apertura fue el uno de enero de 1576. Madre mimaba con sus cartas las hijas de Caravaca, como apesadumbrada de haber consentido abrieran el monasterio sin ir a verles.

Madre Teresa se va de Andalucía.

Donde «los demonios tienen más mano...».

Madre Teresa, ¿qué demonios andan sueltos por Sevilla?

Acabamos de seguir cuidadosamente los pasos de la fundadora, y no parece hallara en Sevilla mayor dificultad que en otros monasterios.

Le ocurrieron lances amargos a causa de la Inquisición y del capítulo general de los calzados.

También saboreó las alegrías de Lorenzo y Teresita.

Soportó «la calor» del viaje, y un desvío inicial de los vecinos en la calle Armas; desvío bien compensado luego con la simpatía y el cariño general.

¿Dónde, fuera de Sevilla, se le arrodilló un arzobispo?

Quizá las palabras severas de madre Teresa sobre Andalucía nacieron sobre todo del clima de amargura producido en su alma por las noticias de Roma, el enfado del padre general, la disensión de la familia carmelitana entre calzados y descalzos. Le pillaban ya pasada la raya de los sesenta de su edad, cansada, comenzando su declive vital.

Pero estos, madre Teresa, no eran demonios andaluces, no fueron demonios indígenas. La nube infernal te la descargaron desde Roma y Madrid.

Ella sale de madrugada camino de Castilla.

La aguardan, agazapados, los demonios.

Van a hacerle sufrir, seriamente. No son demonios andaluces...

37
Pierde batallas...
(1576-1578)

El número de monjas carmelitas descalzas y de frailes carmelitas descalzos ha crecido aparatosamente para el ritmo propio de una época con medios de transporte limitados. A pesar de que la reforma carmelitana tiene como inspiradora y motor a una monja de clausura, que debe andarse con suma prudencia, son ya once los monasterios femeninos y doce los masculinos. Desconocemos el número exacto de monjas, unas ciento cincuenta; pero los frailes pasan de trescientos.

¿Qué opinan de este crecimiento los carmelitas calzados? ¿Cómo toleran a sus hermanos «descalzos»?

No tendrían inconveniente mayor en dejarles seguir su camino de oración, penitencia y encierro, aunque representen un reproche silencioso continuo a su existencia cómoda, relajada, a veces inmoral. Pero «los del paño» temen el futuro inmediato, la penetración de los descalzos en las estructuras de la orden: a este paso «todos» los carmelitas se verán forzados a entrar en los esquemas de la reforma. Las intenciones del rey parecen claras, apoya a los descalzos.

Así las cosas, la guerra civil dentro de la orden carmelita resulta inevitable. Inmediata. De hecho ha comenzado ya. Van a ser tres años de enfrentamiento despiadado. Los calzados quieren, sencillamente, liquidar a los descalzos. Solo entonces obtendrán certeza de haber disipado el peligro de la reforma.

Liquidar los descalzos significa inmovilizar a la madre Teresa de Jesús y destrozar al padre Jerónimo Gracián: todos los medios para cumplir ambos objetivos están justificados.

Quien desee interpretar la marcha de los acontecimientos sin perderse por el laberinto, debe atender algunos presupuestos.

El papa y el rey son responsables últimos de la reforma religiosa, los dos prestan atención al problema de la orden carmelitana en España. Atención relativa, claro, para ellos se trata de un asunto más entre las decenas de temas graves puestos sobre su mesa de trabajo. El papa y el rey dependen de informes, sugerencias, incluso trampas, aportados por sus colaboradores. Sin embargo ellos, cada cual en su ámbito, dirán la palabra decisiva.

En este verano de 1576, mientras madre Teresa sube de Sevilla hacia Toledo, la disposición de trincheras es la siguiente. Encabeza los descalzos fray Jerónimo Gracián, quien cuenta con el respaldo del nuncio y del rey. El nuncio Ormaneto, más obispo que diplomático y goza fama bien ganada de santo, conoce perfectamente la calidad espiritual de madre Teresa y de Gracián, sabe que la reforma teresiana representa el único camino para enderezar la orden. Por eso ha dado a Gracián el nombramiento de «visitador apostólico» de todos los descalzos, en Castilla y Andalucía, y también de los calzados de Andalucía. A Gracián, según el nuncio, deben obediencia todos los descalzos, todas las descalzas. y los calzados andaluces.

El rey don Felipe respalda sin la menor vacilación al nuncio, es quizá el único asunto en que se hallan completamente de acuerdo: el rey venera a madre Teresa y confía en Gracián.

El apoyo de los calzados está en Roma. Parece un contrasentido, siendo el nuncio representante máximo del papa en España. Pero la curia pontificia ha de contar con el padre general de la orden, residente en Roma. El padre general considera un agravio que el papa Pío V y el rey Felipe II tomaran las riendas de la reforma española de la orden. Se calló a la fuerza, y elegido el nuevo papa Gregorio XIII hizo valer sus derechos como jefe natural de los carmelitas. El papa le dio la razón, relativamente: fortaleció su figura al abrirse el famoso capítulo general de Piacenza, pero no retiró las facultades plenas concedidas al nuncio Ormaneto.

Nació así una situación ambigua. De una parte, el padre general y su Capítulo acordaron apretar el cuello a los descalzos, mandaron cerrar los conventos de Andalucía, impusieron a madre Teresa una especie de cárcel mitigada: para vigilar el cumplimiento de estas disposiciones y para gobernar en nombre del padre general a todos los carmelitas de España, Rubeo eligió un tipo de su confianza, fray Jerónimo Tostado, y le envió con nombramiento de «vicario general». De otra parte, fray Jerónimo Gracián conserva sus poderes de «visitador apostólico»: el nuncio y el rey presionan a Gracián para que continúe verificando la «visita» de los conventos calzados de Andalucía, pues la «visita apostólica» es el signo de su autoridad en ejercicio a pesar de las disposiciones aprobadas por el capítulo general de Piacenza, y a pesar del nombramiento de fray Jerónimo Tostado.

Frailes y monjas están tironeados por dos autoridades: la guerra civil va a ser muy dura.

Madre Teresa lo sabe, mientras sube de Sevilla a Toledo; la guerra civil dentro de la orden carmelitana va a ser durísima, no hay otra solución que partir en dos la orden: calzados y descalzos. Bastaría conceder a los descalzos una «provincia independiente», con superior suyo, que estuviera sujeto directamente al general de la orden. Pero los calzados se opondrán a este proyecto con todas sus fuerzas.

Fue grata la partida de Sevilla antes de amanecer el 4 de junio de 1576. La fiesta de inauguración oficial del convento había salido redonda. Madre Teresa incluso se siente mejor de salud, para ella representan un prodigio cuatro días sin dolor de cabeza. Don Lorenzo ha organizado la marcha con cuidado, la ahorrará las molestias soportadas cuando vinieron. Viajan en un carricoche cómodo, le acompaña Lorenzo con sus dos niños y la niña Teresita, vestida de monja. Largas y entretenidas jornadas por Almodóvar y Ciudad Real hasta Malagón, emplearon ocho días completos. Comían a la sombra de los árboles del camino, y dormían en posadas. Les ocurrió un incidente gracioso al sentarse a descansar sobre la parva de una era. Madre Teresa pega de repente un grito sobresaltada por una lagartija que se le ha entrado en la manga del hábito: Lorenzo le sujeta el brazo, levanta la manga y arroja el bicho... que da en la cara de uno de los acompañantes. Tuvieron risa para rato.

En Malagón encontró enferma la priora y agobiadas sus carmelitas por las malas condiciones de la casa, todavía provisional: ¿cómo es posible que doña Luisa de la Cerda haya descuidado su compromiso? Madre le escribe una carta apremiante, y doña Luisa responde a vuelta de correo: enviará un maestro de obras enseguida. También escribe a Sevilla, una palabrita para cada monja, y les cuenta de la niña «Terecia»: se mueve por el convento de Malagón como en su casa, y «está muy ocupada, dice ella que es priora».

A finales de junio, ya en Toledo, firma con doña Luisa el acuerdo para construir la casa definitiva de Malagón.

Madre Teresa había elegido como «residencia cárcel» su monasterio de San José de Avila. Pero decide prolongar unos meses la permanencia en Toledo, despide a su hermano y a los niños que deben continuar. Bien le pesa, sobre todo, perder a

Teresita. Sólo serán unos meses, le promete: tan pronto Madre llegue a Avila le hará un rinconcito en la celda del convento más delicioso del mundo, su San José.

¿Por qué detiene la ruta en Toledo?

Adivina que estos meses su ayuda será imprescindible a los descalzos para soportar las embestidas de los calzados. Avila queda muy a trasmano de los correos y de los caminantes: Toledo, en cambio, al ladito de la corte, sirve de paso entre Andalucía y Madrid. Desde aquí ella puede vigilar las astucias de los frailes del paño, parar golpes, denunciar asechanzas. Encerradita, clausurada, desde luego: sin embargo, dispone de dos armas, la oración y la pluma.

Le dan una celda, desnuda como todas. Bajo la ventana le colocan a modo de escribanía un arcón de madera, al cual ella, sentada en el suelo, alcanza divinamente. Una hermana cuidará que no falte tinta en el tintero, y renovará la pluma, de oca, naturalmente. La ventanita da sobre el tranquilo huerto del convento. ¿Qué más necesita madre Teresa? Nada más, las horas del día y de la noche, gastadas en contemplación y en cartas... Curiosa guerra esta de los carmelitas cuyo más eficaz estratega es una monja escondida en el barrio toledano de San Nicolás.

Una de las primeras noticias que recibió fue la desgracia del padre general Rubeo: ha caído de una mula y se destrozó una pierna. Ahora el reverendísimo tendrá menos humor para oír las monsergas de España, y sus ayudantes camparán a gusto.

Más que nadie, Jerónimo Tostado, su flamante «vicario general», venido con la misión de sojuzgar los descalzos.

Fray Tostado, antagonista de Gracián en la guerra civil carmelitana ha tenido lógicamente muy mala prensa en la tradición descalza, y me pregunto si alguna vez madre Teresa no lo imaginó dotado de cuernos y rabo infernales. Analizando los documentos con serenidad y tan de lejos, el tal Tostado resulta un fraile talentudo y astuto, capaz, austero. Traía instrucciones, probablemente venía convencido de que descalzos y descalzas constituyen una pandilla peligrosa: gran pena fue la falta de contactos, no se conocían unos a otros. A Tostado, el general le había pasado en Roma los informes enviados por frailes calzados que acusando a Gracián confiaban zafarse de la reforma. Doctor en teología por la Sorbona, su general y el capítulo le habían encomendado ganar una guerra, y a eso vino. Portugués de nacimiento, supo abrirse taimadamente una brecha entre la «colonia» lusa de la corte, a través de doña Leonor Mascareñas: madre Teresa notará con cierta alarma una baja sutil de sus afectos en Madrid.

Cojo y todo, el padre general respaldó a Tostado desde Roma con una fuerza que ni madre Teresa ni fray Jerónimo Gracián podían contrarrestar: había elegido «protector de la orden» al cardenal Felipe Buoncompagni, un joven eclesiástico sobrino del papa. Nunca se vio en Roma monseñor mejor mimado que este «cardenal sobrino», quien de buena fe prometió a los calzados conseguir de su «altísimo señor tío» la aniquilación de los descalzos.

El nuncio Ormaneto comenzó a recibir despachos de Roma contándole infamias de los descalzos y urgiéndole destituyera a Gracián. Ormaneto, con toda honradez, replicó explicando la verdad: los descalzos llevan una vida santa de oración y penitencia, son la flor y nata de la orden, soportan la envidia y el rencor de los calzados... Inútil, el cardenal sobrino volvía a la carga como si no leyere los informes del nuncio: que el nombramiento de Gracián había caducado, y estaba sustituido por el firmado en Roma a favor de fray Jerónimo Tostado. Tampoco el nuncio se rendía: sepa el cardenal que lo engañan, le mienten, y no fíe de los frailes viajeros que vestidos con piel de oveja llevan obsequios a Roma, dinero, regalos, pretendiendo disimular sus vicios.

Ormaneto era viejo; y el cardenal sobrino, joven. El nuncio Ormaneto enfermó, se puso a morir. Sospecho que ni al cardenal sobrino ni a fray Tostado les apenaba pensar si Dios querría darle ya el descanso eterno al nuncio de su santidad en España: ellos se ocuparán de elegir otro «mejor». En cambio a madre Teresa y a Gracián se les nublaba el alma con solo pensar en la muerte de Ormaneto: ¿quién vendría en su lugar?

D esde la celda de Toledo, Madre suelta cartas y cartas hacia sus otros diez monasterios. Nunca pensó que gente ajena las leyera, mucho menos con qué fruición las leeríamos. Ella escribe rápido, a la buena, sin tiempo de repasar lo escrito; y aconseja que los demás escriban igual: si faltan letras, el destinatario las complete. Da preciosos consejos de gobierno a las prioras, aplica un procedimiento pendular con normas que se respeten sin ser absolutamente rígidas. Mezcla el cariño y la firmeza. Suaviza malestares, avisa peligros, corrige despropósitos. No le asustan los problemas y quiere valientes sus prioras.

Sobre la marcha pone pinceladas de color que reunidas formarían un friso de sorprendente calidad humana. Derrocha bondad, ternura, perspicacia, ironía, humor, todos los ingredientes de una personalidad en plena y sabia madurez. A cada uno y cada una les habla un idioma peculiar, sostenido cuando al mismo destinatario remite varias cartas. Sus finas puyas a fray Mariano, el italiano antes trotamundos, valen por un juego de ingenio:

—¿Ahora me institula de reverenda y señora? Dios le perdone, que parece que vuestra reverencia u yo nos hemos tornado calzados.

Fray Mariano, a la hora de presentar una novicia, presume, hombre que fue de mundo, de conocer el carácter femenino. Madre le comenta:

—No somos tan fáciles de conocer las mujeres, que muchos años las confiesan y después ellos mesmos (los confesores) se espantan de lo poco que han entendido. Y es porque aún ellas no se entienden para decir sus faltas y ellos juzgan por lo que les dicen.

Sus hijas de Sevilla se consideran más huérfanas, por lo lejos. Envían a Madre cariños y obsequios: agua de azahar, corporales «muy galanos», dulces de azúcar rosado, esencias, cocos. Madre se derrite agradecida, le brota una comparación entre la dulzura andaluza y la sequedad castellana:

—Como venía de ésa, ha sido hacérseme (esta tierra) aún más estéril.

En alabanza global de los obsequios, inventa para María de San José un piropo:

—Los regalos que me envía son como de reina.

No escribe sólo cartas. El tiempo le cunde. Este verano de 1576 prosigue la crónica de las «Fundaciones». Se lo ha ordenado el padre Gracián, quien también le ordena redactar un librito que a él y a otros frailes descalzos les sirva de guía en la inspección de los conventos femeninos: qué aspectos debe vigilar el visitador apostólico, cuáles son los fallos frecuentes, cómo conviene comportarse al tratar las monjas. Madre Teresa, a la luz de sus experiencias personales, compone un opúsculo titulado «Modo de visitar los conventos» o «Visita de descalzas». Normas, consejos y sugerencias que hagan provechosa la visita: al visitador toca estimular la guarda de las constituciones; examine la economía del convento, los libros de gastos, las deudas, la comida; vea el modo de rezar y cantar, la austeridad del vestido, el cumplimiento riguroso de la clausura, los modos de hablar, el comportamiento del capellán y del confesor. «No blandee» cuando se trate de defender las leyes. Vea las cualidades y defectos de las prioras, su prudencia. Dé el visitador ejemplo de sobriedad en las comidas, respete las votaciones de las monjas, sea prudente en las entradas a clausura.

Para madre Teresa fray Jerónimo Gracián representa la pieza clave del engranaje durante la «guerra civil»: sin Gracián, los calzados hubieran devorado plácidamente a los descalzos. Por eso ella se asigna la tarea de sostener su campeón, orientarle, avisarle, levantar su ánimo cuando le ve hundido, equilibrar los altibajos temperamentales del fraile. El alud de cariño que Madre vuelca sobre Gracián fue de alguna manera interesado: ella utiliza al fraile para defender y estabilizar la reforma. Nunca disimuló hallarse prendada por las cualidades humanas y espirituales de fray Jerónimo, un hijo que a la vez le sirve de padre confesor, y tiene autoridad pontificia sobre ella. A favor de Gracián suelta la palabra y la pluma como jamás lo hizo con nadie. Podía permitirse expresiones cariñosas desde la cumbre de su ancianidad evidente. Sin embargo me pregunto cuánto hubo de táctica en esta explosión jubilosa de cariño teresiano hacia un hombre que debía ser sostenido, fortalecido, para cumplir la misión defensora de los conventos descalzos. Táctica, por cierto, esquisitamente femenina, y que no resta ni calidad ni verdad al amor de madre Teresa para Jerónimo Gracián.

Lo llama «su Pablo», como poniéndole de modelo la imagen del Apóstol; su «Eliseo», discípulo predilecto del padre san Elías, soberano espiritual del Carmelo. Así lo anima, lo estimula, colocándole de antemano en el retablo de los grandes: para que suba él «hasta el sitio que le corresponde»; de quedarse corto, la decepcionaría.

Le quiere, lo ama. Sin disimulos. Gracián «se lo ha dado» Dios a Teresa para que «no sufra a solas». Nadie llena su vacío, él ausente: «en estando sin Paulo... ni nada me satisface». Fray Jerónimo es el «visitador apostólico» de la orden, pero en una carta se confiesa «hijo querido» de la fundadora; ella, dichosa, comenta:

—En gracia me cayó que me escribió «su hijo querido»; y cuán de presto dije estando sola que tenía razón. Mucho me holgué de oírlo.

Vive ansiosa, cuando le tiene lejos, pendiente de su salud, de si mal jinete se hará daño en las caídas, le recuerda use ropa de invierno al llegar el frío, la entristecen los calores que pasará él por los caminos en verano. De sus hijas repartidas en lejanos monasterios espera se lo cuiden, se lo mimen, las querrá más si lo regalan:

—A esas de Sevilla yo me las quería mucho y cada día las quiero más por el cuidado que tienen de quien con el mío (mi cuidado) le querría estar siempre regalando y sirviendo.

De él reclama los itinerarios, para poder escribirle. Cierto que esta medida no nace sólo del cariño, llevan juntos adelante la «guerra civil». Le subraya su participación personal en los malos ratos del «visitador apostólico», quiere que no se equivoque, que acierte:

—Yo no querría que vuestra paternidad hiciese cosa que nadie pudiese decir que fue mal.

Hasta deja ir madre Teresa un atisbo de celos, ¿no es asombroso? Habla de las carmelitas:

—Lo que quieren a Pablo (sobrenombre de Madre a Gracián) me cae harto en gracia; y que las quiera él bien, me alegro, aunque no tanto.

No tanto...

Quizá por el gozo que niña Teresita había derramado en los conventos de Sevilla, Malagón y Toledo, a fray Jerónimo Gracián le apeteció probar suerte con una hermanilla suya de ocho años, Isabelita: la llevó al convento de Toledo, allí la vistieron de novicia, y la cuidaron con gran regocijo de Madre: la nena jugaba poniendo ermitas y belenes, pastorcillos, monjas chiquinitas en torno a la Virgen. Estando Isabelita en el convento, vino su madre a verla, doña Juana de Antisco, la polaca. Qué artes no usaría Teresa para conquistar las simpatías de la madre de su Gracián. La cautivó, por supuesto. Doña Juana tenía otra hija interna en el colegio de Doncellas Nobles fundado por el cardenal Silíceo. Permaneció tres días en Toledo, madre Teresa comunicaba luego a Gracián las impresiones del encuentro:

—Dios la dio (a doña Juana) talento y condición, que he visto pocas semejantes en mi vida, y aun creo ninguna; una llaneza y claridad, por la que yo soy perdida...

Le tira un pescozón cariñoso a Gracián, su madre le supera:

—...Hartas ventajas hace a su hijo.

Continúa:

—Grandísimamente me consolará de estar adonde la pudiera tratar muchas veces. Tan conocidas estábamos como si toda la vida nos hubiéramos tratado.

A una madre así, Gracián debe adorarla, claro. Le plantea «su» Teresa un interrogante atrevido: ¿cuál de las dos es preferida? Teresa no aceptaría ser la segunda:

—Yo, pensando cuál querría más vuestra paternidad de las dos hallo que la señora doña Juana tiene marido y otros hijos que querer; y la pobre Lorencia (nombre cifrado de Teresa misma) no tiene cosa en la tierra sino este padre. Plega a Dios se le guarde, amén.

Marcelle Auclair, la fina dama francesa devota de Teresa de Jesús, pregunta maravillada: «¿hay muchos santos canonizados de quienes se puedan citar palabras tan encendidas dirigidas a un mortal? La penitencia más áspera y la vida de acción más dura y trabajosa nunca la impidieron ser mujer».

Seguro. Pero queden las cosas bien claras: ningún estudioso serio, después de repasar uno a uno los días de Teresa, aceptaría que hubo frivolidad o coquetería en el cariño de la Madre por Gracián. Lo amó, sencillamente, con toda su alma, idealizado, colocado en un pedestal aunque conocía como nadie los defectos del fraile: este amor, a ella no le planteaba ni sombra de inquietud, porque desde el mismo arranque lo supo dispuesto por la providencia divina para que juntos realizaran su trabajo en favor de los descalzos, y ganaran «la guerra civil». Fue Jesucristo quien los unió en aquel matrimonio simbólico, ella lo escribe con certeza absoluta:

—El casamentero (Dios), fue tal y dio el nudo tan apretado que solo la vida le quitará, y aun después de muerta estará más firme.

Jerónimo Gracián entra en su horizonte de mano de Dios, es el amigo deseado para el momento justo: «Dios llena toda la escena y, por ello da la precisa y satisfactoria explicación a todo el comportamiento teresiano con Gracián» (Maximiliano Herraiz). Hay entre los dos y con Cristo una comunicación, una comunión, propia de «personas que tratan de lo mismo».

Así vemos que madre Teresa, prendada, «enamorada» de Gracián, no pierde un instante ni la serenidad íntima ni el pulso para vigilar que sus hijas carmelitas eviten como la peste complicarse la vida con desahogos románticos o ensoñaciones afectivas: les exige guardar cuidadosamente las normas de prudencia en el trato con hombres, incluso los confesores.

Arrecia la guerra civil carmelitana.

Fray Tostado circula sigilosamente por España, sin dejarse ver: teme que el nuncio y el rey consideren su presencia un desafío, si le echan mano probablemente lo meterán en la cárcel. El sabe esperar. Entretanto habla de tapadillo a los calzados, les cuenta que el padre general ha depositado su autoridad en él frente a Gracián. Los calzados se envalentonan; pero Gracián prosigue su «visita apostólica», jugándose literalmente la vida en cada convento calzado. Madre Teresa le insiste por carta en dos cosas principales: el objetivo, conseguir provincia independiente para descalzos y descalzas; y el instrumento, poner en Roma personas eficaces que informen a los cardenales en favor de los descalzos corrigiendo las calumnias aportadas por los calzados.

A las puertas del verano de 1576, fray Mariano avisa que Tostado anda por Madrid, donde ha celebrado reunión secreta de calzados. Mediado agosto madre Teresa detecta al Tostado en Toledo camino de Portugal, y alguien le pone sobre aviso: fray Tostado ha comprado gentes que interceptan la correspondencia entre la Madre y Gracián.

A raíz de este aviso madre Teresa concierta con el padre Gracián un código cifrado: sustituyen los nombres de personas por apodos. Bastante se divierten los dos eligiendo los «alias»: a Jesucristo le ponen «José»; al nuncio Ormaneto, ya viejo, «Matusalén»; madre Teresa será «Lorencia» o «Angela»; Gracián, «Pablo» y media docena de nombres bíblicos; fray Mariano, «Elías»; fray Juan de la Cruz, «Séneca»; para los calzados escogen «gatos» y «aves nocturnas»; para las calzadas, «cigarras», porque son charlatanas; en cambio los descalzos se llaman «águilas», acostumbrados a elevarse volando sobre el mundo; las descalzas, sencillas e ingenuas, lindas, «mariposas»; los inquisidores, que defienden la fe, son «ángeles»; el demonio, «Patilla».

Si era cierto que fray Tostado conseguía leer las cartas de Madre a Gracián, seguro se armó un barullo cuando empezó a encontrar frases enigmáticas: Matusalén protege las águilas, Patilla guía los gatos... Pensaría Tostado que la monja se había vuelto loca.

El nuncio, pobre «Matusalén», había mejorado; apretó al rey, hasta conseguir del consejo real una provisión contra Tostado: le prohíben ejercer de «vicario y reformador» y le mandan presentar su documentación romana. Fray Tostado no compareció, al revés, se hizo más invisible.

A primeros de 1577, Ormaneto denuncia en un informe a Roma las artimañas de fray Tostado «que humilla los descalzos de su orden». Inútil, el «cardenal sobrino» le reitera su apoyo a Tostado. El nuncio se desespera, no entiende nada. Audaz, fray Tostado se atreve a recomendar que los frailes calzados metan frailes descalzos en las celdas de castigo de cada convento, auténticas cárceles. De vez en cuando, desaparece un descalzo: nadie sabe dónde se perdió..., y tarda seis o diez meses en aparecer pálido, enflaquecido. Madre Teresa sostiene a fray Mariano, que se derrumba:

—Deje hacer a nuestro Señor; negocio suyo es y de todo sacará mucho bien.

La Madre adivina que al nuncio le atan las manos desde Roma. Ella no conoce las cartas de Ormaneto, este santo viejo clama en tono mayor: que los descalzos son gente sacrificada, viven de su trabajo, dan buen ejemplo, deben ser favorecidos y defendidos, «ojalá fuesen así los otros en conducta y reputación».

Gracián ensaya a poner, como fermento en la masa, carmelitas descalzas en los conventos andaluces de carmelitas calzadas: un desastre, llevó tres de Sevilla a vivir con las veinticuatro calzadas de Paterna, provincia de Huelva; a poco se las matan.

Por primavera, Gracián trae a Madrid todos los papeles de su «visita apostólica» a los conventos calzados de Andalucía. Los trae para el nuncio. Pero el bondadoso viejo Ormaneto ha recaído, de muerte. Al olor del desenlace, fray Tostado acude veloz. Justo al lecho de Ormaneto moribundo, Tostado y Gracián se vieron por primera vez, cara a cara.

Cosa rara tratándose de diplomáticos, al pueblo madrileño le conmovió la muerte del nuncio. Lo enterraron el 18 de junio. Acompañó sus restos un gentío. Sabían en Madrid que monseñor Ormaneto hasta los muebles de su palacio había vendido para socorrer a familias pobres.

Gracián pidió audiencia al rey, quien, consultado su consejo real, declaró persistentes las facultades del padre Gracián mientras el papa no las revoque.

Madre Teresa comprende que a raíz de la muerte del nuncio los descalzos van a perder batallas en cadena. Decide retirarse a su convento de San José de Avila, donde no le tendrán tan a mano los esbirros de fray Tostado.

En el locutorio del convento teresiano de Toledo ha ocurrido, por primavera de 1577, un coloquio al que los protagonistas no dieron excesiva importancia. Asusta comprobar cómo grandes realizaciones nacen frecuentemente de lances triviales, por encima de las intenciones directas de los actores. Si el coloquio de Toledo hubiera sido interrumpido por cualquier nadería, tendríamos hoy un vacío en el anaquel de la docena de libros decisivos redactados en lengua humana.

Madre Teresa habla con el padre Gracián. Ni fray Tostado ni la «guerra civil» ni el mismísimo «Patilla» representan motivo suficiente para arrancarle a ella de su íntimo castillo y distraerla con las trapisondas cotidianas. Ella se ocupa y se preocupa, trabaja, da consignas, aconseja; pero anda siempre atenta a la brisa divina que pasea su espíritu moviendo sonoramente las hojas de su bosque interior. Lo que le gusta es hablar de Dios, comentar su cercanía, alabar su misericordia...

En el locutorio de Toledo madre Teresa sugiere a Gracián qué bien le vendría tener a mano un ejemplar del *Libro de la vida* donde contó ella a sus primeras experiencias místicas: la Inquisición tiene recogidas las copias. Gracián comenta: ¿por qué la Madre no escribe otro libro como aquel pero dejando de lado las referencias a su propia persona?

Ella rechaza la idea:

—¿Para qué quieren que escriba? Escriban los letrados que han estudiado, que yo soy una tonta y no sabré lo que me digo.

Gracián insiste:

—Diga la doctrina en común, sin que nombre a quien haya acaecido aquello que allí dijere.

Teresa bromea:

—Pondré un vocablo por otro, con que haré daño; hartos libros hay escritos de cosas de oración.

Como Gracián continuó terco, ella veía venir un mandato; y le suplicó:

—Por amor de Dios, que me dejen hilar mi rueca y seguir mi coro y oficios de religión, como las demás hermanas.

No le dejó. Gracián tuvo de su parte al doctor Velázquez, canónigo toledano, entonces confesor de la Madre, y ella se puso a escribir:

—Pocas cosas que ha mandado la obediencia se me han hecho tan dificultosas como escribir ahora cosas de oración.

Era el 2 de junio, domingo de la santísima trinidad. Así comenzó madre Teresa de Jesús sus *Moradas del castillo interior.* Le dolía la cabeza, «con un ruido y flaqueza tan grande que aun los negocios forzosos escribo con pena». Le acosan mil quebrantos de la «guerra civil». Escribe a sorbos, más bien de noche; también los primeros ratos tranquilos de la mañana, después de comulgar, lo cuentan sus hijas: «lo escribía con gran velocidad y con tan gran hermosura en el rostro, que a esta testigo le admiraba, y estaba tan embebida en lo que escribía que, aunque allí junto se hiciese algún ruido, no le estorbaba; por lo cual entendía esta testigo que todo aquello que escribía y el tiempo que estaba en ello estaba en oración».

Madre Teresa explica con una semejanza ingenua su trabajo: ella repite en voz alta lo que aprendió de Dios. Ha visto algún loro traído de Indias. Así se siente, un papagayo:

—Como los pájaros que enseñan a hablar no saben más de lo que les muestran u oyen, y esto repiten muchas veces.

No deteriora, ni inventa. Cuenta lo que dentro le suena. Refleja su disposición de «transmisora» en esta fórmula certera:

—Soy al pie de la letra.

Sin poner ni quitar. Amanuense de Dios. Al pie de la letra, toda Teresa de Jesús es «al pie de la letra».

Don Lorenzo recibe jubiloso en Avila noticias de la inmediata venida de su hermana a San José.

Lorenzo de Cepeda, «indiano» ya decidido a quedarse en España aun a trueque de perder sus tierras del Perú valoradas en treinta y cinco mil pesos, una fortuna, ha comprado «La Serna», finca de labrantío y dehesa, en el valle del Adaja, cerquita de Avila. A su hermana le consulta por carta los asuntos de administración familiar y de vida espiritual: él sigue los consejos de Teresa y sus métodos para progresar en oración. Ella lo mima como a un discípulo predilecto; le avisa que no exagere las penitencias:

—Más quiere Dios su salud que su penitencia.

Aunque también le manda cilicios, y se ríe porque Lorenzo se los agradece remitiéndole a Toledo «confites, regalos y dineros».

Lorenzo siente la tentación de abandonar el trabajo de la tierra y dedicar más tiempo a las prácticas religiosas. Teresa reacciona vigorosamente: que no se engañe, el trabajo es su primera obligación, «mirar por la hacienda de sus hijos». Luego Dios le compensará, «en un momento da más que con mucho tiempo»:

—Que no se miden sus obras por los tiempos... No dejaba de ser santo Jacob por entender en sus ganados, ni Abraham ni san Joaquín, que como queremos huir del trabajo todo nos cansa.

Le aprieta: Lorenzo no consienta a sus niños darse aires de familia importante y rica. Teresa conoce bien el apego de su hermano «a la honra», y ve ahí un peligro para la educación de los niños. Le aconseja los ponga a estudiar en el colegio de los jesuitas, ella solicita la plaza. Su «bonete de estudiantes» los alejará de pandillas de muchachos «desvanecidos» inútiles para cualquier empresa, zánganos. Ni quiere que les compre mulas de lucimiento:

—No hay ahora para que se paseen esos niños sino a pie; déjelos estudiar.

Lorenzo pilló un enfadillo, pues su hermana le picó la vanidad con algunos comentarios en una especie de «rueda espiritual» donde participaron por escrito fray Juan de la Cruz, el caballero santo, el padre Julián, y Lorenzo, a cuya costa Madre apostillaba:

—Le perdonamos la poca humildad en meterse en cosas tan subidas.

El buen indiano se molestó, fallaba efectivamente la humildad. Su hermana curó en seguida el sarpullido. Ahora don Lorenzo cuenta los días que faltan para verla en sus brazos, adora su Teresa.

También a don Francisco Salcedo, nuestro caballero santo ya sacerdote, le vendrá de perlas tener a madre Teresa en Avila: a Salcedo le ha caído encima un desastre económico que lo tiene atribulado. Madre se asustó cuando supo que «a un santo» le impresionaban «así» los intereses materiales:

—Un hombre como ése que ha tantos años que le sirve tan de veras (a Dios) y que lo que tiene ha sido más de los pobres que suyo, que le aflija tanto perderlo... y es que nunca nos conocemos.

A mitad de 1577, madre Teresa marcha de Toledo. Ya entonces trabaja en la ciudad imperial un pintor venido del oriente por Roma y Madrid. Tiene un apellido complicado, se llama Dominico Theotocópuli, así que los toledanos deciden llamarlo sencillamente El Greco. No está claro si ha venido escapando de las envidiejas de sus colegas italianos, o traído por canónigos de la catedral toledana que fueron al entierro de su arzobispo fray Bartolomé Carranza, muerto en Roma. Sea lo que fuere, Dominico El Greco quedará sujeto en Toledo, cazado por la inefable belleza de aquella ciudad. Pinta santos con el rostro transfigurado, cuerpos retorcidos por misteriosas llamas íntimas; algunos historiadores del arte querrán luego descubrir lazos entre sus lienzos y las visiones místicas de Teresa de Jesús. No hay razón para forzar los documentos, dice acertadamente don Gregorio Marañón: «eran dos almas que ardían en el mismo fuego, atizado por el espíritu del siglo. Es posible que el pintor leyera los libros y papeles de Teresa. Pero no es probable que se encontraran».

Toledo estrenará este año arzobispo, ya está nombrado. Viene a suceder al desgraciado fray Bartolomé Carranza, que acaba de morir en Roma el dos de mayo de 1576, a las dos semanas de haberse dictado sentencia sobre el famoso proceso que le tuvo preso diecisiete años: esta es la fuerza de la Inquisición, a cuyo poder no escapa ni el mismísimo arzobispo de Toledo. Felipe II y sus consejeros temían una sentencia a favor de Carranza, porque dejaría en mal lugar al alto tribunal. Roma buscó solución intermedia proclamando inaceptables algunas proposiciones de Carranza pero absolviéndolo de censuras. Le alejaban cinco años más de su diócesis y le asignaban mil escudos de oro al mes para su sustento. Desgraciadamente, no los disfrutó. El papa quiso que sobre su sepulcro colocaran una inscripción latina que alaba «su ánimo sencillo en las horas prósperas y sereno en las horas adversas».

El nuevo arzobispo, Gaspar de Quiroga, hombre de confianza del rey, nació en Madrigal de las Altas Torres y ha sido, luego de ocupar puestos relevantes, obispo de Cuenca.

Este 1577 es un año de gozos y tristezas para el rey Felipe II. Su monasterio de El Escorial, casi rematado, asombra a propios y extraños. Don Felipe aspira a que su nombre quede unido a la lista de grandes constructores de templos para gloria de Dios, convertirse en una especie de personaje bíblico al estilo de Noé, Moisés y Salomón. Yuntas de bueyes acarrean piedras enormes arrancadas a las canteras de la sierra. Traen pizarras, jaspe, mármoles, bronces, maderas finas, ébano, cedro, caoba, de todos los países; y vidrios, brocados, terciopelos, damascos. Desea el rey convertir su monasterio en archivo de ciencias y artes, en museo magnífico, dotarlo con una rica biblioteca, y rodearlo por un jardín natural delicioso.

¿Quién podría adivinar por entonces que el rey de España está en bancarrota? La penuria de sus arcas ha llegado al extremo de no enviar a Flandes la paga de los tercios. Ningún banquero presta dineros a don Felipe, porque a finales de 1575 perdió el crédito declarando nulos todos los contratos de préstamo pendientes: no podía abonar siquiera los intereses. En la primavera de 1576 ha muerto el gobernador de Flandes don Luis de Requesens, y cuentan que solo 150 escudos hallaron en su casa de Bruselas, pues gastó su propio peculio en pagar a los soldados. A la muerte de Requesens, Felipe II encargó el gobierno al consejo general de Flandes. Guillermo de Orange aprovechó la oportunidad para acelerar las intrigas entre los «patriotas», flamencos nacionalistas, y los «hispanienses», adictos a España. Hubo un choque terrible a las puertas de Amberes, y las tropas del rey pasaron a saco la ciudad, quemaron el ayuntamiento, se llevaron un botín de ocho millones de florines. Felipe II resolvió enviar como gobernador a don Juan de Austria, quien pensó que desde Flandes podría programar su ansiada invasión de Inglaterra para liberar a María Estuardo, sentarla en el trono y casarse con ella. En otoño del 76 viajó don Juan disfrazado de mendigo, y trató de pacificar las tierras flamencas a base de mutuas concesiones. Inútil esfuerzo, Guillermo de Orange le comía el terreno. Los sueños del papa en torno a la recuperación católica de Inglaterra por medio del héroe de Lepanto, nuevo cruzado de la fe, fueron compartidos por las familias nobles católicas francesas: los Guisa se mostraron dispuestos a respaldar el proyecto.

Estas noticias, recibidas en Madrid a través de canales confidenciales, enojaban terriblemente al rey. Don Juan ha enviado su secretario Escobedo, mediada la primavera de 1577, a disipar los recelos de don Felipe. Pero este viaje de Escobedo, elegido por Antonio Pérez como persona de confianza para tener vigiladas las ambiciones de don Juan de Austria, va a ser el detonante de un drama que alcanzará también a nuestra hermosa y tuerta princesa de Eboli, doña Ana de la Cerda.

A mediados de julio de 1577, madre Teresa parte de Toledo. Quiere solucionar cuanto antes un asunto en Avila. Su devoto amigo don Alvaro de Mendoza ha sido nombrado obispo de Palencia. ¿Quién le sucederá en la silla episcopal abulense?

El monasterio de San José lo fundó madre Teresa bajo la obediencia del obispo, los demás conventos están desde su mismo nacimiento cobijados dentro de la orden carmelitana. Si don Alvaro se va, Madre quiere «normalizar» la situación jurídica de San José. Por extraño que resulte traer su convento a la orden, ahora, en plena guerra civil. Pero Madre desea ver a todas sus hijas juntas, unidas, de cara al futuro, sea próspero, sea adverso.

Ni a don Alvaro ni a las carmelitas les gustó la resolución de madre Teresa: les apenaba romper un lazo tan hondo. Madre convenció al obispo y a sus monjas. A dos de agosto, el padre Gracián, en presencia de fray Juan de la Cruz, recibió de don Alvaro la obediencia del monasterio descalzo de San José.

Las guerras civiles proporcionan siempre un terreno abonado a los rufianes, que hallan ocasión de tomar venganza y plantear chantajes. Fray Tostado pensaba utilizar sin escrúpulos cualquier medio en la lucha contra los descalzos: incluido el rencor y la mentira de quienes envidiaran u odiaran al padre Gracián.

Sólo necesitaba una cosa, contar con el apoyo del nuncio nuevo. Y la suerte le fue propicia, para desgracia de los descalzos.

Roma no se durmió. El santo Ormaneto había muerto a mitad de junio: pues a mitad de julio estaba camino de España el nuevo nuncio.

Viene de Flandes, se llama Felipe Sega. Un diplomático fino, de mucho cuidado. Inteligente, autoritario. Cortés y prepotente. Viene de Bélgica, donde ha ejercido la representación pontificia ante el gobernador general don Juan de Austria. Pisa fuerte, tiene parentesco lejano con el papa y parentesco cercano con el cardenal sobrino del papa. La parentela le da seguridad y le compromete: en el conjunto de instrucciones recibidas, destaca la consigna del cardenal sobrino para que cuanto antes «ejecute» la liquidación de los carmelitas descalzos, «pandilla rebelde indecorosa», dando favor a los carmelitas calzados. Este prejuicio inicial explica la conducta casi miserable del nuncio Sega, que tardará tres años en comenzar a entender el panorama.

Entró por Bilbao. Camino de Burgos bajó a la corte; el 29 de agosto aparecía en Madrid. Dios bendito, justo el día litúrgico de la degollación de san Juan: ¿será un presagio contra los descalzos? Madre Teresa había sospechado que al nuncio lo estropearían los informes romanos:

—Yo creo vendrá bien avisado para contra nosotros.

El olfato de la monja no erró, el nuncio trae la espada desenvainada. Más adelante madre Teresa resumirá con media docena de palabras serenas un rosario de amarguras:

—Murió un nuncio santo, que favorecía mucho la virtud, y ansí estimava los descalzos. Vino otro, que parecía le había enviado Dios para ejercitarnos en padecer. Era algo deudo del papa.

Fray Tostado esperaba en Madrid al nuncio nuevo. Se sintió fortalecido con la decidida voluntad de Sega contra los descalzos. Y puso en juego, inmediatamente, sus cartas.

La primera baza, una bajeza.

Aquel fray Baltasar Nieto, uno de los hermanos Nieto enfrentados al padre general Rubeo cuando visitó Andalucía, había entrado a los descalzos en Pastrana y fue allí prior: lo encontró Gracián ahora en el convento de Almodóvar, y otra vez ejerciendo las antiguas fechorías. En funciones de visitador, Gracián lo castigó. Nieto se rebela, y corre a Madrid a buscar refugio en brazos de fray Tostado. Por supuesto halló cobijo: fray Tostado lo amparaba en su propia residencia y le propuso urdir alguna denuncia grave contra el padre Gracián. Nieto pescó un lego tontaina que había trabajado de peón albañil en los conventos, y le hizo firmar un memorial horripilante: acusa al padre Jerónimo Gracián de aprovechar su cargo de visitador para divertirse como un donjuán de monjas llevando a escondidas vida depravada. Nieto astuto introduce la palabra «alumbrados», con la mala idea de orientar las sospechas de la Inquisición contra los monasterios descalzos.

Presentó el documento a la secretaría del rey.

La equivocación estuvo en exagerar las denuncias y apuntar demasiado alto: Felipe II conocía personalmente a Gracián y no podía creer semejante infamia. Ordenó una investigación a fondo.

Madre Teresa supo el suceso. Ni corta ni perezosa, escribió al rey:

—A mi noticia ha venido un memorial que han dado a vuestra majestad contra el padre maestro Gracián, que me espanto de los ardides del demonio y destos padres calzados.

Defiende a Gracián —«siervo de Dios, que verdaderamente lo es... hombre enviado de Dios y de su bendita Madre»—, denuncia la maniobra de los frailes del paño «haciendo firmar desatinos» al lego simplón, suplica favor del rey «pues ningún otro amparo tenemos en la tierra».

El rey apretó; el lego y Nieto, asustados, confesaron su crimen: habían inventado el memorial por hundir a Gracián. Nieto fue a la cárcel.

El segundo ataque de fray Tostado apuntó derechamente contra madre Teresa.

Toca otra vez elegir priora en la Encarnación de Avila. Las «señoras» monjas vuelven a pensar en madre Teresa. Fray Tostado avisó con tiempo al provincial de los frailes del paño: deben impedir la elección de madre Teresa, a cualquier precio.

Era provincial un fray Juan Gutiérrez. El día de votación se presentó a las monjas con una carta de fray Tostado, «vicario general», «poniendo excomunión a cualquiera que votase por monja fuera de casa». El dardo iba dirigido a cierta Teresa de Jesús residente «fuera de la Encarnación», en San José. Las señoras monjas oyeron, callaron... y votaron en gran número a madre Teresa. Cada vez que salía un voto a favor de Madre, «el provincial y su compañero echaban maldiciones... tanto que estábamos —dijeron las monjas en el acta notarial— admiradas de ver tales géneros de maldiciones nunca leídas... Martilleaba (el provincial) con una llave grande... y acabados de leer los votos, los quemó con grande ira».

Resultado: 54 votos, madre Teresa; 39 la segunda candidata, aconsejada por Tostado, doña Juana del Aguila.

El provincial, fray Gutiérrez, descompuesto.

Dijo que a votar otra vez, «y las perdonaba».

Las monjas: de ninguna manera, ya habían votado.

Era el siete de octubre. El ocho, fray Gutiérrez volvió. Las 54 se negaron a votar de nuevo. Enfurecido, las echó, y realizó la nueva votación con las 39 de doña Juana. Salió elegida, claro.

Fray Tostado confirmó la elección de doña Juana, y declaró excomulgadas a las 54 «rebeldes».

Hizo más, el taimado. Comprendía que la presencia de confesores descalzos en la Encarnación representaba un muro a sus arbitrariedades. Decidió eliminarlos, fray Tostado se atreve con todo: su línea de flotación la sostienen el nuncio en Madrid y el cardenal sobrino en Roma. La noche del dos de diciembre mandó un fraile con gente armada: golpearon la puerta de la casita donde se alojaban fray Juan de la Cruz y su compañero, la descerrajaron, maniataron a los dos benditos y los llevaron presos al convento de los calzados. El día cuatro ya no había en Avila rastro de los detenidos, se los tragó la tierra. Corrían noticias por la ciudad de boca en boca: «han tomado preso a fray Juan de la Cruz y a su compañero, los han azotado, echaban sangre por la boca». ¿Y dónde están? Nadie sabe, quizá en Madrid, quizá en Toledo... Alguien dice si los han llevado a Roma.

Angustiadísima, madre Teresa escribe al rey: han apresado a los dos descalzos, «les descerrajaron las celdas y tomáronles los papeles», Avila está escandalizada cómo los calzados «se atreven a tanto, estando este lugar tan cerca de adonde está vuestra majestad, que ni parece temen que hay justicia ni a Dios». Le apena la debilidad física de fray Juan de la Cruz:

—Tuviera por mejor que estuvieran entre moros, porque quizá tuvieran más piedad. Y este fraile tan siervo de Dios, está tan flaco de lo mucho que ha padecido, que temo su vida.

Suplica al rey «mande que con brevedad les rescaten» de las furias de Tostado; son descalzos «sujetos al comisario apostólico», Gracián; y los del paño «andan diciendo los han de perder»:

—Si vuestra majestad no manda poner remedio, no sé en qué se ha de parar porque ningún otro tenemos en la tierra.

Es complicado, el rey no puede meter sin escándalo sus alguaciles a escudriñar sótanos y «celdas cárcel» de los conventos calzados para descubrir dónde han escondido los dos frailes descalzos: mucho menos con el nuncio nuevo recién llegado, quien alzaría la voz en defensa de la inmunidad religiosa. Lo que hizo fue pasar al consejo real una requisitoria enérgica contra fray Tostado «por abuso de poderes». Tostado respondió con evasivas cínicas, remitiéndose al nuncio.

Hablaron el nuncio y el rey. Diplomáticamente. El nuncio Sega indicó a su majestad los deseos de Roma: dejar que las órdenes se reformen por sí mismas; por tanto, entregar los carmelitas a su padre general. Felipe II sabía que significaba condenar los descalzos a muerte. «Por evasiva» indicó al nuncio tratara el asunto con el nuevo arzobispo de Toledo.

Ocurren estos lances de la guerra civil carmelitana en los meses que van del verano a la navidad de 1577. A cualquier persona, semejante ansiedad le bloquearía los resortes íntimos dejándole incapacitada para un trabajo espiritual profundo. Pero con madre Teresa las cuentas suelen salir diferentes.

Justamente, la víspera de san Andrés, 29 de noviembre de 1577, ella remata su libro *Moradas del castillo interior*. Faltaban dos días para cumplirse los seis meses de aquel domingo de junio en que lo comenzó. Hagamos la suma: arranca el dos de junio en Toledo; interrumpe a mitad de julio, fecha de su ida a Avila; reanudó la escritura por septiembre, y la remata a final de noviembre. Total, unos cuatro meses ha tardado en redactar su libro: ciento trece folios, casi todos por ambas caras, con un promedio de veintiséis líneas página. Letra clara, sin tachaduras, atmósfera serena, como si a la puerta de la celda una pared invisible detuviera las tempestades de la guerra civil, los disgustos, el jaleo incómodo de noticias que van y vienen, amargas casi todas esta temporada. Teresa, sentada con la esterilla en el suelo, el papel y los codos sobre el poyo, bajo la ventanita que ofrece solo un cuadrado de cielo castellano, escribe de tirón este relato espiritual, su diario íntimo, una serie de momentos, de experiencias vividas por ella, quizá podríamos decir retratos en cadena, tomas sucesivas de un panorama profundo.

Madre Teresa no escribe un libro teórico; sencillamente cuenta «lo que pasa», lo que ella «fue pasando», en los caminos hacia la amistad con Dios. Esta vez no refiere datos en primera persona, ya lo hizo su *Libro de la vida*: ahora procura distanciarse, habla de un tercero. «Pretende» distanciarse, debemos decir. Porque no lo consigue: ahí está ella, su aventura, desde la primera línea hasta la última.

Es verdad, de Teresa de Jesús nos quedan dos retratos auténticos, contemporáneos: uno externo, pintado por fray Juan de la Miseria; otro, interior, autorretrato, este libro titulado *Las moradas*. Relata sus experiencias, mezcla con las reflexiones su vida íntima.

Escribe para «sus hermanas e hijas las monjas carmelitas descalzas», les escribe «cosas de oración». Da un armazón al libro utilizando la metáfora del castillo:

—Se me ofreció... considerar nuestra alma como un castillo todo de un diamante o muy claro cristal, adonde hay muchos aposentos así como en el cielo hay muchas moradas.

Discuten los expertos cuánto hubo de influjo literario y cuánto de inspiración mística en la imagen «castillo» para describir el alma. Las correrías fundacionales han permitido a la monja viajera contemplar a un lado y otro de su ruta «los castillos de Castilla». Que sin duda le trajeron recuerdos infantiles de aquellas veladas dedicadas con su madre un poco a escondidas del tieso don Alonso a libros apasionantes donde se contaban las aventuras de valientes caballeros por el amor de sus damas residentes en airosos castillos...

A lo largo del libro, la fantasía de Teresa sostiene su castillo. En torno al castillo quedan las afueras y el foso: es decir, el mundo y nuestro cuerpo; con peligrosos «enemigos», los vicios, los sentimientos desordenados y el mismísimo demonio. Dentro del castillo, un laberinto de celdas o «moradas» lleva hacia la celda o morada «íntima»: el alma debe seguir sin extravío las evoluciones de su propia estructura para penetrar progresivamente hasta el centro donde Dios la habita. Teresa describe un trazado que desde la puerta del castillo lleva el alma al encuentro de su huésped y al trato con él.

Son siete las moradas o estancias descritas por madre Teresa. Las tres primeras, de carácter ascético, requieren un esfuerzo personal intenso y en gran parte dependen de la voluntad humana, siempre, claro es, movida y asistida por la gracia de Dios. La cuarta morada cumple oficio de transición, enlaza los dos ámbitos sirviendo a manera de puente. Las tres moradas últimas, de carácter místico, introducen el alma en una atmósfera sobrenatural intensísima dependiente de imprevisibles movimientos.

El ritmo de la oración se acelera desde la morada primera hasta la última.

La primera morada, dos capítulos del libro, presenta las almas todavía entontecidas con negocios y preocupaciones mundanas: sin embargo responden al impulso de la oración y realizan buenas acciones. Madre Teresa les aconseja descargarse de inquietudes inútiles y procurarse ratos de soledad.

Describe la segunda morada en un solo capítulo: el alma decide vivir en gracia, orar, mortificar sentidos. Experimenta tentaciones abundantes, porque su voluntad flaquea y las ocupaciones le distraen. La autora aconseja buscar compañía y amistad de buenos, y dedicar tiempo ancho a la oración.

En la tercera morada, dos capítulos, las almas progresan, con decisión cultivan la oración y las virtudes. Les frena su amor propio, que envenena las buenas obras. Teresa considera capital en este momento el ejercicio de la humildad, la fortaleza y la obediencia. La oración progresa notablemente, poniendo el sujeto en disposición amorosa.

Al puente de la cuarta morada dedica tres capítulos describiendo los primeros gérmenes de «recogimiento» en presencia de Dios: el alma se prepara a la «unión» ejercitando la oración de «quietud». Es decisivo un generoso esfuerzo de perseverancia en el bien eliminando las infidelidades: llega la hora de cruzar la frontera misteriosa.

La morada quinta ocupa cuatro capítulos: ha entrado el alma en la vida mística y experimenta un contacto sustancial con Dios. La oración de «unión», regalada desde arriba, le da certeza de la presencia divina. Al sujeto toca evitar ocasiones de pecado y tolerar pacientemente sufrimientos, tribulaciones.

En la sexta morada, once capítulos, el alma experimenta una purificación intensa que la lleva a la plenitud de la unión y le causa heridas de amor, visiones y locuciones, éxtasis, raptos, grandes ímpetus al estilo de «san Francisco cuando le toparon los ladrones, que andaba por el campo dando voces y les dijo que era pregonero del gran Rey». La persona trata de evitar pecados veniales, imperfecciones, acepta sin reservas la voluntad de Dios e incluso deja su soledad por hacer bien al prójimo. Le quedan todavía sombras de inquietud. Debe pegarse a la humanidad sagrada de Cristo y traer al Señor siempre ante sus ojos: vive un desposorio espiritual.

La morada séptima, cuatro capítulos, abre al alma el gozo de la trinidad santísima mediante la gracia del matrimonio místico: «queda el alma, digo el espíritu de esta alma, hecho una cosa con Dios». El alma ha llegado a su centro, alcanza paz duradera, nada le turba ni le distrae, los acontecimientos le rozan sin romper su orden. El sujeto puede trabajar, ocuparse, sin abandonar la contemplación. Ama y ayuda con la voluntad y el corazón mismo de Dios: sale de sí, para insertarse totalmente en el misterio de Cristo y de su iglesia.

He aquí el resumen pobre, demasiado escueto, de un libro jugoso, vital, cuya lectura, inicialmente difícil, premia el esfuerzo con una cosecha abundante de asombros. A la alegoría estructural del castillo añade madre Teresa imágenes complementarias que desparraman frescura por todas las páginas del libro y le permiten contar gustosamente lo que no hay modo humano de contar: el libro, biografía del alma que camina hacia Dios, también es al mismo tiempo la biografía de Dios que atrae el alma desde el centro mismo del alma.

Teresa cuenta lo que sabe: ha cumplido su itinerario. «Está» ahí, en su centro. Donde Dios habita, donde Dios le habita:

—Aunque no se trata de más de siete moradas, en cada una de éstas hay muchas, en lo bajo y alto y a los lados, con lindos jardines y fuentes y laberintos, cosas tan deleitosas, que desearéis deshaceros en alabanzas del gran Dios.

¿Fue una corriente de aire o el demonio sopló? Por los días de navidad de 1577, madre Teresa ha quedado manca del brazo izquierdo. Alumbrándose con su palmatoria subía una escalera para ir al coro donde tocaba recitar «completas», oración de la noche. Tropezó, se apagó la vela, nadie conoce realmente los hechos. Madre cayó rodando escaleras abajo, con el susto tremendo de sus hijas. La levantaron, tenía lastimado el brazo izquierdo. Ella impuso quitar importancia, ya pasará. No pasó, los huesos habían quedado descoyuntados. Soportó varias semanas dolores intensos. Al fin llamaron una curandera, «cuando ya el brazo estaba añudado». La curandera y una labriega su ayudante, «las dos grandes y de muchas fuerzas», intentaron reajustarle a tirón los huesos. Hasta que oyeron crujir la «choquezuela», rótula del hombro.

Madre quedó prácticamente manca, «no pudo ya vestirse sola, ni desnudarse, ni ponerse un velo sobre la cabeza». Y seguía escribiendo: su brazo lisiado era el izquierdo. Menos mal. Si además del aire que apagó la vela, «Patilla» tuvo algo de responsabilidad en el resbalón, fallaron los cálculos: el diablo se equivocó de brazo. Acaso no le dieron licencia para más, él bien astuto es; y las monjas sospechan que fray Tostado lo tiene a sueldo...

Cincuenta días castigadas sin oír misa tuvo Tostado a las monjas que votaron a madre Teresa para priora de la Encarnación. El padre Gracián, a quien el nuncio Sega envió mensajes obligándole a suspender la visita de conventos, está refugiado en una cueva de Pastrana. De fray Juan de la Cruz y su acompañante, ni rastro, los ha tragado la tierra: «espantada estoy de este encantamiento de fray Juan», comenta la Madre. ¿En qué cárcel los tendrán encerrados?

Durante los seis primeros meses de 1578, pierden descalzos y descalzas batalla tras batalla. Fray Tostado les va minando el terreno de un convento en otro. Y el nuncio sigue terco en cumplir la misión encargada por el cardenal sobrino desde Roma. Sega le aprieta cortésmente al rey. Don Felipe aguanta, parando golpes a los descalzos. ¿Cuánto podrá contener los ímpetus del monseñor pontificio? Madre Teresa continúa aconsejando a sus fieles frailes que coloquen algún agente suyo en Roma para equilibrar los informes llegados allá de parte de calzados.

A las puertas del verano el nuncio Sega realizó una maniobra astuta: comunicó a Gracián que le autorizaba a proseguir la visita de conventos. Lo cual equivalía a poner bajo su autoridad al fraile descalzo nombrado comisario apostólico por Ormaneto con poderes pontificios especiales. El rey dijo a Gracián estuviera quieto mientras él preguntaba a Roma si Sega tenía los poderes especiales que referentes a la orden del Carmen Ormaneto tuvo. De Roma respondieron negativamente, sin conocimiento del cardenal sobrino. Sega montó en cólera. Gracián se hallaba metido en la famosa disputa de jurisdicciones entre el nuncio y el rey.

Por fin Sega decidió cruzar el Rubicón: con fecha 23 de junio firmó un «contrabreve» anulando las facultades otorgadas a Gracián por el breve pontificio de Ormaneto y excomulgando a quienes le reconocieran como visitador apostólico. Gracián corrió al Escorial, y don Felipe mandó una provisión mandando a su justicia requisar el contrabreve del nuncio. Se organizó un cisco fenomenal: los calzados cantaron victoria en todos sus conventos porque el nuncio había liquidado a Gracián; los descalzos veían caer el firmamento sobre sus cabezas. Gracián andaba escondido de una parte en otra, evitando que los alguaciles del nuncio le leyeran oficialmente su contrabreve. Madre Teresa le enviaba mensajes de aliento:

—No tenga pena, mi padre, que no peleamos por nuestros intereses sino por honra y gloria de Dios y de su madre la Virgen, y esta persecución es para fortificar más nuestra orden.

Fatigado, Gracián fue a presentarse al nuncio, quien le exigió entregarle la documentación de todas las visitas realizadas a conventos calzados; pero Gracián la tenía depositada en el consejo real. Nueva furia del monseñor.

Comenzó un verano de alborotos. Los frailes calzados repartían el contrabreve del nuncio por los conventos de descalzos y requerían obediencia a fray Tostado, puesto en lugar de Gracián. Fray Mariano y otros descalzos hacían circular la provisión del rey anulatoria del contrabreve del nuncio. Muchos frailecillos descalzos, aturdidos, asustados, viajaban a Madrid a ofrecerse a fray Tostado, e incluso a Roma donde los secretarios del cardenal sobrino les obligaban a firmar alegatos contra Gracián. Hasta Juan de la Miseria, nuestro ilustre «pintor de cámara», rindió obediencia a fray Tostado. El nuncio Sega ha jurado acabar con descalzos y descalzas, sujetándolos todos a los superiores calzados y librándolos de la influencia malsana de madre Teresa, a quien llama «fémina inquieta y andariega, desobediente, contumaz»; dedicada a escribir libros, contra el precepto de san Pablo que ordena estar calladas las mujeres en la iglesia; y a fundar monasterios sin licencia del papa: pero él, Felipe Sega, liquidará la monja, amordazará a madre Teresa...

Gracián veía hundirse la obra puesta en pie por madre Teresa y consolidada por él estos años de visita apostólica. Decidió entregarse, confiando apagar así el odio del nuncio Sega. Convenció Gracián a los descalzos de Pastrana para que rindieran obediencia al nuncio; él también la rindió: «llevé (los mensajeros calzados) al refitorio, diles de almorzar, y díjeles que dijesen al nuncio que aunque el rey había enviado aquella provisión, los descalzos no queríamos sino obedecer de todo punto a su señoría y a los maestros carísimos calzados». Una rendición sin condiciones: entregó facultades y papeles, todo. Al nuncio le sorprendió gratamente la noticia. Y lógicamente al rey le disgustó: enojado por esta «deserción» de Gracián, Felipe II comenzó a mostrar desvío a los descalzos. Madre Teresa insistía:

—Todos se espantan cómo no tenemos allá (en Roma) quien negocie, y ansí hacen estotros todo lo que quieren.

Como remedio inmediato, Madre comisionó su fiel capellán Julián de Avila para visitar de parte suya al nuncio, reconocerlo como superior y suplicarle mantenga los descalzos separados de los calzados: su objetivo final es conseguir una provincia independiente.

La iniciativa del padre Antonio de Jesús, el «primero o segundo» de los frailes descalzos, anuló estos esfuerzos conciliantes, de Gracián y de madre Teresa: nada más pasar el verano, convocó Antonio para el nueve de octubre una asamblea de descalzos en Almodóvar del Campo; el llamado «capítulo de Almodóvar». La finalidad del capítulo era elegir un padre provincial para los descalzos, como sucesor de Gracián a quien consideraban «preso» del nuncio. Es decir, se independizaban por su cuenta.

La Madre hizo cuanto pudo para evitar la celebración del capítulo, o que al menos renunciaran a elegir provincial descalzo. No la oyeron. Ella temía resultase el capítulo un detonante para la batalla final. Acudieron pocos descalzos a la reunión de Almodóvar, pero los más importantes: Antonio de Jesús, Mariano, Gabriel de la Asunción... ¡y fray Juan de la Cruz!

Hagamos una breve pausa comentando esta noticia sensacional: fray Juan de la Cruz asiste al capítulo de Almodóvar. ¿De dónde sale?

Durante los seis primeros meses de 1578, madre Teresa gimió de palabra y por escrito «espantada» por «el encantamiento de fray Juan». Nadie le encontraba una pista segura para saber con certeza dónde lo tenían preso, aunque las sospechas indicaban que estaba encerrado en el convento de frailes calzados de Toledo. Pensó incluso rogarle a la princesa de Eboli, por medio de fray Mariano, quien continuaba en buenas relaciones con doña Ana, interviniera ante el nuncio para liberar a fray Juan:

—Con decirle que se informe de lo que es ese padre, y cuán sin justicia le tienen.

Al llevarlo preso de Avila, cuidaron los calzados de disimular el rastro: iban a Toledo, pero dieron vuelta por Medina del Campo. Lo transportaban a lomos de un mulo. Bajaron hasta la sierra de Guadarrama en día de nieve y celliscas. Entrando en Toledo le vendaron los ojos; el frailecico traía el cuerpo dolorido, quebrantado.

El convento de calzados toledano, apoyado en la muralla y con los fundamentos a pico sobre el Tajo, alberga ochenta frailes. Casi todos mostraron rencor contra el preso, a quien cambiaron el hábito por uno propio de calzados. Lo encierran en un estrecho calabozo, asfixiante, una tumba, seis pies de ancho y diez de largo, un hueco sin ventana que había servido de excusado para el cuarto de huéspedes: tiene arriba en el techo una tronera de tres dedos de ancha, ninguna otra luz. Le han tirado en el suelo una tabla y dos mantas, para cama. Sorprende cómo fray Juan no murió de frío aquel invierno. O de hambre, que le dan agua, sardinas, algún día media sardina, y un cacho de pan. O de palos, pues tres días por semana lo conducen al refectorio donde los frailes después de la cena le alzan el sayal y por turno le azotan las espaldas rabiosamente con varas verdes. Hasta que sangra a chorro, entonces lo arrastran de nuevo a la celda.

En cinco meses no le mudaron la tuniquilla interior que usaba como camisa. Pasó la primavera, vino el calor del verano, los sudores, la asfixia en aquel hueco estrechísimo, la miseria, los piojos. Hacia el mes de junio le cambiaron el lego carcelero, pusieron uno joven a quien conmovía ver al pobrecillo fray Juan convertido en un despojo: le dio una túnica nueva, y además hilo, agujas y tijera, fray Juan pudo remendarse el hábito. También procuró espaciar los viajes del reo al refectorio donde le azotaban. Y sobre todo, esta gloria: le trajo papel, tinta y una pluma, para que el preso escribiera versos, compuestos durante aquella larga noche y guardados en la memoria de fray Juan estrofa a estrofa. Qué misterio, nuestra existencia humana. Vencida la mitad del siglo XVI, en un calabozo cruel, asqueroso, metido en los muros de un convento sobre las murallas de Toledo, un frailecico redacta mentalmente poemas líricos, tersos, cristalinos, el torrente de palabras bellas mejor engarzadas en toda la historia poética de la lengua humana: «Pastores los que fuerdes / allá por las majadas al otero, / si por ventura vierdes / a aquel que yo más quiero, / decidle que adolezco, peno y muero...».

Tenía que retener de memoria cada verso, pues ni pluma ni papel le dieron hasta cambiar su carcelero.

Según avanzó el verano, fray Juan de la Cruz sintió crecerle un impulso de huida: quería escapar de su cárcel. Gracias a la benignidad del lego, gozó algún permiso para explorar el terreno, da vergüenza escribirlo: mientras iba y venía a vaciar el latón de servicio colocado en un rincón de la celda. Estudia los corredores, se asoma a una ventana, mide con hilo la altura exterior, afloja cuidadosamente los tornillos del candado. Rompió a tiras las dos mantas, las anudó... Medía con el hilo, y le faltaba metro y medio hasta tocar el suelo cuando se descolgara.

Ha planeado la fuga para los días de la Asunción, mitad de agosto. Una noche de luna clara, cuando el convento duerme concienzudamente, el frailecico preso se escapa: atraviesa de puntillas el largo corredor, ata sus jirones de manta, echa el hábito abajo, y se descuelga del ventanal, da un salto de metro y medio al vacío. Cuatro palmos más afuera, se hubiera despeñado por la cuenca rocosa del Tajo. Vestido el hábito, fray Juan caminó sobre la muralla hasta salir a un corralillo donde temía verse cazado entre los muros del convento y las tapias de unas monjas vecinas. Al fin por los agujeros de la pared trepó la tapia y pudo saltar a una calleja. Escondido en un zaguán, esperó la luz del alba. Le miraban desconfiados, viéndole sucio, roto y barbudo, cuando preguntó el camino de las carmelitas descalzas. Llamó al torno:

—¿Quién es?

—Hija, fray Juan de la Cruz soy, que me he salido esta noche de la cárcel. Dígalo a la madre priora.

Ana de los Angeles, la priora, corrió al torno. Comprende el apuro, los calzados vendrán. Tiene dentro del monasterio una carmelita enferma, ¿querrá el padre confesarla? Para tal menester las prioras pueden autorizar la entrada de un clérigo. Abren la clausura, pasa fray Juan; cierran la puerta de tres llaves justo a tiempo de responder a los calzados que, efectivamente, llegan jadeantes:

—Registren el locutorio y la iglesia, no creo se haya escondido nadie.

A mediodía, rematadas las misas, cerraron el portón de la iglesia, y pudieron sacar a fray Juan de la clausura. Le habían dado una sotanilla, mientras limpiaban su hábito. La cocinera trajo peras asadas con canela. Él les contó... sin reproches, sin lamentos. Ya en la iglesia, a través de la reja del coro fray Juan recitaba a las carmelitas sus poemas místicos compuestos de memoria en la celda: «Mil gracias derramando / pasó por estos sotos con presura / y, yéndolos mirando, con sola su figura / vestidos los dejó de hermosura».

Anochecido, la priora mandó llamar a su amigo canónigo de la catedral y administrador del hospital de Santa Cruz: el canónigo se llevó a fray Juan, le dio cama en el hospital, lo puso camino de Almodóvar donde los descalzos tienen convento.

Allí llega fray Juan, en vísperas del «capítulo rebelde» convocado por el padre Antonio de Jesús con propósito de elegir provincial independiente para los carmelitas descalzos.

A madre Teresa la espantó el relato de los sufrimientos soportados por fray Juan:

—No sé cómo sufre Dios cosas semejantes... Todos nueve meses estuvo en una carcelilla que no cabía bien, con cuan chico es, y en todos ellos no se mudó la túnica, con haver estado a la muerte.

Y suplica del padre Gracián cuidados especiales a favor de fray Juan:

—Plega a Dios que no se nos muera. Procure vuestra paternidad que lo regalen en Almodóvar... Mire no se olvide, yo le digo que quedan pocos a vuestra paternidad como él, si se muere.

Quien murió, en Roma, fue el padre general Rubeo: se ahorraba el nuevo disgusto por la «rebeldía» de los descalzos. Madre Teresa le lloró.

Gracián, sumiso a los mandatos del nuncio, no acudió al capítulo de Almodóvar. Salió elegido provincial el padre Antonio de Jesús, como sucesor de Gracián. Fray Juan de la Cruz manifestó su desacuerdo con la elección de provincial, preveía será causa de nuevas tormentas. Resolvieron además enviar dos mensajeros a Roma, pero equivocaron los sujetos: todo les salía violento, atropellado, fruto de la ira y del temor.

Al nuncio Sega el capítulo le proporcionó la excusa deseada para montar en cólera y entrar a muerte contra los descalzos. Con fecha 16 de octubre de 1578 publicó un decreto equivalente a la extinción, pues los ponía bajo autoridad absoluta de los provinciales calzados y anunciaba excomunión a cualquier disidente: el primer excomulgado será el padre Antonio de Jesús si pretende ejercer como provincial.

Igual que una plaga de langosta cayeron los calzados sobre las casas de frailes descalzos y monjas descalzas: entraban a imponer «la ley del nuncio», quitando y nombrando superiores, eliminando las personas de mayor prestigio, sometiendo a proceso público los monasterios en presencia de «justicias, letrados y caballeros». Gracián y los suyos creyeron llegada la hora final de la reforma descalza. Sólo madre Teresa mantuvo firme su confianza, y aun ella temió qué habría de ocurrirle si la trasladaran a un convento de calzadas:

—¡Cuán peor vida me darían que a fray Juan de la Cruz!

El nuncio Sega informó al cardenal sobrino del papa: ha ganado la batalla. Le manda un «resumen histórico» de la reforma teresiana manipulado descaradamente a favor de los calzados. Ha encarcelado a los «cabecillas», los tiene «descomulgados, sin oír ni decir misa»: Gracián, padre Antonio, fray Mariano... Sobre la mesa del nuncio los calzados amontonan folios cargados de acusaciones gravísimas, increíbles, infamias contra madre Teresa, Gracián, las descalzas, los descalzos: hasta decir que «los mesones están llenos de hijos sacrílegos». Monseñor Sega redondeó la operación otorgando a fray Tostado poderes oficiales sobre la orden del Carmen para toda España.

A madre Teresa la ven sus hijas encorvada, vencida: se pasó los «maitines» de navidad llorando. Las horas se le iban sola en la celda, sin acordarse de bajar al refectorio. Ana de San Bartolomé, que le hace de enfermera, la tomó del brazo y le suplicó aceptara comer un poquito: la sentó a la mesa, quieta la Madre ante su plato. Ana la miraba con ojos de cariño inmenso, empañados; y le pareció ver al Señor Jesús, vestida túnica de lino, de pie junto a la mesa: Jesús sonreía, desplegaba la servilleta de Madre, partía el pan y le acercaba los bocados como dando de comer a un niño.

Ana de San Bartolomé halló normal estas caricias del Señor cuando Madre pasaba las tristísimas navidades de aquel año 1578, con tantas batallas perdidas...

38
...pero gana la guerra
(1579-1581)

En el paso de 1578 a 1579 atravesó el cielo de España un cometa, «el mayor y más brillante que desde siglos se había visto, con un color de plata purísima y la cola de sangre». Atemorizó a las gentes, y nuestro señor el rey don Felipe quiso saber de los astrólogos si el cometa venía a cerrar las desgracias del año viejo: le daba miedo pensar que acaso anunciara desventuras para el año nuevo.

Las desgracias del año 78 habían sido recias: por primavera murió en Madrid el secretario de don Juan de Austria, Escobedo; y comenzado otoño murió en Flandes don Juan de Austria. Quién lo dijera, el héroe de Lepanto marchó del mundo con solo treinta y tres años de edad, por supuesto sin sacar de la cárcel a su triste princesa María Estuardo... pero al menos la muerte le alcanzó como corresponde a un capitán, bajo la tienda del campamento próximo a Namur. Sus soldados, a pesar de que el dinero les venía de España tarde y escaso, lo adoraban, y lloraron cuando le vieron consumirse víctima del tifus. El rey nombró para el puesto de gobernador en Flandes a su sobrino Alejandro Farnesio, hijo de Margarita de Parma: pasando el tiempo será reconocido como mejor general de la época.

En cambio la muerte del secretario Escobedo nada tuvo de glorioso. Había venido a Madrid para disipar los recelos de Felipe II contra don Juan de Austria; contaba conseguirlo, apoyado en el favor de Antonio Pérez, consejero íntimo del rey. Nadie sabe con certeza qué ocurrió. Dijeron en la corte si Escobedo tuvo un disgusto tremendo al descubrir los amores secretos de su amigo Pérez con la viuda de don Ruy Gómez, el protector a quien Pérez y Escobedo debían se carrera política: la viuda de don Ruy Gómez, nuestra hermosa y tuerta princesa de Eboli, que por lo visto al fracasar en su vocación de monja carmelita supo buscar consuelo con negocios no solo financieros cerca del apuesto y astuto Antonio Pérez. Pérez temió que su amigo le delatara, y montó una maniobra de largo alcance denunciando ante Felipe II a Escobedo como instigador de las ambiciones de don Juan de Austria. El rey lo creyó, y parece veía como ventajosa para la corona una solución propuesta por Antonio Pérez: asesinar a Escobedo.

Los historiadores no aclaran cuánto hubo de falso en estos rumores de la corte, pero Escobedo cayó acuchillado por tres individuos en una calle solitaria del Madrid nocturno.

De momento nadie pudo acusar al primer secretario del rey. Sin embargo uno de sus compañeros, también secretario real y además sacerdote, el clérigo Mateo Vázquez, ha prometido justicia.

Más desgracias dejó el año. Aún lloraba el rey la desaparición de su hermanastro don Juan de Austria, cuando le murió el primero de los hijos paridos por la reina doña Ana, su cuarta esposa: Fernando era el nombre del principito, tenía siete años. Le habían jurado heredero de la corona en la primavera de 1573. Tras él nació Carlos Lorenzo, que solo duró dos años. El rey teme si le morirán todos sus hijos varones; ahora le quedan Diego, de tres años, y Felipe recién nacido.

Más desgracias..., ya se ve claro que 1578 no dejó penas solo a madre Teresa y sus frailes descalzos: esperemos que la cola del cometa borre los males del cielo español.

A Portugal le ha ocurrido también un drama de alcance histórico: la caída heroica de su joven rey don Sebastián en tierras de Africa. Don Sebastián, hijo póstumo del príncipe don Juan de Portugal, nació de la princesa española doña Juana, hermana de Felipe II, a quien hemos conocido páginas atrás como amiga de madre Teresa. Fue Sebastián un niño enfermizo y sensible, lo educaron los padres jesuitas y acarició desde su juventud sueños imperiales: deseaba extender la presencia de Portugal por el extremo oriente y por Africa. Una rencilla dinástica entre los reyes de Marruecos, ofreció a don Sebastián, en los veintidós de su edad, la ocasión de acudir a tierras africanas. Su tío Felipe II le aconsejó prudencia; pero en el verano de 1578, Sebastián desembarcó con diecisiete mil hombres en los llanos de Alcazarquivir y se enfrentó al ejército de Abd-al-Malik, cinco veces superior: el cuatro de agosto las tropas portuguesas fueron aplastadas, don Sebastián cayó atravesado por lanzas enemigas. Cantaron su valor los trovadores de toda Europa: nació una leyenda según la cual el rey portugués se había salvado y vivía oculto en un refugio misterioso.

A la muerte de don Sebastián, ocupó el trono de Portugal su anciano tío abuelo el cardenal don Enrique, viejo, enfermo, sordo y casi ciego: media docena de pretendientes hicieron valer sus derechos de sucesión cuando se produjera la inminente muerte del rey-cardenal. El más conspicuo de todos, Felipe II, rey de España, emparentado en línea directa con los monarcas portugueses, y tío del difunto don Sebastián.

Felipe II no es supersticioso, pero quizá los astrólogos le han dicho que en el cielo portugués la cola del cometa ha escrito su nombre con trazos de plata...

Ahora que tiene aplastados a los carmelitas descalzos y recluido al padre Gracián, el nuncio Sega comienza a sentir algún remordimiento de conciencia preguntándose si se habrá equivocado.

Un día monseñor nuncio había recibido la visita de fray Juan de Jesús, prior descalzo de Mancera, a quien puso preso, uno más: pero el buen fraile dijo a su señoría palabras severas contra la maldad usada en la persecución de los descalzos, y palabras dulces a favor de la santa madre Teresa de Jesús. El nuncio conoce bastante los hombres para distinguir cuándo mienten, aquel frailecillo manso estaba seguro de contar la verdad.

También le impresiona la actitud de Gracián, quien rechaza las infamias aducidas por los calzados pero se muestra obediente a cualquier disposición del nuncio.

Mateo Vázquez, el pío clérigo secretario del rey, le hace llegar varios testimonios de personas rectas como el obispo don Alvaro, preconizado desde Ávila para Palencia: la reforma «es negocio de Dios» y Teresa de Jesús «muy buena mujer, aprobada por los mayores letrados y hombres eminentes que han tratado su alma». La duquesa de Alba, teólogos, aristócratas, frailes, van y vienen testimonios que afirman conocer a fondo este negocio desde muchos años atrás. El nuncio teme si su furia le habrá llevado más allá de la frontera justa.

Ha ocurrido incluso un serio incidente diplomático. Don Luis Hurtado de Mendoza, conde de Tendilla, protege a los descalzos de Granada, los admira, los quiere. Al comenzar la guerra civil carmelitana, Tendilla habló al nuncio rogándole jamás colocara los descalzos bajo mandato de calzados, sería aniquilarlos. Sega le prometió mantenerlos incólumes. Ahora el conde acude a reprocharle al nuncio la falta de honor a su palabra: «frailes santos y buenos, tan pobres y encogidos, les he ayudado con mi hacienda y con mi persona... Vuestra señoría me prometió de no sujetarlos a los calzados, y después hizo lo que fue servido». Tendilla echa en cara al nuncio que ha olvidado su promesa. Alzó el tono aquel caballero español. Sega no se achicó. Tuvo que intervenir el rey, quien obligó a Tendilla a presentar disculpas. Pero su señoría el nuncio escuchó una fina recomendación de su majestad católica para manejar con sumo tacto las bazas del pleito entre calzados y descalzos, ya que son tantas personas las que tanto alaban la santidad de madre Teresa y sus monjas, de padre Gracián y sus frailes: «favoreced la virtud, señor nuncio, que me dicen no ayudáis a los descalzos».

Sega está en Madrid a las órdenes de sus jerarcas romanos, depende sobre todo del pariente suyo, cardenal sobrino del papa y protector de la orden. Sin embargo quiere por encima de todo acertar y ser justo. Le acucia su conciencia, intranquila ya.

El nuncio y el rey llegaron a un acuerdo práctico: que una comisión de varones sabios y justos estudie a fondo el pleito y proponga soluciones oportunas para cancelar la terrible guerra civil carmelitana. Cuando madre Teresa conoció el nombre de los comisionados, vio el cielo abierto: gran conocedores y amigos de la reforma. Uno de ellos nada menos que el dominico Pedro Fernández, su antiguo «visitador apostólico»:

—Fray Pedro Fernández es todo el bien que nos puede venir, porque conoce a los unos y a los otros.

La comisión trabajó recio durante el mes de marzo de 1579.

Entretanto la Madre no está mano sobre mano. A ella no le había gustado la elección de los frailes mensajeros realizada por el «capítulo de Almodóvar» para defender en Roma la causa de los descalzos: efectivamente, se dejaron conquistar por los calzados. Madre Teresa quiere mandar a Roma dos descalzos de calidad, inteligentes y firmes. El obispo don Alvaro le ofrece como guía en Roma un agente suyo, el canónigo Montoya, quien orientará los mensajeros por los vericuetos de la curia pontificia. Falta elegirlos, han de ser buenos.

Cierto padre Nicolás Doria le gusta. El iría contento. Pero madre Teresa vacila, porque está recién llegado a la orden.

El tráfico marítimo con América trajo a Sevilla hombres emprendedores dispuestos a probar fortuna en cualquiera de las actividades surgidas después del descubrimiento. Genoveses vinieron muchos, gente experta en marinería, finanzas y en comercio. Nicolás Doria, ilustre apellido genovés, llegó a Sevilla en 1570 con veintiún años de edad: traía fama de banquero hábil, en Sevilla la confirmó. Rico y ambicioso, brillante, conquistó amistades poderosas. Hasta los jerarcas de la corte solicitaban su consejo en asuntos económicos. Algo le ocurrió, dijeron si estuvo a punto de perecer en un naufragio: dejó los negocios materiales para embarcarse hacia horizontes religiosos. Estudió latín, teología, y se ordenó sacerdote el año 1576. El trato con nuestro insigne aventurero y paisano suyo fray Mariano, le acercó a la orden carmelitana: vistió el hábito de fraile descalzo en el convento sevillano de los Remedios la primavera de 1578. Doria llegaba en pleno huracán, y puso sus dotes personales a favor de los hermanos perseguidos. El nuncio lo respetaba, quizá le temía. Incluso mantuvo Doria relación con el padre Caffardo, que desde la muerte del general Rubeo gobernaba provisionalmente la orden hasta que fuera elegido nuevo padre general. Doria sería un magnífico agente de los descalzos en Roma, pero madre Teresa prefiere quedar en España donde su «admirable marrullería» beneficia mucho a los descalzos.

Escogió al fin Madre dos frailecicos de apariencia inocua: Juan de Jesús, el prior de Mancera que modosamente le había cantado las cuarenta al nuncio; y Diego de la Trinidad, prior de Pastrana. Buenísimos y agudos los dos. Su viaje tuvo lances de novela policíaca. Habían estado presos del nuncio, debían andarse alerta. Juan de Jesús se disfrazó de capitán, con su espada y sus arreos. Madre Teresa lo vio graciosamente admirarada:

—Ay, y cómo parece hombre.

Diego era el asistente de tan bizarro militar. Con nombre falso, embarcaron en Alicante rumbo a Roma. La Madre acompañó atenta su partida:

—¡Dios les traya con bien!

Los «espías» navegan hacia Italia la primera semana de mayo. Ya entonces en Madrid la comisión ha dictado una orden a favor de los descalzos. Ni el mismo nuncio Sega lo acaba de creer; le ocurre que los cuatro miembros de la comisión, personas justas y discretísimas, han aconsejado librar a los descalzos de la sujeción a los calzados, ponerles un superior propio que sea distinto de los provinciales calzados. Sega vacila, pero son cuatro votos contra el suyo. Acepta y firma, temiendo que quizá estén dando el primer paso hacia la provincia independiente suspirada por madre Teresa desde el comienzo de la guerra civil. Para evitar deslizamientos prematuros, Sega y la comisión eligen superior provisional de los descalzos a fray Algel Salazar, el antiguo provincial calzado que tantas molestias causó a las monjas. El documento firmado por el nuncio con fecha uno de abril de 1579 lleva serias recomendaciones de la comisión: que fray Angel no se entrometa en las casas de los descalzos ni de las descalzas, respete sus reglas y les deje elegir libremente los priores. Ah, las monjas han de tener confesores descalzos.

Un chorro de sol después de la tormenta, pareció un milagro. Importaban poco las viejas trapisondas de fray Angel Salazar, lo sensacional era este portillo abierto hacia la independencia. Los monasterios de Teresa y Gracián reventaban de júbilo. La comisión prosiguió su trabajo. Fray Angel Salazar, siempre dispuesto a ejercer el mando, envió cartas de saludo a la madre Teresa y al padre Gracián, ofreciéndose para restaurar la tranquilidad en los monasterios descalzos invadidos por calzados, reponer los superiores destituidos, y ayudarles «para su servicio». Madre le ruega por Dios remedie cuanto antes su monasterio de Sevilla donde produjo el provincial calzado un desbarajuste horroroso con destituir de priora a María de San José y colocar a la fuerza una monja inexperta y neurótica. Fray Angel cumplió inmediatamente. Madre Teresa reanuda la comunicación epistolar con los monasterios de sus hijas. Gracián le escribe añorando los sufrimientos pasados y deseando les vengan otros nuevos. Madre le responde este donaire:

—Déjenos, por amor de Dios, pues no los ha de pasar a solas. Descansemos algunos días.

Sus cartas lo indican, madre Teresa tiene ya certeza de que alcanzarán provincia independiente. Luego de tantas batallas perdidas, van a ganar la guerra. Más adelante recomendará a sus carmelitas futuras que recuerden tantos quebrantos:

—Entiendan las monjas que vinieren cuán obligadas están a llevar adelante la perfección, pues hallan llano lo que tanto ha costado a las de ahora.

Piensa en el futuro de los descalzos. Crecerán, brillarán. Ella desea verlos ejemplares, fervorosos. A solas en una de las ermititas de su huerta de San José, madre Teresa oye de la voz interior cuatro avisos para sus frailes: que los superiores estén unidos; que haya pocos frailes en cada convento; que solo traten seglares para bien de las almas; que enseñen más con obras que con palabras.

Está feliz, no cabe duda. Ella se siente vieja, «vejezuela». Pero feliz.

Lo que a fray Angel Salazar le gusta es darse aires de persona principal, y que gentes distinguidas le soliciten favores. Tener otra vez a madre Teresa de Jesús bajo sus órdenes, cuando ya toda España venera la monja carmelita, le encanta a nuestro fraile. Por el mecanismo psicológico de fray Angel no circulan ahora malas intenciones contra los descalzos, al revés: cuanto en su mano esté, procurará respaldarles. Y desde luego distinguirá con su respeto y veneración a madre Teresa. Aunque ella no se fía del todo; los recuerdos del pasado la ponen vigilante.

Los Mendoza pasan una tristeza familiar. Doña María, la hermana del obispo don Alvaro, tenía una hija casada con don Gonzalo Fernández de Córdoba, nieto del Gran Capitán. Don Gonzalo ha muerto, sin dejar hijos. El obispo ha viajado a Valladolid para consolar a su hermana. Piensa que la compañía de madre Teresa, a quien doña María venera, levantaría el ánimo a toda la familia. Fray Angel Salazar siempre ha procurado complacer a los Mendoza que le consideran su amigo. Aquí ve una oportunidad preciosa de estrenar sus facultades como vicario de los descalzos: enviará unos días la Madre a Valladolid.

Fray Angel ha comenzado a visitar los monasterios y está maravillado al comprobar que los huracanes de la guerra civil no han alterado la forma de vida de las carmelitas: «parecen comunidades de ángeles más que de mujeres según la perfección en que viven». Ha comprobado la urgencia de acercar personalmente la madre Teresa a las casas de sus hijas. Prepara un plan de viaje y lo propone a la «comisión nuncio-rey», donde se lo aprueban: que Madre reanude sus viajes a las puertas del verano. Pasando por Medina, la enviará primero a Valladolid, donde consolará los Mendoza y visitará sus monjas. Luego a Salamanca, tiene que comprar casa nueva. Desde Salamanca podrá realizar una escapada al convento de Alba. Por fin, vía Toledo, que baje hasta Malagón para rematar la obra del monasterio nuevo aún atascado. Así antes de navidad habrá revisado seis de sus casas.

El plan era sensato... si Madre no estuviera cascada. Ella comentó sonriente:

—¡Mire ahora la pobre vejezuela!

Enseguida comenzó a preparar su viaje.

Le acompañó Ana de San Bartolomé, su «enfermera oficial» desde que tenía el brazo inútil. En la primera etapa las escoltó un fraile calzado, a quien Madre dedica mimos extremados, y con él quiso entrar de visita en el convento de calzados de la Moraleja: allí abrazó uno a uno los frailes, que se sintieron bastante avergonzados.

Paró seis días en su monasterio de Medina; y el mes de julio en Valladolid, donde consoló a los Mendoza.

Tuvo que prolongar la parada de Valladolid a causa de un conflicto enojoso. Muy delicado asunto, porque andaban los jesuitas en él y la Madre tenía deterioradas desde un par de años sus relaciones con la amada Compañía de Jesús.

A los jesuitas les asustaban poco los ataques o contratiempos venidos de fuera, pero temían las divisiones internas dentro de la Compañía. Atravesaban un momento difícil, que costó al general padre Mercuriano amargos sinsabores. Muchos jesuitas, fervorosos, acentuaban la vida de oración hasta el extremo de abandonar su trabajo apostólico. Además pretendían imponer un riguroso penitencial exagerado y consideraban tibio el espíritu de los superiores romanos, por lo cual, «malcontentos» con la marcha de la Compañía, propiciaban cierta independencia exigiendo elegir por sí mismos los superiores provinciales de España. Ni que decir tiene que el rey y sus burócratas les complacía sobremanera esta corriente «nacionalista» de la Compañía.

El caso fue que no pocos jesuitas «malcontentos» y espirituales, buscaron acomodo en órdenes contemplativas, sobre todo en los cartujos: alguien llegó a temer que la Cartuja «devorara a la Compañía como las polillas devoran madera». Por eso vimos cómo el provincial jesuita Suárez ordenó al santo Baltasar Alvarez suspender su trato con las carmelitas «espirituales» de madre Teresa.

En éstas, cundió la alarma. Un jesuita distinguido y severo, calificado «malcontento», el padre Gaspar a quien conocimos páginas atrás de superior en Avila y devoto de Teresa, sintió atractivo hacia los carmelitas descalzos. Salazar, algo neurótico, era hombre muy valioso y lo habían colocado de superior durante largos años en media docena de residencias jesuíticas.

La noticia circuló como un relámpago: el padre Salazar piensa entrar carmelita descalzo. Los jesuitas reaccionaron duramente, el provincial Suárez escribió cartas insultantes a madre Teresa culpándola de no cerrar las puertas del Carmelo al fugitivo. La Madre aclaró en largas misivas su posición: ella no engatusaba ni al padre Salazar ni a nadie, pero tampoco impediría los impulsos interiores de quien buscara caminos de perfección. Al fin, luego de agrios forcejeos, Salazar quedó en la Compañía.

La historieta debilitó las cariñosas relaciones de madre Teresa con los jesuitas, aunque ella fuera incapaz de guardar rencor a quienes consideraba sus maestros de espíritu.

Y ahora en Valladolid tropieza de nuevo con ellos. A causa de una herencia.

La familia Padilla pertenece a la más florida nobleza castellana. Don Juan de Padilla y Manrique, adelantado de Castilla, murió dejando tres niñas y un niño a su mujer doña María de Acuña. El hijo se fue jesuita; las hermanas mayores, monjas. Por una cadena de renuncias, la herencia vino a recaer en la pequeñita, doña Casilda, a cuyo cuidado vivía dedicada su madre viuda. El ancho clan de los Padilla buscó marido futuro a la nena heredera: en los once años de su edad, la prometieron a un tío suyo hermano del padre difunto. Pero la niña Casilda se encaprichó con las carmelitas descalzas, se les metió dentro del convento, y si querían sacarla se agarraba a una imagen de la Virgen llorando a todo trapo. Madre Teresa conoció la niña en sus pasadas por Valladolid y estaba encantada por la maravilla de aquella resolución. Le pareció también un ejemplo excelente para toda Castilla, el caso de una heredera de tal familia que renuncia dineros y honores para encerrarse en clausura. Los Padilla dieron su batalla, acudieron a la justicia, sacaron la niña del convento, la confiaron a curas y frailes para quitar de su cabecita la vocación monjil.

Además de tener el hijo en la Compañía, doña María de Acuña confesaba con un jesuita. Y dio la casualidad de que buena parte de los dineros familiares comenzaron a derivar hacia colegios jesuitas. Las ayudas estaban condicionadas a que Casilda aceptara la boda; pero ella según crecía en años se aferraba más tenazmente al monjío.

A los quince de su edad, hizo su profesión de monja carmelita. Han pasado ahora dos años, y madre Teresa encuentra todo Valladolid pendiente del alboroto: los Padilla quieren arrancarla del convento... y los jesuitas ayudan. Al menos unos y otros exigen que Casilda renuncie a su herencia. Madre Teresa suaviza las tensiones, y pide tiempo al tiempo: le anuncian que a Casilda van a despojarla, ni siquiera le darán la dote.

Hay otro tema, de interés nacional, que la familia Mendoza le comenta a madre Teresa: el rey don Felipe ha decidido unir España y Portugal ocupando el trono portugués cuando el anciano rey-cardenal muera, evento a corto plazo dada la edad y los achaques de don Enrique. De los muchos pretendientes a la corona portuguesa, sólo dos contrincantes de Felipe II merecen consideración: el prior del monasterio de Crato, primo del llorado rey don Sebastián; y la duquesa de Braganza doña Catalina. Madre Teresa, por una de esas circunstancias extrañas que a ella le ocurrían, tuvo amistad con un miembro de los Braganza, don Teutonio. Lo conoció cuando ella fundaba monasterio en Salamanca, el invierno de 1570: Teutonio Braganza estudiaba en aquella universidad, fue uno de los jóvenes atraídos al resplandor de la monja. El era un clérigo devoto, se hicieron amigos. Mantuvieron luego relación epistolar, don Teutonio figura en la lista de donantes que mandaban víveres al monasterio de la Encarnación cuando madre Teresa quiso remediar el hambre de las monjas. Teresa le da consejos espirituales y Teutonio le ayuda cuanto puede. A principios de 1578, madre Teresa supo que su ilustre amigo salmantino había sido creado arzobispo de Evora, y le escribió:

—Quiere su Majestad que lo que vuestra señoría ha deseado servirle lo ponga ahora por obra.

Don Teutonio arzobispo acariciaba la ilusión de imprimir el *Camino de perfección* escrito por madre Teresa, y ella le dio su conformidad: todavía pasarán cuatro años, pero el *Camino* será la primera obra impresa de la Madre, en 1583, bajo cuidado de don Teutonio.

Ahora, julio de 1579, madre Teresa envía desde Valladolid a su amigo arzobispo portugués una copia del *Camino;* de paso le comenta las noticias oídas acerca de la sucesión al trono de Portugal: ella sabe que la familia Braganza pretende la corona, frente a Felipe II; confía que el arzobispo don Teutonio influirá cuanto pueda para evitar una guerra.

—En tiempo que hay tan pocos cristianos, que se acaben unos a otros es gran desventura.

A ntes de abandonar Valladolid, Madre conoció dos noticias, una de Roma y otra madrileña.

De Roma vino el canónigo abulense Montoya, mensajero pontificio para el honroso encargo de traer al nuevo arzobispo toledano don Gaspar de Quiroga su capelo cardenalicio: Montoya contó las andadas romanas de los dos «espías descalzos» disfrazados «de hombre».

En Madrid la comisión del nuncio y el rey había rematado su trabajo firmando un informe que a pesar suyo encabezó Sega: «Filipo, obispo de Piacenza, nuncio apostólico en estos reinos». Lo firmó, pues su voto negativo tenía en contra los cuatro positivos de los demás comisionados. El informe no hubiera sido más tajante si lo hubieran redactado madre Teresa y padre Gracián: solicitaba la creación de una provincia independiente para las y los carmelitas descalzos, reconociendo el ejemplo de vida santa que habían llevado en medio de tantas dificultades. La provincia debía abarcar Castilla y Andalucía.

El rey, muy complacido, alabó el informe y prometió estudiarlo a fondo antes de mandarlo al papa. El nuncio se apresuró a comunicar la derrota a su pariente el cardenal sobrino: le contaba que había firmado a contrapelo. Madre Teresa se sintió segura, casi en la meta:

—Diome harto consuelo las buenas nuevas que vuestra merced me da de la buena respuesta de su majestad. Dios nos lo guarde muchos años y a todos esos señores.

Madre Teresa marchaba de Valladolid el 30 de julio. Justo la víspera, 29 de julio, se difundió desde la corte un relato que dejó boquiabierta España entera: por orden del rey, habían sido presos el primer secretario Antonio Pérez y doña Ana de Mendoza y la Cerda, princesa de Eboli. Felipe II había preparado cuidadosamente el plan con objeto de que Antonio Pérez no se alarmara. A las diez de la noche del día 28 todavía recibió Pérez un billete con instrucciones del rey. Llegó a su casa de la plaza del Cordón y se acostó. Pocos minutos después, a las once, llamó a su puerta Alvaro García de Toledo, alcalde de corte, quien escoltado por veinte alguaciles le intimó a darse preso. A la misma hora un capitán de la guardia real, acompañado del almirante de Castilla, se presentó en el palacio Eboli, obligó a levantarse de la cama a la princesa, y la llevó detenida. Había pasado más de un año desde el asesinato de Escobedo; la imaginación popular tejió fantasías de amor y espionaje, hasta contaron que don Felipe quiso contemplar, embozado en su capa negra, desde el atrio de una iglesia cercana, la detención de la princesa. Nunca se había visto en Madrid una caída vertical de dos personajes de tan elevada alcurnia: la señora más ilustre de la corte y el primer ministro del rey. A madre Teresa le traería su memoria tantos recuerdos de la altiva princesa...

Entre Medina y Alba gastó la primera quincena de agosto. En Salamanca intentaba cambiar sus monjas de casa, pues el vendedor de la que ocupaban les traía locas con pagos atrasados y líos legales. No lo consiguió; salía camino de Avila bastante fastidiada, comentando las gracias de un socarrón que después de marear frailes y monjas bromeaba: «así rezarán por mí como bienhechor y como malhechor».

De vuelta en Avila, preparó el viaje a Malagón, donde quería estrenar el monasterio nuevo antes de navidad. Decidió viajar a mitad de noviembre. Las dolencias le apretaban más de lo normal, y ordenó a Ana de San Bartolomé tenerle siempre cerrada la puerta de la celda por no alarmar a las hermanas que pondrían reparos a la marcha.

La primera etapa, de Avila hasta Toledo, caminaron tres días de ventisca «y sin hallar poblado en algunas leguas y ni llevar alguna defensa para se mojar», cuenta la hermana Jerónima incorporada a la expedición: al parecer viajaban esta vez al descubierto, en mulos con silla de montar. La sierra les maltrató. Madre las animaba comentando cómo así ganaban el cielo, y oyó a uno de los gañanes responderle: «también me lo ganaba yo desde mi casa». Tras un pequeño alto en Toledo, siguieron hacia Malagón.

Muy averiada, madre Teresa, pero no hubo quien la retuviera en cama: les quedaba solo una semana de noviembre y ella había resuelto estrenar por la Inmaculada el convento nuevo. Desde la primera mañana se fue bastón en mano a la obra y pasaba con los albañiles el día. Los oficiales dijeron que tardarían meses en rematar el edificio, pero Madre quiso verlo acabado en diez días. Lo consiguió, a fuerza de ayudas y estímulos, ella misma no se recataba de tomar la espuerta o el escobón.

Los labriegos tuvieron en Malagón una fiesta de la Inmaculada bien lucida, con el traslado de las monjas desde el caserón de la plaza, diez años llevaban allí, hasta el nuevo monasterio, que, bueno, todavía estaba medio a la intemperie.

Madre gozó en grande con ver sus hijas estrenando al fin la casa. Les había caído enferma su priora, llevaban una temporada inquietas con suplentes y un confesor entrometido. Madre las serenó, puso priora a la Jerónima venida con ella, y cambió al confesor. Para navidad el convento funcionaba lindamente, tuvieron las fiestas al gusto alegre de la Madre.

Desde hace cuatro años, madre Teresa oye hablar de un pueblecillo lejano llamado Villanueva de la Jara donde once mujeres viven juntas encerradas en una ermita. Y quieren hacerse carmelitas.

La Madre ha sonreído cada vez que le hablaron de Villanueva, preguntándose cómo podría subsistir un monasterio en aquel pueblín.

Villanueva de la Jara, en la cuenca del Júcar, tres jornadas de camino al este desde Toledo hacia Valencia, cuenta por aquellas fechas con unos cinco mil habitantes dedicados a trabajar el campo, regado con un arroyo y muchos pozos: cosechan trigo, cebada, vino, crían ganado, y venden lana. Además de la iglesia parroquial, hay esparcidas por el término cinco ermitas.

Una, dedicada a Santa Ana, la fundó un cura dejando una herencia que permitiera convertirla en convento de monjas: los albaceas dilapidaron la herencia, quedaban dos casas y rentas para un capellán.

Junto a la ermita de Santa Ana viven hace seis años en una casita once mujeres encerradas «con recogimiento y santidad», tienen al pueblo emocionado: no hay superiora, todas obedecen a todas; duermen poquísimo, oran, trabajan hilados y costura, rezan el oficio divino con breviarios viejos regalados por el párroco, aunque ellas no entienden latín; leen libros piadosos, están flacas de hacer penitencia; y solo la más vieja sale a la puerta cuando alguien llama. Los labriegos les traen cosas de comer, pero ellas gastan «hartas horas» en hilar con deseo de sustentarse de su trabajo. Han fabricado un horno donde cuecen su pan.

Las beatas de Villanueva de la Jara han ganado el amor de la redolada, y los párrocos del entorno están orgullosos de su beaterio. Vino a Villanueva un cura nuevo, muy docto, antes canónigo de Cuenca, y contó a las beatas el éxito de los conventos carmelitas fundados en Toledo y Malagón por una monja de Ávila llamada Teresa de Jesús: ellas conocen a los frailes carmelitas porque a media jornada cruzando el río Júcar está el convento de la Roda establecido por fray Mariano cuando vivía la ermitaña Catalina de Cardona. Decidieron las beatas cómo sería hermoso traer a madre Teresa para que las aceptara en su orden. A partir de entonces, la Madre recibió cartas y visitas invitándole a convertir en convento descalzo aquel beaterio junto a la ermita de Santa Ana.

Madre Teresa veía imposible sostener allá un monasterio:
—Sería un desatino.

Pero una y otra vez, en Toledo y en Avila, le vuelven a la carga frailes carmelitas que desde la Roda vienen y van a conocer las beatas de Villanueva de la Jara.

Ahora que la tienen cerquita en Malagón, los carmelitas le instan contándole las maravillas del beaterio. Mandan dos mensajeros convincentes, el padre Antonio de Jesús, que ha cumplido en la Roda el destierro impuesto por el nuncio durante la guerra civil, y fray Gabriel de la Asunción: traen la oferta de trescientos ducados que regala el cura párroco, y otros tantos del ayuntamiento.

Como siempre, a madre Teresa este asunto se le cuela en sus pensamientos durante las horas de estarse dialogando con Dios. Una mañana entendió recomendaciones de la voz interior a favor de las beatas de la Jara:

—Teresa, con pobres pescadores fundé yo mi iglesia.

Escribió a fray Angel Salazar, su actual superior, exponiendo el caso de Villanueva, y segura de obtener una respuesta negativa: pues fray Angel contestó dando licencia para la nueva fundación.

Madre Teresa no dudó más. A mitad de enero cligió cuatro monjas de Toledo y Malagón que le parecieron idóneas para entenderse con las beatas. Convinieron las fechas, vendrían de La Roda fray Antonio y fray Gabriel a recogerles.

Con un cochecillo para Madre, cascada y «vejezuela», un carro entoldado donde iban las monjas, dos frailes en mulas, y los gañanes, salió la caravana desde Malagón el 13 de febrero de 1580.

Las tres jornadas constituyeron un viaje triunfal, los labriegos de aquellas poblaciones conocían por los frailes de la Roda quién iba en el carricoche: salían en multitud a pedirle la bendición, le traían hijos y ganados, se arracimaban a las puertas de la posada si se detenían a comer, les acompañaban a trechos rezando y cantando: en algún pueblo fray Antonio tuvo que llamar a los alguaciles para conseguir abrir paso. Las monjas gozaron viendo a Madre relajada, y por las noches les pareció escuchar música en las posadas, «una melodía que venía del cielo».

Llegados al convento de frailes descalzos de La Roda, madre Teresa veneró el sepulcro de Catalina Cardona, allí muerta tres años antes. Arrodillados, los frailes pidieron a Madre su bendición, y luego la llevaron a la iglesia cantando un *Tedeum*.

Madre les veía con sus capas y le parecieron «flores blancas olorosas sobre el campo». Bajo tierra visitaron las cuevas horadadas por fray Mariano, «en representación de la cueva de nuestro padre Elías».

Quedóse cuatro días a conversar con los descalzos, quienes le mostraron escritos espirituales de fray Juan de la Cruz: fray Juan ha permanecido casi un año en el convento del Calvario, cerquita de Beas de Segura, y ahora está en Baeza poniendo en pie un colegio universitario para estudiantes carmelitas. Algunos papeles son de puño y letra de fray Juan, otros están recogidos de oído por las monjas de Beas que disfrutan su magisterio frecuente. Madre saboreó los pensamientos de fray Juan, y dijo de él:

—Los huesos de aquel cuerpecito han de hacer milagros.

De los pueblos del contorno vinieron labriegos a ver la madre Teresa, le traían regalos para el convento de Villanueva, ropas de iglesia; y un Niño Jesús, regalado por los frailes de la Roda, al que las carmelitas pusieron de nombre «El fundador».

Con el alba del domingo 21 de febrero, partieron para estar en Villanueva a la hora de misa mayor. Escoltada la caravana por bandadas de chiquillos, entraron al pueblo: las recibió el cura y el ayuntamiento en pleno. Los labriegos miraban asombrados la figura misteriosa de las monjas de cara tapada. Entre cánticos y repiques las llevaron en procesión desde la iglesia parroquial hasta la ermita de Santa Ana: hubo misa solemne con sermón del cura. Luego pasaron a la casa donde vivían las beatas, que lloraron de gozo recibiendo la visita anhelada; recuerda madre Teresa:

—Recibiéronnos con hartas lágrimas del gran contento.

Allí quedaron las monjas. Los labriegos suplicaron a madre Teresa rogara al cielo cayera pronto agua en remedio de la dura sequía de los últimos meses. Madre los despidió prometiéndoles rezarían todas una letanía... Y aquella noche llovió, reciamente. Si alguien hubiera discutido en Villanueva la santidad de madre Teresa, mal asunto para él.

En un mes organizó la casa y dibujó los planos para ir construyendo poco a poco el convento definitivo. Dormían todas en dos habitaciones, les faltaba espacio donde orar a solas. Como remedio, hicieron con palos y ramas media docena de chabolitas dentro del cercado que rodeaba la casa, entre perales y manzanos: les pusieron la etiqueta pomposa de «ermitas». Las beatas acoplaron su horario y costumbres a la decisión de la Madre, se mostraron sumisas, felices; los papeles con declaraciones suyas cuentan pequeños prodigios de una fundación alegre: el capacho de la harina nunca disminuía a pesar de sucesivas amasaduras, los perales dieron arrobas de peras, los manzanitos enanos manzanas nunca vistas. Por Villanueva circuló muchos años la correa que madre Teresa regaló a una parturienta, y las madres primerizas confiaron que la monja santa les ayudaría, desde lejos y desde el cielo.

De vuelta en Toledo, le aguardaba el padre Gracián, con quien proyectaba la fundación de un monasterio en Madrid. Pero cayó muy mala —«me dio un accidente de los grandes, de perlesía y corazón»—, estuvo todo abril sujeta en cama soportando purgas y sangrías. Mejoró en mayo. Deseaba visitar al arzobispo, cardenal Quiroga, inquisidor general: quería pedirle permiso para fundar en Madrid. Quiroga la recibió a primeros de junio, acompañada de Gracián: «tendrá en mí un capellán —le dijo el solemne arzobispo— que la favoreceré en cuanto se ofreciere». Le dio la licencia oral para fundar en Madrid. Le alabó el *Libro de su vida*: «yo le he leído todo, es doctrina muy segura, verdadera y muy provechosa». Cerró la audiencia rogándole «me encomiende siempre a Dios».

Oh, Señor, así habló a la monja de Avila el jefe supremo de la Inquisición.

A las puertas del verano, le murió en Avila su hermano Lorenzo.

Madre Teresa había viajado a Segovia con fray Angel Salazar y el padre Gracián. La consolaba verlos juntos, como símbolo de reconciliación entre calzados y descalzos. Fray Angel se esmeraba por complacerla. Madre gozó esta vez una travesía placentera de la sierra de Guadarrama. Comentaban la cordial entrevista con el cardenal Quiroga, cuyas palabras endulzaron viejos sinsabores. Gracián propuso a madre Teresa dar un repaso concienzudo al texto de su libro nuevo *Las moradas*, quitando cualquier palabra sospechosa. Llegados a Segovia, realizaron esta «censura» de *Las moradas* en el locutorio del convento, asistido Gracián por el dominico padre Yanguas. A distancia nos da pena ver los escritos de Madre sometidos a malos tratos por parte de aquellos varones que tanto la querían pero no acababan de comprender la calidad intelectual de «una mujer». Ella por supuesto les dejó las manos libres. Más grave fue la decisión del padre Yanguas que había considerado peligrosísimo el atrevimiento de madre Teresa al redactar un comentario del *Cantar de los cantares*, el libro «resbaladizo» de la Biblia, y le aconsejó quemar su manuscrito. Ella obedeció, «lo quemó al punto»: hoy conocemos el texto gracias a copias que las carmelitas tenían.

El domingo 26 de junio a la hora de la recreación las monjas charlaban cosiendo alrededor de Madre; de repente soltó ella su labor, se levantó y fue al coro. Ellas le siguieron. Estuvo de rodillas, silenciosa: veía, «ya glorioso», a su hermano Lorenzo. Madre confió luego a sus hijas que se había quejado al Señor por aquella muerte repentina, y oyó su voz interior: «¡hágolo por su bien, y quejaste!».

La noticia circuló por Segovia; sin aguardar la confirmación de Avila vinieron los amigos a expresar su condolencia, que Madre aceptó resignada: un par de días después llegó el mensaje de Avila.

Madre quiso viajar allá para encarrilar los hijos de Lorenzo, quien la nombraba en su testamento albacea. Teresita no le inquietaba, contenta en San José. Pero Francisco, el mayor de Lorenzo, cumplidos ya los veinte años andaba un poco a la deriva: Madre tenía encarecido a Lorenzo buscarle cuanto antes mujer y casarlo. Hasta le ofreció ella un buen partido en Segovia. La distribución de la herencia requirió cuidado por las mandas de Lorenzo a favor de su hermano Pedro y de Juana su hermana. Pedro, enfermizo y rarísimo, sentíase fracasado al regresar de Indias sin fortuna, y llevaba todos estos años viviendo a costa de su hermano Lorenzo: como suele ocurrir en tales casos, le amargaba la «caridad» fraterna y correspondía con malos modos, ofensas incluso. Teresa intervino repetidas veces animando a Lorenzo a soportar aquella cruz y serenando los enfados. Consiguió que Lorenzo incluyera en su testamento un legado a favor de Pedro. Por el costado de Juana había que contar con el temperamento quisquilloso del marido Juan, quien ya en vida de Lorenzo manifestó esperanzas de participar en el reparto. Madre citó a Ovalle en Avila, pasó a recoger al sobrino Francisco, y juntos los llevó a Valladolid para convalidar en la chancillería el testamento que había aparecido rasgado.

Hicieron un alto en Medina, donde conoció el fallecimiento del venerado padre Baltasar Alvarez, cuyas palabras le contaron: «no se me da nada de vivir ni me pesa morir: si en algún tiempo, ¿por qué no ahora?». Madre Teresa lloró «sin poderse contener», más de una hora; luego escribía:

—Mis hijas, este es el castigo que nuestro Señor hace en la tierra, quitarnos los santos que hay en ella.

En Valladolid les refrendaron el testamento. Y el sobrino Francisco le salió a su tía con que no quería casarse, pensaba entrar carmelita descalzo. A ella no le hizo feliz aquella vocación, ya tenía a su neurótico hermano Pedro consultando uno a uno los curas de media España por ver si entraba fraile: solo faltaba que ahora el sobrino diera lata con idéntico estribillo. Porque ella no le veía madera.

Teresita, en cambio, estaba hecha, a sus catorce años, una monja cabal. Madre Teresa, cuya sombra pesaba demasiado sobre la sobrina, la mimó ahora con mayores delicadezas.

En Valladolid alcanzó a Madre aquel famoso contagio llamado en la historia «el catarro universal», que llevó al cementerio millones de víctimas entre Asia, Europa y América. Sus hijas la veían morir: «quedó tan mudada y flaca que parecía ya de edad». Lo era, «vejezuela» de sesenta y cinco años, anciana para la media de aquellos tiempos: sólo que ellas, sus hijas con ojos amorosos la veían «tan buen sujeto y semblante que parecía muy más moza».

Se salvó, pero tres o cuatro meses estuvo, dice, como «trabada».

Las noticias de Roma venían gloriosas: por fin, los descalzos existen.

Felipe II envió al papa el informe de la comisión y recomendó con su autoridad real la propuesta de crear una provincia independiente para los descalzos. Protegidos por el cardenal sobrino, los calzados dieron en contra su batalla final, un duelo a vida o muerte.

En primavera de este año 1580, la orden carmelitana debe elegir padre general, sucesor de Rubeo. Abrieron su capítulo el 22 de mayo; naturalmente, la guerra civil entre calzados y descalzos sería el primer asunto que tocaría enfrentar al nuevo general. Salió elegido el italiano Juan Bautista Caffardo. Sobre su mesa, los calzados depositaron montañas de informes contra los descalzos, acusaciones, denuncias, relatos de sus maldades, y una respuesta feroz contra la petición presentada por el rey Felipe II a favor de la provincia independiente.

El nuevo padre general Caffardo tenía camino directo al papa mediante su cardenal sobrino, protector de la orden: lo utilizó, proponiendo una solución aparentemente intermedia, con la cual podrían los calzados estrangular poco a poco a los descalzos: escoger provincial alterno por trienios, un calzado tres años, un descalzo otros tres; y que la congregación de regulares, departamento pontificio que regía los institutos religiosos, dejase al general de la orden las manos libres para gobernar sus carmelitas sin ninguna interferencia. El papa consideró prudente la propuesta, vestida de palabras muy discretas; sin adivinar el veneno escondido, la aprobó.

Por fortuna, los dos frailes «espías» enviados por madre Teresa vigilaban en Roma los trámites curiales. Comprendieron la amenaza fatal, urgía actuar antes que el papa remitiera al rey esta resolución. A través de varios amigos, consiguieron ser oídos por el cardenal Sforza, varón pudente cuya opinión ejercía influencia decisiva en el ánimo del papa, muy por encima de las trapisondas del cardenal sobrino.

Sforza escuchó a los dos frailes descalzos, quienes le hablaron a corazón abierto contándole la historia entera y verdadera desde la fundación de San José hasta las arremetidas del nuncio Sega. El fino cardenal poseía ese olfato característico de los altos gobernantes, supo que aquellos cuitadillos no mentían. Se fue al papa y le relató minuciosamente el caso. Gregorio XIII suspiró, de sobras conocía él la capacidad maniobrera de su sobrino: llamó al cardenal presidente de la congregación de regulares, que le confirmó las impresiones de Sforza a favor de los descalzos. El papa tomó la decisión final: los descalzos tendrían, ya, enseguida, su provincia independiente.

Se acabó la guerra civil.

Con fecha 22 de junio, Gregorio XIII firmó el breve *Pia consideratione* —anotemos el título latino en memoria de los sinsabores que a madre Teresa le tiene costados— partiendo en dos la orden carmelitana, descalzos y calzados: los descalzos quedan sujetos en la cúspide al general de la orden, pero con provinciales suyos elegidos en capítulos suyos, reglas suyas, costumbres suyas. El breve realiza un balance de la reforma carmelita, que ya cuenta con veintidós conventos, trescientos frailes, doscientas monjas: visten sayal, duermen sobre tablas, trabajan de sus manos, hacen oración mental, celebran oficio divino, son austeros. Sería injusto, afirma el breve, «tener frailes de regla y observancia estrecha sujetos a superiores de vida menos rigurosa»: en vista de lo cual, decreta el papa, «aprobamos el instituto y forma de vivir guardada por los dichos frailes y monjas descalzos, y desmembramos del todo y para siempre jamás a los dichos frailes y monjas: ni Angel de Salazar, ni el prior general o los comisarios y provinciales presuman en adelante molestar, vejar e inquietar a los descalzos».

A nadie lo dijo, pero yo me sé cuánto gozó fray Angel Salazar, lo conozco muy bien, viéndose anotado en cabeza por delante del padre general y de los provinciales. Aunque fuera para mal.

La embajada española remitió a Badajoz, donde estaba el rey, los despachos del breve. Felipe II los leía el 15 de agosto. «Mucho se holgó», dijeron los testigos. Dispuso que dos eclesiásticos distinguidos, don Cristóbal de Rojas, arzobispo de Sevilla, conocido nuestro, y el dominico Pedro Fernández, muy conocido nuestro, ejecutaran el breve pontificio convocando un capítulo general de frailes descalzos para elegir su provincial independiente.

A Valladolid vinieron fray Juan Roca y fray Diego de la Trinidad, los dos «espías» romanos, ya dejado su disfraz «de hombres»: relataron a madre Teresa la novela de su espionaje por los despachos de la Ciudad eterna. Habían subido en Génova a una galera que transportaba soldados de los tercios de Flandes traídos hacia Portugal. Bajaron en Valencia y por Toledo subieron a Valladolid. Madre los bendijo, los acarició...

El capítulo de los descalzos se retrasaba porque don Cristóbal en Sevilla y el padre Fernández en Salamanca habían caído víctimas del «catarro universal»: palmaron, los dos. El rey nombró sustitutos dos padres dominicos, Juan de las Cuevas y Alberto de Aguayo. Ellos señalaron «la cita general descalza» en el colegio de Alcalá para el día 3 de marzo de 1581. Gracián viajó a la raya de Portugal para comunicar a Felipe II la fecha escogida, y recibir de su majestad la carta oficial donde informaba del proyectado capítulo al nuncio Sega: me hubiera encantado presenciar la conversación de Gracián con el monseñor italiano, vamos, verle la cara ese día a «don Filipo, nuncio de su santidad en estos reinos».

Bajo presidencia del «comisario apostólico» padre Juan de las Cuevas, dominico, el capítulo de los descalzos se abrió en Alcalá el viernes tres de marzo de 1581, con asistencia de veinte priores, sus socios, y personajes invitados. Eligieron provincial, el primero de la «descalcez», a fray Jerónimo Gracián, candidato evidente de madre Teresa. «Definidores», es decir, consejeros provinciales, salieron Doria, el padre Antonio, fray Juan de la Cruz, Gabriel de la Asunción. Un equipo excelente. Pero a madre Teresa le desazonó el reparto de votos en la elección de provincial: Gracián salió por 11 votos, seguido de padre Antonio con 7. A primera vista importaba poco la falta de unanimidad. Sin embargo Madre sabía que alrededor del padre Antonio habían confluido los votos gracias a una fuerte campaña realizada por los «rigoristas» del núcleo Pastrana, todavía pegados a las prácticas penitenciales de la ermitaña Cardona; y secretamente disconformes con el estilo teresiano equilibrado, firme no tanto en penitencias terroríficas cuanto en amor. La diferencia de enfoque apareció clara cuando los capitulares tomaron decisiones relativas al estudio: Madre y Gracián querían casas en ciudades universitarias donde poblar la orden con religiosos letrados, pero la corriente contraria impuso la prohibición de obtener grados académicos. A Madre le inquietaban estos gérmenes de división futura, si ella faltara. Que sería pronto. A su Gracián lo notaba cansado, arisco, quizá con resaca de los sufrimientos soportados.

De todos modos el júbilo de la familia descalza borró cualquier tristeza. Del rey llegaron al capítulo felicitaciones cariñosas: quiso pagar la comida de los capitulares, y cuando le pasaron el monto de la cuenta le pareció tan floja que preguntó si los frailes se habían sometido a dieta. Y a la Madre sus hijas le oyeron una exclamación de sabor bíblico:

—Ya, Señor, no soy menester en este mundo; bien me podéis llevar cuando quisiéredes.

¿A cuento de qué nuestro señor el rey don Felipe anda por Badajoz y la raya de Portugal?

Tenemos guerra.

El 31 de enero de 1580 murió el «rey cardenal» don Enrique, dejando incierta la sucesión. Una regencia de cinco «defensores de los reinos» gobernó provisionalmente Portugal. Tres de los cinco se pronunciaron a favor del candidato español, dos en contra. Felipe II envió un fuerte ejército a la frontera y se trasladó con la reina a Badajoz. Nombró al ya viejísimo duque de Alba general en jefe. De Flandes vinierom, por Italia y el mar, soldados de los tercios para reforzar la tropa.

A las puertas de verano, otro candidato a la corona, don Antonio el prior de Prato, se proclamó rey, entró en Lisboa y disolvió la regencia. El duque de Alba cruzó la frontera, avanzó sobre Lisboa y derrotó al flamante prior. Los Braganza, quién sabe si por consejo de don Teutonio, se hicieron de lado reconociendo los derechos de Felipe II.

En Badajoz la familia real española pagó tributo al «catarro del siglo»: murió la reina doña Ana, dejando cuarta vez viudo a don Felipe. La pena no debilitó los planes de conquista, entró el rey a fines de año en Portugal. Citó cortes para primavera: a 15 de abril de 1581 fue reconocido y jurado «legítimo sucesor» de los soberanos portugueses. Don Felipe ha conseguido uno de sus sueños: unir España y Portugal.

39
Las cosas de Madre

Quienes la rodean, no la creen vieja. No quieren verla vieja. Los años, la dura maceración de enfermedades crónicas, y el trajín de las fundaciones, han gastado la energía biológica de madre Teresa. Pero como siempre le vieron cazada en el cepo de sus neuralgias, de sus vómitos, de sus punzadas, consideran normal este agotamiento; nunca parece estar peor de lo que otras veces pasadas estuvo...

Sin embargo, ha envejecido; madre Teresa está vieja. Entra en los sesenta y siete años, edad muy encima de la raya media por este último tercio del siglo XVI, incluso para damas alimentadas con jalea real en plácidos palacios de la corte, nada digamos si se trata de una mujer trajinante por los caminos vecinales, metida dentro de una carreta entoldada.

Madre acusa el cansancio. Ya no es sólo soportar la paliza permanente de la enfermedad, especie de cilicio que Dios le tiene puesto para sostener en vilo, en guardia, además del espíritu, sus carnes. Ahora ella comprende cómo resulta normal notarse consumida, agotada.

Se le plantea la misma cuestión que la inquietó en vísperas de verse «encerrada» como priora en el monasterio de la Encarnación de Avila. Fray Ángel Salazar apoyó jubiloso la designación, decidida por el visitador apostólico padre Fernández, porque así la tenían recluida, impedida para intentar nuevas fundaciones. Reflexionó Teresa, quizá sacaba las cosas de quicio:

—Estando pensando si tenían razón los que les parecía mal que yo saliese a fundar y que estaría yo mejor empleándome siempre en oración.

A fin de cuentas parece un contrasentido el sistema existencial de una mujer dedicada a establecer conventos donde encerrar, clausuradas, monjas contemplativas, mientras a ella le faltan meses para correr de una ciudad a otra. Entonces, hace ya diez años, la voz interior disipó sus dudas:

—Mientras se vive, no está la ganancia en procurar gozarme más, sino en hacer mi voluntad.

Opuso Teresa el escrúpulo de la recomendación de san Pablo, constantemente recordada entonces por los predicadores:

—Parecíame a mí que, pues san Pablo dice del encerramiento de las mujeres, que ésta sería la voluntad de Dios.

Le sonó dentro la voz amiga, no sin cierto matiz irónico:

—Diles que no se sigan por una sola parte de la Escritura, que miren otras, y que si podrán por ventura atarme las manos.

Lo que pasa es que a Teresa de Jesús la presencia de Dios le tiene embebida igual que ocurre a una esponja en el agua. Hay dos maneras de conciliar la tensión entre la oración contemplativa y las obras exteriores. La mayoría de los creyentes nos limitamos a poner en nuestro trabajo temporal cierta carga de espíritu mediante los paréntesis de oración: de las cosas nos levantamos hacia Dios para dedicarle los afanes, purificar la intención, dar un sentido espiritual a la jornada. A Teresa le sucede al revés. Está «instalada» en la atmósfera divina, se ha residenciado a otro nivel, «respira» la presencia de Dios: desde «allí» Teresa vuelve, «viene» a cumplir sus trajines, viaja, compra, discute, aconseja. Vive desde dentro, vive desde otra vida. A poco que uno medite, parece razonable la actitud de Teresa. Nos han contado el misterio de Cristo, la entrada del Hermano mayor en la trayectoria personal de cada uno de nosotros: recibido el mensaje evangélico, las consecuencias de la fe debieran mudar nuestro modo fundamental de «estar en», pasándonos de «estar en el mundo» a «estar en Dios», «no mediante una unión cualquiera, sino unión con fuerte acento pasivo, que Dios hace y que el alma padece... unión que es vida, vida endiosada, vida que de suyo es vida eterna» (Jiménez Duque). Cristianismo «total», de Teresa; la aceptación leal del mensaje que nos convierte, nos funde. Por eso a ella le cuesta trabajo «volver», venir, incluso «venir a comer», es decir, abandonar su estancia en la atmósfera superior y ocuparse de las funciones elementales de la existencia temporal. Mide el valor y la belleza de las criaturas con otros ojos. Aquel día le comentó a un fraile descalzo la hermosura de una señora y sus lindos atavíos, las perlas, los diamantes:

—¿No le parece que es hermosa y de buen parecer, y que traía buenas joyas?

El fraile se azoró: «no reparé en tanto, Madre, mas todos dicen que es hermosa y bien apuesta».

Madre lo serenó; ella ha experimentado la atracción de Jesucristo:
—Desde entonces le tengo tan presente en los ojos del alma, que nada de acá me satisface, todo me parece feo y escoria, y ninguna cosa me da contento sino ver con el alma las almas... Es «otra» luz.

Sin embargo, madre Teresa cuida de que sus hijas no se confundan. La «residencia en Dios» no aleja del servicio a los hermanos, de la práctica de virtudes, al contrario: quien dice amar a Dios y no ama a su hermano, miente. Esta doctrina apostólica, Madre la comenta con palabras muy significativas. Explica el error de ciertas personas, desatendidas de ayudar al prójimo con el pretexto de proteger su soledad contemplativa:
—Que no, hermanas, que no; obras quiere el Señor, que si ves una enferma a quien puedas dar algún alivio, no se te dé nada de perder esa devoción y te compadezcas de ella; y si tiene algún dolor, te duela a ti; y si fuere menester, lo ayunes para que ella lo coma, no tanto por ella como porque sabes que tu Señor quiere aquello; esta es la verdadera unión con su voluntad.

Desde luego hay un dato incuestionable: hace años, lo menos una decena, Teresa vive la presencia de Dios como atmósfera interior permanente, en una convivencia cuya imagen más cercana sería el matrimonio espiritual.

Lo que le ocurre fuera es pura anécdota, un soporte de su aventura sagrada.

Del perfil psicológico de Teresa, los estudiosos contemporáneos subrayan fuertemente su ascendencia judía. El descubrimiento de los documentos familiares causó tal impacto que llevó este aspecto al primer plano de la biografía teresiana, hasta utilizar el «hecho hebraico» de madre Teresa como luz decisiva en la interpretación de su conducta y en las formulaciones de su doctrina mística. Ya es hora de serenar las polémicas y aplicar a este punto el debido rigor.

A mí, repasados uno a uno los papeles de Teresa, no me aparece condicionada en su conducta por el temor a que fueran descubiertos sus orígenes judíos. Ni considero acertado el afán de achacar ciertas actitudes suyas al tirón hebreo de su sensibilidad. La educación y el clima familiar de Teresa en Avila nada tienen que ver con las vivencias toledanas de su padre cuando los hermanos Sánchez de Cepeda vivieron el conflicto inquisitorial. En todo caso a ella le alcanzaría un cierto clima de recelo por cualquier brote de comentarios aptos para inquietar la imagen social de don Alonso en Avila. De mayor, Teresa, si lo supo todo, evitaría roces con esta materia fastidiosa. Pero no veo rastros de preocupación racial en la infancia y juventud de la niña mimada y de la monjilla joven. Don Américo Castro insinúa que Teresa se refiere a la «honra» nacida del linaje cuando joven enamorada se libró de pecar por defenderse la honra. Al lector sin prejuicios le parece una interpretación forzada, pues el texto queda suficientemente claro sin más añadidos: Teresa no quiso perder su fama de buena, ni dar a sus parientes motivo para sentirse ofendidos ante un posible embarazo prematuro, y esta «honra» le ayudó a librarse cuando el amor de Dios le flaqueaba. Don Américo exagera también presentando los escritos de Teresa como una «fortaleza divina inexpugnable» donde ella «se encastilla» creándose «un linaje espiritual»...

Madre Teresa fue prudente y cuidó de no complicar sus fundaciones con riesgos añadidos. Supongo que hubiera afrontado cualquier reproche por admitir en su orden monjas sin limpieza de sangre. Bromeó a costa de Ana de Jesús que un día vino a darle un recado en presencia del padre Baltasar Alvarez en el locutorio del convento salmantino: un caballero deudo suyo la esperaba. Madre Teresa reaccionó con ironía:

—¿Ha oído vuestra paternidad con lo que viene Ana de Jesús? Que está allí un caballero deudo suyo; para que sepamos que tiene deudos caballeros. ¡Cómo si hubiese en la religión, y más entre descalzas, caballerías!

Ana, sin responder, la veo colorada, besó el suelo. Exactamente el acto de humildad buscado por Madre.

Ella no dio valor a los títulos de nobleza, les mostró respeto. Prefirió ahorrarse las suspicacias que su presencia hubiera despertado en muchos ambientes con saberse su origen judío. Por eso le reaccionó vivamente un día al padre Gracián. El padre Jerónimo, quizá en los diálogos tranquilos de algún viaje largo, comentó que andaba en averiguaciones «acerca del linaje de los Ahumadas y Cepedas de donde (madre Teresa) descendía, que era de los más nobles» de Avila. Ella «se enojó mucho conmigo porque trataba de esto», y dio una respuesta inmortal: «que le bastaba ser hija de la iglesia católica; y que más la pesaba de haber hecho un pecado venial, que si fuera descendiente de los más viles y bajos villanos y confesos de todo

el mundo». De acuerdo, la respuesta contundente permite adivinar que le han tocado en carne viva, si ella sabe que ha nacido de judíos conversos. Sin embargo, pienso que hubiera dicho más o menos lo mismo siendo nacida del más limpio linaje: ¿a ella, y a Cristo, qué? Para Teresa el verdadero Señor...
—No es como los que acá tenemos por señores, que todo el señorío ponen en autoridades postizas.

Ya está viejita, y le queda todavía el atractivo de su juventud. Claro que ahora quienes la tratan no ven sólo las apariencias externas. Sus hijas y los primeros biógrafos nos han dejado una letanía de piropos, con esa descripción que suele hacerse de una persona contando cómo tenía los ojos, las cejas, la frente, los dientes y la boca, las mejillas, pero son datos que sólo te sirven si tienes una fotografía o un buen retrato del sujeto. Me gusta contemplar el pintado por fray Juan de la Miseria, conservado en Sevilla: los expertos son excesivamente duros con él, a mí me sirve y me conmueve, serán los cariños que pongo al mirarlo. María de San José, letrada y sagaz, escribió unas líneas que quizá expresan la mejor descripción, luego de anotar «su estatura mediana, antes grande que pequeña», «los ojos negros, vivos, redondos», «muy lindas manos, aunque pequeñas», «y en el rostro, al lado izquierdo, tres lunares»:

«Daba gran contento mirarla y oírla, porque era muy apacible y graciosa en todas su palabras y acciones».

Linda de joven, Teresa en la plenitud de su vida poseyó una notable fuerza de atracción. Ella no discutía el primado social de los varones, dueños indiscutibles de su época. Pero utilizó sus dotes para conseguir la colaboración de los hombres cuando le fueron necesarios, tantas veces. Escribe «nosotras las mujeres», con cierto matiz de resignación, y empuja sus monjas a pisar fuerte dentro de su terreno propio sin consentir la pretenciosa invasión masculina. Cautivó a media docena de los cerebros más poderosos de la España de entonces. Quiso que sus hijas carmelitas vencieran la inferioridad establecida de su condición femenina:

—Que es muy de mujeres, y no querría yo, hijas mías, lo fuésedes en nada.

Lamenta la ignorancia humana de las mujeres de su tiempo, defiende su capacidad de avanzar en el servicio de Dios:

—Si ellas hacen lo que es en sí, el Señor las hará tan varoniles que espanten a los hombres.

Sería absurdo esperar en sus escritos un planteamiento de lucha feminista. Sólo podía ella aspirar a que toleraran ellos, varones, la incursión de esta mujer en territorios hasta entonces intangibles. Cuando intentaron frenarla, era tarde. Hay un elogio que las activistas femeninas de nuestra época quizá no puedan apreciar en todo su valor. Es un lance precioso, porque nunca un sesudo teólogo del siglo XVI dijo tal cosa. El provincial dominico fray Juan de Salinas le tomaba el pelo al famoso padre Báñez, Salinas le veía prendado de la monja:

—¿Quién es una Teresa de Jesús que me dicen es mucho vuestra? No hay que confiar de virtud de mujeres.

Báñez, picado:

—Vuestra paternidad va a Toledo, véala.

Efectivamente, Salinas visitó a la Madre en Toledo. Platicaron. Les nació amistad. Unos meses más tarde, fray Salinas encontró al padre Báñez, quien recordaba la ironía de su colega:

—¿Qué le parece a vuestra paternidad de Teresa de Jesús?

Fray Juan Salinas no disimuló su entusiasmo:

—Oh, habíadesme engañado, decíades que era mujer; a la fe no es sino hombre varón, y de los muy barbados.

Mujer, la tenían vedado el acceso a las empresas pastorales donde le hubiera entusiasmado intervenir: predicar, misionar, enseñar, y cuando a mano viniera morir mártir, «descabezada». Buscó su camino, hizo lo suyo: bendito Dios.

Enseñó a sus carmelitas la categoría del trabajo, brillante u oscuro, da igual. Ella la primera, en los éxtasis y con la escoba:

—Hijas, no me hagan floja, se quejaba si pretendían quitarle un estropajo.

Este su ejemplo respondía a los planteamientos profundos de una concepción conventual: las monjas descalzas han de vivir del trabajo y la limosna.

Por encima de todo, quiere hijas sencillas, *verdaderas*, abomina la ficción y posturas o palabras de doble sentido. Hermana Alberta Bautista torció el gesto en una recreación; Madre las invitaba a cantar unas coplas, Alberta suspiró: «¡ahora cantar! Mejor sería contemplar». La Madre captó al vuelo aquel atisbo de vanidad espiritual remilgada: reprendió a la monja con enojo, y la mandó a «contemplar a su celda», mientras las demás se divertían.

La obediencia funcionaba sin vacilaciones, cada convento tenía los engranajes perfectamente engrasados. Estuviera o no Madre presente. Fue famoso el largo paseo de una carmelita en el monasterio de Malagón. Pidió licencia a la priora para una disciplina extra. La priora, que no. La monja insistía. Algo fastidiada, la priora respondió:

—Déjeme, vaya a pasear.

Dicho y hecho, la monja fue a dar vueltas por la huerta. Hasta la noche. Tocaron a maitines, la priora notó su falta, ¿dónde está? Paseando... Mandó por ella.

Que no disimulen, que no se disculpen. Aunque la priora se equivoque. En Segovia se ganó María de San José una reprimenda por salir del comedor sin pedir permiso: María, escuchó calladita la riña. Madre supo luego que la priora había hecho una seña a María, que saliera. Le llamó, la acarició:

—Mucho ha ganado mi hija conmigo en no haberse disculpado.

Consigue Madre un clima de convivencia profundo y alegre, sereno. Y muy sabroso. No me extraña que sus monjas mueran sonrientes, le mueren riendo.

Vigila que no exageren sus mortificaciones. Les impone un equilibrio, una norma de discreción:

—Querría cumpliesen la Regla, y lo demás fuese con suavidad. En especial esto de la mortificación importa muy mucho y, por amor de Nuestro Señor, que adviertan en ello las preladas, que es cosa muy importante la discreción.

Nunca falta en los planteamientos de madre Teresa un toque de sentido común para mostrar a sus hijas el camino sensato por donde han de avanzar. Pone granos de humor, golpes inesperados, muchas veces tomando a chanza su propia persona: dice de sí misma que mientras sus monjas se sacrifican y rezan, a ella la rodea «un gran ruido» con fama de santa. Agradecía los cariños. Uno de tantos días de hallarse Madre mala, Catalina de la Concepción, jovencilla de origen portugués, pasó ante la celda bailando con un canasto de vajilla, por alegrarla. Madre rió:

—Ay, Maribobales, ella riendo se ha de ir al cielo.

Catalina, contenta:

—Pues, Madre, si es al cielo, ¿cómo no he de ir riendo?

El humor arropaba discretamente poderosos ríos de fervor. Madre veía a Ana de San José tan embebida en su oración, que comentaba:

—Paréceme que no reza, sino rézanla.

Acepta las contradicciones, las ve como un sello de que su esfuerzo agrada a Dios... y enfurece al diablo. En el capítulo de angustias materiales, penuria de dinero y de alimentos, soporta sin chistar las experiencias a veces chuscas, a veces dramáticas. Ella trafica y echa sus cuentas como un administrador cuidadoso, aunque los demás la ven frecuentemente rodeada de resplandores y señales misteriosas.

Reparte cariño generosamente, extrema las atenciones a los amigos, y a cuantas personas protejan sus conventos.

Fabrica monjas sensacionales, hay en torno suyo una corona de mujeres apropósito para componer un retablo maravilloso. Con ellas viaja, reza, canta. Les dedica frases amorosas. Ellas le adoran. Alrededor de Madre nace una leyenda dorada.

40
«Ahora, Teresa, ten fuerte»
(1581-1582)

En el otoño de 1580, madre Teresa se había defendido cuanto pudo para evitar que le forzaran a ponerse desde Valladolid camino de Palencia. Los años le pesan, aunque ella, enferma crónica, no distingue mucho si sus fatigas le vienen de la edad o de quebrantos soportados a lo largo de tantísimo tiempo. Está vieja, dice, «vejezuela», lo repiten a veces sus cartas: pero tampoco se lo cree, le renacen los bríos ante cualquier dificultad. ¿A qué se debe la apatía de los últimos meses del año 80 en Valladolid? El ramalazo de fiebres la dejó «atada», desganada.

Y, además, le trajeron de Palencia informes equivocados.

El obispo don Alvaro de Mendoza, su fiel amigo, pasó de la silla de Avila a la de Palencia tres años antes. Idea fija del prelado devoto fue abrir en su nueva sede un monasterio de carmelitas descalzas. A don Alvaro nada podía negar madre Teresa. Tan pronto la guerra civil amainó entre calzados y descalzos, don Alvaro reanuda su petición: que Madre fundara en Palencia.

Ella, decidida a complacer al obispo, había mandado al padre Gracián para que sobre el terreno le recogiera impresiones y tomara los primeros contactos.

Gracián regresó desolado, su informe quitaba las ganas de acometer la empresa.

Me pregunto cómo sería que Gracián viera tan negro el panorama. Posiblemente atravesara Palencia por aquellos años un período depresivo, pues hay documentos en los cuales aparecen los diez mil palentinos de entonces sujetos a la miseria y al hambre, fuera de una docena de familias privilegiadas. Pero no veo justificados los datos, pienso que Palencia siempre ha sido para los españoles una ciudad cenicienta, desconocida y lejana.

Asentada sobre el río Carrión, y nudo de tráfico para la diagonal Burgos Valladolid con los puertos del Cantábrico, al mercado de Palencia afluían los traficantes de Castilla en camino hacia Flandes, y la convertían en centro comercial muy atractivo. Su contorno, bien regado, tenía huertas excelentes, arbolado, plantas frutales, los labriegos metían en la ciudad, «muy sana y de buenos aires», pan, vino, carnes, y pescado del río. Viajeros de la época celebran «la ciudad bien murada y de hermosa compostura y sitio», con nueve puertas y una «hermosa calle mayor» atravesándola de norte a sur.

Cuentan las crónicas que Palencia renació en el medievo como ciudad episcopal confiada por los reyes a prelados, señores feudales que además de cantar la misa peleaban bravamente cuando el monarca requería su auxilio frente a los musulmanes. De hecho su gobierno eclesiástico perduró hasta Felipe II, que seculariza el poder legal de Palencia. Los orígenes eclesiásticos explican que Palencia diera a luz en 1208 la primera universidad española, luego prolongada en Salamanca al fundirse los reinos de Castilla y León. La catedral servía de eje a la ciudad. Todavía en este último tercio del siglo XVI, cuando Gracián y madre Teresa conocen Palencia, cuenta la catedral con el desmesurado número de ochenta clérigos. Sumen las parroquias, cuatro conventos de varones, cuatro de monjas, seis hospitales. Del obispo y del cabildo dependían los regidores del concejo; ninguna otra ciudad podía sentirse tan clerical.

Sin embargo a los obispos no les gustaba residir en Palencia, buscaban mayor comodidad en Madrid, Salamanca y Valladolid, gobernando su sede a distancia. El concilio tridentino exigió la presencia del obispo en su diócesis, amargo decreto para los prelados de Palencia. A don Alvaro de Mendoza, nuestro devoto teresiano, le encantaba pasar largas temporadas con su hermana doña María y los sobrinos en el precioso palacio vallisoletano de los Mendoza. Para esquivar las amenazas conciliares, discurrió, listo él, una treta: gestionó incorporar Valladolid, que no era todavía obispado sino solo abadía, a la diócesis de Palencia, con lo cual él estaría residiendo dentro de su circunscripción diocesana. Pero la clerecía palentina puso los pies por alto, temerosa de que, ausente su obispo, Palencia perdiera brillo.

Quizá el pesimismo de padre Gracián acerca de Palencia se debió al recelo, ciertamente razonable, manifestado por los regidores del concejo frente a la creación de otro convento en una ciudad rebosante de clérigos: le parecía imposible que los recursos privados y públicos pudieran sostener más monjas de clausura si fundaban el monasterio «sin renta», pobre.

Gracián había venido contando estas cosas, poco estimulantes. A Madre le impresionaron, creció su desgana. Hasta que cierto día en la oración escuchó un reproche:

—¿Qué temes, cuándo te he Yo faltado? El mismo que he sido soy ahora.

Arrancó.

Gracián había ganado amigos en Palencia: don Suero y doña Elvira de Vega, matrimonio «cuya caridad y fervor de espíritu excedía a muchos religiosos». Y el influyente canónigo Jerónimo Reinoso. Madre escribió rogando le tuvieran despejada una casa en alquiler, sigilosamente: pensaba aplicar su estrategia del hecho cumplido, por sorpresa.

Eligió cinco monjas de sus monasterios cercanos, y aceptó dos novicias en Valladolid para llevarse el dinero de la dote a Palencia. Salieron el día de inocentes, las escoltaban el confesor del convento de Valladolid y un mercader amigo. Remontaron el valle del Pisuerga hasta Dueñas donde torcieron por la ribera del Carrión. Ignoramos si esta vez viajaron en carros o cabalgando.

De una parte los informes negativos de Gracián y de otra el sordo pleito entre don Alvaro y sus canónigos a cuenta de la incorporación de Valladolid a la diócesis, aconsejaron a madre Teresa entrar de tapadillo, meterse con sus monjas en la casa alquilada, celebrar misa y declarar inaugurado su monasterio: ni quiso poner campana, el famoso signo conventual teresiano, hasta pasado un par de días.

Pues se llevó una grata sorpresa: toda Palencia, canónigos, curas corrientes y personal civil, les acogió cariñosamente. Nada digamos del obispo, quien se apresuró a visitarlas y les prometió «todo el pan que fuese menester». Las favorecían con tanta bondad, que Madre dedicó un precioso elogio a Palencia, como para grabarlo en el portón de su ayuntamiento:

—Toda la gente es de la mejor masa y nobleza que yo he visto.

Muy animada, encargó Madre al canónigo Reinoso buscarles una casa que comprar: traía disponibles los dineros de las últimas dotes ingresadas en Valladolid. Y reclamó de Salamanca dos monjas más.

Reinoso, el obispo y Madre acariciaron la idea de situar su monasterio carmelita junto a la ermita de nuestra Señora de la

Calle, venerada de los palentinos y meta de romerías a lo largo del año: bastaba comprar dos casas pegadas a la ermita y abrir un coro sobre la iglesia. Al cabildo le gustó el proyecto. Pero los dueños de las casas olieron una oportunidad de plusvalía: subieron el precio descaradamente. Madre quiso ver las casas, si valían tanto. Le pareció que no, y suspendió el trato.

Reinoso halló una, ofertada por un tal Tamayo, pequeña, bien situada y podrían ampliarla. Madre la visitó algo displicente, como dejando entender que a ella le gustaba de veras el emplazamiento de la ermita; con lo cual evitó excitar la avaricia del vendedor. Adelantaban las conversaciones, cuando en la oración comprendió el bien que harían sus monjas cuidando la ermita. Le apuraba dar marcha atrás. Pero el Tamayo le sirvió la ocasión: justo al momento de cerrar trato, Tamayo exigió trescientos ducados más sobre el precio hablado. Mientras, los dueños de las casas junto a la ermita, espantados porque perdían su negocio, acudieron a Reinoso bajando el precio: Madre aceptó, Reinoso buscó avales, firmaron las escrituras; y las carmelitas tuvieron casa con ermita.

En otros sitios, Madre había sufrido bastante a cuenta de canónigos. Los de Palencia le maravillaban. Al provisor don Prudencio lo encontraron que partía de viaje cuando fueron a pedirle el aval: desde la mula, sin más historias, firmó. Madre comentaba:

—Para los tiempos de ahora es de ponderar... Me parecía cosa de la primitiva iglesia.

Las obras de acoplamiento en las casas junto a la ermita, ocuparon los meses de primavera de 1581. Recién elegido primer provincial de los descalzos, padre Gracián vino a Palencia para rendir testimonio de veneración a la madre fundadora. Pero con la prisa de saludar frailes y monjas de otras ciudades, estuvo poquitos días y marchó antes del traslado a la ermita, previsto para el viernes 26 de mayo, Corpus aquel año: envió en representación a dos de sus flamantes consejeros: uno, Doria; y Roca, el principal de los «espías» romanos. A Madre le apenó la ausencia de su Gracián en fecha tan señalada.

De la casa alquilada donde habían vivido cinco meses, las carmelitas, capas blancas sobre el hábito pardo y sus velos tapando el rostro, fueron trasladadas procesionalmente con un solemnísimo cortejo hasta el nuevo monasterio: don Alvaro portaba el santísimo sacramento, le seguía el cabildo en pleno y toda Palencia, ciudad bondadosa que tiene arrebatado el cariño de Madre. Eran las tres de la tarde. La fundadora gozó especialmente cobijando sus hijas al amparo de una ermita de nuestra Señora, Reina del Carmelo, familia suya. Madre Teresa llegó a definir sus monjas con una expresión rebosante de ternura: ellas son «el ganado de la Virgen». Un rebaño, «el ganado» propiedad de su pastora. Apenas habrá en la literatura clásica española media docena de imágenes con tal carga emotiva: las carmelitas, «este ganado de la Virgen».

El capítulo de Alcalá tuvo ancha resonancia, puso de moda los descalzos. Madre Teresa recibe invitaciones para fundar conventos en varias ciudades de España. Entre todas, le apremia una petición venida a Palencia desde Soria: el obispo don Alonso Vázquez quiere carmelitas descalzas.

A don Alonso responde Madre que sí, enseguida. Aprovechó la visita de Gracián, le sometió como a superior jerárquico sus proyectos: Gracián aprobó, y dijo que le acompañara el padre Doria.

Está de obispo en Soria don Alonso Vázquez, antiguo canónigo de la catedral toledana que fue confesor y consejero espiritual de madre Teresa los meses aquellos de la guerra civil carmelitana, cuando ella hizo alto en Toledo viniendo de Sevilla para «encarcelarse» por disposición del padre general Rubeo después del capítulo de Piacenza; qué lejanos parecen ya los sinsabores.

Don Alonso Vázquez, teólogo de tono y muy respetado, lo pasa regular en Soria porque su diócesis cuenta con dos ciudades que se disputan la presencia del obispo: una, Burgo de Osma, sede histórica; otra, Soria, núcleo en crecimiento y cabeza efectiva de la comarca. A los canónigos del Burgo les alarmaban las estancias de don Alonso en Soria, pues temían que algún día decidiera quedarse a residir en ella. Tiraban de él, tercamente. El buen obispo soportaba estas inevitables querellas; a don Alonso le importaba mucho más la vida interior, sus horas de oración, sus penitencias. Está quedándose ciego, ha perdido un ojo y se dispone generosamente a aceptar la pérdida del otro. La visita de madre Teresa le dará gran consuelo, si viene. Que llegar hasta Soria cuesta lo suyo.

Ha sido don Alonso quien aconsejó a la noble dama doña Beatriz de Beamonte y Navarra, «de claro linaje, muy principal», descendiente de la familia real navarra, gastara sus dineros en pagarle a madre Teresa un monasterio de carmelitas descalzas: doña Beatriz, viuda, sin hijos, de un regidor de Soria algo calavera, Juan de Vinuesa, no está feliz con pasar toda su herencia a los sobrinos, quiere apartar un legado fuerte para obras religiosas. Dos son sus sobrinos más cercanos, de mucho cuidado los dos: Juan Beamonte, después de ocho años de matrimonio, trae por la calle de la amargura a su mujer Leonor, bien querida de doña Beatriz; Francés Carlos Beamonte, casado con Elvira de Tapia, tiene los ojos clavados con avaricia en la herencia de su tía, y cualquier asomo de donaciones lo enfurece.

Doña Beatriz expuso sosegadamente sus propósitos al señor obispo. Don Alonso le contó de madre Teresa y sus hijas: a ella «cuadróle tanto que le dio gran priesa para que se pusiese en efecto».

A Madre, salir a fundar lejos de su entorno castellano le parecía irse al fin del mundo.

Con su enfermera, Ana de San Bartolomé, decidió llevar ocho monjas, tomadas de Medina, Salamanca, Segovia y Palencia. Gracián le preguntó cuál prefería para priora de Soria, monasterio que les quedaría fuera de mano. Madre lo tenía pensado:

—Catalina de Cristo.

Gracián se sorprendió, Catalina estaba de tornera en Medina:

—Jesús, Madre, ¿cómo tal cosa? Catalina no sabe escribir, leer muy poco, y de negocios nada.

Madre contestó decidida:

—Calle, mi padre, que Catalina de Cristo sabe amar mucho a Dios y es muy gran santa y tiene un espíritu muy alto, y no ha menester saber más para gobierno.

De Soria vinieron a recogerles dos coches: uno mandado por el obispo, y escoltado por capellán y alguacil, quien vara en mano debía conseguirles buen acomodo en las posadas; otro de doña Beatriz. Don Alvaro dijo que la diócesis de Palencia sentíase honrada prestándoles un tercer coche, de modo que viajaran cómodas.

La expedición salió solemne, a 29 de mayo: diez monjas —las ocho elegidas, más la Madre y Ana—, dos frailes —Doria y un lego—, tres capellanes —uno por coche—, el alguacil, los mozos. Sin apurarse, tardaron cuatro días en llegar a Soria, cruzando el Esgueva para buscar en Aranda el Valle del Duero. El camino relajó a madre Teresa, «era llano», frondoso, a ella le encanta caminar a paso con su amiga el agua:

—Me fue recreación; muchas veces a vista de ríos, que me hacía harta compañía.

Encontraron alertados los pueblos a causa de la peste, el temido «catarro»; en Burgos de Osma estaban cerradas las puertas, menos dos, y sometían a control las caravanas. Lo chusco les ocurrió en un pueblecillo, donde los labriegos, al ver un alguacil dirigiendo tres coches con monjas dentro, dieron esta voz:

—¡Que las lleven presas a la Inquisición!

Avanzaban a paso tranquilo, sin forzar las mulas. Cuatro días de convento rodante, con su horario, sus rezos, sus silencios. Lo pasaron las monjas muy bien. Comentaban lo largo del camino. Madre sonrió:

—Mis hijas, llegadas a Soria, que es el fin del mundo, no hay volver atrás, sino caminar adelante a trabajar por Dios. Mis hijas, adelante, sí; atrás ninguna ha de volver.

En Soria fue su llegada el acontecimiento del año.

Los cronistas de la época lamentaban que Soria contara, dentro de un espacio amurallado con espacio suficiente donde cobijar cincuenta mil habitantes, sólo diez mil: había venido abajo su grandeza, gloriosa desde los tiempos de Numancia, cuando tuvo la misión de guardar los pasos sobre el río. Soria presidió en el medievo la línea de castillos Osma-San Esteban, contra la cual se estrellaron las ofensivas árabes. Venida a menos, sus monumentos recordaban el antiguo esplendor: tantos templos, ermitas, monasterios.

La caravana monjil entró por la puerta del Postigo, donde la esperaba «lo granado de caballeros y eclesiásticos de la ciudad para recibir a caballo sus nuevas vecinas»: a madre Teresa no le aturdían semejantes recibimientos, repetidos «en cada parte que vamos, como el mundo es tan amigo de novedades».

El cortejo las guió por la calle principal hasta el palacio donde residía el obispo, un caserón del siglo XV al fondo de la plaza mayor. Don Alonso las aguardaba asomado a un ventanal de la planta baja. La comitiva paró, con los coches frente al palacio. Madre Teresa dijo abrieran las cortinas del coche, se arrodilló con sus monjas, y sin levantar los velos del rostro pidió la bendición:

—Que no me consoló poco, porque de prelado y santo tiénese en mucho.

Reanudada la marcha, las depositaron a las puertas del palacio de doña Beatriz, destinado a convertirse en convento. Allí estaba la señora, con sus parientes y amigas. Madre y las monjas, de rodillas, besaron el suelo y quedaron quietas un ratillo rezando. Alzóse la Madre y abrazó a la señora...

Les había preparado el palacio cariñosamente, doña Beatriz, y madre Teresa le agradeció tantos mimos:
—Todo lo que habíamos menester tenía muy cumplido... Una sala muy grande y muy bien adonde se había de decir la misa.
El obispo concedió a las carmelitas una iglesia vecina, a la cual llegarían desde el palacio mediante un pasadizo cuya construcción comenzaron inmediatamente.
Qué dos señoras, Teresa y Beatriz. Nueve años más joven la aristócrata que la monja, se entendieron de maravilla. A los quince días tuvieron arreglado el acuerdo y firmados los papeles: en el locutorio, ante el padre Doria y tres testigos, un escribano leyó a las monjas la escritura de donación con fecha 14 de junio de 1581. Al día siguiente Doria partió.
Madre gastó dos meses en dar al caserón los retoques convenientes para la vida monjil. De unas piezas amplias sacó trece celdas. El pasadizo a la iglesia lo construyó en dos plantas, la de abajo, que utilizaría doña Beatriz; la superior, serviría de coro a las monjas. El seis de agosto habían rematado la obra y pudieron estrenar su iglesia con misa solemne y sermón de campanillas. Eligió luego Madre un capellán a su gusto. Y dio el hábito a tres jovencitas presentadas por doña Beatriz.
Las habitaciones reservadas para doña Beatriz quedaron aisladas totalmente del convento, pero con una ventanita donde la señora podría hablar a la priora.
Doña Beatriz bendecía la hora en que el obispo le habló de madre Teresa. Su nuera Leonor sentíase tan atraída por las carmelitas que confió a la Madre el deseo de incorporarse al monasterio cuando alcanzara la nulidad del matrimonio: madre Teresa miraba con ojos compasivos aquella joven «moza y muy bien parecida», culta, prudente, manos de artista... y tan desgraciada. Le profetizó:
—Calle, mi hija, que antes de muchos días ella será monja nuestra.
Lo fue, cuando el obispo la proclamó libre de marido.
En cambio el sobrino avaricioso, don Francés, que disimulaba los enojos ante su tía doña Beatriz, odiaba las monjas a cuenta del mordisco en la herencia. Madre Teresa le habló, sin

convencerlo. Pasado tiempo, él llegaría a comprender y hacerse «muy adicto» a las descalzas: corrió por Soria que del otro mundo había recibido una visión de la madre Teresa de Jesús...

Preparaba la Madre su marcha, recomendando a las hijas obediencia; y cariño mutuo. El monasterio funcionaba; Catalina de Cristo, la tornera sin letras, resultó una priora sensacional. La consideraban santa. A Madre le ocurrió este lance divertido. Preguntó de repente a una de las novicias jovencillas:

—Hermana, diga la verdad, ¿cuál le parece más santa, la madre priora o yo?

La novicia no vaciló en responder ingenuamente:

—La priora.

Madre Teresa le abrazó, riendo:

—Ansí es, hija mía, que ella es santa y yo tengo la fama.

Al obispo don Alonso Vázquez debemos agradecer el cuidado que años atrás dedicó en Toledo a madre Teresa; y haberla traído ahora a esta nueva fundación de Soria. Todavía le debemos un insigne favor: que Teresa de Jesús abrió una ventana por la cual contemplamos el panorama suyo interior durante los últimos pasos, un año antes de partir hacia la otra orilla.

Madre Teresa quiso aprovechar el viaje para dar cuenta de su espíritu al antiguo confesor, de quien tanto fiaba. Antes de salir de Palencia escribió un pequeño informe que le sirviera de apunte para las conversaciones con don Alonso. Era una confesión, un relato de sus impulsos íntimos. Guardado con los papeles del obispo, pudo ser añadido a las obras completas de Teresa.

¿Qué le dice al confesor?

A mí me sobrecoge leerlo: que hace años camina por este mundo con luz del otro. Le ha sido regalada certeza del éxito final, se nota libre de «las miserias»: «el alma está como en un castillo con señorío, y ansí no pierde la paz». Es decir, recibida ya en el centro de la séptima morada. Qué importan los sucesos fuera, nada importan: «de aquí a la fin del mundo sería poco para servir a quien le dio esta posesión».

El Señor sigue mandándole avisos «con hablas interiores, cuando es menester». El cuidado del cuerpo, evidentemente fastidioso según avanza la edad, «muchas veces le exige gran sacrificio» y le obliga a disminuir las penitencias. Han cesado las visiones imaginarias, pero tiene su espíritu instalado permanentemente en una «visión intelectual» del misterio trinitario y de la humanidad de Cristo, en cuya compañía vive: «contentos y descontentos», alegrías y pesares, dejan intacta esta presencia de las tres personas: «no es menester andar a buscar consideraciones para conocer que está allí Dios». Y desde luego, esta presencia «pone el alma rendida» a que se cumpla en ella la voluntad de Dios.

Salió de Soria, embebida en el clima de sus diálogos espirituales con don Alonso. Paró unos pocos días en el Burgo de Osma, donde halló a cierto amigo suyo fraile jerónimo, Diego Yepes, quien más tarde será biógrafo suyo y obispo. Fray Yepes le oyó entonces una confidencia, resumen de las «conversaciones episcopales» de Soria: «trae oración continua, hace ya catorce años que goza tal sosiego; nunca se aparta de la presencia de Dios ni desea más que el cumplimiento de su divina voluntad».

Esta es la verdadera imagen de Teresa por dentro.

P adre Gracián y madre Teresa tienen programadas dos fundaciones, importantes las dos: Burgos y Madrid.

Han de planificarlas cuidadosamente, desde Avila.

Pero la venida de madre Teresa a su monasterio de San José corre prisa también por motivos inquietantes: circula entre los descalzos la noticia de que ha decaído el fervor de la primera casa teresiana. Madre lleva demasiado tiempo ausente. El bendito padre Julián de Avila, confesor perpetuo del convento, chochea un poco, y a fuerza de bondad consiente cierta relajación colectiva, que alguna de las monjas nuevas aprovecha con descaro. La priora, María de Cristo, «buena monja y no buena priora», afloja las riendas, no será capaz de parar este deterioro. Al padre Doria, que vino a visitar Avila, lo embaucaron las monjas sin dejarle penetrar el fondo del asunto.

¿Qué ocurre en San José?

Nada gravísimo, desde luego, simples faltas a la regla. Pero Madre sabe que los desajustes abren resquicios por los cuales un viento helador penetra en el convento. Seguro que estos días le vienen a la memoria episodios de su estancia en el monasterio de la Encarnación: verse así San José significaría perder la cosecha de una siembra tan larga y tan costosa. Precisamente cuando llega la hora del esplendor para los descalzos: los frailes abren conventos nuevos en Valladolid, en Salamanca, preparan la casa de Lisboa, reciben docenas de llamadas incluso de lejanas tierras: Valencia, Aragón y Cataluña, hasta Italia y Africa... Penoso sería que ahora fallaran sus hermanas descalzas cayendo en la trampa del relajo.

Preocupada, en compañía sólo de Ana y un clérigo, bajó Madre desde Soria por Segovia camino de Avila, en los últimos días de agosto. El carrero malconocía la ruta, pasaron fatigas. Las carmelitas de Segovia retuvieron a su Madre trece días, descansó. Al partir, les dijo:

—Ya no nos veremos en este mundo, que poco me falta para cumplir mi destierro.

Nada más llegar, enfrentó en Avila los quebrantos de su San José. Y descubrió la causa: estaban pasando necesidad, les faltaban recursos. Ante la amenaza del hambre, si el espíritu colectivo flojea, se despierta un afán por encontrar remedios inmediatos: aceptaban obsequios privados, comida, y platos de carne prohibidos en la regla. Madre Teresa nunca impuso la ley por encima del espíritu, quiso que las prioras consintieran comida de carne a las enfermas «aunque sea en cuaresma»: pero por puro capricho, ni pensarlo. Sus carmelitas deben cumplir como buenas. Lo peor le pareció que comenzaran a guardar cada una provisiones en su celda, saltándose el precepto fundamental de «no poseer nada». A todo esto, el bonachón del padre Julián contemporizando, y la débil priora consintiendo.

Quedaba un pequeño misterio: ¿cómo Avila dejó abandonadas sus carmelitas de San José?

Por una bobada, sencilla de entender. Había circulado la voz de que San José era ya un convento rico, después de recibir la herencia del caballero santo, don Francisco Salcedo.

Murió don Francisco el año pasado, en otoño de 1580, no sé si víctima del «catarro universal» o sencillamente de puro viejo. Su fortuna se había resentido los últimos tiempos, no su santidad de vida. Dejó a las carmelitas de San José trigales y monte, pero con renta muy limitada que apenas cubriría una cuarta parte de las necesidades del convento. Avila creyó que las carmelitas nadaban en la abundancia y paró las limosnas como por ensalmo.

Gracián y la Madre cambiaron impresiones. Los remedios parecían claros. Urgentes. Sustituir, abrumándolo de caricias, al padre Julián en el confesonario. Y cambiar la priora, María de Cristo lo estaba deseando. ¿A quién elegir sucesora? Gracián ni lo dudó, las monjas tampoco: a su Madre, que remediará necesidades y dará fervor al monasterio.

Madre Teresa quiso defenderse: está vieja, déjenla descansar. Gracián, le encantaba utilizar su autoridad provincial con ella, le mandó ponerse tendida con la cara al suelo, y las monjas en corro a su alrededor: la proclamó priora y cantaron el *Tedeum*. Cuando Madre se alzó todas le abrazaron riendo, y a ella le vieron «rostro alegre y apacible». Les dijo:

—Me han hecho priora por pura hambre.

Un par de meses le bastaron a madre Teresa para remediar la miseria material de su San José y restituir a las monjas el fervor espiritual. Le vinieron ayudas de los demás monasterios, las hermanas en favor de las hermanas. También los descalzos. Avila reanudó su asistencia. Antes del invierno, el monasterio había recobrado el pulso.

Mediado noviembre, recibió Madre una visita sabrosa: fray Juan de la Cruz. No venía simplemente a verla, ni a dialogar sobre los misteriosos aleteos del alma. Venía con personal y mulas para que se vaya con él a fundar un monasterio de descalzas en Granada, según dispone la patente firmada por el vicario de Andalucía: «traiga a nuestra muy reverenda y muy religiosa madre Teresa de Jesús, con el regalo y cuidado que a su persona y edad conviene».

El vicario, delegado de Gracián en el sur, está entusiasmado con llevar las carmelitas a Granada, donde le han prometido casa, licencia y dineros. Luego le fallarán, siempre ocurre. Cuenta con Ana de Jesús, ya cumplida en su priorato de Beas y muy madura para regir este convento proyectado. Todos quieren a madre Teresa como garantía de la fundación. Le mandan a fray Juan de acompañante, que la traiga.

Madre no puede complacerlos, Gracián la sujeta para los proyectos de Burgos y Madrid. Escribe una carta para Ana de Jesús prometiéndole ayuda; y redacta la lista de fundadoras que deben ir a Granada: dos de Avila, dos de Sevilla, cuatro de Beas y dos de Villanueva de la Jara. Las de Avila —una, María de Cristo, recién dimitida de priora— parten con fray Juan: Madre queda «con harta pena» por no estar junto a sus hijas en la entrada a Granada, segunda fundación realizada sin ella: la primera fue Caravaca.

Esta temporada los correos traen a San José noticias de todos los colores. Gratas, algunas. Por ejemplo el triunfo de fray Domingo Báñez en las oposiciones a cátedra de la universidad salmantina.

Muerto el padre Medina, hubo reñida pelea para sucederle en el magisterio de teología: la llamada «cátedra de prima». Uno de los contrincantes llevaba veinte años enseñando teología, pero Domingo Báñez lo venció: le adjudicaron la cátedra, quedaba elevado al primer sitial teológico de España. Madre Teresa rezó por su dominico:

—Plega a Dios le guarde; trabajo no le faltará, que honra harto costosa es.

Otras, noticias ingratas. La familia Padilla le ha podido en Valladolid a la jovencilla Casilda, la sacan del convento y la llevan al monasterio de Santa Gadea, donde podrán manejarla, a ella y su herencia. Madre Teresa se lamenta:

—A la pobre muchacha he lástima... con la alegría que andaba.

Siente que algunos jesuitas hayan participado en las maniobras.

Pero los disgustos serios le vienen ahora por el costado familiar, a cuenta de una sobrina y de un sobrino.

La sobrina, Beatriz; hija de los Ovalle. Madre adivinó que Beatriz entraría carmelita, pero no llegó a verla con hábito: lo vestirá, muerta su tía. En este año anda Beatriz por los veinte de edad, la cuentan entre las doncellas hermosas de Alba. Le achacan coqueteos con un caballero casado, cuya mujer arde en celos y difama a Beatriz. Madre Teresa no discute la honestidad de su sobrina, pero le gustaría que los Ovalle sacaran la hija lejos de Alba. Juan es muy terco y tardó tiempo en hacer caso a la cuñada monja.

Lo del sobrino, Francisco, reciente huérfano de don Lorenzo Cepeda, está seriamente complicado. Al morir su padre, Francisco, veinte años, a quien madre Teresa recomendaba buscar novia, salió con la idea de hacerse carmelita descalzo. Probó en el noviciado de Pastrana. Ni Gracián ni Doria tomaron su vocación en serio; Francisco flaqueó y regresó amargado a Ávila, culpando a los frailes de su fracaso. Rehuía trato con su misma tía. Y se casó, a ella le dolió, sin avisarle. Con una joven de alto contorno, doncella linajuda de Madrid, nombre raro y apellidos insignes: Orofrisia de Mendoza y Castilla. La Orofrisia era huérfana de padre; vive su madre, prima hermana del duque de Alburquerque y sobrina del duque del Infantado;

mujer pretenciosa y sin dineros, pensó que el heredero provinciano de don Lorenzo Cepeda, enriquecido en Indias, robustecería con onzas de oro los blasones lacios de Orofrisia. Los tres, Francisco, su mujer y su suegra, comenzaron a llevar una vida de gasto exagerado. Madre Teresa llamó a la señora suegra de Francisco y le avisó cómo las rentas eran limitadas y además repartidas en tres lotes, uno por hermanao. Orofrisia y su madre se sintieron estafadas; procuraron ganarse la simpatía de Teresita, la jovencilla carmelita, sugiriéndole que pues ella, feliz en su convento, no necesitaba dinero, haría obra buena renunciando a la herencia en favor de su hermano Francisco. Madre Teresa desenmascaró la maniobra. Tropezó, sin embargo, con el corazón enternecido de Teresita, quien sentía lástima de su hermano y consideraba dura a su tía. A madre Teresa este conflicto familiar amenaza enturbiarle la última etapa de su vida.

Madre y Gracián desean realizar la fundación de carmelitas descalzas en Madrid: a estas alturas les convendría disponer allí de una plataforma para los negocios generales de la descalcez. El cardenal Quiroga, arzobispo de Toledo, responsable eclesiástico de la corte, les prometió de palabra la licencia cuando le visitaron. Pero su eminencia es un pelmazo, dicho sea con perdón del santo crisma: la licencia, escrita y firmada como corresponde, no llega. ¿Y entretanto?

Gracián vacila si conviene afrontar, mientras aguardan el permiso cardenalicio para Madrid, la fundación de Burgos. Madre Teresa piensa que sí conviene: irán a Burgos.

Hace tiempo les llaman de la vieja ciudad de Castilla. Cuatro años, exactamente. Los jesuitas, que llevan tiempo dándole amarguras, siguen celebrando la categoría espiritual de madre Teresa y la belleza de sus monasterios. Por sugerencia de jesuitas ha conocido las descalzas cierta dama vizcaína viuda de un mercader burgalés que al morir le dejó seis niñas, dos niños, y un fortunón. Doña Catalina de Tolosa cuenta en estas fechas poco más de cuarenta años de edad.

Al estilo castellano clásico, doña Catalina tiene organizado su hogar igualito que un convento: rezos, salidas a misa, conversaciones familiares. Hijos e hijas, por cierto despiertos ellos y lindas ellas, siguen a gusto las trazas piadosas de su madre. Hasta el punto, conviene adelantar el dato, de que todas y todos entrarán carmelitas, descalzas y descalzos. Todos, menos una de las niñas que morirá temprano.

A madre Teresa le conmovían las referencias de doña Catalina, y por 1577 ya le recibió dos hijas en Valladolid, con dieciocho y diecinueve años. En 1580 ingresaron en el monasterio de Palencia otras dos hijas de doña Catalina, más jóvenes. Madre Teresa les dedicó un elogio:

—Todas cuatro han salido como criadas de tal madre, que no parecen sino ángeles.

La señora viuda y sus amigos instaban a Madre para que se decidiera a fundar en Burgos: le avisaron tener bien dispuesto al arzobispo.

Hay en Burgos un arzobispo conocido de infancia de Teresa, qué cruces curiosos produce la vida: su señoría don Cristóbal Vela es hijo de aquel Blasco Vela Núñez, vecino en Avila del caserón de los Cepeda, dueño del precioso palacio, y enviado por Carlos V de virrey a pacificar el Perú cuando la pelea entre Pizarros y Almagros. Al lado del virrey lucharon los mozos Ahumada. Y tío carnal del arzobispo fue don Francisco Vela, padrino de aquella niña bautizada en 1515 con el nombre de Teresita de Ahumada.

Esta noticia haría suponer una acogida favorable, cariñosa, del arzobispo a la monja. Ya veremos, dicen sus íntimos si al arzobispo el hígado le da frecuentes malos ratos...

Don Cristobal estudió teología en Salamanca, le hicieron canónigo de Avila, lo mandaron obispo a Canarias. En 1580 ascendió a arzobispo de Burgos. Vino a tomar posesión, y su vecino de diócesis don Alvaro Mendoza, que lo tuvo de cura en Avila, le sugirió pensara en llevar descalzas a su nueva sede: don Cristobal se mostró encantado, así que doña Catalina Tolosa pudo presionar más fuerte a madre Teresa.

Madre accedió. Camino de Soria había remitido a Burgos un propio para iniciar gestiones: el arzobispo exigió al enviado alcanzara como primer paso un permiso escrito del concejo municipal, no fueran a repetirse en Burgos los alborotos de Avila cuando Madre fundó San José; además, su señoría les aconsejaba «fundar con renta», no el monasterio pobre. Madre comentó:

—Tanta resistencia en el arzobispo, algún misterio hay.

Y dio por aplazado el proyecto. Ocurría en julio pasado, 1581.

Catalina Tolosa no se rindió. Moviendo familiares y amigos, obtuvo a mitad de noviembre el permiso del concejo: comprometió su fortuna, «si lo hubieren menester», a favor de la monjas.

Madre Teresa se vio apremiada. Venía duro el invierno. En la oración ella meditaba si camino de Burgos le fallarían las fuerzas, tal vez podría enviar otra monja como fundadora; y oyó la voz amiga:

—No hagas caso de esos fríos, que yo soy la verdadera calor... Y no dejes de ir en persona.

Gracián hubiera preferido tener de antemano la licencia escrita del arzobispo. Sin embargo, todos aseguraban desde Burgos la conformidad episcopal.

Así que organizaron la caravana: con Madre y Gracián viajarían dos monjas de Alba, una de Avila, dos frailes descalzos; y Teresita: Madre quiso distraerla, alejándola de los líos económicos familiares. En los monasterios del camino irían recogiendo el resto de la plantilla para Burgos.

Extraña verles salir de Avila en pleno invierno, arrancaron el dos de enero de 1582. Teóricamente, el viaje parecía cómodo partiéndolo por etapas, con descanso algunos días en los monasterios de Medina, Valladolid y Palencia. Pero el riesgo de aguas y nieve habían de darlo por cierto. Y desde luego la salud de Madre no toleraba semejante esfuerzo: está vieja, seriamente achacosa.

Cumplieron las dos jornadas de Avila a Medina, bajo una lluvia torrencial implacable que algunas horas se convertía en ventisca. Los carromatos aguantaron bien; a Madre le dio un amago de parálisis, con temblores de todo el cuerpo y la lengua trabada. Tenía llagas en la boca, le resultaba fatigoso comer. Sin embargo los cinco días que la caravana permaneció en Medina, bromeaba con sus hijas, quienes ya sin disimulos la consideraban santa canonizada: percibían de su cuerpo y de sus ropas un perfume delicioso; veían resplandores alrededor de su cabeza; y si abrazaba o simplemente acariciaba hermanas enfermas, las ponía sanas. Miran a su Madre con ojos de niñas mimadas, y ni se atreven a pensar que cualquier día les faltará.

De Medina a Valladolid, seguía lloviendo. Cruzaron ríos y riachuelos embravecidos, salidos de cauce, no traían el agua clara que madre Teresa consideraba en otras ocasiones la compañía grata de sus viajes.

Pararon cuatro días en aquel convento regido estupendamente por la priora María Bautista, la sobrina tan querida de Madre desde tiempos de la Encarnación: la priora trajo un médico que se asustó de ver a madre Teresa, muy deteriorada, metida en viaje con el tiempo infernal.

En Valladolid discutieron Madre y Gracián si podían las carmelitas aceptar una propuesta de fundación para colegio «donde se críen doncellas con recogimiento, virtud y oración... que luego se casaren». La oferta no prosperó, pero Madre expresó parecer positivo:

—De muy buena gana daré yo monjas para este colegio, que es una cosa que he deseado mucho.

A madre Teresa le convenía llevarse con la patrulla de Burgos una de las hijas de doña Catalina Tolosa, idea feliz para complacer la bienhechora que allá les aguardaba. La priora María Bautista plantó cara defendiendo su monja; pide respaldo al obispo don Alvaro, quien medio en serio medio en broma regañó a la Madre:

—Ella piensa llevar a Catalina de la Asunción consigo; pues voto a mi vida que no nos la ha de sacar de aquí.

Madre, que de acuerdo: en vez de Catalina se llevará su hermana María de San José...

La estratagema dio resultado fulminante, pues María le hace a la priora de secretaria, escribe cartas, controla cuentas, vamos, su brazo derecho: que la Madre lleve a Catalina en buena hora.

Otra fechoría simpática le hizo Gracián a María Bautista. Era célebre dentro del Carmelo la habilidad de la priora de Valladolid para abastecer su monasterio de reservas, aquellos años de tanta escasez: la «hurguillas», apodaba Madre a su sobrina. Gracián vio la sacristía rebosante de ornamentos. Pensó qué bien les vendría llevarse algunos a Burgos. Puso a robar sus monjas viajeras, cada cual pescara en secreto una prenda y se la dieran a él. Les faltaba entrenamiento, se asustaban, pasaron apuros y a punto estuvieron de verse pilladas con las manos en la calajera:

El 13, llevan once días de viaje, cumplieron la jornada de Valladolid a Palencia. A pesar del agua, las recibieron en triunfo: Palencia extrema su cariño a madre Teresa; los cuidados de las carmelitas a la ermita de la Virgen les han hecho muy populares. El patio del convento está adornado con guirnaldas. A Teresita le conmueven estas muestras de afecto a su tía. Y no querían dejarles hablar del viaje, porque el tiempo seguía malísimo. Se quedaron diez días.

En Palencia contó Gracián a madre Teresa cómo traían ropas de iglesia robadas del convento de Valladolid. Madre rió, quiso que las rateras narraran en recreación «los sobresaltos que habían pasado».

Lo que no esperaban fue la reacción veloz de María Bautista: descubierto el hurto, mandó un emisario a reclamar sus ropas. Hubo un gracioso pleito familiar, pues Gracián se negaba a restituir los ornamentos si el monasterio de Valladolid no contribuía con cien ducados a la nueva fundación. Madre resolvió que bastaban cincuenta ducados.

Eran negras las noticias acerca del camino: encontrarían desbordamientos, campos inundados, puentes caídos. La Madre siguió terca en la decisión. Había escuchado su voz interior:

—Bien podéis ir, y no temas, que yo seré con vosotras.

Para despedirlas, las acompañó un rato el matrimonio Suero de Vega, doña Elvira de plática en el coche con Madre, don Suero cabalgando junto a Gracián. Don Suero se lamentó que nunca había visto sin velo la cara de Madre. Fray Gracián lo acercó al coche y le invitó a mirar por la ventanilla. Madre Teresa notó que alguien las miraba, enseguida se bajó el velo. Gracián la reprendió cariñosamente:

—¿Para qué se cubre, si solo es el señor Suero de Vega? No le haga melindres, álcese el velo.

Lo alzó, sonreía:

—Dios se lo pague, mi padre, que harto contento me da.

Porque mucho agradecía el amor de los Vega. Mandó parar el coche. Don Suero se apeó, llegó a la ventanilla. Madre le abrazó. Al buen caballero el alma le rebosaba felicidad.

De Palencia a Burgos tenían que cruzar el Pisuerga y vérselas luego con el Arlanzón. Salieron el 24, para cumplir el trayecto en dos jornadas y media.

A las pocas horas, los mozos extraviaron el camino. Metieron los carros en un barrizal. Hubo que apearse, los mulos no podían con el tiro. Las monjas echaron a andar por un senderito blanco, mientras los hombres desatascaban los coches. Gracián receló de la senda: «espérese, Madre». Entró con su mula, y efectivamente se hundía, era barro traidor. Madre Teresa comentó espantada:

—Ay, pecadora de mí, esa es la sendica que me parecía buena.

Y dijo a sus monjas cómo en la vida ocurría igual con los caminos atractivos.

Adelante. De sobresalto en sobresalto. Una vez, la mula de Gracián dobló el cuello para beber, y las monjas creyeron que su padre había caído y estaba engullido por las aguas. Otra, el carro más cargado de monjas se balanceó en un repecho y a punto estuvo de vencerse: lo sujetó un mozo agarrando una rueda. Salvaron el Pisuerga por el puente Reinoso, atravesaron un riachuelo convertido en laguna. Cruzaron luego el Arlanzón. Anochecía, buscaron refugio en una posada. Infame, decía Gracián, «muy mala venta, donde se padeció harto».

Tuvieron algo más serena la segunda jornada, fuera del incidente que a poco le cuesta un infarto al padre Gracián. El coche donde iba la Madre saltó sobre unas peñas, y del pescante cayó un mulero, sobre el cual tendido largo en el barro, pasaron las ruedas sin tocarle. A Gracián, que iba retirado, le dio el corazón que había caído madre Teresa: «se me quitó la vista de los ojos y tomóme un desmayo».

Pernoctaron en otra venta, menos calamitosa. De madrugada, padre Gracián dijo misa en la parroquia de un lugarejo. A pocas leguas, llegaron al pasaje más peligroso: un arroyo de nada, el Hormazas, afluente del Arlanzón, era famoso en Burgos porque con cuatro gotas se crecía hasta rebasar su puentecillo asentado sobre pontones poco de fiar. Había disgustos frecuentes. Las tormentas esta vez lo habían convertido en un mar, y del puente no se notaba ni rastro. Los mozos temían irse al fondo, y reclamaron ayuda del ventero del cruce: quien les informó que a poco que un carro ladeara, perdido sin remedio; pues el puente tenía medidas estrechas. Mientras los hombres conferenciaban, Madre animaba con bromas a sus monjas:

—Ea, mis hijas, ¿qué más bien quieren ellas que ser aquí mártires por amor de nuestro Señor?

Las monjas le replicaban sonrientes solicitando confesión y rezando a coro el credo.

Madre pidió a los hombres pasar ella con el primer carro: si se ahogaba, que los demás no pasasen. Confiesa que «temió harto»:

—Porque verse entrar en un mundo de agua sin camino ni barco...

Pasaron. La fantasía piadosa tejió luego coloridas leyendas en torno al peligroso puente del Hormazas: que nuestro Señor le habló a madre Teresa dentro del carro: «no temas hija, que aquí voy». Que desde la orilla vieron todos cómo la rueda izquierda del carro se había salido del puente y rodaba sobre el agua... Y con las aguas turbias cubriendo media vara los pontones, pregunta sesudamente el padre Efrén, ¿cómo vieron si la rueda pisaba el puente o las aguas?

Pasaron, la Madre iba mala: «era lástima verla», contó Ana de San Bartolomé, su enfermera.
A media tarde, llegaban a Burgos. Veinticuatro días desde la salida de Avila.
Pienso que si el cielo concede medallas por sufrimientos en viajes, a madre Teresa le abrieron dos expedientes: a cuenta del calor andaluz, la primera; la segunda, cuando cruzó «el puente» del Hormazas. Un arroyuelo de nada.

Burgos. Fuera el sombrero, viajeros. Hay ciudades que con sólo nombrarlas se deben saludar.
Lo que pasa es que nuestra caravana llega en un estado poco presentable. Sin embargo, antes de correr a secarse visitaron el famoso Santocristo venerado entonces a la entrada de la ciudad, en el convento de los agustinos. Era media tarde, y llovía a mares, «iban las calles como ríos». Desde el convento de los agustinos, Gracián envió recado a doña Catalina de Tolosa, que anochecido viniera a recogerles.
Este último tercio del siglo XVI está robándole a Burgos su fuerza política, porque los núcleos decisorios fueron bajando al centro de la meseta, Valladolid y Toledo, para quedar definitivamente asentados en Madrid. Pero nadie le apagará jamás a Burgos su esplendor histórico. La catedral, elevada a metropolitana durante el pontificado del arzobispo anterior, cardenal Pacheco, preside un cerco de iglesias y monasterios que con renombre mundial son archivo sagrado de glorias patrias. Cuando llega la expedición teresiana, Burgos cuenta unos cuarenta mil habitantes, sostenidos por el campo y por el comercio. Un gobernador, cuatro alcaldes mayores y ocho regidores forman su concejo, poblado, aseguran los viajeros de la época, «con los hombres más cortesdes y honrados de España». Y muy amigos de los forasteros. Quien va a darle a madre Teresa los disgustos del siglo no es burgalés, sino un arzobispo nacido en Avila y compañero suyo de infancia...
Doña Catalina hospedó las monjas en su casa, y mandó los frailes al doctor Manso, canónigo amigo suyo.
Puso Catalina las pobrecillas monjas a secar junto a la gran lumbre que les había preparado. La Madre venía muertecita. Cenaron, descansaron. Madre pasó una noche malísima, tuvo un síncope y varios vómitos. Ana, su fiel asistente, procuró no alarmar a las hermanas, que dormían rendidas. De mañana

tuvo Madre que permanecer en cama, mientras sus hijas convertían en verdadero monasterio la planta cedida provisionalmente por doña Catalina: aquella casa fue catorce años residencia de los jesuitas, y contaba con un hermoso salón que les había servido como capilla doméstica. A Madre le instalaron su lecho al término de un corredor, donde había una ventana que con su cortinilla serviría de locutorio: trae un fajo de cartas para gente principal, que acudirá enseguida a visitarle.

Bien seco el hábito, fray Jerónimo Gracián se presenta con la debida compostura a saludar al arzobispo: han venido las monjas, están alojadas de momento en casa de la señora viuda Tolosa y desean les autorice oír misa en el salón que fue capilla privada de los jesuitas. Su señoría ilustrísima clava los ojos fríos en el fraile y descarga un párrafo violento contra madre Teresa y sus monjas: le fastidia que hayan venido sin permiso suyo; él simplemente se ofreció a negociar con la Madre; no da permiso para celebrar misa en casas privadas; ni piensa autorizar la fundación mientras las descalzas no compren convento y aseguren renta; pueden marcharse por donde han venido.

Al pobre Gracián le faltó el aire: así que éste era el arzobispo amigo de infancia, vaya por Dios. No chistó, Gracián; la furia episcopal impedía cualquier razonamiento. Fue a llevar el mensaje: Madre, nos podemos ir. Ella tuvo un comentario de los suyos:

—¡Pues bonitos están los caminos y hace el tiempo!

También Gracián lo tomó por el lado alegre.

Lástima que nadie avisara al arzobispo la capacidad teresiana de aguante, va fresco si piensa echarlas de su diócesis. Quedaron acurrucadas en la casa de doña Catalina, rezando y a ratos llorando. Salían a oír misa en las iglesias vecinas, avergonzadas por la curiosidad despertada en torno suyo: son las monjas rechazadas por el arzobispo. Madre, para subir y bajar, tenía que apoyarse en dos hermanas. Sufrían lo suyo.

Amigos eclesiásticos y seglares intercedían discretamente. Su señoría contestaba de malos modos. Guardaban el respeto al arzobispo, pero salían furiosos y decían pestes contra él. Madre Teresa procuraba calmarlos:

—La mejor y más fuerte lanza para conquistar el cielo es la paciencia en los trabajos, hace al hombre poseedor y dueño de su alma.

Ella cavilaba, preguntándose quién y a cuento de qué malmetía el ánimo arzobispal, pues no casaba la actitud de don Cristóbal con el afecto antiguo.

Decidió aclarar las cosas yéndose a verlo.

Puso en casa las monjas a rezar y les autorizó a darse penitencia mientras ella lidiaba al arzobispo. Don Cristóbal recibió sonriente la visita, sentó a madre Teresa junto a sí, inició una conversación tranquila, sin prisas, tenían tantas personas que recordar. Charlaron toda la tarde. Cuando ella con su diplomacia sutil planteó el tema del convento, la reacción del arzobispo le asombró, por injusta y destemplada: arisco, negándose a razones. Ella puso en la balanza un toque de ternura:

—Mire vuestra señoría que mis monjas se están disciplinando.

Tan tranquilo:

—Bien pueden disciplinarse harto, porque yo no tengo determinación de dar la licencia.

Ni la misma Teresa podía creer que así fallara su capacidad de seducción, nadie le cortó nunca el paso con tal firmeza.

Una brecha se abrió en el muro: don Cristóbal le dijo que daría licencia cuando consiguieran casa y un capital de cuarenta mil ducados.

Por Burgos circuló aquel desafío, increíble: las monjas no conseguirían alcanzar semejante suma. El asunto de las descalzas era tema permanente de comentarios, y madre Teresa descubrió una ventaja: el «ruido» daba publicidad al monasterio antes de nacer, y suscitaba vocaciones.

Doña Catalina llevó adelante la batalla: buscó ayudas, negoció préstamos, firmó avales, poniendo como fianza su hacienda. El monto global sobrepasaba los cuarenta mil ducados. El arzobispo quedó turulato al leer los documentos, dijo quería conocer la opinión del provisor. Por fin se escabulló pretextando que les faltaba casa propia, le parecía húmeda y ruidosa la de doña Catalina.

Gracián se hartó, resolvió marcharse. Le resultaba insufrible estarse allí aguantando, a la espera de que al arzobispo le madurara un pensamiento bueno. Además el asunto comenzaba a complicarse por el costado de los jesuitas, confidentes de doña Catalina, a quien reprochaban la ligereza de comprometer su hacienda en favor del convento. Gracián prefería poner tierra por medio. Aun a costa de abandonar la Madre. En Burgos corría la voz de un primer testamento de doña Catalina

dejando parte de su fortuna para un colegio jesuita: ahora llegaban las descalzas...
La huida táctica de Gracián dolió seriamente a Madre. Quedaba sola, desamparada. Oyó la voz interior:
—Ahora, Teresa, ten fuerte.
Le pedían, desde arriba, coraje. Le daban aliento.

Bien a pesar de doña Catalina, decidieron sería prudente salir de la casa: ¿dónde buscar un acomodo? Ya la patrulla de amigos burgaleses había crecido, eran muchas las personas con deseo de ayudar: consiguieron para las monjas unos aposentos en la buhardilla del hospital llamado Bernuy, fundado veinte años antes por el regidor de la ciudad Diego Bernuy. Alejadas de la casa de doña Catalina y del núcleo urbano, estarían libres, quizá, de tantos comentarios. La buhardilla nada tenía de palacio, lógicamente, pero con iglesia, santísimo y misa sin salir a la calle. Acomodaron su buhardilla, que pareció enseguida un extraño convento de clausura colocado en la techumbre de los dolores humanos. Madre bajaba a recorrer las galerías donde estaban los enfermos, escuchaba sus lamentos, les consolaba, procuraba llevar limones y naranjas para refrescar la sed de los más febricitantes. La sanidad carecía en aquella época de medios hoy normales; al hospital Bernuy, muerto el donante, le faltaban recursos: en Burgos temían aquel caserón, donde campaba la miseria, ratas, sabandijas... y piojos, el famoso enemigo del primer convento teresiano, la «mala gente» capaz de aterrar a las carmelitas. Les apenó a las hijas cuánto sufriría su Madre, amiga extremada de la limpieza; ella disimuló el terror que ciertamente tuvo a los bichos:
—No me hagan lástima, que más padeció mi Señor por mí cuando bebió la hiel y vinagre.
Lances divertidos les ocurrieron a cuenta de los fantasmas: según el pueblo burgalés, aquel hospital era morada permanente de brujas y aparecidos. Corrían los últimos días de febrero de 1582 cuando las carmelitas ocuparon la buhardilla, y la verdad es que se basta y se sobra el cierzo helado de la meseta para soplar chorros de viento que apaguen una vela o causen chirridos nocturnos en la madera mal ajustada de las ventanas. Los gatos negros podían bajar tranquilamente del tejado, uno se le metió a nuestra enfermera Ana por la chimenea y le pegó un susto tremendo: le pareció Satán... Madre

Teresa lo pasaba bien cuando juntas comentaban riendo en las horas de recreación estos sucesos. Les decía que el demonio encargado de impedir la fundación de Burgos era idiota, vistas las trampas que ponía: les habían asignado «un diablo bobo».

Doña Catalina sintió de veras la marcha de «sus» monjas, y a pesar de la distancia siguió «casi viviendo con ellas»: iba y venía, les llevaba las cosas de comer, acompañaba sus ratos de oración. Sin dejarse impresionar por las cargas de sus confesores, quienes la amenazaban con penas del infierno si continuaba dilapidando su fortuna en socorrer unas monjas rechazadas por el arzobispo. Le acompañaba siempre su hija pequeña, Elenita, de solo once años: Elenita se enamoró de las monjas. Un día madre Teresa la invitó a quedarse:

—Decid a mi Elena que la esperamos.

La niña tomó su manto de calle y salió disparada de su casa en dirección al hospital. Doña Catalina la llamó, sonriente:

—Le digo, señora, ¿ansí se van las doncellas de casa de sus madres?

Elenita gritó, sofocada, desde la calle:

—Me llama nuestra madre fundadora.

Monja se quedó, minúscula; le vistieron el hábito; no pudo profesar hasta cumplir los quince años exigidos por el concilio tridentino.

Gracián había marchado buscando excusas con los sermones comprometidos en Valladolid, y asegurando que «dejar sola a madre Teresa hacíaseme gran crueldad». Pero se fue.

Antes de partir suplicó a un médico burgalés compañero suyo de estudios en la Universidad de Alcalá, licenciado Antonio Aguiar, que por Dios cuidara sus monjas, y las ayudara para encontrar una casa donde instalar su monasterio.

Aguiar vigilaba las enfermedades de madre Teresa desde que llegaron a Burgos, poco a poco quedó seducido por el atractivo de la monja. Prometió a Gracián ayudarles. Y cumplió. Escudriñaba diversas zonas de la ciudad, y traía datos al hospital, donde discutía con Madre ventajas e inconvenientes de cada oferta.

Hasta que por fin hallaron una, ventajosa y barata, en las afueras, junto al río, al lado de la iglesia de San Lucas: Madre quiso verla, y le pareció «un deleite de huerta, vistas y agua». Aguiar le susurró: «vuestra reverencia disimule, porque cada palabra en favor le ha de costar mil ducados».

La casa, llamada de Juan Mansino, tenía varios novios compradores. Aguiar llevó el trato sigilosamente, buscó dinero para la entrega inicial, solicitó avales de sus amigos, puso el suyo; en pocos días estaba el trato dispuesto para firmar. Madre Teresa se asustó por las cantidades, mil trescientos escudos: sería ganga, pero ¿de dónde saldrán? La voz interior le reprendió:
—¿En dineros te detienes?
Firmaron. Aguiar, comprometido hasta el cuello en los avales, estaba feliz. Tomaron posesión legal, solicitaron la escritura. Cuando los demás pretendientes despertaron, llegaban tarde.
Ocurrió por la fiesta de san José.
Y ahora, ¿qué dirá el arzobispo?
Le maravilló la eficacia de su paisana. Y se atribuía méritos a sí mismo, porque apretándolas les había estimulado. Madre Teresa le escribió anunciándole que procurarían arreglar cuanto antes la casa comprada.
Sin ruido, se fueron del hospital. Metidas en la casa nueva, y la primavera viniendo, Burgos les parecía una gloria. El arzobispo pataleó de nuevo, viejo quisquilloso: que ponían rejas y torno y clausura conventual sin su permiso. Madre le tenía ya tomada la estatura:
—Como es bueno, aunque se enoja, páselo presto.
Doña Catalina trajo camas y ajuar, «no se cansaba de proveernos». Madre agradecía sus cariños pero quiso resolver la querella con los jesuitas. Secretamente, para evitar llegara a oídos del arzobispo, renunció ante escribano a la donación global que doña Catalina le había firmado: sólo admitía las dotes de las hijas entradas al Carmelo, y la legítima de Elenita. El panorama se iba aclarando con envíos de los demás conventos descalzos y donativos de familias burgalesas.
Aderezado el convento, Madre invitó a su señoría el cascarrabias arzobispal: que les visitara. Vino el arzobispo, se mostró satisfecho y pasmado. Volvió una y otra vez, cayó en la trampa de aficionarse al nuevo monasterio. Seguía terco en no dar licencia, pero aceptaba refrescos y regalillos de madre Teresa, él, tan erizo que jamás toleró le hicieran obsequios.
Los amigos se impacientaban. Madre rogó a don Alvaro escribiera unas letras a su colega. El obispo Mendoza envió al arzobispo Vela un pliego agrio, durísimo, que madre Teresa consideró irritaría más las relaciones: pidió a su amigo don Alvaro una misiva conciliante. Vino la carta, que impresionó al arzobispo.

¿Cuándo llegaría la licencia? Las monjas tuvieron que salir a los oficios de semana santa en la iglesia cercana. Aguiar, que las veía por la calle con las caras veladas y sus mantos de lana, dijo a madre Teresa: «paréceme, madre fundadora, que nuestra reverencia es como una gata que lleva siempre a esconder los gatos en la boca».

Burgos murmuraba contra la terquedad del arzobispo. El viejo comenzó a asustarse. Confió a sus íntimos que por pascua daría la licencia. Pasó el domingo, lunes, martes, nada. El miércoles doña Catalina con Madre y las hermanas se lamentaban por la larga espera, «estaban tan trabajadas». Llegó un caballero con un papel, que alargó a madre Teresa:

«Don Cristóbal Vela, por la sancta sede apostólica arzobispo de Burgos: por la presente permitimos y damos licencia a vos, la madre Teresa de Jesús, y religiosas de la orden de nuestra Señora del Carmen de las descalzas, para que en el sitio y casas que havéis comprado, donde estáis recogidas, podáis hacer, plantar y edificar un monasterio...»

Monasterio que, vive Dios, ya estaba hecho y plantado.

Las hermanas oyeron atónitas la lectura.

Sin decir palabra, madre Teresa, solemne, se fue al patio y comenzó a tañer la campanita que de varias semanas tenía colgada para inaugurar su convento.

La campanita se oyó como si sonara en el pináculo de la catedral: todo Burgos se conmovió.

Celebraron misa inaugural el diecinueve de abril, en presencia del arzobispo tan resplandeciente que le caía la baba de puro contento. Les faltaba un san José, y Madre lo compuso a la buena sobre la imagen de otro santo. El altar mayor tocó en un espacio que había sido caballeriza, cuyos pesebres adornados sostenían las vinajeras, el lavabo, un incensario. Aguiar comentó alegremente a Madre: «su gran santo san José le tomó gusto a la primera caballeriza, en Belén; ya no conseguimos echarle de ella».

Su ilustrísima pidió presidir al día siguiente la toma de hábito de Elenita, les quería predicar. Se subió al púlpito y regó de elogios las descalzas, incluso pidió perdón por haber retrasado «aquel negocio».

Por fin, don Cristóbal.

Imagino que aquella noche el arzobispo Vela escribió una cartita, contándole, al obispo Mendoza. Podrían ser de nuevo amigos, sin enfadarse por los asuntos de madre Teresa. Les estaba ocurriendo, explicó a la Madre su inteligente y devoto colaborador el canónigo magistral de Burgos, una situación curiosa:

«Así como por la muerte de nuestro Señor se habían hecho amigos los que no lo eran, Pilatos y Herodes, por madre Teresa se tornaban enemigos los que eran amigos, don Cristóbal y don Alvaro». Madre rió el donaire:

—Ahí ve usted lo que yo soy.

Regresó a finales de abril el padre Gracián, predicados con éxito sus sermones de Valladolid. Una miaja de vergüenza le daría ver «plantado» el monasterio. En su calidad de provincial presidió el capítulo para elegir los cargos, refrendó el horario y funcionamiento de la casa, platicó a las hermanas, oyó a Madre. Venían jóvenes, y alguna beata viejecita, solicitando un puesto en las descalzas. Hasta se les presentó una doncella fugada de su casa con vestidos de mozo. Por Burgos decían que Madre leía en la frente los pensamientos de quienes la visitaban. Su fama de monja santa creció de día en día. Ella «no se daba cuenta», procuró encauzar a sus hijas por el discreto camino del sentido común. Recibieron cien reales de limosna y aconsejó compraran una sartén. «Tenemos una prestada por las vecinas», replicaron las monjas. Madre, con suave ironía:

—En la profesión le ofrecimos a Dios ser pobres, pero no le ofrecimos cansar a nuestros vecinos.

Gracián partió a trotar por España. Quedaron que Madre permaneciera en Burgos para consolidar la marcha del convento: hasta entrado el verano. Teresa y Jerónimo ignoraban que ya en esta tierra no volverían a verse.

Madre notábase «cuán vieja y cuán para poco». En cambio una caricia suya le valía a su Ana de San Bartolomé por mil medicinas. Ana sufría serios quebrantos de salud. Cuando el dolor le apretaba, pedía la bendición de Madre, quien la rechazaba riendo:

—Anda, anda, no pienses que soy yo santiguadera.

Ana la cuidaba tiernamente. Dormían en la misma pieza. Las noches frías, Ana espiaba que Madre se durmiera, y de puntillas se acercaba para echarle su propia manta.

La noche del 23 al 24 de mayo, el Arlanzón se salió de madre y produjo en Burgos la arriada mayor conocida jamás en la ciudad: derribó casas, destrozó puentes, desenterró cadáveres, arrastró bestias y aperos, un desastre histórico. Al barrio de la Vega, zona del convento carmelita, refluyeron oleadas gigantescas de la corriente al chocar con la muralla que por la margen derecha rodeaba la ciudad. Una tromba furiosa cayó sobre la casa de madre Teresa. Los vecinos vinieron en ayuda para sacar las monjas antes que el edificio se desplomara. Madre contestó serenamente que preferían quedarse. Alguien informó al arzobispo: «déjenles, respondió don Cristóbal, Teresa de Jesús tiene privilegios». El agua les ocupó la planta baja y ascendía con prisa. La Madre ordenó subir las cosas al piso alto, colocaron el santísimo sobre una repisa, gastaron las horas entre letanías y oración silenciosa. A voces les gritaban desde barcas de auxilio que las sacarían. Ellas no aceptaron. Hay un relato dramático de Ana, la monja enfermera:

«A cada ondeada del río, la casa se estaba meneando como que se iba a caer... Desde la seis de la mañana hasta la media noche estuvimos en este peligro, sin comer ni sosegar, que todo lo que teníamos se había anegado».

Turbadas, no pensaron en dar alimento a la Madre; a caída de noche musitó a la hermana Ana:

—Hija, mire si no ha quedado un poco de pan, que me siento muy flaca.

Una de las jóvenes se metió en el agua del piso bajo, y subió una hogaza: «de aquello le dimos, que no había otra cosa».

Al día siguiente el Arlanzón cedió. Los hombres de las barcas entraron a nado en el piso bajo del convento para abrir puertas y ventanas facilitando la salida del agua: «nos parecieron ángeles de Dios», escribió Ana, «que no sabíamos cómo habían venido».

Don Cristóbal Vela, por la gracia de la santa sede arzobispo etcétera, dijo a cuantos quisieron oírle que Burgos se salvó gracias a las oraciones de una monja paisana suya llamada Teresa de Jesús...

Reconstruyeron la casa, limpiaron los suelos, blanquearon; fue como hacer otra vez el monasterio. Los burgaleses gozaban yendo a oír una palabra cariñosa de aquella ancianita, sencilla y cándida, igual que una niña. Les influía, los mejoraba. El médico Aguiar, afortunado confidente aquellos meses, sentíase «mudado, trocado en otro», a causa de verle a ella «cómo honraba a Dios y le bendecía».

Mucho honraba a Dios Teresa de Jesús. No sólo en Burgos, también «allá arriba» seguían sus pasos con ternura. Una noche oyó Madre la voz amiga del Señor:

«Si no hubiera creado los cielos, sólo por ti los criara».

41
El corazón contrito
(1582)

Acompañada por Ana y Teresita, Madre salió de Burgos el 26 de julio. Ella creyó que fundaría monasterio en Madrid. Ha oído la voz interior empujándole a ponerse en camino, ya Burgos no la necesita:
—¿En qué dudas que ya esto está acabado?
Han limpiado y remozado el convento, la inundación queda lejos como una pesadilla. La gente las quiere, les ayuda. El arzobispo, cascarrabias don Cristóbal, satisfecho: son «sus» monjas, ¿acaso no las trajo su paisana? Don Cristóbal es un viejecito bastante fresco, siempre sea dicho con perdón del santo crisma, pues hay que ver las amarguras soportadas a cuenta suya por «la paisana». En fin, los pesares, el viento los lleva.
Madre Teresa ha oído la voz interior. Y le brota del alma esta pregunta cargada de ternura:
—Señor, ¿estás ya contento?
—Anda, que otro mayor trabajo te queda.
Madrid, ha de ser fundar en Madrid. Ella y Gracián tienen bien hablado cuántas ventajas representaría para la descalcez una casa en Madrid.
Por eso, Teresa dejó Burgos convencida de que todavía no llegaba la hora de su muerte: Dios le tenía preparado «un mayor trabajo», fundar monasterio en la corte. Debiera haberse ajustado con el aviso, después de lo sufrido aquí: ¿todavía «mayor»? Pero sus hijas le han oído recitar las coplas al Enamorado, y saben que Madre ni en prosa ni en verso sería capaz de poner sentimientos falsos:
«Veis aquí mi corazón, / yo lo pongo en vuestra palma: / mi cuerpo, mi vida y alma, / mis entrañas y aflicción...». Está dispuesta a seguir alegremente con esta ya pesada cruz de su vejez a cuestas:

«Pues del todo me rendí,
¿qué mandáis hacer de mí?»

Tiempo hace que le fallan las fuerzas, ella lo nota. Acostumbradas a tenerla siempre mala, sus carmelitas no pueden medir con mirarle la cara si Madre está o no más cercana a la muerte. Les llama la atención verle recibir muestras de cariño que antes solía cortar bruscamente. Ha sido expresiva y tierna con ellas, pero sin pasarse: las quiso fuertes, «no consentía se le llegasen e hiciesen sentimientos, que decía eran de mujeres». Ahora, en cambio, las abraza y les consiente prolongar sus mimos. Como diciéndoles adiós, la despedida final.

El Señor le da una pista falsa, me atrevo a decir que amorosamente la engaña: madre Teresa ha entendido que le aguardan trabajos en Madrid; quizás después, seguro, vendrá por fin su hora: «Ansiosa de verte, / deseo morir. / Carrera muy larga / es la de este suelo; / morada penosa, / muy duro destierro».

Quizás, seguro, después de Madrid suene la hora de su muerte.

Al salir de Burgos, madre Teresa traza un plan de viaje: llegar cuanto antes a Avila, donde tomará la profesión religiosa de su sobrina Teresita. Madre ve a Teresita vacilante, amenazada por tentaciones de abandonar el Carmelo buscando una orden menos exigente. La experiencia de Burgos significó para Teresita un encuentro serio con Cristo y le dispuso para pronunciar sus votos. Madre Teresa comprende cuánto le conviene aprovechar este fervor, quiere la consagración definitiva de su sobrina cuanto antes, ahora. En seguida que lleguen a San José de Avila. Pide a sus monjas que recen a favor de esta sobrinilla suya, tan querida y tan inquieta:

—Todas la encomienden a Dios este tiempo con mucho cuidado, que la dé Dios su gracia. Miren que lo ha menester, que, aunque es bonita, es niña, en fin.

Experta para oler por dónde sopla el aire de la voluntad divina, Madre cuenta con que al llegar a San José va a recibir la licencia escrita del cardenal Quiroga, qué pelmazo su eminencia, para fundar el monasterio carmelita en la corte. Padre Gracián tendrá que suspender urgentemente sus correrías por Andalucía y venirse a trabajar con ella al convento de Madrid.

Qué gran chasco le aguarda.

De Burgos bajaron a Palencia. Sus monjas la retuvieron un mes, autorizadas por Gracián. Le vino bien aquel descanso, pues la paliza de Burgos la tenía quebrantada. Se le pasó en un vuelo, Palencia le daba dicha y serenidad.

El 25 de agosto viajaron a Valladolid. Ahora los caminos estaban secos, ardientes, parecía imposible recordar en ellos el escenario terrorífico del invierno pasado. Valladolid pudo ser para ella una estación placentera, igual que Palencia, pues allí sigue de priora María Bautista, su sobrina, cuyas cualidades de mando son reconocidas en todo el Carmelo. Además Teresita se deja influir por María Bautista y le será beneficiosa la convivencia en vísperas de sus votos.

Pero Madre no contaba con la huéspeda.

La huéspeda fue aquella terrible dama doña Beatriz de Castilla, madre de la Orofrisia y suegra de Francisco Cepeda: estaba en Valladolid intentando ganar para su causa nada menos que a María Bautista. El objetivo de doña Beatriz presentaba dos alternativas: o conseguir que el testamento de don Lorenzo Cepeda fuera declarado nulo, cosa difícil luego de aquel reconocimiento de validez conseguido por madre Teresa cuando, recién muerto Lorenzo, trajo el papel a la Real Chancillería; o alcanzar de Teresita la renuncia de su parte en favor de Francisco.

Doña Beatriz sabía conmover a los oyentes narrándoles los apuros económicos del joven matrimonio, cargado de honores sociales gracias a los títulos aristocráticos de Orofrisia y falto de dineros a causa de la corta herencia de Francisco.

Lo que cuidaba mucho de no contar doña Beatriz era el sistema rumboso de vida llevado por ella y los tórtolos, capaces los tres de consumir en un par de años las minas del rey Salomón.

Se conquistó el apoyo de María Bautista; y de común acuerdo decidieron que doña Beatriz aguardara en Valladolid el paso de Madre y Teresita provenientes de Burgos.

A madre Teresa la indigna esta pretensión injusta de doña Beatriz, que significa quitarle al convento de san José la aportación de Teresita para entregarla a una familia manirrota y embriagada de grandezas. Como albacea de su hermano, Madre no tolera semejante contradiós.

Sin embargo, tuvo que rendirse. Le hicieron pasar días amargos. María Bautista convenció a la prima Teresita de que sería una muestra de amor a su hermano Francisco renunciar a la herencia, y además daría ejemplo de desprendimiento religioso. Doña Beatriz supo manejar la rebeldía natural de los jóvenes frente al consejo de personas mayores: para Teresita resultaba una satisfacción, y en cierto modo una extraña «venganza» por la santidad de su tía, mostrarse generosa y «pobre» mientras madre Teresa le discutía a Francisco unos dineros que a él eran muy necesarios.

Una vez conseguido este «frente familiar», doña Beatriz consultó un feroz abogado, capaz de tenérselas tiesas a la albacea y obligarle a cumplir la decisión de Teresita.

Madre Teresa luchó. En vano. A un cierto punto, hubo de rendirse para evitar el escándalo que sus dos queridas sobrinas provocarían dentro del Carmelo derramando de convento en convento las noticias del pleito familiar, en el cual ellas aparecían como desprendidas de tesoros materiales y Madre interesada. El abogado, para eso doña Beatriz le pagaba, vino al monasterio a insultar a madre Teresa en su cara: y le avisó que si no aceptaba la renuncia de Teresita en favor de Francisco, la llevaría a un pleito largo y escandaloso, de nulidad del testamento.

Lo de menos fue darse por vencida: María y Teresita le acometieron con dureza, la disgustaron, haciéndola sentirse culpable y poco ejemplar, precisamente ellas, educadas a su falda.

En plena batalla, madre Teresa recibió una carta de aquellas calificadas por su enfermera Ana con palabras expresivas: «que parecía el demonio se hacía cartero y que por el aire traía las malas nuevas sin cesar para martirizarla».

Le desconcertó, a mí me parece la carta más desconcertante recibida por Teresa durante toda su vida. Porque no encajaba en los planes de Dios tal como ella los había entendido. Le torcía el rumbo, quitando del horizonte su objetivo: Madrid se alejaba...

Significa que ella ha equivocado el último mensaje. Entonces, ¿cuáles son realmente los planes de Dios sobre su vida? ¿O acaso se trata de los planes de Dios sobre su muerte?

Ausente por tierras andaluzas el padre Gracián, ha dejado de vicario suyo en Castilla al padre Antonio de Jesús. El padre Antonio admira y venera a madre Teresa, pero guarda contra ella el rescoldo de sus antiguas decepciones, cuando en la primera etapa de la fundación ella mostró ciertas preferencias para fray Juan de la Cruz quitándole a él su soñado título de «primer carmelita descalzo». Padre Antonio siempre ha creído que la Madre no le concede categorías.

Ahora está de vicario y le alegrar tener ocasiones para demostrarle a ella su estatura: qué placer, poder mandar «por obediencia» a madre Teresa. Sin ánimo de ofenderla, sería incapaz el padre Antonio. Pero dejando sentir su autoridad.

De paso, Antonio de Jesús se dio aires distinguidos ante los duques de Alba.

El tronado hijo de los duques don Fadrique sentó al fin la cabeza y había casado con doña María de Toledo y Colonna. Doña María, llamada entre los aristócratas «la duquesa joven», espera niño, anda en su octavo mes de embarazo: acogida al cuidado de su suegra doña María Enríquez, «la duquesa vieja», en el castillo familiar de Alba.

La duquesa vieja desea que madre Teresa les acompañe los días del alumbramiento, pues venera a la fundadora y considera su presencia una garantía de bendiciones celestiales: le pide al padre Antonio de Jesús se la mande unos días a residir en Alba.

Un capricho.

Tampoco el padre Antonio vaciló: ¿qué le supone a madre Teresa pasar una temporadita en Alba dando consuelo a tan ilustres protectores? Escribió una carta a la Madre ordenándole tomara el camino de Alba para consolar a las duquesas, y de paso presidiera en aquel monasterio la elección de nueva priora: venga de Valladolid a Medina, donde le aguarda él y harán juntos el viaje hasta Alba.

La carta inquietó a madre Teresa. Le afligió. Todavía pensaba que hallándose la duquesa joven en el mes octavo, le daría tiempo a ella de pasar por Avila y de allí seguir viaje. Procuró disimular su pena, como disimulaba los contratiempos del conflicto familiar. Pero a los íntimos confió su temor de que la salud no le aguantara nuevas excursiones, quizás sentíase por este motivo decepcionada: había intentado acumular sus ya escasas reservas vitales para el gran designio de fundar en Madrid; ahora el padre Antonio y los píos antojos de una duquesa van a quemar su pequeño tesoro disponible, su último tesoro: las pocas fuerzas que le restan.

Le aconsejaron se disculpara, declinara el viaje. Ella, ni pensarlo. Se puso en marcha. Despidióse cariñosamente de sus hijas, «con gran caricia abrazó a cada una». La priora María Bautista quedó rabiosa, enojada contra su tía, simulando con su enfado aparatoso la mala conciencia de haberla entristecido y decepcionado. Ana la enfermera oyó aterrada esta exclamación de la priora: «váyanse ya, y no vengan más».

Durante el viaje a Medina, Madre trató a Teresita con la ternura habitual, aunque procuró hacerle comprender su falta de fidelidad hacia ella. Le hizo partícipe de sus confidencias: «me dijo que en su vida había sentido otra obediencia tanto como aquella de ir hacia Alba». Hasta Medina llevó Madre la esperanza de salvar su proyecto de Madrid.

Pero nada más llegar, el padre Antonio, que la esperaba en Medina, le chafó definitivamente aquella ilusión: iban a partir juntos, cuanto antes, hacia Alba. Derechamente, sin desviarse por Avila: la duquesa le ha enviado una carroza.

Sólo una noche pararon en Medina, y fue tiempo suficiente para que otra de sus hijas predilectas le diera un disgusto: la priora, Alberta Bautista. Por motivos que desconocemos, Madre le llamó la atención. Alberta tomó el aviso a mal, se ofendió; sin más explicaciones, y sabiendo que Madre partía de madrugada, Alberta se encerró en su celda, no le habló más. Ni siquiera salió a decirle adiós. Ana la hermana enfermera anota el detalle, la increíble falta de delicadeza que tantas lágrimas costaría luego a la pobre Alberta: «Nos partimos, sin llevar ninguna cosa para el camino, y la Santa iba mala del mal de la muerte».

S alieron de madrugada el 19 de septiembre. Ocupan la carroza con Madre, Ana y Teresita. Las escoltan el padre Antonio y otro descalzo, fray Tomás. Madre va enferma; «causaba grandísima compasión», cuenta Teresita.

Hay que plantear un interrogante. Padre Antonio es un buen fraile, devoto de Madre, aunque esquinado por las razones dichas: ¿cómo no ve que la monja se le muere a chorros? ¿Le aguantan las entrañas llevarla de viajes a consolar duquesas parturientas?

Me parece honrado disculpar a fray Antonio. Quizá peque de secreta vanidad imponiendo a madre Teresa un desvío repentino. Sin embargo, él desconocía, seguro, las penosas condiciones físicas de la monja. Llevan años y años viéndola enferma, de vez en cuando con aspecto agonizante. Saben que las enfermedades de Madre constituyen un asunto privado entre Dios y ella, sin que alteren nada el desarrollo normal de los acontecimientos. La Madre opera como una persona radicalmente sana. Un día habrá de morir, naturalmente. Cuándo, cualquiera sabe. A padre Antonio no le pasa por la cabeza que pronto. La ve gastada, derrotada. Cómo no, después de las peripecias ocurridas en las últimas fundaciones de Palencia, Soria y Burgos, el calvario, ya famoso, del pasado invierno, y la edad avanzada. De alguna manera inconcreta, descalzos y descalzas dan por supuesto que Madre nunca les ha de faltar, no morirá. Absurdo pensar así, ellos lo saben, claro.

Dos personas adivinan la cercanía del final: la Madre, y Ana su enfermera.

Ana la ve tocada «del mal de la muerte», y admira la prontitud de su obediencia en tales condiciones. Las memorias escritas luego por Ana repasan una letanía de males que Madre soportaba: fiebres, temblores, desnutrición, quebrantamiento del cuerpo, perlesía, tullimiento, fatigas psíquicas y físicas, flujos de sangre: «de lo cual se entiende que murió». Estas enfermedades podrían haber acabado con la vida de madre Teresa en cualquier momento: el desenlace tardó porque Dios la destinaba a realizar grandes obras. Si no fuera por los trabajos pendientes, Ana sabe cierto que Madre muriera de amor a Dios, «del ansia que la debilitaba por verse con El».

Al recibir mandato en Medina para desviar su camino, Madre comprende que los planes de Dios no apuntan, como ella creyó, hacia Madrid. ¿Entonces?

Jornada y media ocuparon de Medina hasta Alba. La Madre iba silenciosa, ensimismada. Padre Antonio acercaba de vez en cuando su mula y veía calladas las tres viajeras: preguntó a Madre si le iba bien. Ella respondió que rezaba por la duquesa «suplicando al Señor la haya ya alumbrado cuando lleguemos». Lo que no había previsto padre Antonio era alguna comida para el viaje. Las monjas nada reclamaron, en todo el día no comieron ni un bocado de pan. Pernoctaron en la posada «de un lugarito cerca de Peñaranda». A Madre le dió un desmayo. Vuelta en sí, pidió algo de comer. Ana buscó si alguien de la posada podía venderle un par de huevos, «costasen lo que costasen». Ni huevos ni nada, no había. Ana lloraba de pena. Le ofreció higos secos: Madre comió uno, y suavizó el desconsuelo de Ana diciéndole que «muchos pobres no tenían aquel regalo».

Al día siguiente continuaron su camino. Ana pidió parar junto a una huerta, y rogó a los labriegos le cocieran algunas verduras: berzas y cebolla, le dieron, que Madre comió.

Sobre media tarde del jueves veinte de septiembre, entraron en Alba: la duquesa joven había parido felizmente un niño prematuro, y madre Teresa comentó con sorna:

—¡Bendito sea Dios, que ya no será menester esta santa!

Madre Teresa de Jesús se nos muere. Repasemos devotamente y con orden la crónica de su última etapa en la tierra.

Nada más llegar, el 20 por la tarde, le trajeron un médico y la metieron en cama. Ella aceptó con gusto:

—Válgame, Dios, hijas, y qué cansada me siento, y qué de años ha que no me acosté tan temprano.

Ana explicó al médico que Madre soportaba durante el viaje una hemorragia interna muy fuerte.

Ocho días, del 20 al 28, la enferma intenta seguir la marcha del convento: «anduvo mirando la casa, cayendo y levantando, pero comulgando cada día». No pudo engañar a los médicos, que procuraban retenerla en cama. Hablaba con Ana y Teresita de volverse cuanto antes a San José de Avila, tan pronto las carmelitas de Alba eligieran su nueva priora.

Sobre la comunidad de Alba pesaba la figura invasora de doña Teresa de Laíz, donante de la casa: le gustaba meter las narices en los asuntos de las monjas, y traía locas a las prioras. Con la última, Juana del Espíritu Santo, había chocado, no se soportaban. Madre temió no encontrar una candidata aceptable que de una parte contentara a doña Teresa y de otra le parara los pies. Salió elegida Inés de Jesús, nacida en Alba, lo cual era un dato peligroso; y además, jovencilla: doña Teresa Laíz podrá manejarla. Inés sabía que Madre no la consideraba priora ideal. Para evitar sentirse fiscalizada, procuró Inés aislar a Madre todo lo posible en su celda, sin más visitas que Ana y Teresita. Por estos días intervino Madre en un complicado proyecto de casa nueva para sus monjas de Salamanca.

Nada más. La táctica de Inés de Jesús ayudó a que madre Teresa se sintiera confinada; Ana le oía repetir su deseo de viajar a San José:

—Hágame placer, hija, que al punto que me viese algo aliviada me busque alguna carroza y me levante y vamos a Avila.

El sábado 29, fiesta de san Miguel, oyó misa y comulgó. Luego le vino un golpe tremendo de la hemorragia: «cayó en la cama y nunca más se levantó». Salvo para despedirse de su hermana Juana Ovalle, que vino a visitarle. Teresa pretendió hacerse la fuerte

—Hermana, no tengáis pena: en estando yo un poco mejor nos iremos todos a Avila, que allá nos hemos de ir a enterrar todos, a aquella mi casa de San José.

Le decía a Juana, por el deseo que tenía de reposar juntas en Avila. De sobras sabía ella que sus caminatas habían terminado. Le vendrían a la memoria aquellos versos suyos: «Carrera muy larga/ es la de este suelo...».

A lo largo del domingo, la hemorragia persistió. Los médicos de Alba no disponían de medios ni probablemente de ciencia para pronunciar un diagnóstico que según hoy dicen los expertos sería quizás cáncer de útero. Le aplicaban, por hacer algo, ventosas. Declararon su impotencia. Ella entendió la gravedad. A su Ana le dijo:

—Hija, ya es llegada la hora de mi muerte.

El día uno de octubre pidió que la subieran «a la enfermería alta», donde una reja permitía ver el altar mayor y seguir la misa. Le subieron. Quedó abstraída, como recogida en oración, parecía lejana de los movimientos de personas en torno suyo.

La mañana del dos reclamó al padre Antonio, quería confesar. Acongojado el pobre fraile, a quien atormentaba la duda de si ordenándole viajar habría él acelerado un desenlace fatal, se arrodilló junto a la cama:

—Madre, pida al Señor no nos la lleve ahora ni nos deje tan de presto.

Ella tuvo aliento para sonreír:

—Calla, padre, ¿y tú has de decir eso? Ya no soy menester en este mundo.

El dos por la tarde los médicos decidieron bajarla a un aposento abrigado, en una esquina del patio interior. Entornados los ojos, musitaba versículos del «miserere»: «Cor contritum et humiliatum», Señor, tú no rechazas el corazón contrito y humillado. Esta fue la plegaria permanente de sus últimos días. Qué mujer tan cabal, tan verdadera. Cualquiera esperaría de sus experiencias místicas un final aparatoso, brillante, algo parecido al carro de fuego con el cual fue arrebatado su padre san Elías. Pues no, ella reza como todos pidiendo perdón, y acogiéndose a la misericordia del Padre.

Qué cosas, en el palacio ducal están de fiesta, con los parientes y amigos acudiendo a conocer el recién nacido. Preparan bautizo para la tarde del día cuatro. La «duquesa vieja» supo la llegada de Madre y su caída en cama. Viene de cuando en cuando a visitarla. Madre Teresa siente apuro de que las medicinas y la habitación cerrada den mal olor. Un día hizo derramar un perfume campestre, de espliego, y bromeó a la duquesa:

—Señora, hase de acomodar con nuestra pobreza, que los perfumes que me da están dedicados para el culto divino.

Otro día se disculpaba por las medicinas; pero la duquesa, que le abrazó y luego le ajustaba las ropas de la cama, le aseguró que a ella esta celda le daba olor «de agua de ángeles».

El miércoles tres, un cirujano la sangró y le aplicó más ventosas, uno se pregunta para qué. Verdad es que tampoco podían quedarse quietos a verla morir. Ella siguió con sus versículos del «miserere»: crea en mí, Señor, un corazón limpio, no me arrojes de tu presencia ni apartes de mí tu santo espíritu. Por la tarde pidió el viático. Mientras la procesión llegaba, sus monjas rodearon el lecho. Se arrodillaron en torno. Madre las miraba, juntó las manos y dijo:

—Bendito Dios, que me trujo entre ellas.

Y les habló recomendando guardaran las Reglas:

—Que si la guardan con puntualidad, no es menester otro milagro para canonizarlas.

Les rogó perdonaran sus malos ejemplos. Las hijas lloraban... Al entrar el sacerdote con el santísimo sacramento, madre Teresa se incorporó y tuvieron que sujetarla para que no se bajara de la cama: sus hijas le vieron resplandeciente el rostro, y le oían exclamaciones amorosas dirigidas a Cristo:

—Señor y Esposo mío, ya es llegada la hora tan deseada, tiempo es ya que nos veamos, amado mío y Señor mío, vamos a muy en horabuena...

Comulgó.

En sus rezos dando gracias al Señor después de comulgar, introdujo madre Teresa una frase que impresionó fuertemente a sus jijas:

—Gracias te hago, Dios mío, Esposo de mi alma, porque me hiciste hija de tu santa iglesia católica.

Repetía una y otra vez las gracias porque el Señor «la había hecho hija de la iglesia y moría en ella»:

—Bendito sea Dios, hijas mías, que soy hija de la iglesia.

Entrada la noche solicitó la santa unción. La ungió fray Antonio, ella respondía los versículos. Mezclaba con las preces su exclamación de la tarde:

—En fin, Señor, soy hija de la iglesia.

Terminada la extremaunción, padre Antonio le preguntó: «Madre, si Nuestro Señor la lleva a sí, ¿qué quiere que hagamos: se quiere ir a Avila o es su voluntad quedarse aquí?».

Respondió:

—Jesús, eso ¿hase de preguntar, padre mío? ¿Yo tengo de tener casa propia?

Mirando a Juana del Espíritu Santo, que le sostenía el busto, exclamó:

—¿Y aquí no me darán un poco de tierra?

Ana le había oído tantas veces su deseo de volver a Avila, y quiso consolarla:

—Ande, Madre, vámonos a Avila, que es priora de aquella casa.

Ella dijo agradecida al padre Antonio:

—Váyase, padre, a descansar, que yo le enviaré a llamar cuando sea tiempo.

El cuatro de octubre de 1582, día de san Francisco de Asís, una hija de nuestra burgalesa doña Catalina de Tolosa, llamada Casilda de Santo Angelo, carmelita de Valladolid, trajinaba en la ropería del convento. De repente notó un resplandor y veía dibujaba en su mente la imagen «de la santa Madre con el glorioso san Francisco en el cielo». Casilda «sintió grande gozo y consuelo» viendo a su fundadora en tan noble compañía. Pero extrañada se preguntó a sí misma: «¿cómo puede ser, estando nuestra Madre en la tierra y san Francisco en el cielo, que están ambos juntos allá en santa gloria?».

A mitad de camino entre la tierra y el cielo, quién sabe si acompañada de san Francisco, pasó en Alba el cuatro de octubre madre Teresa moribunda. Amaneció ensimismada, apretando un crucifijo en las manos. Puso el cuerpo de lado, mirando hacia sus hijas, y quedó quieta, callada, en actitud orante. Así todo el día. Padre Antonio vino, y, apenado con verla tan ausente, dijo: «Madre, por amor de Dios, que nos mire». Ella nada contestó, pero les seguía el movimiento. Salió Ana un ratillo, y Madre hizo señas que volviera: al verla entrar sonrió, indicó se acercara y recostó la cabeza en los brazos de su fiel enfermera.

Las monjas iban y venían por la casa de puntillas, sentíanse levantadas sobre una nube, les parecía ver señales misteriosas y luces blancas brillantes. Ana contempló un cortejo de ángeles y santos viniendo con Cristo a buscar el alma de Madre. Cada monja contó luego a su manera las emociones del día. Miraban el rostro de Madre con tanto amor que lo veían «encendido y con harta hermosura, allanadas todas sus arrugas»; una notó la cara serena y cándida, «igual que la luna llena».

A las nueve de la noche, madre Teresa se rebulló, «muy alborozada y alegre»: le oyeron tres gemidos, y sonriente murió:

En el vecino palacio ducal, los invitados al bautizo bailaban por el nuevo vástago de los Alba.

La noche del cuatro al cinco de octubre de 1582, un misterioso ramalazo de ternura pasó por los conventos de las carmelitas descalzas, y muchas supieron que algo traía relacionado con Madre.

Por cierto, aquella noche no cuenta como del cuatro al cinco de octubre, sino del cuatro al quince: Coincidió justo con la fecha escogida por el papa Gregorio XIII para retocar el calendario recuperando los once días que por errores de cálculo se habían acumulado a lo largo de los siglos. Así que al día cuatro siguió el quince de octubre.

Ana y tres monjas amortajaron el cuerpo de Madre. Le vistieron el hábito. Dejaron descubierta la cara, las manos y los pies, lo velaron aquella noche las carmelitas con el padre Antonio y fray Tomás.

Teresita miraba sin acabar de comprender, y veía «su rostro, manos y pies, transparente y claros».

Amanecido, trasladaron el ataúd a la iglesia. Un perfume maravilloso invadió el convento, hay dos docenas de documentos que así lo testifican. Ana desde el coro veía relucir las manos de Madre colocada en mitad de la iglesia.

Al entierro acudió un gentío, «personas principales y del pueblo». La duquesa vieja pagó la cera, la duquesa joven mandó un paño de brocado blanco para recubrir el cadáver.

Cantada misa y los oficios, entraron el ataúd al monasterio para enterrarlo entre las dos rejas del coro bajo.

Tenían prisa, por temor a que surgieran peticiones de trasladar el cadáver a San José de Avila, donde madre Teresa era entonces priora titular. A mediodía del 15, iniciaron el sepelio. Envolvieron el ataúd de madera en un paño de jerga. Dos canteros habían abierto un hueco en la pared de la iglesia con un marco de cal y canto. La priora de Alba, azuzada según parece por doña Teresa Laíz, les advirtió que «macizaran recio» y cargaran sobre el ataúd «piedra, cal y ladrillos» para imposibilitar cualquier intento de sustracción. Asentaron la tierra echando calderos de agua y machacándola fuerte.

A madre Teresa, qué más le da. Todo ha sido «una noche en mala posada». Sus compromisos personales miran al Enamorado:

«Cuando el corazón le di
puse en él este letrero:
Que muero porque no muero».

Cuatro confidencias del autor al lector

Primera, a modo de nota crítica. La base documental en que se apoya este libro es de excelente calidad: me he beneficiado del *corpus theresianum* que con aportaciones de varios siglos constituye un depósito impresionante. Desde las primeras biografías, elaboradas caliente aún la memoria de madre Teresa, por Julián de Avila, Yepes, Ribera, Luis de León, las memorias llenas de ternura en escritos de Gracián, María de San José, Ana de San Bartolomé, y los procesos de canonización editados por Dominicus a Iesu y Bernardus a Iesu Maria, hasta las biografías o estudios de variado carácter pacientemente publicados en múltiples idiomas. Hay que añadir el trabajo realizado por una pléyade de teresianistas históricos y doctrinales: la mayoría de los españoles devotos de santa Teresa ignoran cuánto agradecimiento deben a estos investigadores silenciosos que han producido ya una tonelada de libros y artículos de alta calidad. Quien desee escoger algún aspecto concreto, puede consultar las excelentes bibliografías, a partir por ejemplo del padre Silverio de Santa Teresa, u Otilio del Niño Jesús, o los padres Efrén de la Madre de Dios y Otger Steggink. Naturalmente, he renunciado a esmaltar de citas a pie de página la marcha de la narración para no entorpecer el relato.

Segunda. He gastado páginas y energía en describir los escenarios geográfico e histórico donde Teresa cumplió su andadura. Algún lector juzgará excesivo este mi cuidado, que considero fundamental para no desarraigar la figura protagonista. También abuso quizá de las citas literales de los escritos teresianos: son abundantes, las he recogido cuidadosamente con intención de incorporar a estas páginas algo de aquel perfume irrepetible, y despertar al mismo tiempo en el lector un gusto personal por la lectura directa de santa Teresa. Transcribo los textos de varias ediciones, intencionadamente, e incluso en el caso del *Camino* utilizo los dos códices principales. Unas veces respeto la grafía original, cuando la frase trae gracia o sabor particular. Otras veces facilito la lectura, pero respetando siempre cuidadosamente el texto.

Tercera. He pretendido contar a la llana la peripecia biográfica de madre Teresa, ordenadamente, una cosa detrás de otra, sin permitirme apenas reflexiones de tipo espiritual. Confío que al lector le ocurra como a mí me ocurrió según trabajaba, pues me sentí levantado a la nube donde el misterio habita...

Cuarta. Dos hombres tuvieron la osadía de impulsarme a elaborar este libro, el suyo fue un voto de confianza desmesurado. Gracias a esa iniciativa suya he permanecido largos meses atónito en la atmósfera espiritual y humana de santa Teresa, cuya compañía, y creo que amistad, me ha marcado para siempre. Les doy las gracias, dedicándoles a los dos, hermanos y amigos don Felipe Fernández, ejemplar obispo de Avila, y don Baldomero Jiménez Duque, venerado maestro de espíritus, este trabajillo a honor y amor de la santa.

JOSE MARIA JAVIERRE